国家社科基金项目资助
教育部重大课题项目资助
教育部精品视频公开课项目资助
上海市高校智库上海外国语大学中东研究所建设项目资助
上海外国语大学上海市一流学科政治学建设项目资助
上海外国语大学“211 工程”建设项目资助
上海外国语大学精品视频公开课建设项目资助
上海外国语大学主干课程建设项目资助

丝路学研究

——基于中国人文外交的阐释框架

马丽蓉　等著

时事出版社

图书在版编目（CIP）数据

丝路学研究——基于中国人文外交的阐释框架/马丽蓉等著．—北京：时事出版社，2014.9
ISBN 978-7-80232-762-7

Ⅰ.①丝… Ⅱ.①马… Ⅲ.①丝绸之路—研究②中外关系—文化交流—研究 Ⅳ.①K928.6②G125

中国版本图书馆 CIP 数据核字（2014）第 194290 号

出版发行：时事出版社
地　　址：北京市海淀区巨山村 375 号
邮　　编：100093
发行热线：（010）82546061　82546062
读者服务部：（010）61157595
传　　真：（010）82546050
电子邮箱：shishichubanshe@sina.com
网　　址：www.shishishe.com
印　　刷：北京昌平百善印刷厂

开本：787×1092　1/16　印张：35.5 字数：560 千字
2014 年 9 月第 1 版　2014 年 9 月第 1 次印刷
定价：128.00 元

目　录

中篇：中国人文外交的特色项目与交流机制

下篇：中国人文外交的战略机遇及其挑战

导　论

一、丝路学已成为重要的全球治理学科之一

丝绸之路时空跨度大，其时间上可追溯至8000年前，东西全长8000多千米，空间上横跨亚、欧、非三大洲，且形成自中国出发辐射全球的一个有机整体，19世纪70年代，德国地理学家李·希霍芬（F. von Richthofen）在《中国》一书中，把“从公元前114年到公元127年间中国与河中地区（指中亚的阿姆河与锡尔河之间的地带）以及中国与印度之间，以丝绸贸易为媒介的这条西域交通路线”命名为“丝绸之路”。其后，德国历史学家赫尔曼（A. Herrmann）在1910年出版的《中国和叙利亚之间的古代丝绸之路》一书中，进一步把丝绸之路延伸至地中海西岸和小亚细亚，确定了丝绸之路的基本内涵，即它是中国古代经由中亚通往南亚、西亚以及欧洲、北非的陆上贸易交往的通道，因为大量的中国丝织品经由此路西传，故称之为“丝绸之路”。事实上，“丝绸之路”不仅是历史上东西方交流的一个经贸通道，也被喻为世界历史展开的主轴、世界主要文化的母胎、东西方文明的桥梁，是世界公认的、人类历史遗留的珍贵的文化财富。作为大型线性文化遗产典型的“丝绸之路”，在时间上，具有历史悠久性；在空间上，具有跨越洲界、国界性；在资源上，涵盖了自然、文化与综合资源三大类别，是多种文化相互碰撞、融合的结果，也是一个极为庞大的文化复合体；在功能上，具有宗教、商业、管理方面的价值和经济性，以及线路的休闲、教育、生态等功能，故应开发利用丝路的各项资源，有力促进“丝绸之

路”的复兴大业，达到多赢目的。[①]

自“丝绸之路”被德国学者命名以来，这条历史上著名的国际大通道就吸引了许多不同国家和地区学者的关注，并逐渐形成了“丝路学”，至今方兴未艾。“丝路学是一门20世纪才问世的新学问，也是一门涵盖了文化、历史、宗教、民族、考古等人文科学，以及地理、气象、地质、生物等自然科学的，汇聚了众多学科、综合研究多元文化的学问。丝路学来自丝绸之路这一历史性的文化概念的提出，并且最终得到了国际社会与学术界人士的共同认可。”[②] 19世纪末，德国地质学家李·希霍芬在对中国做了综合考察后发现了横贯亚欧的交通大动脉的历史踪迹，将之命名为“丝绸之路”，并完成《中国，亲身旅行和研究成果》的撰写，德国人胡特森又在多年研究的基础上，撰写成专著《丝路》，引发了西方在以后半个世纪中对中国历史遗迹和珍贵文物的劫掠，使数以万计的堪称国宝的珍贵文物从此流失海外，但也引起西方学界从历史学、民族学、考古学、宗教学等多学科开始考察和研究丝绸之路上的相关遗迹，“并从中国黄河流域和长江流域的文明中心向西延展到了地中海东部利凡特海岸一些具有古老文明的城市。德国历史学家赫尔曼在1910年发表的《中国和叙利亚之间的古丝路》完成了对丝绸之路的学术认证”。而且，“由于频繁的使节往来、商品交换、宗教传播和文化交流形成的必不可少的交通要道，也有过足以令人刮目相看的繁荣历史。东方曾经有过的这种文明，本来足以使进入环球航行时代以来欧洲列强所标榜的‘欧洲中心论’发生动摇。然而自从欧洲学术界提出丝绸之路之后，接下来就有‘古巴比伦移民中国’、‘腓尼基人航抵山东’、‘中国人种西来’、‘仰韶彩陶文化西来’、‘中国青铜工艺西来’的学说接踵而来，似乎无论哪一样新发现、新材料都在显示中国文明的根在西方。足见丝绸之路的提出更深层次的问题是，欧洲人或者说欧洲的学术界想要指明东方文明源自西方”。[③] 在“欧洲中心论”阐释框架下形成了欧洲学派，开始了丝路学的起步阶段，且从19世纪末至20世纪前、中期约为50年。

---

① 李林：“‘文化线路’与‘丝绸之路’文化遗产保护探析”，《新疆社会科学》2008年第3期。

② 沈福伟：“丝绸之路与丝路学研究”，光明网2009年12月30日。

③ 同上。

自20世纪前、中期开始，中国学派的崛起又将丝路学研究带入新的发展阶段，甚至“迎来了丝路学研究的高潮。第一次高潮是中外科学家共同发起的。1927年经过南京政府核准，在北京由中国和瑞典双方合作组成了中瑞西北科学考察团，到中国西部地区进行综合考察。考察团搜集到大批的资料、标本、简牍、石刻、壁画和各种古文字的文书以及丝织品，第一次实现了在中国政府监管下对丝绸之路沿线埋藏的珍贵文物进行发掘、搜集并善加保管，为中国学术界建立丝路学，给今后以中国为主体进行国际合作，构筑了中外科学家相互交流的平台。丝路学研究在20世纪的七八十年代进入第二个高潮。在1959—1975年间，由新疆博物馆和吐鲁番文管所牵头，对吐鲁番县的阿斯塔那和哈拉和卓古墓群进行系统的发掘，获得了上万件极具社会与文化价值的文书，在1992年出版了10卷本《吐鲁番文书》释文。在这段时间里，卷帙浩繁的敦煌学已从丝路学的分支脱颖而出，成为一门独立的学问，即以‘敦煌’为一个代名词，研究以敦煌为中心在丝绸之路展开的东西方文化交流，并出现了‘敦煌学在世界’的研究现象。1983年8月成立的敦煌吐鲁番学会，标志着自提出丝绸之路到丝路学研究取得丰硕成果，已经走过了一百年。其中最后的50年，经过中国学术界的努力奋进，终于扭转了‘丝绸之路在中国，丝路学中心在西方’的那种令中国人陷于丧失民族自尊的窘境”。[①] 除派生出敦煌学外，郑和研究已成为中国丝路学中又一支生力军，且因郑和文化构建了丝路精神的核心内容、郑和外交奠定了中国和平外交的坚实基础而彰显了极具活力的学术前景与中国丝路学的转型。我国丝路研究已有多年历史，且能够“把中国丝路发展与整个人类文明史的发展结合起来，在这个过程中，看到中国丝路发展的一个显著特点，中国丝路目的不是为了对别国的侵略和掠夺，而是为了经贸合作、文化交流。经贸是双方的，文化交流是相互的，所以中国的丝路，既促进了我国与世界各国经济合作共同发展，又促进了与各国的文化交流。中国的丝路发展史，是世界人类文明的发展史的重要组成部分；对人类社会文明史的发展发挥了巨大作

① 沈福伟：“丝绸之路与丝路学研究”，光明网2009年12月30日。

用”，故丝路学的主题思想可概括为“丝路文化”。[①]

美国的丝路研究，也主要是在西方探险家于19世纪末20世纪初对丝路沿线考察挖掘所带回的相关实物与资料基础上起步的，尤其是20世纪中期以来，中、俄等国考古学家经过大量考古发掘后掌握了珍贵的第一手资料，所撰写的学术成果被美国丝绸之路基金会所创办《丝绸之路》杂志译为英语介绍给西方学界，“使传统的丝绸之路研究与最新考古发展接轨”。因为，《丝绸之路》“旨在努力打破地域与语言的障碍，为相关领域的研究者与爱好者提供有关丝绸之路及中亚研究发展的各种准确信息”，并强调“丝绸之路”不仅是一个时间与地域概念，还“包含了复杂的历史文化发展过程，是一个尚待进一步深入研究的领域。近年来，随着东西方联系与交流活动的频繁，作为多种文化交流融汇象征的古老的丝绸之路及其研究越来越多地引起了各界人士的关注。《丝绸之路》定位于‘东西方文化的桥梁’，以普及欧亚大陆的历史与文化知识为己任，特别关注大约两千多年前贯通欧亚的贸易与文化交流开始形成的时期以及后来延续的数个世纪”。[②] 1996年美国约翰·霍普金斯大学成立了中亚与高加索研究所，旨在“提升中亚与高加索地区在美国对外政策中的重要地位，为美国政府提供有关区域的丰富、可靠的政策咨询”。[③] 2005年，中亚与高加索研究所设立了“丝绸之路研究项目中心”，所长F. 斯塔尔（S. Frederik Starr）既是该所创建人，又是此中心的创办者，还因担任“新疆工程”项目总负责人、主编和出版了《新疆：中国的穆斯林边陲》、《新疆问题》等而“成为美国学术界研究涉疆问题的带头人”。[④] 正因为如此，美国丝路研究逐渐向政策建言的智库功能拓展，不仅影响了美国政府和公众在涉疆问题上的政策与态度，还甚至成为美国“丝绸之路新战略”的重要理论来源。斯塔尔提出了“大中亚”这一概念，主编出版了《新丝绸之路：大中亚的交通和贸易》，与卡钦斯教授联合发表《阿富汗成功的钥匙：现

---

① 张海峰：“建立‘丝路学’的新构想——把丝路研究作为一个学科建立起来将研究向前推进一步”，《海洋开发与管理》1997年4期。

② 蒋小莉：“‘东西方文化的桥梁’——美国丝路基金会英文刊物《丝绸之路》评介”2010年5月24日，www. serindia. org. cn/p。

③ 中国现代国际关系研究所：《美国思想库及其对华倾向》，时事出版社，2003年版，第450—458页。

④ Frederik Starr, “A Partnership for Central Asia,” *Foreign Affairs*, July-August, 2005.

代丝绸之路战略》等报告。但是，斯塔尔也强调存在着两个“新丝绸之路”概念：一个是一直在进行的欧亚大陆的交通和能源等的连接过程；另一个是美国的外交政策，它们有许多联系，在一些方面难以分开，但它们是两个概念，不能混为一谈。[①] 亦即，美国丝路学的政治化主要包括新疆工程、中东战略、中亚战略等。

此外，日本的丝路学研究，始于东洋史的塞外史研究，并着力于东西交流史的研究，1980 年、1983 年 NHK 的大型节目“丝绸之路”第1—2 部的播放，引起了日本大众的“丝路热”甚至“丝路游”，也带动了日本丝路学的发展，“致力于丝绸之路历史的体系化”研究。亦即，“东西交流史本来就不是仅仅研究中亚、西亚的学问，而是在严密考证的基础上，展望宏大的人类史整体的学问。从这个意义上说，首先需要从世界历史的视野将丝绸之路史论加以体系化”。[②] 近年来，日本也提出了“丝绸之路战略”。同样，韩国学界“也一直关注丝绸之路和东西方文化交流”，认为“丝绸之路的核心因素无疑是交流，那么，丝绸之路学也应该援用‘交流’这个词，这就是丝绸之路学的基本原则”。[③] 韩国文明交流研究所所长郑守一就将东西文化交流命名为“丝绸之路学”，出版了《丝绸之路学》等成果，强调“丝绸之路的存在，既是文明交流的前提，也是必然的产物”，以及“世界各地文化的距离不像我们想象得那么远，它们都通过陆路和海路接受新的文化，所以，我们不必也不可被约束在一个文化圈之内。文明在不同的地方发源，都是在交流的过程中发展的；没有交流，也就没有发展”[④] 等，对韩国的丝路学研究产生了深远影响。

事实上，丝路学已成为涉及社会科学、自然科学、人文科学等多学科的综合性学科，并形成欧洲学派、中国学派、美国学派，以及日本、韩国等研究重镇，历经“丝路遗迹→丝路文献→丝路历史→丝路贸易→丝路文化→丝路交流”等研究阶段。在国际体系转型之际，随着全球经济与

---

① Central Asia, *Afghanistan and the New Silk Road*: *Political*, *Economic and Security Challengers*, The Jamestown Foundation, November 14, 2011, p. 9.

② 胡小鹏编译：“日本的丝绸之路研究动向与展望”，《丝绸之路》1993 年第 2 期。

③ ［韩］郑广薰：“作为丝绸之路学的韩国敦煌学”，《丝绸之路》2012 年第 22 期。

④ 同上。

政治重心相继移至亚欧大陆，尤其是美国的“亚太再平衡战略”、中国的“丝路战略”等，都将为丝路学拓展新的学术空间，赋予丝路学更多宏观性的战略品格。不仅如此，在全球化的现实背景下，在以海上、陆上两条丝路为主的沿线地区，由全球能源贮备与需求的中心带、全球分离主义集中带、伊斯兰恐怖主义集结带等所致的安全与非传统安全挑战极为严峻，使得丝路研究不得不作出应有的学理性回应，“丝路外交”已成为丝路学研究新的研究议题，以“丝路合作”为宗旨的丝路治理模式正在中国等的倡导与推进下逐步赢得世界的认可与响应，丝路学实为治理学抑或合作治理学，甚至可以说是全球治理中的“中医学”，“中国智慧”与“中国方案”正在融入方兴未艾的全球治理学科当中，中国特色的治理模式的出现标志着丝路学发展的新趋势。

二、中华文明在丝绸之路交往中成长

就某种意义而言，丝绸之路才是我们解开中华文明为何成为世界唯一未断层的、最古老文明奥秘的关键所在。按照汤因比“在诸文明的起源问题上，挑战与应战间的互动是超出其他因素的决定性因素”[①]的文明起源说，作为世界上最古老的持续时间最长的文明，中华文明的直接源头为黄河文明、长江文明和北方草原文明等。产生中华文明的重要因素非黄河和长江莫属。在黄河流域产生的农业文明，受到不同历史时期自然地理因素的影响，不断向长江流域农业文明过渡、发展。长江流域农业文明是黄河流域农业文明的继承和发展。在数千年的古代历史上，中华民族以不屈不挠的顽强意志和勇于探索的聪明才智，创造了同期世界历史上极其灿烂的物质文明与精神文明。万里长城、大运河、明清故宫以及多姿多彩的各种出土文物，无不反映出大胆、高超的生产技术；同时在思想文化、科学技术领域产生了无数杰出的人物，创造出无比博大、深厚的业绩；而包括指南针、造纸术、火药和印刷术这“四大发明”在内的无数科技成就，更使全人类获益，并印证了某些文明生长规律：1. 挑战与应战互动频次

---

① ［英］阿诺德·汤因比著，郭小凌等译：《历史研究》，上海世纪出版集团，2005 年版，第 82—83 页。

与文明生长期成正比。“如果文明不断生长，仅有一次从动荡到平衡的有限运动是不够的。要把这种运动转变成周而复始的节律，必须有一种‘生命冲动’，以便将挑战的对象再度从平衡状态推入动荡之中，再次面对新的挑战，再度刺激它以一种新的平衡状态结束动荡继而作出新的应战，如此交替，不断前进以至无穷。”① 2. 文明生长具有内外显现性。“文明似乎就是这样，通过‘生命冲动’不断生长，生命冲动推动挑战通过应战到达另一个挑战。这种生长表现在内外两个方面：宏观上，生长本身呈现出一个逐步控制外部环境的进步过程，微观上则是一个逐步自决和自我表达的进步过程。”② 3. 文明生长受制于其自决能力。“就成长和持续生长而论，它面对的是越来越少的来自外部力量的挑战和对于外部战场的强制性应战，不得不面对的是越来越多的来自内部的自身挑战。生长意味着成长中的人格或文明趋向于成为自己的环境，自己的挑战者，自己的行为场所。”③ 4. 文明生长需要适宜的外部环境。“我们可以把外部环境细分为与之密切相关的其他人组成的人为环境和非人类物质构成的自然环境。在正常情况下，对人为环境的逐渐征服表现为社会在地理上的不断扩张，对自然环境的征服表现为技术上的进步。”④ 换言之，“文明成长的动力来源于挑战激起成功的应战，应战又反过来引发新的挑战”。⑤ 中华文明的生长是在连续不断的“挑战—应战”中获得发展的动力，外部环境的征服与内部自决的强化相随相伴于初期的生长阶段，并在中外文明的丝绸之路交往中成长。

文明碰撞主要包括同时代空间上的横向接触与不同时代时间上的纵向接触。就同一种文明而言，一般很难兼顾两者，要么与同时代的其他文明实现横向交往，要么与不同时代的流产文明实现纵向传承。但“丝绸之路”却使中华文明实现了时空双维上的文明接触：1. 就时间而言，在两千多年的中外文明丝路交往史上，实现了中华文明与不同时代文明在物

① ［英］阿诺德·汤因比著，郭小凌等译：《历史研究》，上海世纪出版集团，2005 年版，第 187 页。

② 同上书，第 188 页。

③ 同上书，第 207 页。

④ 同上书，第 189 页。

⑤ 同上书，第 861 页。

质、制度、精神、心理等不同层面的交往，并将伊斯兰教、佛教等华化，使得中国伊斯兰文化、中国佛教文化已成为中华文明的有机组成部分，也使得中华文明显现出成长文明所特有的“多样性和分化趋势”；① 2. 就空间而言，中外文明的丝路交往始于汉、兴于唐宋、盛于元明、衰于清、复兴于当代，呈现出中外丝路交往的兴衰与中华文明的兴衰同步的特性，两条丝路在中华文明成长中所提供的空间支撑作用至关重要，彰显丝路交往所具有的和平性、互惠性与包容性的特质。

丝路不仅促成了中外文明时空双维上的接触，还因张骞出使西域、郑和七下西洋而将中华文明成功纳入世界文明交往体系内，在征服高山、大海中实现了中华民族走向世界、融入全球的梦想，中华文明也在丝路文明交往中取长补短、不断成长。

公元前138年，张骞首次出使西域，虽未完成“联合大月氏夹击匈奴”的军事使命，但却带回较为详尽的西域信息，并成为《汉书·西域传》的资料来源。公元前119年，张骞为完成“联络乌孙等国打匈奴”的军事使命再次出使西域，并“在乌孙又派副使分赴西域诸国及安息、身毒、康居、大宛等加以联络。公元前115年，张骞回国不久卒，他所派出的副使在张骞去世不久，也都先后完成使命，与各国使节一同回到长安”。② 张骞两次出使西域，开辟了“丝绸之路”，被司马迁誉为“凿空”之举，其意义：“首先，开阔了古代中国人的视野，丰富了人们的地理知识。张骞以亲身经历和实践，发现和考察了被匈奴中断和阻塞的丝绸之路，详细记载了丝绸之路的具体路线和行经地点，以及详细报告了中亚各国山川、地形、风土人情、物产等自然和社会情况，这无疑是给当时的中国人开辟了一片知识的新天地；其次，它沟通了中国与中亚地区以及印度等国的直接联系，结束了中国靠传闻猜想外部世界的历史，从此才真正了解和掌握了沿丝绸之路各民族和国家的真实情况，进一步激发了与外部世界交往的热情；再次，促进了中西经济文化的交流和发展，使得汉族和西北边疆各族以及中国与亚、欧人民的友好交往进入一个崭新阶段。张骞之

① ［英］阿诺德·汤因比著，郭小凌等译：《历史研究》，上海世纪出版集团，2005年版，第872页。

② 白庆红：“张骞出使西域及‘凿空’的内涵与意义”，《滨州师专学报》1998年3期。

后前往西域的汉朝使者，为了取得西域人民的信任，仍然打着张骞的旗号皆称‘博望侯’（张骞的封爵）。”[①] 张骞在20余年里两次出使西域，行程万余里，历尽千辛万苦，成就了“凿空”伟业，并将中华文明带向世界，这就是陆上“丝绸之路”的意义所在。

铸就海上“丝绸之路”辉煌的当数“郑和七下西洋”壮举。研究发现，郑和在第四、第五、第七次下西洋中三访忽鲁谟斯（今霍尔姆斯海峡），且从那里派遣分队赴红海和东非。[②]“明初年对外联系极其频繁，中西交通大开，与郑和自海路七下西洋交相辉映的，是傅安、陈诚等从陆路出使西域。海陆并举，堪称中西交通史上的盛事。郑和首次下西洋时，傅安还没有回来，因此，当时的陆路丝绸之路是不通的，所以下西洋的目的也就是从海路通西域。至永乐十一年（1143年），郑和第四次统领舟师下西洋，前往忽鲁谟斯等国。在郑和遗留的两通重要碑刻《娄东刘家港天妃宫石刻通番事迹记碑》和长乐《天妃灵应之记碑》中，也都是将忽鲁谟斯置于西域的。”[③] 但是，在郑和第七次下西洋后，忽鲁谟斯却被置于“西洋”之内了。忽鲁谟斯既是东、西方贸易集散地，还是陆、海交汇之地。明朝人对“忽鲁谟斯”历经“西域”至“西洋”的认知演变，折射出“郑和从海路前往忽鲁谟斯，正是给古代丝绸之路划了一个圆。丝绸之路从陆到海，至此得以全面贯通”这一事实，表明“丝绸之路，是中西交往的通道，是流动的文明之路。从张赛凿空西域，到郑和下西洋，其间经历了1500多年，中国人向西的寻求始终没有中断过，史无前例的大规模走向海洋，促成了享誉世界的古代丝绸之路的陆海全面贯通，下西洋为沟通亚非文明的联系和进一步交融，做出了卓越贡献”。[④] 不仅如此，“郑和七下西洋”的壮举，还使得“西洋”一词的衍变与中国人的世界观变迁息息相关：狭义的“西洋”，“包括郑和下西洋所到的今天印度洋至波斯湾、北非红海一带”；广义的“西洋”，“是 个象征整合意义的西

---

① 白庆红：“张骞出使西域及‘凿空’的内涵与意义”，《滨州师专学报》1998年3期。

② 关于忽鲁谟斯，可参考最新的研究成果：［德］廉亚明、葡萄鬼著，姚继德译：《元明文献中的忽鲁谟斯》，宁夏人民出版社，2008年版。

③ 万明：“郑和下西洋：异文化、人群与文明交融”，《中外关系史论丛第19辑——多元宗教文化视野下的中外关系史》，中国会议2010年11月13日。

④ 同上。

洋，有了引申海外诸国、外国之义”。亦即，“从东西洋并列到西洋凸显，至囊括了东洋，进而成为海外国家的通称。语词的衍变，即内涵增值过程，反映了人们观念的变化，一个新的‘西洋’概念就此形成了”，“显示出郑和下西洋极为深远的影响力当非虚言”，明代“西洋”的凸显，“就是海洋的凸显，是大陆文明到海洋文明转换的标识；因此，下西洋不仅是对传统的一次历史性总结，而且同时也标志了一个新世纪——海洋世纪的开端，在文明史上具有里程碑的重要意义”。①

从张骞“凿空”伟业到郑和“七下西洋”壮举，均“说明了交往的至关重要性。没有一种文明可以毫不流动地存续下来：所有文明都通过贸易和外来者的激励作用得到了丰富”。② 亦即，“文明交往就是某一地缘文化对环境的社会生态的适应性交往”，也“就是通过开放性和互动性的动态平衡，不断调整和更新文化来适应变化了的环境，以创造和传承民族文明”。③ 历史上有两条横贯欧亚非大陆的商贸大通道，将古老的中国文化、印度文化、波斯文化、阿拉伯文化和古希腊、古罗马文化连接起来，促进了东西文明的交往，包括开展商品贸易、共享技术发明、包容多元宗教、传播文明理念、营销国家形象与提供公共产品等，中华文明在丝路交往中因求同存异的包容性以及善于化解异质文明间矛盾的弹性结构而成为举世罕见的“连续型文明”，④ 尤其是由汉至唐，丝路通达而繁荣，罗马帝国正值拜占庭时代，其首都君士坦丁堡（今土耳其伊斯坦布尔）与大唐帝国之都长安，既是东西两大文明的中心，又是丝路终点和起点，使东西方文明交往达到历史高峰。但是，“安史之乱”使得东西方文明交往受阻于陆上丝路而转向海上丝路，其原因主要包括：1. “安史之乱”是一场政治叛乱，也是唐朝由盛而衰的转折点。唐王朝因调兵平叛将陇右、河西、朔方一带重兵调遣内地，失去对周边地区的有力控制，吐蕃乘机尽得陇右、河西走廊，安西四镇随之全部丧失。回鹘南下控制阿尔泰山一带，大

① 万明：“释‘西洋’——郑和下西洋深远影响的探析”，《南洋问题研究》2004 年第 4 期。

② ［法］费尔南·布罗代尔著，肖昶等译：《文明史纲》，广西师范大学出版社，2003 年版，第 30 页。

③ 彭树智：《文明交往论》，陕西人民出版社，2002 年版，第 23 页。

④ 同上书，第 14—15 页。

食也加强了中亚河中地区的攻势，随之出现这三种力量间的争夺与混战，造成唐王朝边疆不稳甚至西域独立，导致这条陆上交往大动脉“道路梗绝，往来不通”。2. “安史之乱”对北方生产造成了极大破坏，丝绸、瓷器产量不断下降，北民南迁，带去大量劳动力与先进生产技术，促进江南经济的发展，南方经济日益超过北方，使中国经济重心进一步南移，因而相对稳定的南方对外贸易明显增加，带动了海上丝路的繁荣。3. 作为陆上丝路核心区域的西域，不仅是多民族、多宗教交汇处，还是传统与非传统安全挑战最严峻地带，历代王朝经营西域的原因在于，控制了西域既可彰显国威、保证丝路贸易的繁荣，还可牵制和削弱北方游牧民族的势力，进而保障河西、陇右的安全，防止南、北两个方向游牧民族势力的汇合。4. “安史之乱”是唐代社会的一场浩劫，在摧残唐朝政治、经济、文化和社会生活的同时，也彻底破坏了唐朝的国家形象与国际声誉，且对唐代的对外交往产生了消极影响。5. 中世纪的欧洲人掌握了航海知识、中国人开始将指南针技术运用于航海实践，这些促成了海路交通的兴起，开展运载量大、安全便捷、成本低廉的海路贸易更成为海上丝路逐渐取代荒芜的陆上丝路的主要动力，“利益是文明交往的驱动因素”，且“经济利益是根本的利益”,[①] 海外贸易又带动了中外文明交往在海上丝路的兴起，并使得中华文明的成长进入快速发展期。尤须指出的是“跨海迁徙有个简单的共同点：在海上迁徙时，移民的社会用具必须打包上船才能带离家乡，到了旅途终点还得取出行囊。各种用具——人、财物、技术、制度或思想——都势必服从这一法则。所有无法海运的东西都必须留下来，而许多东西——不只是物质的——只要被带走，就必须被拆散，而且可能再也无法组装成原来的样子……在民族迁徙中，这种从静止到疾风暴雨式剧变的陡然转化对任何社会都将产生巨大影响，这种影响对航海者显然比对陆上迁徙者更为剧烈，因为后者可以随身携带的许多社会用具在航海时必须丢下。”[②] 尽管跨越海洋是一种可怕的挑战，但郑和及其团队大胆而成功地一次又一次征服了海洋的挑战，给沿途国家带去了商品、技术、制度与

---

① 彭树智：《文明交往论》，陕西人民出版社，2002 年版，第 27 页。

② ［英］阿诺德·汤因比著，郭小凌等译：《历史研究》，上海世纪出版集团，2005 年版，第 107 页。

思想，同时带回有关外界的奇闻轶事、奇珍异兽，以及陈规陋习的抛弃等，尤其是“越海迁徙的一个独特现象是不同种族的大融合，因为社会组织中首先要抛弃的便是原始的血缘群体”。① 因此，相比较而言，海上丝路对中华文明成长所发挥的作用大于陆上丝路的作用，这从为文明交往提供交通支撑的时间长度与应对内外环境挑战的强度上得以印证。

两千多年中外文明丝路交往史表明：1. 国家繁荣→丝路通畅→文明交往频繁→中华文明昌盛，反之亦然（如图 1 所示）。凸显出“国强、路

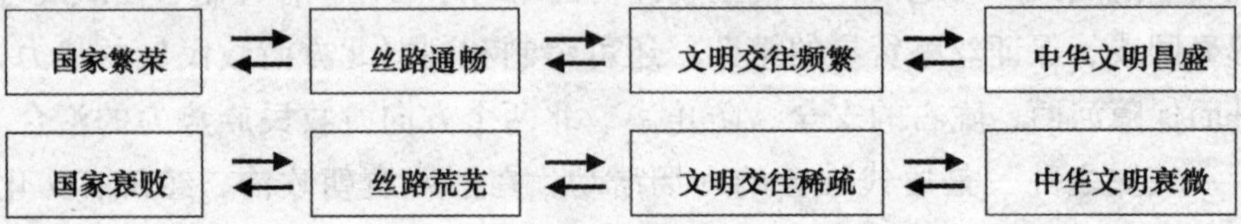

图 1

畅、交往密、文明盛”的这一特有的中华文明成长规律，陆海丝路的相继衰芜，中亚、波斯和阿拉伯文明也遭欧洲文明的冲击，不仅使中外文明交往丧失了有力的交通支撑，还折射出人类文明在近代交替与震荡的历史事实。2. 两条丝路上的中外文明交往已积累了宝贵的“中国经验”：以和平性、互惠性、包容性为主的交往特征，官民并举的交往态势，丝绸之路为主的交往途径，郑和等伟大先驱者所践行的和平外交思想，以及中华文明在丝路交往中成长，并因绵延不断的丝路支撑而成为唯一没有断层的最古老的文明等。这些不仅对中国和平外交实践与理论建设具有切实指导意义，还对全球化时代多元文明并存具有一定借鉴价值。3. 丝路之所以成为世界最兴旺繁荣的贸易之路，则是因为中国是当时世界的制造中心与发明中心，由丝路远销世界的不仅有中国的丝绸、茶叶、瓷器等日常生活用品，还有指南针、火药等四大发明及其技术等。后因战乱动荡以及闭关锁国的政策，更因西方近代技术工业的兴起，尤其其随着西方近代技术工人相继生产出替代品、衍生品甚至新产品后，中国在古代世界产品供应、技术输出的权威地位被取代，导致丝路相继衰

① ［英］阿诺德·汤因比著，郭小凌等译：《历史研究》，上海世纪出版集团，2005 年版，第 108 页。

芜，凸显出中华文明通过向世界提供商品、技术、制度与公共产品等方式参与丝路文明交往的一种成长模式，丝路见证了中华文明的兴衰，中华文明也将复兴于丝路，丝路命运与中华文明命运互为因果并形成共构关系。

因此，“丝绸之路在更深的层次上提出的是一个中国文明如何起源、从何而来的大问题。中外学者对中国文明的起源，从它的发端、演进到成熟的全过程进行了规模空前的田野考古，对现今尚在的遗址、遗存的文物给予了充分的保存、修复和研究，终于弄清了以中国为主体的东亚文明是一个至少在一两万年前甚至一二百万年前，就已独立形成的生态环境……以丝绸贸易为主要媒介的丝绸之路所反映的不仅仅是东西方的经济交流，更重要的是东西方文明之间的联系与交流，这种关系才是丝绸之路的文化价值所在，也是一个在世界范围内文明传播的重大命题”。①

三、丝路外交是大一统国家外交制度与政策相结合的产物

在汤因比看来，大一统国家多具有“传导作用”与“和平心理”：1. 大一统国家促进了“其他各种制度的发展”，且其“制度以‘幽灵’的方式借尸还魂”，其“推行秩序和统一，不仅为地域隔绝的地区性国家，而且为社会分立的社会阶层提供了具有很强传导作用的沟通手段”。② 2. 大一统国家的当权者“在与内部无产者和外部无产者以及濒临解体的文明所接触的任何外来文明交往时，不得不谋求建立和谐关系”，“非暴力”成为“一种心理状态和行为准则”，③ 且“为维护自身的统治，必须推行宽容政策”，“这种宽容体现为反对战争”。④ 具体而言，中华文明之所以成为世界上唯一没有断层的古老文明，还体现在自汉、唐、宋、元、明、清至今不同时代相继涌现的大一统国家，以朝贡为主的结伴制度的“传导作用”与汉唐、元明的交友政策的“和平效应”上，并由此形成结伴

① 沈福伟：“丝绸之路与丝路学研究”，光明网2009年12月30日。

② 同上书，第940页。

③ ［英］阿诺德·汤因比著，郭小凌等译：《历史研究》，上海世纪出版集团，2005年版，第603页。

④ 同上书，第941页。

机制与交友政策结合而成的丝路外交。张骞出使西域之所以具有“凿空”意义，是由于他首次“开外国道”，揭开了中国古代外交的新时代，汉帝国“使者相望于道”。[①]“这一划时代重大事件开启了中国古代外交的崭新阶段，使中国古代外交突破了本土和东亚的范围而走向世界。此后在汉唐一千余年中，中国的外交触角西向伸入了中亚、西亚诸国乃至非洲和欧洲；东向及于三韩、日本等国；南向及于中南半岛、南洋群岛和南亚诸国。正是在汉唐时期才奠定了中国古代与外国的基本外交格局。”[②] 因此，张骞两度出使西域，“凿空”崇山峻岭和广袤沙漠，“其因皆由军事目的始，其果皆为军事目的不得，而经济和文化的交往、交易、交流、交结朋友成为其出使西域的最大收获”，[③] 他的两次出使皆为“结伴”之举，他所开凿的丝路延续两千多年一直就是一条结伴交友之路。不仅如此，张骞出使西域的“结伴”之举，还对中国大一统国家的朝贡制度建设产生了重要影响。

中国古代的朝贡制度，在周朝时，表现为周天子与诸侯王国的形态。诸侯王国在其领地内自治，向周天子进贡，以表达共同隶属于中国的意愿。秦汉以后，则表现为中央政府与地方王国的关系。从结构上看，与先秦分封制密切相关的朝贡制度具有以王畿为中心向外层层扩散的特征，涉及中央与地方的关系、民族关系、中外关系等多重内容。“正式的国际性朝贡制度始于汉代，汉朝接受了来自西北和北部地区那些藩属国的朝贡，南方也有小国向汉朝进贡。这些藩属国通过朝贡制度与汉朝和平相处，并保持其内部的独立性。三国时期，魏国和吴国也接受了日本和东南亚国家的进贡。唐代时期朝贡制度初具规模，唐朝政府设立了管理朝贡的专门机构，同时细化了朝贡制度措施。宋元时期，中华朝贡体系进一步发展。宋朝拥有朝贡国 26 个，元朝朝贡国有 36 个。朝贡制度在明朝达到鼎盛，明朝政府大量派人到海外各国宣谕，以鼓励、招徕朝贡，还专门派人到东南亚国家进行特别册封典礼。由于当时的海禁政策，朝贡体系也成了中国与其他东亚国家进行国际贸易的唯一渠道。明朝的持照朝贡国有 15 个。清

① 司马迁：《史记·大宛列传》，第 3170—3171 页。

② 黎虎：“汉唐外交与外交制度论略”，《传统文化与现代化》1998 年 10 月 15 日。

③ 徐习军：“张骞：凿空西域通丝路”，《大陆桥视野》2009 年 1 月 5 日。

朝时期朝贡制度开始衰落，并逐步走向崩溃。清末朝贡体系崩溃的主要原因就是日本明治维新后侵入朝鲜，中国同时失去在日本和朝鲜的影响力。清朝的衰败改变了中国对于传统政治体系的观念，西方开始以现代国家观念改造中国，迫使中国成为殖民地，以中国为主的朝贡体系遭受到前所未有的挑战。清政府同西方国家及日本的战争屡次失利后，东亚的条约体系逐渐取代了朝贡体系。清朝的藩属国相继成为西方的殖民地，成为西方殖民体系的一部分，几乎所有的中国藩属国脱离了中国的朝贡体系，朝贡体系不复存在。”可见，“朝贡制度是中国历代王朝处理民族关系和对外关系的主要模式，也是中国古代的外交关系体制。这一制度的核心理念就是华夏中心意识和大一统理念。朝贡制度是中国传统的儒家思想和封建宗法观念在对外关系上的表现，是中国向海外各国推广中华传统封建礼制的重要载体”。① 其主要功能包括：“第一，等级制。朝贡制度作为古代中国处理民族关系、对外关系的制度，其建立的前提是政治上的臣属。从理论上讲，它是在华夏中心意识和大一统理念的支配下，中国内部封建身份等级制度在对外关系上的延伸。以朝贡制度为核心的所谓东亚国际秩序或华夷秩序以中华帝国为中心，周围夷狄各国接受册封，向中国朝贡。因此，它虽然是若干国家的联合体，但其中各国相互之间不发生直接的关系，而是完全由对中华帝国的直接关系规定的一元化上下秩序构成的。但是，朝贡制度的不平等性主要体现在朝贡表文和朝贡礼仪上，重名不重实，具有形式主义和象征性的特点。第二，互利性。朝贡制度包括朝贡国一方的称臣纳贡和宗主国一方的册封赏赐等内容，是以中国为主体的双向交往制度。当然，对贡封双方来说，各自的利益原则并不相同。第三，和谐性。从世界历史的发展进程来看，如果把朝贡制度下的中外关系看作是一个国家体系的话，那么，只有16世纪以后逐渐形成的近代欧洲国家体系可以与之匹敌，而后者的一个重要特征是对外扩张。与此形成鲜明对照的是，以礼仪之邦、天朝上国自居的古代中国的统治者，将对外交往纳入朝贡制度的框架，目的在于和平自守，维护农业文明的社会稳定，并且通过和平方式将中华文明带给周边少数民族和外国。一般来讲，除游牧民族建立的蒙古政权恃强大的武力东征西讨外，中国对周边国家武力征服皆发生于特定的

① 薛洪涛：“盛极而衰的朝贡制度”，《新华每日电讯》2011年10月14日。

历史阶段和特定的历史背景下。对于与中国保持实质性的朝贡关系的属国，如朝鲜、安南、琉球，只要它们不公开藐视天朝的权威，按既定制度称臣纳贡，中国对其内政便不予干预。而对于那些数量众多的一般性朝贡国，它们是否朝贡完全是一种自愿行为，不受中国武力强弱的左右。这种和平主义特征来源于儒家的德治观念。也正是在与华夏中国的接触的过程中，通过朝贡制度，在东亚各国逐渐形成了以中国古代法为中心的中华法系。”① 可见，在“由内及外建立的同心圆结构——天下主义的朝贡体系”中，“中国是这种国际体系的中核，但依凭的却非军事强权，而是凭借自身高度发达的文明，吸引周边四邻自愿纳入到这一体系中的”。但“批评意见认为，朝贡体系是一种强调等级差异的国际秩序，与当代倡导国家不分大小主权一律平等的国际准则格格不入等，这实质上是一种苛求古人的反历史唯物主义观点……朝贡体系稳定且和谐的客观事实是毋庸置疑的”②，这一体系实质上是“一个四周受皇帝的德治教化，进而形成一个阶梯。中华出自于中央，其影响逐渐向地方、异民族、异地域扩展，形成一个同心圆的关系”。③ 因此，朝贡实为“贡而不朝”，亦即“厚往薄来”的贡赐贸易、象征性的臣属礼仪等，旨在以结交安全与经济伙伴来优化周边国际环境。

张骞“凿空”之举标志着正式的国际性朝贡制度的诞生：张骞两次出使西域，加深了中原对西域的了解，密切了两地间政治、经济、文化联系，尤其是张骞第二次出使西域后，西汉政府对朝贡进行优厚回赐，使得经济利益占主导的朝贡活动异常频繁，朝贡者往来不绝，且出现了贡赐贸易，拉动了中国与东南亚、欧洲的海外贸易。随着张骞的外交冒险，西域也被汉朝纳入朝贡体系，公元前60年，西汉建立西域都护府后，天山南北诸地均归中央王朝统属，开辟了从长安经河西走廊到西域，并连接地中海沿岸的陆上通道，形成一条清晰的文化链，赋予西汉的朝贡制度更多外

① 朱景文：“古代中国的朝贡制度和古罗马的海外行省制度”，《法学杂志》2007年第3期。

② 蔡亮：“共生性国际体系与中国外交的道、术、势”，载《国际观察》2014年1期，第57页。

③ ［日］浜下武志著：“东亚国际体系”，载［日］山本吉宣主编，王志安译：《国际政治理论》，三联书店1993年版，第49—50页。

交内涵：一是西汉在与境外政权的交往中，依据雄厚的经济实力和先进的物质文明成果，采取“厚往薄来”的经济“厚赂”政策，使双方在实际经济需求上产生不对等；二是西汉承袭先秦三代“普天之下，莫非王土；率土之宾，莫非王臣”的观念，认为五服、九服之域，俱应奉中原天子为天下共主，要服和荒服（即蛮、夷、镇、藩），属于国家通过文教约束使之服从并以时入贡的范围，其来朝贡即为荒服，不来朝贡就在五服之外。且他们的朝贡被视为礼义慕化和天子盛德的结果。自武帝始，“致远人”始终是西汉政府的政治追求，武帝本人更看重与葱岭以外大月氏（大夏）、大宛、康居、身毒、安息等大国的交往，而不是塔里木盆地诸小国。“致远人”政策，代表着国势的强盛和圣主的英明，并与西汉、匈奴长期争夺强势地位和宗主身份有关。因此，张骞两度出使西域，主要采用经济“厚赂”、“致远人”等外交政策来寻伴破匈奴，从经济、人文、安全等方面着力建构真正意义上的结伴外交机制。

郑和的“七下西洋”壮举又使得朝贡制度达到鼎盛。1368 年朱元璋建立起高度集权的统一国家，为显示王朝的正统性与合法性，明初统治集团以儒家思想为指导，以程朱理学为正宗，重续百年元朝统治以前的唐宋礼仪和制度规范，积极致力于建构一个以大明帝国为中心、海外诸国称臣纳贡的朝贡体系，在“厚往薄来”原则上明确规定贡期、贡道、勘合、宴赏等仪制。明太祖朱元璋和明成祖朱棣都热心于朝贡体系建设，但两者在价值取向与具体施政方针上却大异其趣：作为朱明王朝创立者太祖，对国内政治给予更多关怀，讲求实效，外交是重要的，但内政高于外交，不以外交损害内政；鉴于历代王朝兴亡与驾驭夷狄关系密切，明初确立守备为主的外交政策，通过朝贡关系，发挥明朝对海外藩国的影响力，以及增强海外藩国对明朝的向心力，将朝鲜、日本、大琉球、小琉球、安南、真腊、暹罗、占城、苏门答剌、西洋、爪哇、湓亨、百花、三佛齐、浡泥十五国列为“不征诸夷国”。如果说洪武朝的朝贡体系是内敛型的，那么永乐朝则是扩张型的。明成祖为一雄才大略之君主，在治国理念与方略上与其父朱元璋及其子孙都有很大不同，成祖在外交上发挥了更大的积极主动性，他派遣郑和下西洋，旨在“宣德化、柔远人”，进而建立一个符合正统礼制的盛大朝贡体系。为此，“明成祖派遣郑和等出使西洋诸国，把军事威慑与和平外交相结合，造成浩大的外交强势，推动朝贡体系建设”。[①] 事实上，郑和通过下东洋与日本结伴共抗倭寇，出色地完成了军事外交使命；郑和又通过“七下西洋”壮举，与亚非30余国缔结外交关系，开展了贡赐贸易与宗教外交，较好地处理了人与自然、人与人、人与神等关系，并缔结了一种新型伙伴关系。“由于在海上建立了‘同舟共济’的合作关系，当他们在怀有敌意的大陆上努力维持来之不易的一块沿海领土时，他们会继续保持原来的思维和行动方式。在岸边和海上，伙伴关系要胜过亲缘关系，一个被推举并深孚众望的领袖的命令也会压倒习惯的召唤。”[②] 郑和与沿途各国建立的“同舟共济”型的伙伴关系包括以不等值的贡赐贸易为主的贸易伙伴关系、以“宣德化、柔远人”为宗旨的政治伙伴关系、以包容多元宗教为内核的人文伙伴关系等。因此，“郑和远航展示了明朝鼎盛时期在对外关系上致力于建构一个以明帝国为中心、海外诸国称臣纳贡的朝贡体系的努力与实践，因而应该把郑和下西洋置于明初政治外交与国际关系的大背景下，考察其与朝贡体系制度建构的关系，在传统与现代转换的相互关照中给予郑和远航恰当的历史定位”。[③] 换言之，郑和之于朝贡制度的贡献在于：1. 郑和下西洋打破了东西两个外交圈的割裂局面，使得朝贡体系由东方世界所通行的地区性国际关系体制扩展为全球性国际关系体制之一，“万国来朝的汉唐盛世”的再现，凸显朝贡制度在构建世界范围内伙伴关系方面的积极成效；2. 郑和使得朝贡由优化周边环境的睦邻制度演变为缔结伙伴关系的结伴制度，且因“海禁”而派生出郑和船队的民间贸易，以及建寺、修庙、立碑等构成的宗教外交，又将朝贡制度建设由官方延至民间；3. 郑和的结伴外交使得朝贡制度得以完善，并形成以朝贡体系为主导的一种国际关系新秩序，向明朝朝贡的国家和部族一度达到65个，日本对琉球、朝鲜，朝鲜对女真，越南对占婆、南掌等国，也都提出了朝贡要求，形成数个次级的朝贡中心，直至清

① 李庆新：“郑和下西洋与朝贡体系”，见王天有等主编：《世界文明与郑和远航》，北京大学出版社，2005年版，第233页。

② ［英］阿诺德·汤因比著，郭小凌等译：《历史研究》上海世纪出版集团，2005年版，第109页。

③ 李庆新：“郑和下西洋与朝贡体系”，见王天有等主编：《世界文明与郑和远航》，北京大学出版社，2005年版，第235页。

朝朝贡体系被条约体系所取代。

与结伴制度相应的是对外友好政策，且在汉、唐、明时期体现的最为明显。

汉武帝时期的对外政策极为务实，“对于其认为在可以控制范围内的政权，如若敢于挑战汉朝的共主地位，就会遭到军事打击，汉武帝就因此先后击灭南越、朝鲜、并远征大宛。而在其控制范围之外的国家，如安息、大秦等，汉朝都承认其独立地位，并不试图进行册封”。[①] 因此，他既采取了军事抵抗匈奴的方式，又采用了和亲政策来处理与周边诸少数民族政权的关系，并派张骞等多次出使西域开辟了贯通亚欧的丝绸之路，使得汉朝外交空前发展，尤其是汉武帝的外施仁义、推行德治的外交政策大大提升了汉朝大一统国家的软实力，并产生了两种显著成效，“一为四方国、族对于汉文化从敌视到仰慕，以匈奴最为典型；二为四方国、族对于汉文化从隔膜到亲近，其中以西域诸国较为典型”。[②] 亦即，汉朝的对外友好政策，不仅将由中原丝织品、丝绸制造技术等所形成的中国的商品—经济形象经西域传向亚欧，还将汉武帝德治观所构建的大一统国家形象、张骞等所代表的中华民族形象，以及“罢黜百家，独尊儒术”的文化政策所弘扬的儒家文明形象等在丝路上远播世界。

作为强盛的大一统帝国，贞观时期的唐朝实施的对外政策主要包括：1. 友善的纳贡政策。“唐太宗时期，每年都有大量的各国朝贡使团来到长安，到新年正月初一集体朝拜唐太宗之时，人数多达好几百甚至上千。政府对这些朝贡使团人员设立了多种优惠政策和待遇，如安排高规格的食宿，馈赠给他们的物品远远超过其进贡品的价值。还有最重要的一点，就是允许这些外国人到市场上去销售他们带来的物品，也放任他们回国之前大量购买中国那些在海外十分抢手的货物。而这正是这些外国人求之不得的。因为这些所谓的朝贡者，其中很多都是商人，他们往往只是打着朝贡的幌子，而行国际贸易之实。”[③] 2. 优惠的外贸政策。“唐代对外贸易的政策就极为宽松、自由和灵活。货币政策是经济制度的核心环节，唐代允

① 参见“朝贡体系”，http：//baike. baidu. com/link? url = HKFObZi – X5RXb_ _ yV0l8gWCiY – f3QoIUtUFId-mwajmMnigI_ NJGCHL6vpOisnej。

② 黎虎：“汉代外交与‘软实力’”，《文史哲》2012 年第 4 期。

③ 梁盼：“唐朝的对外开放政策”，《新财经》2013 年第 4 期。

许境外的货币在国内流通，以此方便外国人在中国的经贸活动。为了鼓励外国人在中国经商，政府还通过减税，甚至连基本的人丁税都予以全免，来降低他们的交易成本，创造了一个属于各国人民的大唐、一个国人永远怀念的大唐。”[①] 3. 包容的社会政策。“唐代的开放是全方位的。对于中国人与外国人的通婚、国内汉族与少数民族的通婚，政府都完全不加以干涉；对国外和少数民族的各种专业人才，也尽量吸纳到中央和地方各级行政机构中；对于外来文化，全社会也形成了取其精华、去其糟粕的包容风尚，整体社会风俗也呈现出全球化和国际化的色彩；外籍工商业者、艺人和宗教人士，都能够自由地出入唐帝国的国境。还有，唐代尊重外国人的习俗和信仰，允许他们在中国建立自己的寺庙，死后还能体面地葬在中国。”[②] 此种对外友好政策也产生了积极效应：1. 侨民多。唐朝高度发展的文化，使来到唐朝的各国人，大多数以成为大唐人为荣。不仅首都长安，全国各地都有来自国外的侨民在当地定居，尤其是新兴的商业城市，仅广州的西洋侨民就有 20 万人以上。2. 留学生多。唐帝国还接收了大量留学生来华学习，仅日本的官派的公费留学生就接收了 7 批，每批都有几百人。民间自费留学生则远远超过此数。3. 外来宗教多。唐朝以道教为国教，并以《老子》、《庄子》等道教经典开科取士，唐高僧玄奘在翻译佛经时都大量吸收了道教术语。佛经的大量翻译与中国僧人思想体系的逐渐成熟，使中国佛教也得到稳固发展，其主要宗派多在此时形成或成熟。伊斯兰教、景教和袄教等也由丝路相继传入中国。4. 对外交往途径多。“唐代的对外交往主要是通过 7 条海陆主干道来实现的。往西，可以穿越新疆的帕米尔高原和天山的各个山口，通往中亚、西亚和南亚；向东，通过在山东半岛的港口，到达朝鲜半岛和日本；向南，陆路通往吐蕃（今西藏地区），海陆由广州通往西方各国；向北，由大同、幽州等区域枢纽城市通往北方各少数民族政权地区。为了方便中国人到外国去，也为了外国人顺利地来到中国，唐帝国在国内各条交通干线上共设立军民两用驿站 1600 多个，其中包括 260 个水路驿站，甚至还有水路和陆路共用的综合

---

① 梁盼：“唐朝的对外开放政策”，《新财经》2013 年第 4 期。

② 同上。

驿站 80 多个，极大地推动了中外人员往来和物质交换。”①

明太祖朱元璋撰写“祖训”使“德化四夷，怀柔远人”成为明前期统治集团对外政策的核心，明成祖朱棣“格守祖训”，对内继续推行“休养安息”的基本国策，对外积极实行“宣德化、柔远人”的外交政策，而“郑和作为明王朝的使臣，在七下西洋的征途中，踏实执行了明太祖亲自制定的、明成祖进一步发展了的睦邻友好政策，大大促进了中国与亚非各国的和平友好关系”。② 具体而言，郑和的外交活动主要包括：“（1）宣德化、柔远人，开诏颁赏，遍谕诸国，宣传明王朝强盛，争取各国来朝。每到一地即宣读大明皇帝的上谕，并通过贸易与赏赐给所在国君以实惠，与所在国确立友好的宗蕃关系，并争取他们到中国来朝贡。由于郑和等人坚持不懈的努力，外交效果十分显著……短短数年间，就有 30 多个国家和地区派出使节到明朝朝贡，出现了‘连年四方蛮夷朝贡之使相望于道’、‘四夷君长执赆献琛顶踵相望’的局面。（2）析矛盾、解纠纷，因东南亚各国间的冲突和战争，严重影响了东南亚地区的和平与安定，引起明朝政府的高度重视，协助解决这些国家的矛盾与争端也成为郑和使团的一项外交使命。郑和解决国与国之间的矛盾冲突的方法，主要是运用和平的外交翰旋方法，劝导诸国化干戈为玉帛，建立睦邻友好关系。对个别以强凌弱之国，必要时也采取强制措施，予以震慑。（3）兴贸易、弘宗教，郑和下西洋一个很重要的任务就是开展与亚非各国的经济贸易活动，包括以‘厚往薄来’为原则的朝贡贸易与官方、民间的互市贸易等，具有互利互惠的作用。在郑和所出使的 22 个国家中，专奉或兼奉佛教的有 10 个、专奉伊斯兰教的有 12 个、兼奉伊斯兰教的 3 个，共有 15 个国家的居民信奉伊斯兰教。因此，宗教在这些国家有着很重要的地位，往往是举国上下的共同信仰和维系感情的纽带。郑和包容性的宗教观，有助于通过宗教信仰、宗教语言和宗教来开展宗教外交，对敦睦邦交起着相当重要的作用。（4）化顽梗，除凶顽，郑和在下西洋中尽可能用和平手段解决各种争端，在凶残的敌人面前，郑和虽不轻易用兵，但也决不示弱，他凭借郑和船队的强大实力，往往突出奇兵，最终取得胜利，并由此显示了他

---

① 梁盼：“唐朝的对外开放政策”，《新财经》2013 年第 4 期。

② 周茹燕：“试论明初睦邻友好的外交政策”，中国郑和网 2005 年 6 月 5 日。

卓越的军事指挥才能。而武装斗争的胜利又有力地支持了外交谈判，促进明王朝与这些国家和地区睦邻友好关系的确立。”① 在国际交往中，国家间为寻求共同利益而建立的合作关系即为“伙伴关系”，有别于对抗、霸权的结盟关系，并为形成我国“结伴不结盟”的外交原则奠定了坚实的历史基石。亦即“结盟关系通过多边或双边条约缔结同盟，制定共同的联盟战略和联合作战计划，必要时统一部署军事力量，统一行动。结盟是针对第三国等其他国家，插手其他国家和地区事务，推行霸权主义和强权政治”，而“伙伴关系最本质的特征是：伙伴国之间平等、不结盟，不针对、不损害第三国的利益，它们建立的基础是利益关系”。② 显然，郑和在其外交实践中，忠实地执行了明朝政府用“宣德化、柔远人”的和平方式和长治久安的方针处理国际争端的基本外交政策，开中国“和平外交”（和平方式、平等关系、不干涉他国内政）先河，旨在缔结“伙伴关系”（谋求经济互惠、文明共享与丝路安全等共同利益）。

从张骞两次出使西域寻求军事伙伴的“结伴”外交到开辟了中外经济、人文交流的大通道、从郑和七下西洋“宣德化、柔远人”的“交友”外交直至“朝贡之使相望于道”的成效，以及形成于汉、发展于唐、鼎盛于明的谋求结伴的朝贡制度等，标志着由“结伴的机制（朝贡制度）+交友的政策（和平友好）+丝路意识（命运共同体）”所组成的丝路外交的正式诞生，其基本内涵为：1. “人类的文明进程犹如艰难地攀登陡峭的悬崖，向着人迹未至、云雾缭绕的顶峰进发，人类的前途显然取决于恢复已经丧失的攀登能力。同样，人类是否能够恢复这种能力，显然取决于是否能够处理好各种人类关系，不仅是人与人、人与自我的关系，更重要的是人与救世主上帝的关系。”③ 起步于中国但永无终点的丝路外交，旨在通过处理人与人、人与自然、人与神等关系来缔结中外“伙伴关系”。2. 朝贡体系常与条约体系、殖民体系并称，是世界主要国际关系模式之一，但基于朝贡体系基础上的丝路体系的构建则为国际体系转型提供了一种新方向：传统大国与新兴大国并存、战略合作伙伴关系增多、军事

---

① 周茹燕：“试论明初睦邻友好的外交政策”，中国郑和网 2005 年 6 月 5 日。

② 季晓燕：“伙伴关系与结盟关系之比较”，《历史学习》2004 年第 1 期。

③ ［英］阿诺德·汤因比著，郭小凌等译：《历史研究》，上海世纪出版集团，2005 年版，第 877 页。

结盟关系减少、“结伴不结盟”的新型国际关系将带动国际体系由冲突、对抗向对话、合作转型。3. 郑和用七下西洋壮举、28 年和平外交实践、亚非 30 多个国家和地区的到访足迹向世界表明，中国不仅能向世界提供丝绸等商品，还能向世界提供“协和万邦”的和平外交理念、“强而不霸”的国际关系行为准则、和平与发展并重的“郑和文化”，以及互惠与包容的“丝路精神”等，是郑和将“丝绸之路”最终成就为中国贡献给世界的一个公共产品，其内涵主要包括：经济互惠、人文包容、安全合作。4. 在上千年的丝路和平交往中，丝路外交不仅传播了商品、技术、大一统的国家形象以及中华文明等，还形成了“贡而不朝”的朝贡制度、“厚往薄来”的贡赐贸易、官民并举的双轨交往，以及宗教、贸易为抓手的交往模式等，更将“伙伴关系”落实到经济、安全、人文等领域，衍生出互惠型的经济关系、合作型的安全关系、包容型的人文关系。其中，人文关系是丝路外交的内核、经济关系与安全关系是其两个抓手，旨在构建大一统国家形象，进而传播中华文明，并形成基本逻辑关系（如图 2 所示）。

四、丝路外交影响力分析

丝路外交已对中国外交产生了重要影响。其中，人民外交、人文外交已成为受丝路外交影响的成功产物，且三者形成同构关系。

周恩来对“人民外交”的贡献在理论层面上主要包括：1. 外交为民观。他强调：“就外交工作来说，则是以国家和国家的关系为对象的。外交是通过国家和国家的关系这个形式来进行的，但落脚点还是在影响和争取人民，这是辩证的。”① 这是中国“民惟邦本”、“国之近在于民之亲”等传统价值观的体现。2. 外交双翼说。他强调文化和经济交流是外交的“两个翅膀”和“开路先锋”，“文化经济交流之所以具有生命力和促进力，是因为它们不像政治关系那么敏感，艺术与体育交流易于被对方所接受，开展经贸合作对双方都有好处……到了一定程度就可以促成政治关系的解冻，而建立起正式的外交关系。说到底，这是外交上的以曲为直、包

---

① 《周恩来选集》（下），人民出版社，1984 年版，第 88 页。

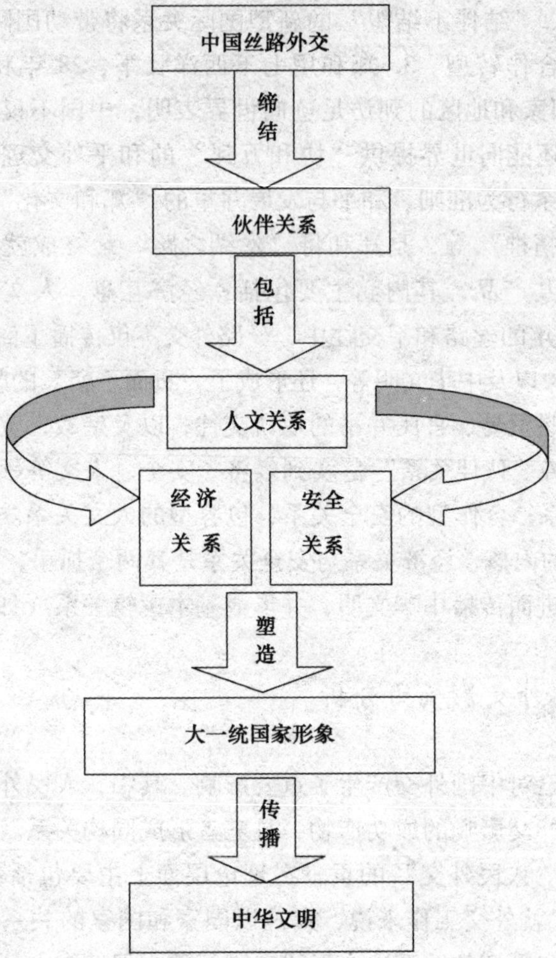

图 2

抄取胜之计”。[1] 这也闪烁着中国传统文化中“仓廪实而知礼仪”的思想光辉。3. 求同存异精神。在 1955 年的万隆会议上，他旗帜鲜明地宣示了“中国代表团是来求同而不是来立异的……从解除殖民主义痛苦和灾难中找共同基础，我们就很容易相互了解和尊重、互相同情和支持，而不是互相疑虑和恐惧、互相排斥和对立”。[2] 这也是中国传统文化中“君子求同、

① 胡长明：《大智周恩来》，中共党史出版社，2008 年版，第 52 页。
② 《周恩来选集》，人民出版社，1984 年版，第 153—154 页 .

小人求异”的和谐辩证法的灵活运用。4. 和平共处原则。在他看来，“新中国成立后就确立了处理中印关系的原则，那就是互相尊重领土主权、互不侵犯、互不干涉内政、平等互惠（后改为平等互利）、和平共处的原则”。和平共处五项原则后来演变为万隆会议基本精神，弘扬了“四海之内皆兄弟”的中国传统人文思想，为世界和平事业作出了卓越贡献。5. “外交就如交朋友”的理念。在交友方面，在中国整个外交史，甚至在世界的外交史上，到目前为止没有人比周恩来总理做得更好，做得更出色。其中，“外交为民”、“和平共处”、“求同存异”等已成为新中国提供给国际社会的公共产品，标明新中国外交话语的初步确立。[①]

在实践层面上的贡献主要包括：1. 他以私交促外交，创建了人文型的首脑外交。在首脑外交中融入个人情谊，在一定程度上调和甚至化解了国家间矛盾，如他与埃及的纳赛尔、越南的胡志明、柬埔寨的西哈努克、巴基斯坦的贝·布托、美国的基辛格、古巴的卡斯特罗、印尼的苏加诺等先后结成深厚友情。他与巴基斯坦布托家族两代首脑的密切私交夯实了中巴友谊，阿里·布托一生曾 9 次访问中国。1972 年 7 月，他还特地将 4 个小孩送到中国度假，贝·布托的母亲努斯拉特·布托是一位为中巴友谊作出贡献的中国人民熟悉的巴基斯坦政治家，曾 5 次访华。1964 年 2 月，年仅 10 岁的贝·布托第一次见到到访的周恩来，1972 年暑期来华又受到周恩来夫妇接见，1989 年 2 月 11 日，年轻的巴基斯坦总理贝·布托上台后首个正式出访国就是中国。1993 年 12 月 27 日，贝·布托总理再次访华，加深了中巴两国友谊……因此，“巴铁”关系中包含着中巴几代领导人感情笃深的互信与支持。2. 他亲手开启了新中国夫人外交，批准成立“夫人工作小组”。仅陈毅夫人张茜出国访问达 21 次之多，并接待过许多总统夫人、王后、公主、首相夫人、总理夫人、部长夫人和妇女界人士等，在东南亚的友好往来中发挥了独特作用。3. 他指导并参与了新中国医疗外交。直接负责组建中国医疗组为友好国家领导人治病，如 20 世纪 60 年代，受周总理委托的吴阶平曾先后 11 次为 5 位国家元首进行治疗，仅为印尼总统苏加诺就治疗过 5 次。又如胡志明晚年身体不好，应越南劳动党中央政治局要求，中国常派医生去河内为其治病，直至生命最后一

---

① “周恩来公共外交研讨会在京召开‘外交就如交朋友’”，中国网 2013 年 3 月 30 日。

刻……他将医疗外交有机融入到首脑外交，充满外交智慧和人文情怀，并大大软化了政治、经济、军事等高级外交。4. 他支持并参与了以包容促沟通的宗教外交。我国是一个多宗教国家，在建国前已形成由佛教、道教、伊斯兰教、天主教、基督教（新教）等为主体，兼有少数其他宗教和多种民间信仰的基本格局。建国后，中国佛教、道教、伊斯兰教、基督教和天主教与许多国家均建立了宗教管道的交流与合作，且周恩来亲自参与其中。在参加万隆会议的29个国家中，伊斯兰国家总数超过与会国一半，且多对新中国意识形态、社会制度和宗教政策等缺乏了解或存有误解。中国代表团为此特意安排达浦生阿訇与刘麟瑞教授参会，并携带《古兰经》、《中华人民共和国宪法》（阿译本）和《中国穆斯林生活》、《中国的穆斯林》等参会资料。据埃及宗教基金部长巴库里披露："中国出席万隆会议的代表团有达浦生先生，他是我在爱资哈尔大学的同学、校友加朋友，还有刘麟瑞先生，他是我在爱资哈尔教过的学生，他能把双方的想法和感情准确无误地进行翻译。"① 于是，纳赛尔指示巴库里多与中方穆斯林代表接触，应周恩来之邀访华的巴库里打开了中埃、中非、中国与阿拉伯－伊斯兰世界建交的大门。此外，周恩来还积极推进佛教交流，如1954年印度总理尼赫鲁访华时赠送了一株菩提树苗，周总理将其交给中国科学院北京植物园养护，这棵长势茂密的菩提树便成为中外高僧顶礼朝拜的圣物；1961年周恩来访问缅甸时曾捐善款建成了瑞喜宫佛塔院旁的佛亭；1963年周恩来指示在日本大明寺建造鉴真纪念堂等，积极推进宗教外交以塑造新中国的民族宗教政策形象。

周恩来所缔造的人民外交已取得了显著成效：1. "和平共处五项原则"是20世纪50年代他在万隆会议上提出并与印度和缅甸政府共同倡导的建立各国间正常关系应遵循的基本原则，会议一致通过的《亚非会议最后公报》确定了指导国际关系的10项原则，核心是"和平共处五项原则"，也被称为"万隆精神"，其实质是和平共处的安全观，内核是中国的"和"文化，是新中国提供给世界的一个公共产品。2. 坦赞铁路是由周恩来指示和督办、迄今中国最大的援外成套项目之一，中国先后派出各

① ［埃及］阿马德·主麻·伊马目：《巴库里与穆斯林兄弟会和埃及革命政府之间关系》，埃及图书总局，第191页。

类工程技术人员 5 万人次（其中 65 人献出了生命）。铁路建成后，不仅成为非洲运输大动脉，也带动沿线的城镇化进程，还在发展中国家和非洲引起巨大反响，并在 20 世纪 70 年代由非洲朋友将我们“抬”进了联合国，中非也成为朋友加兄弟的合作伙伴，坦赞铁路成为凝聚着中、坦、赞三国人民的深厚情谊与“正确义利观”的一个典范，并升华为“坦赞精神”。3. “中巴友谊”已成为能够经得起任何考验的双边关系的代名词，这是周恩来人文型首脑外交的成功典范：他反对巴基斯坦加入西方阵营、主张和巴基斯坦进行友好交往，在印巴存在争议的克什米尔问题上，他坚持公正立场，在中巴边界谈判问题上，他采取原则性和灵活性相结合的方法，妥善解决了两国之间的边界问题，这些均为中巴政治互信关系奠定了坚实基础。4. 在周恩来安排下，1971 年 4 月，美国乒乓球代表团和一小批美国新闻记者抵京，成为自 1949 年以来第一批获准进入中国境内的美国人，推动了中美两国关系正常化的进程，此举对中美关系的突破产生了重要影响，造成了“小球推动大球”的外交效应。

当然，周恩来的“人民外交”也得到了不断丰富，并先后出现了文化外交、公共外交、民间外交、人文外交等相关概念。2008 年 10 月，时任外交部长杨洁篪在中央党校做了题为“奥运后的国际形势与外交工作”的报告，首次提出“要大力开展人文外交。积极扩大对外文化、体育、旅游等领域合作和民间交流，进一步推进海外‘孔子学院’和中国文化中心建设，传播中华优秀文化。加强同国外非政府组织、社会精英、智库和专家学者的交流，广交朋友，增进了解，消除误解。通过公众喜闻乐见的形式，介绍中国的真实情况，争取国际社会最广泛的理解和支持”。[①] 2008 年 11 月，杨部长撰文指出：“大力推进人文外交，加深人与人之间、民众与民众之间、民族与民族之间的相互沟通和友好情谊，对于增进国家与国家之间的信任与合作、促进世界的和平与繁荣，比以往任何时候都重要。”[②] 2009 年 3 月，在十一届全国人大二次会议的中外记者会上，杨外长又强调加强“人文外交”是 2009 年中国外交的“三大任务之一”。同年 7 月，胡锦涛主席在出席第十一次驻外使节会议时指出：“要加强公共

① 杨洁篪：“奥运后的中国外交”，《中国外交》2008 年 11 期。
② 同上。

外交和人文外交，开展各种形式的对外文化交流活动，扎实传播中华优秀文化。”2009年版的《中国外交》白皮书则进一步明确：在2009年，中国将大力开展“人文外交”，积极扩大对外文化、体育、旅游等领域合作和民间交流。2010年11月2日，杨外长在接受《人民日报》专访时提出“公共人文外交”，旨在强调公共外交与人文外交的内在关联性。2012年11月的十八大报告明确指出“我们将扎实推进公共外交和人文交流”。2014年4月2日，中国发表《深化互利共赢的中欧全面战略伙伴关系——中国对欧盟政策文件》中指出，中欧应构建“文明伙伴关系”，“中国愿与欧盟一道，将东西方两大文明更紧密结合起来，树立不同文明和而不同、多元一体、互鉴互学、共同繁荣的典范”。[①] 这是中国新一届政府从人文外交“价值沟通”的高度提出推动中欧全面战略伙伴关系发展的新理念，既从根本上充实了“伙伴关系”的内涵，又更新了中国外交的话语体系，并赋予人文外交更多的现实意义。

“人文外交”这一概念的衍化，也从内涵、外延、主体、特点、作用、途径和目的等层面逐渐廓清了其与人民外交、文化外交以及公共外交等的关联。人文外交的概念边界应着眼于以下几点：一是必须结合中国的社会主义核心价值体系，明确“富强、民主、文明、和谐”的国家层面的价值目标，“自由、平等、公正、法治”的社会层面的价值取向，以及“爱国、敬业、诚信、友善”的个人层面的价值准则，秉持“亲、诚、惠、容”的外交理念积极开展人文外交；二是人文外交在决策与实践环节注重民生诉求，因而获得了较为坚实的国内外民意基础，表明中国外交的关注对象已由政治、经济、军事等“高级政治”扩展到普通民众的情感联络、心灵沟通和价值认同等人本领域，折射出当代中国外交积极推进软实力提升的发展趋势；三是人文外交将非政府组织和智库等非国家因素的地位提升到空前的高度，重视同国内外非政府组织、社会精英、智库和专家学者的交流与合作，充分发挥其在信息咨询、专业知识等方面享有的资源优势，使外交决策及其实践更具科学与理性成分；四是从某种意义上说，人文外交是一种形象政治，塑造和修复国家形象是其核心目标，是

① “深化互利共赢的中欧全面战略伙伴关系——中国对欧盟政策文件（全文）”，新华社2014年4月2日。

整个外交全局中核心、基础和关键部分，也是缓解矛盾与冲突并激活国家潜力的润滑剂，因而也是解决中国进一步发展中瓶颈问题的有效途径之一。

在某种程度上看，人文外交实为人民外交的继续、文化外交的拓展，且与公共外交关系极为密切，是丝路外交与人民外交的影响产物。秉承“人文关怀”与“和合”传统价值观的人文外交，既是中国外交之哲学，亦为实现中国大外交目标之艺术，其基础性、先导性、广泛性和持久性，也决定了其具有时间长、见效慢、回报率高等特性。在广泛的国际关系领域，最直接、最经常的关系，则是人文关系而非政治、军事及经济等关系，故国际交流的实质是人文价值观的沟通和较量。因此，人文外交，不仅是大外交的组成部分，还是整个外交的核心所在。尤其是新中国的人文外交，既是对历史悠久的“丝路外交”的继承，又是对成效显著的“人民外交”的发展，并成为中国特色的和平外交传统的有机组成部分。其中，丝路外交、人民外交、人文外交具有同构性（如表1所示）。

表1　丝路外交、人民外交、人文外交同构性分析图表①

类型	政策	机制	领域	目标	性质	途径	成效
丝路外交	“宣德化、柔远人”	朝贡制度	经济、人文、安全	结伴交友	伙伴关系	官民双轨	传播大一统国家形象；传播中华文明形象；提供公共产品
人民外交	“睦邻友好”	不结盟制度	经济、人文、安全	结伴交友	伙伴关系	官民三轨	传播新中国形象；传播中华文明形象；提供公共产品
人文外交	“亲、容、诚、惠”	结伴不结盟制度	经济、人文、安全	结伴交友	伙伴关系	官民等多轨	传播国家形象；传播文明形象；提供公共产品；开展价值沟通

①　根据笔者搜集资料相关资料整理而制成。

同构性是指世界上一切事物都具有相同或相类的系统结构，如表1所示，这三类外交隶属于中国上千年和平外交传统的影响产物，其同构性主要体现在如下几个方面：

一是三类外交的目标都是结伴交友，其所缔结的双边关系的性质均属于伙伴关系，所涉及的交往领域主要包括经济、人文与安全等，烙有商旅、教旅和学旅“三轨并存”的丝路交往模式的影响之印，以及经济互惠、人文包容、安全合作的“丝路精神”的传承与弘扬。因此，以结伴交友为目标导向的中国外交，是丝路上中外文明上千年和平交往实践中所积累的“中国经验”的产物，对中国和平外交实践与理论建设具有切实指导意义，对全球化时代多元文明并存具有一定借鉴价值。

二是“协和万邦”的外交政策、结伴交友的外交制度，尤其是“贡而不朝”与“厚往薄来”为特质的朝贡体系向结伴体系的演变，渗透着中国和平外交的“文化基因”，“自1993年中国与巴西建立首对战略合作伙伴关系以来，中国目前已与50多个国家和地区组织建立了合作伙伴关系。未来十年，中国极有可能将合作伙伴关系国家延伸覆盖到全世界1/3以上的国家”。中国上千年“和平发展的结伴实践已经开始对美国的结盟体系产生微妙的塑造作用，美国的盟友在中国的结伴体系和美国主导的结盟体系之间开始出现尴尬的两难选择。亚太地区已经出现了中国的结伴体系与美国的结盟体系在竞争中比较的问题”。①

三是丝路外交属于双轨外交，即由使节往来、贡赐贸易等组成的官方外交与商旅、教旅和学旅“三轨并存”的民间外交组成；人民外交属于三轨外交，周恩来曾界定“中国的外交是官方的、半官方的和民间的三者结合起来的外交”，他的“人民外交”即为典型的三轨外交，并在长达26年的时间中，以决策人、指挥者、实践家三位一体的身份，以异乎寻

① 苏长和：“共生型国际体系的可能——在一个多级世界中如何构建新兴大国关系”，《中国外交》2014年1期。

常的精力、才能和智慧，为新中国的外交事业作出了最全面、最杰出的贡献；[①] 人文外交则属于多轨外交，多轨外交“是指我们创造的用以反映那些有助于缔造和建设国际和平活动的多样化的概念框架”，并归纳出9条通向和平的多体系途径：（1）通过外交缔造和平；（2）通过专业的冲突解决方式缔造和平；（3）通过商业缔造和平；（4）通过个人参与缔造和平；（5）通过学习缔造和平；（6）通过倡导缔造和平；（7）通过笃信行动缔造和平；（8）通过提供资源缔造和平；（9）通过信息缔造和平。[②] 中国人文外交就是一种内涵丰富、形式多样的多轨外交，是交友结伴外交历史与现实成功对接的产物。

四是起步于丝路上的丝路外交影响深远，不仅传播了由丝绸、瓷器等商品形象、四大发明等科技形象、路畅国盛的安全形象等组成的大一统国家形象，还传播了“协和万邦”的中华文明形象。因为，“对于无意识心灵而言，文明的形象可能比任何地区性国家更具魅力，而文明在最终成为大一统国家组成部分之前，往往在政治上表现为地区性国家……大一统国家一经确立，即便日后像它取而代之的地区性国家一样丧失了功能和力量，几乎成为沉重不堪的负担，往往仍然能够在数代人乃至数个世纪的时间里继续控制原有臣民乃至现实破坏者的心理”。[③]

五是三类外交均为世界提供了公共产品。中国的发展已到了由“给世界提供商品”向“为国际社会提供更多公共产品”的瓶颈发展阶段，在“贡献中国智慧，提出中国方案，体现中国作用”[④] 的具体实践中构建多元、民主的国际话语体系，以贡献公共产品的方式深化文明交往中的价值沟通，如“丝绸之路”、“朝贡体系”、“协和万邦”、“郑和文化”等，“和平共处五项原则”、“睦邻友好”、“坦赞精神”、“韬光养晦”、“劝和促谈”、“和平发展”、“和谐世界”、“负责任大国”等，如“中国梦”、“丝绸之路经济带”、“21世纪海上丝绸之路”、“命运共同

① 转引自叶自成著：《新中国外交思想：从毛泽东到邓小平——毛泽东、周恩来、邓小平外交思想比较研究》，北京大学出版社，2001年版，第35页。

② ［美］路易丝·戴蒙德、约翰·麦克唐纳著，李永辉等译：《多轨外交：通向和平的多体系途径》，北京大学出版社，2006年版，第1页。

③ ［英］阿诺德·汤因比著，郭小凌等译：《历史研究》，上海世纪出版集团，2005年版，第871页。

④ 王毅：“站在新起点上的中国”，中华人民共和国外交部网站2013年9月28日。

体意识”、“新型大国关系”、“义利观”、“丝路启示”、“丝路精神”等即为明证。

从某种程度上看，丝路外交、人民外交、人文外交具同构性的这一事实，彰显了“中华民族的血液中没有侵略他人、称霸世界的基因，中国人民不接受‘国强必霸’的逻辑，愿意同世界各国人民和睦相处、和谐发展，共谋和平、共护和平、共享和平”的和平外交传统，也弘扬了“蕴涵着天人合一的宇宙观、协和万邦的国际观、和而不同的社会观、人心和善的道德观”的中国“和”文化精神，[①] 这将有利于指导中国人文外交实践，也有助于构建中国特色的人文外交理论。

五、“丝路战略”与中国人文外交的新机遇

2013 年，国家主席习近平在外访中先后提出构建“丝绸之路经济带”，建设 21 世纪“海上丝绸之路”后，又在周边外交工作座谈会上强调，“要更加奋发有为地推进周边外交”，并阐释了如何“把中国梦同周边各国人民过上美好生活的愿望、同地区发展前景对接起来，让命运共同体意识在周边国家落地生根”，标志着由“丝绸之路经济带”和 21 世纪“海上丝绸之路”组成的中国“丝路战略”的正式诞生。

中国“丝路战略”内涵主要包括：1. 经济 – 人文版的战略设计。2013 年 9 月，习主席在出访中亚四国并参加上合峰会时倡导构建“丝绸之路经济带”来推进亚欧合作，得到了上合成员国的积极响应；2013 年 10 月，习主席访问印尼等国并出席亚太经合组织峰会时倡导建设 21 世纪“海上丝绸之路”，同年 10 月底，习主席在“周边外交工作座谈会”上强调“要更加奋发有为地推进周边外交”，标志着中国“丝路战略”的诞生，旨在以“亲、诚、惠、容的理念”为指导开展“五通”合作，并维护丝路沿线国家和地区的“命运共同体”利益，凸显中国“丝路战略”的地缘经济与地缘人文并存的特有属性。2. 合作发展型的战略属性。2013 年 9 月，习主席在上海合作组织峰会上提出“命运共同体意识”，倡

① 习近平：“在中国国际友好大会暨中国人民对外友好协会成立 60 周年纪念活动上的讲话”，新华网 2014 年 5 月 15 日。

导与上海合作组织成员国共同构建有望惠及近30亿人的“丝绸之路经济带”构想。2014年4月，李克强总理在博鳌亚洲论坛年会开幕式主旨演讲中提出构建“利益共同体”、“命运共同体”、“责任共同体”等“三个共同体”的具体倡议，均表明中国以海、陆两条丝路为抓手，以东西南北四线的丝路辐射形成中国与全球的合作空间，与亚非欧乃至拉美等丝路沿线国、丝路辐射国结成不同类型的“共同体”开展战略合作，由区域合作向全球合作拓展。3. “五通”为主的战略举措。中国“丝路战略”旨在依靠沿线国家和地区实现政策沟通、道路联通、贸易畅通、货币流通、民心相通等“五通”，“以点带面，从线到片，逐步形成区域的大合作”。[①] 前四通关乎经济合作，第五通涉及人文交流，是前四通的基础与保障，由易到难、循序渐进，具有一定可操作性，有别于美国以建立军事基地、推进TPP为主要内容的地缘政治版的“丝路战略”。4. 发展“战略伙伴关系”。习主席在哈萨克斯坦的演讲中强调“中国坚持走和平发展的道路，坚定奉行独立自主的和平外交政策。我们尊重各国人民自主选择的发展道路和奉行的内外政策，绝不干涉中亚国家内政。中国不谋求地区事务主导权，不经营势力范围”，明确“战略伙伴关系的实质和重要内容”就是“在涉及国家主权、领土完整、安全稳定等重大核心利益问题上，坚定相互支持”，[②] 以中国为首的新兴大国主导下的结伴体系与美欧结盟体系并存已对国际体系转型产生了重要影响。5. 明确“丝路精神”为核心的战略价值观。习主席从经济、人文、安全等方面分别予以阐释：在2013年访问非洲时提出“正确义利观”，在2014年周边外交工作座谈会上强调“要重义轻利、舍利取义”，表明“正确义利观是新时期中国外交的一面旗帜”。[③] 2014年3月在联合国教科文组织总部演讲中提出“包容型的人文观”：“文明因交流而多彩，文明因互鉴而丰富。文明交流互鉴，是推动人类文明进步和世界和平发展的重要动力。”因为“只有交流互鉴，一种文明才能充满生命力。只要秉持包容精神，就不存在什么‘文明冲突’，就可以实现文明和谐”。[④] 在2014年上海亚信峰会上提出

① “习近平在哈萨克斯坦大学演讲（全文）”，人民网2013年9月7日。

② 同上。

③ 王毅：“正确义利观是中国外交的一面旗帜”，人民网2014年1月11日。

④ “习近平在联合国教科文组织总部的演讲（全文）”，《人民日报》2014年3月28日第3版。

“合作型的安全观”：“应该积极倡导共同、综合、合作、可持续的亚洲安全观，创新安全理念，搭建地区安全和合作新架构，努力走出一条共建、共享、共赢的亚洲安全之路。”① 2014 年 6 月，习主席在中阿合作论坛第六届部长级会议开幕式讲话中指出，“丝路精神”的内涵是“和平合作、开放包容、互学互鉴、互利共赢”，“倡导文明宽容，防止极端势力和思想在不同文明之间制造断层线”，“为妥善解决地区热点问题提供更多公共产品”。② 可见，“促进文明互鉴，尊重道路选择，坚持合作共赢，倡导对话和平。这是中国领导人首次提出并阐释‘丝路精神’”③ 的，是中国“和”文化传统与“丝绸之路”这一柔性公共产品相互影响的结果，并成为“丝路战略”的价值观。

尤须指出的是，丝路外交与人文外交的同构性使得“丝路战略”大大提升了中国人文外交的战略地位，前者以人文外交为核心，以经济、安全为两翼，后者将丝路历史资源盘活为现实外交资源并成为重要战略手段。为此，习氏外交极为重视人文交流，且在丝路西线（上合成员国）、南线（东盟成员国）、北线（欧盟成员国）、东线（拉美国家）的访问中均有所体现：1. 用夫人外交、熊猫外交、体育外交、庄园外交、农场外交等多种柔性外交来补充和软化首脑外交。其中，夫人外交成效显著，尤其是中美第一夫人的友好交往，有助于软化并深化中美新型大国关系。习主席出席索契冬奥会开幕式，“以体育外交为今年外交开篇，形式新颖，寓意深远”。不仅“展现了中国开放自信的大国形象，提高了中国的国际影响力”，还“拉近了中俄双边关系，增进了两国人民友谊”，④ 此次到有喜事的邻居家串门的“开篇外交”也成为习主席“外交就是多走动”的交友外交理念的成功脚注。2. 向世界讲述古今“丝路故事”来唤醒沿线民众的丝路记忆与丝路情怀，强调“两千多年的交往历史证明，只要坚持团结互信、平等互利、包容互鉴、合作共赢，不同种族、不同信仰、不

---

① 习近平：“积极树立亚洲安全观共创安全合作新局面——在亚洲相互协作与信任措施会议第四次峰会上的讲话”，新华网 2014 年 5 月 21 日。

② 习近平：“弘扬丝路精神深化中阿合作——在中阿合作论坛第六届部长级会议开幕式上的讲话”，人民网 2014 年 6 月 6 日。

③ 刘斐等：“中国首倡‘丝路精神’深远影响亚洲及世界”，新华网 2014 年 6 月 5 日。

④ “外交部长王毅谈习近平主席出席第二十二届冬季奥林匹克运动会开幕式”，新华网 2014 年 2 月 9 日。

同文化背景的国家，完全可以共享和平，共同发展。这是古丝绸之路留给我们的宝贵启示”。[①] 此外，还利用出访期间的会谈、演讲、在访问国主流媒体发表文章、召开记者见面会等方式，“纵论古今、深入浅出，宣介中国，交流治国理政经验”，且“从不同层面和角度对中国的文明观、世界观以及外交理念进行了深刻阐释。”[②] 3. 不仅实施了人文外交新举措，还将人文与经济、安全并列为“三大战略合作支柱”，如在 2013 年 9 月，习主席在上海合作组织峰会上宣布在上海政法学院设立“中国－上海合作组织国家司法交流合作培训基地”，为其他成员国培养司法人才，以及“在未来 10 年向上海合作组织成员国提供 3 万个政府奖学金名额，邀请 1 万名孔子学院师生赴华研修”，[③] 使得上合组织在应对全球、地区性安全挑战，共谋经济合作之外，为进一步深化双边与多边关系，必须“加强人文交流和民间交往”，标志着上合组织由安全合作体系与经贸协作体系向安全、经贸及人文的综合性平台的转变，由安全、经济两手抓向综合治理、深化合作的转变，人文外交的战略地位由此凸显。2013 年 10 月，习主席在印尼国会演讲时指出，“有一种很深的文化意味，就是把我们和东南亚国家从郑和下西洋建立的传统友好往来也加入到现代经贸往来当中去”。[④] 为此，“中国倡议将 2014 年确定为中国－东盟文化交流年。今后 3 到 5 年，中国将向东盟国家提供 1.5 万个政府奖学金名额”，[⑤] 旨在深化双边关系。2014 年 4 月，习主席访问欧洲，“凸显人文元素”并有具体举措，“中法、中德宣布建立高级别人文交流机制，打造双边合作第三支柱。中方决定在荷兰设立首个中国文化中心。中比扩大互派留学生规模。中欧致力于做文明伙伴，互学互鉴。中方将进一步发挥孔子学院作用，推动欧洲汉语教学和中国问题研究”等，且“习近平主席访问法国戴高乐基金会、中法大学旧址、与德国汉学家座谈、看望在德培训的陕西志丹少年足球队员、出席比利时大熊猫园开园仪式，与往访国民众沟通心灵，拉

① “习近平在哈萨克斯坦大学演讲（全文）”，人民网 2013 年 9 月 7 日。

② “外交部长谈习近平欧洲行：引导外界正确认知中国”，中国新闻网 2014 年 4 月 2 日。

③ “传承丝路精神共创美好明天”，《新华每日电讯》2013 年 9 月 14 日。

④ “习近平首次在东南亚国家演讲三故事开启海上新丝绸之路”，中国广播网 2013 年 10 月 4 日。

⑤ “携手建设中国－东盟命运共同体”，《人民日报》2013 年 10 月 4 日，第 2 版。http://www.fmprc.gov.cn/chn/gxh/xsb/xw/t1084354.htm

近距离。彭丽媛同志接受联合国教科文组织‘促进女童和妇女教育特使’称号，并参观往访国当地学校、医院、文化机构，传递友好感情，在当地和国际上产生积极反响”。[①] 至此，习主席相继在丝路西、东、北三线积极推进人文交流，习氏外交烙有丝路外交的历史启示与人民外交的现实智慧，是以人文外交为基础与核心的“奋发有为”的伙伴外交。因为，“与邻为善、以邻为伴是基于中国历史文化传统的必然选择，与邻为善、以邻为伴是基于中国和平外交政策的必然选择，与邻为善、以邻为伴是基于中国合作共赢实践的必然选择”。[②]

事实上，“丝路战略”不仅为亚欧区域合作指明了方向，也是中国参与全球治理的一个具体的、有可操作性的“中国方案”，更为今后我国的人文外交明确了目标、提出了任务，使得中美“丝路战略”有了质的区别，中国人文外交也成为参与全球治理、履行“负责任大国”义务的新型战略工具之一。人文外交的目标主要是在从现在起的10到15年，即中国的战略机遇期内，作为中国国际战略的重要有机组成部分来有效服务于后者，而中国新一届政府所倡导实施的“丝路战略”，不仅勾勒出中国周边外交“新起步”的路线图，还大大提升了中国人文外交的战略地位，并赋予其三大新使命：1. 弘扬丝路互惠型的经济观。“深化互利共赢格局。统筹经济、贸易、科技、金融等方面资源，利用好比较优势，找准深化同周边国家互利合作的战略契合点，积极参与区域经济合作……构建区域经济一体化新格局。”[③] 2. 弘扬丝路合作型的安全观。“着力推进区域安全合作……要坚持互信、互利、平等、协作的新安全观，倡导全面安全、共同安全、合作安全理念，推进同周边国家的安全合作，主动参与区域和次区域安全合作，深化有关合作机制，增进战略互信”。3. 弘扬丝路包容型的文明交往观。“只要坚持团结互信、平等互利、包容互鉴、合作共赢，不同种族、不同信仰、不同文化背景的国家完全可以共享和平，共同发展。”[④]“丝路战略”更成为中国人文外交实践及其理论构建的行动指

① “铺设友谊、理解、合作的桥梁——外交部长王毅谈习近平主席出席荷兰核安全峰会并访问欧洲四国和联合国教科文组织总部、欧盟总部”，新华网2014年4月2日。

② “睦邻友好，中国的必然选择”，《人民日报》2010年11月11日。

③ “让命运共同体意识在周边国家落地生根”，新华网，2013年10月25日。

④ “弘扬人民友谊　共创美好未来”，《人民日报》，2013年9月8日。

南与指导思想，为今后的中国人文外交发展指明了方向、明确了任务：1. 价值沟通是中国人文外交的基本任务。过去，中国“为世界提供商品”，现在，要“为国际社会提供更多公共产品”。在“贡献中国智慧，提出中国方案，体现中国作用”[①] 的具体实践中构建多元、民主的国际话语体系，以贡献公共产品的方式深化文明交往中的价值沟通，要通过“和平共处五项原则”、“睦邻友好”、“韬光养晦”、“劝和促谈”、“和平发展”、“和谐世界”、“中国梦”、“新型大国关系”、“丝绸之路经济带”、“21 世纪海上丝绸之路”及“命运共同体意识”等公共产品的提供，使“中国方案”成为全球治理中不可或缺的重要组成部分，要通过“丝绸之路”战略，令外界更加看好中国提供更多公共产品的能力，“未来我们将得知更多有关中国对大国和地区关系和关键国际问题的定义”。[②] 2. 增信释疑是中国人文外交的重要任务。应在总结我国亚非人文外交成功经验的基础上，探索增进人与人、民众与民众、民族与民族之间友好情谊的“喜闻乐见的形式”，深化国家与国家之间互信、合作的内涵，着力宣传、解读中国的政策尤其是民族宗教政策的优越性，从内外双向来构建国家政策形象以提高国家美誉度，进而提升我国的软实力。3. 培育反恐共识是中国人文外交的迫切任务。在陆上丝路沿线地区，“若干国家的政治动荡和跨国界的民族、宗教、教派冲突，将对未来全球秩序和大国关系造成严重冲击，也必将对中国在该地区迅速拓展的经济利益和政治影响造成严重冲击”。[③] 其中，“三股势力”与“基地”、塔利班等伊斯兰极端组织所致暴恐事件由境外向境内蔓延；在海上丝路沿线地区，也存在由多民族、多宗教纷争派生出的武力冲突，“基地”组织分支机构在东南亚一带的活动日渐活跃。因此，中国人文外交在综合根治恐怖主义问题上应该并且能够“有所作为”，积极倡导共同安全、综合安全、合作安全和可持续性安全的新安全观，与丝路沿线国家的政界、学界与媒体开展交流，认清恐怖主义本质与危害，早日达成反恐共识，将有利于中国的长远利益，有利于塑

---

① 王毅：“站在新起点上的中国”，中华人民共和国外交部网站 2013 年 9 月 28 日。

② ［俄］尤里·塔夫罗夫斯基：“北京集纳山川大洋——‘中国梦’战略得到两个新外交构想的补充”，俄罗斯《独立报》2013 年 11 月 15 日。

③ 王缉思：“‘西进’，中国地缘战略的再平衡”，《环球时报》2012 年 10 月 17 日。

造中国负责任大国的形象。①

六、中国人文外交所面临的主要挑战

首先我国“丝路战略”意图尚不明晰。

中国“丝路战略”急需良好的安全软环境，亦指“没有具体物质形态的条件，如法律、政策、管理、人文、思想、观念、习惯、信仰和道德等”。②“在国际体系具有典型的国家间性的现实条件下，一国安全软环境的核心要素是他国，尤其是主要大国的意图及其指导下的安全政策。从这个意义上说，国家的安全软环境实质上也是一种政策环境。”③ 就中国而言，“丝路战略”意图不明，使得战略软环境日趋恶化。“意图包括两个基本要素：一是确定的目标。二是实现目标的手段。”“只有将‘目标’与‘手段’结合起来，才是完整的‘意图’表述。一定程度上说，‘手段’比‘目标’更容易引起忧虑。”④ 其中，“战略互疑”已成为构建中美新型大国关系的主要挑战，2011 年美国提出的“丝路战略”，“有两个核心条件：一是中亚、阿富汗、南亚的接近，二是美国在政治上的主导或支持，这两个条件缺一不可”。⑤“其主要目的就是巩固美国在阿反恐战争的成果，谋求在中亚地区的长期存在，并在欧亚核心区建立起新的政治、经济、安全秩序。”⑥ 可以说，通过军事基地、TPP 等“手段”达到挤压中、俄影响力的“目标”，已然成为美国“丝路战略”的地缘政治“意图”。2013 年中国提出的“丝路战略”，采用“五通”的“手段”达到维护沿线国“命运共同体”的利益之“目标”，这是中国“丝路战略”的地缘经济 - 人文“意图”，凸显中美“丝路战略”质的区别。中美之所以出现“战略互疑”，也是双方在长远意图方面长期互不信任所致。因为，

---

① 马丽蓉：“‘丝路战略’开辟人文外交新空间”，载《环球》2014 年 2 期，第 9 页。

② 王瑞云：“软环境建设的制度视角分析”，《当代经理人》2006 年 5 期。

③ 李永成：《意图的逻辑：美国与中国的安全软环境》，世界知识出版社，2011 年版，第 121 页。

④ 同上书，第 124—125 页。

⑤ 赵华胜：“美国新丝绸之路战略探析”，《新疆师范大学学报（哲学社会科学版）》2012 年 11 月。

⑥ 赵臻：“美国‘新丝绸之路’战略简析”，《理论与实践》2012 年第 10 期。

“在国家间互动中，由于情资搜集不充分、沟通机制不完备、信息数据不可靠或刻意误导等各种原因，各国往往对别国意图难以进行准确的分析、判断和认定。意图的不确定性是国际政治的基本事实”。[①] 美国对中国的和平崛起一直充满疑虑，如1996年3月，美国众议院国家安全委员会召开题为“中国对美国构成的安全挑战”，时任委员会主席Floyd Spence在开幕词中明确要求美国必须关注“北京的战略目标”、“中国领导人设想的地区秩序和世界秩序”等“中国意图”。[②] 2010年，美国在《核态势评估报告》中承认中美有“共同利益”，又“质疑中国未来的战略意图”。[③] 在美国的影响下，东盟国家大多疑华，新加坡都不例外，李光耀回忆录对此有所披露。[④] 美、日等国的战略焦虑，实为“出于相对衰落状态的大国本能作出的反应，把钱更多地花在‘安全’上，从而将用于‘投资’的资源调拨出来，以缓解它们的长期困境”。[⑤] 于是，美国借“重返亚太战略”强化军事同盟、日本借渲染“中国威胁论”复活军国主义等，均造成中国战略意图的不确定性。而他国意图的不确定性对国际政治的影响是具有根本性的，其国际政治逻辑包括三个方面：一是国家无法确信不会在任何时候、任何情况下遭到他国的军事攻击，因为导致攻击的原因很多，没有国家能确信别国不会受到某种原因的驱动；二是国家不可能相信别国都“具有可靠的善意”，即使它们并非必然拥有敌对的意图；三是意图变动不居，今天还卿卿我我的盟友，明日也可能反目成仇，刀剑相向，殊难预测。[⑥] 可以说，中国战略意图不明，造成中国“丝路战略”的软环境日益恶化。为此，中国人文外交应从以下几方面着力推进：（1）应强化“和平发展”就是中国未来战略意图的传播力度。早在2010年12月，

---

① 李永成：《意图的逻辑：美国与中国的安全软环境》，世界知识出版社，2011年版，第126—127页。

② Committee on National Security，House of Representatives，*Security Challenges Posed by China*，Washington：United States Government Printing Office，1996，p. 2.

③ Robert Gates，*Nuclear Posture Review Report 2010*，Washington：Department of Defense，2010，p. V.

④ 李光耀：《李光耀回忆录：1965—2000》，世界书局，2000年版，第758页。

⑤ ［美］保罗·肯尼迪著，蒋葆英等译：《大国的兴衰》，中国经济出版社，1989年版，序言，第10页。

⑥ John J. Mearsheimer，*The Tragedy of Great Power Politics*，New York and London：W. W. Norton & Company，2001，p. 31.

《人民日报》发表的时任国务委员戴秉国的署名文章就宣示："中国的战略意图并不像有些人想得那么复杂、那么深不可测，好像我们深藏着不可告人的目的和野心。其实，中国的战略意图就是4个字：和平发展，即对内求和谐、求发展，对外求和平、求合作。这是在今后很长时期里，我们几代、十几代甚至几十代人想的一件事，要做的一件事，是我们100年、1000年也不会动摇的一个方针。"①我们既要通过国家领导人出访演讲、接受媒体采访、发表署名文章和外交部发言人等继续强化战略意图的对外宣示，还应通过开展人文外交进一步加强战略意图的国际传播，如北京奥运会、上海世博会等的成功举办，就极大地提升了中国战略意图的国际传播力。(2) 应为"丝路战略"正名、塑形、定性。"丝绸之路"是中国贡献给世界最成功的公共产品，其所蕴含的内涵为经济互惠、文明互鉴、安全合作等，郑和七下西洋的壮举，不仅使他成为中外文明史上伟大先驱者之一，还因其在近30年、28个国家留下的访问足迹而彰显了中国的和平外交理念与实践，以和平与发展为核心的"郑和文化"已成为"丝路精神"的重要组成部分。因此，建议今后一律用"丝路战略"来规范性地指称中国的"丝绸之路经济带"与21世纪"海上丝绸之路"战略，凸显柔软、绵长、和平、包容等"丝绸之路"这一公共产品的特性，不宜用"一带一路"甚或"一带一路两廊"战略等命名，美国尚且借"丝绸之路"这一公共产品为自己的欧亚战略作包装，中国焉能舍本求末地给世界造成名不副实的战略疑惑。(3) 应用中国的"丝路战略"来破解"修昔底德陷阱"。古希腊著名历史学家修昔底德认为，一个新崛起的大国必然要挑战现存大国，而现存大国也必然会回应这种威胁，这样战争就变得不可避免，人类便陷入"大国必战"的陷阱，亦即"修昔底德陷阱"。随着中国的和平崛起，尤其是中国以"丝路战略"为抓手努力实现"中国梦"之举引发美国等西方大国的疑虑与戒备，西方主流媒体乘势炒作"中国威胁论"、"中国必霸论"等。因此，中国应恪守"丝路精神"，与东盟、上合组织、阿盟、海合会、欧盟等区域、次区域组织成员国间开展"五通"合作，用结伴不结盟的伙伴关系去对冲美国的军事结盟关系，尤其要在丝路上不拉帮结派、不经营势力范围、不搞零和博弈，用切实维护

① 戴秉国："坚实走和平发展道路"，《人民日报》2010年12月13日。

丝路“命运共同体”利益来破解“修昔底德陷阱”，并为全球治理贡献中国特色的治理方式。“一般而言，国家追求良好的安全软环境的基本策略是：避免被他者尤其是国际体系中的主导强国视为首要、直接的军事威胁，以至于需要在必要时利用强有力的军事手段加以剪除，甚至最终导致全面战争或霸权战争，成为国际关系均势政治规律的牺牲品。”① 中国倡导的“丝路战略”，旨在表明：中国既要在世界经济中发挥重要作用，还要推进国际体系向多极化转型，为全球治理贡献“中国方案”。这是中国关于多极化全球治理的一种战略思维，在丝路上推动建立国际关系民主新秩序，并成为推动国际体系转型的积极力量。因此，中国人文外交应努力履行“增信释疑”的这一使命，尽快扭转中国战略意图不明的现实挑战。

其次中国的国家形象受损。

约瑟夫·奈认为，软实力主要由文化、政治价值观和外交政策等构成，即“一国国际吸引力、国际动员力和政府国内动员力的总和”。事实上，在由西方主流媒体把控的国际舆论竞技场上，存在着西强东弱的“软实力逆差”。就中国而言，主要表现为：“中国政府的形象被刻意抹黑，中国的政策意图被歪曲解读，中国的解释申辩被压制淡化，中国的价值观和传统被贬低和边缘化”② 等，结果造成中国“失语”甚至“被言论”的尴尬后果。作为新兴大国，中国仍在价值观和国际舆论竞争中处于劣势。在2009年使节工作会议上，胡主席强调外交工作应着力打造政治影响力、经济竞争力、形象亲和力与道义感召力“四个力”。其中，如何澄清被西方媒体肆意歪曲的中国民族宗教政策、修复中国国家政策形象以便最大程度地塑造和传播国际形象，已成为中国成长过程中所面临的严峻挑战。国家形象是一个国家对自己的认知以及国际体系中其他行为体对它的认知的结合；是一系列信息输入和输出产生的结果，是一个结构十分明确的信息资本。国家形象被认为是国家软实力的重要组成部分之一，国家的综合实力和影响力。国家形象作为反映在媒介和人们心理中的对于一

① 李永成：《意图的逻辑：美国与中国的安全软环境》，世界知识出版社，2011年版，第122页。

② 吴旭：“扭转软实力逆差，打造‘中国梦’”，《公共外交季刊》2010年夏季号总第2期。

个国家及其民众的历史、现实、政治、经济、文化、生活方式以及价值观的综合印象，是国家的外部公众和内部公众对国家本身、国家行为、国家的各项活动及其成果所给予的总的评价和认定。国家的政策形象实为将政府的政策解读揉入国家形象解读所致，西方主要通过歪曲中国的民族宗教政策、双重标准地应对中国反恐，以及发布年度人权报告、宗教报告等方式臆造了一个负面的中国政策形象。与中国所倡导的“丝路战略”相伴的，不仅有美国版的“丝路战略”的对华博弈，还有“腐败”、“恐怖”、“民族反抗”、“大国必霸”甚至“雾霾”等词汇高频出现在西方主流媒体上，用于描述中国形象，为“中国威胁论”做脚注，尤其是自“7·5”事件以来，“东突”势力采取了“一文一武、两线作战”的策略，当“东伊运”等在中国境内外制造暴恐事件后，“世维会”等借助西方媒体公开为其开脱罪责，污蔑中国政府的民族宗教政策，误导国际舆论以强化外界对中国形象的消极构塑，使得“疆独”问题国际化，进而对中国软硬实力构成极大冲击。因此，中国学者已经意识到，我国的“西进”战略既有机遇，也有风险：“风险一，西部远非一片阳光灿烂的净土。不少国家的政治不够稳定，相对贫困，民族教派冲突积重难返。一旦像某些西方国家那样深深卷入其中，想要抽身就难了。中国既要敢于‘创造性介入’，又必须有危机处理的方案和手段。风险二，西部各国之间的关系错综复杂，中东有伊朗、沙特、土耳其、埃及、以色列等地区强国相互角力，南亚有印巴之间纠葛难解。中国在任何具体问题上采取外交立场，都会得罪某些国家，需要保持微妙的平衡。风险三，中国‘西进’不可能不引起其他大国的疑虑和防范。要尽力避免它们联手排挤中国，不能以争霸、争权、争利的面目出现，动辄做出‘突破美国围堵’之类的姿态，视正常竞争为零和格局，将经济问题政治化。风险四，容易被戴上‘攫取资源’、‘新殖民主义’的帽子。须关注投资所在地的环保、民生和就业。应抓紧完善领事法规，对当地华人华侨既要关心保护，又要管理教育。”[①] 四大风险均会不同程度地影响中国的国家形象，尤其是政策形象。因此，中国人文外交应正视涉疆暴恐的严峻挑战，从以下几方面修复国家政策形象：（1）针对美国发表关于人权、宗教等年度报告，也应采取反制措施，

---

① 王缉思：“‘西进’，中国地缘战略的再平衡”，《环球时报》2012 年 10 月 17 日。

向全世界发表中美人权、宗教、民族等对比性年度报告，客观传递中美年度真实现状，孰优孰劣立见分晓，中美不同的政策形象在比照中彰显无遗，有助于修复中国的政策形象。（2）2014 年在上海亚信峰会上发表了《上海宣言》，提出了共同安全、综合安全、合作安全、可持续安全的“亚洲安全观”，中国人文外交应积极履行“培养反恐共识”的现实使命，强化丝路语境中传统与非传统安全合作的共识。（3）“疆独”问题既是美国遏制中国崛起的战略牌，也是考验构建中美新型大国关系的新难题，“7.5”事件以来所发生的一系列涉疆暴恐事件中的“美国因素”日益凸显。事实上，“疆独”问题被国际化是全球伊斯兰势力在埃及穆兄会遭挫后日趋激进化、极端化和暴力化的影响产物，也是西方大国“祸水东引”的结果，已对中国“丝路战略”形成重大挑战，并对构建中美新型大国关系造成直接影响。因此，应在加强经济合作、军事互访、人文交流、首脑会晤、夫人外交、民间外交等多轨外交的基础上，将之有效地转化成深化中美关系的“生长点”与“助推器”。（4）谨防周边国家的疑华、反华等不良情绪蔓延为反华主义。民粹主义是一把双刃剑，尤其是媒体不能被其所绑架，既要多讲古代中国与东南亚各国友好往来的“丝路故事”，也要广开言路，多渠道、全方位地宣示我国的睦邻友好的周边政策与“亲、诚、惠、容”的外交方针，以及开展旅游、教育、友好城市、青少年等人文外交特色项目，进一步消解美国、日本等渲染的“中国威胁论”对我国国家形象所带来的负面影响。

最后提供公共产品的能力有限。

“随着全球化的深入发展，我国对外依存度正在不断上升。身处于一个相互依赖的世界中，在理解和对待全球公共问题或国际社会整体利益时，我们必须关注国际公共产品（亦称‘公共物品’、‘公共财货’）的问题了。这种公共产品可以是有形的，如作为人类共有物的陆地（如极地的利用与保护）与海洋资源（如国际公海与海底资源）的分享，也可以是无形的，如知识、安全、信息的共享等。就其中不具有对抗性和排斥性的文化观念、价值观念等涉及软实力的产品而言，当今国际社会流行的几乎都是西方提供的，如民主、自由、人权、市场准入等等。但自进入新世纪以来，随着我国坚定不移地走中国特色社会主义道路，也已经开始提出了一系列中国品牌的公共产品，如‘和平发展道路’、‘以人为本’、

'科学发展观'、'和谐社会'、'和谐亚洲'和'和谐世界'等，这些都是在消费过程中不具占有性和排斥性，可以为别人、别国分享的。实际上，这既是中国特色的具体表现，也是中国在历史上的'四大发明'之后对国际社会的新贡献。"① 亦即，在全球治理时代，公共产品的重要性日益凸显：一是公共产品是衡量国家文化力的重要指数。以价值观念、宗教信仰为核心的文化是一种以思想、意识、精神为特征的、无形的集体认同力和感召力，即被称为"文化力"，其"能够对他人的思想和行为施加影响和控制"，使"一国在国际舞台上控制他国政策、影响国际事务、实现预想目标"。② 文化力的强弱在很大程度上决定着国家在国际竞争中的胜负。文化是综合国力中最积极、最活跃及最革命的要素，能够把诸如地理因素、自然资源、工业能力、军事储备等客观存在的（"死的"）国家潜力"激活"起来，并加以协调和整合，使之产生出现实的权力（影响力或控制力）：处于强势的文化能够通过对国家潜力的最优化配置、组合和协调，最大限度地把它激活、发挥出来；处于弱势的文化向心力弱、集体认同感低、社会惰化现象严重，窒息原本巨大的国家潜力。③ 约瑟夫·奈将文化视为"间接权力"，是"权力的倍增器"，即所谓"间接权力增值论"。④ 汉斯·摩根索在《国家间政治——寻求权力与和平的斗争》中谈到帝国主义控制世界的三种方式：军事、经济与文化帝国主义（含文化外交思想）……因此，公共产品的多寡与推销自身价值观以需要他国民众的认知、情绪和态度等的能力大小成正比。二是公共产品是塑造国际威望的主要方式。国际威望指一个国家通过把国内的道德、知识、科学、艺术、经济或军事等成果向他国投射而获得一种理想的国际形象（foreign image，国家的对外形象），⑤ 其不仅建立在硬实力上，更建立在相关国家彼此间的集体认同——对相互身份的确认上，并由主观文化观念建构起来。"软（柔）化了的国际威望更能有助于劝服他国接受和追随其外交谋

① 朱威烈："韬光养晦：世界主流文明的共有观念"，《文汇报》2010 年 8 月 14 日。
② 李智：《文化外交》，北京大学出版社，2005 年版，第 49—50 页。
③ 同上书，第 50 页。
④ 转引自李智：《文化外交》，北京大学出版社 2005 年版，第 50 页。
⑤ Chas. W. Freeman, Jr., *Arts of Power: Statecraft and Diplomacy*, Washington, D. C.: United States Institute of Peace Press, 1997, p. 41.

略、引导他们沿着与其国家利益相契合的方向发展。”因此，“树立一国的国际威望更应该诉诸国家之间文化价值观念的相互吸引，以寻求对彼此身份的积极认同”。[①] 可见，国家威望的强弱，与提供公共产品的能力息息相关，人文外交从“价值沟通”向“提供公共产品”的功能演升，以及走向讲求国际传播信誉的形象政治与信誉政治，表明国家的成熟，并由此形成内在逻辑关系：价值观对外投射→价值观流通→文化吸引力→他国认同感→构建与他国间积极友好的身份认同关系→获得国际社会肯定→树立国家形象→确立应有国际威望（如图 3 所示）。

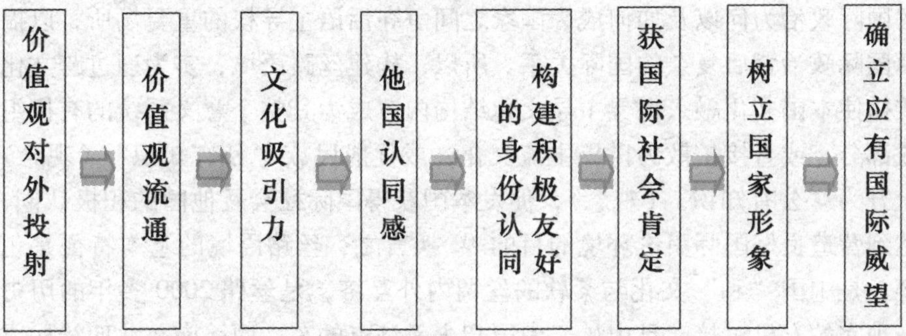

图 3

因此，应在“丝路战略”的带动下，提高中国人文外交提供公共产品的能力：（1）捍卫丝路话语权。“话语权”就是说话权，即控制舆论的权力。话语权掌握在谁手里，决定了社会舆论的走向。葛兰西的“领导权”、福柯的“权力话语”、哈贝马斯的“合法化”、罗兰·巴特的“泛符号化”、鲍德里亚的“仿像”等思想极大地丰富了话语理论，使得我们有必要从传播角度来思考媒介话语权对传播信息内容的影响以及对社会行为产生的作用。话语权是指一种信息传播主体的潜在的现实影响力。后冷战时代，软、硬实力的发展现状是：有话语权却正在衰落的发达国家与没有话语权却正在崛起的新兴大国集团的并存。其中，中国提高软实力的关键之一是扩大中国价值观的影响力，进而在全球治理的相关议题设定中拥有更大的话语权，更多地发出中国“自己的声音”。尽管“丝绸之路”这

① 李智：《文化外交》，北京大学出版社，2005 年版，第 67 页。

一公共产品赋予中国先在的丝路话语权，但如何维护才是关键，习主席多次讲述“丝路故事”、论及“丝路启示”、倡导“丝路精神”，并从“正确的义利观”、“包容的文明观”、“合作的安全观”等解读“丝绸之路”的当代内涵，旨在捍卫丝路话语权。（2）构建丝路新语境。语境即言语环境，包括语言因素和非语言因素。语境概念最早由英国人类学家B. Malinowski在1923年提出并区分出两类语境：一是“情景语境”（“语言性语境”）；二是“文化语境”（非语言性语境）。非语言性语境指的是交流过程中某一话语结构表达某种特定意义时所依赖的各种主客观因素等，话语政治也因此成为国际关系研究领域的一个新视角，旨在说明和理解国际政治为何以及如何成为国家之间争夺话语主导权的重要场所，以揭示国际政治背后复杂的国际关系。所以，构建丝路语境，实为通过跨文化传播使本国文化融入世界主导文化结构内，成为其整个意义系统的有机组成部分，或直接扩散为世界主流文化，或促成民族“私有知识”（观念）上升为“公有知识”（观念），促发本国获得国际社会及他国的积极认同，达到营造良好国际舆论环境的目的。[①] 换言之，丝路语境的基本特征是包容，是中国“和”文化与柔软的丝绸内外互济，是丝路2000多年的历史与现实的有机对接，且由始于中国却永无终点的东、西、南、北四线构成全球丝路辐射空间，使得“中国可以在世界的东方、西方、南方、北方之间，看到自己所处的‘中间’地位，进而对国家的总体地缘战略进行重新思考”。[②] 因为，“只有营造出一个安全、繁荣的周边环境，同新兴大国和南方国家加强合作，才有更好的基础去同发达国家发展新型大国关系；同时，也只有同美欧等发达国家发展竞争共处、互利共赢的关系，才能稳住自己的周边。中国不应因周边问题的困扰而在地区治理、全球治理领域缩手缩脚，而应更加主动地提供公共产品，积累有利于解决周边问题的战略资源和国际政治资本”。[③] 就目前全球话语传播现状而言，主要存在西方霸权话语体系、伊斯兰中正的话语体系、中国和平的话语体系等。伊斯兰语境、中国语境等事实上的存在与不断强化，正在对西方霸权语境

---

① 李智：《文化外交》，北京大学出版社，2005年版，第68页。

② 王缉思：“东西南北，中国居‘中’——一种战略大棋局思考”，《中国外交》2014年第1期。

③ 同上。

下的全球化思潮产生深远影响。尽管霸权话语的目标就是压制非霸权话语，使其在“失语”中逐渐被边缘化，但西方霸权话语却在现实中遭遇了越来越多的抵制。全球化时代需要对话多于对抗，霸权话语与非霸权话语需要走出压制与抵制的恶性循环，在多重语境中开展文明对话，在求同存异中进行价值观沟通。因此，构建丝路新语境，旨在打破三大话语体系间的隔阂，包容三大文明的核心价值观，将“丝路价值”转化为“共同价值”，为世界提供更多的丝路语境中的公共产品。（3）提供丝路公共产品。在丝路历史语境中，除“丝绸之路”外，还包括“郑和文化”、“协和万邦”、“宣德化、柔远人”、“国之交在于民相亲”、“和而不同”、“己所不欲勿施于人”等公共产品；在丝路现实语境中，有“和平共处五项原则”、“睦邻友好”、“韬光养晦”、“劝和促谈”、“和平发展”、“和谐世界”、“中国梦”、“新型大国关系”、“丝绸之路经济带”、“21世纪海上丝绸之路”、“命运共同体意识”等公共产品。显然，从历史到现实，中国提供公共产品数量极为有限，与中国硬实力尤其是经济的飞速发展极不匹配。从某种意义上讲，公共产品实为核心价值观成功传播的产物，党的十八大提出，倡导富强、民主、文明、和谐，倡导自由、平等、公正、法治，倡导爱国、敬业、诚信、友善，积极培育和践行社会主义核心价值观，分别从国家层面的价值目标、社会层面的价值取向、公民个人层面的价值准则等予以宣示，如何有效传播社会主义核心价值观，既是中国人文外交今后在履行“价值沟通”使命中所面临的新挑战，也是中国如何提高向世界提供公共产品能力的新挑战。从某种意义上讲，外交的实质是如何在价值共享中维护国家利益，人文外交则是如何在人文价值观沟通中推动外交获得更大的效应，人文价值观的表达、理解都会程度不同地影响国际关系的基本建构，进而影响全球治理的未来走向。唯有向世界不断提供公共产品，才能最终实现“国强语盛”，进而提升软实力。中国倡导的“丝路战略”为中国向世界提供公共产品提供了新机遇，尤其是中国的和平外交思想更为全球治理中多元价值观的构建提供了宝贵的精神资源。在学术大师罗素眼中，“如果在这个世界上有‘骄傲到不屑打仗’的民族，那就是中国”。“只要中国人愿意，他们可以成为世界上最强大的国家。但是他们所追求的只是自由而不是支配。”而“中国至高无上的伦理品质的一些东西，现代世界极为需要”。[①] 2013年9月27日，外交部长王毅在出席第68届联大做了题为“站在新起点上的中国”的发言，阐述了中国新一届政府的发展理念、对外政策和国际作用：在重申“中国将坚定不移地走和平发展道路”、“中国将坚定不移地推进以联合国为核心的全球治理体系变革”等基本立场外，王部长分别从“话语权”、“公共产品”及“命运共同体”等不同层面阐释了转型中的中国如何在“推动国际秩序朝着更加公正合理的方向发展”、“履行应尽的国际责任和义务”以及“弘扬正确的义利观”等基本思想，反映出“作为世界第二大经济体和联合国安理会常任理事国”的中国的发展已经到了一个瓶颈阶段，由“给世界提供商品”如何向“为国际社会提供更多公共产品”的转型时期。为此，十八大报告强调，“在国际关系中弘扬平等互信、包容互鉴、合作共赢的精神”，积极构建与他国间“平等互信”的政治关系、“包容互鉴”的人文关系以及“合作共赢”的经济关系，且明确了“扎实推进公共外交和人文交流”的新目标，表明公共外交与人文外交的密切关联，公共外交要“说明中国”，以消除国际霸权语境中“中国威胁论”对中国国际声誉的销蚀力；人文外交要“增信释疑”，以“更加积极、全面地参与国际事务”的领导型国家的姿态参与全球治理，在“贡献中国智慧，提出中国方案，体现中国作用”的具体实践中构建多元、民主的国际话语体系，在推进文明交往的价值沟通中贡献公共产品。因此，“扎实推进公共和人文外交”是基于世情国情、实现科学发展的战略选择。为此，必须就中国人文外交的内涵、特征、目标、途径、意义、成效以及制约因素等做深入研究，以推动制定我国的全方位人文外交战略，致力于探索消除“中国威胁论”，开展文明对话、媒体合作、精英和智库互访与交流等，力争影响甚至冲击西方霸权话语主导下的国际传播格局，逐渐由“被言说”、“失语”到“能够言说”、“发出声音”乃至获得自塑能力、拥有自塑权，进而在全球治理尤其是软环境治理中发挥更大作用。

---

① ［英］罗素，秦悦译：《中国问题》，学林出版社，1996年版，第151、167页。

七、本书阐释框架与章节安排

2003 年 3 月，世界遗产委员会委托国际古迹遗址理事会（ICOMOS）修订《实施保护世界文化与自然遗产公约操作指南》中，将“文化线路”定义为：“一种陆地道路、水道或者混合类型的通道，其形态特征的定型和形成基于它自身具体的和历史的动态发展和功能演变；代表人们的迁徙和流动，代表一定时间内国家、地区内部或国家、地区之间人们的交往，代表多维度的商品、思想、知识和价值的互惠和不断的交流，并代表因此产生的文化在时间和空间上的交流与相互滋养，这些滋养长期以来通过物质和非物质遗产不断得到体现。”[①] 亦即，文化线路“必须具有与重大文化事件存在密切关系、遗产呈线性分布、涵盖范围大这三个特点，其目的是要求人类从新的视角来重新审视自身历史文化的传播和发展、文化互动和文化多样性之间的关系”。[②] 同样，从“新的视角”重审作为“文化线路”之一的丝路后发现，“丝绸之路”已衍化为“丝路辐射空间”：时间跨度为 2000 多年，由始于中国、扩散于全球的东、西、南、北四线合围而成的空间，且通过中外经济、人文、安全为主的合作推动了世界文明交往，带动了丝路沿线及其辐射线上不同国家与地区间的和平与发展进程，且因“丝路辐射空间”的形成与中国“丝路战略”的提出而衍化为一个最具中国特色的治理模式，向世界表明，中国之所以能够破解“修昔底德陷阱”，是因为“中华民族的血液中没有侵略他人、称霸世界的基因，中国人民不接受‘国强必霸’的逻辑，愿意同世界各国人民和睦相处、和谐发展，共谋和平、共护和平、共享和平”。[③] 此种合作型的治理模式实为全球治理中的“中医学”，是共建、共享、共赢的治本之术。这不仅大大拓展了丝路学的研究空间，还从内容到形式均不同程度地颠覆了以往丝路学的研究范畴。

本书实为中国“丝路战略”软环境研究，且形成自成体系的阐释框

---

① 转引自李伟等：“世界遗产保护的新动向——文化线路”，《城市问题》2005 年第 4 期。

② 孙华：“‘文化线路’成为年度关键词”，《中华遗产》2007 年第 1 期。

③ 习近平：“在中国国际友好大会暨中国人民对外友好协会成立 60 周年纪念活动上的讲话”，新华网 2014 年 5 月 15 日。

架（如图 4 所示）。

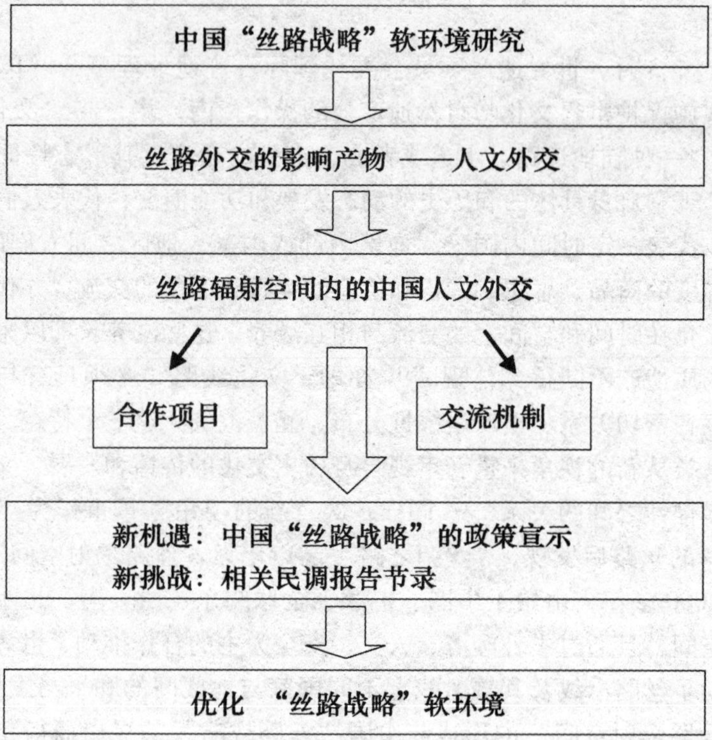

图 4

本书章节目录安排如下：上篇“丝路辐射空间内的中国人文外交”含 17 章，第 1—4 章为东线的人文外交，第 5—8 章为南线的人文外交，第 9—13 章为西线的人文外交，第 14—17 章为北线的人文外交；中篇“中国人文外交的特色项目与交流机制”含 20 章，第 18—27 章为特色项目，第 28—37 章为交流机制；下篇“中国人文外交的战略机遇及其挑战”含两部分，其一是中国“丝路战略”的政策宣示，其二是相关民调报告节录，旨在表明：“丝路战略”大大提升了中国人文外交的战略地位并赋予其三大战略使命，但也面临着诸多挑战，尤其是在如何优化“丝路战略”软环境方面，中国人文外交任重而道远。

上　　篇

丝路辐射空间内的中国人文外交

东线的人文外交

第一章　中国对美国的人文外交

第一节　中美人文交流的历史梳理

一、传教士来华与中美人文交流之起步

1830 年，裨治文（Elijah Bridgman）响应第一位来华传教的英国传教士马礼逊（R. Morrison）的号召来到中国，开始了美国基督教新教来华传教。“到第一次世界大战前，美国已超过英国成为在华传教规模最大的国家。从 1830 年到 20 世纪初大致经历了三个阶段：准备和开创阶段（1830—1860）、缓慢发展阶段（19 世纪 60 年代至 19 世纪 80 年代下半叶）以及迅速发展阶段（19 世纪 80 年代下半叶至 20 世纪初）。”① 传教士自晚清开始加大对中国现代化进程的参与程度，与外交人员和商人一起成为外国人士来华的三大主流群体。

传教士“来华的直接目的并不是获取物质利益和谋求政治上的控制权”，而是把基督教文化取代中华文化作为最终目的，坚信“只有用基督宗教彻底改造公共文化和社会才能完成其传教使命”。② 此外，传教士在华期间还通过开展高等教育、创办报刊、修建医院、开办工厂等各种渠道为中国输送了西方科学技术及人文社科知识。据统计，自 1839 年在澳门开办“马礼逊学校”（Morrison School）起到 1949 年止，美国教会组织在华共建有新教高等学校 13 所、天主教高等学校 3 所；1948 年新教教会大学共有在校学生 11000 名，天主教教会大学学生共有 4000 名，占整个中

---

① 王立新：《美国传教士与晚清中国现代化》，天津人民出版社，2008 年版，第 10—12 页。

② 同上书，第 4 页。

国在校大学生人数的1/10（参见表1）。①

表1　美国基督教新教来华差会主要情况（统计至1912年）②

主要来华差会	传教士（人）	小学（所）	学生（人）	医院（所）	高等院校
公理会	126	178	5154	15	与其他教会合办福建协和大学、燕京大学、齐鲁大学神学院
美国圣公会	124	78	2369	5	建有圣约翰大学，并与其他教会合办华中大学和南京中央神学院
美国浸礼会	155	130	2868	17	与其他差会合办金陵大学、金陵女子文理学院、华西协和大学
美国长老会	316	359	/	28	与其他差会合办之江文理学院、齐鲁大学、金陵大学、金陵女子文理学院、金陵神学院
大美归正教会	32	24	833	3	/
美国南浸信传道会	145	177	4204	7	与其他教会合办沪江大学、齐鲁大学医学院
安息日浸礼会	9	3	76	/	/
美以美会	279	661	13004	24	与其他差会合办华西协和大学、齐鲁大学、福建协和大学、金陵大学

① 胡文涛：《美国文化外交及其在中国的运用》，世界知识出版社，2008年版，第59、138页。

② 本表根据王立新：《美国传教士与晚清中国现代化》，天津人民出版社，2008年版，第13—16页内容整理而成。“/”为无相关数据。

续表

主要来华差会	传教士（人）	小学（所）	学生（人）	医院（所）	高等院校
监理会	64	28	672	/	开办东吴大学，金陵女子文理学院、金陵神学院
美国南长老会	123	/	/	/	与其他差会合办之江文理学院、齐鲁大学、金陵神学院、金陵女子神学院
女公会	8	/	/	1	/
基督会	46	26	848	3	/

据美国传教士卫三畏1855年7月的统计，在此前来华的110名美国传教士中，绝大多数受过高等教育，其中获得博士学位的23人，占总人数的20%多，[①] 因此大多具备良好的文化水平和道德素养。早期美国来华传教士和教会不仅是中美关系的“精神中介”，[②] 还建立了数以百计的中小学和中国最早一批高等院校，带来了先进的自然科学和社会科学知识，为中美教育交流打下一定基础。此外，传教士兴办了医院、孤儿院、报社、工厂等惠及民生的项目，体现了宗教的慈善功能并承担相应的社会责任。虽然传教士以实现中国“福音化”为最终目标，但客观上对推动当时中国社会发展起到了重要作用。

二、庚子赔款与中美人文交流之发展

1900年（庚子年），中国的义和团运动遭八国联军武力干涉，并于次年签订《辛丑条约》，其中第六款议定：“清政府赔偿俄、德、法、英、美、日、意、奥匈八国及比、荷、西、葡、瑞典和挪威六‘受害国’的

---

① 王立新：《美国传教士与晚清中国现代化》，天津人民出版社，2008年版，第7页。

② 徐以骅：“宗教因素与当前中美关系”，《国际问题研究》，2011年第3期。

军费、损失费等款项4.5亿两，加上年息4厘，本息合计9.8亿多两白银，以海关、常关及盐政各进款作抵押，按照条约所列办法及汇率，折合各国货币偿付，由1902年起至1940年止，分39年还清”，① 史称“庚子赔款”。1924年，美国国会通过决议，退还其余的庚子赔款。美国分得庚子赔款3200多万两，折合美元2400多万元。美国分两次退还庚子赔款，1908年第一次退还赔款1160万美元，主要是用于留美学生及兴办清华学堂之用。议定庚款用途为：（1）派遣中国学生赴美国各大专学校深造；（2）创设清华学堂（后改名清华学校），作为中国学生赴美深造的预备学校；（3）在华盛顿设立留美学生监督处，并拟定了派遣留美学生的具体办法。1924年第二次退还赔款1254.5万美元，并成立“中国文教促进基金会”（或称“中国基金会”），北洋政府任命了由10名中国人和5名美国人组成的托管董事会，管理此项基金，其中相当部分以奖学金的方式提供给清华学堂。②

除庚子赔款外，容闳对推动中美教育交流也起到了推动作用。他是中国第一位赴美留学生，也是清政府赴美教育使团的学生监管。在容闳的极力倡导下，曾国藩和李鸿章于1870年10月联名上奏朝廷，提出了一个每年选派30名12岁到16岁的学生去美国留学的四年计划；最终，由几名政府官员和第一批留学生组成的中国教育使团于1872年10月到达美国，③ 成为中国官方正式派遣至美国的第一个使团，对近代中美教育交流乃至外交关系具有深远意义。

中国赴美教育使团和“庚子赔款”对近代中美教育交流的主要意义在于：第一，中美双方在教育领域的互动直接推动了中国高等学府的建立和运转，对中国高等教育的发展起到重要作用。“美国庚款兴办了清华学堂（民国后改名清华学校，1928年成立清华大学）和包括燕京大学（后改名北京大学）的12所教会大学”，④ 并培养了梅贻琦（原清华大学校

① 涂俊才：“庚子赔款与中国教育”，《华中农业大学学报（社会科学版）》，2005年第4期。

② 同上。

③ 汪波：“容闳与近代中国早期的外交”，《安徽大学学报（哲学社会科学版）》，1996年第6期。

④ 涂俊才：“庚子赔款与中国教育”，《华中农业大学学报（社会科学版）》，2005年第4期。

长）、胡适（原北京大学校长）、竺可桢（原浙江大学校长）等一大批在当时扮演“中流砥柱”角色的人才。第二，改变了中国官方及民间对教育方式的看法，出国留学成为有识之士改变中国命运的另一种选择，并在日后带动了赴日、赴欧留学的浪潮。“在清末新政的激励下，1901 年到 1908 年 8 年期间，赴美留学达 281 人。自 1909 年至 1925 年，仅清华学校赴美学生就达 1031 人。到了 30 年代，美国已超过日本，成为中国留学生人数最多的国家。而对美国而言，自 1912 年起，在美国留学的学生中，中国留学生人数就居首位，达 14%，至 1924 年时，中国留学生所占比例更高达 1/3，并长期保持了独占鳌头的地位。”① 第三，中美双方通过蓬勃发展的教育交流而无形中增加了沟通人文理念与共同价值观的机会。“使团主要是以清政府外交官员的身份与美国政府和社会各阶层开展交往活动，他们首先是通过文化交往来加强和美国公众的联系，以扩大中国在美国的影响。”② 这一次重要的使团出访不仅成为中美关系发展中重要的一页，也使教育交流时至今日仍然是中美人文交流最重要的渠道之一。

三、新中国成立后中美人文交流之波折

新中国成立后，在当时国际形势和国内环境等多种因素的共同作用下，中美各领域人文交流几乎陷于停滞，直至 20 世纪 70 年代中美建交后才逐步恢复。1955 年，周总理借万隆会议向美国表达了交流的意愿。在官方层面，当年 8 月中美首次大使级会谈在日内瓦举行，而在民间层面，仅有少数美国艺术家、作家和新闻工作者愿意了解、介绍新中国，主要包括：黑人歌唱家潘基夫妇（1955 年）、进步政论作家斯塔森·肯尼迪（1955 年）、女作家安娜·路易·斯特朗（1958 年）、黑人学者杜波依斯（1959 年）、作家埃德加·斯诺（1960 年、1964 年、1965 年）。③

---

① 涂俊才：“庚子赔款与中国教育”，《华中农业大学学报（社会科学版）》，2005 年第 4 期。

② 胡文涛：《美国文化外交及其在中国的运用》，世界知识出版社，2008 年版，第 130 页。

③ 中华人民共和国文化部：《中国对外文化交流概览（1949—1991）》，光明日报出版社，1993 年版，第 266 页。

进入20世纪70年代，中美关系出人意料地在“乒乓外交”的推动下开始缓和，体育运动的大众属性则使其成为联系中美普通民众的纽带之一，也成为改善中美关系并最终促成中美建交的重要渠道。“以小球推动大球”的“乒乓外交”至今仍是中美关系史上最关键的转折点之一，为人们所津津乐道。

然而，作为中美人文交流两大传统领域的教育交流和宗教交流却在这一时期走向了截然相反的发展轨迹。一方面，中国留学生赴美人数不断增加，恢复了教育交流在中美人文交流中的重要地位；另一方面，基于当时中国的国情，宗教交流逐步从中美人文交流的“积极因素”转变为“负面因素”。虽然时任美国驻中国联络办主任的美国前总统老布什曾参加了北京教会尤其是崇文门教堂的宗教活动，其女儿也在该教会领受过宗教仪礼，此后美国政教要员来华访问时亦都去崇文门教堂参加宗教仪式；在第一次海湾战争期间，时任总统的老布什还抽出时间专门接见了来美国访问的中国基督教代表团，表示了其对自己在华经历的珍视和对中国教会的友好，[1] 但这样的高层次交流仍然非常有限，曾经在中美人文交流史上发挥重要作用的宗教交流最终成为中美关系中诸多敏感问题之一。

第二节　中国对美国人文外交的主要项目

一、教育交流

美国富布赖特项目是世界上规模最大、影响最大和最为成功的国际文化教育交流项目，由美国冷战时最有影响的政治家和社会活动家、民主党自由派代表人物J. 威廉·富布赖特（J. William Fulbright）提出并得以命名。富布赖特早年学习政治和法律，1943年出任美国众议院议员，一年后竞选成为参议院议员。二战结束后，富布赖特参议员对战争进行了反

① 徐以骅主编：《宗教与美国社会——宗教与国际关系》（第4辑·下册），时事出版社，2007年版，第463页。

思，希望以教育交流的方式促进世界各国人民之间的理解，减少战争给人类文明造成的灾难。1945 年 9 月，他向参议院提出一项由政府出资并实施管理的国际教育和文化交流的议案，其核心内容是授权美国行政当局利用出售战争剩余物资所获得的外汇现金，资助美国公民去外国学习、研究、讲课或从事其他教育活动和支付外国公民到美国大学学习、研究的交通费用。1946 年 8 月 1 日，该议案经美国总统杜鲁门签署正式成为法律，并命名为富布赖特法案（Fulbright Act）。[①] 富布赖特认为教育实质上是国际关系的基本因素之一，就其对战争或和平的意义来说，它完全与外交和军事力量同等重要。当今世界，对外政策不能孤立地倚赖军事姿态和外交活动。"我们与其他人进行交流，向别的国家传播我们的社会价值观念的情况，其对一代人之后的世界格局产生的影响远远要超出军事和外交上的优势。"[②]

1947 年 11 月 10 日，美国驻中国大使司徒雷登与中华民国政府外交部部长王世杰在南京签订了《教育交流项目筹资协议》（Financing of Educational Exchange Programs），史称"富布赖特协议（Fulbright Agreement）"。中国成为第一个同美国签订富布赖特项目合作协议的国家。1950 年，出于对中国国内政治形势的判断，美国方面宣布停止富布赖特项目，直到 1979 年中美建交后，邓小平在访美期间与时任美国总统的卡特签订了中美文化协定，双方同意恢复包括富布赖特项目在内的教育文化交流项目。

富布赖特项目由政府主导，主要负责项目预算、政策制定、运作情况监督和参与者的资格审查，包括：J. 威廉·富布赖特对外基金委员会（J. William Fulbright Foreign Scholarship Board）、美国国务院教育与文化事务司、美国教育部和双边委员会。非政府组织在富布莱特项目的运作中扮演着重要角色，包括：国际教育协会（Institute of International Education，IIE）、国际学者交换委员会（The Council for International Exchange of Scholars，CIES）、教育开发研究院（The Academy for Educational Devel-

---

① 胡文涛：《美国文化外交及其在中国的运用》，世界知识出版社，2008 年版，第 187—188 页。

② Philip H. Coombs，*The Fourth Dimension of Foreign Policy*：*Educational and Cultural Affairs*，New York：Harper and Row，1964，pp. X—XI.

opment，AED）、富布赖特协会（Fulbright Association）等，主要负责该项目的宣传、咨询、人员接待、数据分析和绩效评估等工作，使得整个富布莱特项目既不脱离政府层面的管理，又具有一定的独立性和灵活性。

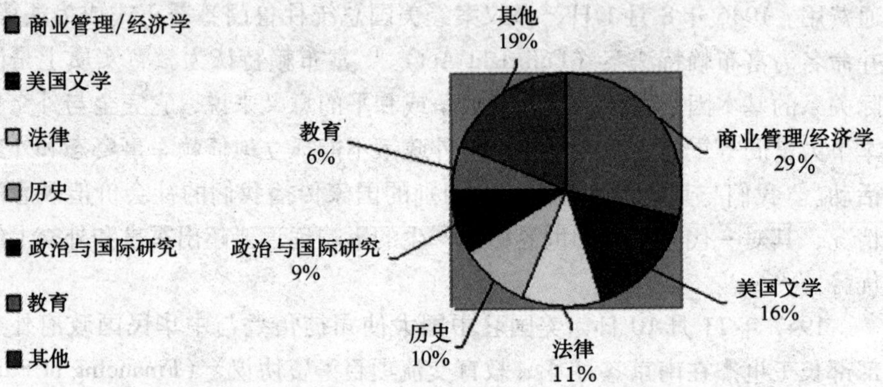

图 1　中国访问研究学者专业领域分布图（1980—2004 年）①

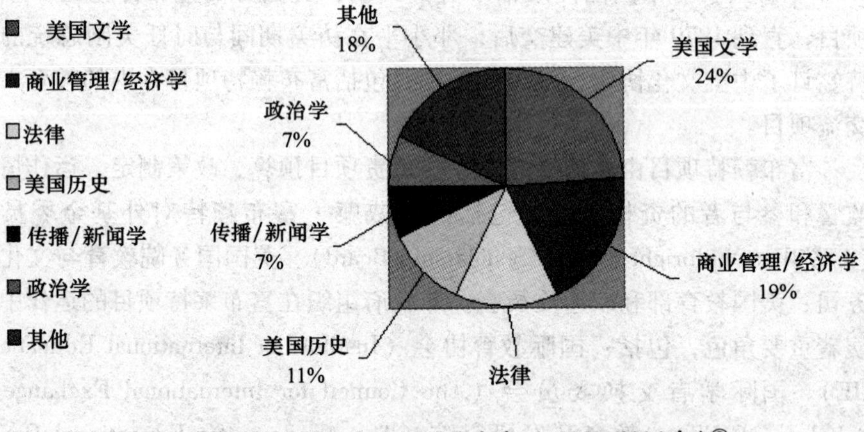

图 2　美国讲学学者专业领域分布表（1980—2004 年）②

① 胡文涛：《美国文化外交及其在中国的运用》，世界知识出版社，2008 年版，第 208 页。
② 同上。

一方面，富布赖特项目在中美文化教育交流中发挥了重要作用，有效地推动和增进了对中美文化的相互沟通与理解。2011 年 4 月，在华盛顿举行了第二轮中美人文交流高层磋商会议，会后中方表示在教育领域，今后将设立中美人文交流专项资金，资助美国学生赴中国留学，并会增加对中美教育资助项目“富布赖特项目”的投入，扩大美国来华学习人数；中方将增设赴美硕士研究生和杰出讲习者项目，并会在 2011 年选派 500 名大中小学校长及教师赴美研习，加强中美教育工作者的交流。中美人文交流高层磋商会议是中美人文外交的一大重要成就，而富布莱特项目在该会议中得到重视和发展，从侧面体现了我国对于富布赖特项目的肯定和支持。

另一方面，富布赖特项目面向他国精英阶层，在潜移默化中培养起一批“亲美派”，这一批学者、教师、研究人员回国后对该国的学术研究、政策制定等各方面所产生的影响将是长远的、深层次的。在我国人文社科领域，这一点表现得尤为明显，以国际关系领域为例，从主要理论到研究方法、范式均在整体上受到美国国际关系研究的深刻影响。在学科建立之初，对西方国际关系理论做适当引进意在使该学科得到更好的发展，但至今 20 余年过去了，我国国际关系领域始终没有发展出中国特色的国际关系理论及学派。使用西方理论来解决我国当下所面临的问题正面临越来越大的不足和误判，将对我国政策制定和外交工作产生不利影响。美国著名文化外交史学者弗兰克·宁柯维奇在其著作《美国对外文化关系中的历史轨迹》中曾写道：“在美国国务院看来，‘交换留学生的计划，是美国外交政策的执行工具之一’、‘外国留学生在美国机构学习时，应以加深对民主制度的认识为目的’、‘这种学习应从属于美国外交政策的总目的’”。[①] 因此，对于富布赖特项目的深层影响，我们应当有自己的判断。

通过奖学金项目来培养海外“知己派”已经成为各国争相开展的工作之一。2013 年 4 月 21 日，美国黑石集团创始人史蒂芬·施瓦茨曼（中文名为苏世民）向清华大学捐赠和募捐 3 亿美元，正式启动“苏世民学

---

① ［美］弗兰克·宁柯维奇：“美国对外文化关系中的历史轨迹”，《编译参考》1991 年第 8 期。

者项目”，被美联社誉为“世界教育领域规模最大的单笔捐赠之一”，[①] 成为继“庚子赔款”后美国对中国实施的又一次巨额奖学金项目。而与以往不同的是，这次的奖学金不再是邀请中国学生赴美留学，而是派美国学生到中国学习，近距离感受真正的中国并争取培养一批“中国通”。英国《金融时报》引用英国罗兹奖学金创立者的话来报道施瓦茨曼在清华大学设立的奖学金：“什么能造就最牢固的纽带？是教育上的关系。世界带着各种心情看待中国的崛起，从敬畏、敬佩到害怕。然而往往出现的情形是，此类情绪得不到深层次了解的引导。施瓦茨曼日前向清华大学作出的慷慨捐资旨在弥合这一鸿沟。”[②]

与西方国家对成熟的奖学金项目运作相比，我国近年来也不断通过奖学金吸引外国留学生来华深造。“但跟西方国家比，中国的做法还不成熟。奖学金培养不是简单的一次性投入，需要通过长期追踪，让受众对这个项目、培养方式产生认同感。中国应学习西方国家的做法，比如一名外国学生拿中国奖学金学成回国后，中国相关机构应该多搞些活动，使对方保持与中国的联系。”[③] 2010 年 9 月，教育部为落实《国家中长期教育改革和发展规划纲要（2010—2020 年）》而出台《留学中国计划》，其主要目标是：“到 2020 年，全年在内地高校及中小学校就读的外国留学人员达到 50 万人次，其中接受高等学历教育的留学生达到 15 万人，使我国成为亚洲最大的留学目的地国家。”[④] 这是进入 21 世纪后，我国在教育交流方面最具代表性和指导性的计划。

二、体育交流

新中国成立后由于历史、意识形态差异等原因，中美两国及人民之间的交往中断逾 20 年。进入 20 世纪 70 年代，由于国际环境及中美两国国内政治的变化，双方均萌生了与对方接触的愿望。早在 1969 年初，周总

---

① “清华‘超级奖学金’要赶超罗兹”，《环球时报》2013 年 4 月 26 日，第 13 版。

② “大国用奖学金打造海外‘知己派’”，《环球时报》2013 年 4 月 26 日，第 7 版。

③ 同上。

④ 教育部：“留学中国计划”，2012 年 9 月 3 日，http：//www. moe. gov. cn/publicfiles/business/htmlfiles/moe/s6811/201209/141518. html。

理就看到了美国调整对华政策的苗头，指示有关部门加强研究美国的政策动向，摸清美国的战略意图，探讨同美国接触的可能性。尼克松就任美国总统后也多次表示要与中国接触，示意把改善美中关系作为美国政府的外交目标之一。同年，尼克松要国家安全事务助理基辛格研究对华政策，"试探重新同中国人接触的可能性。"[①] 此后，尼克松方面又通过各种直接或间接的渠道向中国释放了希望进行对话的信号，周恩来敏锐地察觉了这一变化，并发挥其原则性与灵活性相结合的外交特色，亲自在第一线对美国作出了一系列回应。

中美关系的巨大转机出现在20世纪70年代初在日本名古屋举行的第31届世界乒乓球锦标赛上。1970年末，日本乒乓球协会主席来中国，邀请中国参加翌年4月在日本举行的第31届世界乒乓球锦标赛。由于某些国内因素，中国连续缺席了1967年的第29届和1696年的第30届世界乒乓球锦标赛。日本乒乓球协会主席说，没有中国参加的锦标赛不能成为世锦赛，所以特地邀请中国参加。[②] 由于当时日本国内右翼分子的一些过激行为严重伤害了我国人民的感情，因此我国在参赛与否的问题上出现了一定程度的分歧，但是毛泽东主张中国队应该前往参赛。经过一番商讨和权衡，周恩来批示同意了外交部、国家体委关于参加第31届世乒赛有关问题的请示，提出中国乒乓球队应"坚定、敏捷"，"严守集体行动"，实现"友谊第一，比赛第二"。[③] 最后的结果证明，正是"友谊第一，比赛第二"的参赛精神推动实现了日后被誉为"以小球转动大球"的"乒乓外交"。

比赛期间，美国运动员科恩误上了中国队的专车，我国运动员庄则栋赠予其一条绣有黄山风景的杭州织锦，打破了车上尴尬的气氛。第二天，科恩回赠庄则栋一件别着纪念章的运动衫；第三天，国际乒协理事、美国乒协国际部主任岁福德·哈里森来到中国队驻地，提出了在大赛结束后访问中国的设想。美国队的这一提议迅速引起我外交人员的重

① 裴坚章主编：《研究周恩来——外交思想与实践》，世界知识出版社，1989年版，第203页。

② 王泰平主编：《乒乓外交的回忆——纪念第三十一届世界乒乓球锦标赛四十周年》，中央文献出版社，2011年版，第125页。

③ 同上书，第34页。

视，经过毛主席和周总理的再三推敲，终于决定邀请美国乒乓球队访华。1971 年 4 月 14 日，周恩来在人民大会堂接见了美国乒乓球队及随行的记者，用“有朋自远方来，不亦乐乎”来表达对美国朋友访问中国的喜悦之情。就在周恩来接见美国乒乓球队后不到几个小时，美国白宫就宣布了旨在缩小两国间鸿沟的一系列开禁措施：放松美国对中国实行了 21 年的禁运，对愿意访美的中国人可以加快发放签证，放宽货币管制等。在美国乒乓球队访华 3 个月后，尼克松总统的秘密特使——国家安全事务助理基辛格博士秘密抵达北京，同周恩来进行了高级会谈。[①] 此后中美两国便踏上关系正常化的轨道。次年尼克松访华并签订对中美建交具有里程碑意义的《上海公报》，直至 1979 年 1 月 1 日中美两国正式建交，为“以小球转动大球”的“乒乓外交”画上了圆满的句号。

数据显示，自新中国成立至“乒乓外交”发生的共计 22 年间，中国建交的只有 34 个国家，而毛主席批示美国乒乓球队访华后的短短 7 个月，即从 1971 年 4 月到 1971 年的 12 月底，和中国建交的国家增加 18 个。[②] 更重要的是，“乒乓外交”带动中国与周边国家开展了草根性的、大众性的外交，如“兰花外交”、“熊猫外交”等，极大地丰富了新中国外交工作的内涵、方式和途径。

至今，“乒乓外交”仍然是中美人文外交的宝贵资源，中美人文交流高层磋商机制建立后，体育成为其中重要的组成部分，延续了体育交流对中美人文外交的积极作用（参见表 2）。

① 张德成：“从‘乒乓外交’看周恩来的公关意识、才能和艺术”，《世纪桥》1997 年第 1 期。

② 王泰平主编：《乒乓外交的回忆——纪念第三十一届世界乒乓球锦标赛四十周年》，中央文献出版社，2011 年版，第 130 页。

表2：中美人文交流高层磋商机制框架下的中美体育交流（2010—2013）①

时间	项目、活动
2010年	“协作发展和提高中美足球水平”项目（美国弗吉尼亚）
2010年7月	北体大“冠军班”首批公派留学硕士生赴美
2011年7月	“协作发展和提高中美足球水平”项目（中国上海）
2011年	中美篮球协会互派队伍参加邀请赛、热身赛，开展裁判员和教练员的培训与交流
2011年7月	中方代表团赴美参加中美“乒乓外交”四十周年纪念活动
2011年8月	中国武术代表团赴美国华盛顿、纽约和亚特兰大举行巡演和武术推广活动
2011年9—10月	中国奥委会选派自行车、击剑、水上项目、游泳、手球、曲棍球、乒乓球、羽毛球等项目的一线教练员赴美进行体能训练专题培训
2011年12月	美国奥委会和美国乒协联合组成14人代表团访华
2012年3月	天津体育学院—美国明尼苏达大学“中美体育文化交流中心”成立
2012年5月	“分享收获共创未来”中美学生交流论坛
2012年8月	中国举办“中美大学生体育文艺周”
2013年3月	美国举办“中美大学体育发展研讨会”

第三节　中国对美国人文外交的反思与展望

改革开放后，我国经济社会取得迅猛发展，国际地位也随之大幅提升，世界各地悄然兴起一股“汉语热”。在这样的背景下，我国主动通过成立孔子学院/孔子课堂来满足国外民众学习汉语的迫切需求，并将其打造为实现中国文化“走出去”的主要渠道之一。目前，美国已成为全世界设立孔子学院和孔子课堂最多的国家，已有100所孔子学院和逾356个孔子课堂，② 其中包括斯坦福大学、哥伦比亚大学、芝加哥大学等一流名

① 资料来源：由国家体育总局“第三轮中美人文交流高层磋商将在京举行”（2012年5月2日）、“罗雪娟等北体大冠军班首批公派学员将赴美深造”（2010年7月21日）、中国学生体育网“加强中美体育交流中美大学体育发展研讨会即将在美举行”（2013年3月11日）整理而成。

② 国家汉办：“关于孔子学院/孔子课堂”，http：//www. hanban. edu. cn/confuciousinstitutes/node_ 10961. htm。

校。2011年，美国开设汉语课的公立大中小学超过5000所，学习汉语的学生人数突破20万人，相当于5年前的10倍；1000多所大学开设了汉语专业，招生规模达5.2万人。[①] 此外，美国还建立了一些独具特色的孔子学院，如宾汉顿戏曲孔子学院在正常的汉语教学之外还重于宣传中国戏曲和音乐，并在美国建立了唯一的、以京剧为特色的演出团《丝之歌》，对推广中国戏曲表演艺术起到了重要的作用；纽约州立大学商务孔子学院则以培养熟练使用汉语的商务人才为主；最近在美国首都华盛顿建立的乔治·华盛顿大学孔子学院的特色在于“利用地处首都的优势，针对在大华府地区工作的庞大政府机构人员以及外交、商务专业人士提供中文及相关课程”。[②] 就孔子学院与富布莱特项目在全球层面的发展情况而言，我国孔子学院分布全球120个国家，[③] 与美国富布莱特项目的覆盖面大致相当，同时，远远超过了法语联盟、歌德学院等其他语言文化推广机构或项目。但就所取得的效果而言，目前孔子学院作为一个新兴的人文交流项目，仍然与富布莱特项目存在一定差距，在如何增进中美两国民众相互了解和信任、推动双方价值观沟通等问题上需要吸取、借鉴后者的成功经验。

此外，与19世纪宗教在中美人文交流中发挥的积极作用相比，近年来中美宗教摩擦不断增多，成为双边交往的阻力。“所谓宗教自由问题是中美关系中最敏感的问题之一。中国因素在美国‘1998年国家宗教自由法’通过的过程中十分明显，根据该法成立的美国国务院宗教自由办公室以及跨党派半官方的国际宗教自由委员会无端指责中国为严重侵犯宗教自由的国家，在所谓宗教自由领域成为美国的‘特别关注国’以及该法的主要制裁对象。”[④]

“9·11”事件发生后，美国成为国际恐怖主义活动的主要受害国之一，中美两国通过宗教交流培育“反恐共识”、进行反恐合作对双方而言

---

① 国家汉办：“美国乔治·华盛顿大学孔子学院举行揭牌仪式”，2013年4月12日，http://www.hanban.edu.cn/article/2013-04/12/content_492026.htm。

② 国家汉办：“孔子学院落户华盛顿美国已成全球孔子学院最多国家”，2013年4月12日，http://www.hanban.org/article/2013-04/12/content_492135.htm。

③ 国家汉办：“关于孔子学院/孔子课堂”，http://www.hanban.edu.cn/confuciousinstitutes/node_10961.htm。

④ 徐以骅：“宗教因素与当前中美关系”，《国际问题研究》2011年第3期。

都是务实、双赢的选择。然而事实上，美国在对华政策上一直企图将宗教问题与民族问题、人权问题捆绑，不断上演高层领导人会见“三股势力”代表的闹剧，并发表各种不实言论歪曲、抨击中国宗教现状，严重影响了中美双边关系的正常发展。与此成鲜明对比的是，我国正越来越重视宗教渠道对增进中美人文交往、深化两国相互了解所起到积极作用。如2006年、2011年先后两次赴美举办中国教会圣经事工展，2008年中国中青年宗教领袖代表团访美，2011年举办中美基督教会首次高层论坛以及即将举办的中美基督教领袖论坛等活动都体现了我国对中美宗教交流方式、途径的积极探索和不断尝试。值得关注的是，党的十八大报告强调“促进政党关系、民族关系、宗教关系、阶层关系、海内外同胞关系的和谐”，首次提出了“全面贯彻党的宗教工作基本方针，发挥宗教界人士和信教群众在促进经济社会发展中的积极作用”，[①] 对把握今后中外宗教交流的总体发展趋势具有重要的指导意义。

国家宗教局局长王作安在谈到宗教渠道对中美关系的意义时指出：宗教能够成为一个良好的渠道，宗教也应该成为中美关系的一个积极因素而非障碍。[②] 始于19世纪的中美宗教交流曾对中国近现代社会发展起到了不可替代的推动作用，虽然经历了一段时间的低谷，但可以肯定的是，未来中美宗教交流会扮演越来越重要的角色，我国也会改变从前“被动接受”的模式，在“主动出击”的过程中实现中美宗教交流的双向互动，促进中美相互了解与信任，夯实中美关系的民意基础，并争取推动两国在反恐问题上的合作。

2013年6月，国家主席习近平在美国加利福尼亚州安纳伯格庄园同美国总统奥巴马举行元首会晤，此次“庄园外交”最重要的成果之一是双方就构建中美新型大国关系达成一致。事实上，关于21世纪中美新型大国关系的提法最早出现在2012年2月习近平访美期间，此后经过不断的发展与完善最终被精炼概括为“不冲突不对抗，相互尊重，合作共赢”。其中，不冲突不对抗是构建中美新型大国关系的必

---

① 《坚定不移沿着中国特色社会主义道路，前进为全面建成小康社会而奋斗——在中国共产党第十八次全国代表大会上的报告》，人民出版社，2012年版，第29—30页。

② 国家宗教局：“中美多宗教交流会：中美多宗教对话搭建双边理解桥梁”，2011年3月30日，http：//www. sara. gov. cn/zzjg/yjzx/ywxyyjzx/11487. htm。

要前提，“相互尊重”是构建中美新型大国关系的基本原则，合作共赢是中美构建新型大国关系的必由之路。[①] 换言之，构建中美新型大国关系就是从政治互信、经济合作、人文交流三个维度构建全方位、立体式的双边关系。

回顾中美关系发展历程，不难发现人文交流同双方政治、经济发展相比一直呈“失衡”状态，从而造成目前中美双方合作有余、互信不足的现实。因此，中美两国近年来对人文交流给予充分重视，不仅将其视作中美关系“三大支柱”之一，更通过项目拓展、机制创新等多种方式推动双方人文交流。2009 年 11 月发布的《中美联合声明》肯定了人文交流对强化中美关系具有重要作用，并提出建立一个全新的双边机制。次年 5 月，两国签署《关于建立中美人文交流高层磋商机制的谅解备忘录》，中美人文交流高层磋商机制（China-U. S. High-Level Consultation on People-to-People Exchange）应运而生。该机制不仅被认为是中美关系史上的一大创举，更重要的是为中国人文外交的机制建设进行了突破性的尝试。此外，北京大学于 2011 年 10 月成立了中美人文交流研究基地，为中美人文交流高层磋商机制的顺利发展提供相应的学术研究与智力支持。到目前为止，在中美人文交流高层磋商机制的框架下，两国在各领域的人文交流不断迸发出新的生机与活力，在一定程度上为双方沟通核心价值观、增信释疑夯实民意基础。

习近平指出，中美建设新型大国关系“前无古人、后启来者”，[②] 换言之，新型大国关系不仅是指导中美双边关系发展的新构想，其更深远的意义在于为下一阶段我国整体外交工作提供可借鉴、可复制的成功经验。事实上，在中美人文交流高层磋商机制的示范效应下，2011 年 10 月、2012 年 2 月中英、中欧高级别人文交流对话机制先后成立，同时，“人文交流”也被视为中英、中欧关系的“三大支柱”，已经率先做到了“后启来者”。因此，我们有理由相信，人文外交不仅将为构建中美新型大国关

---

① 外交部：“如何构建中美新型大国关系——王毅外长在布鲁金斯学会的演讲”，2013 年 9 月 21 日，http：//www. fmprc. gov. cn/mfa_ chn/zyxw_ 602251/t1078765. shtml。

② 外交部：“习近平同美国总统奥巴马共同会见记者”，2013 年 6 月 8 日，http：//www. fmprc. gov. cn/mfa_ chn/gjhdq_ 603914/gj_ 603916/bmz_ 607664/1206_ 608238/xgxw_ 608244/t1048842. shtml。

系打好坚实基础，其柔性本质更将成为今后中国外交工作的新亮点与突破口，将在改善中国国家形象、提供国际公共产品等方面进一步发挥积极作用。

第二章　中国对日本的人文外交

第一节　中日人文交流的历史梳理

中华文明源远流长，对世界文明的繁荣与发展作出重要贡献，尤其在东亚地区形成了以中华文明为主导和基础的“汉文化圈”。到了唐代，我国的政治、经济、文化发展就当时而言已属世界前列，因此日本每隔一段时间就要选派一批官员、僧侣、学生赴唐考察、学习。自贞观盛世到唐朝衰落的200余年间，日本共派遣唐使来华十余次，规模最大的一次甚至有557人入唐（参见表1）。

表1：遣唐使赴唐频次表（公元630—894年）①

时间	主要内容
唐贞观四年（舒明二年，公元630年）	以犬上御田锹、药师惠日为遣唐使赴唐。贞观六年唐太宗遣高表仁为犬上御田锹送行，留学僧灵云、旻、胜鸟养等随船回国
唐高宗永徽四年（白雉四年，公元653年）	以吉士长丹为大使，吉士驹为副使赴唐，留学生巨势要、冰老人，留学僧道严、道通、道光等120人随从。次年回国。同时又派大使高田根麻吕、副使扫守小麻吕别船入唐，途中遇风覆没，仅5人生还
唐高宗永徽五年（白雉五年，公元654年）	押使高向玄理、大使河边麻吕、副使药师惠日等入唐，取道新罗至长安朝贡。齐明元年（公元655年）回国
唐高宗显庆四年（齐明五年，公元659年）	大使坂合部石布、副使津宇吉祥和伊吉博德分乘两船入唐。石布的船遇风漂到海南岛，被土人所杀，只有东汉阿利麻等5人逃至括州。副使吉祥的船到越州会稽，后进京谒见高宗，齐明七年（公元661年）回国

① 资源来源：由郑彭年：《日本中国文化摄取史》，杭州大学出版社，1999年版，第51—54页整理而成。

续表

时间	主要内容
唐高宗麟德二年（天智四年，公元665年）	唐遣刘德高为使节随同郭务悰等携表赴日，同年十二月日本以守大石等组成“送唐客使”，送刘德高回长安。天智六年（公元667年）回国
天智八年（公元669年）	任命河内鲸为大使，祝贺唐平定高丽。天智九年（公元670年）回国
周武则天长安二年（大宝二年，公元702年）	执节使粟田真人、大使高桥笠间、副使坂合部大分和巨势邑治入唐，朝见武则天，武则天于麟德殿设宴。粟田真人在唐2年，庆云元年七月回国，坂合部大分于养老二年（公元718年）回国
唐玄宗开元五年（养老元年，公元717年）	遣唐押使多治比县守、大使大伴山守、副使藤原宇合随同阿倍仲麻吕、玄昉、吉备真备等557人入唐。县守于养老二年（公元718年）回国，仲麻吕则留唐不归
唐玄宗开元二十一年（天平五年，公元733年）	大使多治比广成、副使中臣名代及判官、录事等594人，分乘四船入唐。广成在唐改姓丹墀，开元二十二年（天平六年，公元734年）回国，留学生吉备真备、留学僧玄昉等随从
唐玄宗天宝十一年（天平胜宝四年，公元752年）	任命藤原清河为大使，大伴古麻吕为副大使，吉备真备为副使入唐。天宝十二年（天平胜宝五年，公元753年）回国时，藤原清河与随之回国的阿倍仲麻吕于途中遭风漂至安南，幸而生还，后回长安，两人均留唐不归。古麻吕、真备漂至益久岛，翌春回国。鉴真等人也随古麻吕至萨摩，后由难波进京
唐肃宗乾元二年（天平宝字三年，公元759年）	因迎前遣大使藤原清河，派遣大使高元度、判官内藏全成入唐。此次因迎前遣唐使，故称迎入唐使。高元度于天平宝字五年（公元761年）回国
唐代宗大历十年（宝龟六年，公元775年）	任命佐伯今毛人为大使，大伴益立、藤原鹰取、小野石根为副使赴唐。大历十二年（宝龟八年，公元777年）从筑紫出发，直达扬州。次年回国
唐代宗大历十三年（宝龟九年，公元778年）	任命大使布势清直、判官多治比浜成入唐。宝龟十年（779）分乘两船从难波出发，在唐2年，于天应元年（公元781年）回国

续表

时间	主要内容
唐德宗贞元十七年（延历二十年，公元801年）	任命藤原葛野麻吕为大使，石川道益为副使赴唐。延历二十三年（公元804年）从难波出发，空海、最澄等留学僧随从一起入唐。次年回国
唐文宗太和八年（承和元年，公元834年）	任命藤原常嗣为持节使，小野篁为副使、长岑高明为判官赴唐。承和三年（公元836年）分乘四船从筑紫出发，不幸遇风，第三船沉没，第一、二、四船漂回肥前，于是重修船舶，于承和五年（公元838年）分三船从筑紫出发，留学僧圆仁、圆载、义澄等随从入唐。承和六年（公元839年）回国

由表1可见，遣唐使作为沟通两国官方和民间的桥梁，对中日人文交流起到了重要的推动作用。他们给日本带去的不仅是文字、思想、技术上的发展，更重要的是当时唐朝先进的社会制度和管理方式。有日本学者在评价遣唐使时提出："他们带回的最重要的东西是奈良时代后半至平安时代初期日本仪式的唐化，仪式的唐化意味着日本社会逐渐从原有的以神话与巫术性意识形态为支配思想的时代中脱离出来"，"然后日本开始学习和吸纳唐的制度与文化，并根据大宝令之规定，试图构筑以天皇为中心的小中华帝国，基于唐礼形成的仪式也开始为维护以天皇为中心的朝廷秩序服务"。① 自此，日本对汉文化逐步开始自上而下地学习、吸收并推广，塑造了许多能够引起中日双方共鸣或达成共识的载体，为日后中日人文交往奠定了坚实的基础。

第二节 中国对日本人文外交的主要项目

一、民间团体互访

周恩来总理在新中国成立初期就提出将"以民促官、民间先行"作

① ［日］古濑奈津子著，郑威译：《遣唐使眼里的中国》，武汉大学出版社，2007年版，第143—144页。

为发展中日关系的主要方针，并提出“日本团体来得更多，我们的团体也多去，把两国间要做的事情都做了，最后就只剩下两国外交部长签字和喝香槟酒，实现邦交正常化了”。[①] 事实证明，周总理对中日关系正常化进程的预判完全符合后来中日建交的实际情况。

中日民间文化交流始于20世纪50年代。1955年11月，日本前社会党内阁首相片山哲率领国民联合会代表团访华时与中国人民对外文化协会签订“中日民间文化协定”，成为中日文化交流史上最早签订的协定。1956年3月，日中文化交流协会成立。但50年代后期岸信介政府上台后，其亲美反华的政治立场直接或间接导致中日之间各种来往中断。

同中美关系一样，中日关系也经历了长时间的低谷，新中国成立后的20余年里，日本政府无视国内民众对恢复中日邦交的强烈呼声，一意孤行地与美一同采取敌视中国的政策。但到了20世纪70年代，国际社会发生重大变化，一方面中苏之间产生了分歧；另一方面中美关系之间不再彻底对立，形成了微妙的“美苏中大三角”关系。尤其见到“乒乓外交”大获成功，直接促使尼克松访华后，日本民众再也坐不住了，国内要求与中国实现关系正常化的呼声日益高涨。

1972年7月7日，日本的田中角荣内阁正式成立，他在首次内阁会议上表示实现中日邦交正常化是其首要任务，并公开表示理解我国提出的恢复中日邦交三原则。[②] 仅3天后，中国上海舞剧团一行208人，受日中文化交流协会和朝日新闻社的邀请，在经过几个月的集训后，在中国驻东京联络处的首席代表、中日友好协会副秘书长孙平化率领下从北京启程，经香港抵达日本。在日本东京的日生剧院，他们首场演出了芭蕾舞剧《白毛女》，大获成功。除了《白毛女》外，舞剧团还带去了《红色娘子军》等芭蕾舞剧目。在以后的数天里，他们前往神户、大阪等多个城市

① 转引自周丽娟：《对外文化交流与新中国外交》，文化艺术出版社，2010年版，第105页。

② 即：第一，中华人民共和国政府是代表中国唯一的合法政府；第二，台湾是中华人民共和国领土不可分割的一部分，第三，“日台条约”是非法的，必须废除。此三点原则最初系1971年7月日本公民党访华期间与中国中日友协代表团发表的联合声明中的一部分，后来被视作中日恢复邦交的前提和基本原则。

进行巡演，每到一处，总能掀起中国旋风。上海舞剧院到日本访演，这是新中国成立后赴日的最大演出团体。[①] 有了前期民间友好往来的积淀和双方共同促进中日关系正常化的意愿，在距离上海舞剧团赴日演出仅2个多月后的9月29日，中日双方在北京签署《中日联合声明》，两国正式建交。

两国民间佛教团体的交流互访一直被视为“黄金纽带”。20世纪50年代初期，亚洲及太平洋区域和平会议在北京召开期间，赵朴初居士代表中国佛教界将一尊象征慈悲和平的佛像请托与会的日本代表赠送给日本佛教界，引起日本佛教界的强烈反响。日本佛教界友好人士大谷莹润、西川景文、菅原惠庆长老多次组团渡海送还中国在日殉难烈士遗骨三千具。他们同大西良庆长老、椎尾弁匡长老等发起了“日中不战之誓”的签名运动。1962年中日两国佛教界和文化界共同发起纪念鉴真和尚圆寂1200周年，这一活动在日本发展成争取中日两国友好的群众运动。[②] 此后，佛教交流不仅成为连结中日关系的“黄金纽带”，甚至成为连结中日韩三国以及中国同整个东南亚地区友好关系的“黄金纽带”。

二、友好城市

在全球化的发展进程中，非国家行为体正发挥着日益重要的作用，包括国际组织、城市、社会团体、个人等等。城市外交是国家总体外交的重要组成部分，既服从并服务于整体外交，又具有地方特色，兼顾对城市发展的服务功能。城市外交的独特优势在于它的地方特性决定了在国家关系出现波折、高层交往受阻时，城市仍然能够保持交流。

中日友好城市交往是中日人文外交中的重要组成部分，也是我国开展城市外交的起点。目前，中日友好城市共计249对，[③] 约占我国全部友好城市数量的12.5%。就亚洲地区而言，中日友好城市的数量相当于第

① 周丽娟：《对外文化交流与新中国外交》，文化艺术出版社，2010年版，第102页。

② 徐玉成：“三国佛教友好交流会议隆重召开”，《法音》1995年第6期。

③ 2012年，在中日建交40周年之际，日本名古屋市市长河村隆之在会见南京代表团访问时否认发生过南京大屠杀。此言论一出，立刻引发多方批评，但河村隆之拒绝道歉。基于其言行和态度，南京市政府宣布暂停与名古屋市政府的官方交往。

二位至第七位的总和；就世界范围而言，中日友好城市数量超过第三位（韩国，133对）和第四位（俄罗斯，105对）的总和（参见表2、表3）。

表2：亚洲范围内互结友好城市数量前五位（截至2012年）①

国别	省州	城市	合计
日本	35	214	249
韩国	14	119	133
泰国	17	11	28
菲律宾	9	18	27
越南	5	21	26

表3：全球范围内互结友好城市数量前五位（截至2012年）②

国别	省州	城市	合计
日本	35	214	249
美国	41	191	232
韩国	14	119	133
俄罗斯	25	80	105
澳大利亚	10	78	88

1973年6月24日，在周恩来总理亲自关怀下，我国天津与日本神户结为友好城市，这既是中日间第一对友好城市，也是中国同外国缔结的第一对友好城市。根据中国国家友好城市联合会网站的数据，自1973年建立第一对中日友好城市起，平均每年有6对中日友好城市诞生，其中1994年达到峰值20对。（参见图1）

① 资料来源：中国国际友好城市联合会“友城统计”。
② 资料来源：中国国际友好城市联合会“友城统计”。

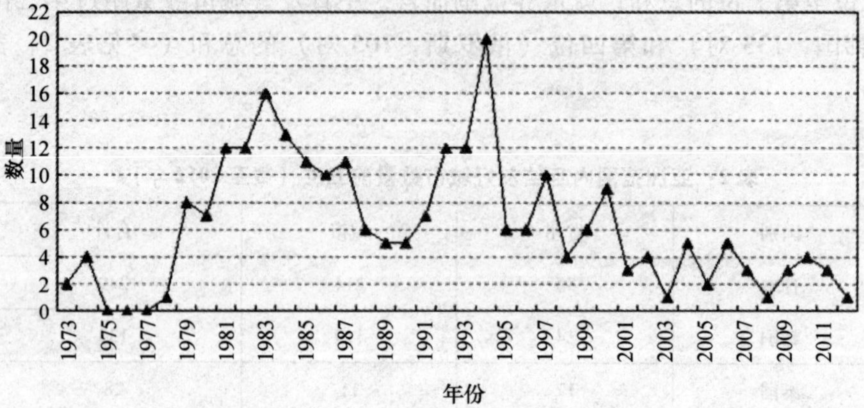

图1：中日友好城市历年城市数量图（1973—2012年）①（单位：个）

由图1可见，中日友好城市数量的变化大致与中日关系发展的趋势相似。两国建交之初，双方处于磨合阶段，各类合作都以尝试为主，进入20世纪八九十年代，中日关系在各个领域均取得了良好发展，因此友好城市也在这一时期取得快速发展。然而，进入21世纪后，以小泉纯一郎为代表的日本右翼势力开始抬头，参拜靖国神社等一系列行为使中日关系止步不前，甚至发生倒退，因而也影响了中日友好城市的发展。

此外，中日友好城市还在其他各个领域实现发展。如1979年以来，日方已经在中国开展实施了1000多个节能环保项目，涉及到钢铁、建材、石油化工、电力、造纸等诸多行业。上海在开展节能诊断、开展示范工程、实施技术培训等节能环保领域，与日本进行了多方面合作；② 为纪念中日邦交正常化30周年，2002年8月3日至6日，在我国北京隆重举办了由中日友协、中国乒乓球协会、北京友协与日中友协、日本乒协共同主办的“中日友好交流城市中学生乒乓球友谊比赛大会”，旨在进一步加强中日友城的友好关系、推动两国青少年交流。据报道，中日双方共99对

---

① 资料来源：中国国际友好城市联合会“友城统计”。

② “加强合作共同努力把上海建成资源节约环境友好的国际一流城市——‘节能减排与中日合作交流会’召开”，《上海节能》2009年第10期。

友好城市，1000余人参加了本次活动。日中友协名誉顾问、前首相村山富市亲自率团前来参加，① 并取得了圆满成功。

总体而言，中日友好城市长期以来在促进中日民间交流、推动双方各领域合作方面扮演了重要角色。但结合中日关系发展规律与现状而言，以友好城市为特色的中日民间往来在消除误解、增进友谊方面仍有较大的作用空间，将作为“助力”推动双边关系恢复正常。

三、青年交流

在中日双边人文交往中，中日青年交流是其重要组成部分之一，对传承历史、开创未来具有不言而喻的重要意义。目前中日青年交流的主要渠道包括：

（一）中国人民对外友协、中日友好协会、中日青年交流中心等官方机构、组织

李小林指出：“对外友协是新中国成立后最早专门从事中外民间友好交流的团体之一。我们历来重视中日青少年之间的交流。中日友好要从青少年抓起，只有增进青少年之间的相互理解，中日友好的未来才有希望。目前中日友协每年都组织几百名中学生访问日本，同时接待来访的日本中学生，旨在让年轻一代能够以客观的眼光与平和的心态看待和理解对方，使中日两国关系的发展具有更加广泛而稳固的民众基础。”②

同样，青少年交流也与人文交流、经济交流、地方交流一起成为中日友好协会四大重要板块。值得注意的是，中日友协组织的青少年交流活动已经形成了若干品牌项目，如“走近日企感受日本”中国大学生代表团访日至今已举办12届；2006年至2012年，中日友协累计邀请1500余名日本高中生来华访问（参见表4）。

---

① 张孝萍：“中日友好交流城市中学生乒乓球友谊赛在北京举行”，《友声》2002年第6期。

② 中国国际友好城市联合会：“李小林副会长一行访问日本”，2010年5月20日，http：//www.cifca.org.cn/Web/Details.aspx？id=2475。

表4：中日友协邀请日本高中生来华交流人数统计表（2006—2012年）①

年份	时间	代表团名称	团员构成	人数	访问地
2006	11.21—27	日本高中生代表团	三重县、千叶县、茨城县	144	北京、陕西、四川、上海
2007	12.19—25	日本神奈川县高中生代表团	神奈川县	50	北京、天津、大连
	6.12—18	日本高中生代表团	爱知县、青森县、奈良县、大阪府	199	北京、武汉、杭州、上海
2008	5.16—26	日本禅林学院高中生代表团	禅林学院	23	北京、河南、上海
	6.10—16	日本高中生代表团	京都府、栃木县	100	北京、长春、大连
	10.7—13	日本高中生代表团	茨城县、宫城县	101	北京、武汉、上海
2009	3.16—19	日本千叶县花泽学园明圣高中代表团	明圣高中	9	北京
	9.15—20	日本创价学园高中生代表团	创价学园	52	北京、天津、上海
2010	3.25—30	日本东京艺术大学附属高中代表团	东京艺大附属高中	19	北京、上海
	3.28—4.3	日本东中部地区高中生代表团	东京都等12地	99	北京、江苏、上海
	6.9—15	日本高中生代表团	京都府、和歌山县	100	北京、山东、上海
	12.7—13	日本高中生代表团	青森县、兵库县	102	北京、湖北、上海

① 资料来源：中国日本友好协会官方网站。

续表

年份	时间	代表团名称	团员构成	人数	访问地
2011	3. 28—4. 3	日中友好日本高中生代表团	大阪等1府6县	94	北京、江苏、上海
	6. 15—21	日本高中生代表团	京都府、和歌山县	101	北京、大连、哈尔滨
	12. 6—12	日本高中生代表团	东京都、宫城县、岩手县、福岛县	156	北京、潍坊、武汉、上海
2012	3. 20—26	日本高中生代表团	神奈川县、爱知县	101	北京、成都、上海

（二）“中日青年友好联欢”活动、“中日青年世代友好中国行”活动、“中日青年友谊计划”、“中日青少年交流年”、“中日青年经济领袖对话机制”等项目、机制

除各类机构、组织致力于组织中日青少年交流外，两国官方和民间还形成了一些定期性或非定期性的项目、机制。1984年9月24日至10月8日，“中日青年友好联欢”活动在我国隆重举办，3000名日本青年应邀访华，“来自日本政府、政党、青年团体、友好团体、工会以及妇女组织等300多个部门、团体和大学，包括政界、经济界、文化界、体育界、宗教界等社会各界青年代表和大学生，还有部分知名友好人士的子女和中日友好二十一世纪委员会日方委员，具有十分广泛的代表性，其中35岁以下的年轻人占90%。日本青年组成217个代表团分4路来华，分别访问了上海、南京、杭州、西安、武汉、北京，参加了各地别具地方特色而丰富多彩的活动，与中国各地、各界的青年进行了深入、热烈的友好交流。在北京期间，首都万名青年为日本青年的来访隆重举行欢迎大会”。① 作为对“中日青年友好联欢”活动的传承与呼应，2007年我国借“中日文化体育交流年”之际再次举办了“中日青年世代友好中国行”活动，邀请日方200余人访华，其中包括了当年参加“中日青年友好联欢”活动的

① “1984年‘中日青年友好联欢’活动”，中青网，2007年6月15日，http://vweb.youth.cn/cms/2006/2006news/07zgx/lshg/200706/t20070615_552174.htm。

日方友好人士的子女，成为中日两代人共同的美好记忆。

继2007年被定为“中日文化体育交流年”之后，2008年被双方定为“中日青少年交流年”，举办了一系列交流活动，包括：中国高校师生短期赴日文化研修、中国大学生日语毕业论文大赛、中日高中生交流研讨会、中日青少年交流音乐会、“中日青少年同登泰山、富士山”活动、中日韩青少年历史体验夏令营等涵盖文化、教育、艺术、历史等各领域的中日青少年交流。此外，2009年启动的“中日青年经济领袖对话机制”标志着中日双方对青年交流“机制化”的探索。虽然至今仅举办了一届，但作为中日经济高层对话的成果之一，“中日青年经济领袖对话机制”的举办体现了两国借高层次平台推动青少年交流的创新与尝试。

目前，伴随两国青少年对网络的大量使用，以动漫、电视剧等为渠道的文化交流对双方青少年产生重大影响。日本前外相麻生太郎更是在以《文化外交新设想》为题的演讲中将动漫视为日本文化外交的重要突破口，并主张：第一，由政府有关部门设立一个24小时专门用英语向海外播出日本动画和电视剧的电视频道，以增强海外观众对日本社会和文化的认识；第二，官民合作，推广日语教育；第三，在东京设立一个面向世界各国年轻漫画家的权威的漫画诺贝尔奖——“国际漫画奖”，挖掘和培养有前途的漫画人才；第四，任命日本优秀的动漫画家为“动漫文化大使”；第五，实施“文化交流实习生”计划，让当地的学生在日本大使馆或总领事馆从事一段时间的文化交流工作，培养“知日派”。[①] 与此形成对比的是，虽然中国动漫、电视剧等文化产业近年来不断发展、完善，但在日本青少年中的影响仍存在不足，影响不均衡已经成为中日文化交流必须正视的现象，此外，受日本动漫文化影响的中国年轻人是否会对未来中日关系产生影响也是值得深思的问题之一。

第三节　中国对日本人文外交的反思与展望

回首中日关系正常化的发展进程不难发现，民间往来对中日建交起到

① 吴咏梅：“浅谈日本文化外交”，《日本学刊》2008年第5期。

了不可替代的作用，夯实了中日建交的民意基础，是中日关系最与众不同的特色。即使在建交后，周总理仍然重视中日民间交往，指出："民间外交与政府外交是互补的。民间外交继续发展了，可以使政府外交基础更加牢固，反之官方外交开展了，又可以为民间外交提供更为有利的方便条件。应该坚持两条腿走路，民间外交与政府外交同时进行，缺一不可。"[①] 但中日建交30余年来，两国关系时有反复，其中既有国际层面的原因，如美国对亚太地区事务的干涉，也有地区层面的原因，如半岛无核化进程中的中日博弈，更有国家层面的原因，如日本领导人不顾亚洲各国的反对，执意以官方身份参拜靖国神社的行为。因此，结合新中国成立60余年来中日关系发展的整体脉络，我们可以大致总结出以下规律：

民众作为我国人文外交最重要的行为体之一，在开展对外交往、夯实中外关系中起到了有目共睹的积极作用。但战后日本一直未能正确认识其近代，尤其是二战以来对中国民众所犯下的滔天罪行，不仅如此，日本国内部分人士还通过官方或非官方渠道大肆扭曲、渲染历史，试图掩盖和否认史实。基于日本方面的错误态度，我国民众也一直未能彻底忘却历史给中国和整个中华民族带来的伤痕。从一定程度上来说，中日关系的基础是脆弱的，民众和民间交往在中日关系发展过程中所起到的作用是双向的，时而表现为"助力"，时而表现为"阻力"。（其逻辑关系参见图2）

由图2可见，中日民间交往对中日关系的发展总是在"助力"和"阻力"间不断循环。其中最典型的案例当属中日建交，周恩来指出：在我们两国政府能够进行直接接触之前，两国人民团体之间多多来往，是很有利于两国政府关系的改善的。我们两国人民团体的来往，已经创造了新的纪录，这就是两国人民团体彼此达成了许多协议，并且由两国人民团体来执行。这些协议大部分都实现了，并且行之有效，对两国人民都有利。中日两国人民在两国政府尚未来往的时候，直接办起外交来，解决了许多问题，对双方都有利。为中日两国建立外交关系铺平了道路。[②] 在中日建交前，民间交往在周总理"以民促官、民间先行"的指导思想下为中日

① 吴咏梅："浅谈日本文化外交"，《日本学刊》2008年第5期，第105—106页。

② 叶自成著：《新中国外交思想：从毛泽东到邓小平——毛泽东、周恩来、邓小平外交思想比较研究》，北京大学出版社，2001年版，第408页。

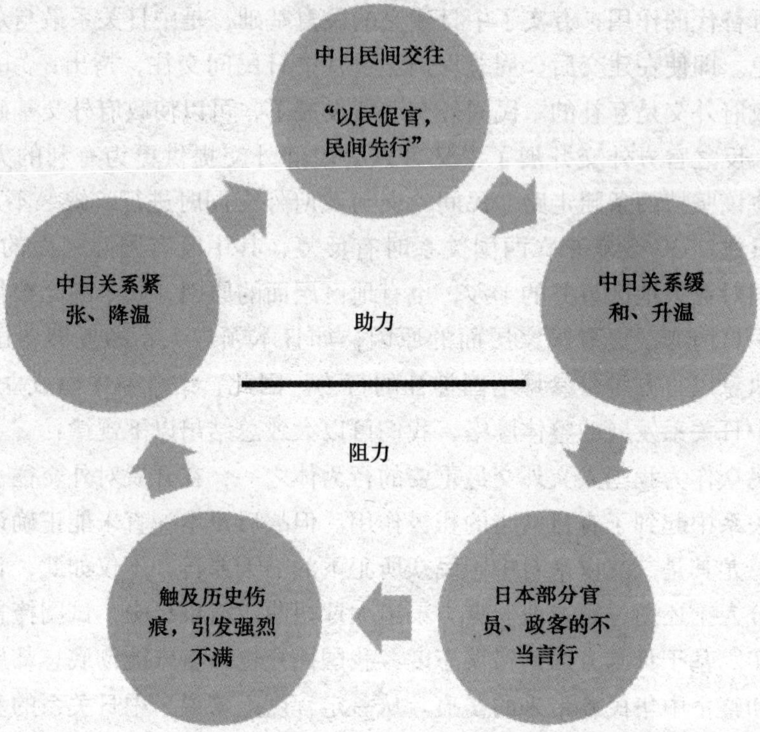

图 2：中日民间交往“助力—阻力循环”逻辑图

官方交往打通渠道，最终促成中日建交。随后，中日关系日趋缓和、升温，双方在政治、经济、贸易、文化等各领域展开密切交往，但每当此时，日本一些右翼人士就会通过各种手段寻衅滋事，如日本首相参拜靖国神社、发表诋毁历史的言论等行为都严重伤害了中国民众的感情。此时，中国民众的历史记忆被唤醒，对中日友谊的向往被愤怒和不满取代，由此而发生的“反日游行”、“抵制日货”等行为使中日关系趋于紧张，成为中日关系发展的“阻力”。但与此同时，中国和日本又是一衣带水的近邻，拥有数千年人文交往的深厚积淀，因此，时任中国总理的温家宝在日本国会的演讲中认为两国人民友好的根基像泰山和富士山一样不可动摇。[①] 每当中日关系降温的时候，双方爱好友谊、向往和平的民众总会通

---

① “温家宝总理日本国会演讲”，新华网，2007 年 4 月 12 日，http：//news. xinhuanet. com/world/2007 -04/12/content_ 5968135. htm。

过各种渠道缓和局面，成为改善中日关系的“助力”。因此，图 2 形象地揭示了中日民间交往对中日关系发展起到“助力—阻力循环”的客观规律。

总之，中日人文交流的历史悠久，遣唐使大规模来华为日本带去了当时先进的思想、文化和技术，曾对日本文化的发展起到一定的推动作用。李白、王维等唐代著名诗人的诗作字里行间流露出对日本来华僧人阿倍仲麻吕的不舍和悲痛，成了中日民间友好人士早期往来的印证。然而近代以来，日本一次又一次伤害中国人民的感情，至今不愿正视侵华历史，不仅在中国人民心中留下深刻的历史伤痕，更是成为中日关系不断产生波折的根本原因。

由中日岛礁争端所引起的一系列尖锐矛盾使中日关系降至冰点，同时日本与中国博弈的范围也从传统的东南亚、美欧地区扩大到非洲和中东地区，形成在全球范围的对抗状态。但换个角度思考，正是官方层面所遭遇的挑战为柔性的人文交往提供了发挥作用的机遇，尤其中日上千年的人文交往积累了丰富的历史经验，同时，友好城市、青年交流也为两国人文交往注入了全新的动力。因此，我们有理由期待人文交往在下一阶段中日关系发展中发挥“融冰”、“破冰”的积极作用。

第三章　中国对韩国的人文外交

第一节　中韩人文交流的历史梳理

中韩两国是山水相连的邻邦，两国文化交流历史悠久，形成了一种水乳交融的文化共同体关系。韩国文化一直是“儒家文化圈”的重要组成部分，深受中国传统文化的影响。新中国成立后，中韩文化交流出现了一段停滞期。中韩建交后，在各级政府的主导下，民间团体积极参与，中国对韩国的人文外交取得了巨大成就，并与韩国文化在中国的传播形成良性互动，共同推动了中韩两国人文交流的深入发展。

一、历史上的人文交流

陆路上西起鸭绿江、东至图们江，中韩两国一水相隔，交通便捷；海路上中国的山东半岛与朝鲜半岛隔海相望，东西连接构成一个内海，海岸沿线港湾密布。海陆交通贯通的地理环境促使两国人民自古以来就进行着人员、文化的交流。

（一）政治关系

两国之间虽然也有过冲突和战争，但总体上说，和平友好始终是主流。韩国历史上有名的箕氏政权、卫氏政权等都是移民朝鲜半岛的中国人创立的。朝鲜半岛上第一个有信史记载的王朝，[①] 是在中国的周武王灭商后，商朝遗臣箕子率商朝遗民、带着商代的礼仪和制度东迁至朝鲜半岛北部，联合土著居民建立起的“箕氏侯国”，史称“箕子朝鲜”或“箕氏朝鲜”（约公元前1122—前194年）。

战国时期，燕国在全盛时期的版图曾一度包括朝鲜半岛，有关地域在

① 司马迁：“朝鲜列传”，载《史记》卷一百一十五，中华书局，2009年版。

秦朝统一六国之后，亦归入秦朝统治之下。《史记·朝鲜列传》中记载，汉高祖刘邦时，燕王卢绾背叛汉朝，前往匈奴亡命，而卫满带同千余名党徒进入朝鲜半岛。之后，卫满召集战国时齐国和燕国亡命者成军，推翻了箕子朝鲜政权，并取得箕子朝鲜的首都王俭城。卫满即位，史称“卫满朝鲜”。①

汉武帝将卫满朝鲜分为四郡：乐浪郡、玄菟郡、真番郡、临屯郡，合称为“汉四郡”。此时，汉文化的诸多要素无疑已经传入了朝鲜半岛。据韩国《三国史记》记载，高句丽国初，已经用汉文修史，名曰《留记》，上层人士已经用汉文作诗。② 由于地理政治关系，百济接受汉文化晚于高句丽，但百济又从高句丽和南中国吸收了东进文化，从而创造了自己独特的文化，同时又将其传入日本。新罗接受外来文化较高句丽和百济晚一些，但儒学在新罗的发展达到了极盛时期，换言之，中韩文化交流在新罗时期达到空前未有的程度。

晚唐时期，长期居住在唐的新罗居留者居住院的街巷成为“新罗坊”，他们安寓的旅馆成为“新罗馆”，各地设有“勾当新罗坊”专门管理。后来他们有的融入中华民族，其文化传统也构成了中华文明的组成部分。随着遣唐使规模的扩大，中国文化先进的典章制度不断传入韩国，对韩国古代制度的形成和健全起了关键作用。

当两国面临强敌入侵时，如明朝抗击日本丰臣秀吉侵略、清朝合击俄罗斯斯捷潘诺夫部骚扰等境况。1994 年 11 月，韩国时任总统金大中演讲时称“在任何别的地方，也找不到像中国和韩国这样维持长久友好合作关系的国家”，并指出“16 世纪末，日本为了侵略当时的明朝，要求朝鲜王朝借道。朝鲜王朝予以拒绝，于是日本侵略了朝鲜。那时明朝出兵韩半岛，为击退日本军做出了很大的贡献与莫大的牺牲。朝鲜王朝不忘旧恩，祭祀降旨往朝鲜派兵的明崇皇帝，一直到朝鲜王朝灭亡为止，历时 300 年”。他呼吁两国人民要“复活我们祖先时已有过的友好合作的历史，把这种遗产留给后代”！③

两国人民之间也一直保持着紧密的联系。中国历史上由于战乱，在秦

---

① 司马迁：《史记卷一百一十五·朝鲜列传》，北京出版社，2011 年版。

② 白锐：“中韩历史上的文化交流”，《韩国学论文集》第七辑，第 2 页。

③ “金大中在复旦大学的演讲”，复旦大学网，http：//www. fda. fudan. edu. cn/mrjt/24. htm。

朝、东汉末年以及五胡内侵期间，都有大量的中国难民涌入朝鲜半岛而一去不归，融入韩民族中，他们的思想、智慧以及文化传统也随之传入。同时，韩国人在历史上也因各种原因大批移民中国。

（二）经济与文化关系

古代，中韩的经济交流是以“朝贡”和“回赐”的方式进行：韩国统治者每年向中国的封建皇帝“朝贡”各种地方特产，中国皇帝也回赐相应的礼品、物品，形成宗藩关系下的双边关系和特殊形态下的贸易往来。“朝贡贸易”对韩国统治者来说，经济意义大于政治意义，而对中国皇帝来说，却是政治意义大于经济意义。新罗在其统一治理朝鲜半岛的200年间掀起了一个“中国热”，两国的关系比历史上任何一个朝代更为密切，经济往来也有了很大发展。新罗虽然对于唐朝维持着传统的朝贡关系，但它在朝鲜半岛的统治却是完全自主的。从近代国际法意义的双边关系角度看，此种形式的交往在政治上体现了一种不平等关系，但在经济上却为双方乐于或能够接受而得以长期维持，其基本原因就是双方有着共同的文化底蕴。①

中国的儒学及其理学、道教，以及从印度传入中国的佛学等，都先后从中国传入韩国，成为韩国传统文化的重要组成部分。

由于史料缺载，新罗派到中国的留学人员具体数字难以统计，但在这些留学人员中儒学家辈出，如新罗几位儒学大家强首、薛聪、崔致远、崔承枯、崔承等。其中，崔志远十二岁留唐，在中国科举及第，从事官职，文名威震，后归国活动。②

宋朝著名文学家苏轼曾用“山积”两字形容当时中国书籍西传朝鲜半岛的盛况。韩国不仅通过官方赠书和民间购书大量引进中国书籍，而且还自行刊刻中国书籍，随着印刷技术的发展，中国书籍在朝鲜半岛得到了广泛的流传，中国的文学、书法、绘画、雕塑、陶瓷、建筑、织染、医学等都对韩国产生了重要的影响。由于特殊的地理位置，韩国还成为中华文化继续东传的桥梁，先进的中国文化常常通过朝鲜半岛

---

① 石源华：“传统文化与中韩关系的历史发展”，《当代韩国》2002年夏季号。

② 白锐：“中韩历史上的文化交流”，《韩国学论文集》第七辑，第4页。

传往日本等。因此，韩国文化与中国文化在历史渊源关系上比日本文化与中国文化的关系更为密切。

明代时期，西方的基督教文化，无论是天主教还是新教，基本上也都是首先传入中国，再由中国传入韩国。同样，韩国文化也通过各种形式传入中国。韩民族自古以来就是一个能歌善舞的民族，在音乐方面取得了伟大的成就。隋唐时期，韩民族的音乐传入中国，成为中国王朝音乐的重要组成部分，隋唐颁布的七部乐、九部乐，唐朝颁布的十部乐，都包含有韩民族的音乐。大批韩国音乐演奏家和歌舞表演家长住长安，为韩国音乐的西传和推动中国文化的发展、丰富中国文化的内容起了重要作用。在两国文明的演进进程中，双方都给予对方许多积极有益的影响，促进了两国社会的进步和文化的繁荣。

到了近代，韩国为日本所吞并，中韩间的国家关系由此而中断。清政府被迫在首尔设立总领事馆，负责与日本殖民当局交涉有关朝鲜半岛的事务。韩国的亡国并没有割断中韩两国人民的友好关系，共同的历史命运和文化底蕴，使得两国人民在反对日本侵略、取得独立解放的斗争中互相支持、互相帮助。在中国的辛亥革命、护法战争、“五四运动”、“五卅运动”、北伐战争、广州起义、土地革命、红色根据地建设、抗日战争等抵抗行列中，处处可见韩国志士活跃的身影，不少志士为了中国人民的解放事业献出了自己宝贵的生命。中国人民也以各种形式无私地支持了韩国人民争取独立复国的斗争，中国成为韩国人在海外从事反日复国运动的最大聚集地和根据地。中韩两国人民在共同的反帝斗争中用鲜血凝成的友谊，将几千年的中韩友好交往史推向了一个新的高峰。[①]

二、新中国对韩国的人文外交

新中国对韩国的人文外交大体经历了三个阶段：

（一）第一阶段：停滞期（新中国成立—1992 年中韩建交）

新中国成立后，在两大集团对抗和美苏争霸的大背景下，中国选择了

① 石源华：“传统文化与中韩关系的历史发展”，《当代韩国》2002 年夏季号。

与韩国所在的资本主义阵营对抗，并与苏联和朝鲜建立了友好合作关系。基于意识形态的冲突和朝鲜战争的历史，中韩两国的外交关系一直处于中断状态，中韩两国的文化交流陷入停滞，韩国国内民众在一段相当长的时间内无法了解中国的现状特别是文化事业的发展，这种状况与几千年来汉文化源源不断传入朝鲜半岛的历史形成鲜明的对比。在这一阶段，尽管韩国国内也有人从事中国学研究，但研究的主要对象仍然是中国历史和古代文化，并没有对中国的当代文化予以关注。也应该看到，这一时期中韩两国的文化交流并非彻底中断，其标志是两国民间学术文化交流活动的开展。20 世纪 80 年代初，真正的中国学研究在韩国开始萌芽。通过在韩国大学中开设与中国有关的课程，推动了两国学术交流的发展。[①] 在这一阶段，由于国际环境和中韩关系的因素，中国尚不具备对韩国开展人文外交的条件。

（二）第二阶段：恢复期（1992 年中韩建交—世纪之交）

1992 年，中国与韩国正式建交，两国关系在各个层面都得到了迅速发展，中韩人文交往的不断加强成为两国关系日趋升温的显著标志。以 1994 年 3 月金泳三总统访华为契机，中国政府与韩国签订了一系列文化交流合作协定，包括 1994 年 3 月签署的《中华人民共和国与大韩民国间的文化合作协定》以及《中华人民共和国教育部与大韩民国教育部教育交流与合作协议》等。[②] 这些官方合作协议成为中韩两国人文交往的基础，有力促进了中国对韩国的人文传播。另外，这一时期在中国政府的鼓励和推动下，国内高校开始大量招收韩国留学生，同时很多中国学生也纷纷选择到韩国留学深造。在两国政府的共同努力下，韩国国内的中国学研究开始迅速崛起，涌现了大量研究中国的韩国学者，且有许多优秀的研究成果问世。在政府的主导作用下，这一时期中韩两国的人文交流得以恢复并呈现迅猛增长的态势，为日后两国人文交流的繁荣奠定了重要基础。

---

① 欣文：“‘中韩人文政策的振兴与展望’国际学术研讨会在京举行”，《国外社会科学》2005 年第 5 期。

② 牛林杰：“中韩建交以来两国文化教育交流综述”，《东北亚论坛》2007 年第 5 期。

（三）第三阶段：繁荣期（从21世纪初至今）

中韩建交后，在官方的主导和推动下，两国的人文交流活动结下了丰硕的成果。21世纪以来，中国对韩国的人文外交进入一个多层次、宽领域的全面繁荣期：一方面，中国对韩国的人文外交模式从过去的官方主导发展为官方与民间共同发挥作用。另一方面，中韩的人文外交涉及了多个领域，包括高层次的领导人互访和政府间人文交流活动、以孔子学院为代表的教育交流活动、以友好城市为代表的地方人文交流活动、以一系列大型学术研讨会为代表的学术交流活动、以互派留学生为代表的人员往来、借大型盛会加强人文交流，以及两国媒体间的合作等。其中，2007年"中韩交流年"活动的成功举办，成为了两国人文交流活动的最高峰。"中韩交流年"是迄今为止中韩两国规模最大的一次交流活动，涉及政治、文教、经贸、体育等数十个项目，推动了双方包括人文在内的各个领域的合作。[①] 这一时期，中韩的人文交流已经成为了两国战略合作伙伴关系的重要内容。

总的来看，中韩建交20多年来，两国的人文交流呈现出飞速发展的态势。在官方和民间的共同努力下，中韩人文交流的深度和广度不断增加，人文交流已成为两国关系的一个亮点。这一系列成就的取得，一方面是由于政府的大力引导和推动，另一方面也得益于中韩两国固有的文化联系，这种文化纽带作用大大推动了新中国对韩国人文外交的顺利开展。

第二节　中国对韩国人文外交的主要项目

2014年是中韩建交二十二周年，回顾中韩关系的发展历程，人文交流始终是引领两国关系前进的助推器。20世纪70年代以后，随着中美关系解冻，中韩关系也随之松动，官方的非正式交往和民间交往开始启动。随着中国实施改革开放和韩国开展北方外交，冷战格局下中韩对峙的坚冰

① 牛林杰："中韩建交以来两国文化教育交流综述"，《东北亚论坛》2007年第5期。

逐渐消融，彼此的相互敌意也日趋减弱。自1992年建交以来，在两国政府的支持下，中韩文化交流日趋活跃、不断深入发展，交流的范围不断扩大，交流领域涉及文化艺术团互访、展览、学术、教育、青少年交流、旅游、体育、社会科学、广播电影电视、新闻出版、图书馆、博物馆等。[①]两国在民间领域的文化交流发展势头更加迅猛。韩国电视连续剧、电影、流行音乐、游戏、服饰等在中国盛行，掀起了韩国大众文化传播的热潮——“韩流”。同时，在韩国也掀起了被称为“汉风”的“中国热”。在这一过程中，中国对韩国的人文外交以一种多层次、多渠道、多领域的方式展开，取得了令人瞩目的成就，初步凸显出“政府支持、以民为主、多形式、多渠道、内容广泛”的特征。

第一，在政府的主导和推动下，中韩签订了一系列政府间人文合作协议，并开展了许多高层次的人文交流活动。中韩两国领导人历来十分重视双方的人文交往与合作，在两国领导人互访时，均着重强调发展两国人文合作的重要性。他们均认为：“两国文化应当相互借鉴，共同培育优秀的文明成果。”[②] 在这一思想的指引下，两国政府签署了一系列文化合作协议。自1994年金泳三总统访华期间中韩签署文化合作协议开始，双方开始定期举行文化共同委员会会议和签署文化交流计划，有力地推动了两国的人文交流。如2000年12月，中国文化官员代表团访问韩国，双方在首尔签署了2001—2002年文化交流计划。[③] 2009年9月，中韩两国在首尔签署了《中韩文化产业合作备忘录》，根据该备忘录，2010年12月，《中韩文化产业合作2011—2012年行动计划》正式签署生效。[④]

2000年，朱镕基总理访问韩国时，与金大中总统共同商定2002年为“中韩国民交流年”。2005年，胡锦涛主席访问韩国，与卢武铉总统商定2007年，即中韩建交十五周年为“中韩交流年”。作为“中韩交流年”的前奏，2006年9月，中国政府举办的“感知中国·韩国行”活动在首

① 《中韩文化交流与合作情况（2004年度）》，中国驻韩国大使馆网站。
② 杨通方等著：《汉文化论纲》，北京大学出版社，1993年版，第239页。
③ 沈定昌：“中韩文化交流的快速升温及其原因”，《当代韩国》2004年春季号。
④ “中韩签署文化产业合作行动计划”，《中国文化报》2010年12月16日。

尔正式拉开帷幕，活动期间，胡锦涛主席和卢武铉总统还分别发来贺信。[①] 2007 年 4 月 10 日，“中韩交流年”开幕式在韩国首都首尔举行，国务院总理温家宝和韩国总理韩德洙共同出席了此次开幕式。作为中韩交流史上最大规模的一次活动，“中国交流年”受到中韩政府的高度重视，两国分别成立了专门机构，共同或单独筹办了大量丰富多彩的纪念和庆祝活动。这次活动无疑大大增进了两国人民之间的友谊。

第二，地方政府积极参与两国人文交流，缔结了一系列友好城市。在旅游方面，中国国家旅游局和韩国文化观光部、观光公社等部门合作推出了中韩大型旅游交流活动。旅游大篷车在韩国首尔、釜山、光州、大田、全州等地展开多层次、全方位的交流活动，推出了 100 多个精品旅游路线。据统计，2006 年访华的韩国人达 440 万人次，平均每天有 1 万余人访华。

在中韩关系迅速升温的背景下，国内的地方政府也纷纷参与到两国人文交流的大潮中，其主要的标志就是两国间一系列友好城市的建立。迄今为止，中韩间已有 103 对省、市、道建立了友好城市关系。尤其是首尔与北京自 1993 年结成友好城市以来，作为最佳友好城市，通过不断交流，推动了两个城市的友好合作。[②] 青岛作为一个有大量韩国人居住的城市，自与仁川市结为友好城市后，在文化交流的基础上，双方的合作水平不断提升。

许多地方政府致力于向韩国宣传本地区的形象，以推动两地间的合作，其中以“2006 中国河北文化周”活动为典型代表。2006 年 12 月，由河北省政府新闻办公室主办的“2006 中国河北文化周”活动在韩国仁川、首尔两城市成功举办。其间，举办了文艺表演、“魅力河北大型图片展览”、河北民间技艺表演等活动，受到了韩国民众的热烈欢迎，在韩国引起了强烈的反响。[③] 通过此次活动，不仅增进了河北省与韩国民众的友谊，也为双方将来的进一步合作搭建了良好的平台。

---

① “胡锦涛和卢武铉分别为‘感知中国·韩国行’活动致贺信”，《人民日报》2006 年 9 月 22 日。

② 李宇镇：“中韩交流日新月异”，《人民日报海外版》2009 年 10 月 20 日。

③ 胡博理：“我省在韩国成功举办‘2006 中国河北文化周’活动”，《河北日报》2006 年 12 月 31 日，第 2 版。

这些友好城市的建立，开辟了地方省、市与国外直接往来的渠道，带动了地方经济的发展，并在各个领域展开了广泛的合作与交流。

第三，民间人文交流稳步推进。中韩两国的民间人文交流起步较早，为日后两国友好交往和政府间人文交流打下了良好的基础。中韩两国地缘相近、文化一脉相承，两国国民之间存在着一种天然的亲切感。人文精神的相近便于两国人民更好地相互理解与沟通，促进了两国民间人文交流的发展。学术交流是中韩民间人文交流的最初形式，也是一直以来很重要的一种表现形式。20 世纪 90 年代以来，一大批中国学者前往韩国讲学访问，与韩国同行开展学术交流。在这些学者的推动下，中韩学界召开了一系列大型学术研讨会，如“中韩人文政策国际学术研讨会”和“中韩人文振兴政策现状与展望”国际学术研讨会等。中韩民间学术交往活动成为政府间人文交流活动的必要补充形式，发挥了重要的作用。

在中国民间文艺家协会、中国文化院等民间组织的推动下，大批中国民间艺人前往韩国，宣传中国文化，增进中韩民间友谊。2010 年 5 月，为庆祝中韩民间文化友好交流 20 周年，由中国民间文艺家协会与韩国南怡岛株式会社共同举办的“中国文化月”活动在韩国美丽的南怡岛举行。这次活动包括剪纸、风筝、刺绣、书画等一系列中国传统文化展览，随行的中国艺术家还奉献了精彩的艺术表演。① 这次活动使得韩国南怡岛洋溢着中韩友好的热烈气氛，散发着浓郁的中国文化气息。

第四，大力开办孔子学院，促进韩国的中国学研究。孔子学院作为中外合作建立的非营利性教育机构，致力于适应各国人民对于学习汉语的需要，增进了各国人民对中国语言文化的了解，促进了中外文化教育合作。自 2004 年在韩国建立起全球第一所孔子学院首尔孔子学院以来，韩国国内已经建立起了 17 所孔子学院，其孔子学院总数在亚洲国家中位居榜首。② 孔子学院充分发挥自身优势，成为向韩国传播中国语言文化的重要方式，也成为韩国人了解中国的重要场所，受到韩国社会各界的普遍

---

① 刘未：“民间文化展异彩，中韩友谊谱新篇”，《中国艺术报》2010 年 6 月 18 日，第 S01 版。

② 中国国家汉办网站，http：//www. hanban. edu. cn/confuciousinstitutes/node_ 10961. htm。

欢迎。

在中韩两国政府的重视和孔子学院的直接影响下，韩国国内的中国学研究呈现出繁荣的态势。韩国国内研究中国的学者急剧增加，带来了一大批优秀的研究成果。截至2007年，韩国国内大学开设的中国学专业已经达到130多个，培养了大批研究中国的硕士和博士研究生。[①] 韩国国内还成立了很多研究中国的学会和研究所，如韩国中国学会和高丽大学的亚洲研究所等，这些学会和研究所出版了许多有价值的中国研究刊物，承办了一系列学术会议。另外，韩国普通民众学习汉语的热情也空前高涨。据不完全统计，韩国国内有大约30万人以不同的方式学习汉语。仅2006年一年，韩国就有7万考生参加了"汉语水平考试"（HSK），其考生人数连续四年位居世界第一。[②]

第五，促进以互派留学生为代表的中韩人际交流。韩国与中国的人际交流在建交的1992年仅为13万人次，经过20年的发展，2011年两国间的人际交流已经达到640.5万人次，增幅达到了48.3倍，年均增长24.6%。[③] 中国成为韩国人访问最多的目的国家，韩国也成为中国游客最大的旅游目的国。

留学生是推动国家间人文交流的重要力量。长期以来，中国政府一直十分重视外国留学生的培养和接收工作。中韩建交以来，随着两国关系的不断深入，两国互派留学生的人数逐年递增。据教育部2011年统计数据，韩国来华留学人数达到了62442人，人数位居世界第一。与此相对应，在韩国的外国留学生中，中国学生的人数也最多，其比例近几年一直维持在70%左右。[④] 互派留学生成为中韩人文交流的重要内容，也是两国人文外交活动的显著成果之一。

两国还十分重视青少年之间的交流。1998年韩国总统金大中访华期间，两国政府签署了《关于青年交流的谅解备忘录》，为两国青年交

---

① ［韩］高永银："韩国的中国学研究动向与课题"，《国外社会科学》2004年第2期。

② 牛林杰："中韩建交以来两国文化教育交流综述"，《东北亚论坛》2007年第5期。

③ ［韩］李奎泰："韩中社会人文交流和韩中关系20年"，《韩国学论文集》第二十一辑。

④ "2011年来华留学生突破29万，韩国学生最多"，人民网，http：//edu.people.com.cn/GB/79457/17255378.html。

流指明了新的方向。2004 年中韩两国又签署了《青少年交流协议》，以此为契机，中华全国青年联合会与韩国青年会议所、韩国青少年团体协议会的交流活跃展开。两国青年通过参观对方国家的企业、学校、农村，进入百姓家庭生活以及与大学生联欢等活动，促进了相互理解和信任。[①]

第六，推动媒体合作，在韩国大力宣传中国的形象和文化。近年来，中国国产影视作品和电视节目开始在海外大力推广，中外媒体间的合作模式不断创新，一些国有、民营影视公司纷纷同海外签订合作协议，或在海外自建传播平台，或积极参与海外并购。其中，韩国成为了中国海外媒体传播的一个重要市场。2002 年，韩国国内出现了第一家专门的汉语电视综合频道——HAO TV。2004 年，另一家覆盖韩国全境、24 小时播放中国电视节目的有线电视台中华电视台成立。中华电视台不仅播放中国的经济、时政和文化节目，也播放一些优秀的中国电视剧，它还与中央电视台等中国媒体建立了广泛的合作关系，一方面从中国电视台购买节目版权，另一方面与中国媒体合作制作节目。[②] 在中韩媒体的通力合作下，一大批优秀的中国电视节目为韩国观众熟知和喜爱。这不仅让中国电影电视明星在韩国家喻户晓，也让现代中国人的生活被越来越多的韩国老百姓所熟知。

第七，借助网络等手段推广对韩人文外交。网络等新媒介的出现和发展，开拓了中韩人文交流的新空间，为两国的人文交流注入了新的活力。网络传播消除了传统文化传播在时间上和空间上的局限性，扩大了文化交流的视野，满足了文化交流的需要，跨越了文化交流的屏障。[③] 2004 年，“中韩网”正式开通，填补了国内中韩大型网络交流平台的空白。它是最具权威的以组织中韩交流活动为宗旨的大型门户网站，涉及中韩两国的政治、经济、文化等各个方面。

---

① “2011 年来华留学生突破 29 万，韩国学生最多”，人民网，http：//edu. people. com. cn/GB/79457/17255378. html。

② “韩国兴起中国热”，《西部时报》2007 年 4 月 10 日，第 11 版。

③ 杨蕾、王丽秋、吴颖：“试论网络媒介环境下的中韩交流”，《吉林省教育学院学报》2008 年第 1 期。

第三节 中国对韩国人文外交的反思与展望

一、主要挑战

第一，韩国对中国的认知发生了微妙变化。近年来，韩国不断调整其国家战略：在国家经济实力日益增强的基础上，逐渐提升国家的政治影响力、文化软实力和军事硬实力，成为“软实力强国”。为实现“世界大国”的目标，韩国坚持实利主义原则，以能源外交、援助外交、文化外交为核心，超越东北亚，扩展新亚洲，面向全世界，努力提高韩国在亚洲的地位和影响，首要目标是成为“东北亚地区大国”。在这一背景下，韩国对中国的认知出现较大转变：中国经济增长在带给韩国无限商机的同时也会抢走其海外市场；而中国崛起更使韩国产生了地缘政治方面的担忧和警戒心理，包括中朝关系对半岛统一的影响，中美竞争对韩国的损害等。

第二，对历史认识的分歧是双边人文外交面临的严峻挑战。韩国学者将历史认识等学术问题政治化，导致两国学界和民间争议激烈，并影响到双边关系。在韩国近代民族国家形成过程中，史学是知识分子塑造国家和民族认同的重要工具，一些韩国民族史学家从近代就开始“以北方的高句丽为中心重新构筑韩国的历史体系”，并刻意将中国作为韩民族的对立面，“将古朝鲜和高句丽形容为古罗马那样的大帝国，并将匈奴、女真、蒙古、鲜卑族等都视为同族，强调朝鲜族对汉族侵略和殖民的‘光荣史’”，以激发韩国国民的民族精神。① 1945 年以后，韩国的一些非学者民间人士组成的在野史学派又将神话故事、民间传说和评书演义与真实的历史混为一谈。韩国这种无限扩大的民族史学还被写入教科书，使二战后出生的韩国人形成了颇为根深蒂固的印象。针对这些现象，中国 2002 年启动了“东北工程”学术研究计划，对朝鲜半岛毗邻地区的历史和文化

① 王元周：“韩国人的历史观与中韩关系”，《国际政治研究》2009 年第 4 期，第 142 页。

归属问题进行全面系统的调查，但相关研究成果却引起了韩国学术界和舆论界的强烈抗议和指责，甚至上升到外交层面加以解决。尽管中韩两国政府在2004年就历史认识问题达成口头谅解，承诺将致力于防止古代史等悬案阻碍中韩关系发展，但这种历史认识的差异在民间长期存在，其产生的负面影响也很难控制。①

第三，中韩民间交流的有效性不足。中韩民间负面情绪不断蔓延构成了中国对韩国人文外交的阻碍因素。2010年中韩合作进行的民意调查结果显示，大部分韩国人并不认为韩国从中韩贸易中受惠，并表现出很强的优越感，"常常流露出对中国的不屑"。对于中国崛起对韩国的影响，"绝大多数受访者的负面情感溢于言表"。至于为何对中国持负面看法，大部分受访者"说不清楚这些印象形成的原因，也找不到具体的事实支撑，但是却习惯性地反复做出相同的判断"。② 此外，中韩两国的历史争端在很大程度上影响了两国人民的感情。据韩国的调查，"高句丽历史争端"一定程度上导致韩国人对中国的情绪恶化。中国《环球网》2011年9月进行的中国人对韩国的印象调查则显示，中国人对韩国印象下滑的主要原因是"韩国式历史观"。③ 韩国媒体历来大量报道有关中国的负面新闻，较少报道相关的正面新闻；近年来中国媒体也开始受到这种韩国式新闻报道特点的影响。对此，两国媒体都应当作出检讨。

二、应对之策

针对以上几点挑战，应从以下几方面着手予以应对：首先，中韩两国需要摆脱建交初期的相互认知，重新调整对彼此的定位。韩国仍以1992年建交之初的视角来评价中国，未能准确认识崛起的中国，未能及时把握东北亚力量的结构性变化。中国则认为中韩同属东亚儒家文化圈，存在着

① 张慧智、王萧轲："中韩关系二十年：成就与问题"，《现代国际关系》2003年第1期，第22页。

② 张慧智："中韩关系20年：成就、问题与对策"，《韩国学论文集·第二十一辑》，第5页。

③ "本网调查：中国人对韩国印象下滑主要因'韩式历史观'"，环球网2011年9月28日，http://world.huanqiu.com/roll/2011-09/2043646.html。

天然的亲密感，经济合作又加强了两国之间的关系，因而对两国国情与文化的差异性估计不足，对经济合作与政治安全合作之间的差距存在过于乐观的看法。中韩应调整对彼此的心理认知，消除错误知觉、降低乐观预期，将有助于双边关系的健康发展。

其次，中国民众需要降低中韩文化同根同源的固有看法，明确两国文化的差异性，以减少由此造成的心理落差。中国辽阔的幅员和多元化民族构成使其传统文化在以儒家文化为内核的同时吸收了多元文化因素，而韩国李氏朝鲜时期弘扬的儒家文化主要是程朱理学，反对多元化的流派争论和儒道释三教合一的思想倾向，并塑造了此后韩国社会的基本形态。韩国半岛属性的地理环境和单一的民族结构则使其文化具有“半岛性格”和“岛屿文化”的特性，更注重等级结构，更具进取性、刚烈性和危机感，同时也易滋生自大或自卑的极端心理和急躁情绪。在韩国现代化进程中，西方的文化、知识、价值观也对韩国产生了极大的影响，个人主义、利己主义等观念也渗透到现代韩国人的思维方式中。韩国是亚洲最大的基督教国家，拥有1300万信徒。因此，中国民众在对韩国的认知上应降低心理预期，更加重视两国文化、信仰体系、价值观念的差异性，避免因现实与预期的差距导致的不快。①

最后，改善两国关系的民意基础，约束狭隘民族主义：一是继续扩大中韩人文交流，注重提高交流质量；二是规范媒体报道，构建民间友好的重要渠道；三是合理疏导民众情绪，防止民间情绪对立。② 2013年6月27日，韩国新任总统朴槿惠率史上最大规模代表团对中国展开正式友好访问，这次访问也被称为“心信之旅”。在与国家主席习近平的会谈中，朴槿惠总统以中国人民老朋友的身份提出“先做朋友，后做生意”的理念，她访华一个关键的议题便是推动中韩两国的人文交流。基于个人的成长背景，朴槿惠总统对中国文化十分热衷，在访问过程中多次表达了对中国文化的喜爱。为加强中韩的人文纽带关系，双方决定成立“人文交流共同委员会”，扩大教育、媒体、文化、旅游、青少年等领域的交流，增进两国人民的相

---

① “本网调查：中国人对韩国印象下滑主要因‘韩式历史观’”，环球网2011年9月28日，http：//world. huanqiu. com/roll/2011－09/2043646. html。

② 张慧智、王萧轲：“中韩关系二十年：成就与问题”，《现代国际关系》2003年第1期。

互理解和友好感情。因此，中韩新领导层对两国的人文交流更加关注，以朴槿惠总统访华为契机，中韩的人文交流必将迎来一个新的发展阶段。

中韩建交22年来，中国对韩国的人文外交取得了显著成就，中韩间的人文交流活动呈现出蓬勃发展的态势。中韩的人文交流有利于两国的政治、经济、文化的发展，也有利于朝鲜半岛的和平统一，对于维护亚太地区以及世界的和平具有重要的意义。

第四章　中国对拉丁美洲国家的人文外交

第一节　中国与拉丁美洲国家人文交流的历史梳理

1960年9月28日，中华人民共和国与万里之外的古巴共和国正式建立外交关系，从而揭开了中国与拉美和加勒比国家外交关系的序幕。

在此后的半个世纪里，中古友谊得到不断巩固，日益深入人心；中古合作得以不断扩大，走向全面发展。1990年古巴进入特殊时期，石油供应紧张，城市交通困难。中国方面除及时运去大量自行车以外，于同年10月还同古方签署议定书，为古巴兴建年产15万辆自行车的工厂。到1991年5月，古巴已进口中国名牌自行车20万辆，以解燃眉之急。1991年夏天，中国部分地区遭受洪涝灾害，古巴向中国捐赠了5000吨糖和价值1200万美元的药品。① 2004年以中国社科院院长陈奎元为团长的中国社科院代表团访问了古巴，中古社科学者已举办了两次双边研讨会。与会的古巴代表之来自古巴科技和环境部、经济部、卫生部、劳动和社会保障部、文化部、高等教育部、古共党中央、共青团、妇联、哈瓦那大学、中央大学、古巴世界经济研究中心、美洲研究中心、亚大研究中心等单位的学者和官员共50多人。主管社会科学的古巴科技和环境部副部长莉娜在闭幕词中强调，古巴和中国有不少不同，但也有许多共同点。古巴和中国的社会科学工作者应进一步加强交流，更好地为本国的经济和社会发展和本国的人民利益服务。② 中国对古巴的人文外交，主要借助于古巴政府或民间组织，如古巴中国传统艺术馆、哈瓦那电台、中国城中华总会馆、华

---

① 毛相麟："中国和古巴关系的回顾与前瞻"，《拉丁美洲研究》1997年第2期，第38、39页。

② 驰骋："第一届中国和古巴'社会科学和社会发展'研讨会在古巴哈瓦那举行"，《拉丁美洲研究》2004年第6期。

裔艺术团、武术学校、孔子学院等。在中古两国政府、人民及各界人士的热情关心和大力支持下，在古巴开办的唯一的孔子学院——哈瓦那大学孔子学院，在语言教学、人文交流、合作共赢等方面取得了巨大成就，为推动中古两国教育文化交流、增进两国人民理解和友谊作出了重要贡献。

墨西哥是中美洲最重要的国家，中国与墨西哥的人文交流要追溯至16世纪中叶。当时西班牙人以菲律宾为中转点，开辟了中墨之间的通商航路，满载瓷器和丝绸的中国商船跨越万顷碧波抵达墨南部港口阿卡普尔科，久而久之便成为在墨西哥被人所熟知的“海上丝绸之路”。时至今日，阿卡普尔科每年都会举办“中国之船”文化节。不仅如此，在墨西哥中部的文化古城普埃布拉，有一位手曳长裙的“中国姑娘”雕塑矗立在市中心的广场上，中国姑娘平静的目光眺望着远方。据传说，便是那时跟随着中国商船踏上了墨西哥的土地。当地流传甚广的一个说法是，这位中国姑娘被当地总督收养，后来继承了其财产。她把所有财产都分给了当地民众，教会他们中国的织布技术。为纪念她，当地民众修建了这座雕像。在墨西哥近现代发展史中，自然也少不了中华儿女的身影。19世纪末至20世纪初，数万名华人移民至墨西哥，许多人参与了墨北部地区铁路建设、矿业开采等项目，有些人从事商业活动，把根深深地扎在这个太平洋彼岸的国度。[①]

进入21世纪，中墨人文交流更加活跃。2000年9月在墨西哥国家人类学博物馆举办了“帝王时期的中国：西安王朝文物展”，墨西哥总统塞迪略出席了开幕式。2001年墨西哥文物展“神秘的玛雅”先后在西安、广州、北京和上海举行，墨西哥总统福克斯出席了在北京举行的展览开幕式。2006年5月“相约北京”活动以墨西哥为主宾国展开。同年6月，墨西哥绘画“从壁画三杰到当代：墨西哥现代建筑展”和“墨西哥当代陶器展”在中国美术馆开幕；7月“美洲豹崇拜：墨西哥古文明展”在北京首都博物馆开幕。我国也多次派艺术团组参加在墨西哥瓜那华托举办的塞万提斯国际艺术节。

2009年突如其来的一场甲型H1N1流感病毒疫情，让墨西哥成为全

---

① 陈寅、梁希之：“中墨交往源远流长，深化合作前景广阔”，《新华每日电讯》，2013年6月5日。

球关注的焦点。各国媒体每日不停地更新着这里的感染人数，人们密切注视着墨城所发生的一切……一幅幅墨西哥人戴着蓝色口罩的画面吸引着人们的目光，但鲜为人知的是，口罩几乎在墨西哥全国早已供不应求。面对墨西哥的疫情，经历过2003年非典疫情的中国感同身受，成为第一个派遣包机向墨西哥提供人道主义援助物资的国家。4月30日中午，在墨西哥红十字会，墨方官员和医生代表接受了中国驻墨使馆代表中国红十字会捐赠的5万美元，这也是墨红十字会收到的第一笔捐款。交接仪式上，殷恒民大使表示，中国援助墨西哥的500万美元现金和物资都将到位，其中包括墨西哥急需的口罩、消毒用品、红外测温仪等。这一消息让在场的墨西哥人立刻欢呼起来。墨红十字会会长丹尼尔·格尼当即决定再向中国定制一批高质量的口罩。墨红十字会官员卡门说，墨西哥已买不到口罩，中国的援助慷慨而及时，“非常感谢”来自中国的帮助，让她“感到安全和温暖”。中国在墨西哥最需要帮助时伸出援手，是两国亲如兄弟般情谊的体现。就在5月1日零时40分，一架印有“中国国际货运航空”字样的飞机，满载着中国援助墨西哥的第一批物资，降落在墨西哥城首都国际机场总统专用停机坪上。也在这一时间，中国援助的现金也交到了墨方手中。中国驻墨大使殷恒民深情地表示：“中国人民愿与墨西哥人民共渡难关。”趁着夜色，中国货航上的口罩、手套、隔离服和消毒用品等首批紧急援墨物资，由早已等候一旁的墨西哥军队负责送往全国各地的医院。墨西哥总统卡尔德龙亲自见证了中国提供的第一批紧急人道主义援助物资的交接。他表示，这批物资将有效地帮助墨西哥人民应对疫情。在各国的援助下，墨西哥有信心战胜疫情，继续向前。在机场上，有位墨西哥民众手里高举着两张标语：“中国人民，朋友”、“中国，谢谢帮助”。他从电视里知道中国的援助将抵达墨西哥的消息后，便从城里赶到了机场。他说，中国人充满善意地帮助墨西哥战胜眼前的困难。虽然他的中文表述能力有限，但他还是特意写了一句话，以表达他对中国政府和人民的感谢。他写道：“我来了。虽然是我一个人来，但我代表整个墨西哥。”①

1970年12月15日，中国与智利建立外交关系。智利是第一个与中国建交的南美国家，是继古巴之后第二个与中国建交的拉美国家。此后，

① 王新萍：“中国人民，朋友”，《人民日报》2009年5月2日。

中智关系创造了中拉关系发展过程中一个又一个第一的传奇。2003 年，智利在拉美国家中第一个支持中国加入世界贸易组织，2004 年第一个承认中国的市场经济地位。2008 年 4 月中国安徽大学和智利圣托马斯大学合办了南美第一所孔子学院，2009 年和 2010 年第一个确定并签约参展中国 2010 年上海世博会并第一个如期完成上海世博会国家馆的建设。

早在 1952 年 10 月 1 日，智利友好人士就成立了“智中文化协会”。1953 年墨西哥—中国友好协会和巴西—中国文化协会成立，1959 年成立了玻利维亚—中国文化协会和乌拉圭—中国文化协会。中国同拉美许多国家都是先从人文交流开始，逐步增加和扩大其他方面的接触，最终建立正式外交关系。人文交流架起了一座连接中智人民友谊的桥梁，对推动中智建立正式外交关系起了功不可没的开路先锋作用。1954 年中国文化代表团应邀参加了在智利首都圣地亚哥举行的第一届拉丁美洲大陆文化会议并访问了智利；1956 年中国艺术团赴智利、乌拉圭、阿根廷和巴西等国演出。①

1981 年中国与智利正式签署文化交流与合作备忘录，此后每两年更新一次。到 2010 年末，中智两国已进行了 130 个文化、艺术、体育、医疗、卫生和新闻代表团的互访，其中影响最大的是 2009 年 11 月 30 日古代中国与兵马俑展览活动在智利开幕。1980 年中国和智利签署政府间科技合作协定，双边科技联合委员会举行了 7 次会议。中智两国在地震、天文等方面展开了合作。在教育合作方面，中国国家汉办同智利圣托马斯大学和天主教大学合作，开设了两所孔子学院，同时中国接受的智利留学生越来越来。② 2006 年 11 月，作为第一个访问智利的中国文化部长，孙家正受到了智利总统巴切莱特的接见。

在 40 年的发展过程中，中智两国相互借鉴发展经验，谋求共同发展。智利是世界上最早进行市场经济改革的国家，在某种程度上说，智利的发展经验为中国的经济改革提供了许多可借鉴的经验，如智利养老金制度改革、国有企业改革和社会政策等方面，都为中国提供了宝贵的经验。2010 年智利成功解救 33 名矿工，创造了世界矿难救援的奇迹。智利矿难救援

① 徐世澄：“中拉文化的特点、历史联系与相互影响”，《拉丁美洲研究》2006 年第 5 期。
② 贺双荣：“中国与智利关系 40 年回顾”，《拉丁美洲研究》2011 年第 1 期，第 41 页。

一结束，在智利总统皮涅拉的推动下，在矿难救援中发挥重要作用的“凤凰”号救援舱便被运到上海世博会参展。皮涅拉总统还表示，愿加强两国在预防地震及矿难救援方面的合作。由此可以看出，中智是中拉发展互鉴的典范。

在人文交流的推动下，加强与中国关系在智利社会形成了高度共识。2009 年，巴切莱特政府推出了“中国政策计划”，11 月 12 日，智利国家形象基金会的智利形象推广网站开通了中文版。2010 年 3 月，智利开始了一个新的政治周期，中左翼的执政联盟结束了 20 年的连续执政，中右翼的皮涅拉总统上台，但中智关系并没有因政府的变更而改变。11 月 17 日，皮涅拉总统访问中国，在中央党校发表的“21 世纪全球背景下的中国与智利”的演讲中指出，爱因斯坦告诉我们要透过地平线看更远的地方，而中国就是智利看到的地平线上闪光的巨人。

巴西是拉丁美洲人口最多、领土最大的国家。在中国与巴西的人文交流中，教育交流具有重要的地位。“巴西是拉丁美洲最有发展潜力的国家之一，而中国是一条东方巨龙，两个发展中大国的合作受世人瞩目，”里约热内卢州教育局局长威尔逊·瑞索拉说，“我可以感受到巴西学生渴望了解中国的心情，中国经济发展奇迹与深厚的历史积淀吸引着他们”。里约热内卢大学孔子学院院长乔建珍说到，有一对住在外地的夫妻坚持每周一次来这里上课，每次都是凌晨 4 点从家里出发，驾车数小时才能到校；还有一位 40 岁的学生想参加中国夏令营，当听说只有 30 岁以下才有资格报名时，他当即向校方表示，只要能跟着去，他愿意自己负担全部费用。因为巴西的普通大学一般不设外国语专业，但由于“中国热”的升温，与里约孔子学院合作的里约天主教大学已表示，愿与中方探讨开办中国语言专业的可能性。2013 年，中国与巴西教育交流有两大喜事：一是首批由巴西政府出资的留学生将赴中国学习。根据两国政府达成的协议，未来 10 年，巴西政府将出资陆续向中国输送 3000 名留学生；二是中巴互换留学生项目于 2013 年正式启动。中国驻巴西大使馆提供的信息表明，当年报名的巴西学生超过 600 名，遴选工作基本完成，将有 260 多名学生有机会领取中国政府发放的奖学金，赴中国学习 1—4 年时间。中国驻巴西大使馆文化参赞郑柯军说到，巴西政府目前正在考虑接收中国留学生的具体时间和人数。巴西政府曾向中国学生提供奖学金名额，但未像现在这样形成固定的机制，中巴两国的教育交流已经站在了一个全新起点上。中国巴西教育合作还有巨大发展潜力。因此，推动中巴教育交流，可以和两国经贸合作结合起来，建议中资公司与政府一起参与教育交流项目，通过资助巴西学生到中国留学，为中资企业融入巴西提供后备人才，实现双赢。①

近年来，随着双方战略伙伴关系的不断巩固，人文交流也日益频繁。中国与巴西签署了一系列文化、教育合作协议，文化和教育交流已走上正规、持续和均衡的发展轨道。中国艺术、杂技、文物展等团组访问巴西，巴西许多艺术团体访华。2004 年 5 月 25 日北京大学成立巴西文化中心，巴西总统卢拉出席了成立仪式。2004 年以来，巴西已经在中国举办过两次巴西国家展，中国已在巴西利亚大学和圣保罗州立大学分别成立了孔子学院。2006 年 4 月中国广播电视代表团访问了巴西。同年 5 月中国政府文化代表团对巴西、古巴等国进行了友好访问。2009 年卢拉总统访华期间，又前往中国社会科学院为新成立的巴西研究中心揭牌。这些文化、教育交流活动加深了两国人民间的友谊和相互了解。在《共同行动计划》中，双方同意加强在文化艺术、广播影视、新闻出版和体育等领域的文化交流与合作，还包括加强语言和出版领域的合作，推动在两国交流中使用汉语和葡语。《共同行动计划》还规定了根据互惠原则，双方互换政府奖学金项目，这无疑将有助于培养加深两国相互了解的人才。另外，巴西非常重视智库在政策制定中的作用，很多政府官员（包括总统）都曾在大学、智库中任职，与这些学术机构保持着密切联系。因此，加强对巴西机制化的学术对话与交流，有助于更好地了解和影响对方的政策走向，推动双方在多领域的合作。②

阿根廷也是在拉丁美洲举足轻重的国家，中国与阿根廷在人文领域的交流也颇有成果。中国对阿根廷的人文外交涉及艺术、教育、医学、新闻出版、电视电影、体育等领域。1980 年 6 月 7 日阿根廷总统魏地拉访华时两国政府就人文交流进行了换文，文件规定了每年或每两年交流的具体项目。根据规定精神，1982 年 11 月 24 日双方签订了 1983—1984 年文化

---

① 颜欢：“中国巴西密切教育交流”，《人民日报》2013 年 9 月 2 日。

② 左晓园：“中国与巴西：战略伙伴关系的建立与深化”，《拉丁美洲研究》2011 年第 2 期。

交流计划会谈纪要。1984 年签订了文化协定，双方还同意建立文化混合委员会。1986 年 1 月，两国签署了关于儿童诗歌及文学交换的协定。1987 年 10 月，双方签订了 1987—1989 年阿中文化交流的工作计划的协定。1989 年 5 月杨尚昆主席访阿时，两国签订了阿中文化交流 1990—1992 年执行计划的协定。此外，根据科学技术合作协议的补充协定，1987 年阿、中两国签订了互派留学生的交流计划的协定，1988 年双方互派了首批留学生。①

2004 年 11 月，在时任国家主席胡锦涛即将对阿根廷进行国事访问之时，国务院新闻办公室和中国驻阿根廷大使馆联合主办了 2004 年“感知中国”阿根廷文化周，其中“中国古代青铜器展览”是活动的重要组成部分，该展览由中国上海博物馆提供的 100 件中国古代青铜器鼎盛时期最有代表性的馆藏珍品组成，是中国首次以青铜器真品在拉美国家举办展览，内容涵盖了礼器、兵器、乐器、生活实用器具等，展示了丰富多彩、博大精深的中国青铜器文化。100 件古代青铜器真品中，有 20 件是从未出国展出过的极品。协办中国古代青铜器展览的阿根廷装饰艺术博物馆馆长贝鲁奇先生激动地表示，他非常荣幸能为中国的国宝级文物提供展出场所，也为能一睹中国珍宝而感到兴奋。他相信这一展览能帮助阿根廷人民更好地了解中国悠久的历史文化。观展的普通老百姓也是兴趣盎然，偌大的展览厅挤满了对中国文化抱有浓厚兴趣的当地观众，其中有些观众接连数日都来参观，表现出对古老的中国青铜文化的极大兴趣。②

在新闻出版领域，2004 年 4 月，西班牙文版《今日中国》杂志经过半年多筹备和试刊，在阿根廷首都布宜诺斯艾利斯正式推出创刊号。这是《今日中国》杂志社首次通过与当地企业合作的方式在拉美地区印制发行这份享誉海内外的杂志。创刊号图文并茂，十分精美，刊出了介绍中国改革开放和经济建设成就、加入世贸组织后的贸易前景展望、传统医学和抗击“非典”、北京筹备奥运等方面的文章，都是当时拉美读者所关注的议题。拉美版正式发行后，读者反应也一直不错。在电视电影领域，阿根廷

① ［阿根廷］爱德华多·奥维多：“关于阿根廷与中国政治经济关系的初步研究”，《拉丁美洲研究》1993 年第 5 期。

② 李柏华：“中国古代青铜器在阿根廷展出”，《上海文博》2005 年第 1 期。

的国情决定了电视媒体的受众是一个很庞大的群体。阿根廷是拉丁美洲经济发展水平较高的国家之一，属世界上中等收入国家。3000 多万人口中，以西班牙、意大利后裔为主的白种人占到了 97%，受教育程度相当高，电视普及率也很高。经过努力，2004 年 11 月 1 日开始，中央电视台西班牙语和法语频道在阿根廷实现了每天 24 小时、2 小时一档的交替播放。①

2004 年，中国政府制定了对外汉语教学的五年规划，即“汉语桥”工程，以满足世界各国不同地区、不同层面对汉语教学蓬勃发展的需求。2002 年，中国驻阿使馆文化处就开始面向阿根廷的青少年，积极开展“中国走进课堂”活动，通过汉语教学来传播中国文化。银海国立大学、罗萨里奥国立大学、肯尼迪大学、布宜诺斯艾利斯大学等，都开设了汉语教学。随着两国经济交往增多，阿根廷各界对汉语的需求日益迅猛，贝尔格莱诺大学、洛马萨马洛大学还通过教育交流的形式，吸收中国留学生就读，并把学生送到中国学习汉语。

大中小学的青少年学生，通过学习中文，能够感知、理解进而热爱中国文化，未来将在各自的岗位上做中国和中国文化的友好使者。因此，他们始终是中国驻阿使馆在开展活动时非常重视的一个受众群，有很多文化活动的实施就是专门着眼于他们的。在当地颇有名望的马德普拉塔大学附属中学第一次搞文化周时，几百名学生早早地就等待在礼堂里。从他们精心准备的欢迎仪式到别具一格的表演，以及学校领导的欢迎词中，传达出的热情和友好都让在场的中国人深受感动。当使馆的工作人员走进挂满中国风光图片的教学楼里时，被参观图片展的学生追问起一连串关于中国和汉字的问题。一次这样的活动在那些孩子的心里埋下了中阿友谊的种子，他们从这时起就再也不会对“中国”这个名字感到陌生。阿根廷，这个遥远的南美国家，正日益被中国的发展所吸引，除了企业界的“中国热”之外，政界和民间也有许多人开始关注中国。一股认识中国国情、了解中国文化、学习中国文字的“中国热”，正在这个以潘帕斯草原而闻名于世的国家悄然吹起。②

① 雷向晴：“文化交流让距离不再遥远”，《对外大传播》2005 年第 10 期。
② 范剑青：“阿根廷兴起‘中国热’”，《人民日报》2003 年 11 月 30 日。

第二节　中国对拉丁美洲国家人文外交的主要项目

一、中国与拉美国家的文艺交流

开放性和独创性是拉美文化的特点。拉美文化极少保守性和排他性，善于引进和吸收其他文化的最新成果，具有很大的亲和力和很强的融合力。开放和创新并举是拉美文化兴盛发展之根本。[①] 拉美国家民众因此对文艺活动特别是具有不同文化背景的文艺交流充满了兴趣与渴望。因此，文艺交流在中国对拉美人文外交中扮演了重要的角色。

就在中国与古巴建交的1960年6月3日，中国艺术团即前往古巴进行了一系列演出。在首场演出完毕的时候，谢幕竟达7次。人们在交谈中以“好极了”、“美丽”、“卓越”、“生动”、“我毕生从没见过这么美妙的东西”、“中国舞台艺术展示了中国人民生气勃勃的生活”等话语，来表达他们的赞赏，当艺术团离开剧院的时候，遇到了一批等候在大门口向中国艺术家告别的观众，一些古巴学生用刚学会的中国话说：“很好，谢谢，再见!”第二次演出则被古巴电视台转播，约有100万观众观看了电视台的转播。同年7月28日中国艺术团结束了在古巴为期58天的访问。古巴舆论欢呼中国艺术团的演出是古巴艺术史上的大事，并且认为，中国人民首次派往古巴的这个艺术团的访问和演出大大促进了远隔重洋的两个民族之间的友谊。中国艺术团访问了古巴6个省份，同这个国家的人民交上了朋友。中国的艺术家们在20场演出中，向古巴观众介绍了中国传统的京剧和歌舞，博得了他们的热烈赞扬。[②]

进入到21世纪后，中拉文艺交流更加频繁。在2004年“感知中国”阿根廷文化周中，“云南映象——走进香格里拉”这台大型歌舞表演也作为文化周的重点项目推出。“云南映象”是一台融传统和现代为一体的大型原生态歌舞，由中国著名舞蹈家杨丽萍担任艺术总监并领衔主演。参与

① 驰骋：“中国和拉美文化的对比及交流合作”，《当代世界》2007年第5期，第7页。
② 新华社：“中国艺术团在古巴”，《戏剧报》1960年8月28日。

"云南映象"演出的演员，70%是来自云南各村寨的少数民族农民。阿根廷副总统亲临现场观看了表演，连演了6场，场场爆满，掌声不断。也是在2004年，南京杂技团在阿根廷的商业演出原定是12场，但因为拉美人民的兴趣很高，最终演了40场。① 在2010年巴西民众参与度最高的狂欢节上，中国演员们从圣保罗飞抵800公里外、华人很少、没有华侨社团、距离中国最远的城市之一的阿雷格里港市，"中国主题"———由中国巨龙、凤凰腾飞、佛教圣殿、万里长城兵马俑和东方明珠电视塔5辆巨型彩车，以及地面2200名扮演中国使者的4所桑巴学校的22个巴西人方阵组成，第一次在这座城市亮相。狂欢节开始之前，热心于巴中友好的人士，纷纷伸出橄榄枝。2010年2月13日下午，中国驻巴西大使邱小琪到阿雷格里港看望了演员们。他说，中巴关系近年飞速发展，已上升为战略合作伙伴。巴西人民通过越来越多的交往而了解中国，友谊不断加深。而为筹备"中国主题"而忙碌不停的卡洛斯先生，曾于2009年9月参加巴西政府代表团赴上海，从世博会组织者手中接过已完工的巴西馆，同时中国的历史文化和社会变革给这位劳工党负责人留下美好而深刻的印象。2月14日凌晨5点半，"中国主题"作为13支队伍中的压轴队伍登场。一名扮演成吉思汗的桑巴舞者手持弯弓射大雕，周围是200名身着中国古装的男子。他们踏着铿锵的鼓点走来，歌声刹那间响彻云霄。歌词大意是："自从盘古开天地，中国一直发展到今天。中国人有悠久的历史、勇敢的武士、雄伟的长城，取得了非凡的成就和胜利。中国从古老的长城到四大发明，曾经如闪电般照亮旧大陆。中国是体育冠军和武术的发源地，是艺术和宗教的故乡。中国人是龙的传人。中国春节是传统节日。这个伟大的国家发展经济，重视环保……而今天，狂欢节把我们带到了中国！"按照狂欢节开幕式上每支队伍表演不得超过一个小时的规则，"中国主题"的巡游进行了59分钟。中国驻巴西大使和巴西政要从检阅台上起立，长时间热烈鼓掌。作为中国文化的使者，演员们得到了全场观众的不断欢呼和充分肯定。②

---

① 雷向晴："文化交流让距离不再遥远"，《对外大传播》2005年第10期。

② 张廷竹："巴西狂欢节上的'中国主题'"，《今日浙江》2010年第6期，第52—53页。

二、中国与拉丁美洲的党际交往

拉丁美洲是发展中国家实行政党政治较早地区之一。至21世纪初，在拉美33国国内政治生活中，发挥重要作用的政党有150多个。[①] 拉美政党国际交往活跃，重视党际联系，大部分党分别参加了地区性或世界性政党组织。其中，有37个党参加了社会党国际拉美加勒比委员会、31个党参加了美洲基民组织、44个左翼政党或组织参加了圣保罗论坛、51个党参加了拉美政党常设大会。如此广泛的政党、多样的意识形态、活跃的政党组织，表明拉美政党政治在不断发展。[②]

中国共产党与拉美国家政党的交往始于建国初期，但那时交往有限，党的十一届三中全会后，在邓小平外交思想的指导下，中国共产党与拉美政党的友好发展得到长足发展，交往范围空前广泛。1979年3月，中国共产党应墨西哥执政党革命制度党邀请，出席了在墨西哥城举行的纪念该党诞生50周年的庆典，受到东道国的热情接待，是中国共产党和拉美民族主义政党的首次交往。1980年9月委内瑞拉执政党基督教社会党总书记率团访华，这是中国共产党接待的第一个拉美民族主义政党代表团。[③] 至2003年，中国共产党就与拉美近30个国家的90多个政党保持着友好关系，其中包括当时拉美19个已同中国建交国家的17个（不含安提瓜与巴布达、巴哈马两个加勒比小国）的执政党和重要参政党，还有拉美地区12个未建交国家的30多个重要政党。当前，中国共产党同拉美政党的交往进入了前所未有的活跃时期。[④]

拉美各国执政党和参政党对本国内政外交政策的制定有着重要的影响，我党与这些党发展关系，增进了解，解疑释惑，求同存异，为我国与拉美各国的国家关系打下了更坚实的基础。同时，拉美国家普遍实行多党制，政权更迭频繁，与重要在野党和政治家保持交往，保证了国家关系持

---

① 李岩：“发展中拉政党关系，促进国家关系发展”，《拉丁美洲研究》2001年第4期。

② 徐世澄：“拉美政党新趋势”，《当代世界》2000年第7期。

③ 王翠文：“中国共产党对拉丁美洲交往的历史进程和启示”，《南开大学学报（哲学社会科学版）2011年第2期，第47页。

④ 厉达：“中国共产党与拉美政党的友好关系不断发展”，《当代世界》2003年第10期。

续稳定的发展，不受对方政局变动的影响。即便是非执政的重要政党，它们也代表着一部分社会力量，对促进人民之间的友谊，推动国家关系的发展有着不容忽视的作用。另外，由于拉美多数政党组织松散，领导个人特别是党的领袖的作用举足轻重，关系到国家关系的长远发展。多年来，中国共产党通过政党渠道结交的一批政要已成为中国共产党在拉美的真诚朋友，他们无论是进入政府工作，还是当选议员，或者到国际组织任职，都与中国共产党保持密切联系，积极推动对华关系的发展。自 1984 年至 2003 年，拉美国家有 13 位总统在当选前曾作为政党领导人应中国共产党邀请访华，与中国结下较深情谊。他们执政后都积极推动两国关系的发展。

中国与拉美相距遥远，以前彼此了解不多，政党交往促进了双方相互了解，通过政党交往，中国人民对拉美各国悠久的历史、灿烂的文化有了新的感受，拉美朋友也看到中国五千年的文明史，特别是中国近 20 多年飞速发展的成果。拉美一批政要加深了对中国的了解，澄清了一些模糊看法，消除了不少疑虑，从而积极参与或影响了本国政府对中国问题的正确决策。在交往中，中国共产党入情入理地宣传中国建设成就和中共、中国对国际问题的立场主张。通过座谈、交换看法、参考观察，使他们了解了中国的真实面貌，增进了我国在台湾、西藏地区和人权等问题上立场的理解和支持。与中国共产党交往过的拉美政要普遍敬佩中国改革开放的伟大成就，进一步认识到中国国际地位的重要，均表示愿进一步与中共加强交流，借鉴中共的成功经验，促进双方的往来与合作。

巴西自由阵线党代表团对深圳和上海实地调查后，该党总书记罗沙表示，为密切巴阵与中共的关系、扩大相互间的交流范围，两党交往要实现制度化，每年双方各派一个代表团互访，推动与巴阵有联系的巴西企业家、知识分子、学生、妇女和少数民族干部等访华，扩大双方多层次、多部门的合作与交流。许多党的代表团访华后认为，在中国看到的与国内媒体介绍的情况有较大的差别。党际交往有助于向世界展示一个真实、全面和朝气蓬勃的中国。①

① 周余云：“相交无远近，万里尚为邻——十四大以来中国共产党与拉美政党的交往”，《拉丁美洲研究》1998 年第 1 期。

在党际交流中，中共也与未建交国的主要政党建立了联系，并通过它们结交了一大批政界、新闻界、经贸界的朋友，多方努力推动政府与中国发展关系。中国与玻利维亚、乌拉圭等国在20世纪80年代建交之前，中共就与这些国家的主要政党建立了联系，推动它们本国政府与中国发展关系。而通过政党交流做未建交国的工作，是中共在拉美地区开展政党交流工作的一大特点。①

巴拉圭是目前南美洲唯一同中国台湾保持“外交关系”的国家。但其执政党红党以及主要在野党真正激进自由党、二月革命党等均已与中共建立了联系。1993年12月，这些政党在议会达成共识，并通过决议，要求政府松动对华关系。1994年8月，中联部代表团应红党邀请访问巴拉圭，受到各政党主要领导人和众议院副议长的热情接待。红党领袖高度评价中联部代表团的这次访问。同年12月，巴拉圭红党主要领导人阿蒂利奥率团访华，在巴拉圭引起强烈反响，各种传播媒介作了广泛报道。②

目前，与中共建立联系的拉美多数政党在国内都有较大影响，与本国各阶层都有密切的联系，在议会中占有大量席位，影响着国内主要的工会、农会以及青年、妇女等群众团体。中拉之间政党关系的建立，促进了中国与拉美各国议会及各人民团体的交往，加深了中拉人民之间的友谊。民间友谊的增进，又推进了政党关系和国家关系的发展。

第三节　中国对拉丁美洲国家人文外交的反思与展望

中国和拉丁美洲国家同属发展中国家，且因为地理原因，双方没有历史上的矛盾。自建国后，中国和拉美国家就一直保持着人文领域的交往。中国文化和拉美文化都在世界上有着广泛的影响，在数十年的交往中，文艺交流成为了双方人文交流的主要项目。不仅如此，政党在拉美的现代化

---

① 吴建友：“政党交流促进国家整体外交发展——与中联部拉美局局长王华一席谈”，《光明日报》2007年10月13日。

② 黄文登：“中国共产党与拉美政党关系的现状和前景”，《拉丁美洲研究》1996年第3期。

进程中扮演了重要角色，在国家的社会生活中尤为活跃，通过政党间的交往有利于深化中国与拉美国家的价值沟通，因此，政党交往也成为了中国在推动对拉丁美洲人文外交中所形成的主要项目。

当前，随着中国的进一步发展和在世界上影响力的扩大以及“丝路战略”的逐步推进，客观需要中国进一步拓宽和加深对拉丁美洲国家的人文外交，增进相互了解，使双方关系的发展具有更稳固的基础。拉美国家民众受西方媒体的影响较深，容易对中国产生误解。中国人文外交可以分为两个层次：一是通过大众文化传播，展示中国深厚的文化遗产和创造力，使拉美民众更加了解中国，喜爱中国，从而在民众之间增信释疑；二是面向高层、精英层，展示中国以人为本的科学发展观、中国的和平外交政策和“丝路战略”，使拉丁美洲的社会精英看到一个深层次的中国，以促进双方的价值沟通。

南线的人文外交

第五章　中国对印度的人文外交

第一节　中国对印度人文交流的历史梳理[①]

一、以丝绸之路为纽带的古代中印人文交流

（一）古代中印人文交流的发展期——中印古代文献中的彼此解读

中国与印度都是为人类文明做出了突出贡献的文明古国，两大文明并没有因喜马拉雅山而隔绝，中印的接触与了解从很早就开始，我们可从双方古籍中得到印证。如印度的古书如大史诗《摩诃婆罗多》和《罗摩衍那》等，曾多次提到中国，且把中国称为“支那”，用拉丁字母写出来就是Cina。[②] 又如《史记》中《西南夷列传》提到的“身毒国”就是印度。在中国与印度的古老传说中，都有关于月亮上有兔子的传说，这个传说是印度500多个佛本生故事中的一个，成书时间大约在公元前几个世纪，而中国这则传说是由印度传来的。从中印古代传说和文献中我们还可发现中印早期接触与交流的诸多证据。

---

① 本章节史料参考：季羡林：《中印文化交流史》，中国社会科学出版社，2008年版；薛克翘：《中印文化交流史话》，商务印书馆，2007年版；尹锡南：《印度的中国形象》，人民出版社，2010年版；周卫平：《百年中印关系》，世界知识出版社，2006年版；[印] 谭中、[中] 耿引曾：《印度与中国：两大文明的交往和激荡》，商务印书馆，2006年版；张敏秋：《中印关系研究（1947—2003）》，北京大学出版社，2004年版；林承节：《中印人民友好关系史1851—1949》，北京大学出版社，1993年版；谭中：《中印大同：理想与实现 = Chindia：idealism and realization》，宁夏人民出版社，2007年版；中国人民对外友好协会：《中印友谊史上的丰碑：纪念印度援华医疗队》，世界知识出版社，2008年版；季羡林：《佛教与中印文化交流》，江西人民出版社，1990年版。

② 薛克翘：《中印文化交流史话》，商务印书馆，2007年版，第4页。

（二）古代中印人文交流的高潮期——以佛教为核心的中印人文交流

古印度是佛教发源地，古代中印人文交流也随着佛教的兴起与传播愈加频繁和深入。古代中印人文交流以丝绸之路为纽带、以佛教僧侣为使者、以传经活动为形式，并通过佛教中国化和佛教倒流使之进一步向深层发展。

丝绸之路是古代中国连接东西方世界的主要通道，也是佛教向中国传播的主要路径，丝路沿线的一些主要城市至今仍保存着许多佛教遗迹，如敦煌莫高窟的佛教壁画、塑像有着浓郁的印度特色；新疆吐鲁番、和田、库车等地也有众多佛塔、寺庙等遗迹，如吐鲁番的柏孜克里克千佛洞等。

佛教僧侣在传播佛教的同时也促进了中印文明的交流与融合，可以说古代中印人文交流的主要形式是佛教传经活动，而佛教僧侣就是其杰出代表。两汉之际，佛教传入中国。公元65年，汉明帝派人从西域请竺法兰和摄摩腾来中国讲经，两位印度僧人用白马驮来佛经和佛像。汉朝廷为了纪念白马的功劳，把在当时首都洛阳修建的中国第一座佛寺命名为白马寺，从此佛教在中国开始流传。[①] 魏晋南北朝时众多僧侣赴印求法，著名的有鸠摩罗什，他回国后翻译了《金刚经》、《法华经》等佛经，他不仅把印度佛教理论介绍到中国，同时也促进了中国翻译学的发展，被广泛认为是将大乘佛教和中观学说引入中国哲学的人。[②] 还有法显，他回国后写了《佛国记》一书，由于古印度基本没有历史典籍，他的《佛国记》成为研究古印度史的重要资料。隋唐时期中印人文交流在广度和深度上均超以往，这一时期最为著名的是玄奘，他历经艰辛赴天竺学习佛法并周游古印度。回国后，他在朝廷支持下举办译经场，翻译了大量佛经，他写的《大唐西域记》成为研究古代中亚、南亚的宝贵资料。可以说，玄奘是中国佛教史和翻译史上开辟一个新纪元的高僧，是中印文化的传播者，是中印人民友谊的象征，是中国人民的脊梁。[③] 这一时期赴印求法的僧侣还有

---

① 林良光、叶正佳、韩华：《当代中国与南亚国家关系》，社会科学文献出版社，2001年版，第53页。

② 印度驻华大使馆网站，http://www.indianembassy.org.cn/Chinese/DynamicContentChinese.aspx?MenuId=4&SubMenuId=0。

③ 季羡林：《中印文化交流史》，中国社会科学出版社，2008年版，第61页。

很多，如撰写《大唐西域求法高僧传》的义净等。

佛教在传入中国后，在与中国传统的风俗习惯、思想文化碰撞、协调的同时，不断调整自身的理论和形式，以适应中国社会需求，最终落地生根，发展壮大，完成了佛教的中国化。经过长期的文化整合，佛教文化已成为中国文化的有机组成部分，深入到中国人日常生活的方方面面。完成中国化的佛教还出现了“佛教倒流”的现象，即指在印度失传的部分佛教经典由中文回译成梵文的现象。这种中国僧侣加工、消化、改造的中国佛经，可以看作是中国文化的一种传播方式。因此，佛教中国化和“佛教倒流”均表明古代中印人文交流的广度和深度都达到了前所未有的程度。

（三）古代中印人文交流的衰微期——佛教衰微后的中印人文交流

11 世纪穆斯林已经进入印度，佛教在印度已濒于灭绝。宋代以后赴印求法运动渐趋终结，由佛教所带动的文化交流也逐渐衰微。但由于海上交通和贸易发达，中印两国交流仍很频繁。

元朝汪大渊曾到过南亚许多地方，回国后写成《岛夷志略》一书，书中对印度有详细记载。明朝郑和七下西洋是中国历史上著名的对外交流活动，郑和首次下西洋就到达了今位于印度西南部的古里国，并将古里国作为补充淡水和西进的基地，在最后一次下西洋时在古里国去世。郑和下西洋，加强了中印交流，增进了印度人民对中国的了解。而随郑和下西洋的费信、马欢和巩珍三人写的《星槎胜览》、《瀛涯胜览》和《西洋番国志》等书也成为研究中印交流的重要文献。

在医学、科学技术的交流上，如《千金方》和《外台秘要》等都记录了许多印度的医学知识和方剂。此外，明朝李时珍的《本草纲目》记录了梵华医药交流的历史。他在书中介绍和考证了许多来自印度的药物，并广征佛书，给其中许多药物注出了梵文译名。因此，《本草纲目》一书成为汇集中印医药文化交流的宝贵史料。[①] 在天文历法方面，《大衍历》参考了印度的历法，更有一些印度人到中国宫廷做天文官。在技术方面，中国从印度学习了制糖技术，印度的杂技与幻术也传到了中国。而中国的

① 尹锡南：《印度的中国形象》，人民出版社，2010 年版，第 17 页。

造纸术、印刷术、罗盘、火药等也传入了印度。

二、以精英交流为特色的近代中印人文交流

（一）中印革命精英与近代中印人文交流

近代西方帝国主义势力强力扩张，印度与中国相继成为殖民地和半殖民地，中印间的交流早已没有古代那样频繁。鸦片战争后，自身面临帝国主义威胁的中国对印度的关注开始增多，一些有识之士把印度沦为殖民地当作中国的前车之鉴。从此，中印两国人民相互同情、支持，在反帝、反殖的斗争中结下了深厚的友谊。

中国与印度的革命精英在彼此的革命斗争中相互交流、了解，如康有为在19世纪曾到印度考察，并著有《印度游记》。孙中山在革命斗争中也与印度革命者结下了深厚的友谊。章太炎与印度革命者的交流更为广泛，他在任《民报》主编时，经常写关于印度的文章，并提出了中印联合的主张。印度的甘地主义在中国也有很大影响。据统计，从20世纪20年代到40年代，中国出版有关甘地及其主义的书籍达27种，仅罗曼·罗兰的甘地传记就有3个译本，而甘地的自传则有4个译本。当时的《东方杂志》刊登有关文章不下六七十篇，并一度辟有“甘地与新印度”的专栏；1948年甘地遭暗杀后，又有纪念文章13篇。[①] 抗战时期，印度的援华医疗队则是近代中印友谊真实写照。中国人民也对印度人民伸出援手，如1943年印度发生严重饥荒，中国人民为印度受灾人民举行了筹款赈灾活动。据印度方面记载，1944年2月，印度方面收到中国寄去的赈款122500卢比。[②]

（二）中印文化精英与中印近代人文交流

印度著名诗人泰戈尔很早就开始关注中国，倡导中印友好。1924年他对中国的访问，引起了中国政治界、思想界和文艺界的高度重视，他每到一处，必谈中印友好。他表示：“印度感觉到同中国是极其亲近的亲

---

① 参考薛克翘：《中印文化交流史话》，商务印书馆，2007年版，第148—150页。

② 尹锡南：《印度的中国形象》，人民出版社，2010年版，第24页。

属。中国和印度是极老而又极亲的兄弟。”① 泰戈尔与许多中国文化名人进行交流，并发起创办印中学会、中印学会以及印度国际大学，在国际大学创办了中国学院，中印学会和中国学院已成为中印人文交流的重要平台，有力促进了近代中印人文交流。日本侵华以后，他强烈谴责日本的侵略行径，发表文章支持中国人民的正义事业。泰戈尔对中国怀有很深的感情，一生对华友好，为中印人文交流发挥了重要作用。

泰戈尔访华后在中国掀起了一股学者游学印度的高潮，许多中国文化名人访问印度。著名教育家陶行知曾两度访问印度，并与泰戈尔、甘地等人会面。著名画家徐悲鸿在 1939 年到达印度，并在国际大学举办了中国近代画展。20 世纪初到 30 年代，去印度访问的学者和作家还有徐志摩、许季上、许地山、高剑父等。②

这一时期，许多中国留学生和学者也前往印度交流学习，其中最著名的要属被誉为“当代玄奘”的谭云山。谭云山受泰戈尔的影响，在 1928 年到印度国际大学，一边研究印度文化和佛学，一边在国际大学教授中文。他对印度的了解十分全面和深入，并不断撰写有关印度的各类论著，为国内的印度研究提供了第一手资料。他为创立中印学会和国际大学的中国学院积极奔走，并在中国学院成立后担任院长。他在进行学术研究和学院工作的同时，积极在印度传播中国文化，并积极推动双方学者交流与互动。谭云山一生都在为中印人文交流积极奔走，为促进中印相互理解、增进两国人民友谊作出了不可磨灭的贡献。

（三）政府间人文交流项目与学术交流

1939 年 8 月尼赫鲁对中国进行访问。访问期间，尼赫鲁曾写出一份《增进中印接触的备忘录》，提出发展关系的“七条建议”。中国政府也提出《中印合作措施纲要》并提出了具体措施。1942 年 2 月 9 日，蒋介石夫妇应英印总督林里资哥的邀请抵达新德里，对印度进行友好访问。蒋介石访印期间，提出了交换留学生和学者的计划。于是，文化交流不再只由文化界人士牵头，政治家们也参与进来。这使得 20 世纪 40 年代里的中印

① 薛克翘：《中印文化交流史话》，商务印书馆，2007 年版，第 152 页。

② 尹锡南：《印度的中国形象》，人民出版社，2010 年版，第 34—35 页。

文化交流不仅范围扩大，而且多种渠道，齐头并进。[①] 1943 年，中印政府决定互派留学生，首批来华的印度留学生 9 人，于当年 11 月来华，主要学习中国历史文化。1947 年，印度临时政府派遣 10 名留学生来华，7 名硕士，3 名大学助教，来华学习中国的语言、艺术、史地、哲学。1948 年印度独立后又派遣了一批留学生，他们中的有些人后来成为中国学专家。[②]

中国对印度的研究在 20 世纪初就已开始。许季上、梁漱溟、汤用彤、李证刚等在多所大学开设了有关佛教和印度哲学的相关课程。1942 年，云南呈贡的国立东方语文专科学校并设印度语文科，这是中国大学首次设置印度语言专业。中国对印度的研究广泛，涉及语言、翻译、文学、佛学、哲学、历史等方面，涌现了一大批优秀的研究成果。印度对中国的研究始于 1918 年，那时在加尔各答大学开设了中文课程。而印度国际大学中国学院的创办则对促进印度的中国研究起到了重要作用，在中国学院有谭云山、师觉月等著名学者。印度的中国研究机构还有：新德里印度国际文化研究院、浦那的菲尔古森学院的中国文化研究中心等。

三、在曲折中前进的现代中印人文交流

新中国成立后中印关系经历了四个历史阶段，分述如下：

（一）蜜月期（1950—1959 年）

新中国成立以后，印度是继缅甸后第二个承认新中国的非社会主义国家，并成为非社会主义国家中第一个与新中国建交的国家。两国领导人对发展中印关系相当重视，两国交往日益频繁，人文交流不断丰富。中印还共同倡导“和平共处五项原则”，参加亚非会议共创“万隆精神”，这一时期中印处在前所未有的“蜜月期”。然而，印度政府在西藏问题上坚持甚至扩大对中国西藏的领土要求，企图把西藏变为缓冲区，使得蜜月期的中印关系开始出现裂痕，这一时期的中印人文外交呈现以下特点：

---

① 尹锡南：《印度的中国形象》，人民出版社，2010 年版，第 36 页。

② 薛克翘：《中印文化交流史话》，商务印书馆，2007 年版，第 173 页。

1. 高层互访频繁，项目丰富

这一时期中印高层互访频繁，周恩来在 1954 年、1956 年、1957 年等多次访问印度，受到印度民众的热烈欢迎，并接受了国际大学授予的名誉文学博士学位。1958 年 10 月，尼赫鲁访华，毛泽东四次接见。此外，宋庆龄、贺龙等也访问了印度。1952 年，中国和印度分别成立了中印友好协会和印中友好协会。

2. 文化交流往来密切

这一时期，两国文化代表团之间的互访相当频繁，高峰时期一年比较重要的代表团就有几十个。据不完全统计，仅 1956 年两国互派的比较著名的访问团就有 23 个之多，[①] 这些代表团成员涉及文化、教育、体育、宗教、政党、军事等多个领域，受到了两国领导人的高度重视，尼赫鲁、毛泽东、周恩来接见并观看了演出活动等。

3. 文化展出活动丰富

这一时期两国举办了丰富多彩的文化展出，如美术展、工艺品展、电影周摄影展等。尤其印度电影在中国大受欢迎，如《流浪者》、《两亩地》等，特别是《流浪者》的插曲《拉兹之歌》风靡中国。两国还举行了许多文化演出活动，如 1956 年 5 月举办印度伟大诗人迦梨陀娑纪念大会，中国青年艺术剧院创造性地上演了其古典梵语名剧《沙恭达罗》，这种盛况在中印文化交流史上写下了史无前例的光辉一笔。这也是中国同其他国家文化交往中比较少见的，显示中印关系“蜜月期”里文化心灵互动深入的一面。[②]

4. 学术成果丰硕

从新中国成立到 20 世纪 50 年代末期，中国的印度学研究有了长足进步，特别是以北大为阵地，以季羡林、金克木为代表，中国的印地语教学和印度文学作品的翻译形成了一定规模，如季羡林译迦梨陀娑的《沙恭达罗》、金克木译迦梨陀娑的长诗《云使》、吴晓玲译戒日王的戏剧《龙喜记》和首陀罗迦的《小泥车》等。

---

① 周卫平：《百年中印关系》，世界知识出版社，2006 年版，第 192 页。

② 尹锡南：《印度的中国形象》，人民出版社，2010 年版，第 39 页。

（二）恶化期（1959—1988 年）

1959 年，印度政府怂恿、支持西藏反动分子发动武装叛乱，达赖及其随行人员逃往印度，并在达兰萨拉建立所谓的“流亡政府”，中印关系迅速恶化。此后，印度进一步推行“前进政策”，企图蚕食中国领土，甚至发生了边界冲突，武装冲突给两国关系造成了极为恶劣的影响，双边交流受阻。

（三）恢复期（1988—2000 年）

20 世纪六七十年代是中印关系的萧条期。1976 年双方恢复互派大使后，中印关系逐步改善。1988 年 12 月，印度总理拉吉夫·甘地对中国进行了正式友好访问，恢复了自 1960 年周恩来总理访印以来中断了 28 年之久的中印两国最高领导人之间的对话，标志着中印两国关系实现了正常化。此后双方高层互访也逐渐恢复，1988 年 5 月签署的“文化合作协议”为印中两国的文化合作奠定了大致轮廓，该协议提供了实施文化交流计划（CEP）的基础。[①] 根据 1991 年 12 月签署的“中印联合声明”，1992 年 12 月至 1993 年 1 月，历时六周的“中国文化节”在印度举办，这是中国在印度也是在国外举办的第一个文化节。[②] 1994 年，印度文化节也在北京开幕。

（四）新时期（2000 年—至今）

进入 21 世纪，中印关系继续保持稳定发展势头，高层互访频繁，并建立了国家元首/政府首脑定期互访交流机制。在保持高层互访的同时，双边关系也向更高层次发展，2005 年 4 月双方宣布建立“面向和平与繁荣的战略合作伙伴关系”，中印经贸合作也发展迅速。中印边境地区总体保持和平与安宁，边界谈判继续向前推进。面向未来，两国都意识到人文外交对双边关系发展的重要作用，并开展了一系列颇具特色、富有成效的

---

① 印度驻华大使馆网站：http：//www. indianembassy. org. cn/Chinese/DynamicContentChinese. aspx？MenuId =4&SubMenuId =0。

② 参见新华社：《印度文化官员赞扬中国文化节》，《人民日报》1993 年 1 月 27 日。

活动。

1. 人文外交项目

（1）中印青年互访项目

加强中印青年的沟通与了解、增进中印青年的友谊是中印人文外交的重要使命，关系到中印关系的未来发展。2005 年 4 月，温家宝访印期间与辛格就中印两国开展百名青年交流达成一致，中印《联合声明》确定中方将邀请 100 名印度青年年内访华，并由中华全国青年联合会和印度青年事务与体育部来落实青年互访事宜。2006 年正值“中印友好年”，中印将青年互访活动纳入友好年系列庆祝活动的框架，中印青年交流史上第一次大规模青年互访活动的成功举行受到中印青年的欢迎和认可。2006 年 11 月，胡锦涛主席访印期间，提出今后 5 年内邀请 500 名印度青年访华。印度政府随后也提出邀请 500 名中国青年代表访问印度。我国在 2007 年至 2011 年间每年邀请 100 名印度青年访华。同期，印度每年也邀请 100 名中国青年访印。自 2005 年中印建立青年交流机制以来，已开展了 7 轮青年代表互访交流活动。

（2）中印名人论坛

中印名人论坛是根据印度总统拉亚南在 2000 年 5 月访华时与中国国家主席江泽民达成的共识而建立的，论坛由中印两国政治、经济、文化和媒体等各界知名人士组成，其任务是，双方在各领域的交流与合作以及重大的国际和地区问题交换意见，并在达成共识的基础上向各自政府提出政策建议。论坛属民间性质，同时也有政府咨询机构的职能。2001 年 9 月，中印名人论坛首次会议在新德里举行。此后，2002 年、2003 年、2004 年、2006 年、2007 年，“中国——印度名人论坛”在中国和印度先后举办了第二、第三、第四、第五、第六次会议。①

（3）主题年活动

2005 年，温家宝总理访印之际与辛格总理共同宣布 2006 年为“中印友好年”，这是中印首次举办此类活动，取得积极的反响。此后，双方还举办了多次此类活动，如 2007 年的“中印旅游年”；在 2010 年双方建交

① 陈宗海：《冷战后中印外交关系研究（1991—2007）》，世界知识出版社，2008 年版，第 188 页。

60周年之际，互办“中国年”和“印度年”；2011年的“中印交流年”，两国举办了一系列的民间友好交流项目；2012年是两国边界冲突50周年，但中印两国共同举办“中印友好合作年”，并推出了一系列人文合作项目，较好地冲淡了不利氛围；2014年是“和平共处五项原则”发表60周年，中印两国共同举办“中印友好交流年”。丰富多彩、接连不断的两国主题年活动，不仅是近年来中印关系升温的直接反映，也必将推动两国关系长远、深入发展。

此外，两国还推出了其他一系列项目，如2013年李克强总理访印期间举办了中印首席执行官论坛第一次会议，还决定举办第一次中印高层媒体论坛。两国还决定在2014年与缅甸一道举办纪念“和平共处五项原则”发表60周年的活动。2013年辛格总理访华期间，双方还签署了“文化合作协定”（2013—2015年执行计划），内容包括文化艺术、文化遗产、青年、教育及体育事务、新闻出版与大众传媒等。[①] 双方就建立首批友好城市达成共识，决定在德里—北京、加尔各答—昆明、班加罗尔—成都之间缔结友城，开展合作交流等。

2. 教育、学术交流

孔子学院是海外传播中国语言文化的重要基地，目前在印度的孔子学院有两所，分别是尼赫鲁大学孔子学院和韦洛尔科技大学孔子学院。近年来，中国的印地语教学发展迅速，目前北京大学、北京外国语大学、中国传媒大学、解放军外国语学院、解放军国际关系学院、广东外语外贸大学、西安外国语大学、上海外国语大学、云南民族大学、四川外国语大学等院校都开设了印地语专业，其中大部分学校都是近几年开设的。1964年，在周恩来总理的指示下，四川大学设立了印度研究室，后发展为四川大学南亚研究所，是迄今为止中国高校唯一一个专门研究南亚问题的科研机构，尤其注重对印度经济、社会、宗教文化等方面的研究。近年来，中国也越来越重视印度研究，北京大学、深圳大学、暨南大学和复旦大学都相继成立了印度研究机构。

---

① 外交部：《中印战略合作伙伴关系未来发展愿景的联合声明》，http://www.fmprc.gov.cn/mfa_chn/gjhdq_603914/gj_603916/yz_603918/1206_604930/1207_604942/t1092254.shtml。

3. 独具特色的文化活动

（1）以佛教为特色的人文外交活动

佛教是古代中印人文交流的桥梁，在新时期中印也举办了一系列独具佛教特色的人文外交活动，如为了铭记白马寺在增强印中友谊方面所做的历史功绩，印度政府出资在原来的寺院内兴建一座印度风格的佛殿。2007年2月，那烂陀市的玄奘纪念馆开幕。2008年6月，两国联合发行邮票，一款邮票描绘的是菩提迦耶的摩柯菩提寺，另一款描绘的是洛阳的白马寺。①

（2）泰戈尔纪念活动

泰戈尔为中印人文交流作出了重大贡献。为纪念这位友好使者，在2011年泰戈尔诞辰150周年之际两国举办了一系列活动，如收集并出版泰戈尔作品集与泰戈尔研究文集、排演泰戈尔创作的剧目、举行研讨会和展览、放映相关电影等。

除此之外，两国还共同举办了一系列诸如纪念印度援华医疗队和柯棣华的相关活动，李克强在2013年访印期间还特地看望了柯棣华大夫的妹妹马诺拉玛等亲属。

第二节　中国对印度人文外交的主要项目

一、佛教与中印人文交流

起源于印度的佛教沿着古老丝绸之路向中国传播，在中国落地生根、发展壮大。伴随着佛教的传播与发展，古代中印人文交流来往也日益频繁，而佛教中国化与“佛教倒流”更把中印人文交流推向更高层次。佛教交流深刻地影响了两国的社会风俗、人生观念、思维方式和价值观点，佛教成为两国间“民心相通”的桥梁。

在丝绸之路上至今仍保存着众多佛教遗迹，如敦煌、吐鲁番、和田

---

① 印度驻华使馆网站：http：//www.indianembassy.org.cn/Chinese/DynamicContentChinese.aspx？MenuId＝4&SubMenuId＝0。

等，具有浓郁印度风情的佛教遗迹是中印人文交流的最好见证，竺法兰、鸠摩罗什、法显、玄奘、义净等更是中印佛教交流的先驱。他们或从印度来华讲经，或历经艰辛到印度学习佛法后回国翻译佛经传播佛教，在传播佛教的同时也促进了中印两大文明的沟通与融合。大批往来于中印间的佛教僧侣为了促进佛教传播，积极钻研佛法、翻译佛经，写下许多记录古代印度历史社会与风土人情的书籍，这些佛经和书籍不仅是中印文化交流的见证，也促使两国文化融合加速。佛教在传入中国后，为了更好适应中国固有的思想文化与风俗习惯，也不断地调整以适应中国社会。通过译经、格义、判教、创宗、定祖这些途径，完成了佛教的中国化，来自印度的佛教与中国文化紧密结合，不断发展壮大，并出现了印度失传的部分佛教经典回译成梵语的现象。这不是单纯的文本回传，因为这些佛经经过中国僧人加工、消化、再创造，蕴含着许多中国哲学思想，所以“佛教倒流”也可以看作是中国文化向印度的传播。佛教中国化与“佛教倒流”现象表明，中印人文交流已从“交流”上升到“融合”这一更高层面，佛教交流带来的不仅是双方接触与交流的增多，更是双方在人生哲学、价值观点和思维方式等方面的沟通、理解与互融。

随着印度佛教的传入，印度的一些人生哲学、社会风俗和价值观等开始影响中国，如佛教的轮回思想、行善积德、作恶受报应、下地狱等观念都深入到中国人心中。在民间，民众的节日习俗、婚丧嫁娶等社会风俗也有佛教的烙印。在思想上，佛教思想与中国传统哲学思想互相吸收与融合，如宋明理学的兴起与发展就吸收融合了佛教思想。佛教传入也对中国的文学艺术产生了深刻影响，如在小说中出现了宣扬轮回转世、因果报应的作品，佛教的词语典故也在文学作品中大量运用，出现许多受印度佛经故事影响的传奇故事，如元代马致远的《黄粱梦》就包含了印度佛教的因素；明代吴承恩创作的《西游记》，则是对唐代赴印求法运动的演绎，小说中不仅有对佛教伦理道德和佛教传说故事的融会贯通，更系统地反映了中国儒、释、道三教合流的思想体系，将道教的神仙体系与佛教的西天揉合到一起，同时这两个神仙体系都在执行“忠孝”的儒教思想。它不仅是一部充满印度佛教文化元素的中国小说，更是中印两国文化互补、思想融合、价值观沟通的有力见证。在艺术上，中国许多雕塑、绘画、建筑都包含大量佛教元素，如敦煌莫高窟、吐鲁番的柏孜克里克千佛洞、洛阳白马寺、由印度达摩大师修建的少林寺、泉州的开元寺、西安的法门寺等。

印度佛教对中国产生了巨大影响，中国的传统思想文化也同样对印度产生重要影响，除“佛教倒流”外，老子哲学也对印度产生了很大影响。唐太宗曾令玄奘将老子的《道德经》翻译成梵语，希望能光宗耀祖、弘扬中华文化。老子哲学以及他的《道德经》传到印度以后，因其与印度奥义书思想接近，所以在印度很受欢迎，许多印度人还了解老子的思想，尼赫鲁、泰戈尔等名人也会引用老子的话语，甚至在印度还有译成印地语、乌尔都语等语言的《道德经》出售。

在公元1世纪到9世纪，佛教始终是中印人文交流的主要载体，这一时期，不仅是佛教的传来，更是印度哲学、思想、文化的传入，从民间故事里的轮回转世到文学作品里的因果报应，印度以十分生动的传播方式影响中国人的日常生活。“佛教倒流”将包涵中国哲学思想的佛经回传到印度，使得中国的哲学思想也深刻影响到了印度。因此，中印佛教交流早已超出单纯的宗教传播范畴，是文化交流、思想融合、价值观沟通的深层次交流。

二、印度援华医疗队

在中国人民抗日战争最困难的时期，印度发扬国际主义精神，积极声援中国人民，在道义和物质上支援中国，并派遣了援华医疗队到中国，支持中国人民的正义事业。印度援华医疗队是中印友谊的有力见证，成为中印交流史上的一段佳话。

1938年9月，印度国大党派出柯棣华大夫等五人组成的医疗队，携带药品和医疗器械来到中国，先后到广州、武汉等地开展医疗工作。在1939年2月到达延安，并在那里工作了9个月后又组织了一个巡回医疗队在华北进行救死扶伤工作。不久，柯棣华在白求恩国际和平医院任教，并与中国姑娘郭庆兰结婚。不幸的是，柯棣华在1942年因病去世，中国人民失去了一位为中国正义事业付出生命的印度朋友。

柯棣华大夫和印度援华医疗队的事迹是中印友谊最生动的见证，两国人民永远不会忘记，近年来中印举行了各种活动予以纪念，如在中国修建了柯棣华的陵墓、纪念碑、纪念馆，并成立柯棣华中印友好医院和柯棣华医疗队。双方还共同拍摄电影、出版书籍、举办座谈会等。印度著名文学家K·A·阿巴斯根据巴苏华大夫的日记、口述及其他资料，于1944年出版了《还有一个没有回来》一书，生动详细地报道了援华医疗队的情况。此书在印度的影响要超过《西行漫记》，因为它有六种语言的文本在印度各地流传。①

柯棣华大夫和印度援华医疗队在中国人民抗击日本法西斯的危难时刻来到中国，积极支援中国人民的正义事业。柯棣华为中国人民的正义事业献出了宝贵的生命，他是中国人民永远的朋友，是中印友谊的最好见证。柯棣华大夫和印度援华医疗队是中印两千年的文明交流史上的又一座丰碑，将永远留在两国人民心中，指引中印两国世世代代和平友好、共同发展。

第三节　中国对印度人文外交的反思与展望

中国与印度是属于不同文明体系的文明古国，双方的人文交流源远流长，在两千多年的友好交往中，佛教是贯穿始终的纽带，佛教交流促进了两国人员往来，加速两国文化交流，特别是佛教中国化和“佛教倒流”，使两种文明相互影响，各为补充。以佛教为载体的古代中印人文交流对两国人民的日常生活、思维方式、价值观等都有深刻影响，这种相似的价值观和思维方式使两国人民更能相互沟通、相互理解，这是古代中印人文交流留下的宝贵遗产，也成为不同文明之间友好交往、互相融合的成功案例。到了近代，随着西方殖民者的侵入，中国和印度都丧失独立地位，两国人民都饱受歧视，相同的历史遭遇又使两国人民相互同情与支持，在反对殖民主义、争取民族独立过程中结下了患难友谊。两国相同的历史经历与真挚的患难之情是中印人文交流的又一宝贵遗产。新中国成立以后，两国关系经历了一段友好合作和密切交往的蜜月期，共同倡导了“和平共处五项原则”，成为处理国与国之间关系的典范。“和平共处五项原则”

① 参考薛克翘：《中印文化交流史话》，商务印书馆，2007年版，第156—159页。

不仅是中印关系中的宝贵经验，更为亚洲与世界和平作出了贡献。

中印关系也并非一帆风顺，双方也有过龃龉与冲突。自20世纪50年代开始，中印在西藏问题和边界问题上就存在着分歧。1959年西藏事件后，两国关系迅速恶化，更在1962年爆发了边境武装冲突。此后双方几乎断绝了所有往来。西藏问题、边界问题尤其是边界武装冲突产生了长期的消极影响，给双方留下了深刻的心理阴影和敌对性记忆，双方的友好交往与相互信任遭到重大打击。此后，双方一直缺乏互信，给中印关系发展带来长久的不良影响。尽管20世纪70年代以后，两国关系开始恢复，高层互访愈加频繁、经贸合作愈加深入、各领域的战略沟通渠道愈加扩宽，给中印关系的良好发展注入了新的活力，但是，中印关系还存在着“今不如古、官热民冷”的问题。两国政府和高层都意识到维护两国和平稳定的重要性，并采取了诸多举措。但中印关系中，西藏问题、边界分歧仍然没有得到根本性解决，达赖所谓的“西藏流亡政府”仍在印度达兰萨拉活动，甚至在2013年还出现了两国边境的“帐篷对峙”事件。这些都不利于中印关系继续深入发展。究其原因，还是两国政府尤其是民众间缺乏互信。这种互信的缺失：一是边境武装冲突造成的历史阴影；二是传统安全思维的“强邻为敌”的戒备之心；三是双方都视对方为战略竞争对手的思维方式。因此，中印双方需加强两国的相互信任，特别是双方民众间的互相信任。而这种互信的建立就特别需要双方加强彼此间的交流与沟通，民心相通才能构建互信。人文交流在增进了解、构建互信、民心相通上能够发挥独特而重要作用，并将推动双边关系日益稳定、和谐与友好。因此，中印人文外交必将是大有可为、大有作为的。

第六章　中国对巴基斯坦的人文外交

第一节　中巴人文交流的历史梳理

一、从中巴建交到冷战结束前的中巴人文交流

1951年5月21日，中巴建立外交关系。巴基斯坦是第一个宣布承认中华人民共和国的穆斯林国家，也是第三个与中华人民共和国建交的非社会主义国家。在1955年万隆会议期间，周恩来总理和巴基斯坦总理穆罕默德·阿里·博格拉就加强两国交流与合作达成共识。1955年5月23日，毛泽东主席在会见巴基斯坦驻华大使苏尔坦努丁·艾赫迈德先生时，表达了将双方关系发展得更加牢固、更为友好的意愿。[①] 毛泽东主席说，中巴人民存在着长期的友谊，外交关系的建立，不但可以巩固友谊，而且必将有助于亚洲及世界的和平和安定。同时，作为一个有96%的居民信奉伊斯兰教的国家，巴基斯坦认为："一个有着大批穆斯林并与巴基斯坦接壤的国家，对我国人民具有特殊吸引力。"巴方认为在周边国家中，中国将会是一个强大的盟友。[②]

中巴之间互信关系的建立，很大程度上得益于人际交流。新中国在建立后的20世纪50年代里，便开始着手组织中国穆斯林前往沙特朝觐，在当时中国与沙特还未建立外交关系的情况下，巴基斯坦成了中国穆斯林前往沙特朝觐的中转站。借助于穆斯林朝觐，巴基斯坦民众对中国的民族与宗教政策得以了解，同时也拓宽了中国与巴基斯坦的交流途径，密切了中巴之间的关系。

20世纪60年代起，中巴民众之间的人际交流在以中国援助为主体的

---

① 马苏德·汗：《巴基斯坦和中国的关系》，《南亚研究季刊》，2011年第2期，第1页。

② 赵伯乐：《当代南亚国际关系》，中国社会科学出版社，2003年版，第335页。

经济合作中得以深入，大批中国工程师和中国工人与重型机械厂、电器厂、纺织厂、糖厂和矿山开发等项目一起来到巴基斯坦，并和巴基斯坦人民一起生活和工作，直到巴方工人和技术人员掌握技术后才算完成，而且中国在巴基斯坦的专家生活水平同巴当地水平一致。这些在人际交流中的相互尊重，使中巴双方的了解更为客观和深入，从而为相互信任的确立奠定了坚实的民众基础。①

正是中巴两国民众在共同的工作和生活中的相互尊重，使得中巴互信得以深入和持久。20 世纪 80 年代的巴基斯坦领导人齐亚·哈克将军有感于中国对巴基斯坦多年来的大力支持，曾表示："中巴友谊是全天候的友谊。"② 此后，"全天候"逐渐成为巴基斯坦领导人在谈及中巴关系时使用频率极高的词汇。

二、20 世纪 90 年代后中国与巴基斯坦的人文交流

1991 年，随着苏联的解体，冷战宣告结束。虽然世界格局变化，以及印度外交战略调整和中印关系改善，但中国与巴基斯坦之间的信任关系并没有受到威胁，相反，随着中国对巴基斯坦人文外交的加强，中巴信任关系得到了维系和进一步加强。

中国国际广播电台自 1966 年 8 月 1 日用乌尔都语正式对巴广播，开播后收到了许多热情的听众来信，要求介绍中国的宗教政策、中国穆斯林的宗教生活、风俗习惯及改革开放后的生活变化。1992 年 6 月 12 日，中国国际广播电台正式开办了"中国穆斯林"广播节目。1992 年开斋节，中国国际广播电台记者去北京的牛街清真寺制作了录音报道，真实地反映了开斋节期间北京穆斯林的宗教生活，并现场采访了一位来华工作的巴基斯坦科研人员加米拉女士。她对记者说："如果不是亲眼所见，我真不敢相信在中国会有如此热闹的节日气氛。这么多人来清真寺。"③ 1992 年中

---

① 陈妍：《两国友谊植根百姓心中》，《国际商报》，2010 年 8 月 14 日。

② 叶海林：《结构不均衡问题对新形势下中巴关系的影响》，《当代亚太》，2006 年第 10 期。

③ 张莲玉：《"中国穆斯林节目"深受巴基斯坦听众喜爱》，《中国穆斯林》，1993 年第 4 期，第 21 页。

国伊斯兰教协会组织的各省、市、自治区朝觐团有2000多人，分别由北京和乌鲁木齐赴麦加朝觐。得知这一消息，中国国际广播电台记者马上采访了负责朝觐组织工作的伊协国际部及来京的云南、西藏朝觐团团长和几位朝觐者，制作了录音报道：《越来越多的中国穆斯林去麦加朝觐》和《来自云南、西藏的朝觐者》。当哈吉们返回北京时，记者又一次采访他们并制作播出了《朝觐麦加有感》和《云南穆斯林的日子越过越红火》等录音报道。

“中国穆斯林”节目开播后，收到了巴基斯坦听众反映强烈的来信。萨希瓦尔市的穆罕默德·卡希夫在信中说，贵台尊重他们的建议，开办了“中国穆斯林”节目，这个节目办得很成功，感谢中国政府为中国穆斯林朝觐提供的一切方便条件。穆札法格尔市的穆罕默德·阿杰木尔信中说，贵台开办的“中国穆斯林”节目富有知识性，很有水平。木尔坦市的努斯拉特·阿里·洗迪基先生也来信赞扬，称“中国国际广播电台乌尔都语广播是中巴友谊的纽带和桥梁”，“中国穆斯林节目介绍的中国穆斯林的文化、历史、宗教活动、节日、朝觐、风俗习惯等情况使其大开眼界，同时也进一步了解了中国穆斯林兄弟”。①

20世纪末，两国政府提出了建设“全面合作伙伴关系”的主张，1996年江泽民主席访问巴基斯坦时提出“中巴两国将构筑面向21世纪长期稳定、全面合作的伙伴关系”，得到了巴基斯坦领导人的赞同。此后，“全天候全方位”在两国领导人共同发表的多份《联合宣言》中反复出现，进入政府的正式文件。② 2004年以来，我国已两度接待巴基斯坦800人青年代表团来访，同时，我国也派出百人组成的代表团前往巴基斯坦访问。目前，以“世代友好”为理念的百人青年团互访已经成为中巴两国人文交流的品牌项目。③ 2005年4月，温家宝总理访巴，两国签署“中巴睦邻友好合作条约”，宣布发展更加紧密的“战略合作伙伴关系”。这个具有重要意义的条约为中巴关系长期稳定发展奠定了坚实的法律基础。

---

① 张莲玉：《“中国穆斯林节目”深受巴基斯坦听众喜爱》，《中国穆斯林》，1993年第4期，第21页。

② 张蕴岭主编：《中国与周边国家——构建新型伙伴关系》，社会科学文献出版社，2008年版，第274—275页。

③ 徐志杰：《巴中友谊“信德巴”》，《中国文化报》，2011年1月25日。

2006 年，胡锦涛访问巴基斯坦宣布，中方决定 5 年内邀请 500 名巴基斯坦青年来华访问。① 2008 年 11 月，“中国文化周”在巴基斯坦国家艺术馆举行。② 2010 年，温家宝再次访问巴基斯坦，与巴基斯坦总理吉拉尼一起为巴中友谊中心落成剪彩，并宣布启动“中巴友好光明行”活动，在这项活动中，中方在 2012 年末之前为 1000 名巴基斯坦白内障患者进行了免费复明手术。

近年来，中国与巴基斯坦的 8 对省市结成了友好关系（见表 1）。同时，中国加大了对巴方人力资源开发和职业培训的力度，扩大了互派留学生及访问学者的规模，并举办文化月、电影周、旅游年、国家节活动，以增加社会各界特别是青年之间的交流、了解和友谊。两国媒体之间也密切配合，对中巴关系进行积极报道。2011 年是“中巴友好年”，双方举办了一系列交流活动：100 名巴基斯坦高中生应邀来到中国参加汉语桥夏令营，中方决定在此后 3 年内，向巴方提供 500 个政府奖学金名额。③ 中国对巴基斯坦的人文外交对于发展中巴友好合作和培育中巴友好的深厚民意基础将起到重要作用，成为中国对巴基斯坦人文外交的重要组成部分。

表 1　中国与巴基斯坦友好城市④

中方城市	巴方城市	结好时间
上海市	卡拉奇市	1984 年 2 月 15 日
乌鲁木齐市	白沙瓦市	1985 年 7 月 12 日
西安市	拉合尔市	1992 年 6 月 20 日
北京市	伊斯兰堡市	1992 年 10 月 8 日
江苏省	旁遮普省	1993 年 12 月 28 日

---

① 马依热古丽·西克热木：《新世纪中巴关系的发展》，新疆大学硕士论文，2011 年。

② 周戎：《中国文化周在巴基斯坦拉开帷幕》，《光明日报》，2013 年 11 月 22 日。

③ 温家宝：《风雨同舟，共创未来》，2010 年 12 月 19 日在巴基斯坦议会的演讲。

④ 资料来源：该表根据中国国际友好城市联络会网站统计数字制得。

续表

中方城市	巴方城市	结好时间
宁夏回族自治区	旁遮普省	2006 年 9 月 16 日
喀什地区	阿伯塔巴德市	2007 年 4 月 30 日
新疆维吾尔自治区	西北边境省	2009 年 4 月 7 日

2013 年 5 月，国务院总理李克强访问了巴基斯坦，并和巴基斯坦政府签署了“关于深化两国全面战略合作的联合声明”，在声明中，双方认为，日益扩大的人文交流与合作为中巴友好奠定了坚实的民意基础。中方支持巴方推广汉语教学的努力，将在 5 年内为巴基斯坦培训 1000 名汉语教师。巴方支持在卡拉奇大学设立孔子学院，并逐步扩大在巴孔子学院建设。至 2014 年，巴基斯坦共有伊斯兰堡孔子学院、卡拉奇大学孔子学院两所孔院，以及一所孔子课堂。双方同时同意尽快启动政府间磋商，实现中国地面数字电视国际标准在巴基斯坦落地；深化两国大学、智库、新闻媒体、影视等方面的交流，继续推进互设文化中心工作；保持中巴百人青年团互访机制，加强在青年干部培训和青年志愿者服务等方面的合作。双方同意将 2015 年定为“中巴友好交流年”，并通过协商确定各类庆祝活动。①

2013 年 7 月，习近平在会见巴基斯坦总理谢里夫时表示，中巴是好邻居、好朋友、好伙伴、好兄弟，两国友谊根深蒂固、牢不可破，双方开展了全天候战略合作，这是两国共同拥有的宝贵财富，也是两国关系未来发展的坚实基础，加强中巴战略合作伙伴关系是中国周边外交的优先方向。②

---

① 新华社：《中华人民共和国和巴基斯坦伊斯兰共和国关于深化两国全面战略合作的联合声明》，《人民日报》，2013 年 5 月 24 日。

② 徐松：《习近平会见巴基斯坦总理谢里夫》，2013 年 7 月 4 日，http：//news. xinhuanet. com/politics/2013 -07/04/c_ 116410977. htm。

第二节　中国对巴基斯坦人文外交的主要项目

一、技术援助中的人际交流——以中巴公路的修建为例

中国长期对巴基斯坦的技术援助，不仅促进了巴基斯坦的社会经济建设，而且极大地增进了中巴两国民众间的人际交流，其中最为突出的就是著名的“今日丝绸之路”——通过红其拉甫山口连结巴基斯坦北部吉尔吉特和中国新疆的喀喇昆仑公路的修建。中巴公路历时13年，两国有近5万名筑路者奋战在崇山峻岭中。中国筑路队为巴基斯坦修筑了89座桥梁和1474道涵洞，在全长1224公里的线路上，有1007公里是由中国工人完成的，中巴公路在巴方境内的总长为809公里，中国筑路队完成了616公里。[①] 中巴公路前两期工程中方共牺牲了115人，有93人牺牲于意外事故。巴方也牺牲了一些人。在这93人中，葬在巴基斯坦的有83人。第三期工程牺牲了7人，其中在巴基斯坦境内牺牲了5人。到现在，共有88人还埋葬在巴基斯坦。为此巴基斯坦政府特地在吉尔吉特修了一个中国烈士陵园。在过去的30多年中，巴方专门派了2户人家守护。[②] 烈士陵园最初建得比较简单，后来巴方进行了重修。2005年10月3日，一座刻有中文、乌尔都文和英文三种语言文字的“巴基斯坦中国烈士纪念碑”落成，巴方为此还专门举行了一个揭幕仪式。[③]

中巴公路沿线都是崇山峻岭，泥石流多，当地的巴基斯坦老百姓在泥石流荒滩上开荒种地，非常穷困。红其拉甫达坂以南30公里以内荒无人烟，30公里以南有一些稀稀拉拉的居民。越往下走居民越多，二三百公里以外居民就更多了。修路之初，巴基斯坦当地群众用石头砸筑路队的汽车，但是后来用面纱蒙着头的妇女纷纷捧着葡萄献给筑路队。这个转变是很不容易的，他们了解筑路队的一个重要途径就是筑路队给他们看病。那

---

① 《中巴公路修筑纪事》，《百年潮》，2012年第3期，第72页。

② 王复华等：《中巴公路的修建》，《百年潮》，2009年第2期。

③ 中国驻巴基斯坦使馆：《驻巴基斯坦使馆隆重举行中国烈士陵园纪念碑揭幕仪式》，2005年10月8日，http://www.fmprc.gov.cn/ce/cepk/chn/sghd/t215690.htm。

里的老百姓很少吃药，筑路队给他们开药，他们一吃病就好了，他们觉得中国的医生非常神奇。除给巴基斯坦群众看病外，筑路队还向当地的群众传播种菜技术。

修筑中巴公路第二期路段时，巴基斯坦陆军工程兵干得很好，中方人员主要从事的是难度最大的路段和桥梁建设。中方援建的大小桥梁有10来座，其中，塔科特大桥被称为中国和巴基斯坦的“友谊桥”。可以说，中巴公路是有形的，可以被石头堵塞，桥可以被冲垮，但中巴友谊是无形的，根本抹杀不了的。2004年8月，巴基斯坦政府正式将塔科特大桥改名为“友谊桥”，桥头的石碑上还用中文刻着“友谊桥”三个字。

1978年6月18日，国务院副总理耿飚率中国代表团来到巴基斯坦，专程庆贺中巴公路全线竣工。这一天，中国筑路员工和巴基斯坦人民像过年一样，沉浸在欢乐之中，等待着通车时刻的到来。竣工仪式上，穆罕默德·齐亚·哈克总统说：“正像中国的古代人民创建了万里长城的辉煌一样，中国的现代筑路队帮助巴基斯坦的北部地区实现了千年梦想。中巴公路是我们两个国家的建设者用汗水、鲜血和生命筑成的友谊之路。”他把一级国旗勋章授予总指挥孟东明、王复华和为抢救巴方工兵牺牲的库宝祥，另有34名中国员工分别获得7枚二级勋章和27枚三级奖章。中巴公路是巴基斯坦北部地区的唯一交通要道，也是亚洲公路网的重要组成部分。同时，它也是中国通往巴基斯坦及南亚次大陆的交通要道。①

公元1世纪起，大月氏人在巴基斯坦这片土地上建立了贵霜帝国，开辟了繁荣的丝绸之路，印度河流域随即成为了古代世界文明交融之地。当代，中国政府和民众传承了丝路的精神，通过“今日丝绸之路”——中巴公路的修建，促进了中巴两国技术人员和民众的平等深入交往，中方在中巴公路修建过程的巨大付出，以及在巴基斯坦工作生活期间与巴国民众结下的深厚友谊，不仅改善了巴基斯坦民众的生活状况，推动了巴基斯坦的经济社会发展，而且也在国家交往中起到了增信释疑、价值沟通的作用，从而成为中巴人文交流的典范。

---

① 王复华等：《中巴公路的修建》，《百年潮》，2009年第2期，第38—43页。

二、灾难外交与中巴人文交流

1988年8月17日，巴基斯坦伊斯兰共和国总统穆罕默德·齐亚·哈克因座机爆炸不幸遇难归真，噩耗传来，中国穆斯林感到震惊和悲痛。8月19日，在北京东四清真寺参加主麻聚礼的中外穆斯林为哈克总统举行了“虚位殡礼”，中国伊斯兰教协会、北京市伊斯兰教协会的负责人以及巴基斯坦驻华大使馆的外交官员都参加了葬礼。葬礼前，中国伊协沈遐熙会长等亲切地会见了巴驻华大使阿克拉姆·扎基及使馆人员。安士伟阿訇表示：“我们沉痛地获悉哈克兄弟不幸逝世的消息，我们感到十分悲痛。哈克总统生前同中国友好、同中国人民和中国穆斯林友好，他三次来中国进行友好访问，尽管他国务繁忙但每次必来我们东四清真寺礼拜，给我们留下了难忘的印象，他关心中国穆斯林事业，是我们的好朋友，因此我们为哈克总统举行‘虚位殡礼’，以表达我们的哀悼之情。”哈克总统十分重视中巴友谊，而且非常关心中国穆斯林的事业，哈克总统为我国穆斯林完成朝觐，给予了多方面的帮助，每年经巴基斯坦去麦加朝觐的中国哈吉均受到哈克总统的热情关照。中国穆斯林对哈克总统的逝世感到十分悲痛，我们祈求真主升高他的品级。扎基大使说：“我代表巴基斯坦政府和人民，衷心感谢中国政府、中国人民和穆斯林对哈克总统逝世表示的哀悼。哈克总统是一位虔诚的穆斯林，他始终把同中国友好放在重要的位置，他非常关心中国穆斯林事业，对中国穆斯林的朝觐事务给予了特别的关照，这件事在他或是我们巴基斯坦人看来是我们应尽的义务。当前巴基斯坦人民正沉浸于悲哀之中，中国人民和穆斯林能同我们站在一起，分担我们的忧伤，我们感到莫大的宽慰，这再次体现了一个伟大的真理，那就是中国人民是巴基斯坦人民的真诚朋友。”①

2008年中国四川汶川发生地震之后，巴基斯坦政府在第一时间将10多吨救灾物资运往中国地震灾区。在获悉地震灾区帐篷紧缺后，巴政府又先后捐赠了22260顶帐篷，在伊斯兰堡装运帐篷时，竟然把战略储备仓库

---

① 马善义：《中外穆斯林为齐亚·哈克总统举行“虚位殡礼”》，《中国穆斯林》，1988年第5期。

里的帐篷全部搬光了。不仅如此，巴基斯坦还派出了医疗队参与地震救援。巴外交部东亚司司长马丁·汗说道："巴基斯坦医疗队自己会带一些简单的食品，尽量不给灾区增加麻烦和负担。""不用操心医疗队的吃饭、接待问题，他们是去救人的，有菜叶吃就行。"①

巴政府在提出捐赠的时候并没有考虑太多，而是把救灾放在了第一位，举全国之力为中国地震灾区抽调帐篷，这些承载着巴基斯坦人民深情厚谊的帐篷源源不断地从伊斯兰堡、卡拉奇、拉合尔等城市运往中国灾区。其实这些帐篷对于经济并不发达的巴基斯坦来说是笔很大的开销，但当中方希望以购买的方式送给灾区时，巴基斯坦国家减灾局主席法鲁克和其他巴方官员都拒绝透露帐篷的价格。

"这些帐篷是救灾用的，是我们心意的表达。""这些援助不是用钱来衡量的。中国兄弟以前帮助我们的时候，跟我们要过钱吗?"②

巴基斯坦提供救灾帐篷后，运输又成为了问题。毕竟，巴方运输机每架次只能运送不过二三百顶帐篷。为此，使馆和巴方经过协商决定，大部分帐篷通过喀喇昆仑公路——中巴友谊公路运输。喀喇昆仑公路平均海拔高，路况复杂。5 月 21 日，16 辆集装箱卡车从伊斯兰堡启运。由于在巴方境内距红其拉甫口岸 50 公里处的冰川融化，中巴友谊公路被冲毁，淹没路段达 1 公里，运送救灾物资的货车无法通行。经过中国新疆路桥公司和巴方工程人员的连夜紧急抢修，道路最终恢复了通车。历时 4 天跋涉，这支车队终于抵达中国的红其拉甫口岸，在大雪中和等候在那里的中方人员举行了交接仪式。③

2010 年，在巴基斯坦经历了 81 年来罕见的特大洪水灾害后，中国人民再一次向巴基斯坦人民伸出援手，除向巴基斯坦提供了近 3 亿美元的救灾援助和捐款外，还向巴派遣了由 4 架直升机组成的救灾运输大队和 3 批医疗队，向巴北部地区灾民提供了 101 辆卡车的救灾和过冬物资。中国人民对巴基斯坦人民的慷慨援助和友好感情不仅打动了巴人民，也感动了国

① 李忠发、李敬臣：《巴基斯坦：援助中国兄弟不要谈钱》，2008 年 5 月 29 日，http：//news. xinhuanet. com/world/2008 -05/29/content_ 8279385. htm。

② 李忠发、李敬臣：《巴基斯坦援助中国地震灾区背后的故事》，2008 年 5 月 27 日，http：//news. xinhuanet. com/world/2008 -05/27/content_ 8270427. htm。

③ 同上。

际社会。[1] 中国人民解放军医疗队驻扎在巴基斯坦信德省的历史名城塞万市，医疗队24小时门诊，中国医护人员像对待亲人一样热心为他们诊疗。来访的阿拉伯联合酋长国一家非政府组织的领导人阿卜杜拉和他的夫人连声说，“难以置信，难以置信，中国医生真是太人道、太真诚了”。另外一位在巴基斯坦信德大学长期工作的法国教授勒芒感慨地说：“洪灾期间，来了许多国家的医疗队，但唯一感动巴基斯坦人民和国际社会的只有中国医疗队。”一位协助解放军医疗队工作的巴军医评价道，“中国人民解放军是世界上最好的军队，中国医生是世界上最好的人”。

在巴基斯坦信德省灾区活跃着两支中国医疗队，一支是由中国武警总医院的医护人员组成的中国国际救援队，一支是由济南军区总医院的医护人员组成的中国人民解放军救援队。两支医疗队中，其中将近半数是博士和硕士医生。为了更好地为巴基斯坦穆斯林女患者服务，医疗队还有众多的女医生和女护士，他们代表着中国形象。在特达地区，每天到中国国际救援队就诊的巴基斯坦病人络绎不绝，尤其是妇女和儿童。巴基斯坦患者在巴基斯坦军方和警方的帮助下，有秩序地在国际救援队驻地外等候，每天就诊的病人超过1000人，而实际等候的病人超过1500人。由于国际救援队的就诊能力已达到了极限，所以很多病人只能第二天再来排队就诊，即便如此，他们还是愿意到中国医生那里就诊。

在巴基斯坦信德省灾区不仅活跃着解放军医疗队，还有由四架直升机组成的中国人民解放军直升机救援队，被巴基斯坦人民称为“救星”。一位与解放军救援队一道工作的巴基斯坦空军中校对记者说：“解放军直升机救援队队员非常能吃苦，战斗力非常强，真心为巴基斯坦人民服务。中国军队的官兵视我们的难民为亲人，他们克服了高温炎热、环境艰苦、地域陌生的困难，为巴基斯坦人民救了急，救了命。”解放军直升机运输救援大队在巴期间，共累计出动直升机16批次76架次，飞行178小时，运送人员333人，投送各类救灾物资60吨。一直负责中国直升机联络的巴基斯坦空军上尉瓦西姆说：“中国直升机大队是巴基斯坦人民的救星，这么说一点都不过分。”[2]

---

① 牟宗琮：《巴基斯坦感谢中国第一时间援助》，《人民日报》，2010年8月25日。
② 周戎：《中国感动了巴基斯坦》，《光明日报》，2010年10月26日。

飞机失事、地震等重大灾难对于各国家而言，不管是在心理上，还是在客观需要方面，都承受着巨大负担。在灾难中与他国的交往，不仅包括物质和技术的援助，也有对受灾国抗灾精神的鼓励。在中巴人文交流中，每当灾难突降时，中巴两国都能以“好朋友、好兄弟”的认知第一时间出现，不仅帮助对方尽快恢复到正常的生产生活秩序中，而且在心理上支持鼓励对方，让对方国家民众尽快走出灾难的阴影，从而极大地促进了中巴之间的民心相通。

第三节　中国对巴基斯坦人文外交的反思与展望

从20世纪中期中国与巴基斯坦两国建交开始，中、巴关系经受住了历史的考验，始终保持了连续性的特点。[①] 在中国与所有周边国家的关系中，几乎只有中巴关系自20世纪中期以来从未发生过任何波动，而且在这超过50年的时间中，中国经历了“文化大革命”，并在1978年之后开始进行改革开放，外交政策出现了较大调整，而巴基斯坦也出现了数次政府更迭，徘徊于军人政府和民选政府之间，但无论双方的内外政策发生了怎样的变化，中巴两国都始终保持着高度互信和密切合作。在巴基斯坦的小学课本中，至今还保留着“中国是巴基斯坦的坚定盟友”这样一句书写两国人民友谊的格言。[②] 本文认为，虽然中巴在交往初期的动力主要来自于国际格局的变化和国家利益的需要，但是随着中国对巴基斯坦人文外交的深入，两国逐渐增信释疑，建立了相互信任的关系，这一关系在冷战后并没有出现弱化，而是在人文外交的有效开展下得到了进一步的维系与加强，且起到了价值沟通的作用。技术援助中的人际交流、灾难外交中的患难与共都成为了中巴人文交流的宝贵经验。

正如巴基斯坦学者库瑞希所说到的：“中巴两国在语言、种族、文化甚至意识形态上存在差异，遵从着明显不同的经济政治发展政治模式。尽

① 胡志勇：《冷战时期南亚国际关系》，新华出版社，2009年版，第160页。

② 《巴基斯坦驻华大使马苏德·汗访谈录》，《中国民族》，2010年第11期。

管在冷战时期巴基斯坦与西方结盟，但中巴特殊友谊却一步步得到增强。中巴关系建立在共同利益、共同理想和相互尊重的基础上，所以它经久不衰。”①

中巴人文交流也面临着诸多挑战，特别是进入到21世纪，巴基斯坦民众对中国的良好印象主要来自于巴政府和媒体的影响，即来自于外部信息源的施加；对我国的友好感情并非出于与我国民众密切交往而产生的“亲近感”，而是基本源于数十年来我国对巴政府的坚定支持。巴大多民众对于中国或中国文化的认知较为模糊，普通民众所熟知的仅限于“功夫”和“李小龙”，而这主要受到了20世纪香港电影和美国电影的影响。② 这从一个侧面反映了中巴人文交流的不足，亟待予以弥补。当前，在“丝路战略”的推动下，鼓励、深化两国民众的直接往来，同时加强两国在反恐方面的合作，对于复兴中国与巴基斯坦在历史上共享丝绸之路的繁荣以及夯实未来的中巴关系均至关重要。

---

① ［巴基斯坦］Ajmal M Qureshi：《中国的崛起与中巴关系的战略走向》，《南亚研究季刊》，2009年第2期，第72页。

② 杜幼康：《略论中国对巴基斯坦的文化外交》，《苏州大学学报（哲学社会科学版）》，2012年第5期，第187页。

第七章　中国对东南亚国家的人文外交

第一节　中国与东南亚国家人文交流的历史梳理

一、“海上丝绸之路”及古代中国与东南亚国家的人文交往

明朝永乐三年（公元1405年），郑和受明成祖之命率当时世界上最先进、最庞大的船队先后七次下西洋，足迹遍布数十个亚非国家，开辟了“海上丝绸之路”，对当时中外政治、经济、文化交往而言具有里程碑式的意义（参见表1）。

表1　郑和下西洋时间及沿途主要国家一览表①

次数	出使、归国时间	沿途主要国家
第一次	永乐三年至永乐五年（1405—1407年）	占城、爪哇、苏门答腊、满剌加、三佛齐、古里等国
第二次	永乐五年至永乐七年（1407—1409年）	爪哇、满剌加、锡兰、古里、柯枝、暹罗等国
第三次	永乐七年至永乐九年（1409—1411年）	占城、爪哇、苏门答腊、满剌加、锡兰、小葛兰、柯枝、古里、阿拔把丹、南巫里、甘巴里等国
第四次	永乐十一年至永乐十三年（1413—1415年）	占城、爪哇、苏门答腊、锡兰、满剌加、柯枝、古里、忽鲁谟斯等国

① 资料来源：参见郑鹤声等：《郑和下西洋资料汇编（增编本）》，海洋出版社，2005年版，第563—564页。

续表

次数	出使、归国时间	沿途主要国家
第五次	永乐十五年至永乐十七年（1417—1419年）	爪哇、古里、忽鲁谟斯、阿丹、木骨都束、卜剌哇等国
第六次	永乐十九年至永乐二十年（1421—1422年）	榜葛剌、忽鲁谟斯等国
第七次	宣德五年至宣德八年（1430—1433年）	占城、爪哇、苏门答腊、满剌加、锡兰、古里、忽鲁谟斯等国

郑和七下西洋的和平外交活动主要包括：第一，遍访诸国，通告明朝的对外政策，巩固或建立友好关系，迎送各国来华使团；第二，消除隔阂，化解矛盾，平息冲突，维护东南亚和南洋地区的和平稳定局面；第三，以实力为后盾，军事行动与外交行动相结合，促进和平稳定国际关系的建立；第四，厚往薄来，互通有无，发展海外贸易，促进文化交流。①

就政治层面而言，同自发形成的“陆上丝绸之路”推动中外贸易往来、文明对话相比，郑和船队所开辟的“海上丝绸之路”还带有明确的政治目的，拓展、深化了中国与周边国家及沿途亚非国家的友好关系，成为我国实践“和平外交”思想的历史源头。即使中国与周边国家实力悬殊，但中国从未发动侵略或是“以大欺小”，而是通过郑和下西洋这一壮举诠释了中华民族自古以来“尚和不尚武”的文化基因。

就经济层面而言，郑和七下西洋在一定程度上带动了中外“贡赐贸易”的发展。在现代国际体系形成之前，以中国为中心的“朝贡体系”长期存在于东亚、东南亚以及中亚地区。到了14世纪，“厚往薄来”成为明王朝处理贡品的原则，即明王朝赏赐物品的价值必须远高于贡

① 肖宪：《郑和——中国和平外交的先行者》，载杨怀中主编：《郑和与文明对话》，宁夏人民出版社，2006年版，第7—8页。

品本身的价值。由于郑和船队的规模庞大，每次出海除了携带大量赏赐物品外还会运输用于海外贸易的商品并进行官方贸易，因此郑和下西洋所形成的“贡赐贸易”极大地丰富了当时中外贸易的规模和种类。

就文化层面而言，郑和下西洋推动了东南亚地区佛教、伊斯兰教及其他宗教的交流与传播。与唐代日本遣唐使将华化的佛教带回日本不同的是，郑和实现了我国史上第一次真正意义的、主动的宗教“走出去”。虽然宗教文化交流并不是明成祖派遣郑和下西洋的主要目的，但郑和本人的家庭背景、成长经历和人文关怀却自发地促使他对沿途各地宗教情况给予重视，甚至在一些地区形成了“郑和信仰”并修建祭拜场所，如暹罗三宝庙、爪哇三宝垄的三宝公庙、大觉寺等。

此外，郑和还对明朝华侨政策的制定和实施起到直接影响。明成祖登基后不得不面对初具雏形的南洋华侨社会，并于1403年和1406年颁布两份内容相同的诏书招抚海外华人回国。[①] 然而郑和下西洋期间发现朝廷对侨民的认知与实际情况存在巨大落差，华侨不仅没有响应朝廷的招抚，并且分化成了两大群体：主要来自福建（尤其是泉州）、广东、云南与海南的华人穆斯林群体和主要来自广东、福建的信仰中国民间宗教的群体。[②] 在此基础上，郑和制定了灵活兼顾双方利益的华侨政策，并设置了专门负责管理东南亚华侨的机构，配合郑和下西洋期间在政治、经济上支持，使海外华人社会地位和形象均得到提升。

二、东盟成立后中国对东盟国家的人文交往

1967年8月8日，印度尼西亚、泰国、新加坡、菲律宾、马来西亚五国领导人在泰国曼谷举行会议并发表了《曼谷宣言》，标志着“东南亚国家联盟”成立，并取代了此前由马、菲、泰三国于1961年7月31日在曼谷成立的东南亚联盟。自1984年起，文莱（1984年1月7日）、越南（1995年7月28日）、老挝（1997年7月23日）、缅甸（1997年7月23

---

① 陈达生著：《郑和与东南亚伊斯兰》，海洋出版社，2008年版，第109页。
② 同上书，第110页。

日）和柬埔寨（1999 年 4 月 30 日）先后加入其中，逐步使东盟成为东南亚地区最重要的国际组织。

中国与东盟自 1991 年开始对话后，2003 年签署《中华人民共和国与东盟国家领导人联合宣言》并宣布建立“面向和平与繁荣的战略伙伴关系”。该战略伙伴关系是非结盟性、非军事性和非排他性的，旨在通过在 21 世纪全面深化和拓展中国与东盟的合作关系，培育睦邻友好，加强互利合作，为本地区的长期和平、发展与合作做出更大贡献。① 21 世纪初，以国际组织为平台的多边合作成为我国外交工作的新抓手，中国与东盟“面向和平与繁荣的战略伙伴关系”正是在此背景下的一次重要的外交实践。为了明确合作的具体内容，双方签署了《落实中国—东盟面向和平与繁荣的战略伙伴关系联合宣言的行动计划（2005—2010）》（下文简称《行动计划》）及《行动计划（2011—2015）》，其中涉及人文交流的领域主要包括：科技合作、文化合作、教育合作、地方政府合作和民间交流等（参加表 2）。

表 2　中国—东盟《行动计划（2011—2015）》人文交流领域主要内容一览表②

合作领域	主要内容
科技合作	1. 通过中国—东盟科技联委会及“10 + 3”科技高官会，加强科技交流与务实合作 2. 考虑制订包括技术转移与技术交流在内的科技合作专项计划 3. 举办面向东盟国家技术和管理人员的实用技术培训 4. 继续举办科技专题展，包括中国—东盟博览会期间的农村先进适用技术及高新技术展和东盟科技周，搭建面向东盟的技术转移服务平台，推动科技成果转化 5. 与东盟共同举办研讨会、联合研究及其他双方同意的活动，就能源、环保、气候变化、传染病防治、灾害防御、传统医药等共同关心的问题开展合作与交流

① 外交部：“《中华人民共和国与东盟国家领导人联合宣言》——面向和平与繁荣的战略伙伴关系”，2003 年 10 月 10 日，http://www.fmprc.gov.cn/mfa_chn/wjb_602314/zzjg_602420/yzs_602430/dqzz_602434/dnygjlm_602436/zywj_602448/t27721.shtml。

② 资料来源：参见中国驻印尼大使馆网站：“落实中国—东盟面向和平与繁荣的战略伙伴关系联合宣言的行动计划（2011—2015）”，2012 年 2 月 29 日，http://id.china-embassy.org/chn/zgyyn/zywx/t909437.htm。

续表

合作领域	主要内容
教育合作	1. 加强高层教育机构往来。充分利用“中国—东盟教育交流周”平台，开展全方位、多层次和宽领域的交流与合作 2. 继续促进双方学生交流，增加对东盟国家中国政府奖学金数量，鼓励学位互认，支持中国提出的“2020 双十万学生流动计划”倡议 3. 继续深化中学及高等教育机构间的务实合作，适时在人才培养、学生流动、学分互认、联合科研、语言教学等方面加强交流与合作 4. 继续促进在语言、文化、艺术和文化遗产领域的青年交流，以增进了解，加深友谊 5. 继续为东盟国家举办各级各类短期培训，为东盟国家高级行政人员在华攻读公共管理硕士和外交学/国际关系硕士学位提供奖学金 6. 促进学术交流，鼓励联合举办学术会议，开设有关中国和东盟国家语言、文化、艺术和文化遗产、政治与经济等课程，加强国情和政策研究，提倡在上述领域联合设立硕士学位 7. 鼓励制定有效的双边合作政策、目标和措施，深化双方大学及知识分子之间的学术合作，推动双方人文交流
文化合作	1. 继续加强文化主管部门的政策沟通与交流 2. 落实《中国与东盟文化合作谅解备忘录》和《中国—东盟文化产业互动计划》 3. 在文学、表演艺术、视觉艺术、艺术教育及文化产业方面积极开展交流与合作 4. 鼓励和支持文物考古和文化遗产保护部门、博物馆、档案馆、图书馆及文化机构之间开展合作 5. 合作开发文化产品市场，大力发展文化产业 6. 相互支持对方主办高规格的传统文化艺术活动 7. 联合保护并推广民族和传统节日，鼓励和支持在传统体育运动方面的交流与合作 8. 继续举办中国—东盟文化产业论坛 9. 通过交流举办大型活动经验，加强文化领域人力资源开发和培训合作 10. 推动文化、艺术与文化遗产领域专家和专业技能交流

续表

合作领域	主要内容
地方政府合作和民间交流	1. 促进双方省级及地方政府经验交流 2. 促进各级妇女交流项目，包括：适时举办中国—东盟妇女论坛；继续支持东盟国家妇女组织，促进妇女发展；鼓励使用中国—东盟妇女培训中心，举办东盟性别平等和妇女在发展中的作用培训班；与在京东盟使节夫人小组加强联系，开展联谊活动；探讨与东盟妇女委员会的合作 3. 促进青年交流项目，包括：继续支持落实《中国—东盟青年事务部长关于青年合作的北京声明》；通过中国—东盟青年事务部长会议，加强政策对话与交流；继续举办中国—东盟青年营及中国—东盟青年公务员交流项目；继续开展澜沧江—湄公河青年友好交流项目；推动和鼓励中国—东盟青年企业家协会发展为重要实体，促进双方青年企业家交流；继续举办东盟青年领袖培训班；继续向东盟国家派遣中国青年志愿者 4. 促进老龄工作合作，包括：加强老龄工作合作，促进信息交流，分享应对人口老龄化的经验，共同探讨加强家庭养老和养老服务的有关措施；加强老龄工作官员交流合作，促进老龄工作专业人员和非政府组织培训；鼓励东盟国家和中国老年人互访，促进文化交流 5. 促进民间友好组织合作，包括：继续举办中国—东盟民间友好组织大会及系列活动；继续加强双方友好组织的交流与合作
媒体合作	1. 继续通过中国—东盟新闻部长会议，加强政策沟通与对话 2. 组织双方记者赴对方进行专题采访，不断提升相互报道的广度和深度 3. 促进记者互访和交流，加强新闻报道合作 4. 加强新闻网络合作 5. 探讨在中国和东盟共同举办电影节、电视节 6. 在电影和电视节目制作、电视节目推广方面开展合作，包括鼓励并推动影视节目联合制作，加强节目交流 7. 鼓励参与在中国和东盟举办的主要影视音乐节和交易活动 8. 为东盟国家广播电视领域专业和技术人员提供培训 9. 接触并鼓励双方主流媒体，促进中国—东盟关系积极的国际形象

第二节 中国对东南亚国家人文外交的主要项目

一、宗教交流

宗教、民族多元化是东南亚地区的重要特征，据统计，目前在东南亚信奉伊斯兰教的约占人口总数39.8%，绝大多数穆斯林聚集在印度尼西亚，其他国家占将近10%。佛教就其信徒人数而言，在东南亚国家中仅次于伊斯兰教，占东南亚人口总数的1/3以上。在印度支那半岛国家中，佛教占有绝对优势，占东南亚佛教徒的94%以上。泰国存在着最大的佛教宗教团体，佛教信徒约占东南亚地区佛教徒总数的34%；越南约占28.4%；缅甸约占22%。此外，有将近16%的人信仰基督宗教，罗马天主教徒约占东南亚基督教徒总数的79%，绝大多数生活在菲律宾，约占其人口总数的81%。①

新中国成立后，佛牙舍利、佛指舍利出国巡礼供奉是我国与东南亚国家的佛教交往中影响最大的标志性事件。北京灵光寺佛牙舍利于1955年、1994年、1996年和2011年先后四次赴缅甸巡礼供奉，吸引数以百万计的信徒前来瞻仰朝拜。此外，北京灵光寺佛牙舍利赴斯里兰卡（1961年）、赴泰国（2002年），西安法门寺佛指舍利赴泰国（1994年）均引起巨大轰动。历次佛牙舍利、佛指舍利出国巡礼供奉巩固了中国与缅甸、泰国、斯里兰卡等国的友好关系，不仅加强了中国与当地民众之间的相互了解与信任，更是用实际行动使个别国家对中国宗教状况的不实言论不攻自破。

此外，由于我国傣族有将经文刻在贝叶上保存的传统，为东南亚国家的南传佛教研究提供了重要的文本参考，因此有学者提出从“贝叶文化”出发考察中国与周边国家的关系。贝叶文化从广义来说，指一切信奉南传佛教的傣—泰民族所保存的传统文化，包括东南亚、南亚和中国云南省南部的部分地区。这一南传佛教文化圈，不仅保留着用贝叶刻写记载佛经的

① 贺圣达等：《对话宗教与东南亚区域社会发展》，《世界宗教文化》2012年第5期。

习俗，而且佛教文化深刻影响着当地社会经济文化的发展和变迁，贝叶文化因而成为这些地区和国家的显性文化特征。狭义的贝叶文化，指以贝叶经为核心载体，以贝叶经所承载的佛教思想为主要价值观，以贝叶经制作、诵咏、供奉等相关佛事活动和民间习俗传统为表现形式的文化形态。[①] 这一以共同的宗教信仰为核心、以独特的民族传统为载体的文化带有明显的跨民族、跨国界的特征，在加强中国与东南亚佛教国家宗教交往的过程中也推动了民众之间的友好交往，不仅是我国民族宗教政策的真实写照，也在一定程度上有助于夯实中国在周边国家的民意基础，具有积极意义。

与中国—东南亚国家佛教交流旨在实现“价值观沟通”、“增信释疑”的使命相比，中国与东南亚国家伊斯兰教的交流在此基础上更应重视培育“反恐共识”的重要性和紧迫性。近年来东南亚地区正在成为宗教极端势力、民族分裂势力和暴力恐怖势力的“新土壤”，印尼、泰国、马来西亚、菲律宾均发生多起恐怖主义事件，促使东盟在 2007 年签署《东盟反恐公约》，凸显打击“三股势力”的决心。中国与诸多东盟国家相邻，具有反恐合作的天然优势，此外，同上合组织成员国的反恐合作也丰富了我国在该领域的实践经验。因此，现阶段与东南亚国家达成“反恐共识”是推动未来中国—东盟反恐合作的基石和保障，而宗教文化交流则是其中的重要渠道。

二、教育交流

中国与东南亚国家因为地理位置非常接近，对双方学生而言都是比较理想的留学地点。以泰国为例，泰国长期以来一直是来华留学生人数最多的国家，且不断保持高速增长。据《中国教育年鉴》统计，在 2001 年至 2011 年期间，选择到中国高等院校学习的泰国留学生人数增加超过 20 倍（参见图 1）。

---

① 谢念亲：“贝叶文化与中国—东南亚‘和谐周边’的构建”，收录于北京大学东南亚学研究中心、察哈尔学会主编，柯银斌、包茂红执行主编：《中国与东南亚国家公共外交》，新华出版社，2012 年版，第 136 页。

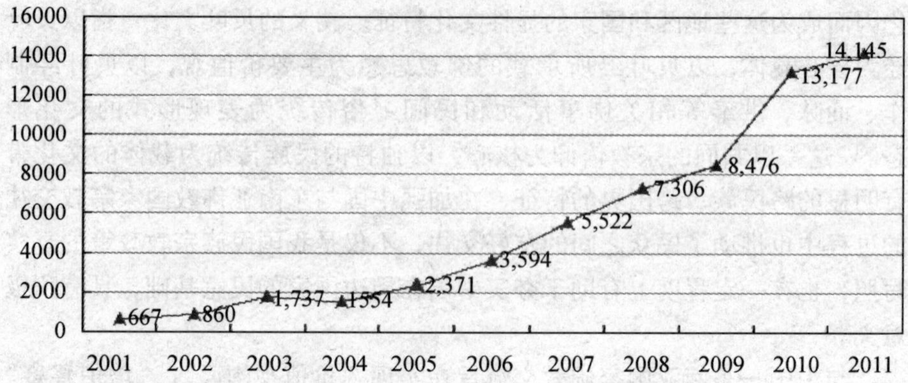

图1 泰国来华留学人数图表（2001—2011）①（单位：人）

2010年8月3日，我国与东盟十国教育部长在贵阳召开圆桌会议并签署《中国—东盟教育部长圆桌会议贵阳声明》，双方一致决定从以下五方面深化双方教育交流与合作，主要包括：第一，创新人文交流合作的机制，建立高层磋商机制，全面推动教育、科技、文化、卫生、体育等人文领域的合作并使其制度化；第二，扩大开放，深化合作，相互增设奖学金，增加教育资源和教育机会，加强区域经济发展和人才培养，促进国际学生流动，积极落实2020年东盟来华留学生和中国到东盟的留学生都达到10万人左右的“双十万计划”；第三，相互借鉴，取长补短，提高教育质量和现代化水平，以应对社会经济、科学技术快速变化的挑战，在教育、环境、医学、气候、科技等领域联合培养硕士和博士，推动双方高层次人才交流；第四，进一步推进中国—东盟国家间的学历互认，高校间的学分转移和互认，鼓励中国与东盟国家大学建立全面、务实的教育合作关系，降低区域内国家之间学生流动的障碍，提高区域内高等教育在全世界范围内的吸引力；第五，加强本地区青年之间的语言文化和体育交流，认真实施“中国—东盟万名青年交流计划”，促进彼此之间的相互了解，深化人民之间的理解和友谊，增进睦邻友好，为本地区和世界的和平与发展

① 资料来源：根据中华人民共和国教育部“统计年鉴（来华留学）”2001—2011（http：//studyinchina. moe. edu. cn/1. aspx？id＝37）整理而得。

作出贡献。[①] 此外，中国与东盟国家还通过“中国—东盟教育交流周”、“中国—东盟青少年夏令营”、“汉语桥—东盟学生夏令营”等机制、项目落实双方的教育交流计划。

除官方教育交流外，孔子学院在东盟国家的发展也成为中国—东盟教育交流的组成部分，截至2014年6月，中国在东盟国家共开设孔子学院和孔子课堂数量达到45所（参见表3）。

表3 世界主要语言文化推广机构在东盟国家办学规模一览表[②]（单位：所）

国家	孔子学院（含孔子课堂）	法语联盟（含分支机构）	塞万提斯学院	歌德学院
菲律宾	3	2	1	1
柬埔寨	4	0	0	0
老挝	1	0	0	0
马来西亚	1	4	0	1
缅甸	3	0	0	1
泰国	23	4	0	1
文莱	0	1	0	0
新加坡	3	2	0	1
印度尼西亚	6	3	1	3
越南	1	0	1	2

由表7—3可见，法语联盟数量约为孔子学院的1/3，而塞万提斯学院在东盟国家仅有3所，为孔子学院的1/15。就办学规模而言，世界其他主要语言文化推广机构在东盟国家与孔子学院差距明显；就办学密度而言，中国在东盟国家的办学密度高于其在欧盟、阿盟、非盟的办学密度。因此，除了官方交流外，孔子学院在带动民间教育交流、传播中国优秀传统文化进而实现双方价值观沟通方面也肩负着重要使命。

---

① 教育部：“《中国—东盟教育部长圆桌会议贵阳声明》”，2010年8月3日，http：//www. moe. gov. cn/publicfiles/business/htmlfiles/moe/s4560/201008/95950. html。

② 资料来源：作者自制，参见法语联盟（http：//www. fondation-alliancefr. org/）、歌德学院（http：//www. goethe. de/）、塞万提斯学院（http：//www. cervantes. es/）官方网站。

三、旅游项目

旅游是东盟国家的支柱产业之一，亦是近年来中国与东盟国家人文交流增长最为迅速的领域。东盟国家非常重视开拓中国的旅游市场，我国居民也喜爱将东盟国家作为出境游目的地，以马来西亚为例，近年来我国赴马来西亚旅游的人数保持在每年几十万甚至上百万人次（参见图2）。

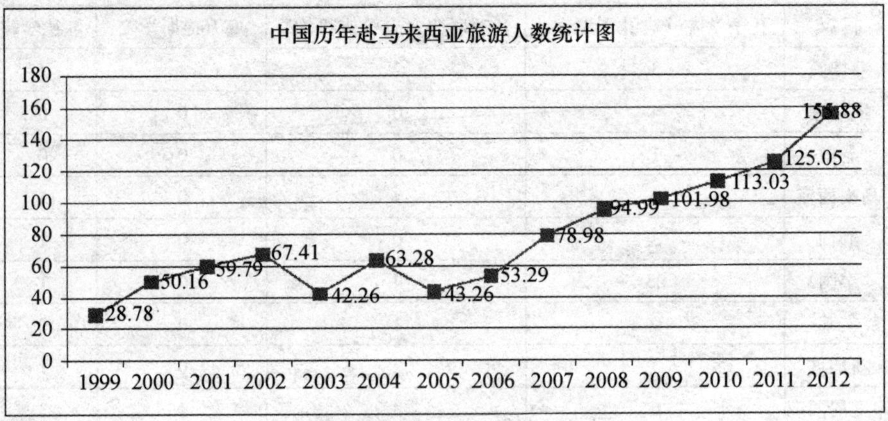

图2：中国历年赴马来西亚旅游人数统计图①

（截至2012年，单位：万人）

由图2可见，我国赴马来西亚旅游人数自2006年起持续增长，并于2010年首次突破100万人次，为带动中马两国民间交往提供了坚实的基础和继续深化的动力。此外，双方每年都相互举办各种旅游产品推介会以加强人员往来与沟通。2013年5月，我国更是针对马来西亚、印度尼西亚穆斯林人口众多这一国情举办了“美丽中国之旅”中国穆斯林旅游宣传推广活动，旨在带动东南亚穆斯林赴华旅游，对中国有一个更直观、

① 资料来源：由马来西亚旅游局官方网站（http：//tourism. gov. my/）数据资料整理而成，本图表所显示数据不包括台湾地区历年赴马来西亚旅游人数。

更真实的印象。中国与马来西亚长期保持着良好的双边关系，相邻的地理位置为两国人文交流提供了得天独厚的平台，其优势在旅游领域体现得尤为突出。此外，马来西亚当地的华人华侨长期以来也为实现“官民并举”的中马人文交流起到了桥梁作用，成为不可多得的人文交流资源之一。

在中国对东南亚国家的人文外交中，泰国亦是其中最受中国民众喜爱的旅游目的地。尤其2012年底，电影《泰囧》在创造票房奇迹的同时也再一次把中国人赴泰旅游推向高潮，中泰两国总理对这部电影的积极作用给予高度评价，泰国总理更是接见了《泰囧》的主演和摄制组成员，成为这部电影另一个为人所津津乐道的传播。就人文外交而言，《泰囧》的成功也开拓了我国文艺工作者的思路，如果说新中国成立初期中外文艺交流以代表团互访为主的话，在新时期，文艺作品则被赋予了更多的内涵，成为推动人文交流的重要渠道。

总体而言，与宗教交流和教育交流相比，旅游项目是中国—东盟人文交流的“双刃剑”，一方面，旅游是以参观对象国人文景观、风土人情为目的的活动，能涵盖更多普通民众，是最为直接、最为纯粹的人文交流；另一方面，近年来中国游客在境外旅游时一些不恰当的行为对国家形象造成一定负面影响，游客也尚未充分认识到其作为我国人文外交行为主体的意义与作用。

第三节　中国对东南亚国家人文外交的反思与展望

东南亚地区对中国外交而言具有独特的意义，1955年在印尼召开的“万隆会议”不仅为新中国打开了外交局面，更重要的是提出了以和平共处、求同存异为核心的“万隆精神”，成为中国对世界和平与发展最早提供的公共产品之一，至今仍得到广泛认同与应用。但近年来，个别东盟国家对中国真实意图的恶意揣测以及美、日等国在敏感问题上的负面作用，不仅使得中国与越南、菲律宾等国的关系出现了反复，也在一定程度上影响了中国与东盟的总体关系，逐渐凸显出多边合作的不确定性。首先，与传统双边关系相比，多边关系更为复杂，各方利益更难调和，因此在具体问题上也更难取得突破。其次，个别东盟国家试图将多边平台变成制造国际舆论、向中国施压的平台，以达到混淆视听、颠倒黑白的目的。因此，在发展多边外交的基础上，巩固与发展我国与东盟成员国的双边关系也重新成为我国周边外交的重要落脚点（参见表7—4）。

表7—4　中国与东盟成员国建交及关系定位一览表①

国家	建交时间	关系定位	备注
越南	1950年1月18日	全面战略合作伙伴关系	《中越联合声明》（2008年6月1日）
印度尼西亚	1950年4月13日（1967年10月30日至1990年8月8日期间断交）	全面战略伙伴关系	《携手建设中国—东盟命运共同体》重要演讲（2013年10月3日）
缅甸	1950年6月8日	战略合作伙伴关系	《中华人民共和国和缅甸联邦共和国关于建立全面战略合作伙伴关系的联合声明》（2011年5月27日）
柬埔寨	1958年7月19日	全面合作伙伴关系	《中华人民共和国政府和柬埔寨王国政府联合公报》（2006年4月8日）
老挝	1961年4月25日	全面战略合作伙伴关系	2009年9月时任习近平副主席在北京钓鱼台国宾馆会见老挝人民革命党中央总书记、国家主席朱马里，双方一致同意把中老关系提升为全面战略合作伙伴关系。
马来西亚	1974年5月31日	战略合作关系	《中华人民共和国和马来西亚联合公报》（2005年12月15日）
菲律宾	1975年6月9日	致力于和平与发展的战略性合作关系	《中华人民共和国与菲律宾共和国联合声明》（2005年4月28日）

① 资料来源：作者自制，参见中华人民共和国外交部网站（http：//www. fmprc. gov. cn/）。

续表

国家	建交时间	关系定位	备注
泰国	1975 年 7 月 1 日	全面战略合作伙伴关系	《中华人民共和国和泰王国关于建立全面战略合作伙伴关系的联合声明》(2012 年 4 月 19 日)
新加坡	1990 年 10 月 3 日	/	/
文莱	1991 年 9 月 30 日	战略合作关系	《中华人民共和国和文莱达鲁萨兰国联合声明》(2013 年 10 月 17 日)

由表 4 可见，对双边关系的不同表述体现了我国对东盟成员国的外交不同侧重和“远近亲疏”。在发展轨迹方面大致可以分为两大高峰：第一次高峰出现在 2003 年中国与东盟建立“面向和平与繁荣的战略伙伴关系”后的两三年内，中国先后与部分东盟成员国建立双边层面上的伙伴关系或合作关系；第二次高峰出现在中国与东盟建立战略伙伴关系十周年前后，中国同泰国、印尼等国的伙伴关系实现升级，体现了双边合作的积极成效。然而近一两年来，面对美国、日本在东南亚地区与中国的博弈，如何使各类伙伴关系、合作关系更好地发挥作用成为我国目前面临的重要问题。

2013 年 10 月，国家主席习近平在印尼国会发表演讲时指出，中国和东盟关系正站在新的历史起点上，中国愿同东盟国家共同努力，使双方成为兴衰相伴、安危与共、同舟共济的“好邻居、好朋友、好伙伴”，携手建设更为紧密的“中国—东盟命运共同体”，并提出共同建设 21 世纪“海上丝绸之路”的设想。①尤其是在中国周边环境恶化的现实背景下，通过郑和下西洋这一宝贵的历史资源激活中国同东南亚国家的共同记忆、由 21 世纪“海上丝绸之路”重塑中国与东南亚国家友好关系将会成为双方沟通价值观、深化互信与合作的重要途径。

总之，在中国同东南亚国家的交往中，一个“和”字贯穿始终，既

① 习近平：《携手建设中国—东盟命运共同体——在印度尼西亚国会的演讲》，《人民日报》2013 年 10 月 4 日，第 2 版。

包含了郑和七下西洋、开辟“海上丝绸之路”的壮举，也反映了双方上千年来和合共生的客观事实，更表达了中国“以和为贵”、创建和谐世界的坚定信念。

第八章　中国对非洲国家的人文外交

第一节　中国与非洲国家人文交流的历史梳理

一、历史上的中非人文交流

浩瀚的印度洋是我国与非洲国家友好往来的传统纽带和历史见证，自古以来就是海上交通的摇篮。中国与非洲最早的人文交流起源于“丝绸之路”的开辟，在古代朝贡体系下的中非交流取得举世瞩目的成绩，自从郑和七下西洋后，中国与非洲就成了丝路上的“命运共同体”。

（一）海上丝绸之路的兴盛

早在公元前 2 世纪，中国的汉朝和非洲已开始相互了解，间接地交换各自的特产珍品。据说公元前 1 世纪时埃及女皇克里奥帕特拉所穿的御衣是用中国的丝织成的。自从汉朝张骞通西域开辟了“丝绸之路”，中国的黄金、丝绸就远销到地中海南岸。[1] 同时，中国人还跨过南海的万顷波涛，进入汹涌澎湃的印度洋，开辟了我国同亚非国家之间的海上航道。

唐宋时期，中外海上交通盛极一时，中非海上贸易和友好往来不断发展。唐朝不仅与当时统治非洲北部的阿拉伯帝国开始正式直接交往，而且已有中国人踏上撒哈拉沙漠以南的非洲土地，或通过印度洋同非洲东海岸国家有了直接的交往。唐高宗显庆六年（公元 661 年），在广州创设市舶使，总管海路邦交外贸，职责主要是：向前来贸易的船舶征收关税，代表宫廷采购一定数量的舶来品，管理商人向皇帝进贡的物品，对市舶贸易进

---

① “非洲概况”新华网，http：//news. xinhuanet. com/ziliao/2003 - 11/24/content_ 1195651_ 4. htm。

行监督和管理。唐朝输往非洲的物品主要是丝绸和陶瓷，非洲输往唐朝的主要物品是香料、象牙等货物。唐代与非洲北部和非洲东海岸进行了较多的物资交流，唐代的青白瓷器和钱币在埃及、肯尼亚、桑给巴尔等地多有发现。随着专门机构的建立，海上贸易的发展，中非之间从贸易往来逐渐深化到人文交流：非洲黑人的形象也开始出现在唐朝的文化艺术之中，当时中国文人墨客笔下的非洲黑人都是技艺非凡、勇敢机智并具有侠义心肠的人，甚至敦煌壁画也描绘了非洲黑人的形象。[①] 杜环在《经行记》中，提到了摩邻国和大秦。在杜环笔下，摩邻国的居民肤色黝黑，食波斯枣。从秋萨罗西南前往摩邻，一路需要渡大碛（沙漠区），经过山胡（贝贾人）居住区，通过信奉大食法（伊斯兰教）、大秦法（基督教）、寻寻法（原始拜物教）的不同民族聚居区。根据杜环的记载，并结合北非地理概况，基本可以认定摩邻国位于北非的马格里布地区。[②] 段成式的《酉阳杂俎》成书于公元9世纪中期，较多地反映了唐与东非交流的成果。其中也写到对一些非洲小国的传奇性记载，如前集卷四详细记述了拨拔力国，它是居住在亚丁湾南岸巴巴拉（Berbera）民族最早的汉译名称，书中记载了当时亚丁湾南岸的政治、经济、物产和风俗概况，以及与波斯、大食等国的关系。随着唐代中非海上直通航线的开通，和陆上丝绸之路的繁荣，非洲黑人陆续抵达中国。最早来到中国的非洲黑人是贞观二年（公元628年）来华的殊奈使者，他通过海上丝路到达中国。贞观十三年，甘棠黑人使者与疏勒、朱俱波共贡方物，他们当是通过中非陆上丝路与疏勒等国使者共同来华的。[③]

宋代，我国与东非海岸的桑给巴尔（史称“层檀国”）建立了中非历史上最早的外交关系。不仅桑给巴尔两次派使者来我国报聘，向宋朝赠送礼物，而且当时桑给巴尔的使臣层伽尼还接受了宋朝授予他的“保顺郎将”的封号，宋朝皇帝（神宗）还专门下令派船舶专程接送使臣层伽尼

① “非洲概况”新华网，http：//news. xinhuanet. com/ziliao/2003 - 11/24/content_ 1195651_ 4. htm。

② 景兆玺：《试论唐代的中非交通》，《西北第二民族学院学报（哲学社会科学版）》，2000年第2期。

③ 同上。

到宋朝京城。[①] 随着宋朝时期科技进步、经济发展催生中国航海业的发达，中非的人员和物产交流得到进一步发展，中国的产品不仅大量出现在非洲的北部和东部沿海，而且还深入到津巴布韦等非洲内陆地带。广州、泉州、杭州都是当时主要的国际贸易港口。阿拉伯大旅行家伊本·白图泰访问我国时，称泉州为“世界最大港之一，或径称为世界唯一之最大港亦无不可也”。[②] 宋代还出版了《诸蕃志》、《岭外代答》等记载了非洲风土人情和地志物产的书籍。南宋泉州提举市舶使赵汝适于1225年写成的《诸蕃志》，记载了东自日本、西至东非索马里、北非摩洛哥及地中海东岸诸国的风土物产及自中国沿海至海外各国的航线里程及所达航期。南宋周去非所撰《岭外代答》对当时沿海舟郡的市舶、贸易及交通情况亦有所记录，是研究古代两广地带社会历史地理和中外交通的重要史料，对研究伊斯兰教东传与中国伊斯兰教史亦有一定参考价值。[③]

中国元朝与非洲的直接交往不断增加。元世祖曾遣使臣到马达加斯加“采访异闻”，中国著名的旅游大家汪大渊也足至桑给巴尔。在汪大渊所著《岛夷志略》中，还记载了“哩伽塔”和“阿思里”等国，据日本学者藤田丰八考证，汪大渊曾访问过摩洛哥与埃及的一些港口。“哩伽塔”国可能就是赵汝适《诸蕃志》中的“默伽猎”国，即今天北非的摩洛哥，它是阿拉伯文“Maghreb”（马格里布：包括摩洛哥、阿尔及利亚和突尼斯三国）的音译。摩洛哥与我国贸易往来与人员沟通，都有了较大的发展。就在汪大渊访问桑给巴尔等国后不久，中世纪世界四大旅行家之一、摩洛哥的大旅行家伊本·白图泰于1346年来我国访问，并在《伊本·白图泰游记》一书中对我国广州、泉州、杭州等地的情况记载得十分详细，充分反映了14世纪中、非人民之间的深厚友谊。[④] 另外，我国元朝地理学家朱思本早在14世纪就在地图上把非洲大陆标绘成一个向南伸展的三角形，而欧洲人到15世纪初对非洲大陆的走向仍模糊不清。已故英国科

---

① 陈公元：《中非历史上最早的外交关系》，《西亚非洲》，1980年第2期。

② 同上。

③ “非洲概况”新华网，http：//news. xinhuanet. com/ziliao/2003－11/24/content_ 1195651_ 4. htm。

④ 陈公元：《中非历史上最早的外交关系》，《西亚非洲》1980年第2期。

学家李约瑟在《中国科学技术史》中称赞朱思本的非洲图是一项“杰出成就”。①

（二）郑和下西洋与“郑和精神”

明代是中非古代交往历史上最重要的时期，以双方互派官方代表出访标志着中非友好关系的进一步发展。明太祖要其子孙世世代代不可对周边各国兴兵动武，朱棣继承皇位后继续推行和平外交，下诏郑和下西洋展开和平之旅。1409 年，朱棣给郑和的敕书清楚表明睦邻友好的外交政策：“今遣郑和赉敕普谕朕意，尔等祗顺天道，恪守朕言，祗理安分，勿得违越，不可欺寡，不可凌弱，庶几共享太平之福。若有摅诚来朝，咸锡皆赏。故兹敕谕，悉使闻之。”②

公元 1405—1433 年，明代航海家郑和七次率领由数十艘大船组成的船队，携带大量金银缎匹和瓷器宝钞，以和平方式推广中华文化与促进中国和亚非各国的文化交流。郑和每到一国就赠送中华书籍、官服、历书，推介中华礼仪、习俗、农历及生活方式，协助发展当地的文化。③ 郑和船队代表中国政府访问了现今索马里和肯尼亚一带的东非港口。索马里北部一个名为“郑和屯”的村落就是为纪念郑和访问而命名的。好几个非洲国家也曾先后派使者到中国访问。东非麻林国（位于现肯尼亚境内）国王哇来访问中国抵达福州时去世，被安葬在福建闽县，中国皇帝赠他“康靖”的谥号。麻林国在 1415 年还直接遣使送来了一头长颈鹿，被中国人命名为“麒麟”。它长期以来作为祥瑞的象征成为中国诗人和画家吟咏作画的题材。通过贸易活动，中国先进的工艺技术、生产工具与方法，如制陶瓷、冶金、纺织、造修船、建筑、农耕、捕鱼技术以及医药被输出到东南亚各国，同时，郑和将外国物产与文化带回中国，使中华文化更加丰富，所带回来的许多外国药材都被李时珍编入其《本草纲目》内。明朝从非洲输入了象牙、犀角、琥珀等珍贵产品和鸵鸟、斑马、长颈鹿等珍

① “非洲概况”新华网，http：//news. xinhuanet. com/ziliao/2003 - 11/24/content_ 1195651_ 4. htm。

② “郑和家谱”，敕海外诸番条，引自梁立基：“郑和下西洋与中国—东南亚关系”，《郑和下西洋与华侨华人文集》，中国华侨出版社，2005 年版，第 436 页。

③ 陈达生：《郑和精神与中国软实力》，《东方收藏》，2011 年第 12 期，第 5 页。

禽异兽，中国的特产锦缎、丝绸、瓷器和漆器等珍品也不断流向非洲。①

郑和船队是当时世界上最强大的海军舰队，然而，在他七下西洋的壮举中，没有占据所到国家半寸领土，全程皆扮演安邦宁土者的角色，维持所到区域的和平，保障海上贸易通道的航运安全。郑和所行之旨，不仅在于宣扬国威，更在于推行儒家人文主义导向的和平外交，并致力于建立一个稳定和谐的国际秩序。明太祖朱元璋登基后实行和平外交，主张对外不施用武力，推行和平友好的外交政策。他更下诏书告诫其子孙，四方各蛮夷土邦都地处偏僻地区，得到其土地并没有什么利益可图，不管是它们不自量力来扰乱边境，还是中国无故举兵讨伐，都会造成巨大破坏。“吾恐后世子孙，倚中国富强，贪一时战功，无故兴兵，杀伤人命，切记不可。”② 自秦朝以来，中国历代政权遵奉一套以中国为中心本位，即中国是“万邦之主”的世界观或天朝体系。费边认为，中国对边远的外夷圈诸国采取放任的“不干预政策”，主要给予物质利益如贸易、天朝丰厚的赏赐及朝贡外交。③ 明朝作为超级海洋大国，派出强大舰队却毫无侵占所到诸小邦领土的野心。郑和每到一地，必先拜会土酋或国王，赠送各种珍贵礼物或王冠、王印、王袍以承认其王权，尊重当地国王权威，对亚非各国的外交关系基本上是采取不干预政策，以求创造和谐的世界体系。

总之，郑和下西洋所体现的“郑和精神”是古代中非人文交流的价值缩影。“郑和精神”展现了中华文化五大内核：1. 政治交往上睦邻友好与以和为贵；2. 经济交往上厚往薄来与重义轻利；3. 文化交往上海纳百川与包容互鉴；4. 实业领域中披荆斩棘与开拓创新；5. 宗教领域中求同存异与和而不同。中非古代的人文交流建立于朝贡体系之中，这一体系既追求国内社会和谐又维护国际秩序稳定。尽管是宗主国与藩属国关系的朝贡体系，中国古代与非洲的互动都是“以人为本”、“以和为

---

① “非洲概况”新华网，http：//news. xinhuanet. com/ziliao/2003 - 11/24/content_ 1195651_ 4. htm。

② 《明会典·卷105》，引自李金明：“论郑和下西洋与睦邻友好政策”，《郑和下西洋与华侨华人文集》，中国华侨出版社，2005年版，第420页。

③ Fairbank，John King，*The Chinese World Order：Traditional China's Foreign Relations*，Cambridge，Massachusetts：Harvard University Press，1968，p 13.

贵”，并且在维护中华文化价值系统中保持和而不同的多边主义的国际秩序。

清朝时期，中非交流遭遇了前所未有的阻碍。15世纪西方殖民者开始侵入非洲，把非洲推入历史上最黑暗的殖民统治时期。中国在19世纪沦为一个半殖民地国家后，中非人民不但被殖民主义和帝国主义剥夺了互相交往的权利，而且一同遭受西方垄断资本集团的奴役和剥削。殖民主义者对中国和非洲的征服和瓜分，迫使中非友好往来不得不停顿下来。然而，19世纪80年代后，西方列强把成千上万的中国人强迫运到非洲修铁路、开矿山、事农耕，西非达喀尔铁路、刚果铁路和南非的兰德金矿等都渗透着大批华工的血汗。虽然中非两国在进入现代化进程中步履维艰，但是相同的不幸遭遇把中非人民紧紧地连结在一起。

但是总体来说，“丝绸之路精神”与“郑和精神”是中非古代人文外交的贴切写照，不但为当代中非关系、中国与发展中国家关系立下典范，而且成为当代中国外交关系政策的基石。

二、新中国成立后的中非多边人文外交

随着新中国的诞生和非洲国家相继独立，中国和非洲各国人民在互相支持中成为患难与共的朋友。在非洲人民争取民族独立时期，中国坚定地站在非洲人民一边，全力支持非洲各国人民反帝反殖、争取民族独立的正义斗争，并在道义和物质上给予支持，为他们争取民族解放和独立作出了贡献。中国和非洲这两个自近代以来就饱受西方列强欺凌压迫的世界，在初步接触之后便发现，在遥远的异国他乡有平等待我之民族、有真诚助我之国家。[①] 中非友好合作关系经历了半个多世纪的风雨考验，得到全面的发展和巩固。

（一）新中国与非洲国家多边人文外交的奠基期（1949—1978年）

第二次世界大战结束后，世界面貌发生了巨大变化，民族解放运动蓬

① 刘鸿武：《跨越大洋的遥远呼应——中非两大文明的历史认知与现实合作》，《国际政治研究》2006年第4期。

勃兴起，一大批亚非国家获得了独立，但战后美苏之间日益加剧的冷战对峙局势，严重威胁着亚非国家的独立与安全。由于帝国主义对中间地带的争夺，亚非地区成为世界各种矛盾和冲突集中的地区。许多亚非民族主义国家从维护民族独立和国家主权出发，在对外政策方面，坚持执行和平、中立和不结盟政策，拒绝参加侵略性军事集团，反对在自己国家领土上建立外国军事基地。基于此，中国与非洲同为经济欠发达、政治需独立的发展中国家，成为了“共患难”的朋友伙伴。

1954 年 6 月，周恩来总理访问印度和缅甸，在中印和中缅两国总理会谈的联合声明中一致同意并共同倡导将“互相尊重领土主权，互不侵犯，互不干涉内政，平等互惠和和平共处”这五项原则作为处理国家关系的准则。“五项原则”的公布，受到国际舆论特别是亚非拉国家广泛的支持和响应。越来越多的亚非国家认识到，为维护政治独立，发展民族经济与文化，有必要加强国际合作，并要求与中国等社会主义国家建立和发展友好关系，因此在 1954 年 12 月，缅甸、锡兰、印度、印尼和巴基斯坦五国总理联合发起了召开亚非会议的倡议，并邀请包括中国在内的 23 个国家和地区参加。第一次亚非会议于 1955 年 4 月 18 日在印尼的万隆召开，并以“万隆会议”命名载入史册。亚非会议的召开进一步弘扬了中国所倡导的“和平共处五项原则”，并为新中国对非洲人文外交奠定了基本基调。在这次会议上，新中国领导人周恩来总理首次直接会晤了一些非洲国家领袖。刚刚经过“七月革命”而建立的埃及共和国总理纳赛尔与周总理在会议期间达成共识，翌年 5 月 16 日两国正式建立外交关系，埃及成为与中国建交的第一个非洲国家。此后，绝大多数非洲国家都与中国建立了外交关系。

20 世纪 60 年代，周恩来总理多次访问非洲，提出了中国同非洲国家发展关系的“五项原则”和中国援外“八项原则”。中国为履行共产主义的国际道义，向多个非洲国家提供经济、民生等各领域的援助，这不仅为中非关系的发展奠定了坚实的基础，也为 1971 年中国重新返回联合国提供了道义支持，正如毛主席所说，“是非洲黑人兄弟和中小国家用轿子把我们抬进联合国的”①。

① 王泰平等著：《新中国外交 50 年（下卷）》，北京出版社，1999 年版，第 1715 页。

（二）新中国与非洲国家多边人文外交的发展期（1979—2000年）

这一时期国际形势风云变幻，经历了东欧剧变、苏联解体、冷战结束等历史事件，不仅中国国内经历了“文革”、改革开放的洗礼，非洲国家在20世纪90年代也出现了纷纷独立的思潮。但中国对非洲政策始终保持其一致性和连续性，一直奉行相互尊重、平等互利的对非洲政策，并不因同其他大国关系的改善和发展而忽视中非关系。

改革开放之后，中国经济逐渐腾飞，与非洲也渐渐拉开差距，但是中国没有中断对非洲的援助与合作。但是由于中国自身发展逐渐转为“务实”并受制于“经济占主导”的时代背景影响，相较于“文革”前，中国对非援助力度趋于减轻。在与非洲国家交往中，中国从不以大国自居、不谋求私利，十分尊重受援国的主权，不把援助视为单方面的赐予，而且提供的援助不附加任何政治条件、不要求任何特权。更难能可贵的是，中国派驻受援国的专家同非洲本国专家享受同样的物质待遇，不搞任何特权和额外享受。这些都与西方对非洲援助形成了鲜明的对比。中国援助非洲专家和医疗队员跟非洲朋友同甘共苦，一些人甚至献出了生命，长眠在非洲的土地下。其中有些人的名字，至今仍被非洲人民所传颂。中国对外援助的历史厚度和经验广度不亚于任何一种成熟的西方援助，中国对非洲的许多经援项目，也至今仍在一些受援国的经济建设中起到重要作用，被誉为“南南合作的典范”。①

冷战结束后，当西方在非洲强力推行所谓“政治民主化”，实行将援助与民主化挂钩的政策时，中国则坚决主张：发展道路和政治体制的选择是非洲国家的内部事务和应有的权利，任何国家尤其是大国不得干涉别国内政，不应把自己的价值观念、意识形态和发展模式强加于别国。中国坚决支持非洲国家独立自主地选择本国的社会、政治、经济制度和发展道路。中国愿在“五项原则”基础上，发展同非洲各国的友好往来和形式多样的经济技术合作。相似遭遇和相互支持的厚重历史，与中国一脉相承的对非政策，都在非洲国家和人民的记忆深处留下了对中国的美好印象，

---

① Deborah Brautigam, *Chinese Aid and African Development: Exporting Green Revolution*, London: Macmillan Press, 1998, p. 4.

并强化了他们对中国的固有认识：中国绝不同于曾对非洲进行殖民统治的西方列强，中国对非洲的帮助是真诚的，没有掺杂任何私利。中非之间深厚的传统友谊不仅是人文交流的成果，更是今后继续开展人文外交的基石。

（三）新中国与非洲国家多边人文外交的机遇期（2001 年至今）

进入 21 世纪后，中非双方加强了人文交流，并通过中非合作论坛与非盟战略对话等形式将其机制化。一方面，“中非合作论坛”建立于 2000 年，通过这一机制化的中非集体对话框架，中国每隔三年就推出一批惠及非洲国家的实际举措，内容涉及减债、对非洲产品减免关税、人员培训、加大投资非洲的力度，以及帮助非洲国家兴建医院、农村小学等民生工程。2006 年首届中非峰会上更是确立了中非建立政治上互相信任、经济上互利共赢、文化上交流互鉴、安全上互相合作和国际问题上密切配合的“全方位合作”的“新型战略伙伴关系”。截至今日，“中非合作论坛”已经举办了五次，正式形成了中非关系发展的稳定机制，为中非人文交流提供了制度上的有效保障。另一方面，中国与非盟战略对话机制运行良好并取得积极成果。同意继续充实和完善该战略对话机制，并在该机制框架下开展包括但不局限于外交政策、和平与安全事务的分组对话。中国政府将继续加强与非盟和非洲次区域组织在泛非大学、非洲跨国跨区域基础设施建设等领域的务实合作，加大对非洲一体化建设的支持力度。同时，中国与非洲次区域组织保持良好关系与交流势头，双方鼓励建立和完善交流对话机制。

第二节　中国对非洲国家人文外交的主要项目

一、工程援助项目：坦赞铁路

在中非多边人文外交史中，二者互动的主要行为主要以中国对非洲提供各方面援助为主，涉及基建、科学、教育、文化、卫生等各个领域。中国在对非援助中始终坚持“重义轻利”的义利观，主张与非洲真诚沟通、结交朋友，曾几何时，甚至为了朋友的发展宁肯牺牲自己的利益。其中，坦赞铁路的修建当属最浓墨重彩一笔，时至今日，它仍是中非友谊的缩影与多边合作的标杆。

坦赞铁路是中国在 20 世纪 70 年代援助非洲的大型项目之一，在 1970 年至 1976 年间，中国为此条铁路的建设提供了大量的无息贷款，使之成为当时中国最大的援外成套项目之一。坦桑尼亚前总统尼雷尔高度评价“中国援建坦赞铁路是对非洲人民的伟大贡献”，“历史上外国人在非洲修建铁路，都是为掠夺非洲的财富，而中国人相反，是为了帮助我们发展民族经济”。[①] 赞比亚前总统卡翁达赞扬说：“患难知真友，当我们最困难的时刻，是中国援助了我们。”[②]

在非洲民族解放运动的浪潮中，一大批非洲国家纷纷独立，它们迫切需要经济上的独立来支持政治上的独立。1961 年 12 月 9 日坦噶尼喀宣告独立，中国于 1961 年 12 月 9 日与坦噶尼喀建交；1963 年 12 月 10 日桑给巴尔宣告独立，1963 年 12 月 11 日与桑给巴尔建交；1964 年坦噶尼喀与桑给巴尔合并成“坦桑尼亚联合共和国”，坦、桑联合后，中国自然延续与坦、桑的外交关系，将 1964 年 4 月 26 日坦、桑联合日定为与坦桑尼亚建交日。建交以来，中坦关系长期健康稳定发展。中国从 1964 年开始向坦提供各种援助，主要援建项目有坦赞铁路、友谊纺织厂、姆巴拉利农场、基畏那煤矿和马宏达糖厂等。[③]

1964 年 10 月 24 日，赞比亚宣告独立，由于赞比亚是非洲中南部的内陆国家，大部分属于高原地区，作为当时世界上的第三大铜矿产地，赞比亚却苦于没有出海口，该国发展铜矿贸易大大受限。赞比亚需要一条通往坦桑尼亚出海口的交通命脉。坦赞政府曾在向世界银行申请援建坦赞铁路未果后，请求苏联政府帮助修建铁路，但都遭到了拒绝，在这个时候，只有中国向两国伸出了援手。

时任对外经委主任方毅向周恩来谏言称，援建坦赞铁路“恐怕国力

---

① “坦赞铁路：自由之路，友谊之路”，凤凰网，2013 年 3 月 27 日，http：//news. ifeng. com/gundong/detail_ 2013_ 03/27/23566310_ 0. shtml。

② “胡主席在非洲广交朋友”，中国国际广播电台国际在线，2007 年 2 月 16 日，http：//gb. cri. cn/12764/2007/02/15/2225@ 1458930. htm。

③ “中国同坦桑尼亚的关系”，外交部，2007 年 8 月 20 日，http：//wcm. fmprc. gov. cn/pub/chn/gxh/cgb/gj/fz/1206_ 45_ 5/sbgx/t6695. htm。

吃不住”，周恩来说，“更重要的是还具有军事上和政治上的意义”。那是因为，20世纪60年代，中国处在“两个拳头打人”的对外关系阶段：同时与美苏两个大国对抗，面临国际社会的封锁与孤立压力。在国内发展中，中国转入摆脱苏联模式的影响的大规模的社会主义建设道路上，探索适合中国国情的发展道路。在对外关系中，放弃了“一边倒”的外交战略，提出了团结广大的亚非拉国家，反对帝国主义、修正主义和各国反动派，推进世界革命的新战略。发展中非关系的重要性凸显：以获得亚非国家的政治支持为首要目标，力求打破外交孤立、获取广泛同情，在国际舞台上取得一席之地。政治考量与国际道义的因素远远大于经济上的付出，在这种外交思想指导下，不仅为打开中国外交关系的新局面奠定了基础，也为中国外交中独具特色的“义利观”打下实践基础。

在这样的背景下，援建坦赞铁路是一个正确的决定，因为它的政治意义远大于经济意义。坦赞铁路跨越的不仅仅是东非大裂谷带，还有一段长达近40年的历史。它和沿途修建的320座桥梁、22条隧道、93个车站，以及长眠在坦赞大地的64位中国工人，共同构筑了新中国60年历史中一个独特的符号。① 坦赞两国乃至非洲把坦赞铁路誉为“自由之路”、“南南合作的典范”。

尽管时过境迁，如今的坦赞铁路面临着冗员负担沉重、资金不足和管理不力等经营困难，为中国的对外援助与人文外交提出了新的课题和挑战，但是，作为新中国早期对外援助的典范和缩影，以坦赞铁路为典型的对外援助项目是中国外交中的一笔无形资产、中非“兄弟情谊”的丰碑。

二、民生援助项目：医疗援助

根据中国对非洲提供医疗援助的国家数量变化（见图1）统计，对非医疗援助可划分为以下四个历史阶段：第一阶段是20世纪60年代的初创时期；第二阶段是20世纪七八十年代的援非医疗快速发展时期；第三阶段是20世纪90年代前半期，中国援非医疗队的派遣国减少时期；进入

① “坦赞铁路今昔”，理论网，2009年11月4日，http：//www. cntheory. com/news/Llts/2009/114/09114942J447F0BB4KB905H38F70. html。

21 世纪后，中国援非医疗队的派遣进入第四阶段，即稳步增长和纵深发展阶段，在此称为大发展时期。

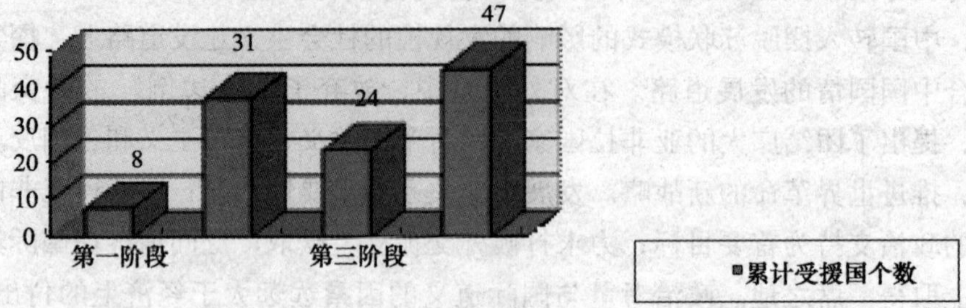

图 1　中国援非国家累计数量变化表（1963—2013）①

截至 2013 年 6 月，中国有 60 支援外医疗队，共约 1350 名医疗队员，分别在 59 个发展中国家的 130 个医疗机构提供医疗服务，累计对外派遣 2.3 万多名援外医疗队员，经中国医生诊治的受援国患者达 2.7 亿人次。② 累计有 27 个省市自治区向 47 个非洲国家派出 647 批医疗队，总派遣人数约 1.7 万人次。可见中国向非洲医疗援助派遣医疗队的规模之大（见图 2）。在医疗援助的受援国中，非洲国家约占八成。

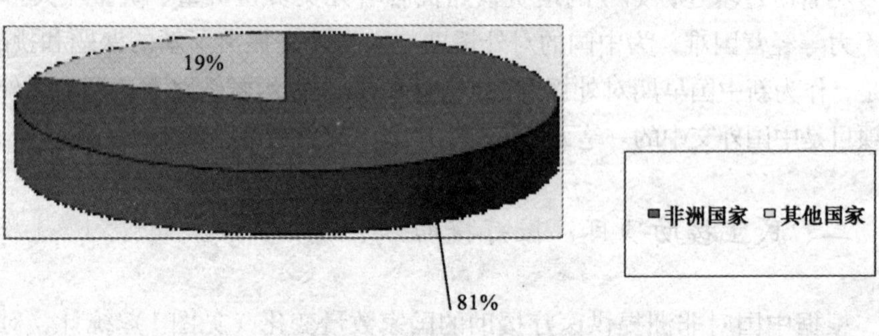

图 2　非洲受援国所占受援国比例③

---

① 数据来源：根据李安山研究成果《中国援外医疗队的历史规模及其影响》、各省市卫生厅等整理而成。

② 《救死扶伤大爱无疆——中国援外医疗队铸就友谊丰碑》，《人民日报》，2013 年 10 月 22 日。

③ 数据来源：根据李安山研究成果《中国援外医疗队的历史规模及其影响》、各省市卫生厅等整理而成。

1. 整体上，中国对非医疗援助的规模在加大。从整个数据统计来看，除了20世纪90年代前半期，[①] 中国对非医疗援助都是处于上升发展的趋势。之所以出现这样的趋势，主要受到国内与国际两方面因素的影响。从横向看，中国的对外援助的国家数量不断扩大，从周边国家扩展到整个世界，对外援助的项目从经济、军事援助扩展到医疗、基建、教育等各个领域；进入21世纪后，尤其是“中非合作论坛”的建立使得中国的援非医疗工作得到机制化的确立与保障，可惠及数量更多的非洲国家人民。

2. 微观上，在业务方面，中国对非洲医疗援助对当地产生实效，从基础疾病诊治方面入手，切实改善了对口国家的医疗条件。医疗援助作为解决非洲当地民生问题的一个途径，多年来积累了厚重的人文效应。医疗队所处的环境艰苦、条件简陋，不辞万难在异域他乡为非洲民众治愈病疾，有的甚至长眠在非洲大地上，不求回报不畏艰险，中国援非医疗队表现的医者“白求恩精神”令人动容。一方面，医疗队队员恪尽职守，非洲患者充满感激，队员们与当地人民结下深厚情谊；另一方面，医疗队在非洲广泛推广中医疗法，其独特的中华文化底蕴引起了当地人民的兴趣，由中医启迪而研究中国文化的非洲人民不胜枚举。

3. 宏观上，在21世纪前，中国对非医疗援助的程度波动明显，政策性变化使对非医疗援助缺乏稳定性。客观来说中国对非医疗援助外交与中国的对外援助政策密切相关，由于被视为一项政治性任务，因此受制于中国的国内和国际形势的影响。但是21世纪后，随着“中非合作论坛”为医疗援助外交提供了机制保障、《中国对外援助白皮书》提供了制度支持，医疗援助外交在政策稳定的基础上获得了持续有力的发展。

4. 纵向上，中国对外援助的政策不断趋于理性，意识形态的成分逐渐减少，在维持“义”的因素基础上，“利”的因素在增加。医疗援助外交也同样符合这样的宏观趋势。在改革开放前那段内外交困的时期，对非医疗援助是打开政治僵局的润滑剂；新形势下中非关系进入了崭新局面，医疗合作也继往开来。医疗领域的援助是非洲改善民生的重要环节，也体现了中国对非洲国家的兄弟情谊、对非洲人民的人道关怀，并不随着政治

① 20世纪90年代前半期中国援非医疗队的派遣国之所以有所减少，其原因主要在于“台独”势力的干扰和非洲国家内乱的影响。

环境的变化而改变。

三、文化交流项目：新形势下的多元化发展

在逐渐健全的机制下，中非多边人文外交蓬勃发展，成果丰硕。中非在尊重彼此文化特性的基础上，积极开展文明对话、推动文化互鉴，共同维护人类文明进步的多样性，为世界文化的繁荣发展作出贡献。在高层次平台搭建、教育、新闻传媒、学者交流、青少年交流、医疗、体育等领域，中非逐渐深入合作，实现多元化发展。

第一，中非多边高层次的文明交流平台搭建日益丰富。例如“中非合作论坛—文化部长论坛”推动了中非政府文化高层互访及对话；“中非文化合作伙伴计划”签订了政府间文化协定执行计划，推动中方100家文化机构与非洲国家的100家文化机构建立长期对口合作关系；“中非文化人士互访计划”规定了中非文化艺术界管理人员及专业人士间的交流与合作事宜；中非文化交流“文化聚焦”已经树立品牌，逢双年在中国举办“非洲文化聚焦”活动，逢单年在非洲举办“中国文化聚焦”活动等。

第二，中非双方在教育领域开展了更加多样、更高质量的合作。“中非合作论坛第四届部长级会议”召开以来，双方共同加大对教育合作的重视，推动中非教育合作取得新进展。如“中非高校20+20合作计划”，完善了中非高校校际合作机制。双方鼓励中非高校在区域和国别研究领域开展合作，支持非洲高校开设中国研究中心。中国孔子学院和孔子课堂在非洲建设与发展，中方在师资派遣、人员培训、教材设备等方面予以积极支持。中方还援助非洲国家建设教育培训设施，并提供更多短期、中长期培训和奖学金机会。

第三，中非双方在新闻与媒体领域展开交流与合作。在中国设立了“中非新闻交流中心”，旨在进一步推动双方新闻媒体人员交流互访，支持双方新闻机构互派记者；中国中央电视台在肯尼亚内罗毕建立非洲分台；适时召开“中非广播电视媒体合作论坛”，并将该论坛机制化，加强双方在该领域的集体对话与友好合作。双方在影视文化、图书出版等领域都已经开展合作。

第四，中非的学者与智库交流。“中非联合研究交流计划”顺利启动和实施，有效地促进了中非智库学者交往与合作，为中非合作提供了强有力的智力支持。2011 年 10 月在中国杭州召开了首届“中非合作论坛——智库论坛”，该论坛开创了中非学术界开展互动交流新模式，双方同意将该论坛机制化，推动中非学术界建立长期、稳定的合作关系。同时，双方欢迎和鼓励更多中非企业、金融机构和学术机构等为促进中非学术互动和人文交流提供支持。

第五，中非民间与青年、妇女交流。中非民间交往是中非合作的重要组成部分，是加深中非友好的重要纽带和渠道。双方倡议开展“中非民间友好行动”，通过在非洲国家合作开展小微型社会民生项目、推动双方民间组织人员互访等方式，鼓励和支持双方非政府组织、妇女、青少年等开展交流与合作。“中非民间论坛”为中非传统友谊注入新的活力。“中非青年领导人论坛”搭建了中非青年对话与合作的平台。通过派遣青年志愿者、举办非洲政党青年领袖研修班等方式增加中非青年间的相互了解与沟通。通过妇女领导人对话等交流形式，促进中非妇女共同发展。

第六，双方卫生合作不断深化，特别是中国援非医疗队、非洲国家医护和卫生管理人才来华培训、中方援建的医院和提供的医疗物资，为增进非洲人民健康和提高非洲国家卫生发展水平发挥了积极作用。双方扩大在艾滋病、疟疾、结核等重大传染性疾病防治与口岸防控、卫生人员培训、妇幼保健、卫生体系建设和公共卫生政策等方面的交流与合作。中方将继续派遣援外医疗队，为中国援建的医疗设施提供支持，提升医院和实验室的现代化水平，帮助非洲国家培训医护人员和管理人员以实现项目的可持续发展；在非洲开展“光明行”活动，为白内障患者提供免费治疗。

第七，在体育、旅游等其他方面。首先，双方鼓励和支持体育领域的交流与合作，具体交流活动由双方体育主管部门直接商定；其次，近年来中非旅游合作取得积极进展，中非双向游客人数快速增加，特别是中国赴非洲游客人数增长显著，非洲已成为中国公民新兴旅游目的地。非洲国家对此表示欢迎，并鼓励其国民赴华旅游。双方将继续加强双边旅游交流与合作，在信息分享、旅游投资、技能培训、旅游安全和品质保障等方面开展合作。①

第三节　中国对非洲国家人文外交的反思与展望

一、新中国对非洲人文外交所面临的主要挑战

(一) 宏观方面：媒体不实报道

中国与非洲的经济与政治互动频繁，但在人文领域，中非对彼此的认识往往借助西方的媒体，而西方媒体的观点往往塑造了非洲人对中国的片面认识。由于西方在国际话语权上的强势地位，以及西方与非洲知识界、舆论界和市民组织之间较紧密的联系，源自西方对中非关系的负面解读也逐渐向非洲扩散。一堵由“中国威胁论”和“中国新殖民主义论”等话语体系构筑的高墙近年来也开始横亘在中非之间，给健康发展的中非关系制造了令人不悦的“不和谐音”。② 中国社科院研究非洲问题的学者张永蓬指出，随着中非关系总体环境和基础的变化，传统的“中非友好”观念出现淡化趋势，非洲国家对现实利益的追求更加直接。同时，非洲国家官方和民间对中非关系的评价出现差异，前者多数肯定，后者杂音较多。例如，非洲民间认为中国正在重复西方国家走过的老路，追求资源和经济利益。③ 非洲媒体对中非关系的负面报道主要是基于民主价值观的差异、企业的社会责任、中国的贸易和投资所带来的负面影响，然而通过对非洲媒体的立场、新闻的来源、报道的真实性的分析发现，非洲媒体的报道内容和倾向与西方媒体的报道风格逐渐趋近，非洲媒体的一些负面报道或评论也有意或无意地夸大中非关系存在的问题，这些负面报道在很大程度正在强化非洲民众对中国的负面认识，甚至正在煽动

---

① 《中非合作论坛第五届部长级会议——北京行动计划（2013 年至 2015 年）》，2012 年 7 月 23 日，http：//www. focac. org/chn/zxxx/t954617. htm。

② 贺文萍：《推倒高墙：论中非关系中的软实力建设》，《西亚非洲》，2009 年第 7 期。

③ 张永蓬：《改革开放 30 年来中非关系发展的特点与成果》，《亚非纵横》，2008 年第 6 期。

对华的仇视情绪。①

因此面对西方的舆论霸权，中国亟须加强对非人文交流，“硬实力”与“软实力”两手抓、两手硬，以便在非洲国家面前树立起一个“强大而可亲”的中国形象，人文外交的必要性不言而喻。

（二）微观方面：项目推广难题

博大精深的中华传统文化虽富有吸引力，但推广手段单一。现当代中国的大众文化则难以抵御美国等西方流行文化，甚至印度文化和韩国文化的影响。中国五千年文明所积淀的传统文化可谓博大精深，而且正吸引着越来越多的国际友人前来学习和钻研。但在挖掘和弘扬这些传统文化的过程中，对国际友人甚至包括不少中国青少年而言，中国博大精深的优秀传统文化门槛较高、艰深难懂、远离现实的快节奏生活，在推广和转化的过程中遇到不少阻力。孔子学院虽然在非洲高速发展、数量扩张，但自身在内涵挖掘和质量把握上恐怕仍需多下些功夫，仅仅侧重于推广汉语教学难以全面和真实地反映中国文化。

另外，在发展和丰富大众文化、流行文化上的投资、努力还尚待提高。目前，国际上对中国文化的认知，以及我们自身目前对中国文化的挖掘仍更多地停留在古代传统文化方面，真正为人熟知的现代文化并不多。而且，推广形式主要靠政府推广，民间活动相对较少，不成规模，在形式上比较单一。因此，在一些国家常常出现“中华武术馆”的普及率赶不上“印度瑜珈练习班”的情况。

二、新中国对非洲国家人文外交所面临的机遇

除“丝路战略”外，“中国—非盟战略对话”和“中非合作论坛”都为深化中非人文关系带来了机遇。

第一，全面深化中国与非盟友好合作是中非多边人文外交的重要契机。李克强总理认为，今天的非洲，正朝着一体化建设的目标迈进。今天

① 周玉渊：《非洲媒体对中非关系的报道：影响与反思》，《国际新闻界》，2012年11月，第93页。

的非盟，在非洲和世界事务中发挥着越来越大的作用。“非洲是世界政治舞台上的重要一极，是世界经济的新增长极，是人类文明的多彩一极。”[①]中国将不断加强同非盟的关系，坚定支持非盟在非洲一体化进程中发挥引领作用，在维护非洲和平安全中发挥主导作用，在地区和国际事务中发挥更大作用。中方愿向非盟提供力所能及的帮助，中方对非洲未来的光明前景坚信不疑。

第二，全面深化与落实中非合作论坛议程是中非多边人文外交的保障。当地时间 2014 年 5 月 5 日，中华人民共和国和非盟在亚的斯亚贝巴发表《关于全面深化中国非盟友好合作的联合声明》中指出：“中方赞赏非盟委员会作为中非合作论坛新成员发挥的积极作用。双方重申加强在论坛框架下的对话与合作，愿同非洲国家一道筹办好 2015 年论坛第六届部长级会议。”[②] 当地时间 2014 年 5 月 5 日，国务院总理李克强在位于亚的斯亚贝巴的非洲联盟总部发表题为《开创中非合作更加美好的未来》的演讲时，提出了中非合作“四六一”（“461”）框架：坚持平等相待、团结互信、包容发展、创新合作等四项原则；推进产业合作、金融合作、减贫合作、生态环保合作、人文交流合作、和平安全合作等六大工程；完善中非合作论坛这一重要平台。[③] 打造中非合作升级版，对中非多边人文外交来说，既是机遇，又是保障，有利于双方携手共创中非关系更美好的未来。

三、弘扬正确义利观与命运共同体意识

基于以上对中非人文外交的历史与现状的分析，基本结论如下：我国对非人文外交在非洲取得了较好的效果，但是它承担着更艰巨的任务与严峻的挑战，需要长期、一贯的落实执行。人文外交可以作为其他领域外交的扩展和补充，其发挥的独特效益是潜移默化的，不可替代的；中非的人

---

① 《关于全面深化中国非盟友好合作的联合声明》，中华人民共和国外交部，2014 年 5 月 6 日，http：//www. fmprc. gov. cn/mfa_ chn/zyxw_ 602251/t1152908. shtml。

② 同上。

③ “李克强在非盟会议中心发表演讲时提出‘461’中非合作框架打造中非合作升级版”，中华人民共和国外交部，http：//www. fmprc. gov. cn/mfa_ chn/zyxw_ 602251/t1152841. shtml。

文外交提升了我国的软实力，树立了良好的国家形象，促进了国家利益的实现，但它的非功利性本质也意味着不可能一蹴而就，中非人文外交结出丰硕的成果，也有更长的一段路要走。

第一，重“义”的人道主义理念是我国对非外交的道德资源，也是支持人文外交事业的宝贵精神财富。它向世界表达了中国对于人类共同利益的关怀，不仅体现和传播了中华文化中“兼相爱，交相利”的人文精神与价值理念，即以互利互爱来处理人与人、国与国之间的关系，也是对构建和谐世界的重要外交实践。“和谐世界”蕴含着深刻的中国传统文化，是在新中国外交实践不断的积淀和思考中提出的新思想，唯有在此理念指导下，外交政策理念才具有历史延续性，对今后的人文外交工作有着长远的指导意义。

第二，对非洲外交工作应始终坚持“正确义利观”。真诚友好、平等互利、团结合作、共同发展是中非交往与合作的原则，也是中非关系长盛不衰的动力。中国与非洲多边人文外交可以用“基础厚、时间长、感情深”来形容，中国始终站在发展中国家一边。2013 年 3 月，习近平主席的外交开局之旅就去往非洲，体现出对非洲人民兄弟般的情义。习近平主席在坦桑尼亚发表重要演讲，用“真、实、亲、诚”四个字阐述新时期中国对非政策，即“对待非洲朋友我们讲一个‘真’，开展对非合作我们讲一个‘实’字，加强中非友好我们讲一个‘亲’字，解决合作中的问题我们讲一个‘诚’字”[①]。体现出对非洲人民兄弟般的情义，也向世界彰显出中国坚持正确义利观的负责任大国风范。

第三，牢固树立中非命运共同体意识。习近平主席面向国际社会宣示：中非是命运共同体，永远做可靠朋友和真诚伙伴，相互支持、相互帮助，努力实现各自的“中国梦”和“非洲梦”。[②] 这引起非洲领导人和民众的强烈共鸣。非洲国家领导人及各界人士高度评价中国对非政策，赞赏中国长期给予非洲的无私帮助，对所谓中国在非洲推行“新殖民主义”的谬论予以严词驳斥。中方将不折不扣落实援非承诺，不附加任何政治条

① 王毅：《坚持正确义利观，积极发挥负责任大国作用》，《人民日报》，2013 年 9 月 10 日。

② 《习近平出访：外交开局之旅》，《人民日报》海外版，2013 年 4 月 1 日。

件，重在帮助非洲国家把资源优势转化为发展优势，实现多元、自主、可持续发展。① 中非新型战略伙伴关系提升到新水平是打造中非合作“升级版”的必然要求。在新形势下，中非多边人文外交会得到进一步巩固和加强，也是构建中国与发展中国家的“命运共同体”的必然要求。

“丝绸之路”、“郑和精神”等都是中国向世界提供的国家治理体系的公共产品，均注重睦邻友好、以和为贵、重义轻利、包容互鉴。同时，“求同存异”与“和而不同”也是周恩来等老一辈无产阶级革命家留给我们宝贵的外交遗产。因此，要继承与发扬中非人文外交的传统优势，继续坚持“无条件援助”的原则，把中非之间休戚与共、共同发展、文明互鉴的友好关系推向前进。

① 王毅：《坚持正确义利观，积极发挥负责任大国作用》，《人民日报》，2013 年 9 月 10 日。

西线的人文外交

第九章　中国对土耳其的人文外交

第一节　中土人文交流的历史梳理

中土两国位于古“丝绸之路”的东西两端，在漫长的历史岁月中，沟通东西方的丝绸之路，把中土两国人民相连，促进了中土两国之间的人文交流，如汉语的“茶叶”、“瓷器”、“水”、“衣服”等日常词汇被土语所吸收，中国的十二生肖、皮影戏等传入土耳其且流传至今，以及在土耳其托普卡帕宫博物馆里陈列和收藏着中国宋、元、明、清时代的上万件珍贵瓷器与拜占庭帝国王侯袍服。其中，有绘制着赤壁图与苏东坡《赤壁赋》的稀世珍宝瓷器，还有用中国绸缎所制作的王公大臣的袍服等都是研究中土古代人文交流最宝贵的文物。特别值得一提的是，土耳其的托普卡帕宫博物馆，就是中土建筑文化有机融合的艺术殿堂，其门檐彩画和中国故宫的山水彩画的构图着色、笔调风格十分相似，是中土两国人民在漫长的历史长河中友好交往的又一佐证。作为历史名城的伊斯坦布尔，因位于古代“丝绸之路”的西端，中国的瓷器、丝绸等商品与四大发明等技术均经丝路商道到达伊斯坦布尔，再由土耳其人传至欧洲，因此，伊斯坦布尔被马克思称为“沟通东西方的黄金桥梁”。作为中土共同文化遗产的代表，“阿凡提”形象一直在中土民间艺术作品中流传甚广，并演绎成一种泛文化现象，对促进中土文明交流和互信起到了积极的推动作用。作为“丝绸之路”东西两端国力强盛的两大王朝，自古以来就以和平、非和平方式开展文明交往，丝绸之路已成为连接中土关系的重要纽带，但其间充满艰辛与曲折。

在 1953 年爆发的朝鲜战争中，作为美国铁杆盟友之一的土耳其，曾派一支部队参加了美国领导的“联合国军”，土耳其士兵曾与中国人民志愿军激烈交战，两个古老民族在现代史上的首次重新相遇，竟是在朝鲜战场上的武力相接，从此双方间构建起了彼此负面的印象。在中方看来，土耳其一直就是美帝国主义的“走狗”；在土耳其人心中，也一度把中国曲解为成“邪恶之敌”、共产主义的“幼稚信仰者”等。此次交战经历，在两大民族心理上均烙下了深远的负面影响，1971年建交后才将中土关系拉回友好往来的历史轨道，政治、经济、人文等各领域关系发展均取得了可喜成就：1973年，中国组团第一次参加了土耳其伊兹密尔国际博览会；1974年10月，土耳其阿纳多卢国家通讯社社长访华，与新华社签订“新闻合作协定”；1978年6月，时任外长黄华首次以中国外长身份访问了土耳其；1979年，中国首次派出了一个由97名艺术表演家组成的代表团访问土耳其进行巡回演出。不久，中土两国签订了“1981—1982年文化交流计划”，进一步促进了两国在科学、教育、文化、艺术、新闻、广播、电视和体育等领域合作；1981年，北京各界人士怀着敬佩之情集会纪念土耳其共和国的创始人凯末尔诞辰一百周年；1993年11月，中土签署“文化合作协定”，内容包括文化、体育、教育、新闻等领域交流与合作；2001年12月，两国签署《中华人民共和国国家旅游局和土耳其共和国旅游部关于中国公民组团赴土耳其旅游实施方案的谅解备忘录》，土耳其成为中国公民旅游目的地；2008年12月，中国作家代表团首次出访土耳其，中国作家代表团一行五人拜访了土耳其作家联合会，与土耳其部分小说家、诗人、剧作家进行了座谈；[①] 2010年10月，时任总理温家宝访问土耳其，宣布构建“中土战略合作关系”，标志着中土关系进入历史新时期。

尽管中土各领域交流与合作已达到新的历史高度且取得了可喜的进步，但“东突”问题却一直成为影响中土关系的主要挑战。所谓“东突”问题，必须置于中土交往的历史语境中来予以澄清。严格意义上说，“突厥”（Turk）指的是公元6—8世纪活跃在亚洲草原北部的一个古代游牧民族。突厥最初属柔然人统治，公元6世纪中叶归并铁勒部，灭柔然汗国，建突厥汗国，势力十分强盛。公元6世纪末突厥分裂为东、西两个汗国，后相继归顺于唐王朝。唐末，东、西突厥衰败，突厥人逐渐融入其他民族[②]而消失了。但是，“突厥”一词却被视为语言学、地理学概念沿用

---

① 欣闻：《中国作家代表团出访土耳其》，《文艺报》，2009年1月3日。

② 王淑梅：《泛突厥主义的历史考察》，《世界民族》，2000年2期。

至今，且在19世纪末至20世纪初，一些境外殖民主义者有意称我国新疆为“东突厥斯坦”、苏联的中亚为“西突厥斯坦”，编造了一套“东突厥人”家园的谬论。① 最终，在“泛伊斯兰主义”和“泛突厥主义”等思潮影响下，“东突厥斯坦”一词被政治化。“双泛”思潮虽早期带有一定对抗西方殖民统治和沙俄民族压迫的进步意义，但其强烈超国家、超民族、超阶级的极端宗教观和民族观，背离了原有的反抗殖民统治压迫、寻求民族发展的初衷，使其在传播过程中又形成了对一个民族国家的负面“解构”性质。如1933年在新疆建立的“东突厥斯坦伊斯兰共和国”仅存3个月，但却开了肢解中国的恶劣先河，首次使“东突厥斯坦”成为分裂主义的代名词。此后，大凡制造新疆分裂和独立的人，都沿用了“东突厥斯坦”这一名称，“东突厥斯坦”从一个不规范的地理名词变成为一个分裂主义的专用政治词汇，其背景有以下几点：一是排外。“东突厥斯坦伊斯兰共和国”宣言声称：“东突厥斯坦者，乃东突厥斯坦人之东突厥斯坦，无须外人来做吾人之父母……吾人此后不用外人之语言与名称。”二是因为“泛突厥主义”的理念，认为自己处于“讲突厥语民族”（主要分布在自土耳其至中国新疆）的东部。三是因为当时接受“双泛”的分裂势力自认为自己生活的塔里木盆地与北疆（主要是伊犁等地）地区不同，选用“东突厥斯坦”是为了和他们区别开来。四是境外有以“东突厥斯坦”称呼塔里木盆地的现成地理名称，于是选用了“东突厥斯坦”作旗号。五是早期分裂势力“领袖的倡导与定位”，尤其是穆罕默德·伊敏在《东突厥斯坦历史》中宣称“我们的民族是突厥，我们的国家是东突厥斯坦，我们的宗教是伊斯兰教”，将“东突厥斯坦”一词异化为分裂政权的代名词。在这一系列的背景下，凡是企图在新疆制造分裂的人，都称历史上的西域或新疆为“东突厥斯坦”，都以建立“东突厥斯坦国家”作为自己的政治旗号。而且，在境外“泛突厥主义”历史观基础上编造的“东突”历史观，又成为“东突”分裂主义的理论来源之一。②

---

① 中共中央国务院办公厅：《“东突厥斯坦”问题的由来》，《“新疆的历史与发展”白皮书》，新闻网，2003年12月25日，http：//www.btmz.gov.cn/Article_ Show.asp？ArticleID＝167&ArticlePage＝3。

② 厉声：《梳理“东突”分裂的历史不是政策问题》，凤凰网，2014年3月28日。

可见，始于“丝绸之路”上的中国—土耳其人文交流史，虽起步久远，但因“东突”问题与朝鲜战场的武力相交等，中土关系受到影响与制约，最突出体现在两个方面：一是中土经济关系中的贸易逆差问题；二是“东突”问题在中土政治、人文及安全关系中的“外溢”问题。因此，如何进一步深化人文关系已成为关乎中土关系发展大局的关键所在。

第二节　中国对土耳其人文外交的主要项目

中土文化都具有极强的包容性与创新性，这为两国的人文交流提供了方向与动力，在中土互办“文化年”之前，双方人文交流开始出现“由官至民、渐行渐热”的基本特征。如 2006 年 11 月 22 日，“中国文化周”活动在土耳其首都安卡拉举办，土耳其副总理买买提·阿里沙辛为“中国文化周”绘画摄影作品展剪彩，观看了中国新疆木卡姆艺术团的首场演出，并接受了中央电视台、新疆日报、新疆电视台的联合采访。又如 2008 年 12 月，中国作家代表团首次访问了土耳其，双方艺术家进行了友好交流，一位土耳其老作家杜尔松·维兹登对中国人民十分友好，曾自费到新疆考察坎儿井并于 2006 年出版了《走向维吾尔坎儿井》一书，介绍了新疆各族人民的团结与进步。因此，中土艺术家均意识到，双方译介作品，对促进两国人文交流、增进两国人民的友谊具有十分重要的意义。①

2010 年温家宝总理访问土耳其期间，双方宣布将于 2012 年在土举办“中国文化年”、2013 年在华举办“土耳其文化年”，以此来夯实构建“中土战略合作关系”的社会民意基础。事实上，历时近两年的中土文化年活动，内容涉及杂技、影视、教育、舞蹈、音乐、手工艺、美术、戏剧、展览、青少年、美食、图书、媒体、宗教、智库和动漫等，其交流内涵与方式、参与人数与项目，以及承办城市等均属空前，仅就在华文化年活动的粗略梳理即为明证（如表 1 所示）。

---

① 欣闻：《中国作家代表团出访土耳其》，《文艺报》，2009 年 1 月 3 日。

表1　2013年中国土耳其文化年活动一览表①

日期	地点	活动名称
2013年12月1日—2013年12月31日	北京/天津	闭幕式—买乌拉纳的呼唤
2013年11月1日—2014年2月28日	上海	安纳托利亚文明大展
2013年10月1日—2013年10月31日	南昌	奥斯曼军乐团演出
2013年10月1日—2013年11月30日	北京	土耳其中央银行油画藏品展
2013年10月1日—2013年10月30日	上海	舞剧《Barbaros》
2013年10月1日—2013年10月30日	上海	土耳其现当代艺术家作品展
2013年10月1日—2013年10月31日	江苏（南京、连云港）	《后宫》
2013年10月1日—2013年10月31日	北京/上海	土耳其古典音乐
2013年9月18日—2013年9月30日	北京/宜昌	安纳托利亚之声
2013年9月1日—2013年9月30日	湖南张家界	EMRE乐团
2013年7月21日—2013年7月26日	新疆	现代芭蕾舞剧《玫瑰园》
2013年7月13日—2013年8月31日	北京	儿童话剧
2013年6月15日—2013年6月23日	成都	土耳其传统手工艺品展
2013年5月21日—2013年5月26日	深圳	深圳文博会
2013年5月1日—2013年5月5日	北京	后宫诱逃
2013年5月1日—2013年5月30日	北京	土耳其图片展
2013年4月1日—2013年5月30日	广州和深圳	总统府交响音乐会
2013年4月1日—2013年4月1日	北京/上海/西安	土耳其传统手工艺术展览
2013年4月1日—2013年5月30日	深圳/广州	总统府交响音乐会
2013年3月21日—2013年3月26日	北京保利剧院/上海东方艺术中心	土耳其文化年开幕式
2013年3月12日	北京	土耳其文化年新闻发布会
2013年3月5日—2013年3月5日	香港	博斯普鲁斯图片展
2013年3月3日—2013年3月9日	香港	土耳其电影节

历史上由著名的“丝绸之路”连接的中国和土耳其，再一次被“文化年”的纽带紧紧系在了一起，尤其是“中国伊斯兰文化展演”活动进

① 资料来源：笔者根据土耳其国家旅游局官方网站日程表整理而成。

一步将“文化年”活动引向了深入。

“2012年中国·土耳其伊斯兰文化展演”活动，是为了落实中土宗教部门于2011年6月签署的《合作备忘录》精神，从2012年8月31日至9月6日在伊斯坦布尔联合举办的题为“和平友谊、团结进步、共创未来”的中国伊斯兰文化展演活动。中方派出由100多人组成的宗教代表团、展演团和观摩团，其内容包括中国伊斯兰教图片展、文物展、穆斯林生活用品展、穆斯林书法展和伊斯兰教经书展、中土伊斯兰教界交流会、《古兰经》诵读和文艺演出等。此次展演在土耳其社会各界引起强烈反响，土耳其宗教事务局长居尔迈茨认为，此次展演向世界说明，历史上伊斯兰教是和平传入中国的，现在中国伊斯兰教传播的还是和平。今天，中国又把崇尚和平的伊斯兰文化带到了土耳其，带到了伊斯坦布尔，也带到了全世界。通过那些刻在石头上、印在丝绸上、剪在彩纸上的《古兰经》，中国非穆斯林能体会到，世界人民也能体会到，伊斯兰文化已成为中国文化不可分割的一部分。这也从一个侧面展示了中国文化的高度自信，只有高度文化自信的民族，才会这样做。[①] 2013年9月，历时6天的题为“传承历史、共创未来”的“2013年中国·土耳其伊斯兰文化展演”在宁夏银川闭幕，内容包括中土伊斯兰文化展、中土书法艺术展演、《古兰经》诵读和文艺演出等，土耳其宗教部副部长穆罕穆德·额敏·奥兹法撒认为，宗教文化是联系两国的桥梁，通过这个桥梁，两国一定会有更多、更重要、更有前途的合作。

在中土互办“文化年”活动的带动下，中土政治、经济、人文、安全等各领域交流与合作也得到进一步推进与深化，标志着中土关系进入“蜜月期”。

第三节　中国对土耳其人文外交的反思与展望

2013年9月7日，习近平主席在纳扎尔巴耶夫大学演讲时提出了共

① 参见敏俊卿：《2012年中国·土耳其伊斯兰文化展演活动纪实》，《中国穆斯林》，2012年第5期。何春明：《绽放中国魅力，促进中土友谊》，《中国宗教》，2012年第9期。

同建设“丝绸之路经济带”的战略构想。2013 年 9 月 13 日，习近平主席在上合峰会上倡导上合组织成员国沟通实现有望惠及近 30 亿人的“丝绸之路经济带”构想，得到与会者的积极响应。其中，习主席强调：“两千多年的交往历史证明，只要坚持团结互信、平等互利、包容互鉴、合作共赢，不同种族、不同信仰、不同文化背景的国家完全可以共享和平，共同发展。这是古丝绸之路留给我们的宝贵启示。”① 这份宝贵的“丝路启示”，彰显出经济互惠、文明包容、安全合作等组成的“丝路精神”。因此，习主席呼吁沿线各国间应加强“五通”（政策沟通、道路联通、贸易畅通、货币流通、民心相通），更强调“国之交在于民相亲”。“搞好上述领域合作，必须得到各国人民支持，必须加强人民友好往来，增进相互了解和传统友谊，为开展区域合作奠定坚实民意基础和社会基础。”②

2013 年 10 月 3 日，习近平主席在印尼国会发表演讲，提出中国一东盟共同建设 21 世纪“海上丝绸之路”，着重强调“坚持心心相印”与“坚持开放包容”的重要性，旨在表明“我们愿意和东南亚国家建立更加紧密的经济上互惠、互利的联系”，以及“把我们和东南亚国家从郑和下西洋建立的传统友好往来也加入到现代经贸往来当中去”。③ 因此，必须加强对古代“海上丝绸之路”、“郑和文化”、中国与东盟深化“传统友谊”等重大议题的研究，探索中国睦邻友好政策进一步深化的新思路、新途径、新方法，将中国与东盟成员国间的合作由量的积累引向质的飞跃。

2013 年 10 月 24—25 日，周边外交工作座谈会在北京召开，这是党中央为做好新形势下周边外交工作召开的一次重要会议，确定了今后 5 年至 10 年周边外交工作的战略目标、基本方针、总体布局，明确解决周边外交面临的重大问题的工作思路和实施方案。习主席强调，坚持与邻为善、以邻为伴，坚持睦邻、安邻、富邻，突出体现“亲、诚、惠、容”的共同理念和行为准则，要全方位推进人文交流，深入开展旅游、科教、地方合作等友好交往，广交朋友，广结善缘。要对外介绍好我国的内外方

① 习近平：《弘扬人民友谊共创美好未来》演讲，《人民日报》，2013 年 9 月 7 日。

② 同上。

③ “习近平首次在东南亚国家演讲三故事开启海上新丝绸之路”，中国广播网，2013 年 10 月 4 日。

针政策，讲好中国故事，传播好中国声音，把中国梦同周边各国人民过上美好生活的愿望、同地区发展前景对接起来，让命运共同体意识在周边国家落地生根。[①] 此次会议的召开，标志着中国“丝路战略”正式诞生。

作为丝路两端核心国家，中土双方如何打造“丝路战略”框架下的新型中土战略合作伙伴关系，将是进一步深化中土关系的当务之急，特建言如下：

（一）在政治关系上进一步加强互信、互助

2012 年 2 月，时任国家副主席习近平访问土耳其，在会见土总理埃尔多安时表示，“东突”问题关系到中国国家安全和社会稳定，涉及中方的核心利益。总理先生多次重申土方坚持一个中国政策，尊重中国的独立、主权和领土完整，强调新疆是中国领土不可分割的一部分，坚决反对任何人在土耳其境内从事任何破坏中国主权和领土完整的活动。中方对此表示赞赏，希望土方继续采取有效措施，反对和阻止“东突”势力在土耳其从事反华分裂活动，确保中土关系健康、稳定发展。[②] 但是，仅在土耳其正式注册并活动的“东突”组织就有“东突基金会”、“东突移民协会”、“东突互助协会”、“东突教育与互助协会”、“东突青年协会”、“东突妇女联合会”及“东突文化与团结协会”等，这是土耳其政府“疆独”立场的两面性所致的民众同情与非政府组织庇护的结果。因此，在“东突”问题上，土耳其政府的态度由“默许→暧昧→回避”，尤其在“7·5”事件上的冲动表态，对中土政治关系造成了极大伤害。但也不能因此而采取消极的回避态度，尤其是在“10·28”、“3·1”等暴恐事件发生后，土耳其政府的反恐立场与态度，有助于深化中土政治关系，并对遏制与打击库尔德分离主义势力产生威慑作用。

（二）在经济关系上进一步加强互补、互惠

习近平副主席在 2012 年 2 月访问土耳其时，专就如何深化中土经

① 习近平：“让命运共同体意识在周边国家落地生根”，新华网，2013 年 10 月 25 日。

② 钱彤等：“习近平：望土耳其继续阻止‘东突’在土反华分裂活动”，新华网，2012 年 2 月 22 日。

济关系提出"四点建议"："一是充分发挥各自优势，推动两国贸易平衡、健康发展。中方高度重视土方贸易逆差问题，将继续采取综合措施，逐步缓解双边贸易不平衡问题。也希望土方加大对本国产品在华推介力度。二是扩大融资，带动中方对土耳其基础设施建设的投资与合作。希望双方金融机构和企业乘势而上，顺势而为，充分利用当前有利条件，争取尽快谈成一两个影响大、效益好的合作项目。三是深化金融合作，尽快签署本币互换协议并在双边贸易中实现本币结算，为两国更大规模的经贸和投资活动提供便捷的货币结算支持。四是加强核能、航天等高科技领域合作，营造两国务实合作新增长点。双方还可加强在节能减排、绿色经济、新材料等领域的合作，实现各自经济的可持续发展。"① 作为丝路两端经济快速增长的中土两国，充分利用"亚欧博览会"这一合作新平台，积极推进中土经贸交流与合作，鼓励土耳其企业家到新疆投资兴业，帮助新疆更好更快发展。尤其应充分利用"丝路战略"机遇期，在大力推进"道路联通、贸易畅通、货币流通"的基础上，早日实现"政策沟通"，为加快"民心相通"提供物质基础与机制保障，在新的义利观的指导下，进一步消除中土贸易逆差，完善中土经济关系。

（三）在安全关系上进一步加强共识、合作

从某种意义上说，中土因"东突"问题更需要达成反恐共识并开展实质性合作。事实上，中土两国人民都是"丝绸之路"上恐怖主义、分离主义以及国际"圣战"主义等思潮或运动所致的暴恐事件的受害者，"丝路反恐"问题凸显，使得亚欧安全合作任务日益艰巨。2014 年 5 月上海召开"亚信会议"，土耳其驻上海总领事丹妮兹·艾柯撰文指出，"土耳其中国联手维护亚洲安全"。在她看来，"首先，亚信会议的理念和运作方式反映了土耳其与中国一直坚持的本国外交政策的主要原则：主权平等、领土完整、和平解决争端、不干涉内政及以合作和非对抗的角度理解安全。其次，作为维护亚洲安全与稳定的重要参与者和利益相关者，土耳

① 钱彤等："习近平：望土耳其继续阻止东突在土反华分裂活动"，新华网，2012 年 2 月 22 日。

其与中国共同参加了亚洲其他的地区性论坛。比如，2013 年土耳其成为中国为创始国之一的上海合作组织的对话伙伴。2010 年，土耳其与东盟签订了友好合作条约，而中国是东盟的全面对话伙伴国。两国可以共同为亚信会议与其他地域性及次区域性组织创造协作机会。最后，与土耳其一样，中国是亚信会议各方面事务的积极参与者。作为现任及将就任的主席国，土耳其与中国在2014 年及以后将需要继续和深化我们的合作”。[①] 可以预见，在亚信会议成员国着力做实、做强亚信这一安全合作平台的带动下，中土两国在司法、警务、反恐情报交流等领域合作将日益增多，并在情报分享、机制建设以及协同反恐等方面开展进一步务实合作，以构建合作型的中土安全关系。

（四）在人文关系上进一步加强务实、创新

近年来，中土两国人文交流日益密切，活动形式和内容更加丰富多样，在文教、旅游、传媒、卫生、体育等领域的交流合作，已取得可喜成效，尤其是2001 年土耳其被定为中国公民旅游目的国后，中土游客人数不断攀升，宗教文化旅游资源优势渐现，市场潜力巨大。又如，截至2013 年中国已在土耳其中东技术大学和海峡大学开办了两所孔子学院、5 所大学开设了汉语专业课程，分别是安卡拉大学东方语言文学学院汉学系、埃尔吉耶斯大学中文系、法提赫大学中文系、奥坎大学翻译系和伊斯坦布尔大学文学院等。此外，伊斯坦布尔岛上高中、伊斯坦布尔圣贝努瓦中学、伊斯坦布尔道乌斯中学和小学、伊斯坦布尔莲花汉语培训学校等15 所中小学也开展了汉语教学活动。尤须一提的是，中土双方已陆续缔结了约14 对友好城市（参见表2），在纺织、商务、文化、教育、旅游、人才交流等方面开展交流合作，中土友城间互利合作、达成共识：一是中国的城市可以凭借土耳其横跨亚欧两大洲这一独特的地理位置和它与欧盟的关系，将中方城市产品引进土耳其市场，并以此为媒介打入中东和欧洲市场，而土耳其城市也享受到中方城市与亚太地区的资源、市场等优势；二是友好城市之间的文化交流和人才培养不断深入，特别是在教育、旅游、文化、卫生等各领域展开广泛合作；三是实质性推进友好城市双方商

---

① 丹尼兹·艾柯：《土耳其中国联手维护亚洲安全》，《东方早报》，2013 年2 月27 日。

谈的合作项目，不断扩大合作领域。

表2　中土友好城市一览表①

缔结日期	中国城市	土耳其城市
1989. 10. 23	上海	伊斯坦布尔
1990. 06. 20	北京	安卡拉
1991. 09. 25	天津	伊兹密尔市
1991. 12. 13	山东日照	特拉布松市
1996	西安	科尼亚
1996. 11. 14	江苏镇江	伊兹米特市
2004	汕头	太基尔达
2005. 11. 27	安徽安庆	屈塔西亚市
2009. 09. 27	江苏常州	埃斯基谢希尔市
2010. 04. 02	哈尔滨	埃尔祖鲁姆市
2011. 09. 19	山东济南	马尔马里斯市
2012. 07	广州	伊斯坦布尔
2012. 12.	四川遂宁	克尔克拉雷利市
2013. 08. 15	福建漳州	潘迪克区

在以上四种关系中，人文关系是关键与基础，中土人文关系还关涉由互惠型的经济观、包容型的人文观与合作型的安全观所构成的“丝绸之路”精神的当代继承与弘扬，并将为全球治理中有关“多民族、多宗教融合”这一治理难题提供经验与范式。因此，中土人文外交肩负着价值沟通、增信释疑、反恐共识的三大使命，使得“丝绸之路”两端的两个新兴大国进一步深化双边关系的内涵与形式。作为两大地区与国际新兴经济体中的代表性国家，加强中土新型战略合作伙伴关系，有利于强化中国

① 资料来源：笔者搜集友好城市官网等相关资料整理而成。

与阿拉伯—伊斯兰世界的关系，并进一步扩大中国在欧洲的影响力，进而推动中国与西方世界的关系，在贯通亚欧的“丝绸之路”上构建中国—土耳其版的“丝路战略”合作新模式。

第十章　中国对伊朗的人文外交

第一节　中国与伊朗历史文化的共性

中国与伊朗位于亚洲的东西两端，同是文明古国。按照麦金德的“大陆中心说”的地缘政治理论来看，两国都是欧亚大陆中的区域地缘战略要地。中国与伊朗在历史文化发展中也具有一些共性：在遥远的古代，中伊两个文明强国通过丝绸之路在文化上相互欣赏、相互影响；近代以来，两国都沦为铁蹄下的半殖民地；两国又分别通过现代化的革命斗争赢取了国家主权与民族独立，在现代化进程中颇具共鸣。这两位“亚洲巨人”在历史、文化、民族性格方面的相似之处为两国人民友好、相互理解、相互尊重奠定了坚实的基础。

一、历史悠久、文脉相传

中国与伊朗两国都是文明古国，并在历史上各自形成以一个多数民族为主，与其他少数民族共处的中央集权制国家。

中国的历史经历了考古学意义上完整的时代，从旧石器时代开始，经过新石器时代、青铜器时代，到铁器时代。中国早期历史从部族时代开始，经过封邦建国时代、诸侯时代，进入统一帝国时代，并形成了中国传统文化中的“天下观”。“中国”这一模糊的概念最终成为中华民族的统称，而且形成了强大的民族内聚力。今日伊朗人称中国人为“秦人”，中国的主体民族为“汉族”，是因为秦汉时期是中华民族形成的关键时期，其重要性如波斯帝国对伊朗的重要性一样。尽管历经战争和灾难的考验，秦汉帝国时形成的华夏文化的核心精神仍薪火相传、历久弥新。

伊朗的历史从旧石器时代开始，在伊朗的克尔曼沙赫省发现手斧(距今13万—20万年前)，在锡斯坦—卑路支斯坦省发现砾石砍砸器。伊朗新石器时代始于公元前8000年，结束于公元前3500年（包括铜石并用时代）。其后伊朗历史进入城邦与列国时代。公元前2850年，以乌尔米耶湖为中心产生了阿拉塔王国。公元前17世纪，胡里人建立了以哈布尔河流域为中心的米坦尼王国。埃兰地区成为伊朗最早出现文明的地方，以苏萨为中心的平原地区是埃兰文化的中心地区。埃兰地区的历史从公元前2700年到公元前6世纪中期。公元前2000年末，雅利安人进入伊朗，其中最著名的是西伊朗人，他们是米底人、波斯人和安息人的祖先。①

公元前727年，戴奥凯斯建立米底王国。公元前585年，米底已经成为囊括西亚半壁河山的帝国。它标志着伊朗由城邦小国分立向地域王国和统一帝国的过渡，加速了古代伊朗境内不同民族及其文化的融合过程，对伊朗民族和文化的形成作出了开创性的贡献。公元前700年，阿契美尼斯以安尚为中心，建立波斯王国。居鲁士二世（公元前559—前530年）创建波斯帝国。② 波斯成为古代伊朗的通用称呼，波斯人成为伊朗的主体民族，波斯文化成为伊朗的主体文化。不管伊朗后来经历了多少艰难曲折、血雨腥风，以波斯人为载体的波斯文化始终存在，愈久弥新。尽管波斯文化后来吸纳了其他民族的文化，但内核文化仍一脉相承，延续至今。

二、辐射广泛，影响深远

中国与伊朗的文化边界在中亚接壤。历史上，两国文化都极具辐射力与影响力。公元前221年，秦国统一六国，中华民族的核心也由此凝成。秦朝采用三公九卿制、郡县制，以法治国，统一度、量、衡，使得“车同轨、书同文、行同伦”。两汉时期，中华文明通过丝绸之路影响到中亚、西亚诸国。唐朝时期，中华文明通过安东、安西、安南、安北都护府，分别辐射至朝鲜半岛、中亚大地、中南半岛与蒙古高原。中华文化对朝鲜、日本、越南等国的文字、语言、政治制度、军事制度、经济制度及

---

① 杨兴礼、冀开运等：《现代中国与伊朗关系》，时事出版社，2013年版，第73页。

② 同上。

民族心理产生了深远的影响。随着近现代华人华侨进入东南亚各国，中华文化在东亚、东南亚成为主流文化之一，具有坚实的历史基础。

同样，伊朗自古以来就是西亚的大国和强国，是文化和文明的中心。伊朗历史上的帝国及地方王朝，在吸纳周围各民族文化的同时，大力弘扬、发展和传播伊朗文化，因此伊朗文化具有强大的生命力和影响力。米底帝国曾占据西亚半壁河山，阿契美尼德家族建立的波斯帝国，是世界历史上第一个地跨欧亚非的大帝国，波斯帝国强盛时，两河流域、河中地区及印度河流域都属于伊朗，[①] 这些区域都受到伊朗文明的辐射。虽然今日伊朗的国界小于历史上帝国时期的国界，但是伊朗的文化边界远远大于今日国界。伊朗文化对今天的伊拉克、巴林、阿塞拜疆、亚美尼亚、土库曼斯坦都有影响，其文化边界甚至已达到南亚次大陆。

从宗教、技术、语言等的传播层面来看，波斯文明也具有辐射范围广、影响深等特点。在宗教层面，古代波斯帝国的国教琐罗亚斯德教（在中国称为“祆教”，也曾被穆斯林称为“拜火教”），是在基督教诞生之前中东和西亚最具影响力的宗教，它的部分教义与观点，对古希腊哲学、犹太教、基督教都有影响。在技术层面，波斯人发明的“坎儿井”技术、挂毯编织技术由中亚东传到中国新疆，军事上铁甲骑兵及其所用的运动战、反击战术西传到罗马帝国。在语音层面，安息帝国的影响也曾经北达伏尔加河流域。波斯语的使用范围广至阿富汗、塔吉克斯坦、克什米尔等国家和地区。

三、征服者的被征服与宗教融合

在中国历史上有一个很有意思的现象，那就是“征服者被征服”的演变，处于“中原”外围的游牧民族不断通过耕战手段强大起来，成为政治上的“征服者”，但当他们的铁蹄踏上中原大地后，往往在文化上会成为中华文明的“被征服者”。中国早期历史是游牧部落不断改为农耕村落的历史，中华文明正是在中原农耕世界与周边游牧世界的相互交往中不

---

① 王新中、冀开运著，彭树智编：《中东国家通史·伊朗卷》，商务印书馆，2002 年版，第 52 页。

断融合而成。从宗教层面来看，中国本土孕育出道教。佛教进入中国后，开始了本土化过程，对中国的民族心理和文学、艺术、建筑风格产生了深远的影响，但它并未取代原有的儒学思想，只是补充了社会的主流意识形态，并与儒家思想融合，产生了宋明理学。

无独有偶，伊朗史也是农耕民族与游牧民族相互交往的历史。雅利安人进入伊朗，属于世界历史上游牧民族对农耕世界的第一次大冲击，并由此改变了伊朗的语言、民族和宗教。马其顿亚历山大帝国在征服伊朗以后，在伊朗希腊化的同时，也不得不实行一些波斯化政策。安息帝国由北伊朗部落帕提亚人所建，在保留一些游牧氏族制度残余的同时，接受了波斯帝国的王权观念和行省制。阿拉伯人对古伊朗的征服属于游牧世界对农耕世界的第二次冲击。伊朗被伊斯兰化后，阿拔斯王朝的政治制度、经济制度、思想文化以及日常生活无不受波斯的影响。突厥人和蒙古人是进入伊朗的第三与第四批游牧民族。在统治伊朗的200多年间，蒙古人由于人数较少和文化相对落后，基本上已被突厥化、伊斯兰化和波斯化。帖木儿时代的蒙古人，其政治宗教信仰是蒙古—阿拉伯式的，法律体系是突厥—成吉思汗式的，文化是突厥—波斯式的。萨法维王朝（1502—1722年）的建立标志着以波斯人、阿塞拜疆人、土库曼人和库尔德人为主体的伊朗多民族共同体的形成，这一共同体以伊斯兰教什叶派教义为纽带，以融合了各种文化的波斯文化为基础，把各民族联合在伊朗这个统一的民族国家之内。[①]

从宗教层面来看，祆教由伊朗人的第一位伟大先知琐罗亚斯德创立，安息帝国时，伊朗东部祆教文化与西部祆教文化进一步结合。萨珊王朝时期祆教上升为帝国的国教，建立了一套完整的教阶制和经济制度，祆教祭祀成为特权阶层的重要宗教活动。但是，阿拉伯人征服伊朗后，伊朗开始了缓慢的伊斯兰化过程。[②] 伊朗人主动以阿拉伯语为工具、以伊斯兰教为指导、以波斯文化为基础，弘扬阿拉伯—伊斯兰文化，并成为阿拉伯—伊斯兰文化的主力军。从某种程度上讲，伊斯兰教是由阿拉伯人创立、由波斯人发扬光

---

① 王新中、冀开运著，彭树智编：《中东国家通史·伊朗卷》，商务印书馆，2002年版。

② 穆宏燕：《伊朗文化传统的双重性》，求是理论网，转载自《光明日报》，2013年8月12日，http://www.qstheory.cn/gj/gj/201308/t20130812_258556.htm。

大的。

四、近代相似遭遇与现代化历程

反对殖民主义、帝国主义和封建主义，是中伊两国人民近代以来面临的共同任务，因为近代以来两国经历了共同的历史遭遇。

一部中国近代史就是一部中国人民的斗争史和屈辱史。1840 年的鸦片战争是中国近代史的开端，之后经历第二次鸦片战争、中法战争、中日甲午战争、八国联军侵华战争，腐败无能的清政府被迫签订了一系列不平等条约，中国逐渐沦入半殖民地的深渊。1813 年 10 月 25 日伊朗被迫与俄国签订《古利斯坦条约》，标志着伊朗近代史的开端，欧洲列强通过与伊朗签订一系列不平等条约，使伊朗逐渐丧失了领土主权、司法主权、海关主权及经济主权。伊朗近代的恺加王朝腐朽不堪，不能维护国家主权和民族利益，伊朗国王在人民心目中已成为出国享乐、卖国求荣、专制残暴的"独夫民贼"。[①] 因为中伊两国人民有着相似历史命运，所以两国都能理解对方的民族屈辱感及民族自豪感。

作为第三世界国家，中伊两国的现代化进程都属于外源型。中国在 19 世纪后期启动了现代化进程：兴办现代工业，建立民主共和体制，废除科举制和实行新学制，引进西方科学技术，发展铁路、公路、航空等现代交通运输与通信事业，移风易俗。由于新的资本主义因素与商业化的缓慢增长，鸦片战争后不到百年，中国开放 105 个通商口岸城市（1930 年）；全国城镇人口从 2000 万人增至 5760 万人（1949 年）。到 1949 年现代工业在工农业中所占比重为 17%。阶级结构也发生变化，出现了新兴的无产阶级和资产阶级。[②]

伊朗的半殖民地地位激发了伊朗人民自强自立、救亡图存的强烈愿望，富国强兵的现代化改革是大势所趋、人心所向，而师从西方、赶上西方、战胜西方成为富国强兵的必然选择。伊朗王储阿拔斯·米尔扎长期充当对俄战争的伊军统帅，军中经常雇佣英国军事专家，所以他对欧洲新文明及

---

① 邓宁：《伊朗的民主困境》，《哈尔滨学院学报》2010 年 6 月，第 100 页。

② 杨兴礼、冀开运等：《现代中国与伊朗关系》，时事出版社，2013 年版，第 73—83 页。

欧洲军政情况很了解，是伊朗第一个“开眼看世界”的上层统治者。1848年阿米尔·卡比尔出任伊朗首相后，开始建立高效、分工明确的官僚机构；取消冗长乏味的官员称呼；禁止官员受贿；设立专门财政机构，制定合理的税收制度；促进伊朗国内贸易发展，鼓励国内工匠仿制国外产品；派遣伊朗学生去欧洲学艺；在伦敦、圣彼得堡和伊斯坦布尔建立公使馆；在欧洲教官的帮助下，按照欧洲模式组建正规部队，聘请欧洲教官来伊教学。

随着新式技术专科学校的创立，伊朗学生出国留学、伊朗官员出访欧洲以及伊朗商人去欧洲经商，欧洲的科技渐渐传到伊朗，伊朗兴起了学习外语的浪潮，有关几何学、地理学、自然科学、医学、军事学等学科的译著纷纷出现。随着外国习俗在伊朗的盛行，一些城市上层人士喜欢穿西服，戴领带，吃西餐；烟草、罂粟、土豆及其他非本土的植物和花卉在伊朗推广种植。与此同时，伊朗封建王朝成立内政部、司法部、教育部、邮电部，促进了行政机构的专业化分工，也提倡西方化，司法世俗化。①

由此可见，伊朗现代化开始于军事现代化，由开明的上层领导、出国留洋的知识分子和企业家领导，先从物质层面开始，渐渐深入到制度层面及价值观层面。这与中国现代化的发展步调近乎一致。

从以上中伊两国历史文化的四大共性中可以看出：中国和伊朗这两个伟大的民族，都具有历史的自豪感、历史上的自信心。两个伟大的民族都有近代史上的耻辱感，都有在现代化中强国富民的紧迫感，都面临着弘扬传统文化，同时借鉴、吸收西方先进文化的选择性。因此，中伊两国完全可以相互理解、互相借鉴、相互支持，共同促进两个文明古国的重新崛起，共同创造一个和谐的、公平的、正义的新世界。

第二节　中国与伊朗人文交流的历史梳理

一、“丝绸之路”与古代中伊文明交流

古代丝绸之路是沟通中伊交往的桥梁，自古以来两国就开展了丰富的

① 杨兴礼、冀开运等：《现代中国与伊朗关系》，时事出版社，2013年版，第73—83页。

商业沟通和文化交流活动。伊朗古称波斯、安息，地处葱岭以西，是横贯亚洲陆路的要冲。伊朗位于“丝绸之路”的重要地段，是中国通往欧洲的必经之地，因此它是“丝绸之路”上重要的中转站。中国的丝织品、陶瓷、茶叶等货物运往地中海等地，都免不了经过波斯商人的运输。同时，西方及波斯的大批商人将他们的物产如动植物、矿石等运销中国。

张骞通西域后，汉朝派往西亚的使团很多，他们每到一处都受到热烈欢迎和款待。安息王曾派二万骑兵到东部边界木鹿迎接汉朝使节。我国文献中关于西汉和安息两国政府正式建立友好关系的第一次记载见于《史记》卷一二三《大宛传》：

> 安息在大月氏西可数千里。其俗土著，耕田，田稻麦，蒲陶酒。城邑如大宛。其属小大数百城，地方数千里，最为大国。临妫水，有市，民商贾用车及船，行旁国或数千里。以银为钱，钱如其王面，王死辄更钱，效王面焉。画革旁行以为书记。其西则条枝，北有奄蔡、黎轩。……骞因分遣副使使大宛、康居、大月氏、大夏、安息、身毒、于窴、扜罙及诸旁国。……初，汉使至安息，安息王令将二万骑迎於东界。东界去王都数千里。行比至，过数十城，人民相属甚多。汉使还，而後发使随汉使来观汉广大，以大鸟卵及黎轩善眩人献于汉。①

公元148年，安息国王满屈的王子安世高（即安清）来到中国，游历广州、庐山、扬州、洛阳等地。他知识渊博，通晓天文、地理和艺术，还精通梵文，来中国后很快学会汉文，并在中国从事佛经翻译工作多年，把梵文经书译成汉文，如《道地经》等共39部。他对传播佛教以及中伊、中印文化交流作出很大贡献。

萨珊王朝取代安息王朝时，正值中国东汉王朝瓦解，形成魏蜀吴三国鼎立的局面，此时中国与波斯交往甚少。后来北魏于公元439年统一中国北部，萨珊王朝与中国的交往又逐渐增多，双方多次派使节互访。

唐代是两国交往最频繁的时期。隋末唐初，波斯萨珊王朝末代国王叶

---

① 司马迁：《史记》，卷一二三《大宛传》，中华书局，1982年版。

兹德盖特三世被入侵的阿拉伯人打败，战死在马鲁，统治波斯430年的萨珊王朝灭亡。公元651年，叶兹德盖特三世的儿子卑路斯带着王室人员及部下来到唐朝首都长安避难，最后逝世于长安。直到今天，在唐高宗李治和武则天陵墓的石雕群里还有卑路斯王子石像。唐朝名将李元谅是波斯血统人，少年从军，勇敢多谋、智勇双全，在宫廷任侍卫，后被封为上将军。李氏三兄妹李玹、李珣、李舜弦，都是客居中国的波斯侨民，出身于香药之家，善于提炼和配制药物，擅长诗画。李珣是唐末诗人，人们称他为“李波斯”，《全唐诗》里收集他的诗三首，词五十四首。另外，他用汉文写了珍贵的药书《海药本草》，记载了许多民间常用药物，明朝李时珍在撰写《本草纲目》时就曾引用过这本书的材料。唐代中国和波斯之间的频繁交往，还可以从我国另一本史书《册府元龟》中看出一斑。

宋元时期，中国和波斯文化交流也很活跃。宋朝时，随着海上交通的发展，很多波斯、阿拉伯商人乘船来中国做生意，当时广州、泉州、扬州等地是对外贸易的重要港口。中国政府为他们特设“蕃坊”（外侨居住地）、“蕃学”（外侨子弟学校），兴建清真寺，对外侨实行保护政策。他们出入境完全自由，因而大大促进了外贸事业的繁荣。

元朝时期，中国与波斯无论是官方交往还是民间交流，都十分频繁。在官方层面上，两国政府互相协助对方使节编撰史料。在民间层面上，以大旅行家汪大渊为例，他根据出海游历的所见所闻写了《岛夷志略》，记述了中东包括波斯地区的风土人情、服装饮食、土特产及市场交易情况等。

明朝时期，双方政府互相派遣使节，中国与波斯交流达到新的高峰。我国使者陈诚访问波斯后写的《使西域记》，都是中伊友好交往史上的珍贵史料。“郑和下西洋”是将两国交流推向高峰的关键性事件，对各国文化交流起了很大作用。郑和七下西洋，于永乐十年（1412年）、永乐十五年（1417年）、永乐十九年（1421年）三次访问伊朗，每次到达忽鲁谟斯，照例呈上国书和礼品，并把载去的瓷器、丝绸、锦绮、纱罗、铁器和金属货币同当地人交易。忽鲁谟斯王也四度遣使携带表文和土特产来华报聘和贸易。[①] 中国使者出访回国后所撰写的著作，如马欢的《瀛涯胜览》、费信的《星槎胜览》、巩珍的《西洋番国志》等，记述了波斯的政治制

---

① 何跃：《唐宋元明时期的中国伊朗关系》，《云南教育学院学报》1997年第6期。

度、经济生活、文化艺术、宗教信仰和风土人情等,[①] 折射出历史上中伊两国经济与文化交流通过“丝绸之路”已达到鼎盛的事实。

二、中伊现当代文化交流

新中国成立后，中伊两国关系进入发展新阶段。建国初期，由于伊朗巴列维政府奉行“亲美反华”政策，不仅不承认新中国，而且还与台湾建立了“外交关系”，中伊间的对峙关系始终未能突破。直到20世纪60年代中期开始，两国基于对苏联海湾地区霸权扩张的共同担忧和拓展各自国际生存空间的相似愿望，中伊关系才开始由对峙逐渐走向缓和。[②] 1971年8月16日，中伊两国政府各自驻巴基斯坦大使在伊斯兰堡签署中伊建交联合公报，中伊正式建立外交关系，伊朗承认中华人民共和国是“中国的唯一合法政府”，中国则表示支持伊朗“保卫其国家资源的正义斗争”。1985年前后，两国关系开始真正长足发展，在学术研究、文化交流、宗教联系、互派留学生等方面取得了显著成效。

（一）学术研究

新中国的伊朗学研究从翻译开始，发展到论文、专著与译著并行，文学、历史、宗教研究成果丰硕。对现代伊朗的研究，虽然起始于20世纪初期，但在20世纪80年代才开始真正进入高潮时期，到2010年，取得的研究成果超过1500项，学术研究机构有50余家。值得一提的是，20世纪90年代中国对伊朗研究取得了很大的发展：首先，当代中国对伊朗的研究从翻译开始。如张鸿年翻译的《伊朗文化及其对世界的影响》[③]、叶奕良翻译的《伊朗通史》[④] 等。其次，中国学者已从名著翻译发展为学术研究。中国学者在《历史研究》、《世界宗教研究》、《世界历史》、《外

① 张铁伟：《“丝绸之路”与中国和伊朗历史上的友好交往》，《西亚非洲》，1981年第4期，第47页。

② 陈俊华、杨兴礼：《新时期中国—伊朗关系的战略定位分析》，《世界经济与政治论坛》，2009年第2期，第71页。

③ ［伊朗］萨法著，张鸿年译：《伊朗文化及其对世界的影响》，商务印书馆，2011年版。

④ ［伊朗］阿宝斯·艾克巴尔·奥希梯扬尼著，叶奕良译：《伊朗通史》，经济日报出版社，1997年版。

国文学评论》等杂志发表一批高质量的论文，特别是中国社科基金大力支持伊朗学研究，从《伊朗通史》（1987 年）、《祆教史》（1998 年）、《伊朗白色革命研究》（1989 年）到《中国伊朗关系史》（2010 年）、《伊朗核危机演变趋势与中国能源安全及其对策研究》（2010 年）等。最后，伊朗学研究内容日益广泛深入，中国伊朗学的研究水平受到国际社会和伊朗的认可。①

（二）文化交流

中伊两国政府、学术界之间的文化往来深入发展。1997 年，在中国举办了“伊朗文化周”，1999 年，在伊朗举办了“中国文化周”。此外，两国的宗教、艺术和体育代表团经常进行友好互访，并有学者访问和留学生交换培养等项目。

中伊政府间已经签订《中伊文化和科学技术合作协定》、《中伊两国广播电视合作计划》及《文化交流执行计划》等多个文件。这些政府文件成为推动、指导两国文化科技交流的法律保障。2008 年 12 月 23 日，“中国伊朗友好协会”在北京成立，陈昊苏任中伊友协会长，中伊双方还签署了《中伊民间友好合作宣言》，《宣言》同意以“中伊关系研讨会”为平台，加强两国各领域友好交流，标志着中伊文化交流将在专业化和综合化的基础上，规范化、多样化、高效化地开展。②

相较于伊朗学在中国发展的蔚为大观，汉语教学与传播在伊朗极为贫乏，直到 1997 年伊朗国立沙希迪—比赫什体大学人文学院正式开办了中文系，才填补了伊朗高校汉语教学的空白。2009 年 1 月 12 日，由伊朗德黑兰大学和中国云南大学联合创建的伊朗第一家孔子学院在德黑兰大学外语学院成立。③

（三）宗教联系

中国伊朗宗教联系的核心内容是与伊斯兰教和穆斯林的关系，而

---

① 冀开运：《伊朗学在中国》，《光明日报》，2012 年 5 月 17 日。

② 徐焱：《中国伊朗友好协会成立》，《友声》，2009 年第 2 期。

③ “伊朗第一所孔子学院揭牌”，新华网 2012 年 1 月 12 日，http：//news. xinhuanet. com/newscenter/2009 - 01/12/content_ 10647373. htm。

“波斯因素”又是中国伊斯兰文化的重要特征之一。中国伊斯兰教的四大门宦——哲赫忍耶、虎夫耶、嘎德忍耶、库布忍耶，虽然属于苏菲派，与伊朗传统的什叶派歧义甚大，但追溯其宗教渊源，可发现这四大门宦的发生与发展都与波斯的什叶派有着或多或少的联系。伊朗驻华大使迈赫迪·萨法里表示，伊斯兰教是一个和平、安宁和友好的宗教，两国应进一步努力加强文化和宗教界的关系。中国国家宗教局局长王作安认为要加强伊斯兰与其他宗教对话，特别是伊斯兰与基督教对话方面发挥的作用值得赞赏。一些人打着伊斯兰的旗号进行暴力活动，还有一些人将伊斯兰教说成是暴力的宗教，这些人的行为与伊斯兰教义相矛盾，中国对此类行为表示谴责。①

（四）互派留学生

传承和发展中伊关系的重任将由两国的年轻人来承担，青年学生是两国关系的未来和希望。但是中伊之间相互派遣留学人员的规模还很小。以2005年为例，中国接受伊朗留学生144人，其中长期生136人，短期生8人，同年中国接受外国留学生140677人，伊朗学生只占中国接受留学生总人数的0.1%。显然，两国在互派留学生方面开展交流的道路很长，合作的前景很广阔。②

第三节　中国对伊朗人文外交的反思与展望

梳理中伊两国两千多年的人文交往史后发现，起步于“丝绸之路”的中伊人文关系呈现出“历史悠久、成就巨大、官民并举、文经互补”等显著特征。但目前的发展现状并不尽如人意，甚至因“厚古薄今、官强民弱、浅尝辄止”而造成“不冷不热”的克制态势，其原因极为复杂，但受诸多制约性因素的牵制则是显而易见的事实。

---

① 驻伊朗使馆经商处，2011年8月23日，http：//ir. mofcom. gov. cn/aarticle/jmxw/201108/20110807707997. html。

② 杨兴礼、冀开运等：《现代中国与伊朗关系》，时事出版社，2013年版，第209页。

一、中国对伊朗人文外交中的主要制约因素分析

影响中伊人文关系的制约因素主要包括：政治因素、意识形态因素、经济因素、文化因素、国际组织因素等。

第一，政治因素。一是指中国、伊朗国内政治对其外交的影响：我国的外交战略可概括为“大国是关键，周边是重点，发展中国家是基础，多边是舞台”。中国重视处理好同各个大国的关系，与周边各国建立共同利益，在广大的发展中国家中夯实基础，并在国际舞台上扮演多边合作的角色。在这个战略思想指导下，由于伊朗既不是大国，也不与我国接壤，甚至还被美国贴上了“邪恶国家”的标签，中伊双边外交在我国外交重要性的排序上难获重视。同时，伊朗国内因为“伊核问题”等致力于打破西方封锁、发展民族经济，在中伊人文交流问题上可谓“无暇东顾”。二是指国际体系转型之际的全球政治对中国、伊朗外交的影响。目前正是国际体系面临转型的关键时期，各国正在进行大的战略调整，如美国的战略东移等。针对中国外交面临的新形势，与中国自身实力的全面提升及其外溢效应，中国面临着各种新的挑战。同样，就伊朗目前的国内与国际形势来看，需要破解的难题也有很多。

第二，意识形态因素。由哲学、宗教、道德、价值观、人生观等所组成的意识形态对外交有着潜移默化的影响。就中伊两国而言，伊斯兰意识形态与社会主义意识形态间的分歧也会影响双方的人文交流，并在外交决策者、外交目标、外交模式及社会舆论等方面得以呈现。在伊朗全国人口中，波斯人占66%，阿塞拜疆人占25%，库尔德人占5%，其余为阿拉伯人、土库曼人等少数民族。官方语言为波斯语。伊斯兰教为国教，98.8%的居民信奉伊斯兰教，其中91%为什叶派，7.8%为逊尼派。什叶派的一个显著特点是悲情主义和所谓弥赛亚（救世主）情结，常常表现出很强的宗教情怀。因此，什叶派主导的伊朗能否在世俗化时代潮流中顺利融入国际社会，成为伊朗应对全球化、参与国际合作的重要挑战。

第三，经济、文化与国际组织因素。首先，经济是外交的基础、主流和先导，在中伊人文关系中，经济因素亦很重要，尤其是“走出去”的中国企业已成为中国国家形象不可或缺的建构主体之一，并对中伊人文关

系产生了越来越重要的作用。其次，考虑到文化因素的方面：北京奥运、上海世博等文化交流推进了中伊人文交流，“丝绸之路”所累积的人文传统在一定意义上影响甚至限制了当代中伊双边人文外交的内涵与途径，文化差异则成为深化中伊人文交流的阻碍性因素。最后，国际组织因素：作为分别为发起国、观察员国的中国、伊朗，上合组织将中伊关系由双边带入多边，并在扩大外交外延、规范外交行为、提供外交舞台、协调外交行动等方面影响了中伊两国外交，并因上合组织历经从能源、金融、反恐及禁毒等领域合作向科技、教育、旅游等人文领域合作的转型发展，更对中伊双边人文关系产生了深远影响。

二、中伊双边人文外交面临重大发展机遇

第一，伊朗是中国“丝路战略”中的天然合作伙伴。

“丝绸之路”是和平之路、合作之路和友好之路，它是沟通中国与伊朗交往的纽带之一。作为“丝绸之路”上的重镇，伊朗不仅沟通着古代中国至地中海沿岸乃至欧洲的商业、技术、文明的传播，更由于其重要的地缘战略位置与互补优势，在当今中国的中东外交与中东政策的制定中具有特殊性与重要性。

伊朗曾通过塔吉克斯坦寻求加入上海合作组织，如今也面临中国构建“丝路战略”利好，两国人文交流合作大有作为。“丝路战略”是合作发展的理念和倡议，将充分依靠中国与有关国家既有的双多边机制，借助既有的、行之有效的区域合作平台。无论是“丝绸之路经济带”还是“21世纪海上丝绸之路”，都以经济合作为基础和主轴、以人文交流为重要支撑，开放包容的合作理念蕴含其中。

习近平主席倡导共建“丝路战略”，已得到上合组织各国领导的认同与响应，不仅不会与上海合作组织、欧亚经济联盟、中国—东盟（“10 + 1”）等既有合作机制产生重叠或竞争，还会为这些机制注入新的内涵和活力，以通过一揽子合作产生“一加一大于二”的整合效应。

中国与伊朗因为“丝绸之路”这一特殊的地缘纽带联结起来，历史上的丝绸之路主要是商品、文化互通有无，今天中伊合作与发展面临着巨大机遇：继承古丝绸之路开放包容与合作精神开展合作，进一步扩大合作

项目与人员交流。各类合作项目和合作方式，都旨在将政治互信、地缘毗邻、经济互补的优势转化为务实合作、持续增长的优势，目标是物畅其流、政通人和、互利互惠、共同发展。在此过程中，中国将坚持正确的义利观，道义为先、义利并举，向发展中国家和友好邻国提供力所能及的帮助，真心实意帮助发展中国家加快发展。中国将不断增大对周边的投入，积极推进周边互联互通，探索搭建地区基础设施投融资平台，不断拓展同世界各国特别是周边国家的互利合作。①

第二，中国与伊朗都完成了政府换届，新战略下的新外交举措，均为扭转现状、深化彼此人文关系带来了新机遇，值得期待。

为了长远地巩固中伊关系，也为了抵御宗教极端主义、恐怖主义和分裂主义，中国应当充分调动并向伊朗传播越来越丰富的软实力资源——历史文化资源、经济技术资源、社会价值和发展模式资源、外交影响力资源等，重视对伊朗的软实力外交。古代丝绸之路展现的和平、友好、开放、包容、互利共赢的精神，是中国人民的精神财富，同时也是全世界的非物质文化遗产。"丝路精神"是中国贡献给世界的公共产品，也是无形的软实力资源。为深化双边人文关系，我国应深入挖掘这笔丰富的精神财产，践行"亲、诚、惠、容"外交理念，寻求对伊朗开展人文外交的新思路与新方法。

中国要重视培养伊朗的知华、爱华人士，营造对华友好氛围。伊朗一直以来重视资助中国留学生到伊朗留学，目的是要让更多的中国人了解伊朗，提高中国人对伊朗的亲近感、认同感。伊朗还对一些从事伊朗研究的中国学者、机构提供一定的支持，对发展中伊关系起到了推动作用。相比之下，中国对伊朗的人员、资金、设备等财物投入力度亟须加大，支持更多伊朗人特别是伊朗年轻人到中国学习，让更多的伊朗人了解中国，让中伊友好代代相传。

中国应继续大力向伊朗介绍涉及历史、文化、艺术、体育、医疗、科技等各领域成果，并在伊朗建立相关学术机构，以扩大中国与伊朗的人文交流。同时，可以适当把中国的名牌商品、名牌产品、名牌企业、知名企业家、知名科学家、知名文化体育人物、知名艺术家等介绍给伊朗，使之

---

① 钟声：《开放包容，携手发展谋共赢》，《人民日报》，2014年2月26日。

逐渐深入伊朗人心。

还应加强中国传统文化与和谐外交理念在伊朗的传播。中国传统思想是我国软实力的重要精神内核，其强调诚实、勤劳、博爱、中庸等不仅是中国文化的精华，也是东方文化的集中体现，其宏大的内涵远远超越了单纯的汉语中文的传播。中国不光谋求自身的利益，也支持伊朗的发展，致力于世界和平与繁荣，缓和国际紧张局势，妥善解决国际重大问题，发展与不同文明不同制度国家之间的关系，通过对话协商消除分歧、增进合作。①

中伊两国一直秉承着古代丝绸之路的包容互鉴、求同存异的精神，中华文明与波斯文明这两大文明体系的价值观念通过人文交流得以沟通，中伊两国意识形态与历史痼疾通过人文交流转向冰释前嫌、携手共赢的新局面。在新的时代背景下，尤其是倡导“丝路战略”的现实背景下，中伊双边人文外交所肩负的价值沟通、增信释疑，以及培养反恐共识的重要使命性更加凸显。伊朗方面也迫切需要在中亚寻求共识，破解西方制裁所致的困境。中伊双方在“丝路战略”机遇下展开经贸合作、人文交流，不仅将形成“命运共同体”，一起应对各种风险，还将促进双方安全合作，促进地区和世界的和平稳定与发展。

① 杨兴礼、冀开运等：《现代中国与伊朗关系》，时事出版社，2013 年版，第 280 页。

第十一章　中国对以色列的人文外交

第一节　中以人文交流的历史梳理

犹太民族同中华民族一样拥有悠久的历史和灿烂的文化，中国是远东唯一一个犹太人生活超过千年的国家。[①] 古代中犹交往最早可追溯至汉唐时期，犹太人随贸易商队经“丝绸之路”进入中国，此后陆续有犹太人通过陆上丝路或海上丝路来到中国，其中大部分人以经商为主。“据记载，犹太人向北宋皇帝进贡西洋布，宋帝甚喜，对他们说：‘归我其中，遵守祖风，留遗汴梁。’从此，犹太人便开始在开封定居下来了。”[②] 开封犹太社区修建了犹太会堂，并在明朝达到鼎盛时期，“有五百余户，人口多达四、五千人”[③]。

1840 年鸦片战争的爆发，拉开了近代中犹交往的序幕。当时，大部分塞法尔迪（Sfaradit）犹太商人选择来中国经商，久而久之在上海、哈尔滨等地形成一定规模的犹太社团，“到 20 世纪 20 年代时，上海以塞法尔迪犹太商人为主的社团最多时大约有 700 至 800 人，共有三座犹太会堂，保持着正常的宗教生活”。[④] 此后，阿什卡纳兹犹太人（Ashkenazim）也纷纷从东欧、俄国等地来到哈尔滨，并逐渐扩散至整个东北地区。二战期间，两万余名犹太难民为逃避德国法西斯的迫害逃至上海，并于 1943 年在上海市虹口区建立“犹太难民隔离区”。自鸦片战争至二战结束的百年间，超过四万名犹太人出于经商或逃难目的来到中国。[⑤]

---

① Melvin Ember，Carol R. Ember，Ian A. Skoggard，*Encyclopedia of diasporas：immigrant and refugee cultures around the world*，Vol. 1，New York：Springer 2005，p. 153.

② 肖宪著：《中东国家通史以色列卷》，商务印书馆，2001 年版，第 304 页。

③ 同上，第 305 页。

④ 同上，第 307 页。

⑤ Melvin Ember，Carol R. Ember，Ian A. Skoggard，*Encyclopedia of diasporas：immigrant and refugee cultures around the world*，p. 155.

中国在二战期间为犹太难民提供的庇护至今为犹太人所铭记，在几代犹太人心中留下美好印象，培养了大批“友华人士”，其中不仅包括以色列普通民众，也包括高层领导人、商人、学者等精英阶层，为中以关系打下一定的感情基础。2004 年，时任以副总理兼工贸部长的奥尔默特（Ehud Olmert）访华时专程访问了被其称为“第二故乡”的哈尔滨。2007 年，当他以总理身份再次访华时表示，他的家庭也有着难以割舍的“中国情结”。他的祖父 1917 年移居哈尔滨，并一直生活在那里，去世后被安葬在哈尔滨犹太公墓。他的父母也都在中国长大，并于 20 世纪 30 年代离开中国，移居到现在的以色列。奥尔默特说：“我父母都在中国长大。在我小的时候，我父母经常给我讲他们在哈尔滨和齐齐哈尔的生活经历。那时，我父亲是当地一个学校教师，用中文教中国孩子历史。中国文化已经成为我们家庭传统的一部分，也是我在以色列童年时代最初的记忆。”①

以色列是中东地区第一个承认新中国政权的国家，但由于种种原因，两国在 20 世纪 50 年代初曾错失了两次建交机会，并一度中断往来，直到 1992 年才正式建交。新中国成立后对以色列人文交往主要分为以下几个阶段：

第一阶段：冰冻期（新中国建国至 20 世纪 70 年代末）

出于自身战略考量、执政党的社会主义背景等因素，1950 年 1 月 9 日，以色列外交部长摩西·夏尔特（Moshe Sharette）致电周恩来总理，表示以色列政府决定承认新中国政府为中国合法政府并表达了建交的愿望，成为中东地区第一个向新中国抛出“橄榄枝”的国家。对此，周总理回复表示“欢迎与感谢”。但由于“美国因素”与“阿拉伯因素”对中以两方均存在重要影响，结合当时中国“一边倒”的外交政策，以 1955 年万隆会议为标志，中国选择了阿拉伯阵营而疏远了属于美国阵营的以色列。这一选择不仅使中以两国错过了建交的黄金时机，双边关系更是从此降至冰点、渐行渐远，几乎中断了所有来往。因此，两国在教育、科技等领域基本没有交往，为数不多的文化交往主要由以色列共产党来推

① 新华社：“奥尔默特：以中关系发展令人欣喜前景广阔”，2007 年 1 月 7 日，http://news3.xinhuanet.com/world/2007-01/07/content_5574958.htm。

动，如以色列共产党所属的希伯来语报纸《人民之声》（Kol HaAm）将中国作家、诗人的作品介绍给以色列读者，其中包括鲁迅的小说，反映中国新一代知识分子参加革命的情况。该报每期约发行5万份。[①] 以共还与中国科学院保持来往，并组织中以两国共产主义青年会议和中国、以色列、东欧国家运动员会议。[②] 自20世纪70年代起，中以两国关系稍有回暖迹象，如以色列一直坚持“一个中国”的政策、1971年新中国重返联合国的投票中以色列投了赞成票等。但总的来说，自新中国建国至20世纪70年代末，鉴于当时的国际、国内形势以及两国的外交政策等因素，新中国对以色列没有开展人文往来的契机与条件。

第二阶段：回暖期（20世纪80年代初至90年代初）

20世纪80年代初，我国内政、外交政策发生了一系列重大调整，开始采取“改革开放”的经济政策和“独立自主”的外交政策，对两国关系也产生了一定影响。中以关系在80年代初开始回暖，“至80年代中期，两国签订了一系列未公开的合约，中国亦表达了对以色列农业、太阳能、道路建设等方面专家的兴趣；关闭十年之久的以色列驻香港领事馆也在1985年重开以处理两国不断增长的贸易往来”[③]。1988年至1989年的短短两年间，我国成立了上海犹太学研究会、以色列·犹太研究中心、同济大学社会与文化研究所犹太研究室、南京犹太文化研究室[④]等学术研究机构，从事以色列研究、犹太研究，以促进中以相互了解以及学术领域的交流互动。在这一时期，虽然中以尚未建交，但是伴随两国经贸往来的增多和政治关系的发展，中国对以色列的人文外交也逐渐开始萌芽，为日后以教育交流、科技农业合作为主的中以人文外交打下了基础。

第三阶段：发展期（中以建交至今）

1992年1月，中国和以色列正式建交，随后，中以人文交往在教育、

---

① 高斯坦主编，肖宪等译：《中国与犹太—以色列关系100年》，中国社会科学出版社，2006年版，第108、112页。

② Jonathan Goldstein, *China and Israel, 1948 - 1998: A Fifty Year Retrospective*, Preager Publishers, 1999, p. 90.

③ Ibid, p. 53.

④ 任继愈主编：《20世纪中国学术大典宗教学》，福建教育出版社，2000年版，第29页。

科技、农业、旅游等多个领域迅速启动，签订多项合作协议，取得了可喜的进展。尤其，进入21世纪后，两国高层领导人互访频繁，对推动中以官方合作起到重要作用。此外，民间轨道的中以人文交往也蓬勃发展，以方民间组织成熟的运作模式很大程度上起到了引领作用，为我方提供了可资借鉴的宝贵经验。

总体而言，中以建交20周年来，以"官方为主、民间为辅"为特色的中国对以色列人文外交日趋成熟且成果显著。值得一提的是，以色列丰富的公共外交经验在一定程度上缩短了两国之间各项合作工作的磨合期，推动了新中国对以色列人文外交的开展。

第二节 中国对以色列人文外交的主要项目

一、以优势互补为特征的农业、科技合作

中以农业、科技合作是最能体现中以两国"优势互补"的领域，也是我国对以色列人文外交重要的组成部分。以色列国土面积狭小，自然条件恶劣，且大部分土地为沙漠，不适宜耕种。为解决粮食供给问题，以色列自建国起便大力发展本国农业技术，在水资源利用、滴灌技术、无土栽培、农作物品种改良、奶牛饲养等方面不断创新，达到世界领先水平。1957年，以色列成立国际发展合作中心（简称MASHAV，马沙夫），该部门隶属于以色列外交部，专门负责拓展以色列对外农业、社会、环境合作。

由于我国中西部干旱地区的自然环境与以色列具有很大程度的相似性，自1992年中以建交起，两国一直保持密切农业合作：一方面，以色列先进的农业技术得以出口；另一方面则满足我国发展西部、改善该地区农业环境的现实需求，成为两国各合作领域中互利共赢的典范。其中，在官方渠道中，马沙夫扮演重要角色，20年来不断与中国分享成功经验和技术，并通过课程培训、代表团互访、举办研讨会、建立示范项目、培训中心等方式开展合作。据以色列官方统计，"每年都有数十名学员赴以参加国际培训，若干中国代表团访问以色列，及

3000—4000名中方技术人员参加在中国各地举办的30—40个实地培训班"①。

表1：中国—以色列农业合作项目一览表②

时间	合作项目
1993	中国—以色列国际农业研究培训中心
1998	"干旱、半干旱地区节水农业"合作项目（陕西）
1999	"野生花卉资源"合作研究项目（云南）；中以两国农业合作暨中以国际农业研究培训中心成立六周年研讨会；北京中以示范农场（至2003年）
2000	中以双边节水农业国际学术研讨会；中以云南花卉培训中心
2001	北京中以示范奶牛场
2002	中国—以色列旱区农业示范培训中心（2008年起交由当地政府管理）
2008	中以农业合作周
2010	中国—以色列"昆明水资源保护、管理与可持续利用合作项目培训"
2011	妇女和可持续发展国际论坛；奶牛数据分析研讨班；乳业生产管理研讨班

通过梳理中以农业合作的具体项目（参见表1）可归纳出以下特点：

首先，两国农业合作不仅领域众多，并且超越了单纯的农业技术交流，融入"可持续发展"思想，既帮助推动我国传统的农业生产理念的提升，也符合我国实现"科学发展"的长期目标；其次，两国农业合作针对性较强，在不同区域展开不同项目，如在中西部干旱地区，主要集中在促进水资源供给和合理配置、农产品种植等实际操作方面的合

① 以色列驻广州领馆："马沙夫·活动安排"，http：//embassies. gov. il/guangzhou/Mashav/Mashav/Pages/event. aspx。

② 资料来源：由以色列驻华使馆："马沙夫在华活动"（http：//embassies. gov. il/beijing/mashav/Pages/马沙夫在华活动 . aspx）及中华人民共和国驻以色列国大使馆："中以科技合作简况"（http：//il. china-embassy. org/chn/zygx/kxjs/t159022. htm）整理而成。

作，而在较发达地区则侧重于开设技术培训中心、举办研讨交流活动等理论方面的工作；最后，中以农业合作项目的周期长短结合，马沙夫每年都会举办为期1—2周的短期集中培训项目，同时也在华开设了类似中以农业研究培训中心、中以示范农场等长期项目，在实际操作过程中既能够满足培训工作的时效性，又能够杜绝合作项目“治标不治本”现象的发生。

除农业合作外，中以两国在科技领域的交流与合作近年来越来越受到两国官方和民间双重渠道的重视，同中以农业合作一样，“互利共赢”的特点成为中以人文外交的另一组成部分。在科研基金方面，1995年10月22日由原国家科委与以色列科学艺术部签署《关于建立科学与战略研究开发基金协议》，并于1997年1月正式启动。2007年，中国国家自然科学基金委与以色列科学基金会签署了“科技合作谅解备忘录”，涉及中以生物、农业和水资源等领域合作的内容。经过五年的磨合与洽谈，双方宣布正式启动“中以新合作研究计划”，以方每年将对我国10个符合要求的项目进行资助。

此外，2012年9月由以色列海法市政府牵头召开“中以高科技峰会”，涉及电信通讯、医疗保健、清洁能源等多个新兴科技产业，旨在“为中国代表团与以色列高科技产业进行投资与合作搭建一个良好的沟通平台。该峰会专为中国市场而设，以促进以色列与中国高科技产业之间的合作”[①]。以上事实既是中以科技合作现状的缩影，也折射出两国科技合作已在学术研究和实际应用领域取得快速发展的现实，更为探索“全方位、多层次、宽领域”的中国人文外交提供了经验、拓展了思路。

二、以留学生项目为主的教育交流

自1992年建交起，中以两国不断深化开展教育交流与合作，签订多

① 以色列驻华使馆商务处：“中以高科技峰会”，2012年7月25日，http：//itrade. gov. il/china/？tamat_ events =% e4% b8% ad% e4% bb% a5% e9% ab% 98% e7% a7% 91% e6% 8a% 80% e5% b3% b0% e4% bc% 9a – china – israel – hi – tech – investments – forum – 20120910 – 11。

项教育合作协议[1]，在留学生互换项目、高校代表团互访、两国语言教育教学等领域均取得了全面的发展和丰硕的成果。自1993年开始，两国政府每年互换5名学生，从1998年起，以政府高教委又提供5名单向资助来以攻读博士学位和博士后研究奖学金名额。目前，在以色列攻读博士、硕士学位和从事博士后研究以及访问学者的各类（包括国家公派、单位公派、自费）留学人员有300余名。近年来，以色列也先后有100多名留学人员到我国学习和搞研究。[2] 其中南京大学犹太文化研究中心、上海外国语大学中东研究所等高校学术研究机构每年定向向以色列特拉维夫大学、希伯来大学派出硕士、博士、博士后进行为期一年的学习，促进中以双方精英阶层的学术交流。进入21世纪，2000年两国签订《中华人民共和国教育部与以色列国教育部教育合作协议》，从代表团交流、留学生交流、学术交流、语言教学、教育研究、互认学位、学历等方面对两国教育合作制订了更细致的计划。

除留学生、互换生项目和教育代表团互访外，积极推动并开展在以色列的汉语教学工作也是中以教育交流与合作中的重要组成部分，是中国对以色列人文外交的重要一环。以色列教育部长萨阿尔表示："以色列政府看重与中国的友好合作关系，重视在以的中文教学，教育部已经决定把中文列入以色列大学和中、小学课程，鼓励更多的学生学习中文。"[3] 2007年5月28日，国家汉办与以色列特拉维夫大学正式签署合作建立孔子学院的协议，在以色列建立了第一所孔子学院，并在当地两所中学、三所小学开设孔子学校。2012年9月13日，国家汉办主任、孔子学院总部总干事许琳亲自赴以，与特拉维夫大学副校长夏爱伦（Aron Shai）签署"中

---

① 据中华人民共和国驻以色列国大使馆："中以教育交流"（http：//il. china-embassy. org/chn/zygx/whys/t159028. htm），中以两国签订的教育合作协议主要包括：1995年3月，以色列原教育文化体育部长率以色列政府教育代表团访华，与原国家教委签订了《教育合作意向备忘录》；1996年3月，我国中国大学校长代表团访问以色列，分别与以色列7所大学签订了《合作谅解备忘录》；2000年4月，陈至立部长率中国教育代表团成功访问以色列，与以色列教育部长共同签署了《中华人民共和国教育部与以色列国教育部教育合作协议 》。

② 中华人民共和国驻以色列国大使馆："中以教育交流"，http：//il. china-embassy. org/chn/zygx/whys/t159028. htm。

③ 中华人民共和国驻以色列国大使馆："中国驻以色列大使高燕平出席以色列第二次汉语教学研讨会暨首次汉语教材展"，2011年9月27日，http：//il. china-embassy. org/chn/jyjl/t862848. htm。

国孔子学院总部与特拉维夫大学关于继续合作建设特拉维夫大学孔子学院的协议”[1]，并在高燕平大使的陪同下会见以色列教育部负责人梅丝勒斯、希伯来大学本·萨松校长，就进一步在以色列开展汉语教学工作、开设孔子学院事宜交换了意见。

孔子学院作为我国官方支持的非营利性教育机构，致力于推动海外汉语教学工作、增进他国民众对中国语言文化的了解、促进中外教育交流与合作、维护世界多元文化的发展。针对全球孔子学院发展中存在于“教材、教师、教学”等方面的问题，以色列教育部、特拉维夫大学孔子学院及当地教育教学机构与中国驻以色列使馆教育处、我国汉语教学专家、留学人员代表等进行广泛征询，深入交换意见。2010 年，以色列立维斯凯师范大学校长利·凯恩教授（Prof. Lea Kacen）在出席“以色列首次汉语教学研讨会”时表示，该校计划开设中文师范类专业，培养以色列本土中文教师，适应以色列中小学开设汉语教学的师资需求。迄今为止已经举办两届的“汉语教学研讨会”也共计推出十余种汉语/希伯来语教材及近百种教辅资料供当地教师、学生使用。从一定程度上来说，以色列对汉语教学模式的积极探索对孔子学院的全球发展具有重要参考意义，也极大地促进了我国对以色列人文外交工作的深入发展。

三、以友好城市为主的民间往来

伴随全球化的深入发展，国际组织、非政府组织、城市等非国家或次国家行为体开始越来越多地参与到国际事务中，并且因其具有灵活性、非官方性、受众广泛性等特点，有时反而比国家行为体更有效地达到增进了解与互信、促进友谊与合作的目的。同样，在中以人文外交中，友好城市交往正因其“官方之下、民间之上”的特点而成为越来越重要的组成部分，推动了区域合作与领域合作相结合，促进中以交往中的优势互补，对两国教育、农业、科技、旅游等领域起到了重要的推动作用。

二战期间上海曾为数万名犹太难民提供庇护，这一段历史至今仍为以

---

① 中华人民共和国驻以色列国大使馆：“驻以色列大使高燕平出席孔子学院总部在以有关签约仪式和活动”，2012 年 9 月 18 日，http：//il. china-embassy. org/chn/jyjl/t862848. htm。

色列人所铭记。因此，中以建交次年，上海即与以色列海法市结成友好城市，为中以友好城市交流拉开序幕。截至2014年2月，我国已与以色列海法市、阿什凯隆市、加特市等18个以方城市（区）结成友好城市。[①]从数量上看，中以友好城市的数量在亚洲地区位于中日（251对）、中韩（144对）、中越（30对）、中泰（29对）、中菲（27对）之后并列第四。就中东地区而言，中以友好城市的数量仅次于中土（22对），超过了我国与西亚地区阿拉伯国家友好城市数量的总和（共计9对）。

目前，以友好城市为主体的、带有“半官方”色彩的对外交往快速发展，逐渐走向规律化、机制化的道路。中以友好城市交流主要以代表团互访、文化展览、经贸合作等形式展开，得到了以方的重视与肯定。此外，以方也将自己在对外交往中的成功经验介绍给我国相关人员。如2010年9月，以色列塔玛市市长多弗·内特文夫率代表团来华出席2010年中国国际友好城市大会，期间对以色列“打造城市新品牌”项目做了重点介绍，通过塔玛市以“死海”为中心和霍隆市以“儿童”为主题打造城市品牌的成功案例，向与会者提供了进行友好城市交往的新思路、新方式、新渠道。我国各城市与会代表对该项目“表现出浓厚的兴趣和强烈的合作意愿，云南省保山市和江苏省常州市负责人当场提出，希望成为该项目的试点城市，并表达了结好愿望”[②]。中方城市的合作意愿与以方城市的成功经验使得中以友好城市交往得以良性循环。

第三节　中国对以色列人文外交的反思与展望

一、中国对以色列人文外交的成就与不足

鉴于近年来美以关系的微妙变化及自身发展需要，以色列逐渐将目光转向亚洲，中国、印度等新兴大国所扮演的角色及其发挥的作用日益受到

① 中国国际友好城市联合会网站：“世界各国与我国建立友好城市关系一览表”，http://www.cifca.org.cn/Web/YouChengTongJi.aspx。

② 卢晶：“‘打造城市新品牌’代表团访华”，《友好城市杂志》2010年第4期。

以色列的重视，尤其与上述国家在教育、科技、农业等以色列传统优势领域的合作成为以色列对外事务的一大重点。2007 年，以色列前总理奥尔默特曾在中以建交十五周年访华之际表示："以色列政府视以中关系为最重要的双边关系之一，愿与中方加强经贸、科技、研发、信息、农业、水利、文化等各领域的合作，推动两国关系进一步发展。"①

（一）中国对以色列人文外交的主要成就

中以建交后，两国在各个领域的人文交往均取得一定发展，签订多项合作协议，主要包括以下几方面：

在文化领域，两国于 1993 年 5 月签署"文化协定"，涉及电视、电影、文学、展览、人员交流等方面的内容，自 1994 年起共签署六次"文化协定执行计划"②，选派杂技团、民乐团、京剧团、芭蕾舞团等艺术代表团赴以进行交流演出，并邀请以色列芭蕾舞团、以色列基布兹现代舞团、以色列室内乐团等以方艺术代表团来华演出。此外，各种文化展览、电影展等活动也不定期在两国举办，如 2002 年适逢中以建交十周年，我驻以使馆在特拉维夫举办"中国电影周"活动，弘扬中华文化，展示中国现当代民众生活。2012 年为庆祝中以建交二十周年，以驻华使馆将在北京（10 月 13—20 日）和上海（10 月 24—28 日）举办"犹太电影周"，与十年前的"中国电影周"形成呼应。

在旅游领域，中以两国于 1994 年 6 月签署"旅游合作协定"，2007 年 10 月，时任以色列副总理兼外长的利夫尼访华时签订了《中国旅游团队赴以色列旅游实施方案的谅解备忘录》。"对以色列来说，每增加 10 万

① 外交部："胡锦涛会见以色列总理奥尔默特"，2007 年 1 月 11 日，http://www.fmprc.gov.cn/chn/gxh/wzb/zxxx/t288352.htm。

② 中以两国于 1993 年 5 月 20 日签署《中华人民共和国政府和以色列国政府文化协定》，同年 11 月 7 日签署该协定的第一个年度执行计划（1994—1995 年），1995 年 10 月 24 日签署第二个年度执行计划（1996—1998 年），1998 年 11 月 6 日签署第三个年度执行计划（1998—2001 年），2003 年 2 月 24 日签署第四个年度执行计划（2002—2005 年），2007 年 1 月 10 日签署第五个年度执行计划（2007—2010 年），2011 年 6 月 21 日签署第六个年度执行计划（2011—2015 年）。

人次外国旅游者，就将产生 4000 个新增就业岗位和 1.2 亿美元经济收入。”[①] 因此，自 2010 年起，以色列旅游局将吸引中国游客赴以旅游作为重点工作之一。

在教育、农业、科技领域，中以两国的交流与合作亦取得了较大成就。中以建交后最初几年，两国在科技领域签订多项协议，为日后中以科技合作的蓬勃发展打下了坚实的基础。在政府间科技合作协定方面主要有：中以“科学技术合作协定”、“卫生和医学科学合作协定”、“工业技术研究及开发领域合作框架协议”、“关于促进产业研发的技术创新合作协定”[②] 等。此外，还签订多项部门间对口科技合作协议和合作备忘录。[③]

总体而言，中以人文外交在过去二十年取得了一定成就。官方的高层互访与民间的友好往来为新中国对以色列的人文外交提供了丰富资源和有力保障；教育交流、友好城市、农业合作、科技合作等多领域往来深化了中以关系，促进了中犹文明对话，形成了“官民并举”的人文外交模式。

（二）中国对以色列人文外交的不足

回顾我国对以色列人文外交的历程，既积累了一定的成功经验，也存在一些不足，主要包括：

第一，人文外交的手段创新不足。

我国具有开展人文外交的实力和资源，但人文外交的手段创新已成为

---

① 中华人民共和国国家旅游局：“上半年赴以色列旅游人数创历史新高”，2010 年 7 月 14 日，http：//www. cnta. gov. cn/html/2010 - 7/2010 - 7 - 14 - 10 - 32 - 95518. html。

② 具体为：《中华人民共和国政府和以色列国政府科学技术合作协定》（1993 年 2 月 14 日）、《中华人民共和国政府和以色列国政府关于卫生和医学科学合作协定》（1993 年 3 月 5 日）、《中华人民共和国政府与以色列国政府在工业技术研究及开发领域合作框架协议》（2000 年 4 月 20 日）、《中华人民共和国政府和以色列国政府关于促进产业研发的技术创新合作协定》（2010 年 5 月 20 日）。

③ 主要包括：1991 年 6 月，中国科学院和以色列科学与人文科学院签署合作谅解备忘录；1992 年 11 月，中国长城工业公司与以色列飞机工业公司签署合作谅解备忘录；1993 年 11 月，中国农业部与以色列农业部签署合作谅解备忘录；1994 年 4 月，中国电力部与以色列能源和基础设施部签署关于电力、能源领域合作谅解备忘录；1995 年 6 月，中国水利部与以色列农业部签署关于节水灌溉科技合作协议；1999 年 10 月，中国水利部和以色列基础建设部签署关于节水灌溉和水资源管理合作谅解备忘录；1999 年 10 月，国家中医药管理局和以色列中医协会签署合作谅解备忘录等。

主要制约因素之一。如为庆祝中以建交二十周年，以色列地方政府联合会邀请20余名来自北京大学和上海外国语大学的希伯来语和阿拉伯语专业的学生于2012年7月10日对以进行为期26天的访问，这些学生将生活在以色列不同城市的市民家中，切身了解以色列社会、文化和日常生活。组织学生进行交流访问并居住当地市民家中，这在中以两国人文外交史上尚属首次，对于这样的交流形式，我国完全有能力做到。但因我们往往在人文外交的方式手段选择上缺乏创新，囿于传统，极大地制约了对外交流的深入发展。

第二，民间组织参与程度不足。

以色列较中国而言具有更成熟的公民社会和更丰富的公共外交经验，因此，在中以人文外交中，我国各领域民间组织的参与程度与以方存在一定差距。以教育领域为例，以色列目前有多家非营利、非政府组织在华开展交流项目，如以色列—亚洲中心（Israel-Asia Center）推出“以色列—亚洲领导能力项目”，为留以的亚洲学生提供交流和提升领导能力的平台，最终成为加强以色列同各国建立合作伙伴关系的纽带；中以学术交流促进会（SIGNAL）在2012年6月21—24日，与上海外国语大学、复旦大学、以色列巴—依兰大学共同举办了首届“以色列研究在中国”研讨会。我国民间组织在如何参与人文外交的问题上可以参考与借鉴以方的成功经验。

第三，新媒体运用仍显不足。

人文外交受众的多样性决定了人文外交行为主体和手段的多样性，而非国家行为体和新兴传播途径的有机结合在目前的中国对以人文外交实践中有待进一步加强。以新媒体的运用为例，微博交流是目前最流行、受众人数最多、社会阶层分布最广的传播方式之一，社会影响十分广泛。以色列驻中国使馆、驻沪总领馆、驻广州领馆、以色列旅游局等官方机构分别注册了新浪微博以发布其最新动态。在民间层面，如“SIGNAL——中以学术交流促进会”、“以色列计划”、“以色列—亚洲中心”等民间学术机构也多通过微博平台介绍以色列国家概况、犹太历史和赴以留学交流项目，实现了民间组织和新媒体手段的有机结合，为我国开展人文外交提供了可资借鉴的经验。

二、中国对以色列人文外交的主要特征

通过梳理中以人文交往的历史脉络、总结其主要成就和不足，可以发现，中以人文外交在行为主体、运作方式上都呈现出显著特征。

首先，以深化合作、互利共赢为主要目的的高层互访是中以人文外交的重要特征之一。自1992年建交至今，中以双方平均每年有1.5位高层领导人互访（参见表2）。

表2：中以高层领导人互访频次统计表（1992—2013年）①

时间	中方领导人	以方领导人
1992	国务委员兼外长钱其琛	副总理兼外长利维；总统赫尔佐克
1993	无	外长佩雷斯；总理拉宾
1994	副总理邹家华	无
1995	外经贸部部长吴仪； 国务委员兼国家科委主任宋健	无
1996	无	议长丹·蒂宏
1997	中共中央政治局委员、书记处书记温家宝； 副总理李岚清；副总理兼外长钱其琛	副总理兼外长利维
1998	无	总理内塔尼亚胡；国防部长莫迪凯
1999	国务委员兼国防部长迟浩田；全国人大常委会委员长李鹏；中联部部长戴秉国	总统魏茨曼
2000	国家主席江泽民	地区合作部长佩雷斯
2002	无	副总理兼外长佩雷斯
2003	无	总统卡察夫
2004	国务委员唐家璇	副总理兼工贸部长奥尔默特；副总理兼外长沙洛姆
2005	外交部长李肇星；中联部部长王家瑞	无

① 中华人民共和国外交部："中国同以色列的关系（最近更新时间：2013年10月）"，http：//www.fmprc.gov.cn/mfa_chn/gjhdq_603914/gj_603916/yz_603918/1206_604906/sbgx_604910/。

续表

时间	中方领导人	以方领导人
2006	中共中央政治局委员、北京市委书记刘淇	无
2007	文化部副部长常克仁； 农业部长孙政才； 水利部副部长胡四一	总理奥尔默特；副总理兼运输和道路安全部长莫法兹；副议长瓦哈比；第一副总理兼外长利夫尼
2008	中共中央政治局委员、中宣部部长刘云山	副总理兼工贸和劳动部长伊沙伊；总统佩雷斯（出席奥运会开幕式）
2009	国新办主任王晨；外交部长杨洁篪	议会外交与国防委员会主席哈内戈比；科技部长赫什科夫维奇；前总理奥尔默特
2010	国务院副总理回良玉；全国政协副主席、统战部部长杜青林；全国政协副主席、科技部部长万钢；中共中央政治局委员、天津市委书记张高丽	副总理兼战略事务部长亚阿隆；社会事务部长赫尔佐格；财政部长斯坦尼茨；工贸部长本—埃利泽
2011	商务部长陈德铭；文化部长蔡武；中央军委委员、总参谋长陈炳德	副总理兼国防部长巴拉克
2012	中国商务部副部长蒋耀平；全国人大常委会副委员长周铁农；全国政协副主席陈宗兴	副总理兼外长利伯曼；国防军总参谋长甘茨；工贸部长辛鸿；公安部长阿罗诺维奇
2013	全国政协副主席韩启德；民用航空局局长李家祥；中共中央政治局委员、书记处书记、中宣部部长刘奇葆	总理内塔尼亚胡；经济部长本内特；国家经济委员会主席坎德尔

由表2可得，以方来华高官基本集中于财政、商贸、劳工、教育、科技、农业等中以合作密切的领域，体现了实用主义特征。此外，省级领导人的出访也推动了中以各领域合作在地方层面得以深化。近年来我国出访以色列的省级领导人大致可分为两类：一类来自以宁夏、甘肃为代表的西北部省份，与以色列保持密切的农业合作；另一类则来自以江苏、浙江为代表的发达地区省份，在与以色列开展经贸合作的同时，也不断加深友好城市、文化交往等人文合作。

其次，除官方层面的频繁交往外，非政府组织也是中以人文外交中的重要行为主体，活跃于教育、科技、农业等领域，是对“官民并举”外交模式的重要实践，成为中以人文外交另一显著特征。其中，在中以民间交往中，以方非政府组织活跃程度高于中方非政府组织。如2012年11月巴以军事冲突期间，上文提到的以色列非营利性教育机构“以色列计划”在新浪微博密集发布了大量前线报道和第一手资料，并与中国网民声援巴勒斯坦的微博账号“巴勒斯坦现场”掀起微博论战，引起中国网民极大关注。无论“以色列计划”发布的消息是否真实可信，以色列非政府组织依托新浪微博等新媒体平台对华公关、引导舆论已经成为不可忽视的重要现实。

由此也凸显出中以人文外交的第三大特征：方式多样、形式新颖。以色列成熟的公共外交经验和丰富的公关技巧极大地推动了中以人文外交在方式、手段上创新。不论是以方的官方机构还是民间团体都能够熟练运用新媒体、教育交流、友好城市等渠道进行人文交往，客观上为我国进一步发展人文外交理论和实践提供了可资借鉴的经验。

三、中国对以色列人文外交面临的主要机遇与挑战

近年来，以色列外交政策呈现“向东看”的趋势，外部环境变化是其中一个因素，更多的则是其出于自身战略转变，期望通过扩大与世界主要国家的合作以牵制“美以特殊关系”对以色列的束缚和影响。在可以预见的未来，以色列将更多地把中、印等新兴大国纳入其政策制定的考量范围，客观上为中以人文交流的发展和深化营造了良好的氛围。

中以建交已经迈入第三个十年，在总结中以人文外交经验与规律的同时也需要清醒认识到今后可能面临的挑战，主要包括：

第一，如何更好地发挥平衡外交，协调灵活性和原则性。

中以关系决不能脱离中国支持阿拉伯民族正义事业的立场和美以特殊关系的影响而单独考量，中以人文外交亦是如此。近年来，以色列政府组织了一系列对华公关活动以唤醒历史记忆、塑造国家形象，如“老照片寻人”、“在华寻亲”等活动，并通过媒体宣传扩大辐射范围，在我国普通民众尤其是对新媒体手段较为熟悉的年轻民众中产生一定影响。显然，这一现象已经引起了阿拉伯国家的注意。前叙利亚驻华特命全权大使穆罕

默德·海尔·瓦迪评价道："以色列可以利用每一个历史事件，哪怕是并不确切的历史事件，就是为了凸显中国对犹太人的同情。以色列正在抓住每一个可能出现的机会，确立自己在当代中国的经济存在和文化存在，以弥补1960年以来犹太人在中国的人文缺失。"[①] 如何在对以人文外交的同时表明我国立场、不引起阿拉伯国家的误解和猜疑成为未来中以人文外交的挑战之一。同样，"美国因素"自始至终影响着中以关系的发展。近年来美以关系的微妙变化为中以人文外交带来机遇的同时也带来潜在的挑战。

第二，加强中犹文明对话，淡化中以人文外交的实用主义色彩。

中阿文明的友好往来一直被誉为文明对话的典范。进入21世纪，既有以杜维明为首的海外学者举办"回儒对话会议"（2000年5月21—23日），也有我国学者牵头举办的"回儒文明对话论坛"（2011年6月25日），彰显了中阿两大古老文明开展文明对话的强烈意愿和勃勃生机。与之形成鲜明对比的是，中犹文明对话仍处于起步阶段，以色列特拉维夫大学的张平教授将2010年3月22—23日在台北举办的"犹太与中国传统的对话国际研讨会"称为"儒家思想与拉比犹太教传统之间第一次'名正言顺'的对话交流"[②]。沟通核心价值观、让世界更好地了解中国是开展人文外交最主要的目的之一，从某种程度上来说，正是因为中犹文明对话的缺失才更加凸显了中以人文外交的实用主义色彩。下一阶段，如何有效开展中犹文明对话、传播中华文明核心价值观、帮助以色列民众更直观地了解中国传统思想，也成为中以人文外交所面临的挑战之一。

要推动中国对以人文外交的进一步发展，可从以下几方面进行思考：

首先，学习和借鉴以色列公共外交的成功经验并为我所用。

基于历史和现实原因，以色列自建国起便注重塑造和传播国家形象，其官方和民间都具有极强的公共外交意识。尤其是以色列的公共外交手段极为丰富，并不拘泥于展览、宣传片等形式，而是通过学者互访、新媒体运用、开设公共外交课程、发掘旅游资源等多种形式来具体实施。2011

---

① ［叙利亚］穆罕默德·海尔·瓦迪著，王有勇、李楠等译：《中国外交与中国经验》，香港社会科学出版社有限公司，2011年版，第123页。

② 张平："迟到千年的中国与犹太传统对话"，2010年4月2日，http：//zhangp. blshe.com/post/164/526143。

年底，以色列驻沪总领馆通过新浪微博发布大量犹太摄影师在沪避难时期的作品，引起巨大反响。该活动不仅让更多的年轻人了解20世纪30年代犹太人在中国的生活情况，也在一定程度上改变了中国民众对以色列的印象。2012年为庆祝以中建交二十周年，中国国际广播电台联同中国驻以色列大使馆、以色列驻华大使馆特别策划了“犹太人中国寻亲”系列活动。此外，笔者在以色列留学期间也参与了以色列公共外交课程的学习，该课程通过大量权威机构的调查数据和分析报告来展现以色列如何运用媒体、非政府组织、跨国公司等行为体有效开展公共外交。目前我国人文外交尚处于起步、探索阶段，因此，对以色列公共外交手段及其成效的研究将有助于进一步丰富我国的人文外交形式，从而推动人文外交的内涵发展。

其次，以人为本，重视个人因素在人文外交中的重要作用，加大对象国人员“请进来”的力度。

具体措施可包括增加以色列学生来华留学名额及奖学金支持力度、邀请以色列精英阶层来华交流访问、吸引更多以色列普通民众来华旅游参观、鼓励中以两国民间团体和非政府组织的沟通合作等。以留学生教育为例，以色列高等教育委员会于2012年5月4日发表声明，表示从2012/2013学年开始，每年将拿出4000万新谢克尔（约合1080万美元），向来自中国的优秀学生提供250个奖学金名额，其中包括100个本科生奖学金名额、50个硕士生奖学金名额和100个博士后奖学金名额。[①] 这样的项目，一方面加强了中以学术交流和教育合作，另一方面也培养了中国青年精英对以色列的好感。虽然前期投入较大，但产生的结果影响深远。因此，我国应更加重视个人因素在人文外交中的作用，让对象国人员直观地认识和感受中国，从而进一步夯实我国开展人文外交的社会基础和民意基础。

总之，中犹文明交往历史悠久，但在发展过程中曾数次中断。至20世纪上半叶，中国对犹太难民的救助成为中犹文明交往中为数不多的重大事件，并对日后中以关系及人文交往的发展产生深远影响。尤其二战期

---

① 人民网：“以色列每年将给中国学生250个奖学金名额”，2012年5月14日，http://www.people.com.cn/h/2012/0514/c25408-1304001673.html。

间，中国对犹太难民的庇护为两国民间友好往来奠定基础。中以建交后，两国在文化、教育、科技、农业、旅游等各领域的合作迅速发展，取得一系列突破。以色列官方对中以关系高度重视，将教育、科技、农业作为发展双边关系的重点领域，通过双边合作、互派留学生等项目，从客观上促进了中以人文交往的发展。我国也借由友好城市交流等新兴平台加强人文交往、深化地方合作。通过中国对以色列人文外交研究，在论证人文外交重要性和必要性的同时也为增进区域国别研究提供一定的思考，以塑造和维护当代中国在中东地区的“文明、民主、进步、开放”的良好形象和声誉，传播我国和合文化传统、和平发展道路、和谐世界理论，推进中国与以色列的政治互信、经济合作、文化交流。

第十二章　中国对阿拉伯国家的人文外交

第一节　中国与阿拉伯国家人文交流的历史梳理

一、古代丝绸之路上的中阿文明交往

中阿文明交往始于汉武帝时期，迄今已有2000余年的历史，在官方和民间两个层面进行具体交往，最终形成“官民并举”的一种基本交往态势，在各个历史阶段采取了不同的方式，并呈现出不同的交往内涵与特征。

古代官方层面上的中阿文明交往主要包括：（1）以朝贡方式进行的官方政治交往，为中阿人文交流营造了良好的内外环境与制度保障；（2）以贡赐贸易、市舶贸易、互市贸易为主的官方经济往来，促进了“丝绸之路”的繁荣发展，为中阿人文交流打下了重要的物质基础；（3）双方在政治、经济交往中所推行的相关制度与举措，又带动了中阿人文领域的交流与合作。

古代民间层面上的中阿文明交往主要包括：（1）阿拉伯传教士与中国朝觐者的宗教之旅，为中阿文明交往夯实了社会民意基础；（2）双方撰写的见闻游记为中阿文明交往提供了史料佐证，学术之旅也成为彼此交往的重要组成部分；（3）往来于陆、海“丝绸之路”上的中阿商贸之旅，蕴含着丰富的人文理念和人文精神，为中阿文明交往提供了原动力。①

---

① 马丽蓉：《中阿文明交往面临的挑战及对策思考》，《阿拉伯世界研究》，2011年第2期。

二、新中国与阿拉伯国家的人文交流和国家的主权利益

新中国建立后，急需得到国际社会的承认。在面对西方对华封锁的情况下，新独立的亚非国家成为中国外交争取的对象。但在20世纪50年代初期，大多数阿拉伯国家仍处在英、法殖民主义势力的控制之下，对共产党领导下的新中国缺乏了解，甚至因受西方国家的影响，对红色中国持疑惧和排斥的态度。1950年8月，阿拉伯国家联盟还专门通过一个决议，宣布只承认“中华民国”为中国的“合法政府”，反对中华人民共和国在联合国中的合法席位。[1] 因此，如何取得阿拉伯世界对新中国的承认，是当时中国国家利益的重要诉求。

1955年4月，在印尼万隆召开了首届亚非会议，包括新中国在内共有29个亚非国家参加，其中有12个是阿拉伯国家，在这次会议上，中国与阿拉伯国家建立了初步友好的关系。在参加这次会议的中国代表团中，周恩来总理的顾问达浦生和阿拉伯语翻译刘麟瑞都是爱国爱教并精通阿拉伯语的穆斯林，对中阿领导人之间的友好沟通起到了重要作用。在这之后，中国政府频繁地与阿拉伯国家开展了包括宗教交流、签订人文协定等在内的人文外交实践，对中阿关系的发展起到了重要的推动作用。如1955年5月，埃及宗教事务部长艾哈迈德·巴库里率团访华，与中国文化部代理部长钱俊瑞签订了中埃两国政府《文化合作会谈纪要》。1956年4月，中国政协副主席包尔汉率文化艺术代表团访埃，与埃及教育部长侯赛尼签订了中埃政府《文化合作协定》。这是中国与埃及签订的第一个文化协定，也是中国与阿拉伯国家签订的第一个文化协定。1957年11月3日，中国中央广播电台阿拉伯语频道开播。通过阿拉伯语频道的广播，新中国的政治立场得到了更多阿拉伯民众的了解，为阿拉伯民众消除对中国的误解起到了积极的作用。1958年，中央广播电台阿拉伯语部共收到来自伊拉克、突尼斯、阿尔及利亚、摩洛哥等11个阿拉伯国家的听众来信

---

① 李红杰：《国家利益与中国的中东政策》，中央编译出版社，2009年版，第56页。

44 封，他们在信中写的最多的一句话就是：“我听到了中国的声音。”[①] 在这一时期，一批阿拉伯专家也来到中国，担任大学教授和相关领域的专家。

20 世纪 50 年代中后期，中国与国际社会之间的文化联系愈加广泛。1958 年 2 月 11 日第一届全国人民代表大会第五次会议决定设立对外文化联络委员会，直属于国务院，以加强对外文化交流。1964 年，国家外文出版发行事业局在阿拉伯世界开始发行《今日中国》阿拉伯语版，这对中阿之间的相互了解发挥了积极作用。

随着人文外交在国家外交战略中地位的提高，新中国和阿拉伯国家的人文交流也日益增多。人文交流极大地消除了中国和阿拉伯世界之间的误解，打破了美国对中国的外交孤立。至 1965 年，中国先后同 10 个阿拉伯国家建立了外交关系，为新中国赢得国际社会的承认与进入联合国发挥了重大的作用。

三、新中国与阿拉伯国家的人文交流和中国的经济利益

1979 年，中国进入了以经济发展为主要任务的阶段。在这一时期，中国的人文外交不仅在阿拉伯新兴民族国家中取得了显著成绩，而且在阿拉伯世界中的君主国中也起到了重要作用。1980 年，中国成立了中央对外宣传小组，综合协调对外传播工作。在中央的高度重视下，中阿人文领域的交流显著增多。仅以教育交流为例，1981—1989 年，西亚、北非地区在华留学生的人数达 402 人，其中 1987 年为 95 人，1989 年为 92 人。[②]

人文外交消除了阿拉伯世界、特别是海湾君主国对中国的误解，1979—1990 年，中国同所有的阿拉伯国家建立了外交关系。人文领域的交流也带动了经济上的往来，中阿之间的经济合作不断加深。中阿贸易额持续增长，而且在投资领域也开始合作，阿拉伯国家也成为了中国最早开

---

① 张立：《电波串起友谊的花环》，载时延春编：《丝路盛开友谊花》，世界知识出版社，2008 年版，第 47 页。

② 王燕：《中阿留学生互派工作追忆》，《国际人才交流》，2010 年第 1 期。

展对外承包工程与劳务合作的地区。[①] 人文外交因此成为改革开放后促进中国国家利益拓展的有效政策。

四、新中国与阿拉伯国家的人文交流和中国的非传统安全利益

从地缘政治上看，阿拉伯世界是我国西部周边的战略延伸，在宗教方面同我国新疆的穆斯林少数民族有着密切的联系。苏联解体、冷战结束后，中亚地区的5个前苏联加盟共和国纷纷独立，成立了以信奉伊斯兰教为主要特点的主权国家，其中4个国家都是突厥语系国家，其主体民族与同属突厥语族的土耳其人有着血缘联系，在历史上他们曾被统称为突厥人。这一时期，“泛突厥主义”在中亚开始出现，并且对我国新疆地区极少数的民族分裂分子产生了挑唆作用，这些人乘机兴风作浪，与国外主张泛突厥主义的势力勾结在一起，企图通过暴力恐怖手段把新疆分裂出去，建立所谓的“东突厥斯坦”。作为伊斯兰世界重要组成部分的阿拉伯国家，在对待“东突恐怖主义”的态度上，成为了中国对阿拉伯国家外交在新时期的重要诉求，而人文外交在实现这一非传统安全利益上发挥了举足轻重的作用。自1991年至1999年，中国先后成立了中国—埃及、中国—叙利亚、中国—苏丹和中国—沙特阿拉伯等友好协会。这些民间组织的建立，加深了中国和阿拉伯国家人民的相互了解，在政府外交的渠道外，增进了双方交往、了解的途径。1991年1月，国务院新闻办公室的设立，也标志着公共人文外交进入了一个新的阶段。

由于中国政府重视对阿拉伯世界进行人文外交，在“东突厥斯坦”问题上，阿拉伯国家对中国持理解态度，双方的理解与互信也促进了中阿双方在各领域间的交流，从而使中阿关系向战略层面稳步推进。

---

① 武芳：《中国与阿拉伯国家经贸关系的回顾与展望》，载《中国—阿拉伯国家经贸论坛理论研讨会论文集》，宁夏人民出版社，2010年版，第99页。

五、新中国与阿拉伯国家的人文交流和中国的战略利益

“9·11”事件之后，全球安全面临着新的挑战，文明冲突思想的影响力愈加广泛。美国通过在阿富汗、伊拉克的战争重塑世界格局，阿拉伯世界已成为我国的“大周边”地区。与此同时，中国和阿拉伯国家之间的关系得到不断深化和扩展，双方在能源、贸易、工程承包等方面合作成果显著，阿拉伯世界在中国外交中的战略意义日益提升。在这一阶段，人文外交对中阿关系的全面发展起到了重要作用。尽管国际上将阿拉伯国家视为恐怖主义的根源，但中阿之间依然相互理解，使得中阿之间关系能够全面发展。

2001 年 12 月，中国成立了中国—阿拉伯友好协会，由全国人大常委会副委员长铁木尔·达瓦买提任会长。2004 年 1 月 30 日，胡锦涛主席访问位于埃及开罗的阿拉伯联盟总部，提出构建新型中阿关系的“四项原则”①，并宣告了中阿合作论坛的建立。2007 年起，孔子学院在阿拉伯世界落地生根，经过数年的建设和发展，不少孔子学院已经成为所在国民众学习汉语和了解中国文化的知名机构。2009 年，中国中央电视台海外中心开通了阿拉伯语频道，这一时间恰逢“7·5”事件的发生，阿拉伯语频道的设立对中国政府传播事实真相起到了重要的作用。2009 年，在阿盟的 22 个成员国中，已有 11 个国家成为中国公民的旅游目的地国，当年中阿游客总数超过 60 万。其中，中国赴阿拉伯国家游客 34.3 万，同比增长 9.9%。阿拉伯国家到中国旅游人数 26.6 万，同比增长 15.2%。②

从中国与埃及、阿尔及利亚等国建立的战略合作关系，到 2010 年中国与所有 22 个阿拉伯国家建立的战略合作伙伴关系，中阿之间政治互信不断加深，经济贸易额持续增长，人文外交在其中起到了战略性的

---

① 这四项原则是：以相互尊重为基础，增进政治关系；以共同发展为目标，密切经贸往来；以相互借鉴为内容，扩大文化交流；以维护世界和平、促进共同发展为宗旨，加强在国际事务中的合作。

② 新华社：《中阿将通过旅游推动人文交流》，2010 年 5 月 14 日，http：//www.anhuinews.com/zhuyeguanli/system/2010/05/14/002939263.shtml。

作用。

第二节　中国对阿拉伯国家人文外交的主要项目

一、中国与阿拉伯国家的教育交流

（一）新中国建立后不断深化的中阿教育交流

20世纪初以来，不乏中国学生前往埃及等阿拉伯国家学习宗教领域的知识，不过这些求学活动都是零零散散的个人行动，虽然对中国穆斯林的经堂教育有过推进作用，但社会影响不大。有组织的赴阿拉伯国家留学活动，始于20世纪30年代。我国大批青年学子出国留学，是近现代特别是“五四”新文化运动以来中国教育界的一大特点，受此大环境的影响，20世纪上半叶兴起的回民学校，也将其育才工程延伸至国外，并有计划地选拔留学生，派遣至埃及留学。从1930年起持续近10年，前后共有6届33名学生前往埃及留学。这些学生，都是经过严格的考试选拔出来的优秀青年，中、阿文基础比较扎实，同时又有明确的学习目标和吃苦耐劳的意志，担负着祖国和民族的厚望，因而颇富使命感和时代精神。在埃及留学期间，虽然条件艰苦，却大都能坚持学习长达八九年，最终学有所成。不少人归国后在教育、翻译、学术研究、外交等许多与中阿人文交流相关领域担当重任。其中如马坚、纳忠、纳训、刘麟瑞、林兴华、林仲民、张秉铎、马金鹏、杨有漪、王世清、马宏毅等，都成为新中国第一代阿拉伯学家，为中阿人文交流作出了开拓性的贡献。他们不但将所学所见及时译介到国内，而且还向埃及和阿拉伯世界交流关于中国文化和中国抗战的真实情况，如曾担任当时中国留埃学生部部长的庞士谦说：“回教世界对于我国向来隔膜。直至有了留埃学生以后，学生们之对外宣传向来不落后人，尤其在抗战时间尤为显著。于是他们对我国才有认识。”庞士谦还担任了埃及法鲁克国王的东方事务顾问，并“受爱大之聘，担任中国文化讲座讲师，这是回教世界讲中国文化的首创”①。马坚在课余将《论

---

① 庞士谦：《埃及九年》，中国伊斯兰教协会，1988年。

语》译为阿拉伯语并在埃及出版，使这部中华文化的名著第一次为阿拉伯读者所了解。

新中国建立后，1955 年 4 月，周恩来总理率中国政府代表团参加了在印度尼西亚万隆召开的第一届亚非国家首脑会议。会议期间，周恩来会晤了埃及总统纳塞尔，在发展两国关系和中阿关系以及一系列重大国际问题方面达成广泛共识。同年 5 月，埃及政府派出宗教基金部长艾哈迈德·哈桑·巴库里率领的友好代表团访问中国，寻求发展两国关系的具体途径。访问结束后，双方签订了互助合作和文化交流协议，决定互派留学生和教师，这也是新中国与阿拉伯国家签订的第一个文化交流协定。中国教育部迅速着手留学生的选派工作，至 12 月底，首批赴阿留学名单最终确定，24 日，周恩来总理在中南海紫光阁接见了这批留埃学员，时间长达两个小时，勉励大家努力学习，为中埃、中阿友谊架设桥梁。[①]

在埃及的 5 年时间，第一批赴埃留学生在学校的学习和生活中，遵照周恩来总理的勉励，不仅担当了国内代表团访问埃及的陪同和翻译工作，而且以他们的实际表现向阿拉伯世界传播了新中国理解并尊重对方国家的民情、主流人文理念和生活方式的外交政策。曾任赴埃留学生阿拉伯文学史课教授的埃及知名学者邵武基·戴伊夫教授评价道："当年你们中国学生的学习精神使我感动，你们从来不缺课，从你们的面部表情看，你们并没有完全听懂，但你们一直坚持下去，这种执着的精神令人敬佩!"[②] 此后，随着中国与阿拉伯各国的相继建交和中阿关系的日趋发展，除埃及外，我国也开始向叙利亚、伊拉克、利比亚等国陆续派遣留学生，赴阿留学日趋有序。

教育交流是双向的，加深中埃之间的教育与人文交流，埃及来华留学生也是重要的因素。1957 年，开罗大学绘画系毕业生黑白夫妇作为中埃建交后第一批留学生赴中国中央美术学院攻读研究生，在中国度过了 4 年时光。在留学期间，中国民众与社会给他们留下了永生难忘的印

① 李振中：《尼罗河畔的回忆——新中国第一批留埃学生纪实》，世界知识出版社，2010 年版，第 54—74 页。

② 同上，第 165—166 页。

象，从此中国的一切开始在他们心中深深扎根。1989 年 9 月，黑白先生在离开中国近 30 年后第一次应邀访华。在此之后，他又携夫人数次访华。这期间，黑白先生为加强中埃友好交往尽心竭力，他为中国—阿拉伯对话机制的发起和成功召开付出了艰辛巨大的努力。1990 年，在他的积极倡议下，埃及亚非团结委员会代表团应邀访华，同中国人民对外友好协会建立了友好合作的关系，成为中国对外友协与埃及拓展民间友好往来的一条重要渠道。在此后的 10 多年里，黑白先生作为埃及亚非团结委员会中国事务的负责人，以巨大的热情积极组织和参与了 4 次中国阿拉伯对话会，并曾抱病筹划了第三、第四次对话会。多年来黑白夫妇还在工作之余时常在埃及著名的报刊上撰文，介绍中国的经济建设成就。作为一名来华留学生，黑白先生一生情系中国，成为中埃人文交流的民间大使。

中国改革开放后，随着埃及学习中文的学生增长，来华的埃及留学生人数也不断增加。到 2006 年，埃及已有数百名学生在中国的重点大学接受了高等教育，攻读理工农医和汉语专业的博士、硕士学位，很多学成回国的留华学生在埃及的各个领域发挥着积极作用。

（二）孔子学院的建立与中阿教育交流的进一步发展

相比在所在国开设中文系科，孔子学院面向民众的特点尤为突出。目前，在阿拉伯国家中，只有埃及、突尼斯、苏丹、毛里塔尼亚等国家开设有中文专业，在读学生也较少，[①] 汉语在民众中的传播效果并不明显。孔子学院的开设则具有师资培养相对便利（由中国相关机构派出中文教师）、课程设置较为灵活等特点，为阿拉伯国家的民众根据自身需求学习汉语与中国文化提供了便利。

2007—2012 年，中国已相继在黎巴嫩、埃及、苏丹、约旦、摩洛哥、阿联酋等阿拉伯国家设立了 10 所孔子学院（见表 1）。孔子学院设立以来，取得了一定的成效。

---

① 林丰民：《阿拉伯世界的汉语教学》，载《丝路新韵——新中国和阿拉伯国家 50 年外交历程》，世界知识出版社，2006 年版，252 页。

表1 中国在阿拉伯国家开设的孔子学院（至2012年5月）①

孔子学院	国家	时间	备注
约瑟夫大学	黎巴嫩	2007年2月27日	阿拉伯世界第一所孔子学院
开罗大学	埃及	2007年11月29日	北非地区第一所孔子学院
苏伊士运河大学	埃及	2008年4月1日	
喀土穆大学	苏丹	2008年10月7日	
安曼TAG	约旦	2009年4月1日	
穆罕默德五世大学	摩洛哥	2009年12月4日	
迪拜大学	阿联酋	2010年1月26日	阿拉伯海湾国家第一所孔子学院
扎耶德大学	阿联酋	2010年7月4日	
费城大学	约旦	2011年9月22日	
哈桑二世大学	摩洛哥	2012年5月24日	

以埃及为例，埃及作为阿拉伯世界的文化大国，随着近年来中埃之间经贸交往的增多，学习汉语的民众数量不断增加。在埃中交往的推动下，2007年11月，埃及第一所孔子学院——开罗大学孔子学院成立。开罗大学孔子学院成立之后，在其校内，不仅中文系的学生能够学习中文，而且开罗大学其他院系的学生和教师也可以通过孔子学院学习汉语，埃及社会所有喜欢中文和中国文化的人都能到孔子学院学习中文。孔子学院的宗旨就是要适应世界各国越来越多的人想了解中国和中国文化的需求。② 2008年，埃及开罗大学孔子学院开班仪式在开罗大学文学院举行，这标志着埃及的第一所孔子学院进入实质性教学阶段。该孔子学院已开设了初级汉语班、汉语口语班、商务汉语、旅游汉语等课程，在埃及国内掀起了报名热。孔子学院招生人数从2008年第一期的20多人到2010年10月第六期达260人，截至2010年10月累计招收学员660多名，绝大部分结业的学员现已在埃及文化、教育、经济贸易等各个领域工作。③

---

① 资料来源：此表为本文作者根据国家汉办网站相关资料整理而得。

② 黄培昭：《埃及开罗大学孔子学院正式招生》，2008年3月19日，人民网：http://go-abroad.sohu.com/20080319/n255790603.shtml。

③ 《埃及开罗大学孔子学院》，国家汉办，http://www.hanban.edu.cn/confuciousinstitutes/node_ 6790.htm。

2008年4月1日，埃及的第二所孔子学院苏伊士运河大学孔子学院成立。至2011年，苏伊士运河大学孔子学院已经开办了十四期基础汉语培训班、九期初级汉语培训班、六期中级汉语培训班、二期高级汉语培训班、十一期旅游汉语培训班、五期师资汉语培训班、一期商务汉语培训班、七期企业汉语培训班、两期音乐汉语培训班和三期汉语普通话考试辅导班。接受培训人数已达1100余人，在校学生人数已由最初的20余人增长至300余人。

2011年3月，经过近一个月的社会动荡之后，尽管埃及社会局势整体趋于平稳，但社会治安、人民正常经济生活尚未完全恢复。在此情况下，埃及民众学习汉语的热情却有增无减，民众密切关注孔子学院培训班的相关信息，报名人数不断增加，充分体现了埃及汉语推广事业所取得的可喜成果，也为孔子学院未来的发展注入了信心与动力。①

除埃及外，苏丹的喀土穆大学孔子学院现有近300名学员，教学分点有近百名，相关课程预约的新学员已达到200多名。另外，该院汉语俱乐部也在吸纳首期会员，共有近百名汉语爱好者入会。② 在约旦，TAG孔子学院执行院长萨米先生认为，自从2008年孔子学院建立以来，对汉语感兴趣、学习汉语的人越来越多。孔子学院在各方面都取得了很大成绩，许多学生获得了中国北京孔子学院总部的奖学金。在黎巴嫩约瑟夫大学孔子学院设立后，汉语学习热在黎巴嫩蓬勃兴起，目前黎巴嫩开展汉语教学的语言培训机构已达10余所。③ 在摩洛哥，孔子学院成立后的影响不断扩大，越来越多摩洛哥人希望了解中国，对学习汉语的兴趣更加浓厚。中国教师在教授汉语的同时还利用中国春节、中秋节等传统节日开展各种活动，介绍中国传统文化和历史。此外，为满足摩洛哥人学汉语的需求，孔子学院总部已在卡萨布兰卡的哈桑二世大学设立了摩洛哥第二所孔子学院。④

---

① 《埃及开罗孔子学院开课，近180名学生已完成注册》，中国新闻网，http：//www. chinanews. com/hwjy/2011/03 - 15/2907953. shtml。

② 李辉：《苏丹喀土穆大学孔子学院举办汉语课程结业仪式》，2011年7月22日，中国新闻网，http：//www. chinanews. com/hwjy/2011/07 - 22/3203598. shtml。

③ 外交部：《“第二届黎巴嫩中小学学生汉语考试”在圣·约瑟夫大学举行》，2011年11月14日，人民网，http：//world. people. com. cn/h/2011/1114/c226638 - 1979785253. html。

④ 林峰：《摩洛哥卡萨布兰卡国际语言节再现“汉语热”》，2011年9月25日，新华网，http：//news. xinhuanet. com/world/2011 - 09/25/c_ 122084016. htm。

二、中国与阿拉伯国家的朝觐交流

伊斯兰教在阿拉伯国家社会生活的各方面均占有重要地位。根据伊斯兰教教义，每位穆斯林在其一生中，在能力允许的情况下均要前往麦加朝觐。而伊斯兰教的两座圣城麦加和麦地那均位于阿拉伯国家之沙特阿拉伯王国境内。因此，前往沙特朝觐也就为绝大多数阿拉伯人都向往完成的使命。而在中国，也生活着2200多万穆斯林。因此，以朝觐为纽带，加强与阿拉伯国家在宗教领域的交流，成为拓展中国与阿拉伯国家人文交流、增强相互了解和信任的重要途径之一。

（一）朝觐与中沙人文交流

历史上，自从伊斯兰教传入中国后，中国就一直有穆斯林前往沙特朝觐。1937年，日本军国主义分子发动了卢沟桥事变，随后占领上海，阻断了中国穆斯林传统的海上朝觐之路。上百名爱国爱教的中国朝觐者多花了一倍的费用从陆路穿越青藏高原到印度转海船前往麦加，往返历时两年，最终八人殒命。但这些前往沙特的穆斯林以自己的实际行动把日寇侵占中国的苦难告诉了外国教胞，争取了各国政府和民众的同情。随后，达浦生阿訇也前去麦加朝觐，并发表了《告世界穆斯林教胞书》，向阿拉伯—伊斯兰世界说明中国抗战的事实，在沙特引起轰动。①

1952年，中国伊斯兰教协会筹委会组织了一个由达浦生大阿訇为团长的16人朝觐团，这是新中国成立以来，由中国伊协筹委会组织的第一个朝觐团。由于当时我国与沙特王国尚未建立外交关系，朝觐团需经巴基斯坦卡拉奇到麦加去朝觐。虽然经过当时中国驻巴大使韩念龙与巴方的共同努力，但在卡拉奇未能获得赴沙特的签证，朝觐团未能成行。1955年万隆会议期间，周恩来总理、纳赛尔总统和沙特国王费萨尔共同商讨中国穆斯林赴麦加朝觐问题。费萨尔国王表示欢迎，并当即决定，邀请中国穆斯林于当年7月赴麦加朝觐。于是，中国伊协于1955年组派了第一个朝

① 江淳、郭应德：《中阿关系史》，经济日报出版社，2001年版，第213页。

觐团，此后每年均组派朝觐团前往圣地麦加朝觐（“文革”时期被迫停止十年）。

为落实周总理、纳赛尔总统和费萨尔亲王在万隆会议所达成的协议，[①] 1955 年 7 月 19 日，中国伊协副主任达浦生阿訇率领 19 位穆斯林组成的中国伊斯兰朝觐团赴沙特朝觐。沙特方面给予中国朝觐团以高度重视，费萨尔亲王在几个不同场合接见并宴请了朝觐团。1956 年 7 月 9 日至 11 月 16 日，中国伊斯兰教协会主任包尔汉率 37 人的朝觐团赴麦加朝觐，其间，除完成各项朝觐功课外，还访问了麦地那，同沙特阿拉伯官方进行了广泛接触，阐述了新中国的和平外交政策，宣传了我国的民族宗教政策，对增进和发展中国人民和各国穆斯林之间的友好关系产生了深远的影响。沙特国王三次接见包尔汉，并邀请他参加了清洗天房的盛典。此外，包尔汉还在吉达拜会了沙特内政大臣阿卜杜拉。沙特电台组织了对中国伊斯兰朝觐团的采访，希望借此机会了解新中国和中国穆斯林的情况。从 1955 至 1964 年间，中国伊斯兰教会共组织朝觐 10 次，人数 132 人次。[②]

改革开放后，中国前往沙特朝觐的穆斯林人数不断增加，1979 年 10 月在朝觐中断了 14 年以后，中国穆斯林朝觐团一行 16 人在安士伟阿訇的率领下前往麦加朝觐。沙特方面一方面热情地接待了他们，一面对他们的行李进行极严格的检查，连装茶叶的铁桶、纸盒、檀香扇、竹帘画等都要反复验看；对哈吉们带的中山装，检查人员以为是军装，把衣服送到第三方认定不是军装后才送还。按说朝觐团当天就可以抵达麦加，但却在吉达滞留了 5 天，在驻地也受限制，不能随便出行。面对这些难题，中国哈吉十分坦然，他们有思想准备和充分的估计，不仅能将朝觐活动纳入正常轨道，而且对推动中沙关系起到积极的作用。随着中国朝觐代表团在沙特的时间增加，误解和疑虑也慢慢消除，沙特人员也看出中国哈吉的确是虔诚敬意来朝觐的。中国当时虽然与沙特尚未建交，但沙特官方也给了中国朝觐团很高礼遇，如朝觐团于 10 月 28 日凌晨去麦加禁寺时，就由警车为其

① 刘慧：《刘麟瑞传——一位北大教授的人生写实》，世界知识出版社，2008 年版，第 163 页。

② 马晓霖：《伊斯兰圣地朝觐面面观》，载时延春：《丝路盛开友谊花》，世界知识出版社，2008 年版，第 164 页。

开道。

1980年10月10日16位中国哈吉在沈遐熙团长的带领下抵达吉达时，沙特方面给予了很大的便利，中国的哈吉受到了兄弟般的接待，团长沈遐熙出席了哈立德国王的晚宴，古尔邦节沙特国王再次会见中国哈吉。第二届中国朝觐团成员，按教法规定，严格履行了朝觐的各项功课，凯旋荣归。[①] 通过他们的努力，进一步增进了中沙之间的关系。自此以后，每年都有中国穆斯林朝觐团前往麦加朝觐，且人数逐渐增多。1985年8月，新中国成立后的第17次穆斯林朝觐团与各族自费与探亲朝觐者共约1900人前往麦加朝觐。朝觐团40人中包括5位担任政协、人大职务的省部级干部，除他们持有外交护照外，其余团员均持公务护照。沙特亲王、麦加地区长官哈米德在接见朝觐团后说："我们没有想到穆斯林能在中国的省和中央政府担任高级职务，这不仅是中国穆斯林的光荣，世界穆斯林也为之感到自豪。"哈米德亲王对中国改革开放后采取的民族宗教政策大加赞赏。[②]

中国穆斯林朝觐团正是以这样一种特殊形式的人文交流，加强了中国和沙特间的了解和信任。1990年7月中国与沙特阿拉伯正式建立外交关系，在全面开展两国间的政治、经济、文化合作的基础上，沙特方面为中国穆斯林赴麦加朝觐提供了更多的方便和优厚礼遇（如被邀请参加清洗天房的活动）；2006年起中国哈吉的民航包机直抵麦地那入境，沙特方面为人数逾万的中国朝觐团的活动安排，千方百计提供方便。在朝觐人数上，1986年，朝觐人数已达2000余人，1993、1997年的朝觐团人数均超过5000人，2006年则已超过7000人，2007年近万人，2008年朝觐人数近1.2万人，2011年已达到1.37万（见表2）。[③]

① 谢景懿：《从中国穆斯林朝觐活动看改革开放三十年光辉历程》，《中国穆斯林》，2009年第1期。

② 马晓霖：《伊斯兰圣地朝觐面面观》，载时延春：《丝路盛开友谊花》，世界知识出版社，2008年版，第165页。

③ 中国伊斯兰教协会：《我国1.37万余名朝觐人员圆满完成朝觐功课》，2011年11月9日，中国伊协，http：//www.chinaislam.net.cn/article/2011-11/20111109062711830.html。

表 2：中国赴沙特朝觐人数表（2006—2013 年）①

年份	朝觐人数（人）
2006 年	7000
2007 年	10318
2008 年	11800
2009 年	12730
2010 年	13500
2011 年	13700
2012 年	13800
2013 年	11800

（二）宗教交流与对阿人文外交之深化

同人文外交的其他方式一样，宗教交流也是双向的，以伊斯兰教为纽带，沙特穆斯林来华的宗教交流对于沙特民众对中国的认知以及中沙两国人文交流有着重要的推动作用。

1979 年“文革”后的第一个中国穆斯林朝觐团赴麦加朝觐。由于受到西方国家对我国宗教信仰自由政策的歪曲宣传的影响较深，沙特政府对我朝觐团产生了误解。1981 年第一个伊盟代表团访华时，中国伊斯兰教协会在会谈中正式提出在 1979 年朝觐时发生的问题，伊盟访华团团长加木朱木对此表示歉意，并承诺以后不会发生类似事件，并建议由伊盟接待中国穆斯林朝觐团。②

近年来，现任沙特阿拉伯王国国王阿卜杜拉曾两次来我国进行友好访问，并拜访了中国伊斯兰教协会。伊斯兰世界联盟前任秘书长、现任沙特王国协商会议副主席纳绥夫博士，现任伊斯兰联盟秘书长图尔基博士，副秘书长阿卜迪长老，伊盟《古兰经》委员会主席、前沙特工商大臣贾姆朱姆，伊斯兰会议组织副秘书长穆哈辛，沙特阿拉伯王国麦加禁寺伊玛目苏代斯长老等也曾访问中国并到中国伊协拜访。前来中国伊协的沙特客人受到我国各族穆斯林的热情接待和国家领导人的亲切接见。他们通过参观

---

① 本表为本文作者根据国家宗教局、中国伊斯兰教协会等网站相关资料汇总制成。

② 阿布杜·热依木·伊明：《张杰同志和我们在一起》，《中国穆斯林》，2007 年第 5 期。

和访问，对中国的宗教信仰自由政策和民族平等政策，对改革开放以来中国社会的进步和经济的发展，以及各族穆斯林的新生活有了进一步的了解，并给予高度评价和赞扬。①

三、中国与阿拉伯国家的文艺交流

（一）新中国建立后中阿之间的文艺交流

中国与阿拉伯世界的文艺交流有着良好的传统。在两国还没有建立正式的外交关系时，文化艺术代表团的访问和演出就成为扩大我国在阿拉伯国家的影响和建立外交关系的有效方式。1956 年，由包尔汉率领的、76 人组成的中国文化艺术代表团，作为新中国出访阿拉伯国家乃至中东、非洲国家的第一个文艺代表团，在访问埃及、苏丹、叙利亚和黎巴嫩期间，受到各国的热情接待和欢迎。四国元首及其他领导人先后接见了该文艺代表团。

文艺交流不仅在新中国建立后在与阿拉伯国家建立外交关系的过程中起到“开路先锋”的作用，还在推动中国与阿拉伯国家之间团结与友谊起着重要作用。从 1960 年 1 月 19 日开始，中国杂技艺术团在苏丹进行了将近一个月的访问演出。在喀土穆和其他城市演出了 18 场，观众超过 5 万余人。仅在首都喀土穆在 8 天内就有 1.5 万多名观众观看了演出，当地报纸专门刊载了介绍和评论中国杂技演出的文章和照片，文章对中国杂技艺术团的访问表示欢迎，并且认为其加强了两国的文化和友好关系。1960 年春，上海杂技团一行 40 多人前往摩洛哥演出，在拉巴特、达尔贝达、丹吉尔、非斯等市共演出三四十场，受到摩洛哥朝野的欢迎，影响和震动很大。到处都有青年人主动来到杂技团，找他们学翻筋斗。国王穆罕默德五世特别邀请杂技团为王宫成员演出了专场，并且对杂技团大加赞赏。②

不仅如此，帮助阿拉伯国家培养文艺工作者也成为双方进行人文交流

① 洪长有：《丝绸之路绽放中阿穆斯林友谊之花——记新中国成立之后我国穆斯林的对外友好交往》，载时延春：《丝路盛开友谊花》，世界知识出版社，2008 年版，第 41 页。

② 周丽娟：《对外文化交流与新中国外交》，文化艺术出版社，2010 年版，第 65—66 页。

的重要方式。根据1970年中国和苏丹两国政府签订的文化合作协定，我国文艺工作者承担了苏丹杂技团杂技队员的培养工作。除第一、第二批苏丹学员在中国国内培训外，中国杂技工作者先后受命派出教练组前往苏丹达8次之多；从编导、舞蹈到服装道具的设计制作，为苏丹杂技团的建设发展进行了全方位的教学和培训，总计历时达10多年之久。中国教练与苏丹学员之间，在教与学的互动中，双方都从对方身上感受到、学习到很多优秀的品质，而在这种相互认知和学习中，彼此之间的友谊在不知不觉中增强着。为了培养苏丹杂技队员，中国杂技工作者在极其困难、复杂的情况下作出了他们的最大努力。苏丹杂技团不仅是中苏（丹）两国政府和两国人民辛勤栽培的成果，更是中苏人文交流的见证。①

（二）“中国文化中心”在阿拉伯世界的建立及其绩效评估

改革开放以来，随着中国国际地位的提升和中阿双方在各领域接触和交往的增多，阿拉伯国家的民众对中国的期望也逐渐提升，在中阿认知需求上，中阿之间传统的文艺交流方式面临着挑战。2002年11月，在埃及开罗，“开罗中国文化中心”揭幕，这是我国在阿拉伯世界设立的第一个中国文化中心，也是在海外设立的第一个大型文化中心。

“开罗中国文化中心”在规模和设施方面，都具有很强的现代感。该中心一共有地上5层和地下1层，设有语音教室、多功能放映厅、图书阅览室和先进的电脑办公设备，拥有两大一小3个多功能教室，可供教学和举办讲座、座谈会使用。

2010年，“开罗中国文化中心”相继在瑞哈卜、开罗、亚历山大、曼德胡尔等多个城市成功举办“欢乐春节”系列活动，中国电影周、新春音乐会、歌舞表演、新春游船、书法表演、茶艺表演和形式多样的文化游艺活动引得当地民众争相参与，成为尼罗河畔一道道亮丽的文化风景。埃及文化部副部长观看了重庆交响乐团在开罗歌剧院举办的“爱的春天”音乐晚会。“开罗中国文化中心”充分利用埃及文化部、

---

① 林义泉：《盛开在友谊路上的杂技之花》，载时延春：《丝路盛开友谊花》，世界知识出版社，2008年版，第355页。

埃及地方政府、当地华人社团等多方面的资金和资源策划筹备“欢乐春节”系列活动，埃及国家电视台、尼罗河文化台、梦想电视台、《金字塔报》、《共和国报》、《华夫脱报》等主流媒体对活动进行了充分报道。①

我国在阿拉伯国家开办“中国文化中心”，目的就是为了使所在国人民更直接、更客观地了解中国。中国文化中心与外交机构相比，有更加宽松的活动环境，可以更加方便灵活地开展人文交流和传播中国文化的活动，其活动形式更易于为驻在国民众所接受。“中国文化中心”在更加广阔的范围内，通过汉语教学、中国舞蹈、武术辅导、中医教学、图书音像制品借阅、研讨会、报告会、展览、演出等多种手段，传播中国文化，介绍中国各方面的最新发展情况。“中国文化中心”将成为我国在阿拉伯国家海外的文化窗口、宣传阵地和沟通友谊的桥梁。时任文化部外联局局长丁伟就开罗中国文化中心的开幕曾表示，建立“中国文化中心”是中国对外关系发展的一个亮点，是随着改革开放和国力的增强，我国加强与世界沟通与增加推介中国文化力度的有力举措之一。②

海外“中国文化中心”的建立，弥补了临时出访文化团组短暂性的缺憾，增强了主动性、针对性和实效性，为建设稳定的国际环境发挥着不可低估且不可替代的作用。2003 年上半年“非典”期间，当时中国被突如其来的疫病推到十分尴尬的境地，国际上 100 多个国家拒绝中国团组入境，几乎所有的出访项目全部受阻，对外交流活动几近停滞。但中国文化中心的活动丝毫未受影响，且显得异常活跃，举办各类专题展览，放映馆藏影视片，组织才艺表演和报告会等活动，同时，适时地传播了中国民众英勇抗击“非典”的感人事迹和进展情况，有效地维护了祖国的荣誉和国际形象，极大地抵消了“非典”带来的负面影响。③

同样，2011 年下半年，埃及发生社会动荡，国内无法派遣团组赴埃

① 王晨阳：《2010，驻外中国文化中心亮点频出》，《中国文化报》，2010 年 12 月 23 日。
② 张小兰：《中国文化中心在开罗揭幕》，《中国文化报》，2002 年 11 月 1 日。
③ 孙晓红：《向世界敞开文化窗口》，《中国文化报》，2006 年 8 月 26 日。

及进行人文交流，但“开罗中国文化中心”照常对外开放，① 成为中埃人文交流的重要依托。

第三节　中国对阿拉伯国家人文外交的反思与展望

新中国和阿拉伯国家同属发展中国家，都在20世纪逐渐摆脱了殖民地或半殖民地的屈辱境遇。1949年后，新中国政府与民众在与阿拉伯国家友好交往的50多年来，在教育、文化、医疗、宗教、旅游等人文交流领域成就显著，教育交流、宗教交流、文艺交流等已成为中国对阿拉伯世界人文外交的典型项目。人文外交在不同时期维护着中国的核心利益，加深了中国与阿拉伯国家民众之间的相互了解，推动了中阿友好关系的全面发展，目前，22个阿拉伯国家已全部与中国建立了“战略合作伙伴关系”。

冷战结束后，随着中国经济的持续发展和其在国际社会中重要性的逐步提升以及中阿双方在各领域交往的显著增多，中国与阿拉伯国家之间因认知原因而产生误会的可能性也逐渐增加，一些阿拉伯国家领导层自冷战结束以来形成的思维定势，即中国将取代已经解体的苏联，成为对抗美国的另一个“超级大国”，正因如此，我们在与阿拉伯国家的政府人士和精英人士们交流对话时，或者从当地的报刊书籍中，都不时听到和看到他们的不满和批评表述。② 这一现状对人文外交在新的历史条件下提出了更高的要求。人文外交作为增信释疑和价值沟通最为重要的外交方式，在“丝路战略”以及中国对阿拉伯国家外交政策中，应当得到进一步的重视。2011年以来，从北非的突尼斯、埃及、利比亚到西亚的也门、叙利亚，阿拉伯世界发生了急速的社会和政治变革，面对阿拉伯国家的政权更迭和尚不明朗的政治前景，中国政府只有从密切两

① 李舫：《让世界感知中国——记发展中的海外中国文化中心》，《人民日报》，2011年10月9日。

② 朱威烈：《试论中国与中东伊斯兰国家的战略性关系》，《世界经济与政治》，2010年第9期。

国民众之间的情谊出发，重视人文外交，才能复兴中国与阿拉伯世界之间的“丝绸之路”，从而维护中国与阿拉伯国家在新的丝路上的共同利益。

第十三章　中国对中亚国家的人文外交

第一节　中国与中亚国家人文交流的历史梳理[①]

中亚国家主要指从苏联解体独立出来的5个国家：哈萨克斯坦、乌兹别克斯坦、吉尔吉斯斯坦、塔吉克斯坦和土库曼斯坦。中亚五国地域广阔、资源丰富、战略地位十分重要，我国与中亚国家山水相连，哈萨克斯坦、吉尔吉斯斯坦和塔吉克斯坦三国与中国有着长达3000多公里的共同边界线。中国与中亚国家人文交流历史悠久，在民族、宗教、文化等方面都有着密切联系。

一、以“丝绸之路”为纽带的古代中国与中亚国家的人文交流

早在先秦时期，中国的古籍中就有有关中亚的记载。如《山海经》中记录了中亚地区的地理情况，在《穆天子传》中记载了西周周穆王在中亚地区的西巡游历。双方在物质领域交流也在增加，如中亚的玉石和中国的丝绸。随着张骞出使西域，中国与中亚诸国建立了联系，双方商业往来迅速增加，丝绸之路成为贯通欧亚大陆的重要通道。丝绸之路的开辟使中国与中亚的政治、经济、人文领域交流进入前所未有的活跃期。中国的丝绸、茶叶、铁器等产品传入中亚，而中亚的马匹、葡萄、石榴等也传入中国；同时，中国的冶铁、桑蚕技术也传入中亚，促进了中亚的经济技术发展。佛教也沿着丝绸之路由中亚传入中国，中亚的一批僧侣为佛教在中

---

① 本章节史料参考：王治来：《中亚史》，人民出版社，2010年版；胡振华：《中亚五国志》，中央民族大学出版社，2006年版；潘志平：《中亚的民族关系历史现状与前景》，新疆人民出版社，2003年版；王沛：《中亚五国概况》，新疆人民出版社，2006年版；林梅村：《中亚民族与宗教》，江西人民出版社，2012年版。

国的传播作出了突出贡献。隋唐时期是丝绸之路的繁盛时期，丝路的繁荣直接促进了中国与中亚的人文交流，这一时期的人文交流在广度和深度上都达到较高水平，对双方政治、经济、文化等领域产生了深远影响。唐朝时期，西突厥归附使西域和中亚地区并入唐朝版图。唐朝在中亚地区实行羁縻政策，在大一统格局下，中国与中亚的各方面交流得到空前发展，人员往来密集，商品贸易频繁，人文交流深入。随着交流的增多，双方在宗教、文学、服饰、饮食等方面相互影响，如胡乐、胡舞、胡服等。元朝时期，许多中亚居民来华，这些来华的中亚居民散布在中国各地，逐渐融入到中国的社会生活中，对中国的民族结构造成影响，如回族、撒拉族等都与元朝来华的中亚居民有关。明朝时，中亚的帖木儿王朝与明朝保持了频繁的使者往来和贡赐贸易。清朝政府重新统一天山南北，并在新疆设行省，与中亚保持了频繁的往来和贸易，中国与中亚的同源跨境民族格局也基本形成。

二、苏联解体前的近现代中国与中亚人文交流

20 世纪初，沙俄势力开始渗透中亚，将中亚纳入了沙俄版图。近代中国也饱受帝国主义势力侵略，与中亚的人文交流也逐渐减少。苏联成立后，中亚地区成立了五个苏维埃社会主义共和国，并陆续成为苏联的加盟共和国。这一时期，中亚作为苏联一部分，失去独立地位，中国与中亚的人文交流属于中俄（中苏）人文交流的一部分。加上这一时期，中国自身实力较弱，又遭受帝国主义的侵略，中国与中亚的人文交流处于低潮期。但由于中国与中亚有着漫长的边界线，更有众多同宗同源的跨境民族，中国与中亚各民族仍保持着传统的经济、文化联系。

新中国成立后，中国与中亚关系属于中苏关系一部分。在新中国成立初期，中苏关系良好，各项交流与合作蓬勃发展，中国与中亚关系也发展良好。但中苏关系破裂后，中国与中亚的人文交流也随之中断。

三、中亚五国独立以后的中国与中亚人文外交

苏联解体后，中国很快承认中亚五国独立，并建立大使级外交关系，

中国是最早承认中亚五国独立并建立外交关系的国家之一。自此，中国与中亚关系进入新的发展阶段：在政治领域，双方高层互访频繁，政府、议会、政党和社会团体往来密切，政治互信不断加深；在安全领域，双方有着共同的安全利益，在安全领域达成诸多共识，进行了密切的交流与合作，安全合作颇有成效；在经济领域，双方贸易额不断上升，合作模式不断丰富，合作领域不断扩展，经贸合作成果丰硕；在人文领域，尽管建交时间不长，但双方都十分重视人文领域的交流与合作，人文外交也是成果丰硕。

古老的丝绸之路将中国与中亚紧紧联系了2000多年，为人类文明和东西方交流做出了突出贡献。丝绸之路成为中国与中亚人民共同的美好历史记忆，是中国与中亚人文交流的宝贵历史遗产，也成为中国与中亚人民共同的骄傲，丝绸之路对当前的中国与中亚人文外交有着特殊的意义。由于最近几百年，中亚地区归入俄罗斯版图，双方各项领域的交流合作都被纳入到中俄交流合作里，加上中苏关系恶化时期，中国与中亚处于近似隔绝的状态。而中亚地区在俄罗斯化的进程中，其政治、经济、文化等各方面都深受俄罗斯的影响，中亚人民了解中国只能依靠俄罗斯渠道，而中国民众了解中亚也主要通过第三方，这也造成双方民众的彼此陌生。所以，中国与中亚虽因丝绸之路有着2000多年的悠久人文交流传统，但由于近现代的历史原因，双方仍充满对彼此的陌生感，缺乏亲近感。即使在中亚国家独立以后，中国与中亚国家在政治、经济、安全等领域的交流合作颇有成效，但双方还是缺乏对彼此深入了解。中国和中亚国家都注意到这一问题，在人文外交领域做了大量工作，希望进一步推进中国与中亚关系的全面快速发展。

（一）文化交流

中国是世界文明古国，举世闻名。中亚地区因为古代丝绸之路，其文化汇聚了多种文明因素，如本土文化、突厥文明、俄罗斯文明、中华文明都对中亚文化有着深刻影响。文化的传播与交流是扩大国家影响力和软实力的重要方式，也是增进双方了解的重要手段，文化交流是人文外交的重要组成部分。中国与中亚国家都十分重视彼此间的文化交流，在政府层面，中国与中亚各国都签订了多个文化合作协定，涉及文化传播、新闻媒体、旅游等多个方面，政府间的文化合作协议为中国与中亚国家文化交流奠定了良好的发展基础。在活动形式上，中国与中亚国家的文化交流形式多样，如艺术演出、电影展、摄影展、图书展、民俗展等活动，中国精湛的艺术表演在中亚受到了热情的欢迎和高度赞扬。2010 年的上海世博会，中亚五国的展馆成为中国人民了解中亚的重要窗口，哈萨克斯坦馆是世博会最热门场馆之一。此外中国与中亚国家举办了一系列如文化周、文化日等，集中展示国家文化的活动，如 2001 年在北京举办的“哈萨克斯坦文化周”，2006 年在阿拉木图举办的“中国文化节”和 2007 年在中国举办的“哈萨克斯坦文化节”等都取得了巨大的反响。马是中国人民喜爱的动物，在中华文化中占有重要地位。中亚地区的汗血马是世界上最优良的马种之一，2000 多年前，汗血马就穿越古老的丝绸之路来到中国，在中国享有盛誉，中国人民称其为“天马”。汗血马是土库曼斯坦的国宝，在土库曼斯坦历史上占有独特地位，中土建交以来，土方先后两次将汗血马作为国礼赠送中方，增进了两国人民感情。2014 年 5 月 12 日，习近平主席与土库曼斯坦总统别尔德穆哈梅多夫在北京共同出席世界汗血马协会特别大会暨中国马文化节开幕式，并接受土方赠予中方的一匹汗血马。汗血马已经成为中土友谊的使者和两国人民世代友好的见证。① 丰富多彩的文化交流活动给中国与中亚民众打开了一扇互相了解的大门，有利于消除双方由于长时间的隔绝状态所造成的陌生感，增进彼此间的亲近感，为双方人文交流奠定良好的民意基础。

（二）科技教育交流

在科技交流方面，中国与中亚各国都签订了科技交流的合作协议，并建立了相关的合作机制，双方科技部门、科研机构的往来与合作也愈加频繁。在教育交流上，中国与中亚各国都签订了各种教育交流协定，双方教育部门的交流与合作也愈加频繁丰富。中国与中亚地区的许多高校都建立了合作关系，尤其是紧邻中亚地区的新疆高校，与中亚地区高校联系最为紧密、合作成果最为丰硕。由于地缘、亲缘和语言等优势，新疆成为中国

① 赵明昊：《习近平与别尔德穆哈梅多夫共同出席世界汗血马协会特别大会暨中国马文化节活动》，载《人民日报》，2014 年 5 月 13 日。

培养中亚语言、文化、研究人才的重要基地，也成为接纳中亚留学生的主要地区。作为教育交流和传播中国文化的重要平台，建立海外孔子学院是中国人文外交的一个重要手段。2014 年 4 月，我国在中亚 4 个国家共建立了 10 所孔子学院（参见表 1）。

表 1：中国在中亚建立的孔子学院一览表①

孔子学院	所在国家	外方合作大学	中方合作大学	启动运营时间
哈萨克斯坦欧亚大学孔子学院	哈萨克斯坦	欧亚大学	西安外国语大学	2007 年 12 月
哈萨克斯坦国立民族大学孔子学院	哈萨克斯坦	哈萨克斯坦阿里—法拉比国立民族大学	兰州大学	2009 年 2 月
吉尔吉斯比什凯克人文大学孔子学院	吉尔吉斯斯坦	吉尔吉斯比什凯克人文大学	新疆大学	2008 年 4 月
吉尔吉斯斯坦国立民族大学孔子学院	吉尔吉斯斯坦	吉尔吉斯斯坦国立民族大学	新疆师范大学	2009 年 5 月
乌兹别克斯坦塔什干孔子学院	乌兹别克斯坦	乌兹别克斯坦塔什干国立东方学院	兰州大学	2005 年 5 月
塔吉克斯坦民族大学孔子学院	塔吉克斯坦	塔吉克斯坦民族大学	新疆师范大学	2008 年 8 月
哈萨克阿克托别州朱巴诺夫国立大学孔子学院	哈萨克斯坦	阿克纠宾国立师范学院	新疆财经大学	2011 年 3 月

① 资料来源：国家汉办网站，http：//www. hanban. org/confuciousinstitutes/node _ 10961. htm。

续表

孔子学院	所在国家	外方合作大学	中方合作大学	启动运营时间
卡拉干达国立技术大学孔子学院	哈萨克斯坦	卡拉干达国立技术大学	新疆石河子大学	2011年11月
奥什国立大学孔子学院	吉尔吉斯斯坦	奥什国立大学	新疆师范大学	2013年1月
撒马尔罕国立外国语学院孔子学院	乌兹别克斯坦	撒马尔罕国立外国语学院	上海外国语大学	2013年9月

从表1我们可以看出：首先从总体上，孔子学院在中亚地区发展势头良好，尤其是近几年发展迅速。但由于历史、现实等原因的限制，和欧美日等国家的孔子学院相比，中亚地区孔子学院还存在着数量少、分布不均等问题，如现在中亚五国中只有四国建立了孔子学院，而在10所孔子学院中，哈萨克斯坦有4所，吉尔吉斯斯坦有3所，其他中亚国家的孔子学院数量偏少，甚至没有。其次在中亚地区的10所孔子学院，9所是中国西部地区高校与中亚高校合办，其中6所是新疆高校，说明由于地缘、亲缘等原因，西部地区特别是新疆地区，是我国发展与中亚关系的重点地区。

（三）民间交流

人文外交的主体是“人”，中国与中亚山水相连，亲缘相近，古老的丝绸之路是双方民间交流沟通的纽带，中亚独立以后，中国与中亚地区的民间交流也依托古老丝绸之路留下的坚实历史遗产蓬勃发展。

中国西北地区与中亚国家历史上形成的跨境民族有8个，即哈萨克族、柯尔克孜族（吉尔吉斯族）、乌孜别克族（乌兹别克族）、塔吉克族、俄罗斯族、维吾尔族、回族（东干族）、塔塔尔族（勒靼族）。例如东干人就是中国以外最大的回族社会群体，他们是清代末年迁到中亚的陕甘地区回族后裔，至今还保留着当时的陕甘方言和社会风俗。跨境民族在我国和中亚各国都有分布，由于跨境民族有着共同的语言、文化、历史、宗教背景，加上民族的亲缘性所产生的认同感和亲近感，中国与中亚的跨境民族历史上就有友好交流的传统，跨境民族在商贸、教育等领域的交流十分频繁，跨境民族的友好交流已成为中国与中亚民间交流的一大特色。但是近年来“三股势力”影响上升，跨境民族也受到分离主义、恐怖主义等的负面影响，对我国的国家统一和安全构成挑战。但总体而言，友好、和平、共同发展仍是跨境民族的主流，只要继续加强人文外交工作，促进跨境民族的交流、沟通、理解，跨境民族一定能成为维护国家统一、边境安全的积极因素。

中国与中亚国家的良好关系和友好情谊也体现在其他许多方面，如在 2008 年北京奥运会火炬传递活动中，哈萨克斯坦的阿拉木图是火炬境外传递的第一站，哈萨克斯坦总统纳扎尔巴耶夫作为第一位火炬手领跑整个传递仪式，体现出中哈间的友好情谊。此外，中亚各国元首都出席了北京奥运会开幕式，显示了对北京奥运会的支持。青年是友好关系的未来，中国与中亚高度重视青年的友好交流，如胡锦涛在 2007 年 8 月上海合作组织成员国元首理事会的讲话中提到，要为青年一代交往创造条件，中方决定设立上海合作组织成员国来华留学奖学金项目，中方建议并首先发起成员国轮流举办青年学生交流营活动。2006—2007 年，中哈两国先后在阿拉木图和乌鲁木齐举办了两届青少年运动会，两国 800 多名青年运动员参加。习近平在 2013 年 9 月在哈萨克斯坦也提出，为促进上海合作组织框架内青年交流，中国将在未来 10 年向上海合作组织成员国提供 3 万个政府奖学金名额，邀请 1 万名孔子学院师生赴华研修。中国与中亚在政治、经济、文化、教育等各领域都开展丰富多彩的青年交流活动，双方青年的交流必将推动中国与中亚关系的深远、稳定、长久发展。

2007 年 12 月 18 日成立了中国中亚友好协会，它在增进中国与中亚各国人民的相互了解和友谊、促进中国与中亚各国友好关系的发展、扩大中国与中亚各国在各领域的互利合作、共同维护地区安全和睦邻友好等方面做了许多工作，成为中国与中亚人文外交的重要渠道。

（四）宗教与地方交流

中亚五国都是伊斯兰国家，我国与中亚间的宗教交流对促进双方人民沟通与了解具有重要作用。1997 年 10 月 25 日至 11 月 1 日，应中国伊斯兰教协会邀请，哈萨克斯坦“阿里·马季娜”伊斯兰教协会会长阿普罗尼率团访华，这是两国宗教界首次进行正式接触。[①] 2003 年 9 月，中国佛教协会副会长嘉木样·洛桑久美·图丹却吉尼玛应邀率中国宗教代表团出席在哈萨克斯坦首都阿斯塔纳举行的第一届“世界和传统宗教领袖大会”，哈总统纳扎尔巴耶夫会见中国代表团。[②] 2008 年 9 月 14—16 日，应联合国教科文组织和乌兹别克斯坦总统卡里莫夫的邀请，中国国家宗教局副局长叶小文率团参加在塔什干举行的“国际宗教对话”会议，并与乌兹别克斯坦宗教事务部第一副部长米诺瓦罗夫举行会谈。[③]

随着全球化的发展，城市等次国家行为体越来越多地参与到国际交往中。城市之间的交往也越来越重要，目前，我国与中亚 5 个国家的 23 个城市建立了友好城市关系（参见表 2）。

表 2：中国与中亚国家友好城市一览表[④]

中方城市	外方城市	国别	结好时间
乌鲁木齐市	阿拉木图市	哈萨克斯坦	1993 年 11 月 17 日
白银市	奇姆肯特市	哈萨克斯坦	1994 年 8 月 16 日
周口市	彼得罗巴甫洛夫斯克市	哈萨克斯坦	1994 年 10 月 16 日
甘肃省	库斯塔奈州	哈萨克斯坦	2004 年 9 月 15 日
北京市	阿斯塔纳市	哈萨克斯坦	2006 年 11 月 16 日
塔城市	乌斯卡缅市	哈萨克斯坦	2006 年 12 月 14 日
陕西省	江布尔州	哈萨克斯坦	2008 年 4 月 7 日
海南省	克孜勒奥尔达州	哈萨克斯坦	2009 年 7 月 3 日
克拉玛依市	阿克纠宾市	哈萨克斯坦	2011 年 6 月 24 日

① 外交部网站：http://www.fmprc.gov.cn/mfa_chn/gjhdq_603914/gj_603916/yz_603918/1206_604210/sbgx_604214/。

② 同上。

③ 外交部网站：http://www.fmprc.gov.cn/mfa_chn/gjhdq_603914/gj_603916/yz_603918/1206_604762/sbgx_604766/。

④ 资料来源：中国国际友好城市联合会网站友城统计，http://www.cifca.org.cn/Web/YouChengTongJi.aspx。

续表

中方城市	外方城市	国别	结好时间
乌鲁木齐市	比什凯克市	吉尔吉斯斯坦	1993 年 3 月 4 日
湖北省	楚河州	吉尔吉斯斯坦	1997 年 1 月 23 日
银川市	比什凯克市	吉尔吉斯斯坦	2000 年 5 月 23 日
焦作市	热伊勒地区	吉尔吉斯斯坦	2001 年 4 月 30 日
喀什地区	奥什州	吉尔吉斯斯坦	2008 年 4 月 24 日
濮阳市	楚河区	吉尔吉斯斯坦	2008 年 5 月 10 日
乌鲁木齐市	杜尚别市	塔吉克斯坦	1999 年 9 月 10 日
喀什地区	戈尔诺—巴达赫尚自治州	塔吉克斯坦	2005 年 6 月 24 日
福建省	索格特州	塔吉克斯坦	2012 年 6 月 2 日
厦门市	杜尚别市	塔吉克斯坦	2013 年 6 月 20 日
湖南省	塔什干州	乌兹别克斯坦	1993 年 3 月 4 日
上海市	塔什干市	乌兹别克斯坦	1994 年 12 月 15 日
株洲市	纳沃伊市	乌兹别克斯坦	1996 年 3 月 12 日
兰州市	阿什哈巴德市	土库曼斯坦	1992 年 5 月 1 日

第二节　中国对中亚国家人文外交的案例分析

一、感人故事见证中国与中亚的友好情谊

冼星海是我国著名音乐家，创作有《黄河大合唱》、《太行山上》等。冼星海于 1943 年从莫斯科辗转到达阿拉木图，在这里度过了他 40 岁生命历程中的最后两年半时间，受到当地人民无微不至的关爱和照料，并从中获取了许多创作灵感，创作了一批激情涌荡的传世佳作。这一时期，他创作了第一交响曲《民族解放》、第二交响曲《神圣之战》及《中国狂想曲》、《阿曼盖尔德》、《满江红》等，收集和改编了大量哈萨克民歌，成为用音乐传递中哈友谊的使者。在哈萨克斯坦，人们习惯用著名人物的姓名来命名城市的街道，以表达对他们的敬意。1998 年 10 月 7 日，阿拉木图市长发出市长令，决定将市内的弗拉基米尔大街重新命名为冼星海大

街，并为冼星海竖立纪念碑。1999 年 11 月 16 日，冼星海大街命名和冼星海纪念碑揭幕仪式在阿拉木图隆重举行。[①] 在阿拉木图的冼星海大街、冼星海纪念碑和冼星海故居成为中哈人民友谊的象征。

习近平在 2013 年 9 月在哈萨克斯坦纳扎尔巴耶夫大学发表的演讲中讲述了两个感人故事。第一个是上世纪 40 年代末，一位在新疆工作的中国小伙子认识了在当地医院工作的美丽姑娘瓦莲金娜，两人真心相爱并结婚生子。后来，由于一些客观原因，瓦莲金娜回国了，当时他们的儿子才 6 岁。这个孩子长大后，不断寻找自己的母亲，想尽了各种办法，始终没有音讯。2009 年，儿子终于找到了自己的母亲瓦莲金娜，他的母亲就住在阿拉木图。这一年，儿子 61 岁，瓦莲金娜 80 岁。后来，儿子来到阿拉木图看望母亲，还把母亲接到中国旅游。这迟到了半个世纪的幸福，是中哈人民友好的有力见证。第二个故事是：RH 阴性血型在中国属于十分稀有的血型，被称为“熊猫血”。这种血型的病人很难找到血源。哈萨克斯坦留学生鲁斯兰正是这种血型。在海南大学读书期间，鲁斯兰自 2009 年起参加无偿献血，每年两次，为一些中国病人解除病痛作出了贡献。当中国朋友称赞鲁斯兰时，鲁斯兰说：“我觉得应该帮助别人，献血是我应该做的。”这两个感人故事，只是中哈两国人民友好交往中的两个片断，但充分说明了我们两国人民是心心相印、亲如手足的。[②]

二、以上合组织为平台的中国与中亚人文外交

中亚五国都是上合组织的成员国，在上合组织框架下，各成员国本着“尊重多样文明”的“上海精神”积极展开了形式多样、内容丰富的文化交流活动，为增进不同文明之间人民的相互理解和友谊，促进上合组织全面深入发展奠定了坚实的文化基础。相对于安全和经济合作而言，上合组织的人文交流合作层次较低、规模较小。然而，值得欣慰的是，各成员国领导人已经意识到了人文合作在巩固“上海精神”基础方面所发挥的桥

---

① 新华网：http：//news. xinhuanet. com/ziliao/2003 - 05/25/content_ 885606. htm。

② 习近平：《弘扬人民友谊共创美好未来——在纳扎尔巴耶夫大学的演讲》，载《人民日报》，2013 年 9 月 8 日。

梁纽带作用。尤其是自2004年以来，胡锦涛主席在上海合作组织塔什干峰会、阿斯塔纳峰会的讲话中，都把人文合作作为上海合作组织今后发展的重点方面之一，人文合作逐渐成为重要议题之一。①

根据上海合作组织宪章，人文领域合作是组织的重要工作之一，人文合作正成为上海合作组织深化合作的新亮点。首次文化部长会议是在2002年召开的，会中签署了《上海合作组织文化部长会晤联合声明》，并规定以后每两年实施一次文化部长会议（参见表格3），针对文化合作具体措施实施交流。

表3：上海合作组织文化部长会晤②

时间	地点	会议	签署文件
2002年4月12日	北京	上海合作组织成员国文化部长首次会晤	《上海合作组织成员国文化部长联合声明》
2005年7月4日	阿斯塔纳	上海合作组织成员国文化部长第二次会晤	《上海合作组织成员国文化部长第二次会晤纪要》
2006年4月27日	塔什干	上海合作组织成员国文化部长第三次会晤	《上海合作组织成员国文化部长第三次会晤纪要》
2007年4月24日	杜尚别	上海合作组织成员国文化部长第四次会晤	《上海合作组织成员国文化部长第四次会晤纪要》
2008年6月23日	乔尔潘—阿塔市	上海合作组织成员国文化部长第五次会晤	《上海合作组织成员国文化部长第五次会晤纪要》
2009年4月27日	喀山	上海合作组织成员国文化部长第六次会晤	《上海合作组织成员国文化部长第六次会晤纪要》
2010年3月27日	三亚	上海合作组织成员国文化部长第七次会晤	《上海合作组织成员国文化部长第七次会晤纪要》
2011年5月19日	阿斯塔纳	上海合作组织成员国文化部长第八次会晤	《上海合作组织成员国文化部长第八次会晤纪要》

① 焦一强：《人文合作：联结上合组织成员国的纽带》，载《文汇报》，2006年6月12日。
② 资料来源：根据历次上海合作组织官方纲领整理而成。

续表

时间	地点	会议	签署文件
2012年6月7日	北京	上海合作组织成员国文化部长第九次会晤	《上海合作组织成员国文化部长会晤北京宣言》
2013年5月25日	比什凯克	上海合作组织成员国文化部长第十次会晤	《上海合作组织成员国文化部长第十次会晤纪要》

自2004年以来，胡锦涛主席在上海合作组织塔什干峰会、阿斯塔纳峰会的讲话中，都把人文合作作为上海合作组织今后发展的重点方面之一，人文合作逐渐成为重要议题之一。在文化交流方面，在上合组织框架下中国与中亚国家文化交流日益密切，文化艺术团体频繁互访，文化艺术展演丰富多彩。2005年召开的上海合作组织成员国文化部长会议作出重要决定：每年在该组织峰会期间将举行成员国艺术节，与会国元首集体出席艺术节开幕式。又如，为促进上海合作组织成员国之间的人文合作，胡锦涛主席在2005年阿斯塔纳峰会上郑重承诺，中方将拨出专项资金，3年内为其他成员国培训1500名不同领域的管理和专业人才。中方已经开始实施这一计划，培训科目涉及行政管理、经济发展、外交安全、专业技术和汉语学习等领域，培训方式包括短期培训和学历学位教育。① 2012年6月5日，上海合作组织成员国文化部长第九次会晤在北京举行。各成员国代表团团长共同签署了《上海合作组织成员国文化部长会晤北京宣言》，这是本次文化部长会晤的标志性文件，也是上合组织人文领域的首个宣言文件。②

除此以外，中国与中亚国家在上海合作组织框架下开展了一系列人文交流活动，在教育、文化、青年交流、新闻等领域展开各项富有成效的合作。值得一提的是，中国与中亚国家共同推动包括“丝绸之路”在内的文化项目列入联合国教科文组织世界遗产名录，这是中国与中亚将古老丝绸之路作为双方公共产品采取的重大行动。

---

① 童师群：《综述：人文合作——上海合作组织合作的新亮点》，新华网，2006年6月13日，http：//news. xinhuanet. com/newscenter/2006 - 06/13/content_ 4691323. htm。

② 周雯、崔清新：《上合组织成员国通过人文领域首个宣言文件》，载《人民日报》，2012年6月6日。

上海合作组织成立以来，虽然主要以安全与经济领域的合作为主，人文领域的交流合作略显不足。但随着上海合作组织的不断发展，人文领域的交流合作将成为上海合作组织的一个新亮点，中国与中亚国家也积极利用上合组织这一良好的平台，积极推动中国与中亚国家的人文交流与合作。现在利用上合组织平台，中国与中亚国家在人文外交的机制建设、项目构建等方面已取得一定成果，但双方人文合作还存在着规模小、层次低、影响小等问题，双方都将人文交流合作作为未来重点发展的领域。上合组织已在安全和经济领域取得了卓有成效的成果，相信中国与中亚国家一定能将上合组织这一良好、成熟的平台利用好，推动中国与中亚国家的人文外交向深、向远、向高发展。

第三节　中国对中亚国家人文外交的反思与展望

中国与中亚山水相连、人民相亲，古老的丝绸之路将中国与中亚各族人民紧密联系了两千多年，丝绸之路在为世界文明作出突出贡献的同时，也为当今中国与中亚的友好关系奠定了坚实的基础：首先，中国与中亚地区 2000 多年的交往史是一部和平交往史，双方并没有发生大规模的武力冲突，双方人民都对彼此怀有良好的历史记忆，双方都认同“和平”、“和谐”、“友好”等理念。两千多年的和平交往是中国与中亚关系友好发展的历史基础；其次，在中国与中亚国家的交流中，形成了一些跨境民族，这些跨境民族拥有共同的语言、文化、宗教和历史，民族亲缘性也加深了彼此的亲近感，“你中有我、我中有你”的跨境民族关系成为中国与中亚友好交往的现实资源；最后，中亚独立以后，中国与中亚各国关系发展迅速，特别是在上合组织框架下的合作，成为中国与中亚友好交往的未来保障。

近几百年来，由于中亚纳入俄罗斯版图，中国与中亚相对隔绝，造成了双方对彼此的陌生感、疏远感，这些由于历史原因在双方人民间产生的陌生感和疏离感，是影响中国与中亚地区人文外交发展的一大因素。由于中亚各国独立时间不长，经济发展水平不一，也给双方人文外交工作的开展产生了一定影响，所以与我国对日韩俄等周边国家外交相比，中国与中亚的人文外交存在着活动少、领域窄、影响小、程度浅等问题，而中亚日益活跃的“三股势力”也对中国国家统一和安全造成了影响，是阻碍中国与中亚友好关系发展的一大因素。

人文关系是中国与中亚关系发展的一大支柱，双方在文化、教育、科技、民间等领域的合作不断发展，孔子学院、友好城市等人文交流项目也积极开展，更在上合组织框架下开展了一系列人文外交活动。面向未来，中国与中亚人文外交应在以下几个方面进行努力：首先，丰富人文外交活动内涵，扩大人文外交活动影响。中国与中亚的人文外交活动，还仅仅停留在文化展演、成果展出等浅层次上，产生的影响有限，造成现在活动少、领域窄、影响小、程度浅等问题。所以应该从丰富活动形式、加深活动内涵、扩大活动影响等方面对人文外交活动进行全面提升，使人文外交活动真正进入中国与中亚人民的“心”里去；其次，从培育“反恐共识”高度，提升人文外交层次。中国与中亚都面临“三股势力”的影响。人文外交活动应站在培育“反恐共识”高度，在中国与中亚国家间建立共同的“反恐观”，将人文外交提高到新的层次；最后，要注重新疆等西部省份在中国与中亚人文外交中的“桥头堡”作用。新疆等西部省份与中亚地区山水相连，民族相亲，这是双方人文交流的良好资源，故应充分发挥新疆等省份的特殊作用，促进中国与中亚国家在政治、经济、安全、人文等领域的全面合作。面向未来，在中国与中亚2000多年友好交往的基础上，习近平主席提出了面向新时代的“丝绸之路经济带”的伟大设想，给中国与中亚关系注入了新的动力。政策沟通、道路联通、贸易畅通、货币流通、民心相通的“五通”举措，更为“丝绸之路经济带”插上了腾飞的翅膀。中国与中亚国家和人民在新丝绸之路上，必将为中国与中亚人文交流增添浓重的一笔。

北线的人文外交

第十四章　中国对（苏联）俄罗斯的人文外交

第一节　中国与（苏联）俄罗斯人文交流的历史梳理

一、1949 年前中苏共产党人的革命友谊

中国共产党自从建立起，就与苏联共产党人结下了深厚的革命友谊。在维经斯基等人帮助下，陈独秀、李汉俊等人在上海开始了建党活动。此后，越来越多的俄共（布）党员奉命来华，参与组建北京、武汉、长沙、广州等地的共产小组。中共二大后，达林、越飞、鲍罗廷、加伦、罗伊、米大等难以计数的共产国际代表陆续来华，指导中国革命，参加中共代表大会和中央全会，参与制定中共政策和策略。

在此后的一段时间里，中国共产党的许多领导干部都到过苏联，如陈独秀、李大钊、苏兆征等曾到莫斯科参加过共产国际会议，刘少奇于 1921 年入莫斯科中山大学学习，周恩来于 1924 年到访莫斯科，朱德于 1925 年到苏联学习，邓小平于 1925 年底到莫斯科入中山大学学习。任弼时、杨尚昆、叶剑英、林伯渠、董必武、张闻天、王稼祥等都是这一时期的留苏学生。此外，还有不少革命烈士的子女也在苏联生活和学习。

苏联非常重视对中国革命人才的培养，苏联和共产国际创办的为中国革命培养理论干部的学校主要有：莫斯科东方大学、中山大学、列宁学院。苏联在自身经济状况还很困难的情况下，全部承担了中国革命者和青年学生的费用，为他们提供了优厚待遇。此外，1925—1928 年，苏联的伏龙芝军事学院、莫斯科步兵学校、军事工程学校、军政大学、炮兵学院

及射击学校等先后培养了中国革命军事领域的骨干人才。

不得不指出的是，20 世纪二三十年代的留苏教育对中国产生了深远影响，许多留学人员成为国共两党，特别是中国共产党的政治家和军事家，中国共产党的许多领导人在苏联学习生活过，且让他们有了浓重的苏联情结，为中苏关系打下了良好的社会基础。

二、1949 年后中国与苏联的人文交流

“一边倒”政策的形成和中苏政治同盟关系的确立，为新中国成立后中苏人文交流提供了前提和保障。

新中国建立后，苏联第一个承认并与中国建立了外交关系。1949 年 12 月，毛泽东主席亲自访苏，代表中国共产党、中国政府和中国人民向斯大林祝贺寿辰，同时举行最高级别的会谈，就进一步发展中苏之间的友好合作关系交换意见。1950 年 2 月 14 日，两国正式签订了《中苏友好同盟互助条约》和《关于中国长春铁路、旅顺口及大连的协定》、《关于贷款给中华人民共和国的协定》，初步解决了两国间的历史遗留问题，特别是《中苏友好互助同盟条约》将两国间的政治同盟关系以法律的形式确定下来，开辟了两国发展的新阶段。

《中苏友好同盟互助条约》中规定：“双方保证以友好合作精神，并遵照平等、互利、互相尊重主权和领土完整及不干涉对方内政的原则，发展和巩固中苏两国之间的经济和文化联系。”中苏两国本着该条约精神和有关条款，在人文领域开展了广泛交流与合作。

新中国成立之初，科技人才相当匮乏。为解决这一困难，苏联向中国派遣了大批专家，帮助培养中国专家。可以说，新中国能在短时间内完成国民经济的恢复，同中苏同盟关系的建立和巩固，以及中苏人文交流是分不开的。

为巩固和发展中苏友好关系，促进中苏人文交流，毛泽东、刘少奇、周恩来等领导人特别强调要向苏联学习，号召全国自上而下大力宣传学习苏联的必要性和重要性，从而使“以俄为师”成为民众的共识。

1949 年 10 月 5 日，中苏友好协会总会成立大会在北京隆重召开。出席大会的有朱德、刘少奇、宋庆龄、董必武、郭沫若等上千人，包括各民

主党派、人民团体、海外华侨、少数民族的代表。出席大会的苏联友人有以法捷耶夫为首的苏联文化艺术科学工作者代表团、新任苏联驻华大使馆参事兼代办齐赫文斯基等。

中苏友协组织机构的设置共分五级：全国设立总会，负责领导全国会务，会址设在北京；各大行政区设总分会；各省、直属市、自治区社分会，县、市、直属市所管辖的机关、企业、工厂和学校设支会；乡村、县市所管辖的机关、企业、工厂和学校设支分会。总会办事机构由秘书处、组织部、联络部、研究出版部、服务部和图书资料室组成。

中苏友协的章程规定，其宗旨是为发展和巩固中苏两国的友好关系，增进中苏文化、经济及各方面的联系和合作，介绍苏联政治、经济、文化建设的经验和科学成就，加强中苏两国在争取世界持久和平的共同斗争中的紧密团结。①

中苏友协刚成立一年，就已在全国范围内建立了 2 个总分会、37 个省市分会、17 个直属支会和 4667 个支会，会员达 300 多万人。

苏联专家来华和派遣赴苏留学生是新中国建立后中苏人文交流的重要成果。新中国建立后，我国的科技人才，特别是高级技术人才奇缺，到 1952 年，中国科学院所属机构也只有研究人员 7200 多人。当时，很多事关国家建设的重点工程，急需大批高级专业技术人才。而在实施第一个五年计划期间，全国国民经济各部门则急需补充专门人才 100 万、熟练工人 100 万，其中仅工业和交通运输业就需要增加技术人才 39.5 万人。② 在这种情况下，向苏联派遣留学生、聘请苏联专家来华以解决国内人才不足的问题，显得尤为重要。

1951 年夏，毛泽东根据周恩来的建议向斯大林提出，为适应大规模经济建设的需要，希望苏联为中国培养技术人才，并提出准备派遣 375 名学生和 88 名干部赴苏学习和实习的建议。同年 8 月 19 日，首批 375 名留苏生启程，其中有研究生 136 名。③ 从此，留学苏联成为 20 世纪 50 年代

---

① 《中苏友好协会章程》，《人民日报》，1949 年 10 月 6 日。

② 中华人民共和国教育部：《共和国教育 50 年》，北京师范大学出版社，2001 年版，第 593 页。

③ 中央科学研究所编：《中华人民共和国教育大事记（1949—1982）》，教育科学出版社，1984 年版，第 45 页。

中国出国留学的主流，形成了50年代的“留苏热”。

从1951年首次向苏联派出留学生到1966年“文化大革命”全面爆发，中苏教育交流最后中断，中国共向苏联派遣大学生6655人、研究生2142人、进修生740人、实习生1531人、团干部150人、部队干部800人、合计12018人。[①] 广大留苏人员归国后迅速成为中国教育、科研及经济建设等各条战线上的主力军。据1997年统计，留苏学生中有79人成为科学院院士、有63人成为工程院院士，还有很多成为知名艺术家。

苏联专家来华早在新中国成立前就开始了。1948年夏，当时中国革命胜利的大局已定，应毛泽东的要求，苏联派遣铁路专家技术小组到东北帮助修复被内战破坏的铁路，包括抢修铁路的工程师50名、技师52名，另外还有技术人员和熟练工人220名。在修复东北铁路桥梁的过程中，苏联还提供了各种材料和设备，如钢轨、钢梁、桥桩和各种金属构件，并对新组建的人民解放军铁道兵部队进行了培训，仅1948年夏季，就为中国培训了各类专家和技术人员4600多名。1949年8月，苏联又应中共中央的要求，派遣250名苏联专家随刘少奇访苏回国来到中国，帮助恢复生产和建立新中国的国家管理机构。苏联专家以丰富的经验和先进的技术对中国政治、经济、文化、军事等各方面的发展发挥了举足轻重的作用。同时，苏联在华专家通过言传身教、讲授课程、现场指导、翻译讲解文献等方式，向中国干部、技术人员和工人传授知识和经验。

赫鲁晓夫上台后，为了帮助中国实现经济发展计划，苏联从1954年开始大量派遣技术顾问和专家来华工作。据苏方的统计，仅在1954—1957年为工业项目来华的苏联专家就有5000人。到1956年底，在华工作的苏联顾问和专家为3113人，中苏人员之间的交流进入历史最好时期。[②]

虽然在20世纪60年代中苏因为意识形态等原因停止了派遣留苏学生和援华专家，但中苏民间友好情感却在两国人民心中沉淀，并成为中苏关

---

① 黄利群：《中国人留学苏（俄）百年史》，中国文史出版社，2000年版，第163页。

② 沈志华：《对在华苏联专家问题的历史考察：基本状况及政策变化》，《当代中国史研究》，2002年第1期。

系复苏的强大动力之一。

三、21世纪中国与俄罗斯的人文交流

2001年，中俄两国签署《中俄睦邻友好合作条约》，中俄关系一直保持着全面健康快速发展的势头，达到了前所未有的高水平，两国举办了“中俄青年友谊年”、“国家年”、“语言年”等大型人文交流活动，民众相互了解和友谊日益加深。

中俄互办“国家年”是两国元首为确保“中俄战略协作伙伴关系”而作出的重要举措，是中俄两国人民世代友好而采取的重要步骤。据双方组委会的商定，在“中国年”框架内，就在政治、经贸、文化、传媒、地方交往等领域举办了近200场活动，其中包括多个国家级大项目。“中国年”活动首次全方位、深入地向俄罗斯人民介绍传统与现代相结合的中国，这对于扩大中国在俄罗斯的认知度，加强俄国普通民众对中国的了解，深化两国民间友好关系，具有至关重要的意义。

在文化领域，中俄互设文化中心、互办艺术节，弘扬两国文化；在卫生领域，双方探讨建立中医在俄行医、中医药产品在俄注册销售的机制；在体育领域，双方加强优势项目的交流，联合备战奥运会。据统计，在2006年中国“俄罗斯年”的俄罗斯文化节期间，俄方派出22个演出团体超过千人次演员，在华进行广场演出33场、剧场演出54场、现场观众12万余人、电视观众超过3亿人次。2007年1—5月，俄罗斯旅华人数为93.1万人次，比上年同期增长12.8%；赴俄罗斯欧洲部分旅游的中国游客人数增长较快，发展趋势良好。①

为了增进两国间的交流与合作，中俄两国政府积极搭建语言桥。继2006年和2007年中俄两国成功互办“国家年”后，2009年和2010年中俄互办“语言年”，成为“俄语热”和“汉语热”不断升温的催化剂。无数中俄普通民众通过这一活动逐渐了解并喜欢上了对方的语言文化。2009年在中国举办的“俄语年”和2010年在俄罗斯举办的“汉语年”，是两国人文交流中具有里程碑意义的重要事件，在两国掀起了学习汉语和

---

① 李亚男：《论中俄关系发展进程中的人文交流与合作》，《东北亚论坛》，2011年第6。

俄语的热潮，极大地增进了两国人民的相互了解和传统友谊，为深化两国互信和务实合作奠定了广泛的社会基础。

中俄“语言年”活动涉及的绝不仅是语言教学领域，还涵盖了教育、文化、科技等领域。在举办“语言年”期间，两国共组织了约500多项丰富多彩、形式多样的活动，中国功夫、中华美食、中医中药、中国哲学这些中国元素已经越来越为普通俄罗斯民众所熟悉和接受。同时，中国民众也加深了对俄罗斯的了解。“语言年”的举办，使中俄“世代友好，携手共进”的理念更加深入两国民心。为此，俄罗斯总统普京表示：“相信随着汉语和俄语这两种神奇而充满魅力的语言文化在对方国家的普及，俄中两国人民之间的友谊必将会不断发扬光大，俄中关系的明天会更加美好。”①

中俄两国人民的“携手共进”不仅体现在大型人文交流活动的举办上，更体现在面对困难时双方民众的相互支持上。2008年汶川地震后，俄政府邀请中国地震灾区1500多名中小学生分两批赴俄疗养。两国少年儿童之间建立的情谊，必将深化未来中俄之间的人文交流。

新时期中俄之间的人文交流不仅体现在“携手共进”方面，双方对“世代友好”的价值理念也倍加珍视。

2013年3月23日，习近平主席在莫斯科出席了中国共产党第六次全国代表大会纪念馆建馆启动仪式，发表重要讲话时强调，中共六大会址是中国革命历程的重要旧址，也是中俄两国人民深厚友谊的重要象征。中国共产党、中国政府和中国人民十分珍视中共六大这段历史，也十分珍惜中俄两国人民相互支持的历史。我们建立中共六大纪念馆，是要铭记历史，是要继承和发扬中俄传统友谊，促进两国世代友好。俄罗斯联邦副总理洛杰茨则在致辞中表示，建立中共六大会址纪念馆，体现了两国人民相互理解和伟大友谊。俄方相信，它将成为俄中友好的又一象征。②

2014年2月，习近平出席由俄罗斯主办的冬季奥林匹克运动会开幕式期间，接受俄罗斯电视台专访时表示：“亲戚越走越亲，朋友越走越

---

① 田冰：《习近平、普京共同出席俄罗斯“汉语年”开幕式》，http://www.chinanews.com/gn/news/2010/03-24/2186458.shtml。

② 胡晓光、岳连国：《习近平出席中共六大纪念馆建馆启动仪式》，http://news.xinhuanet.com/2013-03/24/c_124495574.htm。

近。举办冬奥会是俄罗斯的喜事，也是国际奥林匹克运动的盛事。中俄是好邻居、好朋友、好伙伴，我和普京总统是老朋友了。按照中国人的传统，邻居和朋友家里办喜事，当然要来贺喜，同俄罗斯人民共襄盛举。”①习主席此行为今后的中俄关系发展开了个好头，也为2014年的重大外交行动拉开了序幕，是一次成功、精彩的“开篇之作”。②

第二节　中国对（苏联）俄罗斯人文外交的主要项目

一、中（苏）俄两国人民共享“红色经典”

“红色经典”是指在苏联时期出现的以“社会主义现实主义”为主要创作方法的文学艺术作品。这些作品不同于前一世纪的批判现实主义之处，在于它是以歌颂社会主义革命事业和英雄人物为主旨，更多地以正面手法展示人类精神境界和美好生活的可能境界③。“十月革命”后，中国的知识分子们从中看到了新的曙光和希望，对苏俄产生了极大兴趣，出现了对苏俄文学的译介热潮，涌现了一批翻译家，其中主要有鲁迅、瞿秋白、郭沫若、沈雁冰（茅盾）、郑振铎等。这些作品从20世纪20年代末被译介到中国，对左翼文化运动、中国现当代文学乃至中国人的心灵产生了广泛而深远的影响。在中国影响较大的苏联“红色经典”作品主要有：《母亲》、《铁流》、《毁灭》、《青年近卫军》、《钢铁是怎样炼成的》、《卓娅和舒拉的故事》等。

新中国建立后，在20世纪50年代，苏联“红色经典”被大量介绍到中国，进入中国读者的视野，产生了巨大影响。从1949年10月到1953年底，中国翻译出版苏联科学技术和文艺方面的书籍就达5183种。苏联的文学名著在中国广泛流传。据不完全统计，从1949年10月到1958年

---

① 新华社：《习近平接受俄罗斯电视台专访（全文）》，2014年2月8日。

② 新华社：《索契之行：冬奥友情之旅，开启外交新篇——外交部长王毅谈习近平主席出席第二十二届冬季奥林匹克运动会开幕式》，2014年2月8日。

③ 王志耕：《“红色经典”在俄国的命运》，《读书》，2006年第9期。

12 月，中国翻译出版的苏联文艺作品就有 3526 种，占这个时期翻译出版的外国文艺作品总种数 65. 8%；总印数 8200 万册，占整个外国文学译本总印数 74. 4%。①

中国人怀着崇敬的心情看待苏联的文学作品，翻译和发表的热情极高，影响很大。一些充满革命激情和爱国主义精神的作品，成为中国青年的必读书目。其中仅尼古拉·奥斯特洛夫斯基的名著《钢铁是怎样炼成的》，在 1952 年一次就出版 50 万本，这是空前未有的现象。② 中国青年出版社、少年儿童出版社也分别于 1956 年、1961 年翻译了这一名著。中国青年以保尔·柯察金为榜样，树立和坚定为人民服务的思想。此外，《卓娅和舒拉的故事》等其他苏联文学作品，也都对中国读者发生了巨大的教育作用。

对于中国与苏联共享"红色经典"的现象，著名作家王蒙认为："苏联文学的影响比苏联这个国家的影响更长远。毕竟前者是艺术，是理想，艺术和理想更多地取决于人们的主观感受，更多地满足人们的精神的需求。"③

苏联"红色经典"不仅以文学为表现形式，电影也是中苏（俄）两国民众共享的记忆。1949 年 10 月，苏联赠送 15 部优秀故事片给中苏友协，其中有《青年近卫军》、《斯大林格勒战役》、《易北河会师》等中国观众所喜爱的影片。1951 年和 1952 年，全国各大城市举办了"苏联电影展览"，使苏联的影片在中国观众中产生了深刻的影响，促进了中国人民对苏联革命斗争和建设成就的了解。

苏联影片受到中国观众的普遍欢迎。苏联电影的放映几乎遍及中国的穷乡僻壤，观众看到的多是反映苏联革命时期、卫国战争的优秀影片，或是表现工农业生产面貌、社会主义新气象的佳作，对其所描写的"新的任务和新的世界"表现了极大兴趣。1950 年，看过苏联影片的中国观众有 6200 多万人次，之后苏联影片在中国上映后的观众人数逐年激增，到 1956 年增长到 2. 127 亿人次；从 1949 年起到 1957 年上半年止，共计发行长篇 265 部（其中艺术片 206 部、纪录片 58 部），短片共 203 部，同期观

① 陈建华、沈喜阳：《俄苏"红色经典"在当代中国》，《俄罗斯研究》，2007 年第 3 期。

② 戈宝权：《俄国和苏联文学在中国》，《中外文学姻缘》，北京出版社，1992 年版。

③ 王蒙：《苏联文学的光明梦》，《读书》，1993 年第 7 期。

众的总数达到14.978亿多人次。①

为了让中国观众能够更好地欣赏和理解外国电影，中国译制了大量苏联影片，从1949年至1954年底，仅东北电影制片厂就翻译了《普通一兵》、《幸福的生活》、《宣誓》等故事片96部，动画片、科技片40部。其间，苏方先后派电影艺术工作者代表团和电影工程师到东北电影制片厂系统介绍影片译制经验。②

中国的“红色经典”也受到苏联人民的热烈欢迎，中国影片生产数量虽然不多，但却是艺术地、真实地再现了中国人民过去和现在生活的诸多方面，可以形象地帮助苏联民众了解新中国。反映中国人民的英勇斗争的影片，如《中华儿女》、《白毛女》等，受到热烈的欢迎，得到苏联人民的很高评价。1950年，《中华儿女》在苏联上演时，《真理报》、《消息报》、《劳动报》、《红星报》、《文学报》等都发表了评介的专文。③

二、从新中国赴苏留学生到俄罗斯的孔子学院

新中国成立之初，要发展工业、特别是重工业，除资金、设备方面的困难外，最为奇缺的就是相关专业技术人员、特别是高级技术人员。而在当时的国际环境下，我国要与西方国家间进行大规模教育交流是不大可能的。要迅速大量培养中国自己的专业技术人才，只能从与苏联开展大规模的教育交流、特别是通过派遣留学生获得。于是中华人民共和国在积极吸引海外留学生归国参加建设的同时，开始努力拓宽对苏教育交流渠道。1950年后中国政府开始向东欧社会主义国家派遣留学生，中国赴苏留学生成为了中苏人文交流的重要组成部分。

1950年，新中国向苏联派出了第一批学生，这批学生来自北大、清华、燕京等大学。同年8月23日，政务院文化教育委员会向周总理报送了《经审查测验后选拔25名留学生的名单》，同年9月中旬，25名幸运者乘火车离开北京，经莫斯科分赴波兰、捷克、匈牙利、罗马尼亚、保加

---

① 沙浪：《苏联电影与中国观众》，《中国电影》，1957年第1期。
② 李国顺：《“十七年”期间苏联电影的引进译制及影响》，《电影评介》，2010年第18期。
③ 彭明：《中苏友谊史》，人民出版社，1957年版。

利亚等5个国家留学。[①]

1951年中国正式向苏联派去了375名留学生，其中包括136名研究生。在1951年至1960年这段时间内，中国每年都向苏联派留学生，在苏联撤回专家那年最少，有74人，仅次于1950年全国派出的总数，但仍然占当年出国总人数的59%。派到苏联留学人数最多的一年是1956年，有2085人赴苏联留学进修，占当年派出人数的86%。[②]

新中国成立初期的“留苏热”，如此大规模地为国家建设事业培养掌握先进科技专门人才，在中外教育史上也是极为罕见的。由于这次“留苏热”人数多，分布广，使中国留学生有可能广泛进入苏联各类高等院校和研究机构学习，接触当时处于世界前沿的学科，一些人还被允许到与原子弹、导弹等相关的机密尖端专业学习，有机会与苏联大学教授、院士等进行广泛联系并接受教诲，通过实习考察把握操作技能等，这对中国建设事业的作用是难以估量的。[③]

不仅如此，俄罗斯民族深厚的历史文化底蕴和民众的文化素养，也给中国留学生留下难以忘怀的印象，留苏学生通过实习、暑期劳动等途径，走访苏联许多地方，广泛接触各阶层民众，拓展了两国教育文化交流的广度与深度。20世纪80年代后，许多当年的留苏学生又成为中苏（俄）两国友好交往的使者和桥梁。

进入21世纪后，中国与俄罗斯密切的经贸关系以及中俄两国民众对“留苏热”的历史记忆再次带动了中俄间的教育交流。2008—2009学年，在中国大学就读的俄罗斯留学生的数量已达8900人，占中国大学外国留学生总数的4%。[④]

与此同时，汉语教学和中国文化的学习也在俄罗斯境内逐渐升温。2006年12月21日，俄罗斯远东国立大学孔子学院正式成立，这是俄罗斯第一所正式运营的孔子学院。至2014年2月，俄罗斯已经建立的孔子学院共18所，分别是远东国立大学孔子学院、俄罗斯国立人文大学孔子

---

① 李晶侠、周朝虹：《建国初期的留苏学子们》，《国际人才交流》，2004年第4期。

② 顾宁：《冷战年代中苏教育交流的启示》，《世界历史》，2004年4期。

③ 周尚文：《新中国成立初期“留苏潮”述评》，《毛泽东邓小平理论研究》，2012年第10期。

④ 于晓丽：《俄罗斯在华留学生境遇调查结果分析》，《俄罗斯研究》，2011年第4期。

学院、莫斯科大学孔子学院、莫斯科国立语言大学孔子学院、梁赞国立大学孔子学院、圣彼得堡大学孔子学院、下诺夫哥罗德国立语言大学孔子学院、伏尔加格勒国立师范大学孔子学院、俄罗斯外交学院孔子学院、伊尔库茨克国立大学孔子学院、新西伯利亚国立大学孔子学院、喀山国立大学孔子学院、布拉戈维申斯克国立人文师范大学孔子学院、卡尔梅克国立大学孔子学院、托木斯克国立大学孔子学院、布里亚特国立大学孔子学院和乌拉尔国立大学孔子学院，此外还有新西伯利亚国立大学孔子课堂等。可以说，18 所孔子学院和 3 所孔子课堂在某种程度上也说明了国际汉语推广工作在俄罗斯的成绩。但从区域分布来看，对于一个国土面积超过 1700 万平方公里、13 个百万以上人口城市的国家来说，18 所孔子学院还远不能满足需求。另外，从汉语学习的狂热程度来看，以远东及西伯利亚地区更为突出。日益增长的中俄边贸活动和旅游业，凸显出俄罗斯汉语人才和中俄教育交流的不足。据远东国立大学孔子学院反馈的信息，在开办的第一期汉语学习班的 60 名学员中，有一半以上为从事中俄边贸活动和导游工作的人士。[①] 由此可见，俄罗斯孔子学院的建设仍是任重而道远。

第三节　中国对（苏联）俄罗斯人文外交的反思与展望

20 世纪中（苏）俄之间的人文交流源于中国与苏联共产党的共同理念，是在共同信仰的推动下不断发展。因此，以党际交流带动人文交流是中（苏）俄交往留给我们的宝贵的历史经验。

新中国建立后，中苏两党密切交往，两国在人文领域开展了更为深入的合作，取得了丰硕的成果，苏联专家的中国情结和中国民众对苏联的向往都在各自的国家社会烙下了深刻的印记。冷战结束后，俄罗斯成为苏联主要政治遗产的继承国，但两国人文交流的成果并没有因为苏联的解体而消失。中国留苏学生群体对中国社会的持久影响、中苏（俄）民众之间对“红色经典”的分享等，均有助于中俄双方的增信释疑和价值沟通，

---

① 李永欣：《俄罗斯孔子学院的现状及前景展望》，《西伯利亚研究》，2010 年第 3 期。

已成为中俄两国提升双边关系的重要支柱。进入21世纪，中俄两国加强了人文交流，通过大型的交流活动和面向民众的人文外交，使中俄传统友谊得以继承和发扬，进一步促进了两国世代友好。

当前，中国和俄罗斯都面临着恐怖主义的严峻挑战，在人文外交的促进下，两国民众对反恐怖主义有着共同的认识。不仅如此，中国正着手推进“丝路战略”，通过更加深入的中俄人文交流，让更多的俄罗斯人了解中国，中国的“丝路战略”将会得到俄罗斯民众的认同和参与，从而推动欧亚地区的和平与发展。

第十五章　中国对德国的人文外交

第一节　中德人文交流的历史梳理

一、近现代中德人文交流

早在13世纪就有德国传教士到中国传教，在当时德国的文学及一些文献中，已有对中国的描述。1477年，《马可·波罗游记》在德国出版，中国第一次被展现在德国民众面前。最早接近中国的德国人是出生在科隆城的庞倍尔。德国的“中国热”，则是由德国的著名哲学家莱布尼茨率先掀起。莱布尼茨是十七八世纪之交德国最重要的哲学家、数学家。他学贯中西，且对中国文化及哲学有着浓厚的兴趣。莱布尼茨很早就接触到来华传教士及其他学者所写的有关中国的书籍和报道。1689年，他结识了耶稣会来华传教士闵明我，了解到有关当时中国的第一手资料。① 1691年5月和1692年3月，莱布尼茨先后曾两次致函闵明我，讨论中西文化交流问题。莱布尼茨在信中写到：“相隔遥远的民族，相互之间应建立一种交流认识的新型关系。其他的民族无权把自己的东西强加给中国人。”“他们善于观察，而我们长于思考。交流我们各自的才能，共同点燃我们的智慧之灯！”②

从1870年起，清政府开始选派学生留学德国，主要学习德国的“炮坚船利”的军工技术。1904年，中国废除科举制度，自此才对西方现代自然科学、精神科学和政治、社会思想真正开放。此后，德国在华学校中的学生和一些激进的知识分子，为寻求救国之道，自费留学德国。第一次世界大战期间，中德人文交流中断。战后，中国学生留学德国人数激增。据1921年《中德协议》的附件换文，德国政府同意提供奖学金，接受中

---

① 周岩夏：《中德文化交流溯源》，《浙江科技学院学报》，2004年第2期。

② 许明龙：《中西文化交流先驱》，东方出版社，1993年版，第107页，第192—194页。

国学生进入德国高等学校。[①] 在战后德国通货膨胀期间，中国学生留德人数还是不少。1924 年，仅柏林就有近 1000 人。1925 年，中国留德学生为 232 人，1926 年为 214 人，1927—1928 年为 174 人，1928—1929 年欧洲经济危机时期，又降到 153 人，此后又上升。中国留学生主攻专业分别为技术科学、自然科学、医学、化学、国民经济学和哲学。蔡元培为其中之一，曾任南京国民政府教育总长，坚持洪堡式的教育观点和教育改革，主张对新旧思想“兼容并包”。还有一批政治家曾到德国留学、游学或寻求救国之道。20 世纪 30 年代中期，中德双方决定交换留学生，德国驻华大使陶德曼亲临国民政府中央电台发表讲话，向中国青年介绍德国大学情况，邀请中国学生赴德留学。中德交换留学生的形式，首开我国近代高等教育与国外高校交换学生的先河，以交换的形式进行留学不仅可以为双方学校节省费用，也使中西方教育往来实现了真正的双向影响和双向交流。[②]

1933 年，中国学者郑寿麟首先发起并成立了中德学会，并在成立大会上，学会明确了成立目的为“沟通中德两国之文化与学术，促进两国人士对两国固有文化与学术的相互认识”，确立了创办的宗旨为“纯以研究中德两国之学术，沟通两国之文化，增进两国学术之合作，促进两国人士对两国固有文化与学术的彼此深刻了解”，规定了任务：1. 为热心于中德文化研究的两国学术文化界人士提供种种方便条件，促进研究的深入；2. 成为两国志趣相同的学术文化界人士的联络中心。大会所推举的董事，都是当时中国学术界、教育界和外交界的资深人士，大多是留德学者或同德国有着深厚渊源关系者，如蔡元培、蒋梦麟、胡适等共 21 人。学会还特邀陶德曼大使和教育部长王世杰为名誉会长，以便于争取中德两国政府和官方名流的支持。[③]

中德学会成立后先后开展了有关中德文化交流、留德、旅德等方面的咨询活动，为中德双方的图书馆、学校和各种文化机构建立联系，代购中、德文书籍，介绍会员协助北京大学翻译、印行书籍刊物，并约人

---

① 王铁崖：《中外旧约章汇编（第 3 卷）》，三联出版社，1959 年版，第 168 页。

② 李亚明等：《我国近代首次中外交换留学生制度的考察》，《清华大学教育研究》，2011 年第 3 期。

③ 崔文龙：《中德学会的成立及相关争论》，《民国档案》，2011 年第 3 期。

撰写“中德文化丛书”，还在北京、南京、上海、杭州等地举办德国现代印刷展和在北京举行席勒纪念会，以便中国人加深对德国文化的认识。

“七七事变”后，学会的绝大部分董事和负责人以及不少会员南下抗战后方，但同时该学会因为是德国人为主的纯学术机构，未受到日本占领军的干扰，工作照常进行。汪伪政权期间，中德学会一直奉行“纯以研究中德两国之学术，沟通两国之文化”的宗旨，不为驻北京的德国纳粹机构服务。1945 年，时任德籍常务干事的傅吾康博士建议，德籍职员和会员全体退出中德学会，职务完全交给中国籍同仁，便于他们保护学会的图书及文物的完整，免受德国战败后的影响。中德学会至此退出历史舞台。①

二、当代中德人文交流

1949 年，中国与民主德国建交。1954 年，中国与民主德国签订了《中华人民共和国和德意志民主共和国友好合作条约》，这是两国友好合作关系进一步发展和巩固的标志，体育交往也越来越频繁，且成果显著。1956 年，中国男、女排球队访问了民主德国。同年，民主德国女排回访我国。1960 年，民主德国冰球队访华。②

德意志联邦共和国和中国于 1972 年建交。20 世纪 80 年代初期以来，两国关系在人文领域的发展尤为突出。中德文化关系的基础是 1979 年的双边协定以及在此基础上议定的文化交流项目。③ 进入 20 世纪 90 年代后，官方文化交流项目以外的合作也在逐渐增多。1993 年，德国学术交流中心（DAAD）在北京建立了办事处。1999 年，中德签署了“相互承认高等学校学历的共同声明”。2000 年 10 月在北京建立了“中德科学促进中心”。2001 年 9 月的“亚太周”活动中，中国成功地在德国举办了“中国周”。1974 年到 2001 年期间，中国有 3 万人左右赴德留学进修，居

① 崔文龙：《中德学会与德国对华文化外交》，《史林》，2012 年第 6 期。
② 潘华：《中国体育交流百年回眸》，《体育文化导刊》，2011 年第 7 期。
③ 鲍超佚：《德国的对外文化政策》，《德国研究》，1998 年第 2 期。

中国在欧洲各国留学人数之首；同期，德国来华进修学习的奖学金人数为2419人（不包括非奖学金来华进修者）。2001年，中国在德各类留学进修人员约2.5万，德国共有132人次来华进修学习，其中获奖学金的学生210人。到2001年，中德两国高校建立了300多项合作关系。① 近几年来，汉学在德国得到广泛关注，已有许多大学设立了中国文学等汉学相关专业。

2002年是中德建交三十周年纪念年，1月30日，中国对外友协所属中德友协举行新春联谊会，拉开中德建交三十周年纪念活动的帷幕。3月17—24日，应教育部邀请，德国大学校长联谊会高级代表团访华，以推动和加强中德之间的学术交流。4月2日，应邀访德的中国民族广播乐团在柏林音乐厅举行首场演出，受到听众热烈欢迎和好评。4月8—13日，国家主席江泽民应德国总统约翰内斯·劳的邀请，对德国进行了为期六天的正式访问，受到德国社会的热烈欢迎，获得圆满成功。访问期间，江泽民主席与约翰内斯·劳总统出席了中德关于互相承认高等学历的协定和关于互设文化中心的会谈纪要的签字仪式。6月，为庆祝中德建交三十周年，科隆市邀请南京师范大学艺术系师生赴德演出，获得德国观众普遍赞扬。9月17日，汉堡—上海文化周开幕，丰富多彩的文艺表演令汉堡人赞不绝口，这次文化周的举办，还获得了汉堡人对2010年在上海主办世博会的支持。② 以上的这些交流与往来，大大增加了中德两国青年对对方国家的正确了解，如德国柏林自由大学的一位女生过去只从历史书上读到过中国，因此给她的印象除了落后和不文明就没有其他了。2002年夏天她怀着好奇和不安的心情到中国游学，在访问了北京、西安、上海等地并与中国老百姓接触后，彻底改变了看法。她在8月底接受《德国之声》采访时，盛赞中国的繁荣和文明，认为中国人和德国人一样工作勤劳、礼貌待客、整洁卫生。她希望以后有机会还要再到中国旅游。与这位女学生具有相同感觉的还有德国画家恩德女士，她于同年6月中旬在北京举办《盲人画展》，使中国盲人首次认识了什么是抽象绘画。在北京的17天中，她受到了中国残联主席邓朴方等人的热情接待，回

① 姜峰：《中德高等教育交流30年》，《德国研究》，2002年第4期。
② 关愚谦：《汉堡吹来海上风》，新加坡《联合早报》，2002年10月1日。

到德国后即开始学习中文，准备2003年再次访华。也是这年秋季，德国海登海姆中学的八名师生与湖北潜江中学的四名师生进行了互访。事后，海登海姆中学一名叫贝克的交换生说，过去他和他的朋友只知道湖北有个武汉，根本不知道潜江在什么地方，而且这个潜江还是一个百万人口的物产丰富的大城市。他感到自己对中国知道得太少了，应该加强交流。

2011年4月2日上午，由中国国家博物馆和德国墨卡托基金会共同举办的“启蒙之对话”系列论坛在中国国家博物馆启动。“启蒙之对话”作为《启蒙的艺术》展览的附属主题研讨活动，包含五组相关主题的对话与研讨，对《启蒙的艺术》展览、博物馆间的合作、中德两国的人文交流以及欧洲和中国的启蒙之基础进行深入探讨。《启蒙的艺术》展览是中国国家博物馆联合德国柏林国家博物馆、德累斯顿国家艺术收藏馆和巴伐利亚国家绘画收藏馆共同举办的大型主题展览，通过579件（组）艺术珍品，独到、全面地展现“启蒙运动”这一全人类思想的重要遗产。这既是德国在其境外举办的最大规模的展览，也是德国三家最大的博物馆在欧洲以外的首次合作，同时也是中国国家博物馆新馆落成后的首个国际交流大展，正如德国副总理兼外长韦斯特韦勒所说，相互的好奇是德中关系未来的保障。该活动以多维度的视角让德国乃至欧洲与中国社会整体交流，其意义已经远远超出展览本身，极大推进了德中友谊。[①]

1982年，武汉市和杜伊斯堡市结成两国第一对中德友好城市。促成这两个城市缔结友好关系的动力并非来自官方层面，而是来自民间。此外，德国的文化事业由各联邦州掌握，德国联邦政府外交部文化司的责任是从国家层面制定总体对外文化政策，并对各联邦州的对外文化事业进行帮扶和协调。因此，中德友好省州的缔结在中德人文交流中始终扮演着重要的角色。从建交至2014年，中德两国已经结成友好城市79对（见表1）。

① 王眉：《中德文化交流的一件盛事》，《对外传播》，2011年第5期。

表1：中国与德国友好城市①

数量	中方城市	德方城市	结好时间
1	武汉市	杜伊斯堡市	1982年10月8日
2	安徽省	下萨克森州	1984年9月6日
3	沈阳市	杜塞尔多夫市	1984年9月22日
4	江西省	黑森州	1985年4月3日
5	大连市	不莱梅州	1985年4月17日
6	浙江省	石荷州	1986年4月20日
7	上海市	汉堡市	1986年5月29日
8	辽宁省	巴登—符腾堡州	1986年6月20日
9	宁波市	亚琛市	1986年10月25日
10	山东省	巴伐利亚州	1987年7月9日
11	北京市	科隆市	1987年9月14日
12	枣庄市	施普洛克赫弗尔市	1987年10月15日
13	潍坊市	弗赖辛地区	1987年10月18日
14	广州市	法兰克福市	1988年4月11日
15	大连市	罗斯托克市	1988年5月16日
16	南京市	莱比锡市	1988年5月21日
17	四川省	北威州	1988年7月7日
18	伊春市	巴特维尔东根市	1988年8月25日
19	抚顺市	格拉德贝克市	1988年8月31日
20	福建省	莱茵兰·普法尔茨州	1989年5月24日
21	西安市	多特蒙德市	1991年5月27日
22	江苏省	北威州	1992年8月1日
23	长治市	马尔市	1993年10月4日
24	北京市	柏林市	1994年4月5日
25	江苏省	巴登—符腾堡州	1994年4月23日
26	潜江市	海登海姆市	1994年7月5日
27	徐州市	波鸿市	1994年9月16日

① 资料来源：该表根据中国国际友好城市联络会网站统计数字制得。

续表

数量	中方城市	德方城市	结好时间
28	天津市	萨尔州	1994年9月27日
29	黄石市	罗特威尔县	1994年10月25日
30	宜昌市	路德维希堡县	1995年5月3日
31	泉州市	诺伊施塔特市	1995年11月2日
32	湖北省	萨尔州	1996年5月17日
33	德阳市	锡根威特根斯坦市	1996年8月4日
34	南通市	特罗斯多夫市	1997年4月8日
35	扬州市	奥芬巴赫市	1997年5月6日
36	深圳市	纽伦堡市	1997年5月27日
37	陕西省	图林根州	1997年11月19日
38	泰安市	施瓦本地区	1998年10月30日
39	太原市	开姆尼茨市	1999年5月17日
40	苏州市吴中区	里萨市	1999年8月16日
41	延安市	埃尔福特市	2000年10月2日
42	柳州市	帕绍市	2001年4月25日
43	黑龙江省	萨克森—安哈特州	2003年2月12日
44	宝鸡市	巴尔尼姆县	2003年11月28日
45	镇江市	曼海姆市	2004年3月1日
46	重庆市	杜塞尔多夫市	2004年7月22日
47	济南市	奥格斯堡市	2004年10月10日
48	广东省	巴伐利亚州	2004年10月20日
49	徐州市	埃尔福特市	2005年11月26日
50	郑州市	什未林市	2006年4月12日
51	无锡市	莱沃库森市	2006年4月27日
52	长春市	沃尔夫斯堡市	2006年6月12日
53	合肥市	奥斯纳布吕克市	2006年11月8日
54	湖南省	萨尔州	2006年11月23日
55	无锡市惠山区	拉丁根市	2007年5月14日
56	虹口区	汉堡中区	2007年6月21日
57	湖北省	萨克森州	2007年6月29日

续表

数量	中方城市	德方城市	结好时间
58	靖江市	安斯巴赫市	2007 年 7 月 26 日
59	聊城市	奥芬巴赫地区	2007 年 8 月 3 日
60	淮安市	萨斯尼兹市	2007 年 9 月 26 日
61	苏州市	康斯坦茨市	2007 年 10 月 18 日
62	哈尔滨市	马格德堡市	2008 年 7 月 2 日
63	河南省	梅克伦堡—前波莫瑞州	2009 年 7 月 2 日
64	成都市	波恩市	2009 年 9 月 10 日
65	海门市	施瓦岑贝克市	2009 年 9 月 23 日
66	南昌市	派尼区	2009 年 10 月 13 日
67	杭州市	德累斯顿市	2009 年 10 月 16 日
68	厦门市	特里尔市	2010 年 11 月 11 日
69	温州市	吉森市	2011 年 5 月 6 日
70	嘉兴市	哈勒市	2011 年 5 月 17 日
71	珠海市	不伦瑞克市	2011 年 6 月 1 日
72	邢台市	施马尔卡登—迈宁根县	2011 年 10 月 19 日
73	瑞昌市	沃尔泽伦市	2011 年 11 月 29 日
74	六安市	汉诺威地区	2012 年 4 月 15 日
75	关岭布依族苗族自治县	霍恩洛厄县	2013 年 6 月 3 日
76	常州市武进区	安斯贝尔格市	2013 年 6 月 14 日
77	盐城市盐都区	茨威考市	2013 年 8 月 24 日
78	佛山市	因戈尔施塔特市	2014 年 1 月 22 日
79	常州市钟楼区	魏恩海姆市	2014 年 5 月 26 日

第二节　中国对德国人文外交的主要项目

一、法兰克福书展与中德文化交流

法兰克福书展举办主宾活动始于 1988 年，主办方每年邀请一个国家或地区作为当年书展的主宾，主宾国已经成为每届书展人们关注的焦点，也是书展最大的亮点。主宾国借助书展平台，可以充分展示本国出版物、宣传本国知名作家、扩大图书版权贸易、开展国际交流与合作。随着法兰克福书展影响和规模的不断扩大，各国在举办主宾活动的过程中，不断丰富主宾国活动的内容，通过大量展示本国出版物，组织大批作家参加书展，举办多种形式的文化活动，达到了全方位展示本国文化与传统、提升本国国际影响力、树立良好国际形象的目的。实际上，每届的主宾国活动在时间上并不局限于10月举办的法兰克福书展，在活动地点上也不局限于德国法兰克福市。主宾国活动是一个全年活动，活动以图书展示、版权贸易、翻译出版、学术交流、作家学者巡讲和作品朗诵为主要形式，同时包括文艺演出、美术、电影展览等其他多种文化形式，内容涵盖了与出版、文化相关的多个领域，历届主宾国活动的数量都有数百场之多。应该说，通过开展丰富多彩的活动，能让德国乃至世界人民全面了解主宾国的文化魅力。2007年5月31日，中华人民共和国新闻出版总署署长柳斌杰与德国法兰克福书展主席尤根·博思在北京正式签署了2009年中国作为主宾国参加法兰克福书展的《协议书》和《会谈备忘录》。自此，中国正式成为2009年法兰克福书展主宾国。

2009年第61届法兰克福书展的中国主宾国活动是继北京奥运会之后，中国最重要的对外文化展示活动，同时也是新中国成立60年来中国出版业在国外举办的规模最大、影响最广的出版文化交流活动。来自100多个国家和地区的7300家展商参加了本届书展，参展出版物多达40万种。中国共有274家出版单位参展，共向外输出版权2417项，在版权输出数量上创下了历史最高纪录。值得一提的是，充满浓郁东方韵味又极具现代气息的中国主题馆成为本届书展的最大亮点。主题馆的设计和主宾国活动，向国际出版界充分展示了中国文化的悠久历史与当代新貌。另外，莫言、铁凝、苏童、阿来等多位中国著名作家亲临法兰克福书展现场，与世界出版业进行了深层次的交流，堪称文化界的一大盛事。[①] 10月13日下午，中共中央政治局常委、中国国家副主席习近平和德国总理默克尔共同出席书展开幕式，晚上习近平副主席又和德国国务部长诺伊曼共同出席

① 王怀成、杨杰科：《法兰克福书展中国主宾活动盛况空前》，《光明日报》，2009年10月14日。

了在中国主题馆举行的中国主宾国活动开幕式。开幕式由著名主持人杨澜主持，国务院多名正副部长出席。主宾国开幕音乐会由中国顶尖艺术家倾力打造，钢琴家郎朗的中国钢琴协奏曲《黄河》气势雄浑有力，观众掌声经久不息。著名作曲家王立平还为法兰克福书展中国主宾国特别创作了《书的世界》，这将成为中国出版人的主题交响曲。[①]

中国主宾国活动并不是只在10月法兰克福书展期间进行，而是一个贯穿全年的活动。活动在2009年3月举行的德国莱比锡国际书展就已经正式启动。从4月到9月，中国在德国多个城市如柏林、科隆、汉堡、慕尼黑、美因茨、曼海姆等举办多场作家演讲、作品朗读、小型展览和表演等文化活动；10月的法兰克福书展则是中国主宾国活动的高潮。活动的地点也不仅局限于法兰克福展览中心，而是拓展到法兰克福市，并延伸到德国各地，如很多展览办到当地的博物馆或展览馆里，走近普通德国民众的身边，让他们在家门口体验中国传统和现代的文化。

2009年4月16日至6月6日，“中国当代图书设计师作品展”在法兰克福国家图书馆举行，一共展出了40位中国当代图书设计师的160件作品；同年6月15日至7月11日，“百年中国，百年传情——中国百姓家庭照片展”亮相法兰克福城市图书馆，数百张珍贵历史照片讲述了中国老百姓一个世纪以来的生活变迁，尤其是改革开放以来中国老百姓生活发生的翻天覆地的变化；8月29日，“中国当代建筑图片展”在法兰克福市德国建筑博物馆开展；9月15日，“中国连环画选展”在法兰克福孔子学院正式向公众展出，向人们展示了2000多年前汉代的艺术形式；9月18日至10月31日，“法兰克福中国电影展”在法兰克福市电影博物馆举行，其间循环放映经国家广播电影电视总局电影管理局遴选出来的19部优秀中国影片，让德国当地人更好地了解中国普通人的家庭、工作和情感生活；10月9日，“世界遗产在中国”摄影展、“中国剪纸展”和“木版水印展”在德国法兰克福公共图书馆同时开幕；10月12日，“中国当代艺术展”在法兰克福基本空间展馆艺术空间展厅开幕。

① 王馨：《一场莱茵河与黄河的对话》，《歌剧》，2009年12期。

法兰克福书展期间，中国主宾国活动更是馆内馆外同时进行，有些由主宾国活动组委会举办，有些由出版单位举办，有些由国内出版单位和国际知名出版集团或欧盟官方机构联合举办，如中国人民大学出版社在法兰克福文学馆举办了“美丽中国”摄影作品展；中国主宾国组委会与欧盟教育文化总司、欧盟多语言事务委员会合作主办了“中欧文学翻译出版论坛”。

中国主宾国活动以中华文化为核心内容，辅以各种各样的形式。除了主宾国开幕式、开幕音乐会、高端论坛及主题之夜等大型活动外，还有在德国各地举办的文学作品朗读会、研讨会、戏剧演出、舞蹈、电影展览、音乐会、展览会和专业会议等；中国出版商也根据其开发的图书产品在书展期间举办了各种朗读会、签售会、首发式、读者见面会、研讨会等一系列活动。由此可见，中国主宾国活动不仅局限于出版行业，而是一次全方位的文化交流，涉及众多行业和部门。组委会于10月14日和15日在法兰克福举办了4场高端论坛，分别是国际出版高层论坛、中外经济学家论坛、世界华文出版论坛和中欧文学翻译出版论坛，既探讨了出版业内的热门话题，又探讨了时下全球金融问题；既讨论了汉语在全球的推广问题，又讨论了翻译这一文化交流纽带的现状和问题。这些内涵深刻的主题论坛体现了主宾国活动内容的深度。三场“主题之夜”——“中国之夜”、“中国文学之夜”和“欢乐中国风”让国际出版人在轻松欢快的气氛中领略中国的传统和现代文化。中国传统美食、中国传统音乐作为中国传统文化的组成部分也在本次活动期间向国际出版人展示了自己的魅力和风采。在法兰克福展览中心广场上搭建的帐篷区内，我国民间手工艺术家通过表演、展览民间艺术品的形式，向世界特别是欧洲国家的人民展示了中国的非物质文化遗产，如京剧、唐卡、皮影、风筝、剪纸、木版水印、精微绣等。[①]

法兰克福书展成为中国文化传播的有效平台，一个真实的中国得以被外国公众认知，借助法兰克福书展推进文化交流的成功范例，将会在今后中国人文外交中得到借鉴。

---

① 毛小红：《向世界展示中华文化的成功范例》，《中国出版》，2009年12月上。

二、德国学术交流中心与中德教育交流

德国学术交流中心（DAAD）作为注册协会，是德国高等学校的共同组织，其主要任务是通过资助学生和学者的交流来促进德国高校和外国同行的国际合作与交流。在其所有的资助项目和计划中没有专业和国别的限制。此外，德国学术交流中心还提供信息、出版物和咨询服务，帮助、促进高校的国际合作与交流。今天，德国学术交流中心已成为在国际范围内享有声誉的学术交流机构。①

早在第二次世界大战之前，DAAD 就已开始与中国进行学术交流。1935 年，DAAD 首次向 3 名赴中国学习的德国学生提供了奖学金。同年，3 名中国人也在 DAAD 的资助下到了德国。在德国攻读印度学长达 10 年之久、中国东方学大师的季羡林教授便是这三人中的一个，另外两人为乔冠华和敦福堂。在第二次世界大战前，中德双方各有 10 位学者在 DAAD 的资助下赴对方国进行学习。

1972 年 10 月中国与联邦德国建交后，两国的学术交流开始了一个新阶段。中国政府最初每年为德国学生提供 10 个入学名额；1973 年底，在 DAAD 的组织下，3 名德国政府奖学金生第一次赴新中国学习，第二年，另有 7 名汉学专业毕业生也到了中国。1977 年两国政府签订文化协定后，双方为对方提供的留学名额增加到 30 个，1982 年更增至 40 个，并保持至今。德方学生的选拔、派遣与管理均由 DAAD 负责进行。DAAD 还为自费赴中国学习的德国学生在入学等方面提供帮助和服务。与此同时，DAAD 也为中国学者和学生赴德访问与学习提供资助。1995 年接受 DAAD 资助的中国学生计 389 人，学者、管理人员及艺术家计 59 人；另外还有 108 名中国公派学生也由 DAAD 协助管理。向中国派遣语言教师也是 DAAD 的一项重要工作，目前每年约有 26 名德语语言、文学教师被派往中国。每年还有约 50 名德国学者受 DAAD 的资助来华进行学术访问。

除了人员的交流，DAAD 还从信息、组织等方面致力于中德之间的学术交流，比如 1986 年 9 月在 DAAD 的组织、资助下在北京召开了中德德

① 叶隽：《德国学术交流中心与高等教育国际化》，《全球教育展望》，2004 年第 10 期。

语语言文学研讨会；1987 年出版了《中华人民共和国高等学校学习指南》。近年来 DAAD 更是把对中国的交流列为其工作的一项重点。为了便于和更有效地开展中德之间的学术交流活动，DAAD 很早就酝酿在北京设立办事机构。经过数年的磋商与准备，DAAD 驻北京办事处已于 1994 年 8 月运行。

总体看来，自 20 世纪 70 年代以来，中德之间的学术交流呈不断扩大与发展的趋势，特别在 20 世纪 90 年代初短暂的沉寂之后出现了前所未有的发展势头。从德国方面看，申请来华学习的人数增长极快，中方提供的 40 个入学名额在 1995 年头一次被充分利用，申请者已由汉学扩展到法律、工程、医学等专业。德国学者与中国同行进行合作的意愿也日趋强烈。从中国方面看，无论是大学生还是学者对 DAAD 的交流项目都表现出越来越大的兴趣，申请人数也在不断增加。随着中德经济合作的日益扩大，两国的学术交流必将还会有进一步的发展，DAAD 作为两国学术交流的桥梁也必将发挥更大的作用。①

第三节　中国对德国人文外交的反思与展望

中国和德国在近现代建立了密切的人文交流。其中，以学术精英的交流最具代表性。中国知识精英赴德留学，不仅是在中德知识界之间建立了友谊，也是将德国的哲学和社会科学思想带至中国，在更深层次上影响了中国的历史发展进程。新中国建立后，特别是随着中德关系的正式缔结，中德人文交流得到了全面深化。在中德人文交流中，法兰克福书展和学术交流最具代表性。以书展、学术精英为纽带的人文交流，带动了文化、教育、科学等各方面深层次合作。2014 年 1 月 16 日，中国国家主席习近平给全体在德留学人员回信，肯定他们心系祖国、报国为民的爱国情怀，勉励他们早日用所学所得报效祖国和人民，而这正是对近代以来发端于知识精英的中德人文交流的肯定。

① 陈洪捷：《德国学术交流中心——历史、任务及与中国的关系》，《欧洲》，1998 年第 1 期。

同时，中国对德国的人文外交也面临着挑战，由于中德人文交流以学术精英为代表，民众之间的沟通有待进一步深化，这也造成了德国民众对中国文化的误读，德国总理默克尔就曾在2007年会见过达赖，德国一些民众对于“东突”作为恐怖主义组织也没有相应的客观了解。因此，加强反恐共识和价值沟通成为中国对德人文外交的当务之急。

总之，中德之间有着人文交流的基础，中国对德国的人文外交也有着成功的案例，既要深化知识精英的交流，也要夯实民众交往的基础，唯其如此，才能不断深化中德关系。

第十六章　中国对法国的人文外交

第一节　中法人文交流的历史梳理[①]

一、早期中法人文交流

（一）法国传教士与早期中法人文交流

中法最早接触始于13世纪中叶。16世纪，越来越多的法国传教士来到中国，他们在中国传播天主教的成效并不显著，却在促进中法交流上作出了很大贡献，主要有：（1）促成中法两国政府层面的首次接触。1685年路易十四向中国派出了五位传教士，由于他们在技术、科学、历法、语言上的优势，获得了朝廷的赏识。为此康熙帝接见了传教士并交换了礼物，还允许他们在华传教和修建教堂。这被认为是中法在政府层面的首次接触；（2）西方科技的引入。法国传教士把西方先进科技带到了中国，希望能打动中国的统治者和普通民众，更好地传播天主教。法国传教士将西方医学用于治疗，曾用金鸡纳（奎宁）为康熙帝治疗疟疾，并向西方介绍中医中药等。传教士还将“地动说”介绍到中国，并对中国天文学史进行了全面研究；（3）中国文化的传播。法国传教士通过自己的信件、翻译和著作等也将中国传统文化传到西方，给法国知识界开辟了一片新天地，如第一个到中国的法国传教士金尼阁，根据利玛窦的资料，写成了《基督教在华远征史》。这是第一本详细向西方读者介绍中国的历史、社会、伦理、宗教等方面的书籍，书中还特别介绍了孔子和儒教。这是一部在当时最有权威的，认真介绍中国文化制度的著作，对欧洲学者了解中国

---

① 本章节史料参考：佘敷华、张芝联：《中国面向世界：中法友谊的历史文化见证》，生活·读书·新知三联书店，2007年版；葛夫平：《中法关系史话》，社会科学文献出版社，2011年版；徐晓亚等：《百年中法关系》，世界知识出版社，2006年版；杨元华：《中法关系史》，上海人民出版社，2006年版；葛夫平：《中法文化教育合作事业研究：1912—1949》，上海书店出版社，2010年版。

有启蒙作用，一直到18世纪才被法国耶稣会士编撰的三部巨著所代替。①而由耶稣会士编写的三部丛书向法国启蒙思想家提供了反专制、反教权的思想武器。法国传教士在其他领域也有许多成果，如金尼阁编写的《西儒耳目资》，是第一部以拉丁字母为汉字注音并编排的字典，为汉字拼音化做出了贡献。伏尔泰根据马若瑟翻译的元曲《赵氏孤儿》，写出《中国孤儿》剧本，在欧洲产生了很大影响。法国传教士还翻译了大量介绍中国传统文化与伦理道德的经书，如四书、五经、《易经》等。此外，法国传教士还在“中俄尼布楚条约”谈判中充当翻译，测绘了中国地图，并称之为《皇舆全览图》，以及参与皇家园林的建造等。

随着中国瓷器、丝织品等产品的流入，中国行云流水、轻灵活泼、崇尚自然的艺术风格，给当时讲究对称的古典主义艺术风格的法国带来了一缕清新的空气，这就是法国艺术史上深受中国影响的“洛可可运动”。随着中国传统书籍的翻译，中国的哲学思想、伦理道德、价值观点等也冲击着西方传统的宗教观、哲学观、世界观。当时法国正处于资产阶级革命前夕，启蒙思想家把矛头直指天主教会与封建王权，新发现的中国文化成为启蒙思想家反对教会专制的思想武器。中国的无神论和自然神论影响了当时法国思想家的宗教观，而中国哲学的普遍性与相对性的观点也使他们认识到基督教文化并不是世界唯一的文化，修正了欧洲中心者的偏见。中国的制度也对法国有所启示，如伏尔泰认为中国是一种在法律限制下的君主政体，主张引入中国的优良法律与道德。而法国的重农学派则对中国充满敬意，认为中国重视土地、农业，是法国的榜样，并说服法国国王路易十五效仿中国举行“籍田”仪式。

当然，法国传教士也带来一些负面影响。由于传教士要在普遍信仰儒、道、佛教的中国民众中传播天主教，必然会在中西文化的巨大碰撞中引发矛盾。一部分传教士主张顺应中国的社会习惯，主要强调基督教与中国文化中的共性部分。但是还有部分教派认为中国的传统是传统基督教所不能接受的，对中国传统礼仪习俗进行抨击和谴责，造成中国社会掀起了一股反洋教浪潮，使得康熙帝下令禁止传教士进行宗教活动，而雍正则禁

① 佘敷华、张芝联：《中国面向世界：中法友谊的历史文化见证》，生活·读书·新知三联书店，2007年版，第14页。

止所有洋教。虽然传教士在中国并未成功传播宗教，但却带来了西方科学、技术、文化，也把中国文化介绍到了欧洲，促进了早期中法各领域的交流与沟通。

二、中法关系不平等时期（1844—1949 年）

鸦片战争后法国也趁火打劫加入到侵略中国的行列，从 1844 年中法签订《黄埔条约》到 1949 年新中国成立，这一时期中法关系处于不平等阶段。

从英法联军火烧圆明园到中法战争中中国的“不败而败”再到巴黎和会上中国的外交失败，近代中国的悲惨遭遇无不令中国人深感心痛，更是激励了中国知识分子变法图强的决心与意志。他们希望向西方学习，而法国更是成为他们争相学习的对象。

法国大革命的影响震撼世界，中国的进步分子希望从法国启蒙思想家和大革命的历史经验中寻求武器。20 世纪初中国进步思想界争相介绍启蒙运动和法国大革命，不断有相关的文章与译著出版，法国启蒙思想家著作的广泛翻译与刊载，使自由、平等、博爱、民主的思想在中国广泛传播，激励了广大青年走上革命道路，他们接受了法国大革命的民主革命思想，投身革命，为中国的进步事业做出了贡献。此后，法国大革命及其民主思想对中国仍有着长久的影响力。

20 世纪初，一大批中国青年前往法国勤工俭学，他们不仅学到知识、增长才干，还在与法国人民日常生活的接触中增进了友谊，此后也成为传播中法友谊的使者。在教育方面，法国天主教会在中国创办了各类教会学校，虽然教会创办教会学校有自己的主观意图，但不可否认的是教会学校确实促进了近代中国教育的发展，也培养了一大批爱国人才。如 1903 年在上海创办的震旦大学，培养了不少优秀人才与爱国人士，1920 年巴黎大学成立了中国学院、北京也成立了中法大学。同时法国的汉学研究也有了长足发展，法兰西学院、巴黎东方语言学院、巴黎大学中国学院等都是法国汉学研究的基地，而中国的直隶省河间府献县与上海徐家汇也成为法国传教士在中国的汉学基地，这些汉学基地培养了一大批人才，促进了中法人文交流。

法国文学群星璀璨，对世界产生了重大影响，自近代以来一大批优秀法国文学作品的翻译与出版，对中国文学产生了巨大影响，像巴金、戴望舒、艾青、卞之琳等著名作家都受到了法国文学的影响。最早译成汉语的法国小说是小仲马的《茶花女》，这部《巴黎茶花女遗事》，从内容到形式给文艺界带来了新鲜感，为渴望解放的中国妇女打开了一扇窗户。[①]

此后一大批法国文学作品被翻译成汉语，如《海地旅行》、《月界旅行》等科幻小说开启了中国青年丰富的想象力，《最后的一课》、《火线》等作品触动了青年的爱国情感，《马赛曲》、《国际歌》等激发了广大青年参与革命的热情，《约翰·克丽丝朵夫》使中国青年获得了巨大精神力量，走上革命道路。法国文学作品中自由、民主、博爱的思想，激起了中国人民反帝反封建的斗志。而文学作品中反映出资本主义的各种弊端，也激发了人们对中国现实与未来的思考，同时法国文学犹如一股清泉，把其创作的风格、思想与写作方法带到了中国。总之，法国文学在近代对中国革命斗争、思想进步、文学发展都产生了积极影响，促进了双方价值观沟通。

三、中法建交前期（1949—1964 年）

新中国的成立使中法关系进入到新的平等发展阶段，但这一时期法国却对新中国采取敌视态度，拒绝承认新中国，并在印度支那、台湾等问题上与中国激烈对抗，这一状态直到 1964 年中法正式建交才结束。这一时期虽然中法尚未建交，但民间交流却促进了双边关系的发展，更直接推动了中法正式建交。

1955 年 11 月，周总理在会见法国议员时提出：“中国政府和人民愿意法国走北欧国家的道路，同中国建立完全的外交关系……如果法国政府、法国议会有困难，现在可多进行人民之间的来往，多进行贸易和文化交流，造成气氛，然后水到渠成，承认新中国，同蒋介石隔断关系，中国

① 佘敷华、张芝联：《中国面向世界：中法友谊的历史文化见证》，生活·读书·新知三联书店，2007 年版，第 45 页。

方面可以等待。”[①] 1952 年 4 月 28 日为参加中国人民纪念世界四大名人（阿维森纳、达·芬奇、雨果、果戈理）的活动，法国和平理事会主席法奇和作家、诗人鲁瓦夫妇前来北京进行友好访问，作为新中国成立后第一批来华访问的法国知名人士而受到隆重接待。[②] 1952 年 5 月，由一批法中友好人士发起的“法中友好协会”成立，此后该组织为推动中法人文交流做了许多事。1952 年 9 月 29 日，法国青年代表团来华访问，这是新中国成立后第一个到中国访问的法国团体。[③] 1954 年印度支那问题解决以后，中法之间往来迅速增加。如 1954 年 12 月中国妇女代表团对法国进行友好访问，这是新中国第一个出访法国的代表团。1957 年 5 月，法国前总理埃德加·富尔应中国人民外交学会的邀请，以私人身份来中国访问，受到毛泽东主席的接见。毛泽东在和富尔谈话时，引用中国“鹬蚌相争，渔翁得利”的典故，形象地表述了他对当时中法美三国关系的看法，希望中法之间建立正常的外交关系，不要让美国这个“渔翁”得利。富尔在京期间，也在各种场合重申希望法中之间建立正常外交关系的立场。[④]

法国是世界文化大国，法国人民对文化、艺术有着执着的追求与极佳的鉴赏力。这一时期，中国派出了多个高水平艺术团赴法演出，迅速征服了品味颇高的法国民众，反响强烈，这些文化艺术活动为此后中法建交奠定了良好的民意基础。1955 年 5 月，中国艺术团赴法国参加巴黎第二届国际戏剧节，艺术团表演的京剧受到法国人民的热烈欢迎。中国艺术团成为第二届巴黎国际戏剧节活动中的中心，在巴黎的演出被认为是五十年来巴黎文化生活中最为轰动的一件大事，观众狂热的情绪空前未有，有时演出谢幕达 30 多次。法国总统戈蒂会见了艺术团成员。[⑤] 1958 年，中国又派出艺术团参加第三届巴黎国际艺术节，戏剧节期间上演八场的全部剧票在几天之内就被抢购一空。[⑥]

---

① 《周恩来外交文选》，中央文献出版社，1990 年版，第 157 页。

② 葛夫平：《中法关系史话》，社会科学文献出版社，2011 年版，第 159 页。

③ 徐晓亚等：《百年中法关系》，世界知识出版社，2006 年版，第 168 页。

④ 葛夫平：《中法关系史话》，社会科学文献出版社，2011 年版，第 160 页。

⑤ 周丽娟：《对外文化交流与新中国外交》，文化艺术出版社，2010 年版，第 48—49 页。

⑥ 同上书，第 74—75 页。

四、中法建交之后（1964 年—至今）

1964 年中法正式建交，法国成为西方大国中第一个同新中国正式建交的国家，当时被称为“外交核爆炸”。中法作为分属不同阵营的大国，两国的建交打破了当时的美苏两极格局，而两国所奉行独立自主的外交政策也为其他国家所效仿。建交 50 年来，中法关系虽因西藏、售台武器等问题有过波折，但两国关系总体发展顺利，并不断向前发展：在政治上，两国高层互访不断，政治互信不断加深，并建立了“全面战略伙伴关系”；在经济上，两国经贸合作不断扩大，法国是我国在欧盟第四大贸易伙伴。在其他各领域也是成果丰富，特别在人文领域，两国人文交流活动多、领域广、层次高、影响大，成为中法关系的一大特色，人文外交所产生的积极影响对中法关系的健康、稳定、长久发展起了重要作用。

（一）文化艺术交流

中法两国都拥有各自灿烂辉煌的民族文化，两国人民都对艺术有着深刻的理解与极佳的鉴赏能力。中法人民都热爱生活、追求艺术，这一共同特质使双方文化艺术交流丰富多彩，成为双方人文交流的一大特色。法国是同中国进行文化艺术交流与合作最多的国家之一。建交以来，双方文化艺术交流蓬勃发展，在领域上涉及文学、音乐、舞蹈、戏剧、电影、美术等多个领域；在形式上通过访问、展览、展演、举办文化节等多种形式进行；在层次上包含官方、民间、商业等多个层次。双方文化艺术交流呈现宽领域、多形式、深层次的特点。

建交后，两国文化艺术交流更加频繁，互派优秀艺术团获得了强烈反响。1978—1997 年，中国派往法国访问演出的艺术团组共 70 多个，2500 多人次；法国来华访问演出的艺术团组约 40 个，700 多人次。[①] 2012 年，仅文化部审批的法国来华演出项目就有 87 个（合计 745 人）以及 8

---

① 徐晓亚等：《百年中法关系》，世界知识出版社，2006 年版，第 324—325 页。

个交换展览。[①] 即使两国关系处于困难时期，文化艺术交流也没有停止。1989 年春夏之交“政治风波”后，法国单方面终止两国政府签订的文化交流计划。中国通过民间渠道和商业性演出积极开展文化交流。1989 年和 1990 年，中国按原计划派出 5 个艺术团、23 个体育队以及作家、文学翻译家、作曲家、画家、电影导演、京剧、川剧表演艺术家赴法进行访问演出、考察、讲学、参加比赛，赢得了法国公众的好评，增进了中法两国人民之间的友谊和了解。[②] 除文艺展演外，各种文化展览也是两国民众了解彼此文化的良好机会。如在上海世博会上，以“感性城市”为主题的法国馆占地 6000 平方米，平均每小时参观人数为 6000 人（相当于半年时间有 1000 万名观众），是参观人数最多的展馆之一。它通过人的五种感官体验，向观众介绍各种可持续发展技术。它还向观众展示了从奥赛博物馆借来的 7 幅精美艺术品。[③]

在政府层面，两国签订了一系列文化交流与合作的协定，并设立了政府文化混合委员会。2002 年 11 月，双方签署了两国政府关于互设文化中心及其地位的协定，巴黎中国文化中心同月在法揭牌，这是我国在西方国家设立的第一个中国文化中心，成立以来组织了丰富多彩的各项活动，成为传播中国文化的重要基地。2004 年 10 月法国文化中心也在北京正式揭牌，这是在中国落户的第一家外国文化中心，在传播法国文化、促进中法之间的了解特别是教育交流等方面发挥了重要作用。

在项目上，2003 年至 2005 年中法互办文化年，2011 年到 2012 年间互办语言年、均受到两国公众的热烈欢迎，取得了巨大反响。此外，2006 年起，法国驻华使馆、北京法国文化中心每年在华举办“中法文化交流之春”系列文化活动，迄今已举办 8 届。每年它都要在舞蹈、音乐、戏剧和展览等领域，安排一项为期两个多月的多形式创新型文化活动。经过八年的发展，在规模上，从最初的北京、上海发展到全国 20

---

① 新华网：《中法两国官员：文化交流是一种“魅力”外交》，http：//news. xinhuanet. com/edu/2013 -04/27/c_ 115574626. htm。

② 徐晓亚等：《百年中法关系》，世界知识出版社，2006 年版，第 324 页。

③ 法国驻华大使馆：《法国—中国面向未来的合作》，来自法国驻华大使馆网站，http：//www. ambafrance-cn. org/% E6% B3% 95% E5% 9B% BD - % E4% B8% AD% E5% 9B% BD - % E9% 9D% A2% E5% 90% 91。

多个大城市，并向全国辐射，参与人数也不断扩大；在内容上，包括音乐、舞蹈、雕塑、电影、街头艺术、新锐先锋艺术等多个领域；在运作上，中法两国共同运作也使这一项目日趋成熟。“中法文化交流之春”的发展壮大离不开政府的支持与推动，而来自民间的巨大参与热情才是其发展的坚实基础，提供源源不断的发展动力。目前，“中法文化交流之春”已成为法国在境外最大的一个艺术节，也成为中国的一流艺术品牌。

二、教育与科技交流

法国是最早接受中国留学生的国家之一，也是接受中国留学生人数最多的欧洲国家之一。目前，双方已有 120 多对高校及 20 余对中学建立了校际交流关系。两国每年互换 65 名奖学金学生。截至目前，我在法各类留学人员达 3.8 万人；法在华各类留学人员约 7600 人。[①] 教育交流中，特别注重先进科技人才的培养。法国民用核能工程师教学联盟与中山大学在 2010 年联合创建了中法核工程学院，该学院获得大型核电企业的资助，计划用六年时间培养出高水平的核工程师。此外，中法联合培养高级科技人才的项目还有：北航中法工程师学院、上海大学中欧工程技术学院以及中欧航空工程师学院等。

法国是最早与中国进行密切科技合作的西方大国，1978 年两国就签署了政府间科技合作协定，并成立了科技合作混委会。30 多年来，中法科技交流成果显著，在领域上，合作涵盖了几乎所有领域；在方式上，从早期的人员交流发展到今天的技术引进、合作研究、共同开发等多种方式；在层次上，从早期的政府项目为主发展到今天政府项目、院校合作、企业参与、科研工作者交流等多个层次的合作。涌现了如“中法先进研究计划”（PRA）、中法联合实验室、中法抗击新发传染病合作、中法 150 名建筑与城市规划师合作、中法崇明生态岛项目等项目。高铁、航空、核能是中法科技合作的重点领域，如大亚湾核电站是中法合作建设的项目，

---

① 来自外交部网站：http://www.fmprc.gov.cn/mfa_chn/gjhdq_603914/gj_603916/oz_606480/1206_606844/sbgx_606848/。

是中国第一座商用核电站，也是大陆首座使用国外技术和资金建设的核电站。双方在大亚湾核电站的建设过程中进行了良好的合作，两国科技人员也在合作中增进了相互之间的理解与信任。由于中法在大亚湾项目合作圆满成功，中国在之后的一批核电站建设中使用了85%的法国技术。① 同时，法国培训了一批中国核工程师，并在核材料研究等领域进行广泛合作，建立协作实验室。中国与法国的核安全规章制度非常接近，双方共享核安全的相关经验。中国一直是欧洲空中客车公司的重要市场，空客飞机在中国占据着航空市场的半壁江山。目前，在中国运营的空客飞机总数已经接近1000架。2012年空客全年交付飞机总数为588架，交付给中国市场的125架。空客天津总装线是中法、中欧航空合作的典型项目，天津总装线成为空客公司在欧洲之外的全球第一条总装线，并于2008年9月28日正式投产，2009年6月23日，第一架飞机交付。投产5年，空客天津总装线已经总装生产了150余架空客A320系列飞机。② 科技合作的过程也增进了两国间友谊，如2014年3月习近平访法期间，在里昂参观梅里埃生物科研中心。梅里埃家族几代人同中国都有友好交往。早在中法建交前，阿兰·梅里埃的岳父就积极推动两国汽车合作，并得到周恩来、邓小平等中国老一代领导人的赞扬。几十年来，梅里埃生物科研中心同中方在结核病防治、感染控制、新发传染病防控等领域开展了合作。双方在上海建立了生产和研发基地，在武汉共建了P4高等级生物安全实验室。2012年，阿兰·梅里埃访华时，受到时任国家副主席习近平接见。中法建交50周年之际，阿兰·梅里埃出任庆祝活动法方赞助委员会主席。③

---

① 法国驻华大使馆：《法国—中国面向未来的合作》，来自法国驻华大使馆网站，http://www.ambafrance-cn.org/%E6%B3%95%E5%9D%BD-%E4%B8%AD%E5%9B%BD-%E9%9D%A2%E5%90%91%E6%9C%AA%E6%9D%A5%E7%9A%84%E5%90%88%E4%BD%9C.html。

② 程婕：《空客天津总装线：带动当地产业链发展未来服务整个亚洲》，载《中国民航报》，2014年2月5日。

③ 《习近平参观法国梅里埃生物科研中心希望中法加强卫生合作，谱写友谊新篇章》，《人民日报》，2014年3月27日。

（三）孔子学院与法语联盟

语言是民族文化的一面镜子，能反映一国民族文化的方方面面。文化的生命力在于传播，而语言是一国文化传播的载体，语言传播是一国文化传播的重要方式，并成为双方深入交往的基础。中文与法语都是世界上的重要语言，两国政府都高度重视语言的传播，都把扩大各自语言的影响力看作是传播民族文化的重要方式。两国都积极推动各自语言的海外传播，孔子学院和法语联盟作为两国在海外传播语言文化的主要阵地，都取得了良好效果。

近年来中文教育在法国取得了长足进展，无论在小学、中学还是大学，越来越多的法国人开始学习汉语。2009 年，有 432 所初级和高级中学教中文。此外，还有 150 所高校教中文。从 1994 年起，汉语水平考试（HSK）分别在法国的 10 个中心举行：2010 年，有近 1000 名法国大学生参加汉语考试，创造了最高纪录。① 孔子学院作为我国官方支持的非营利性教育机构，致力于推动海外汉语教学工作、增进他国民众对中国语言文化的了解、促进中外教育交流与合作、维护世界多元文化的发展。截至 2014 年 3 月，我国已在法国已开设 16 家孔子学院（参见表 1）和 3 家孔子课堂。

表 1：中国在法国开办的孔子学院②

孔子学院	所在城市	外方合作机构	中方合作机构	启动运营时间
法国普瓦提埃大学孔子学院	普瓦提埃	普瓦提埃大学	南昌大学	2005 年 10 月
巴黎狄德罗大学（巴黎七大）孔子学院	巴黎	巴黎狄德罗大学	武汉大学	2007 年 3 月

① 法国驻华大使馆：《法国—中国面向未来的合作》，来自法国驻华大使馆网站，http：//www. ambafrance-cn. org/%E6%B3%95%E5%9B%BD-%E4%B8%AD%E5%9B%BD-%E9%9D%A2%E5%90%91%E6%9C%AA%E6%9D%A5%E7%9A%84%E5%90%88%E4%BD%9C. html。

② 资料来源：国家汉办网站，http：//www. hanban. edu. cn/confuciousinstitutes/node_ 10961. htm。

续表

孔子学院	所在城市	外方合作机构	中方合作机构	启动运营时间
巴黎中国文化中心孔子学院	巴黎		巴黎中国文化中心	2006年1月
法国布列塔尼孔子学院	雷恩	布列塔尼大区议会、雷恩市政府、雷恩二大	山东大学	2008年10月
法国拉罗谢尔大学孔子学院	拉罗谢尔	拉罗谢尔城市共同体、拉罗谢尔大学	北京语言大学	2008年10月
阿尔萨斯孔子学院	斯特拉斯堡	法国阿尔萨斯大区议会等9个政府机构	江苏省政府及4所大学	2009年11月
克莱蒙费朗孔子学院	克莱蒙费朗	克莱蒙费朗市政府	北京第二外国语学院	2010年9月
法国西巴黎·南戴尔·拉德芳斯大学孔子学院	南戴尔	西巴黎·南戴尔·拉德芳斯大学	厦门大学	2009年3月
图卢兹孔子学院	图卢兹	图卢兹一大	天津外国语大学	2010年12月
阿尔多瓦孔子学院	阿拉斯	阿尔多瓦大学	南京大学	2008年10月
格勒诺布尔第二大学孔子学院	格勒诺布尔	格勒诺布尔二大	湖北经济学院	2010年6月
卢瓦尔孔子学院	昂热	昂热市政府、卢瓦尔大区议会、曼恩与卢瓦尔省议会、昂热大学、西方天主教大学	烟台市政府、烟台大学、鲁东大学	2009年11月
里昂孔子学院	里昂	里昂二大、三大	中山大学	2009年12月
留尼旺孔子学院	留尼汪圣丹尼	留尼汪大学	华南师范大学	2010年11月
洛林大学孔子学院	梅斯	洛林大学	武汉理工大学	2011年11月
蒙彼利埃孔子学院	蒙彼利埃	蒙彼利埃第二大学	成都电子科技大学	2013年9月

中国的法语教育历史悠久，目前已有100多所高校开设了法语本科专业，特别是近几年法语专业开设数量增长迅速，2002年为30个，到2010年就超过了90个，这相当于8年中增长了200%，创造了世界纪录。①

法语联盟创建于1883年的法国，是一个旨在传播法语及法国文化的非营利性语言文化推广机构。法语联盟世界网络创建初始于20世纪初期，北京、上海、广州、天津、福州和青岛曾先后成立法语联盟委员会。在20世纪40年代末法语联盟逐渐在中国大陆消失。1989年为了呼应中国政府在教育领域与外国开展合作的目的，法语联盟得以重新建立。自2000年起，法语联盟在中国不断取得成功，其网络迅速扩展。② 目前，中国已有15家法语联盟（参见表2），采用中外合作办学模式，即每个法语联盟与一所当地大学结为合作伙伴。

表2：中国的法语联盟一览表③

编号	所在城市	中方合作大学	成立时间	编号	所在城市	中方合作大学	成立时间
1	广州	中山大学	1989	9	济南	山东大学	2006
2	上海	虹口区业余大学	1993	10	青岛	中国海洋大学	2006
3	北京	北京语言大学	1996	11	重庆	四川外国语大学	2008
4	武汉	武汉大学	2000	12	杭州	浙江工商大学	2008
5	南京	南京师范大学	2001	13	天津	天津师范大学	2010
6	成都	电子科技大学	2003	14	香港		1953
7	西安	西北大学	2004	15	澳门		1987
8	大连	大连外国语大学	2004				

（四）友好城市

友好城市是人文外交的重要组成部分。截至2013年，中法共结成81

① 法国驻华大使馆：《法国—中国面向未来的合作》，来自法国驻华大使馆网站，http：//www. ambafrance-cn. org/% E6% B3% 95% E5% 9B% BD – % E4% B8% AD% E5% 9B% BD – % E9% 9D% A2% E5% 90% 91% E6% 9C% AA% E6% 9D% A5% E7% 9A% 84% E5% 90% 88% E4% BD% 9C. html。

② 法语联盟驻中国总代表处网站：http：//www. afchine. org/spip. php？article152。

③ 资料来源：法语联盟驻华总代表处网站，http：//www. afchine. org/。

对友好城市（参见表3）。在中国与外国结成友好城市的数量上排名第六（参见图1）。

表3：全国各省、自治区、直辖市与法国建立友好城市一览表（截至2013年）①

中方城市	外方城市	结好时间	中方城市	外方城市	结好时间
成都市	蒙彼利埃市	1981年6月22日	万州区	热尔省	1988年10月21日
重庆市	图卢兹市	1982年12月10日	宁波市	鲁昂市	1990年3月16日
洛阳市	图尔市	1982年12月12日	浙江省	上诺曼底大区	1990年3月18日
徐州市	圣艾蒂安市	1984年3月27日	河南省	索恩-卢瓦尔省	1990年10月29日
天津市	北加来海峡大区	1984年10月10日	福建省	下诺曼底大区	1990年12月06日
山东省	布列塔尼大区	1985年10月22日	宜昌市	梅斯市	1991年1月28日
大连市	勒阿弗尔市	1985年11月23日	淄博市	拉罗什市	1991年5月19日
辽阳市	塞日-蓬图瓦斯市	1986年5月13日	邯郸市	上维埃纳省	1991年9月17日
西安市	波城市	1986年9月15日	湖南省	中央大区	1991年10月28日
安徽省	弗朗什-孔泰大区	1987年5月18日	海口市	圣纳泽尔市	1992年6月27日
四川省	南方-比利牛斯大区	1987年6月9日	苏州市吴江区	布尔昆-雅里昂市	1993年10月07日
北京市	巴黎大区	1987年7月2日	长治市	勃利耶市	1994年6月22日
上海市	马赛市	1987年10月26日	深圳市	维埃纳市	1994年10月17日
广州市	里昂市	1988年1月19日	湖北省	阿基坦大区	1996年5月09日
淮安市	韦尼雪市	1988年7月02日	常熟市	布雷斯特市	1996年7月16日
济宁市	米卢斯市	1996年9月11日	广安市	布洛涅—比扬古市	2007年10月27日
河北省	上塞纳省	1997年2月20日	长春市	蒙特勒依市	2008年5月06日
佛山市	波塞雄市	1997年4月11日	上海市	罗纳—阿尔卑斯大区	2008年5月21日

① 资料来源：中国国际友好城市联合会“友城统计”，http：//www. cifca. org. cn/Web/SearchByZhou. aspx？guojia = % b7% a8% b9% fa。

续表

中方城市	外方城市	结好时间	中方城市	外方城市	结好时间
北京市	巴黎市	1997年10月24日	哈尔滨市	阿拉斯城市共同体	2008年6月30日
三亚市	戛纳市	1997年11月18日	江西省	中央大区	2008年9月25日
湖北省	洛林大区	1998年2月04日	南宁市	马恩河谷省	2008年10月23日
广东省	普阿蓝大区	2000年5月24日	龙岩市	普松西市	2008年10月27日
秦皇岛市	敦刻尔克市	2000年9月26日	东营市	东比利牛斯省	2008年12月01日
咸阳市	勒芒市	2001年9月12日	潮州市	巴黎市十三区	2009年5月15日
济南市	雷恩市	2002年7月17日	滁州市	蒙彼利亚市政联合体	2009年6月02日
广西壮族自治区	普瓦图夏朗特大区	2002年11月23日	泉州市	埃罗省	2010年2月28日
甘肃省	科雷兹省	2005年1月20日	上饶市	图尔市	2010年6月18日
青岛市	南特市	2005年6月04日	江西省	香槟阿登大区	2011年11月23日
芷江侗族自治县	格朗康迈西市	2005年9月06日	凤凰县	安格市	2011年12月08日
平遥县	普罗万市	2005年9月15日	太原市	圣但尼市	2012年3月02日
巢湖市	多尔市	2005年11月17日	贵州省	洛泽尔省	2012年4月09日
湖州市	蒙达尔纪市	2006年2月27日	湘西土家族苗族自治州	希农市	2012年7月23日
青岛市	布雷斯特市	2006年5月08日	阿尔山市	阿纳克—蓬巴杜市	2012年9月12日
台州市	纳维尔市	2006年9月17日	运城市	马尔芒德市	2012年9月16日
南昌市	第戎市	2006年10月17日	普洱市	利布尔讷市	2012年10月30日
烟台市	昂热市	2006年11月28日	武汉市	埃松省	2012年12月21日
无锡市	尼姆市	2007年4月05日	阳朔县	老阿讷西市	2013年2月01日
江苏省	阿尔萨斯大区	2007年5月24日	青海省	瓦兹河谷省	2013年6月09日

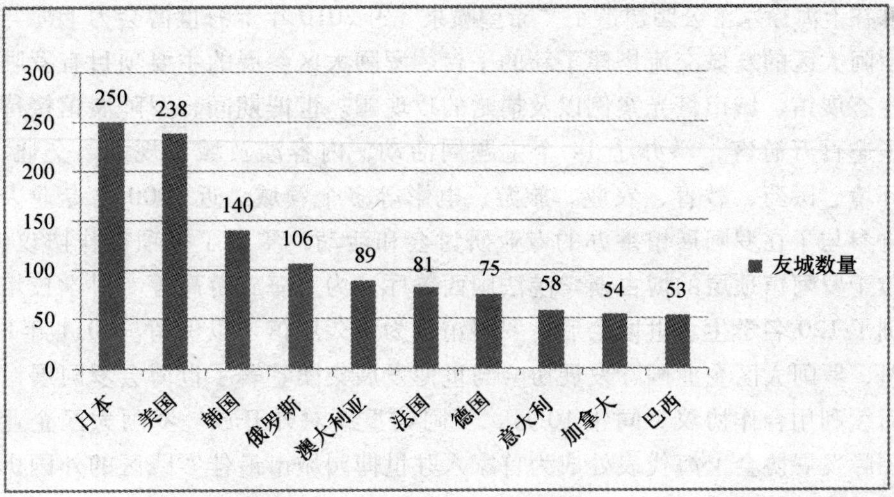

图 1：与中国建立友好城市数量前十位的国家（单位：个）①

通过以上两图表我们可以看出：在数量上，中法结交友好城市的数量多，是我国建立友城数量最多的 10 个国家之一，排名第六，也是西欧与我国建立友城数量最多的一个。在分布上，我国东中西部地区的城市都有与法国结成友好城市的，两国友好城市分布广。在类型层次上，我国省、直辖市、地级市、县等各级城市都有与法国建立友城关系，两国友好城市层次多样。

友好城市进一步丰富了两国人文外交的内涵，两国的友好城市在经贸、文化、科技、旅游等多个领域进行合作，取得了丰厚的成果。例如上海市与法国马赛市和罗阿大区结为了友好城市，上海与这两个法国友好城市开展了一系列的活动。1992 年 10 月，上海港与马赛港正式结为友好港。2004 年 6 月，在中国文化年框架下，上海市在马赛举办“上海周”系列活动，并向马赛赠送了富有中国园林特色的“上海园”。2005 年 5 月，在法国文化年框架下，马赛市政府在上海举办了“马赛周”活动，

① 资料来源：中国国际友好城市联合会“友城统计”，http://www.cifca.org.cn/Web/WordGuanXiBiao.aspx。

并在上海徐家汇公园建造了“希望喷泉”。① 2010 年上海世博会为上海与罗阿大区的友城交流搭建了新的平台。罗阿大区参展的主要项目有罗阿生态展馆、城市灯光案例以及捐赠的玫瑰园。世博期间，罗阿展馆接待了逾百万游客，举办了 14 个主题周活动，内容涉及城市规划、交通、环境、医药、教育、农业、旅游、电影等多个领域。近 9000 名专业人士参与了在罗阿展馆举办的专业研讨会和活动，签署了多项合作协议。位于罗阿馆顶层的博古斯学院法国西餐厅，为上海旅游高等专科学校培训了 120 名学生。世博会后，罗阿馆作为永久展馆予以保留。2011 年 8 月，罗阿大区企业国际发展协会与世博发展集团签署了世博会罗阿展馆后续利用合作协议。同年 10 月，罗阿馆重新对外开放。罗阿大区企业国际发展协会上海代表处成为首家入驻世博园城市最佳实践区的外国机构。博古斯学院法国西餐厅作为中法青年法餐厨艺培训基地，正式对外营业。②

广州的友好城市里昂与中国有着许多历史渊源。里昂是古代丝绸之路的终点，后发展成为了欧洲的丝绸之都。在近代，里昂成为当时赴法勤工俭学学生的聚集地，而里昂中法大学的创办更使里昂成为培养中国未来栋梁的基地。周恩来、陈毅、邓小平等著名人物都在里昂留下了他们的足迹。中法建交以后，里昂更是成为见证中法友谊的城市，邓小平、邓颖超、江泽民、习近平等都先后访问过里昂，希拉克总统特地请江泽民主席在里昂一家传统餐馆共进午餐。习近平访法的首站也选择在里昂。

（五）旅游交流

中法都是世界上广受欢迎的旅游目的地。2004 年包括法国在内的欧盟国家成为中国公民组团出国旅游目的地国，此后双方旅游人数迅速增加。2004 年 9 月中国公民组团赴法国旅游业务正式启动以来，中国公民赴法国旅游规模不断扩大。2013 年，法国来华旅游人数 53.35 万人次，

① 上海市外办网站：http：//shfao. eastday. com/wsb/node466/node548/node550/u1ai17726. html。

② 新华网：http：//news. xinhuanet. com/world/2013 -12/26/c_ 118722417. htm。

我国公民首站赴法人数42.21万人次。[①] 2014年初，法国宣布对中国游客启动48小时内发放签证的措施，以期吸引更多的中国游客到法国旅游。日益频繁的旅游交流意味着更为密切的人员往来，这不仅加深了两国人民的相互了解，也巩固了双方的友好情谊，更进一步推动两国经贸等其他各领域的交流合作，为中法关系的良好发展奠定坚实的民意基础。但目前中国赴法旅游仍存在一些问题。一是旅游还仅停留在走马观花式的浅层旅游，大多数中国游客还仅仅在各个著名景点快速参观拍照，并没有去深度了解法国的历史与文化，这种浅层的交流远未达到价值观沟通的高度；二是中国游客由于不了解法国的社会风俗习惯，做出一些不文明的行为，直接损害了中国的国家形象；三是中国游客赴法旅游，对于旅游景点并不感兴趣，而是疯狂购买奢侈品，给世界造成一种中国人"土豪"的印象，这也是人文素养缺失的一种表现。

第二节　中国对法国人文外交的主要项目

一、从赴法勤工俭学运动到中法大学

派遣留学生是人文交流的一种重要途径，中国最早到法国的留学生是随耶稣会士到法国学习宗教的中国人。维新变法时期，福州船政局也派遣了一批去法国学习船政的学生。在教育交流上，影响最大的是20世纪初的赴法勤工俭学运动，它持续时间不长，但影响深远，参与人数不多，但是这其中很多人以后都成为中国政坛的精英人物。特别是中国共产党旅欧支部的成立，为中国共产党的建立与发展输送了一大批骨干。

赴法勤工俭学运动由李石曾、张静江等与教育家蔡元培共同发起，在1919年至1929年形成高潮。当时受辛亥革命、新文化运动的影响，对封建思想文化进行抨击，广大青年积极追求新知识、新思想，渴望接受先进教育。但当时北洋军阀连年征战，民不聊生，国家教育遭到严重破坏，广

① 外交部网站：http：//www.fmprc.gov.cn/mfa_chn/gjhdq_603914/gj_603916/oz_606480/1206_606844/sbgx_606848/。

大青年面临失学失业的危险。加上当时出国留学活动费用高昂，许多人承受不起，而赴法勤工俭学的费用低廉，吸引了一大批有志青年。李石曾等人在北京发起“留法俭学会”，得到蔡元培的支持。蔡元培曾说：“法国文化有特宜于我国技五：一曰道德之观念，二曰文学艺术之臭味，三曰自由之精神，四曰习惯之类似，五曰俭学之机会。”① “留法俭学会”在四川、福建等地成立了分会，并成立了留法预备学校，后又成立了“华法教育会”共同推动赴法勤工俭学运动。当时一战爆发后，法国大批男青年参战，法国社会急需外来劳工，所以法国从官方到民间都表现出很大的热情，给予了各种便利。赴法勤工俭学共有几批，数千人前往法国。他们当中有学生、教师、工人、医生、商人等，年龄跨度也大，从10岁到50多岁都有，其中也有不少进步女青年。他们抵达法国后，入工厂、进学校，从事劳动、学习知识，身影遍布法国全境。勤工俭学生奉行“勤于工作，俭以求学”的精神，把工作与学习紧密结合，不但学到了知识与技能，更在与法国人民朝夕相处中增进了友谊，他们勤劳踏实的作风也成为中国形象的一张名片。在法留学生还受到了革命思想的影响，他们学习马克思主义，并在巴黎成立了中国共产党旅欧支部，这些人后来很多都成为中国共产党的精英人物，建国后都担任党和国家领导人职务，如周恩来、邓小平、陈毅、王若飞、李富春、聂荣臻、何长工、蔡畅、李维汉、蔡和森、赵世炎、向警予、徐特立、陈延年、陈乔年等。

赴法勤工俭学运动虽然时间不长、规模不大，但对中国历史产生了巨大影响。赴法学生在法国学习了知识、开阔了眼界、增长了才干，这为他们以后的成长奠定了良好的基础，这也是他们中许多人后来成为精英人物的重要原因。赴法留学生在法期间受到马克思主义的熏陶，投身革命，成为中国共产党的骨干，为中国革命和新中国建立做出了突出贡献。中国青年在与法国人民朝夕相处中增进了友谊，也为中法关系播下了友谊的种子。

近代一部分中国知识分子认识到引进西方教育制度的必要性，赴法勤工俭学的发起人李石曾、蔡元培等人希望将法国的先进教育制度引入中国，为中国培养一批专业人才，在1920年创办了中法大学。中法大学由

① 《蔡元培全集》第三卷，中华书局，1984年版，第145页。

北京中法大学、广东中法大学和海外中法大学组成。里昂中法大学的成立，则开创了中国近代教育在海外办学的先河，是我国近代在海外设立的第一所也是唯一一所大学类机构，它在 1921 年至 1950 年创办期间和 1980 年复办时期培养了一批人才。著名的有陈毅、历史学家汪德耀、医学家范秉哲、历史学家沈炼之，还有成功翻译法文版《红楼梦》并获巨大声誉的李治华等。里昂中法大学是近代中法教育交流的一个重要平台，在不长的办学时间里，培养了一大批人才，推动了法国先进的知识、文化、思想在中国的传播，也向法国人民介绍了古老的中华文明，加深了两国人民的相互了解与沟通。

近代赴法勤工俭学运动与里昂中法大学的建立，是中法人文交流历史上的经典，它不仅为此后中法教育合作与人文交流奠定了良好的基础，也提供了宝贵的经验。教育合作不仅仅是知识与技术的学习，更深层次的是能达到思想、情感、心灵与价值观的交流与互融。目前中法互派留学生的规模已经达到近 5 万人，两国政府、学校、民间的教育合作项目也是日渐丰富。中法教育合作不仅培养一大批互相了解的人才，更培养了一批“友好使者”，必将促进中法关系持续、稳定、健康地向前发展。

二、希拉克总统的“中国情结”

希拉克总统是法国政坛的“常青树”，曾多次访华，对中国有着独特的感情，他对中国文化的掌握达到了专家水平，被誉为“法国乃至欧洲历史上最了解中国的总统”①。在希拉克时期，中法建立了“全面伙伴关系”，后又升级为“全面战略伙伴关系”，法国呼吁欧盟解除对华武器禁运，两国经贸合作不断加深，并共同举办中法文化年，互设文化中心等活动。因此，希拉克任期的中法关系是史上最好的“蜜月期”。

希拉克对中国历史文化十分痴迷，尤其对中国的历史、文学、考古、绘画、书法、戏剧、美食都十分感兴趣并且造诣很高，是一个十足的“中国通”。他对中国青铜器十分偏爱，1997 年参观上海博物馆时，希拉

① 汪伟民：《“希拉克主义”——法国对外政策调整评述》，载《欧洲研究》，1996 年第 5 期。

克能准确无误地说出青铜器的年代，他对青铜器的专业知识让我国青铜文化专家马承源先生也赞叹不已。希拉克对李白、杜甫的诗词也十分欣赏，会经常引用他们的诗句，甚至还曾想写一部李白的电影剧本，想让巩俐在影片中饰演杨贵妃。希拉克对中国文化的热爱极大地影响了他对华政策的制定，在任期内大力推动中法人文交流，为中法关系的发展作出了巨大贡献。

1999 年 10 月，江泽民访问了希拉克的故乡科雷兹省。2000 年 11 月，希拉克访问了江泽民的故乡扬州。两国元首互访对方故乡成为两国外交的佳话。在江泽民访法期间，希拉克亲自安排行程，并设计了几个亮点，如到希拉克家乡访问并下榻其私宅——碧蒂城堡，邀请江泽民到里昂一家传统餐馆共进午餐等。在欢迎晚宴上，希拉克更是安排了一个小型的中国艺术品展览，向江泽民讲解艺术品的艺术价值。整个访法行程安排得细致周到、充满人情味，特别是江泽民夫妇下榻碧蒂城堡的安排，使元首会晤犹如朋友聚会，因为不管在中国还是法国，只有亲朋好友才会被邀请到主人家里。2000 年江泽民也邀请希拉克去他的家乡扬州参观，为此还向曾在法国居住过的柬埔寨西哈努克国王请教有关法国的风俗，并亲自安排希拉克的访问行程。两国元首的家乡互访，将对方元首请到自己家中做客的方式是“庄园外交”的一种形式，这种“庄园外交”往往能取得比正式外交更好的效果：首先，省去了正式外交活动中的繁文缛节，使双方能有更多的时间进行交流；其次，两国元首间的会晤犹如一次朋友聚会，能使双方在轻松舒适的家庭氛围中坦承交流，特别是讨论一些“带刺”的问题，有助于双方增信释疑；最后，这种形式也让两国元首结下了深厚的友谊，元首间的私人友谊将成为两国关系的“润滑剂”，有助于两国关系的发展。

三、中法互办“文化年”活动

2003 年至 2005 年，中法互办文化年活动是中法人文交流史上一次创举，取得了极大的反响，具有里程碑式的意义，是中法人文外交的经典项目。

中国在法国举办的“中国文化年”声势浩大、举世瞩目，这是新中国成立以来最大规模的一次对外文化交流活动，是中法两国交流史上的一件盛事。中国文化年以“古老的中国、多彩的中国、现代的中国”作为文化年的三大基调，举办了文化、艺术、教育、科技、体育、旅游等众多领域共计300多个项目，均受到法国公众的热烈欢迎。整个中国文化年期间，共100多万人参观了各项展览，观赏各类演出的人数也超过100万。法国总统希拉克本人还亲自出席了孔子文化展、神圣的山峰文物展和中国图书沙龙等中国文化年重点项目。2004年1月，国家主席胡锦涛访法，将中国在法文化年推向高潮。香榭丽舍大街举行中国彩装行进表演，这是香榭丽舍大街首次向外国人开放，观众达70万，[①] 人数超过了每年观看法国国庆大游行的人数，埃菲尔铁塔也被染成中国红。以“以人为本和革新”及“浪漫与创新”为主题的法国文化年也在中国拉开帷幕。开幕当天，天安门广场南侧的正阳门城楼披上了象征法国国旗红白蓝三色的绚丽灯光，电脑墙幕灯发出的红白蓝灯光环绕天安门广场。法国文化年期间，法国在中国各地举办了百余项活动，从艺术品展览、电影节、摄影展到音乐会再到群众活动，法国通过丰富多彩的活动将法国文化立体地展现在中国人民面前。

中法互办文化年是中法人文交流史上的一次空前盛事，具有重大意义：首先，这是中法这两大不同文明之间交流对话的典范，通过互办中法文化年，以文化为载体，让两国人民互相了解，培养彼此间的好感与认同，进而推动不同文明之间的对话，促进世界文明多样性；其次，由于中法相距遥远，彼此民众对对方文化都不甚了解，通过互办文化年，将各自文化立体地呈现在对方国家民众眼前，增进了彼此民众的了解与互信；再次，两国以文化为纽带，将双方良好的人文关系延伸到政治、经济等领域，促进中法全面友好合作；最后，互办文化年具有积极的示范意义，此后中国与许多国家都举办了类似的活动，主题年活动已成为中国人文外交的一个重要项目，为与其他国家的人文交流提供了典型示范。

---

① 外交部网站：http://www.fmprc.gov.cn/mfa_chn/gjhdq_603914/gj_603916/oz_606480/1206_606844/sbgx_606848/。

第三节　中国对法国人文外交的反思与展望

中法人文交流走过几百年的历史，成果丰硕，堪称典范，得到了许多宝贵的经验。在古代，中法以传教士为使者，使西方先进科技进入中国，而中国传统文化也走进法国，给法国的思想、文化艺术等领域带来中国印记。在近代，法国大革命的自由、平等、博爱思想的传播，对中国的革命与发展产生了积极影响，而法国的文学、哲学也深深影响了中国青年。赴法勤工俭学运动和中法大学不仅让中国青年学到先进的技术与思想，更让两国青年结下了深厚的友谊，为中法关系的未来发展奠定了扎实的民意基础。中法建交前期，民间交流为两国的正式建交起到了积极的推动作用。建交以后，中法关系虽偶有波折，但总体仍积极向前发展，人文外交更是中法关系中的一抹亮色，推动双方在政治、经济、安全等各领域的交流合作。中法人文外交亮点颇多，文化艺术交流丰富多彩，教育科技交流成果丰富，还举办了一系列影响深远的品牌项目与活动，如友好城市、孔子学院、法语联盟、中法文化年、中法文化交流之春等等，这些品牌项目与活动成为中法人文外交的特色标签。成果丰硕的中法人文交流给我们留下了许多宝贵经验：首先，两国在价值观取向上的相似点和对各自历史文化的崇尚与吸引是中法人文外交的坚实基础，两国都崇尚独立自主外交，都提倡多极世界、反对单边主义、霸权主义，都追求世界和平与和谐，这些都是两国关系发展的文化与情感基础；其次，两国间相互重视的战略关系是中法人文交流的发展动力。中法具有相似的国际地位、大国情结与外交目标，双边关系在彼此外交战略的重要性成为两国人文外交发展的强大动力。而双方既没有历史上遗留问题与伤痕，也没有现实的地缘与战略冲突，为人文外交创造了良好的环境；最后，中法丰富多彩的人文交流也助推中法关系的良好发展，起到典型示范作用。中国对法国的人文外交具有层次高、活动多、领域广、影响大等特点，为中国与其他国家关系发展起到示范作用。

但是，中国对法国的人文外交也存在一些不足，值得我们思考：首先，中法人文外交形式丰富，但仍主要集中于表面宣传，并未达到深层次的人文交流效果，在促进双方价值观沟通等方面还需更多努力；其次，在方式选择上，中国对法国的人文外交还存在“太官方”的问题，这样给法国民众的感觉是“政治秀”，只会引起反感。人文外交的重点在于润物细无声，通过普通的、民间的、细节的活动去无形影响，才能真正达到人文外交目的；再次，中国对法国人文外交尽管影响大，但是对双边关系的扩展影响不足，而法国在这一点上就值得中国学习，如办画展，法国在宣传法国艺术的同时也会同时出售一些艺术品，获得一定的经济利益等。

2014 年是中法建交 50 周年，双方举办 300 多项活动来共同庆祝，法国著名影星苏菲·玛索走上中国收视率最高的春节晚会，与刘欢一起用法语共同演唱《玫瑰人生》。习近平也在 2014 年 3 月访问法国，为走过 50 年历史的中法关系未来发展开辟新篇章，走过“知天命”年龄的中法关系迎来了新的发展机遇。依托于双方互尊互信的政治关系、互利共赢的经济关系，在双方世代友好、民心相通的社会民意基础上，中法关系必将大有发展，人文外交必将大有可为。习近平此访，两国元首决定建立中法高级别人文交流机制，促进双方在教育、文化等领域的交流与合作，推动两国青年交流与人员往来。这些新举措将有助于推动中法关系健康、稳定发展，并取得更大成就。

第十七章　中国对英国的人文外交

第一节　中英人文交流的历史梳理[①]

一、古代中英人文交流

中英两国虽相距遥远，但伴随着商品贸易，以“四大发明”为代表的中国先进技术和以丝绸、瓷器、茶叶为代表的中国优质商品陆续传入英国，对英国的社会发展、人民生活乃至文化艺术都产生了深远影响，如茶叶的传入使得饮茶成为英国社会流行的风尚，中国瓷器在英国被视为珍宝，耶稣会士成为人文交流的使者，并将中国文化介绍到英国。中国文化对英国的社会生活、艺术风格等也产生了深刻影响。如 18 世纪深受中国文化影响并风行欧洲的“洛可可风格”。“洛可可风格”讲究飘逸、自然、流畅，清新、自然、洒脱，它一改当时欧洲刻板、对称、单调的艺术风格，改变了英国园林以往的呆板、沉闷风格。

随着新航路开辟和工业革命的兴起，英国的资本主义发展迅速，急需开辟海外市场。英国女王伊丽莎白一世于 1583 年和 1596 年两度遣使并致信明朝万历皇帝，希望两国通商，但均未送达。清朝乾隆、嘉庆年间，马嘎尔尼与阿美士德两个英国使团相继来华寻求通商，但由于清朝实行“闭关锁国”政策，两次使团来华均失败。为了扭转对华贸易中的不平等地位，英国决定向中国输入鸦片来获取不法利益，在遭到清政府禁烟后，利用武力打开中国市场，爆发第一次“鸦片战争”，中英关系也进入不平等阶段。

---

① 本章节史料参考：萨本仁、潘兴明：《20 世纪的中英关系》，上海人民出版社，1996 年版；王为民：《百年中英关系》，世界知识出版社，2006 年版；孙庆：《中英关系史话》，社会科学文献出版社，2011 年版；王绳祖：《中英关系史论丛》，人民出版社，1981 年版；黄鸿钊：《中英关系史》，开明书店，1994 年版。

二、近代中英人文交流

（一）近代中英科技、文化的交流

英国作为最早发生工业革命的国家，科技实力雄厚。在侵略中国的同时，不可避免地向中国传入了先进的科技与产业模式，客观上推动了中国的近代化。近代中国的轮船、战舰、电报、电话等先进设备与技术的传入，都与英国有着密切的关系。近代西方先进科技的传入需要大量翻译，翻译也为中英交流做出了重要贡献，如英籍教士伟烈亚力（Alexander Wylie）翻译了《数学启蒙》、《几何原理》等图书，是近代西方自然科学引入中国的开始。严复翻译的《天演论》将进化论介绍到中国来。“物竞天择，适者生存”的进化论原理，是中国资产阶级改良派反对封建顽固派和洋务派保守思想的重要理论武器。①

近代以来，文学作品成为中英人文交流的重要纽带。莎士比亚的戏剧、《双城记》、《大卫·科波菲尔》、《简爱》等众多优秀英国文学作品的引入，为中国人民特别是青年打开了一扇窗户，为他们了解世界、追求进步增添了动力，也促进了中国近代文学的发展进步。此外，鲁迅、沈从文、茅盾、郁达夫、冰心等著名作家的部分代表作也译介到英国。据传林语堂的《风声鹤唳》和熊式一的《大桥》在英国读者中曾引起轰动效应。② 英国对中国近代新闻业也作出了贡献，英国是最早在中国创办中英文报刊的国家，英国办报风格也对中国报纸有直接影响，如由英国人在上海创办的《申报》，是外资经营的中文报纸中创刊最早、刊行最久的，以迅速大量报道国内外金融信息著称，至1949年方停刊。《申报》连续发行达76年之久，在我国发行的中、英文报纸中是独一无二的。后来，国人自办的新式报刊日盛，也是与吸取英国先进的办报经验分不开的。③

① 萨本仁、潘兴明：《20世纪的中英关系》，上海人民出版社，1996年版，第39页。
② 黄俊英：《二次大战中的中外文化交流》，重庆出版社，1991年版，第233—234页。
③ 萨本仁、潘兴明：《20世纪的中英关系》，上海人民出版社，1996年版，第37页。

（二）近代中英教育交流

1. 早期留英学生与庚款公费留英生项目

近代中国急需掌握先进科学技术的人才，英国的科学技术在世界处于领先水平，早期赴英留学生为近代中国的进步发展作出了重要贡献。第一位留学英国并获得博士学位的是黄宽，他考入爱丁堡大学学习西医学，成为我国在英国历史悠久的著名大学接受正规西医学教育的第一人，回国后他在广州主持一家英国教会医院的工作，他是广州中外人士公认的第一位最富盛名的专擅西医外科的中国医生。[①] 第一位留英的女学生曾宝荪，其曾祖父是曾国藩，在回国后创办学校，为中国教育事业发展做出了贡献。此外，留学英国的著名人士还有李四光、卢嘉锡、杨宪益、费孝通等，在各领域为中国的发展进步作出了贡献。

美国退还“庚子赔款”，用于中国的教育事业，获得了中国的信任和好感，使美国在华获得了更多利益。英国也希望通过对中国教育科技的援助，扩大在中国的影响，以期获取良好的政治、经济利益。1932 年，中英两国共同组建“庚款董事会”，通过考试录取庚款公费留英学生。由于选拔标准较高，庚款留英学生大多基础扎实，刻苦认真，并在留英期间取得了一定的成果，获得赞誉。庚款留英项目为中国培养了一批优秀的人才，提高了中国的学术水平，促进了中英间的交流合作。

2. 英国教会在华办学与英国汉学的发展

近代英国在华办学有从各方面控制中国的需要，但也客观上促进了中国近代教育的发展，培养了一大批优秀人才。新式学校在教育的内容、形式等方面都带来了革新，在英国教会办的大学中，齐鲁大学医学院培养出大批国内外知名的医学家，天津新学书院的校誉几与南开大学媲美，沪江大学师生的英语水平，特别是新闻系在新闻界的影响，也几乎可与美国圣公会办的上海圣约翰大学相比。英美教会合办的燕京大学除师生英语水准很高外，汉学研究水平亦高。除出版学术性很强的《燕京学报》外，燕京哈佛学社编纂 60 余种驰名中外汉学界的《引得》（英语 Index 的音译），在旧中国大凡重要新闻机构的驻外记者几乎都是燕京

---

① 萨本仁、潘兴明：《20 世纪的中英关系》，上海人民出版社，1996 年版，第 76 页。

新闻系毕业的。[①]

近代以来，英国的汉学研究也日趋广泛和深入，牛津、剑桥等大学也先后开设了中文系，同时也涌现了一批杰出的汉学家，如英国传教士理雅格（James Legge），相继译出《论语》、《大学》、《中庸》等中国经典，后成为牛津大学中文系的首任教授。此外，还有创作“威妥玛拼音法”的威妥玛、编纂第一部《汉英字典》的翟理斯等。

3. 近代中英人文交流的“友好使者”

近代中英人文交流涌现了许多“友好使者”，如罗素、萧伯纳、李约瑟等。李约瑟是英国近代生物化学家和科学技术史专家，是近代以来沟通中西文化的第一位功臣，堪称“当代利玛窦”。他受来自中国的三位助手的影响，对中国古代文明产生了浓厚的兴趣，并开始学习中文。从 1938 年起，李约瑟矢志专攻的课题即沟通东方与西方、中国与欧洲两种不同类型的文明，他要做的“搭桥”工作就是撰写“一本过去西洋文献中旷古未见的关于中国文化中的科学、技术、医药的历史专书”。[②] 1924 年李约瑟来华，对在大后方仍然坚持科学研究工作的中国科学家表示钦佩，并觉得应该大力帮助他们。他精心筹划的“中英科学合作馆”，从此便积极投入到科技援华的工作中。他广泛调研，了解这些科研教学机构的需要，并向世界传播中国科学研究动态。中英科学合作馆成立一年来，李约瑟竭尽心力将一批批图书仪器由印度经海路或经“驼峰”空运来华，分增给大后方的科研和教育机构。他还通过宋庆龄、《新华日报》将部分图书仪器送给延安以及各抗日民主根据地。该馆还安全递送了中国学者的论文 138 篇，其中 85% 被西方各类学术刊物采用发表，论文内容涉及数学、化学、工程、生物化学、生理、药学、动物、植物和昆虫等方面。李约瑟还将战时中国出版的科学论著、制作的科学仪器和标本，送往伦敦供英国文化委员会成立 10 周年展览会展出。战后联合国教科文组织于 1946 年 10 月在

① 萨本仁、潘兴明：《20 世纪的中英关系》，上海人民出版社，1996 年版，第 77—78 页。

② 李约瑟：《中国科学技术史的规划与现状》，张孟闻编：《李约瑟博士及其〈中国科学技术史〉》，华东师范大学出版社，1989 年版。

巴黎发明馆举办的国际科学展览会上这些展品还作过特殊陈列。[①] 李约瑟回国后继续撰写多卷本《中国科学技术史》，内容包括中国地理和历史、科学思想、数学、天文学、地理学、物理学、工程技术、化学、化工、生物学、农业、医药等。李约瑟是西方少有的真正了解中国文明的西方人，在中国的 3 年多时间里，他与中国人民和科学家结下深厚的友谊，是中国人民的老朋友。1990 年他荣获中国科学院首批“外籍院士”荣衔，荣获中国人民对外友好协会授予的“人民友好使者”称号。

4. 二战时期中英两国人民的相互支援

二战时期，中英都受到了法西斯势力的侵略，战时两国人民相互同情与声援，体现双方的深情厚谊。战时，中英互派了半官方的代表团访问对方，对加强了解、增进友谊起到了积极作用。中国抗日战争全面爆发后，英国工人阶级首先喊出了“援助中国，即援助世界和平”的响亮口号。[②] 而英国进步文化人士也通过他们的作品表示对中国人民的支持。30 年代后期，英国规模最大、影响最广的积极援华的文学团体是 1936 年成立的“左翼书籍俱乐部”（简称“左书会”）。“左书会”为增进两国人民的相互了解和沟通作出了积极贡献。[③]

三、现代中英双边人文外交

新中国成立以后，英国于 1950 年承认新中国，是最早承认新中国的西方大国，并于 1954 年 6 月 17 日建立代办级外交关系。但由于当时冷战的时代背景，意识形态占主导，所以中英关系一直处于“半外交关系”，直到 1972 年才升格为大使级。此后中英关系虽历经波折，但总体上朝着积极稳定的方向发展。随着 1997 年香港回归祖国，中英关系中的一大障碍随之消除，中英关系进入到了一个新的发展时期。1998 年双方宣布建立全面战略伙伴关系，2004 年双方宣布建立中英全面战略伙伴关系，中

① 许立言、叶晓青：《抗战时期李约瑟在中国的科学活动》，载《自然杂志》，1981 年第 9 期。

② 吴玉章：《英国的援华运动》，《大公报》，1939 年 3 月 28 日。

③ 萨本仁、潘兴明：《20 世纪的中英关系》，上海人民出版社，1996 年版，第 257—258 页。

英人文外交也进入到一个快速发展期。

（一）文化艺术交流

文化艺术没有国界，文化的交流与合作是人文外交的不可或缺的重要形式。文化的交流与合作，不仅能增进两国人民之间的了解与友谊，也促进了两国的沟通与理解。建交后，由于当时特殊的时代背景，中英两国的人文交流还比较有限，其形式、内容等都比较单一，但仍起到了促进沟通、增进了解的作用。派出文艺团体演出、举办文化艺术展览是两国人文交流的重要形式，通过派出优秀国内艺术团体演出、举办文化艺术展览，使英国人民对中国有了直观的了解，对增进友谊、传播中国形象有积极的作用。

1973 年 7 月 1 日到 23 日，上海杂技团作为中国人民的友好使者，先后在英国首都伦敦和苏格兰工业城市格拉斯哥演出 14 场，受到了广大英国观众的热情欢迎。原定在首都演出 11 场的票很快就被抢购一空。应广大观众的强烈要求，杂技团在伦敦加演一场早场，可是通告加演的牌子刚一挂出，售票窗口前就出现了排队的长龙。希思首相和其他一些政府高级官员出席观看了上海杂技团的首场演出，称赞杂技团访英是“英中友谊的美好起点”。①

新时期，两国的文化艺术交流愈加频繁。据不完全统计，平均每年中英上规模的文化交流合作项目达 60 余个，其中访英项目占 60%，两国文化交流呈现良好势头。如在文化艺术展演方面，2008 年，苏州昆剧院携青春版昆曲《牡丹亭》访英，实现市场票房与社会反响双丰收，是中国古老剧种昆曲第一次以商业运作方式正式登上英国主流舞台的成功实践。在文化艺术展览上，2006 年，英国皇家美术学院举办“盛世华章”故宫文物展。国家主席胡锦涛与英国女王伊丽莎白二世出席开幕式并共同观展。本次展览为故宫博物院自新中国成立以来在国外举办的规模最大的一次展览，共展出 458 件清朝康熙、雍正、乾隆时期的宫廷艺术珍品，其中包括国家一级文物 160 余件，占展品总数的 37%。英国皇家美术学院也

---

① 新华社：《上海杂技团在英国》，载《人民日报》1973 年 7 月 30 日。转自周丽娟：《对外文化交流与新中国外交》，文化艺术出版社，2010 年版，第 110 页。

把这一展览誉为其“展览史上具有里程碑意义的展览”。在上海世博会上，创意独特的英国国家馆“种子圣殿”是最受欢迎的场馆之一。在文化推广活动上，近年在伦敦举办的“四海同春”与“欢乐春节”品牌活动已成为亚洲之外规模最大的春节庆祝活动。据统计，每年初一后的第一个星期天，在伦敦特拉法加广场和莱斯特广场举行的中国春节庆祝活动都吸引约30万民众参与和英国各大主流媒体的关注。① 为迎接伦敦奥运和推介英国，英方在中国举办“艺述英伦”文化节，上百场活动贯穿中国10多座城市，包含设计、音乐、电影和文学等各艺术门类，是迄今为止在中国举办的最大规模英国文化节。

（二）教育交流

1. 基础教育

英国国际发展部启动的针对我国中西部贫困地区基础教育的合作项目，主要支持中国西部边远省市最贫困地区的基础教育，在学校建设、救助贫困学生、教师培训、提高教育水平等方面进行合作，提高我国贫困地区教育水平。“中英甘肃基础教育项目”是针对贫困地区教育的试验性项目，旨在提高少数民族儿童入学率，从1999年开始实施，由英国政府国际发展部提供1120万英镑资助，项目不需要当地配套资金，只需受资助县承诺改革教育财政，确保每年增加教育预算和公用经费拨款。该项目目前已取得阶段性成果：提高了甘肃省4个贫困少数民族自治县的儿童特别是女童的入学率，培训了一大批今后能自主开发相应培训教材的人才，减少了教育体制中的不公平现象，并努力挖掘当地资源解决学校自身在发展中面临的问题和困难，部分成果已在四川、云南、广西、宁夏等省区推广。② 由于该项目一期成功实施，英国政府同意出资在2006年4月开展该项目的二期工程，实施范围扩大到了甘肃的35个县。此外，两国基础教育合作项目还有“中英西南基础教育项目”（2006—2011年）、“西部地区基础教育项目”（2003—2007年）、“利用远程教育和

① 《中英文化交流简况》，来自中国驻英国大使馆网站：http：//www. chinese-embassy. org. uk/chn/zygx/culture/t687652. htm。

② 秦京午：《从绝望中看到希望——中英甘肃基础教育项目侧记》，人民日报海外版，2003年8月12日。

信息交流提高教师素质项目”、“‘中英甘肃基础教育项目’经验推广项目”等。

2. 高等教育

高等教育方面，中英举办多次“中英大学校长论坛”，促进两国高校间的交流。值得一提的是，2000 年底，英国诺丁汉大学决定聘请中科院院士、著名物理学家、前复旦大学校长杨福家教授担任该校第六任校长，并于 2003 年底作出继续聘任的决定。英国高校聘请中国人担任校长，这在历史上是第一次。

合作办学是中英高等教育交流的一大途径，如宁波诺丁汉大学是在中国设立的第一家引进世界一流大学优质教学资源、具有独立法人资格和独立校区的中外合作大学。于 2004 年 9 月成立并开始招生，它的课程要求、教材、教学体系与英国诺丁汉大学的完全一致，授课教师由英国派遣，采用全英文授课，学生毕业授予英国诺丁汉大学的统一文凭，这让中国学生可以在国内以更低的价格享受国外一流大学教育。此外，由西安交通大学和利物浦大学合作创立的西交利物浦大学，是中国唯一一所以理工科起步、拥有中英两国学位授予权的中外合作大学。近年，越来越多的中国大学与英国的大学进行合作办学，有许多合作办学项目，目前英在华有 12 所合作办学机构和 218 个合作办学项目。①

3. 留学

英国是教育强国，政府把教育当作一项产业来推广，因为留学生学费是英国高校经费的重要来源，教育出口也是英国无形贸易出口的重要组成部分。随着中国改革开放，越来越多的中国学生出国留学，而具有一流教育水平的英国是中国留学生主要留学地之一。英国是我国赴欧留学人数最多的国家。目前我国赴英各类留学人员约 12 万人，英国在华留学生 3000 余人。② 改革开放以来，中国经济迅速增长，国民消费能力不断增强，形成出国留学的一个巨大市场。英国每年都在中国举办“英国教育展”，也积极参加各类的国际高等教育展等活动，进行大规模的招生宣传活动，也

① 来自外交部网站：http://www.fmprc.gov.cn/mfa_chn/gjhdq_603914/gj_603916/oz_606480/1206_607616/sbgx_607620/。

② 同上。

推出了一系列的优惠政策吸引中国留学生。如英国政府推出的“志奋领奖学金”计划，是英国政府推出的一项旗舰奖学金计划，它从世界范围内选拔英才，资助其赴英国攻读一年制硕士学位，旨在通过与世界各地的未来领导者、影响者和决策者建立长期的、积极的关系，支持英国在外交政策优先领域的工作。自1983年创立至今，“志奋领奖学金”已经成为一个享誉全球的国际奖学金项目。“中英友好奖学金”也是中英教育交流的典型事例。改革开放初期，爱国华人包玉刚向两国政府提出了“中英友好奖学金计划”，该计划得到了两国领导人的认可，并一同实施该计划。“中英友好奖学金计划”为中国培养了大批的优秀人才，推动了中国高等教育事业及社会经济的发展；创造了一个全新的留学教育模式，为以后留英教育提供了经验，加强了与华人华侨的联系，发展了中英港三边互动的“中英友好奖学金计划”教育交流模式，有利于香港政权的平稳交接以及回归后的稳步发展，也有力地推动了中英两国关系全面发展。①

（三）科技交流

1978年11月，中英签订了两国间的科技合作协议和议定书，直接推动了两国在科技领域的交流与合作。1998年10月，布莱尔首相访华时宣布两国政府将共同出资建立中英科技合作基金；1999年11月，中国科技代表团访英，决定成立中英科技基金，扩大两国在科技领域的交流与合作。中英两国在科技领域的合作活动丰富，途径多样。在交流机制上，双方举办了一系列论坛和研讨会，形成了定期交流的机制，如“中英高技术论坛”、中英科技合作联委会会议等。在活动形式上，双方还联合举行了一系列“科技周”、“科技年”等活动，如2004年“中英ICT周”（中英信息与通讯技术周）、2005年的“精英科技年”等。在合作项目上，如2003年启动的中英剑桥科技园、武汉“中英科技园”、曼彻斯特“中国科技园”，这是中英科技合作的新方式。此外双方近年还有一系列的科技合作项目，如“清洁能源合作”、“中英创新计划”、“中英科学桥计划”、

① 赖继年：《“中英友好奖学金计划”与新时期留学教育的发展》，载《中国当代史研究》，2011年9月第5期。

"中国明天计划"、"干细胞研究基地"、"复旦—丁铎尔全球环境变化研究中心"等。同时中英双方的许多科研机构、大学或企业都建立了长期的学术合作或定期交流关系。据英方反映，目前两国大学和学术机构已经建立起160个合作项目，英国80多所大学与中国高等院校建立了校际关系。英方有相当数量的科学家和专家活跃在中英各领域的学术交流。[①]

（四）孔子学院

随着中国经济和中英关系的良好发展，近年在英国出现了汉语热。越来越多的英国中小学和高校开设汉语和中国研究课程，汉语也被纳入了英国教学大纲所规定的初中结业考试（GCSE）及高中会考（A Level）科目之中。[②] 近年英国孔子学院发展迅速，截至2013年底，英国孔子学院已有24所，孔子课堂92所，数量居欧洲之首（参见表1）。

表1：英国孔子学院统计表[③]

孔子学院	所在城市	外方合作机构	中方合作机构	时间
英国伦敦孔子学院	伦敦	伦敦大学亚非学院	北京大学	2005年6月
伦敦商务孔子学院	伦敦	伦敦政治经济学院、汇丰银行、渣打银行、德勤会计事务所、太古集团、英国石油公司	清华大学	2006年4月
曼彻斯特大学孔子学院	曼切斯特	曼切斯特大学	北京师范大学	2006年10月
英国专长学校联合会孔子学院	伦敦	英国专长学校联合会	北京大学附中	2006年10月

① 《中英民间科技交流情况》，中国驻英国大使馆网站：http：//www.chinese-embassy.org.uk/chn/zygx/kjjl/t688738.htm。

② 王为民：《百年中英关系》，世界知识出版社，2006年版，第400页。

③ 资料来源：国家汉办网站：http：//www.hanban.edu.cn/confuciousinstitutes/node_10961.htm。

续表

孔子学院	所在城市	外方合作机构	中方合作机构	时间
谢菲尔德大学孔子学院	谢尔菲德	谢尔菲德大学	北京语言大学、南京大学	2007年1月
威尔士三一圣大卫大学	兰彼得	威尔士三一圣大卫大学	北京联合大学	2007年3月
诺丁汉大学孔子学院	诺丁汉	诺丁汉大学	复旦大学	2007年9月
伦敦中医孔子学院	伦敦	南岸大学	黑龙江中医药大学、哈尔滨师范大学	2008年2月
卡迪夫大学孔子学院	卡迪夫	卡迪夫大学	厦门大学	2008年8月
兰开夏中央大学孔子学院	佩斯顿	兰开夏中央大学	北京第二外国语学院	2008年9月
利物浦大学孔子学院	利物浦	利物浦大学	西安交通大学	2009年10月
苏格兰中小学孔子学院	苏格兰	苏格兰国家语言中心	天津市教委	2010年10月
格拉斯哥大学孔子学院	格拉斯哥	格拉斯哥大学	南开大学	2011年10月
南安普顿大学孔子学院	南安普顿	南安普顿大学	厦门大学	2011年10月
兰卡斯特大学孔子学院	兰卡斯特	兰卡斯特大学	华南理工大学	2011年12月
奥斯特大学孔子学院	贝尔法斯特	奥斯特大学	浙江传媒学院	2012年4月
伦敦大学金史密斯舞蹈与艺术孔子学院	伦敦	伦敦大学金史密斯学院	北京舞蹈学院	2012年6月
班戈大学孔子学院	班戈	班戈大学	中国政法大学	2012年9月

续表

孔子学院	所在城市	外方合作机构	中方合作机构	时间
伦敦大学教育学院孔子学院	伦敦	伦敦大学教育学院	北京外国语大学	2012 年 10 月
利兹大学商务孔子学院	利兹	利兹大学	对外经济贸易大学	2012 年 12 月
德蒙福特大学孔子学院	莱斯特	德蒙福特大学	北京科技大学	2013 年 2 月
知山大学孔子学院	奥姆斯科克	知山大学	重庆师范大学	2013 年 6 月
阿伯丁大学孔子学院	阿伯丁	阿伯丁大学	武汉大学	2013 年 9 月

（五）友好城市

随着全球化深入，地方政府越来越多地参与到对外交往中，友好城市因其“官方之下、民间之上”的特点而成为中英双边人文外交的重要组成部分。截至 2013 年 11 月，中英共结成友好城市 49 对（参见表 2）。

表 2：中英友好城市一览表①

中方城市	外方城市	结好时间	中方城市	外方城市	结好时间
厦门市	加的夫市	1983 年 3 月 31 日	无锡市锡山区	奥尔德姆市	1999 年 9 月 7 日
长春市	伯明翰市	1983 年 7 月 7 日	上海市	利物浦市	1999 年 10 月 18 日
济南市	考文垂市	1983 年 10 月 3 日	铜陵市	哈尔顿市	2000 年 9 月 27 日
鞍山市	谢菲尔德市	1983 年 10 月 17 日	兰州市	乔利市	2000 年 9 月 27 日
太原市	纽卡斯尔市	1985 年 4 月 15 日	广州市	布里斯托尔市	2001 年 5 月 23 日
西安市	爱丁堡市	1985 年 4 月 16 日	大同市	贝利市	2003 年 8 月 6 日
武汉市	曼彻斯特市	1986 年 10 月 27 日	宝鸡市	斯托克波特市	2004 年 7 月 2 日
山西省	德比郡	1987 年 4 月 4 日	合肥市	贝尔法斯特市	2005 年 6 月 13 日

① 资料来源：中国国际友好城市联合会网站友城统计 http：//www. cifca. org. cn/Web/SearchByZhou. aspx？guojia = % d3% a2% b9% fa。

续表

中方城市	外方城市	结好时间	中方城市	外方城市	结好时间
南通市	斯旺西市	1987 年 4 月 10 日	南宁市	诺斯利市	2005 年 8 月 16 日
威海市	切尔滕纳姆市	1987 年 5 月 21 日	宁波市	诺丁汉市	2005 年 9 月 14 日
梧州市	纽波特市	1987 年 7 月 7 日	肇庆市	博尔顿市	2005 年 10 月 8 日
阳泉市	切斯特菲尔德市	1987 年 9 月 24 日	北京市	伦敦市	2006 年 4 月 10 日
大连市	格拉斯哥市	1987 年 11 月 27 日	甘肃省	法夫大区	2006 年 10 月 11 日
阜新市	巴恩斯利市	1988 年 1 月 21 日	广州市	伯明翰市	2006 年 12 月 4 日
杭州市	利兹市	1988 年 6 月 8 日	漯河市	伊普斯威奇市	2008 年 3 月 6 日
四川省	莱斯特郡	1988 年 10 月 26 日	河南省	纽卡斯尔市	2008 年 9 月 4 日
丹东市	唐克斯特市	1988 年 11 月 21 日	上海市	大伦敦市	2009 年 3 月 31 日
海口市	柏斯市	1992 年 2 月 3 日	哈尔滨市	桑德兰市	2009 年 5 月 19 日
江苏省	埃塞克斯郡	1992 年 7 月 16 日	江西省	巴斯—东北萨默塞特郡	2009 年 10 月 20 日
唐山市	林肯市	1992 年 10 月 22 日	无锡市	切姆斯福德市	2009 年 11 月 26 日
重庆市	莱斯特市	1993 年 10 月 11 日	佛山市禅城区	梅德韦市	2010 年 3 月 2 日
石家庄市	科比市	1994 年 10 月 5 日	成都市	谢菲尔德市	2010 年 3 月 23 日
蚌埠市	坦姆赛德市	1995 年 3 月 29 日	九江市	红桥市	2011 年 11 月 7 日
青岛市	南安普敦市	1998 年 12 月 27 日	钦州市	圣海伦斯市	2012 年 11 月 20 日
烟台市	安格斯市	1999 年 1 月 27 日			

（六）中英高级别人文交流机制

在机制化建设方面，“中英高级别人文交流机制”的建立为中英双边人文外交添加了新的活力，是中英人文外交的开创之举。

2011 年 6 月温家宝访英期间，中英双方就建立“中英高级别人文交流机制”达成共识，以发挥高级别人文交流机制的作用，推动两国在教育、文化、青年、媒体等各领域的合作。“中英高级别人文交流机制”将成为继“中英经济财金对话”和“战略对话”之后中英关系的“第三个支柱”，为双方加强人文交流搭建一个更高层次的平台，是中国政府继中美、中俄之后，同世界主要大国建立的第三个此类机制，也是中国同欧盟成员国建立的第一个此类机制，体现了中国对中英关系的高度重视。国务委员刘延东于2012年4月访英，在中英建立大使级外交关系40周年之际启动“中英高级别人文交流机制”。她与亨特文化大臣共同主持“中英高级别人文交流机制”第一次会议，双方就教育、科技、文化、媒体、体育和青年等领域的合作进行了商讨，并签署了谅解备忘录、联合公报等15份协议、文件。[①]

“中英高级别人文交流机制”的建立，对挖掘双方人文资源、加深两国人民了解和友谊有重要作用，必将推动双方更大范围更深层次的人文交流，为建设21世界中英全面战略伙伴关系奠定坚实的基础。

第二节 中国对英国人文外交的主要项目

一、麋鹿外交

在国家的外交活动中，经常有互赠动植物以增进关系的事例。如我国就经常赠送、租借“国宝”大熊猫的形式开展“熊猫外交”。动物不仅代表着国家形象，也有利于增进人民友谊，促进了两国关系发展。我国特有但一度在中国消失的麋鹿，也曾作为友谊使者，在中英人文交流中发挥了作用。

麋鹿是我国特有的古老珍稀动物，由于它的角似鹿，头似马，蹄似牛，尾似驴，故民间俗称“四不像”，麋鹿早已在野外绝迹。清代晚期，只有少数饲养于皇家园林。近代欧洲国家通过各种途径将几十只麋鹿运往欧洲，而中国最后一批麋鹿也随着永定河泛滥和八国联军侵华消失，仅在欧洲各地动物园存有少部分。英国的贝德福德十一世公爵先后从欧洲各地动物园收集到仅存的18头麋鹿，放养在其领地乌邦寺，并逐渐繁衍起来。

在1954年，伦敦动物学会提议向中国科学院赠送麋鹿，在英国左翼人士蒙塔古的协助下，该提议得到中方的积极回应。筹备期间，英国外交

---

① 新华社：《刘延东主持中英高级别人文交流机制第一次会议》，转自中国政府网，http：//www. gov. cn/ldhd/2012－04/17/content_ 2114968. htm。

部一度积极介入，欲以麋鹿作为改善其在华形象的宣传工具，后因意识形态的原因而退出；中国的外交部门也参与了此次活动。1956年，英国伦敦动物协会赠送的两对麋鹿送抵北京，中方回赠扬子鳄、鲵鱼、鸳鸯等珍稀动物。由于当时特殊的国际环境和双方半外交的关系，互赠活动异常低调，未举行任何的隆重仪式，也未见两国的官方人士，两国主流媒体也并未进行大规模报道，并强调活动的民间性。[①] 遗憾的是，1956年引进的麋鹿并未繁殖成功，直到1985年，中国在北京原皇家猎苑南海子建立了北京麋鹿苑，乌邦寺的塔维斯托克侯爵从其麋鹿群中挑选了20头青年麋鹿入住麋鹿苑；1986年，中国又在江苏大丰建立了麋鹿自然保护区，伦敦动物学会的7家动物园选送了39头麋鹿在此放养。至此，麋鹿在中国的引进繁殖计划才大功告成。[②]

经过不断努力，2005年国内麋鹿总数约2000头，其中放归野外自然繁衍成功定居的种群数量已达600多头，“麋鹿还家”成为国际上拯救濒危物种的一个成功范例。“麋鹿回家”为北京和中国保存了一个重要的自然和历史、文化的遗产，为其他野生动物迁地保护提供了经验。麋鹿成为一个代表，在生物多样性保护的宣传和教育中发挥了无以估量的作用。[③] 麋鹿作为我国的特有珍稀动物，在故乡积弱受辱的时期消失，在改革开放时期重返并繁衍，它的命运与祖国命运息息相关。同时，麋鹿也是中英两国人民之间友谊的象征。

二、从《哈利波特》到《唐顿庄园》

英国的人文气息厚重，素来就多产大文豪、大诗人、大戏剧家。从近代开始一大批优秀的英国文学作品成为中国人了解英国、认识英国、喜爱英国的窗口，经典文学作品是英国文化的最生动体现，也成为两国人文交流的重要纽带。近年来，以《哈利波特》为代表的新时期英国文学作品和以《唐顿庄园》为代表的优秀英国影视剧在中国异常火爆，迅速收获

---

① 参考张民军：《中英“麋鹿外交”》，载《中国浦东干部学院学报》，2013年5月，第7卷第3期。

② 丁玉华：《中国麋鹿研究》，吉林科学技术出版社，2004年版，第14—15页。

③ 《麋鹿还家20年》，载《人民日报（海外版）》，2005年8月25日。

了大量"粉丝"。这些文学与影视作品在迅速获得人气的同时，也成为传播英国文化的重要平台。

《哈利波特》是英国女作家 J. K. 罗琳创作的系列小说，共 7 部。小说被翻译成 74 种语言，在 200 多个国家累计销量 4 亿册，7 部系列电影累计票房已经超过 22 亿美元。[①]《哈利波特》以其生动、引人入胜和极具画面感的语言，将读者带入了充满传奇色彩的魔法世界，不仅迅速俘获了全世界广大儿童读者，而且也引发了成年人对童年、魔幻的回忆，受到热捧。《唐顿庄园》讲述了上世纪初格兰瑟姆伯爵一家的故事，从日常生活、社交礼仪、思想冲突等方面呈现了英国贵族及其仆人们在社会变迁中的百态人生。吉尼斯世界纪录以"2010 年全世界最受欢迎的电视剧"之名收录该剧。它不仅荣膺年度口碑最佳英语电视剧，也当选为美国艾美奖历史上获得提名奖项最多的外国电视剧集。迄今，该剧已被包括中国在内的 100 多个国家引进，成为全世界播放范围最广的电视剧。[②] 两部作品的风靡引发了人们对英国文化追捧，成为英国文化传播的典型。究其原因，与英国文化产品中的优秀特质密切相关。

（一）经典的英伦元素

英国文学与影视作品的最大特色就是其浓厚的英伦风情。《哈利波特》的霍格沃茨魔法学校是独具英国特色的寄宿制学校，魔法师们穿的是英伦风情的巫师长袍和斗篷，每天早餐吃的也是英国特色的熏肉、煎蛋和香肠，而小说中城堡、蒸汽火车、红色双层巴士、电话亭等等英国特色景观也是贯穿其中。《唐顿庄园》全剧更是将古典英伦风情发挥得淋漓尽致，幽静的英伦乡间小路、包围在宽阔草地间的肃穆城堡、象征着主仆等级的楼梯等景致为观众展现一幅古典、诗意的英伦画卷。而主仆间各具特色的服装、餐桌上精致的餐具、典雅的英伦音乐等细节也为观众呈现一幅优雅、生动的英伦风情。两部作品的语言风格也独具特色，对白台词引据经典、富含哲理，彰显其深厚的文学底蕴和人文气息。英国文化产品积极

① 《〈哈利波特〉之母——现代作家的灰姑娘童话》，载中国广播网，2012 年 10 月 4 日，http：//finance. cnr. cn/gundong/201210/t20121004_ 511052624. shtml。

② 萧莎：《英剧为什么这样红》，载《光明日报》，2013 年 6 月 3 日。

挖掘民族传统文化，通过优秀创意进行精美包装，成功展示英国的民族文化，鲜明的“英伦元素”成为英国文化产品的一张特色名片。

（二）深厚的社会、历史、文化内涵

如果说英国文化产品以其经典的“英伦元素”迅速抓住了广大受众的眼球，那其深厚的社会、历史、文化内涵则是其广受欢迎的内在原因。纵观英国的文学影视作品，不论何种主题，都体现对大英帝国深厚历史文化的崇敬，对“绅士文化”、“贵族精神”的推崇，对历史与风俗的延续。《哈利波特》虽然是一部魔幻小说，但它的故事背景却是在现代英国，在电视、电脑、汽车的现代麻瓜世界外的魔法世界，巫师们仍穿着古代的长袍斗篷，尽管他们有着神奇的魔法，但仍使用着羽毛笔、牛皮纸，仍遵守着古老魔法世界的传统。拥有神奇法力的魔法师们穿越在现代麻瓜世界和古老魔法世界之间，就如英国一般，在现代科技发达的同时，崇尚历史的英国人仍遵循着古老英国的众多传统。《唐顿庄园》起始于“泰坦尼克号”沉没的那一年，英国处在第二次工业革命末期，全剧贯穿了许多英国重大历史事件，如英德战争、一战等。它不仅在微观层面为观众展现了20世纪初期唐顿庄园的跌宕起伏，而且还从宏观的层面将一个国家、一个时代的磅礴之气融入其中，让观众可以从方方面面领略昔日大英帝国的万般风情。[①] 剧中从传统社会向现代社会过渡这一背景出发，从生活、思想、人物、价值观等角度来展现新旧社会的冲突，又暗含历史脚步不可阻挡这一客观规律。这也是当今英国在处理传统与现代关系的一个真实写照。英国文学影视作品正是以其深厚的历史文化内涵，为受众展现了一幅真实、生动的英国画卷，也是英国文化产品的一个独特魅力，成为其广受欢迎的内在原因。

（三）以英国手法诠释世界主题

英国文学影视作品以其经典的英伦元素和厚重的历史文化内涵独树一帜，开创了自己的英国品牌。而它另一大特色则是在厚重的英国历史文化

---

① 张云：《20世纪初的英国风情画——英剧〈唐顿庄园〉时代主题之研究》，载《华中师范大学学报（人文社会科学版）》，2012年第1期。

基础上充分运用英伦元素来诠释世界性主题，这是英国文化产品能跨越年龄、国度、文化而受到欢迎的重要原因。《哈利波特》小说虽有着浓厚的英伦风情，但整部作品所蕴含的价值观却是世界性的。如它所突出的爱的力量，整部作品描写了亲人的爱、朋友的爱、师生的爱、恋人的爱，而主旨就是爱是世界最伟大的力量，只有爱才能战胜最邪恶的势力。而小说中所蕴含的勇敢乐观、协作共赢、正义必将战胜邪恶的价值观也为全世界所认同。《唐顿庄园》中对人人平等、奉献精神、新旧交替规律等价值观的呈现也能在全世界获得共鸣。英国文化产品在坚持其鲜明民族性、用自己民族特色去吸引人的同时，也通过诠释世界性主题来获得不同国家、不同背景受众的共鸣。通过自己的民族性去兼容世界性，用英国手法诠释世界主题，这是英国文学影视作品成功的一大重要原因。

英国的文化创意产业世界顶尖，而其文化传播的成功模式还有很多成功的经验，如 BBC、英国文化协会等组织的优良运作、政府的高度重视、文化产品的创新性和一流质量等等，这些都是英国传播本国文化的宝贵经验，值得我国借鉴。

第三节　中国对英国人文外交的反思与展望

中英人文交流走过漫长的历史岁月，取得了许多成果。历史上的科技、文化、教育交流给两国人文外交打下了坚实的基础。新中国成立以来，特别是香港回归后，两国的人文外交迅速发展，教育、科技、文化的交流愈加频繁，孔子学院、友好城市等人文交流项目也不断扩大，双方更是在机制建设上取得成果，建立了中英高级别人文交流机制，推动两国更大范围更深层次的人文交流。同时，也应该看到，英国人文外交不管在数量、质量、层次、效果上都有一定优势，值得我国学习。特别在对外文化推广上，淡化官方色彩，努力用中国手法去诠释世界性主题，值得我们进一步思考和改进。

中　篇

中国人文外交的特色项目与交流机制

特色项目

第十八章　孔子学院

第一节　孔子学院概述

一、孔子学院项目简介

孔子学院是中外合作建立的非营利教育机构，其办学宗旨是“增进世界人民对中国语言和文化的了解，发展中国与外国的友好关系，促进世界多元文化发展，为构建和谐世界贡献力量”，主要职能包括：开展汉语教学；培训汉语教师，提供汉语教学资源；开展汉语考试和汉语教师资格认证；提供中国教育、文化等信息咨询；开展中外语言文化交流活动。[①]

根据2013年2月发布的《孔子学院发展规划（2012—2020年）》，国家汉办拟在2020年基本完成孔子学院全球布局，不仅要做到“统一质量标准、统一考试认证、统一选派和培训教师”，更要“基本建成功能较全、覆盖广泛的中国语言文化全球传播体系”。其中，在办学规模和学生数量方面，预计“到2015年，全球孔子学院达到500所，中小学孔子课堂达到1000个，学员达到150万人，其中孔子学院（课堂）面授学员100万人，网络孔子学院注册学员50万人”；在教师和教材方面力争“专兼职合格教师达到5万人，其中，中方派出2万人，各国本土聘用3万人”，并“基本实现国际汉语教材多语种、广覆盖”[②]。换言之，该规划的推出正式标志着孔子学院的工作重心实现了从量到质的飞跃。

为了满足不同需求，一些涉及专门领域、有所侧重的孔子学院也逐步成立。2006年10月25日上午，时任全国政协主席的贾庆林在访问英国

---

① 国家汉办网站：“孔子学院总部”，http：//www. hanban. edu. cn/hb/node_ 7446. htm。

② 《孔子学院发展规划（2012—2020年）》，《光明日报》，2013年2月28日，第7版。

伦敦时为全球首家商务孔子学院——伦敦商务孔子学院（Confucius Institute for Business，London）揭牌。伦敦商务孔子学院由国家汉办与英国石油公司（BP）、德勤会计师事务所（Deloitte）、汇丰集团（HSBC）、太古集团（Swire）、渣打银行（Standard Chartered）等英国企业资助成立，由伦敦政治经济学院和清华大学合作建设，院址设在伦敦经济学院，面向英国工商界中高层管理人员，以讲授汉语、当代中国文化、经济、法律为办学宗旨。[①] 此后，美国、希腊、丹麦等国也相继出现商务孔子学院。同样在英国伦敦，2008 年 2 月，由中国国家汉语国际推广领导小组办公室与英国伦敦南岸大学合作建设的伦敦中医孔子学院正式成立。这是世界上第一所中医孔子学院，由伦敦南岸大学、中国黑龙江中医药大学和哈尔滨师范大学联合承办，在开设针灸按摩、中医美容和中医护理等以养生保健课程的同时融入汉语和中国文化教学。2009 年 11 月初，由纽约州立宾汉顿大学和中国戏曲学院共同建设的宾汉顿戏曲孔子学院宣告成立。除了汉语教学外，该戏曲孔院还成立了以京剧为表演特色的演出团体“丝之歌”，在全美大学校园和社区推广中国戏剧等传统中国文化表演艺术。

二、孔子学院的成立背景

（一）孔子学院成立的国内背景

1. 传承以和谐、包容为核心特征的中华文明

中华文明自古以来就秉持兼收并蓄、海纳百川的特征，自丝绸之路开辟至今，与不同文明开展对话一直在我国对外交往中占据重要地位。20 世纪 90 年代初，西方学者约瑟夫·奈提出了“软实力”理论，而事实上我国早在千年前就对此进行了实践。2014 年 3 月 28 日，习近平主席在联合国教科文组织总部演讲时提到：“中华文明经历了 5000 多年历史变迁，但始终一脉相承，积淀着中华民族最深层次的精神追求，代表着中华民族独特的精神标识，为中华民族生生不息、发展壮大提供了丰厚滋养。中华文明是在中国大地上产生的文明，也是同其他文明不断交融互鉴而形成的

---

① 《全国政协主席贾庆林在伦敦为全球首家商务孔子学院揭牌》，2006 年 10 月 26 日，中国网 http：//www. china. com. cn/policy/txt/2006 - 10/26/content_ 7277563. htm。

文明”，他同时强调：“我们应该推动不同文明相互尊重、和谐共处，让文明交流互鉴成为增进各国人民友谊的桥梁、推动人类社会进步的动力、维护世界和平的纽带”①。换言之，作为“中国梦”重要组成部分的中华文明不仅是中国的，更是世界的，孔子学院作为传播文明的载体出现，实际是对中华文明追求对话与交融这一特征的传承与发扬。

2. 进一步提升中华文明的影响力

进入21世纪以来，我国的国际影响力不断提升，在联合国大会、二十国集团峰会、气候变化峰会等重要平台都坚持代表广大发展中国家利益、发出“中国声音”、拿出“中国方案”，逐步塑造“负责任的大国”形象。然而目前我们仍需直面我国软硬实力发展失衡的现状，并且有义务、有责任向世界推广中国文化以实现价值观沟通和彼此间的“增信释疑”。2011年7月1日，胡锦涛在庆祝建党90周年大会的讲话中强调：“要着眼于推动中华文化走向世界，形成与我国国际地位相称的文化软实力，提高中华文化国际影响力。中华民族创造了源远流长、博大精深的中华文化，中华民族也一定能够在弘扬中华优秀传统文化的基础上创造出中华文化新的辉煌。”②因此，孔子学院的出现体现了我国现阶段对进一步提升中华文明影响力的现实需求，也成为推动孔子学院不断发展的另一个重要内因。

（二）孔子学院成立的国际背景

1. 海外对汉语教学的客观需求

国家汉办主任许琳在回答记者提问时列出如下数据，反映了目前海外对于汉语教学的客观需求。她表示：“现在在全世界来说，有109个国家、3000多所高等学校都开设了汉语课程。特别是中小学开设汉语课的热情越来越高。世界各国学习汉语的人数，很多国家都是以50%甚至是翻番的速度增长。全世界现在汉语学习的人数已经超过了4000万。比如说泰国有1000多所中小学开设汉语课，大概有30多万学生学汉语。美国三年前只有200所学校开汉语课，到现在已经发展到有1000多所学校开

① “习近平在联合国教科文组织总部发表演讲”，2014年3月28日，人民网 http://politics.people.com.cn/n/2014/0328/c1024-24757943.html。

② 胡锦涛：《在庆祝中国共产党成立90周年大会上的讲话》，《人民日报》，2011年7月2日，第3版。

汉语课，而且中学生学汉语的人数从2万增加到10万，增加了4倍。英国原来是150所中学开设汉语课，现在已经有500所，达到了7万多人。俄罗斯从2004年的50所增加到现在的150所，学生从5000人增加到1.5万人。德国200所公立中学开设了中文课，学习汉语的人数已经达到了1万多人。”① 为了满足如此庞大的需求量，孔子学院应运而生，这是推动孔子学院成立并取得飞速发展的最核心的推动力。

2. 对其他语言文化推广机构的借鉴

在孔子学院诞生前，国际上已经存在部分官方或半官方性质的语言文化推广机构，如：德国的“歌德学院”、英国文化协会、法国的“法语联盟”、西班牙的“塞万提斯学院”等，对孔子学院的开办和发展起到了一定的借鉴作用（参见表1）。

表1：世界主要语言文化推广机构概况②

机构	性质	目的	年度经费估算及来源
法语联盟	与外交部有协议的半官方机构	在全世界传播法语，扩大法国的思想和精神的影响	约6亿美元，政府拨款约占25%
歌德学院	与外交部有协议的半官方机构	促进海外德语教学，增进与各国的文化交流	约4亿美元，主要为政府和公共基金投入
英国文化学会	隶属外交部的半官方机构	推广对外英语教学，增进外国对英国文化的了解	约6亿美元，主要为政府拨款
西班牙塞万提斯学院	隶属外交部的半官方机构	在全球推广西班牙语教学、研究和使用，宣传西班牙文化	约0.8亿美元，主要为政府拨款

以德国的“歌德学院”为例，歌德学院成立于1951年，是德意志联

① 《教育部、国家汉办就“孔子学院发展情况”答问（实录）》，2009年3月12日，中国新闻网，http：//www. chinanews. com/313/2009/0311/24. html。

② 表格内容来源：吴瑛：《对孔子学院中国文化传播战略的反思》，《学术论坛》，2009年第7期。

邦共和国在世界范围内积极从事文化活动的文化学院，至今在94个国家有159所学院。[①] 其工作旨在促进国外的德语语言教学并从事国际文化合作，提供关于德国文化、社会和政治生活等等方面的最新信息，促进中、德专业人士之间的交流，并与中国各地的图书馆合作。除此之外，通过介绍有关德国文化、社会以及政治生活等方面的信息，展现一个丰富多彩的德国形象。此外，歌德学院为教授德语的中国老师提供各种各样的培训和服务，并透过这种方法促进在中国的德语教学工作，借助由歌德学院、歌德中心、文化机构、阅览室以及语言学习及考试中心构成的网络来从事对外文化和教育交流的工作。同时，歌德学院也是公共以及私人文化机构、德国各联邦州和经济团体的合作伙伴。可见，对于其他语言文化推广机构的学习和借鉴对孔子学院的机构设置、办学模式等各方面都起到了一定的推动作用。

第二节　孔子学院的发展现状与意义

一、孔子学院的发展现状

2004年6月15日，时任国家主席胡锦涛在对乌兹别克斯坦进行国事访问时签署了在塔什干建立孔子学院的协议，标志着我国推广汉语及传统文化新时期的开始；同年11月21日，全球第一所“孔子学院”在韩国首都首尔正式挂牌成立。至今，我国已在全球建立440所孔子学院和646个孔子课堂[②]（参见表2）。其中，欧洲的孔子学院/课堂无论在数量上还是国家分布上都位居第一，其次分别是北美地区和东南亚地区。

---

① 歌德学院总部：http：//www. goethe. de/ins/enindex. htm（截至2014年4月27日）。

② 参见国家汉办网：“关于孔子学院/课堂”，http：//www. hanban. edu. cn/confuciousinstitutes/node_ 10961. htm。

表 2：孔子学院、孔子课堂成立数量一览表①（截至 2013 年，单位：个）

	孔子学院		孔子课堂	
	孔子学院数量	分布国家数量	孔子课堂数量	分布国家数量
亚洲	93	32	50	13
非洲	37	27	10	8
欧洲	149	37	153	18
美洲	144	16	384	6
大洋洲	17	3	49	2

然而，根据皮尤调查报告（参见图 1），恰恰是在孔子学院/课堂总数最少的非洲，中国的受欢迎程度最高；美国虽然拥有 100 所孔子学院和 356 所孔子课堂②，但对中国的喜爱程度却最低。这其中固然包括多方面的原因，但也从一定程度上证明，虽然孔子学院/课堂在数量上取得了一定的成就，但在改善中国形象、构建对华认知这一方面，其取得的效果与数量的飞速增长无法形成正比。

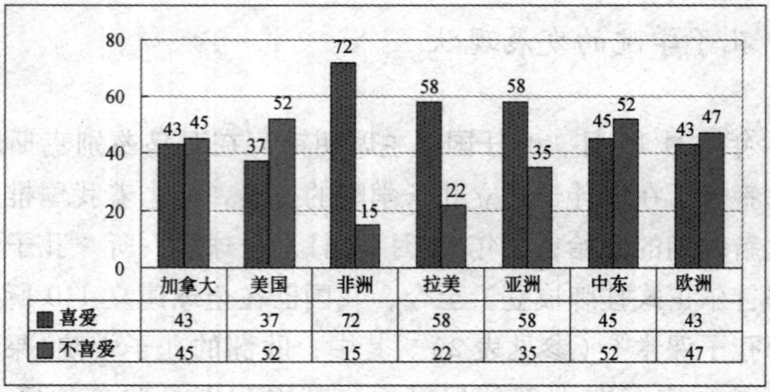

图 1：对华态度调查数据图③

① 资料来源：根据国家汉办网“关于孔子学院/课堂”相关数据整理而成，参见 http：//www. hanban. edu. cn/confuciousinstitutes/node_ 10961. htm。

② 同上。

③ 资料来源：Pew Research Center：*America's Global Image Remains More Positive than China's*，18 July 2013，p. 25，http：//www. pewglobal. org/files/2013/07/Pew-Research-Global-Attitudes-Project-Balance-of-Power。

事实上，外国人对中国的物质文化（如饺子、茶叶等）以及行为文化（如太极拳、中医等）认知度和喜爱程度都维持较高水平，对中国的精神文化中的仁爱、礼教等内容也较为认同[①]。但长期以来，孔子学院一直局限于汉语教学和文化推广，却忽视了教学过程实际也是加强共有认知、提供基于中国传统文化的国际文化公共产品的过程。以美国的富布赖特项目为例，该项目直指他国精英阶层，在几个月到几年的时间里通过资助、奖学金等各种形式支持其从事与美国相关的研究、切身感受美国文化、培养对美国及美国文化的亲切感，最终潜移默化地影响这批精英回国后的学术研究、成果转化等各个方面。简言之，富布赖特项目是用最短的时间、最直接的方式达到最隐蔽却最深层的效果，使原本囿于一定范围内的文化得以扩散到世界范围，继而在特定的领域或特定的问题上形成基于美国文化的共识，成为提供国际文化公共产品的案例。

与办学数量的增长速度相比，目前更重要的是在宏观上对孔子学院作为我国提供国际文化公共产品的潜力和重要性给予充分的重视。在起步阶段，孔子学院将自身定位成中外合作建立的非营利教育机构，这种自我局限一定程度上导致了孔子学院在同其他语言文化推广机构或项目的横向比较中具有明显的数量优势，但在纵向比较中却暴露其深度不够的发展现状。

此外，孔子学院的开办也得到了我国国家领导人的高度重视，目前已经累计有数十家孔子学院的挂牌仪式由国家领导人亲自出席（参见表3），凸显高层领导人对孔子学院建设的重视和对中国文化“走出去”的支持。

---

① 吴瑛：《让物质文化先走出去——基于对海外孔子学院的调查》，《对外传播》，2010年第9期。

表 3：我国国家领导人出席孔子学院挂牌/协议签字仪式一览表①

时间		具体内容
2006 年	2 月	国务委员陈至立出席加拿大不列颠哥伦比亚理工大学孔子学院授牌仪式
	6 月	中共中央政治局常委李长春出席保加利亚索非亚大学孔子学院协议签订、授牌暨赠书仪式
	8 月	国务委员唐家璇出席塞尔维亚贝尔格莱德孔子学院揭牌仪式
	9 月	温家宝总理出席芬兰赫尔辛基大学孔子学院、德国汉诺威孔子学院协议签字仪式
		国务院副总理曾培炎出席比利时布鲁塞尔孔子学院揭牌仪式、列日孔子学院和鲁汶工程大学孔子课堂协议签字仪式以及爱尔兰都柏林大学孔子学院揭牌仪式
		国务委员陈至立出席波兰克拉科夫孔子学院协议签字和揭牌仪式
	10 月	全国政协主席贾庆林出席伦敦政治经济学院商务孔子学院揭牌仪式
2007 年	1 月	国务院总理温家宝和葡萄牙总理索克拉特斯在京共同出席里斯本大学孔子学院签字仪式
	5 月	全国人大常委会副委员长乌云其木格为斯洛伐克技术大学孔子学院揭牌并赠书
		全国人大常委会副委员长许嘉璐出席新加坡孔子学校授牌仪式
	8 月	国家主席胡锦涛出席中国—吉尔吉斯斯坦两国教育部关于在吉尔吉斯斯坦建立孔子学院的议定书签署仪式
	11 月	国务院副总理回良玉出席西班牙马德里孔子学院挂牌仪式
2008 年	6 月	国家主席胡锦涛出席雅典商务孔子学院协议签署仪式
	8 月	国家主席胡锦涛出席塔吉克斯坦国立大学孔子学院协议签署仪式
	11 月	国家主席胡锦涛出席哥斯达黎加大学孔子学院协议签署仪式
		国家主席胡锦涛出席秘鲁天主教大学孔子学院等 3 所孔子学院授牌仪式
		全国政协主席贾庆林在土耳其安卡拉出席中东技术大学孔子学院挂牌仪式

① 资料来源：根据国家汉办网站“国家汉办/孔子学院总部年度报告（2006—2012 年）”整理而成，http：//www. hanban. edu. cn/report/index. html。

续表

时间		具体内容
2009年	2月	国家副主席习近平出席牙买加西印度大学莫纳分校孔子学院授牌仪式
	4月	中共中央政治局常委李长春出席韩国济州汉拿大学孔子学院揭牌仪式并向该院赠书
		国务委员、孔子学院总部理事会主席刘延东出席美国纽约州立大学石溪分校孔子学院揭牌仪式并向该院赠送汉语教材
	9月	国家主席胡锦涛与老挝国家主席朱马利·赛雅贡在北京人民大会堂共同出席老挝国立大学孔子学院协议签字仪式
	10月	全国政协副主席、台盟中央主席林文漪视察英国谢菲尔德大学孔子学院和法国巴黎狄德罗大学孔子学院并出席利物浦大学孔子学院揭牌仪式
	11月	国务院副总理李克强出席新西兰坎特伯雷大学孔子学院揭牌仪式
		中共中央政治局常委周永康出席苏丹喀土穆大学孔子学院授牌仪式并赠送“中国文化体验中心”设备
	12月	国家副主席习近平出席柬埔寨王家学院孔子学院揭牌仪式
2010年	4月	中共中央政治局常委李长春出席土耳其伊斯坦布尔海峡大学孔子学院揭牌仪式
	6月	国家副主席习近平出席新西兰惠灵顿维多利亚大学孔子学院、澳大利亚皇家墨尔本理工大学中医孔子学院揭牌仪式
		全国政协副主席王刚出席肯尼亚肯雅塔大学孔子学院揭牌仪式
	7月	国务委员戴秉国出席赞比亚大学孔子学院揭牌仪式
	9月	中共中央政治局常委李长春出席爱沙尼亚塔林大学孔子学院揭牌仪式
2011年	9月	全国人大常委会委员长吴邦国出席白俄罗斯明斯克国立语言大学孔子学院揭牌仪式
2012年	4月	中共中央政治局常委李长春为加拿大卡尔顿大学孔子学院揭牌，出席设立加拿大多伦多教育局孔子学院和哥伦比亚波哥大豪尔赫·塔德奥·洛萨诺大学孔子学院协议签署仪式
	5月	全国人大常委会委员长吴邦国为克罗地亚萨格勒布大学孔子学院揭牌

二、开办孔子学院的意义

国家汉语办主任许琳表示："海外通过汉语学习中国文化、了解当代中国的需求十分迫切。'孔子学院'已成为体现中国'软实力'的最亮品牌。"①

首先，孔子学院的开办对内能够促使国人对传统文化进行再认识、再解读，对外能在树立我国良好形象的过程中起到推动作用。2005 年 9 月，胡锦涛总书记在联合国成立 60 周年首脑会议上首次提出构建"和谐世界"的理念；2007 年在南非比勒陀利亚大学发表重要演讲时指出："中华民族历来爱好和平，主张强不凌弱、富不侮贫，主张协和万邦。"② 纵观我国上千年历史，鲜见扩张侵略的记录，面对外族侵略时亦是尚德而不尚武。不仅如此，我国还通过各种渠道和方式来传播中华文明、推动文化交流，如 2000 多年前由张骞出使西域所开辟的"陆上丝绸之路"以及由郑和在 1405 年至 1433 年间七下西洋所开辟的"海上丝绸之路"。两条丝绸之路的开辟不仅促进了中西方的经贸往来，更推动了不同文明之间的交流、碰撞与融合。进入 21 世纪，首先应当对我国传统文化及其优越性做全面、深刻的认识，树立文化自信。悠久的历史、灿烂的文化是我国宝贵的资源，孔子学院在传播"和合"、"仁爱"等文化核心理念的同时也在客观上推动了新形势下对传统文化的重新解读和思考。

其次，孔子学院作为我国文化"走出去"战略的品牌项目，对我国逆转文化产品"入超"现象具有一定的积极作用。虽然在短期内无法改变英语文化的绝对统治地位，但从长远来看，孔子学院的开办对减轻我国"文化赤字"现象具有一定的意义。以图书为例，我国图书进出口贸易大约是 10：1 的逆差，且主要出口国为部分亚洲国家和我国港澳台地区，而面对欧美国家的图书贸易逆差则达到 100：1 以上。以 2004 年为例，中国

① 《2006：孔子学院成为中国"软实力"最亮品牌》，新华社，2007 年 1 月 1 日，http：//news. xinhuanet. com/overseas/2007 - 01/01/content_ 5556842. htm。

② 《在南非比勒陀利亚大学发表重要演讲——胡锦涛：中华民族历来强不凌弱协和万邦》，新华社，2007 年 2 月 8 日，http：//news. xinhuanet. com/mrdx/2007 - 02/08/content_ 5712710. htm。

从美国引进图书版权4068种，输出14种；从英国引进2030种，出口16种；从日本引进649种，出口22种。[①] 但孔子学院开办后，大批教师开始致力于编写汉语教材并翻译成各国文字，各地孔子学院和汉语爱好者对于教材、音像制品的配套需求在客观上对我国文化产品出口起到积极作用。

第三，孔子学院是实现不同文明间核心价值观沟通的重要平台。核心价值观是价值观念体系中最基础、最重要的部分，是个人、集体、民族和国家长期坚持并传承发展的原则，决定着一个民族的发展和未来。自新中国成立开始，“协和万邦”、“和而不同”等思想就一直指导着我国的外交实践，周恩来总理在1955年万隆会议上“求同存异”思想是最典型的案例。此外，和平共处五项原则的提出，以及近年来我国一直在各种场合强调的构建“和谐世界”等指导思想均体现了以“和”为主导的中华民族核心价值观。孔子学院的开办为传播中华民族的核心价值观打开了一条重要渠道，通过对“礼之用，和为贵”、“君子和而不同”、“己所不欲，勿施于人”等中华民族传统思想的教学和互动，让国外民众从源头上理解中国“和合文化”的内涵，实现价值观沟通进而达到“增信释疑”的目的。

第三节　孔子学院面临的挑战与前景展望

一、孔子学院面临的主要挑战

孔子学院建立至今所取得的成就和发展有目共睹，对于中国文化的传播、对外汉语教育、中外合作办学等各方面均具有里程碑式的意义。如今作为孔子学院发展的关键时期，我们在肯定孔子学院办学成功的基础上理应对于孔子学院所面临问题和挑战作深入的思考，为今后更好的发展打下基础。其中最突出的问题主要有：

第一，教师短缺问题。谈到孔子学院的教师缺口问题，国家汉办主

---

① 吴瑛：《对孔子学院中国文化传播战略的反思》，《学术论坛》，2009年第7期。

任、孔子学院总部总干事许琳女士在接受专访时感慨道："最明显的是教师问题。首先是数量不足。2005 年我刚到汉办工作的时候，外派的汉语教师不到 60 位，而现在，则是 7000 名，但依然远远不够。"① 根据《国家汉办暨孔子学院总部 2012 年度报告》，国家汉办在 2012 年全年共向 128 个国家派出教师 4001 人，比 2011 年增加 20%②，约为 2006 年的 4 倍（参见图 2）。但即使如此，汉语教师的增长速度仍然跟不上孔子学院的发展脚步。同时，部分国家的教师准入制度严格，如在美国，需要取得教授该课程的资格才能上岗，这也在一定程度上减缓了汉语教师的跟进速度。

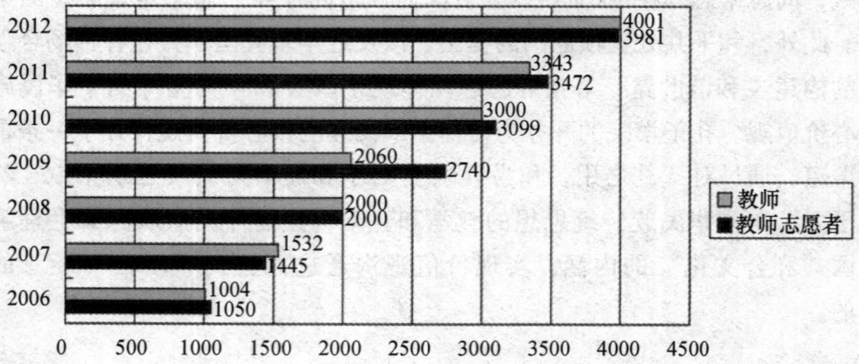

图 2：国家汉办外派教师/教师志愿者人数图表
（2006—2012 年）③（单位：人）

第二，教材编写问题。孔子学院所使用的汉语教材编写工作也是长期困扰孔院发展的一大难题。如今孔子学院分布在世界各地，对象国的情况各不相同，课程周期长短也不同，这就决定了孔子学院不可能使用统一的

① 游珊珊：《许琳：做跨文化交流的"苦行僧"》，《人民画报》，http：//www. chinapictorial. com. cn/ch/se/txt/2011 -01/04/content_ 322657. htm。

② 国家汉办：《国家汉办暨孔子学院总部 2012 年度报告》，第 20 页，http：//www. hanban. edu. cn/report/pdf/2012. pdf。

③ 资料来源：根据国家汉办网站《国家汉办/孔子学院总部年度报告（2006—2012 年）》整理而成，http：//www. hanban. edu. cn/report/index. html。其中，2008 年报告中教师和教师志愿者的数据均为"约 2000 人"，无精确数据。

教材进行汉语教学。然而，根据对象国实际情况编写配套教材是一项紧迫却浩大的工程。2010 年，国家汉办完成骨干教材的多语种翻译。组织华语教学出版社、人民教育出版社、外语教学与研究出版社等多家出版机构完成《快乐汉语》、《汉语乐园》、《跟我学汉语》、《当代中文》、《汉语图解词典》、《汉语 800 字》等 9 套主干教材、工具书 45 个语种以及《新实用汉语课本》9 个语种共 1115 个品种的改编、翻译及出版工作。完成 8 个系列 24 个品种的中亚汉语教材开发。[①] 同样作为语言文化培训机构，塞万提斯学院、歌德学院的教材只根据本国情况编写，目的是为了使对象国民众更好地了解该国情况。为了取得更好的教学效果，孔子学院教材结合当地文化、风俗进行“本土化”已经成为一个大趋势，国家汉办加紧教材编写的脚步刻不容缓。

第三，教学方法问题。中国传统的教学方法是灌输式的，但国外的孩子接受的则是按兴趣学习的方式，喜欢互动活跃的氛围。许琳女士在接受采访时表示，曾经有些老师遇到过这种情况：一堂课下来，学生都散了。老师们不得不开始想各种各样的办法，比如制作十二生肖的脸谱，让孩子装扮成小兔子、小老虎，在游戏中给他们讲解，在一个轻松快乐的气氛中让孩子对比较难学的汉语产生兴趣。还有一个突出的问题就是在教学过程中的案例选择上，教师要充分预计到中外文化差异所造成的理解困难。例如曾经有一名汉语教师在课堂上讲述“愚公移山”的故事，这本是体现中华民族坚忍不拔精神的典型故事，但大部分国外学生不能理解，在听到这个故事的时候纷纷表示愚公搬家不就行了，为什么要移山呢。这只是大量理解差异问题的一个缩影，从中折射出汉语教学过程中选取合适的、结合当地文化的教学方法也是孔子学院办学过程中遇到的一个难题。

第四，数量与质量的同步发展。孔子学院成立将近 7 年，从一开始受人质疑到后来意想不到地飞速发展，可以说如今的孔子学院面临问题已经从如何增加“数量”转变为如何保证“质量”了。除了以上教师、教材、教学三大亟待解决的现实问题外，还有更深层的问题需要引起重视——孔子学院的受众如何从对象国的普通民众扩展到该国的精英人群。孔子学院目前覆盖了国外的中小学启蒙教育和高等院校的专业教育，但在他国精英

---

① 国家汉办：《国家汉办暨孔子学院总部 2010 年度报告》。

阶层却还没有相应的教育培训模式，如何把中国文化“走出去”和国外精英“请进来”相结合，使孔子学院不仅仅停留在语言文化教学和文化传播层面，而是更好地为我国今后的发展培育良好的国际环境，这在孔子学院今后的办学过程中应当得到更多的投入与重视，也是孔子学院如何从“量变”飞跃到“质变”的关键问题之一。

二、我国国际文化公共产品供给与孔子学院发展战略转型

通常，文化被认为具有明显的国家属性或地区属性，然而伴随全球化的深入发展，其传播方式和受众群体都发生了前所未有的变化，从而使其突破地域局限而具有了一定的全球性。但在国际政治研究中，国内外学界更多地从“文化外交”、“软实力”等角度对相关现象或案例进行分析，而在一定程度上忽视了文化作为一种国际公共产品的可能性和意义。

“非排他性”和“非竞争性”是“公共产品”的最重要的两大特征，并能够在此基础上对国际公共产品进行大致分类，包括：全球纯公共产品、非纯粹公共产品、俱乐部产品、混合产品（参见表3）。但值得注意的是，由于文化的内涵极其广泛，而“公共产品”的定义也随着研究的深入而不断得到扩充，笔者认为国际文化公共产品不局限于单一的种类，而是旨在加强认知和共识的、通过文化政策、语言文化推广机构、留学交流项目等多种形式所呈现的复合型国际公共产品。

表3：全球公共产品分类表①

类别	性质	内容
全球纯公共产品	兼具非竞争性和非排他性	如和平、健康、基础研究等
非纯粹公共产品	有竞争性，无排他性	如海洋捕鱼、控制自然灾害等
俱乐部产品	兼具一定排他性和竞争性	如国际通信卫星、跨国公司等
混合产品	兼具私人物品和公共产品的性质	如国外援助、热带雨林等

① 资料来源：参见张宇燕、李增刚著：《国际关系的新政治经济学》，中国社会科学出版社，2010年版，第146页，由笔者整理而成。

因此，目前各国的语言文化推广机构不仅旨在开展文化外交、提升国家软实力，同时也成为提供国际文化公共产品的重要媒介和载体。与传统意义上的国际公共产品不同的是，国际文化公共产品并不存在"搭便车"等顾虑，提供者不必担心"边际成本递增"和"边际收益递减"。恰恰相反，一旦该国提供的国际文化公共产品能够被接受，其产生影响将会是深远且自我增强的。真正导致区别的变量应当是该文化本身是否能够作为国际文化公共产品以及国家或地区（如欧盟）对于文化公共产品的提供能力。如欧洲文化作为欧洲地区的区域文化公共产品，对推动欧洲一体化进程具有重要作用，但这一区域文化公共产品具有显著的局限性；而以"和"为核心价值观的中华文化及其衍生出的"和合共生、和谐世界"理念不仅本身具有和平性、包容性、普世性，同时，我国也有能力、有意愿将其推广。因此，孔子学院的建设与发展对于不同文明间的核心价值观沟通、认同感加深具有不可替代的作用，是我国推广国际文化公共产品和传播核心价值观的重要平台。

自第一所孔子学院开办至今已经走入第十个年头，在国际形势、周边环境以及我国自身发展都发生重大变化的背景下，孔子学院也亟需在发展理念上实现相应的战略转型，用新视角、新思维来为下一个十年做好准备。2012 年，党的"十八大报告"要求"提高国家文化软实力"、"增强文化整体实力和竞争力"，并将其视为"国家富强、民族振兴的重要标志"。[①]《十二五规划纲要》再次明确提出我国要"构建以优秀民族文化为主体、吸收外来有益文化的对外开放格局，积极开拓国际文化市场，创新文化'走出去'模式，增强中华文化国际竞争力和影响力，提升国家软实力"。[②] 2013 年底，伴随习主席"丝绸之路经济带"构想的提出，如何盘活这一笔历史遗产是亟待思考的重要问题。在两条丝绸之路上既有与我国经贸合作密切的中东地区、拥有传统友谊的非洲地区，也有需要培植反恐共识的中亚地区和局势纷繁复杂的东南亚地区，同时也是我国孔子学院发展速度较为滞后的地区，拥有较大的增长空间。此外，两条丝绸之路

---

① 《坚定不移沿着中国特色社会主义道路前进为全面建成小康社会而奋斗——在中国共产党第十八次全国代表大会上的报告》，人民出版社，2012 年版，第 30、33 页。

② 《中华人民共和国国民经济和社会发展第十二个五年规划纲要》，新华社，http：//news. xinhuanet. com/politics/2011 -03/16/c_ 121193916. htm。

还包括上合组织、金砖国家（除巴西、南非）、东盟、中阿合作论坛、中非合作论坛五大机制，其中，上合组织、中阿合作论坛、中非合作论坛由中国牵头成立，应当成为孔子学院发挥积极作用、提供国际文化公共产品并加以推广的突破口。

总之，孔子学院在不断地实践中逐渐成长为传播中华文化的“品牌项目”，当之无愧成为近年来中国对外汉语教育和传统文化推广工作中最成功的例子。2010 年 12 月，国务委员、孔子学院总部理事会主席刘延东在出席孔子学院工作会议时指出，过去五年孔子学院蓬勃发展，办学质量持续提高，交流合作日趋深入，为汉语走向世界、适应各国人民学习汉语和了解中华文化的需要作出了积极贡献。发展国际汉语教育与推广事业，加强教育文化交流合作，对于促进中外人文交流与合作，发展中外友好关系，推动建设持久和平、共同繁荣的和谐世界具有重要意义。也对孔子学院今后的发展提出了期望：要加强基础能力建设，扎根当地社会，推动国际汉语教育与推广事业可持续发展。要建设高素质教师队伍和专职院长队伍，为汉语教师和志愿者创造更好工作条件。要整合教材编写力量，创新教材编写理念，加大教材研发和精品教材推广力度。要优化教学方法，注重同本土文化、学生实际相结合，激发学生学习汉语的兴趣。要坚持中外共建、平等合作，尊重当地法律法规、文化传统和社会习俗，因地制宜，融入本土，创造良好的汉语言文化生态环境。①

国家汉办主任许琳女士曾用中国文化走出去的“排头兵”和中国文化传播的“苦行僧”来形容孔子学院，如今在不断的实践中，孔子学院已经逐渐成长为传播中华文化的“品牌项目”。传播和合文化、“和谐世界”理念今后仍将是孔子学院的主要任务，但国际文化公共产品视角赋予其更丰富的内涵和更重要的战略地位，不仅将弥补我国长久以来在地区和全球层面文化公共产品供给方面的不足，更将成为我国提供其他国际公共产品的重要基石和保障。

---

① 刘延东：《在新的起点上推动孔子学院事业科学发展》，http：//www. gov. cn/ldhd/2010 –12/07/Content_ 1761002. htm。

第十九章　主题年活动

第一节　主题年活动的发展现状与特点

近年来，中国与相关国家互办“国家年”、“文化年”、“交流年”、“友好年”等活动越来越频繁，主题年活动已成为中国人文外交的重要项目之一，是中国文化走出去和增强国家软实力的重要途径，也是塑造良好国家形象的重要手段。

一、主题年活动的发展现状

截至目前，据笔者不完全统计，我国和多个国家以各种方式举办了几十次主题年活动（参见表1）。

表1：主题年活动一览表①

活动	时间	地点	主办国
日中文化友好年	1999 年	中国	日本
中韩国民交流年	2002 年	中国、韩国	中国、韩国
中日韩人员交流年	2002 年	中国、日本、韩国	中国、日本、韩国
日本“中国文化年”	2002 年	日本	中国
中国“日本文化年”	2002 年	中国	日本
法国“中国文化年”	2003—2004 年	法国	中国

① 资料来源：笔者根据外交部网站信息统计而来。

续表

活动	时间	地点	主办国
英国“中国文化年”	2003—2004 年	英国	中国
中俄青年友谊年	2004 年	中国、俄罗斯	中国、俄罗斯
中国“法国文化年”	2004—2005 年	中国	法国
中国“意大利文化年”	2006 年	中国	意大利
中国“俄罗斯国家年”	2006 年	中国	俄罗斯
俄罗斯“中国国家年”	2007 年	俄罗斯	中国
中日文化体育交流年	2007 年	中国、日本	中国、日本
中韩交流年	2007 年	中国、韩国	中国、韩国
中国“希腊文化年”	2007—2008 年	中国	希腊
英国“中国文化年”	2008 年	英国	中国
中日青少年友好交流年	2008 年	中国、日本	中国、日本
中柬友好年	2008 年	中国、柬埔寨	中国、柬埔寨
中国“俄语年”	2009 年	中国	俄罗斯
中朝友好年	2009 年	中国、朝鲜	中国、朝鲜
中蒙友好年	2009 年	中国、蒙古	中国、蒙古
俄罗斯“汉语年”	2010 年	俄罗斯	中国
中新友好年	2010 年	中国、新加坡	中国、新加坡
中越友好年	2010 年	中国、越南	中国、越南
意大利“中国文化年”	2010—2011 年	意大利	中国
中巴友好年	2011 年	中国、巴基斯坦	中国、巴基斯坦
中印交流年	2011 年	中国、印度	中国、印度
澳大利亚“中国文化年”	2011—2012 年	澳大利亚	中国
中国“法语年”	2011—2012 年	中国	法国
法国“汉语年”	2011—2013 年	法国	中国
中国“俄罗斯旅游年”	2012 年	中国	俄罗斯
中印友好合作年	2012 年	中国、印度	中国、印度
土耳其“中国文化年”	2012 年	土耳其	中国
中日国民交流友好年	2012 年	中国、日本	中国、日本
德国“中国文化年”	2012—2013 年	德国	中国
中国“土耳其文化年”	2013 年	中国	土耳其

续表

活动	时间	地点	主办国
俄罗斯“中国旅游年”	2013 年	俄罗斯	中国
中德语言年	2013—2014 年	中国、德国	中国、德国
中俄青年友好交流年	2014—2015 年	中国、俄罗斯	中国、俄罗斯
中印友好交流年	2014 年	中国、印度	中国、印度
中蒙友好交流年	2014 年	中国、蒙古	中国、蒙古
中国“南非国家年”	2014 年	中国	南非
南非“中国国家年”	2015 年	南非	中国

根据表 1，我们可以总结出主题年活动的发展现状与特点。

从时间上看，最早的主题年活动是 1999 年的日中文化友好年。至 2014 年，经过 15 年的发展，主题年活动已举办了 43 次，特别是近五年，举办次数不断增加、国家不断扩大、类型不断丰富，主题年活动已成为新时期中国人文外交的重要项目之一。

从国家上看，中国已与 18 个国家举行了各种类型的主题年活动。从地理位置上看，这些国家主要位于亚洲、欧洲、大洋洲和非洲这四大洲，其中亚洲国家最多，达到 10 个，其次是欧洲国家，达到 6 个。从地理距离上看，这 18 个国家中 10 个国家都是我国的邻国及周边国家，大洋洲、非洲国家只有 2 个，在美洲则还未举办过主题年活动。说明举办主题年的国家大部分是我国的周边国家和世界上的一些大国（如俄、日、法、印等），可以看出周边外交和大国外交是我国外交的重点。

从频次看，俄罗斯是与我国举办主题年活动次数最多的国家，达到 8 次。其次是日本，达到了 7 次。法国、韩国和印度举办的次数也分别达到 4 次、3 次、3 次。从举办主题年国家的频次上也可看出国家间的良好关系和中国外交的重点领域，如中俄关系是我国外交的重点领域，次数颇多的主题年活动也是良好发展的中俄关系的一个写照。又如中日间主题年次数则是中日重视双边关系的一大表现，希望能借助多频次的人文交流，增进两国间的理解与沟通。

从类型上看，主题年主要分为 7 个类型，即：国家年、友好年、文化年、交流年、青年年、语言年、旅游年等。主题年涉及的领域不断扩大，也体现出中国人文外交广度不断扩展，深度不断加深的特点。

二、主题年活动的特点

根据以上主题年发展现状，我们可总结出主题年活动的几大特点。

（一）规格层次高

主题年的举办都是双方最高层次领导人共同决定的，决策层次非常高，并常在领导人互访时由双方领导人共同出席开闭幕式或其他相关活动。此外，在参与实施的过程中，往往是两国的相关部委、地区等共同参加，参与项目实施的机构层次高、范围广，如2006年的中国“俄罗斯国家年”和2007年的俄罗斯“中国国家年”，俄方组委会主席是时任俄第一副总理的梅德韦杰夫，中方组委会主席是吴仪副总理，两国元首在新年之际互致贺电并共同宣布国家年的开始，还共同出席了相关的国家年活动。

（二）时间节点关键

主题年经常是选择在庆祝双方建立外交关系或是对双边关系发展具有重要意义的关键时间节点举办，时机的选择颇有意义，如2002年中日互办“文化年”是在庆祝中日邦交正常化30周年的时机下举行的。2003年到2005年中法互办文化年，是在庆祝中法建交40周年的背景下举行的。2009年的中朝友好年和中蒙友好年则是庆祝中国与朝鲜和蒙古建交60周年。有时也会为增进或改善两国关系而举办相关的主题年活动，如由于历史、领土等问题，2006年中日关系陷入僵局。在2006年安倍的“破冰之旅”、2007年温家宝总理的“融冰之旅”和福田首相的“迎春之旅”的互访作用下，中日关系回暖。中日双方在这种背景下，适时在2007年举办了中日文化体育交流年，希望能促进中日民间交流。随后在2008年，胡锦涛主席的“暖春之旅”和《中日和平友好条约》签订30周年的背景下，启动了中日青少年友好交流年。连续两年在同一国家举办主题年，可见双方对中日关系的重视，对中日关系转好的期盼。

（三）时间跨度大

主题年都以“年”为时间单位，持续时间长，主办者可以充分利用一年的时间举办各种丰富多彩的人文外交活动。在对方国家进行长时间的人文外交活动，使对方民众能得到长时间“浸入式”体验而不是短时间的“跟风式”热情，加深了人文外交活动在对方民众间的影响。同时，由于时间长，可以安排更多、更丰富、更有特色的人文外交活动，对方国家民众能在较长时间里依照自己的喜好，自行选择参与，扩大了主题年的参与度与影响力。

（四）内容丰富、形式多样

主题年的活动内容广泛，包含文化、教育、体育、旅游等。在形式上有文艺演出、文化展览、媒体采风、青年交流、民间论坛、花车巡游等，充分调动一国的各种人文外交资源，对外进行集中公关宣传，是国家文化资源在人文外交领域的综合运用。正是这一特点，使主题年活动能吸引不同人群的兴趣，并迅速在对方国家各个阶层、各个地区取得良好反响。

（五）影响深远、效果明显

主题年通过以人们喜闻乐见、易于接受的各种手段来开展外交活动，取得了广泛的影响，对双边关系的发展产生积极的效果。如2009年“7·5事件”后，中土关系一度因“新疆问题”而转冷，土耳其对我国的民族宗教政策一直存在一些误解。2012年在土耳其举办的“中国文化年”活动中，我国举办了一系列活动来展示民族宗教政策，取得了良好的反响，如“2012中国·土耳其伊斯兰文化展演”通过中国伊斯兰文化展、中土伊斯兰教情况交流会、《古兰经》诵读和文艺演出四项主体活动，全面展现中国伊斯兰教悠久厚重的历史，中国穆斯林多彩的社会生活和崭新的时代风采，成功展示了我国的民族宗教政策，有效消除了“7·5事件”给中土关系带来的负面影响。又如2012年是中印边界冲突50周年，但两国共同举办“中印友好合作年”推出了一系列人文合作项目，较好地冲淡了不利氛围；2014年中印借“和平共处五项原则”发表60周年之际，共同举办“中印友好交流年”，也有利冲淡了2013年双方帐篷对峙事件产生的不良影响。

第二节　举办主题年活动的原因与作用

一、举办主题年活动的原因

（一）提升中国软实力的需要

当今时代，一个国家的实力不仅仅是看它的军事、经济水平，而越来越强调软实力的重要作用。改革开放以来，中国的现代化建设取得了巨大成就，在经济取得巨大成就的同时，中国的软实力与欧美等国家相比还有很多不足。一个国家的富强不仅体现在其经济实力雄厚上，还体现在它的文化传播力、吸引力等软实力上。作为世界第二大经济体的中国更要注重自身软实力的建设和以“和合”为代表的中国文化走出去战略，而人文外交主题年活动的举办正是提升中国国家软实力和中国文化走出去的重要手段，有利地提升中国在世界的影响力。

（二）塑造中国形象的需要

随着中国经济实力的增强，不时出现“中国威胁论”等不利于中国发展的声音。而世界传媒主导权主要掌握在西方媒体手中，其故意削弱、丑化中国的国家形象的事件时有发生，使得中国在自身国家形象的宣传上十分被动。中国必须主动出击，向世界介绍自己，构建中国富强、文明、和谐的国家形象，提升国家综合实力。主题年活动是中国主动走出国门，积极正面地宣传自己的重要行动。它使外国民众近距离了解中国、感知中国、喜爱中国，扭转以前他们对中国歪曲、负面的印象，增信释疑。

(三) 构建良好国际环境的需要

中国的发展、崛起需要一个和平、友好的国际环境。随着中国的经济、军事实力的显著增强，国际上对中国的不安与猜疑也逐渐增多。加上西方媒体的故意歪曲丑化，中国的发展引起了很多国家特别是周边国家的不安，这使中国面临的国际环境尤其是周边环境越来越恶劣。中国通过举办一系列的主题年活动，主动宣传自己“和平发展”、“和谐发展”、“共同繁荣”的发展理念；通过在民间、官方等多个层面开展主题年活动，加强交流，深化友谊，为中国的发展构建一个良好的国际环境。

二、主题年活动的作用

（一）丰富人文外交的形式

主题年活动丰富了人文外交的形式，使中国人文外交项目建设向机制化、常态化的方向发展。主题年活动推动中国文化主动走出国门，融入到对方国家主流社会中去，进入到对方国家普通民众之间，深入到对方民众心灵深处。这一新颖、高效、亲切、友善的外交方式也使中国外交上升到新的更高层次。

（二）提升国家综合实力

主题年的举办，使世界看到了一个发展的中国、繁荣的中国、自信的中国、和平的中国。中国的国家形象得到了提升、中国的国际环境得到了改善、中国的发展理念得到了认同。在使中国的软实力得到提升的同时，也增强了中国的综合国力。

（三）巩固和扩大传统友谊

主题年活动的举办，使中国与相关国家的友谊得到进一步巩固和提高。“国之交在于民相亲”，主题年活动有助于巩固和扩大中国与对象国的传统友谊，如中俄两国国家年的成功举办，成为两国战略合作伙伴关系的重要转折点，推动了中俄两国关系向更深层次发展。

第三节　案例分析：中法互办“文化年”

2003 年 10 月至 2004 年 7 月，在法国举办的中国文化年，是新中国成立以来在国外举办的规模最大的一次对外文化交流活动，其主题是“古老的中国，现代的中国，多彩的中国”。2004 年 10 月至 2005 年 7 月，在中国举办了主题为“以人为本和革新”及“浪漫与创新”的法国文化年。中法互办文化年间，在中法两国举办了几百项活动，涉及文化、教育、科技、艺术、体育、旅游、民间交流等各个领域，取得了巨大反响，中法通过互办文化年，加强了沟通、深化了友谊、促进了合作，是主题年活动的成功案例。

一、活动的主要内容

中法互办“文化年”是中法人文交流史上的一大创举，举办活动多，涉及领域广，且活动特色鲜明，产生了巨大影响。从举办的内容来看，中法互办“文化年”主要可分为以下三大类主题活动：

（一）文化展示类活动

此类活动主要展示中法两国各自灿烂的文化，通过各种展览的形式将各自国家的文化立体地展现在对象国人民面前，是国家文化传播的重要方式和增强国家“软实力”的重要途径。因此，中国文化年期间，举办了“世界第九大奇迹”的“三星堆”文物展、“孔子展”、“中国武术表演”、“康熙时期艺术展”、“敦煌艺术展”等活动，向法国民众展示了丰富多彩、底蕴深厚的中华文化。在法国文化年中，也举办了诸如“法国印象派绘画珍品展”、“太阳王路易十四——法国凡尔赛宫珍品特展”、“艺术法国，家中绽放——法兰西家居装饰艺术展”等活动，将古典、浪漫、优雅的法兰西文化展现给中国民众。

（二）形象传播类活动

此类活动主要展示中法两国当代的巨大成就，通过多种方式将国家近年的巨大发展成就、良好国家形象展现给对象国人民，是构建良好国家形象的重要途径。如在中国文化年期间，举办了“走进中国——中国当代生活艺术展”、“东方既白——中国二十世纪绘画展”、“中法棋类比赛”、“中央民族音乐团音乐会”和“中国科技成果展”、“中国民族服饰展演”、“服饰中化”大型服装表演、“中国优秀音乐家音乐会”、“上海文化周”和芭蕾舞剧《大红灯笼高高挂》、《红色娘子军》等，将古老中国的当今风采展现给法国民众。在法国文化年期间，举办了“法国时尚 100 年”、“走进法国展”、“法国视觉——当代城市与建筑艺术展”、“新浪潮——法国当代艺术展”、“法兰西巡逻兵”飞行表演、“法国文化在上海”、“法兰西之夜——颐和园中秋游园晚会”等活动，将极富创新的现代法国形象展现给中国民众。

（三）特色庆祝类活动

此类活动是在文化年一些关键时间节点举办的独具特色和具有纪念意义的庆祝活动。如 2004 年 1 月 24 日，中国猴年的大年初三，巨型灯光以象征喜庆吉祥的“中国红”照射埃菲尔铁塔，成为中国文化年的一道特色文化景观。同一天的北京文化周，上演了由来自北京的 7500 人和 50 辆彩车组成的游行队伍在巴黎香榭丽舍大街举行的盛装春节大游行活动，这是巴黎市政当局首次允许外国在“世界上最美的大道”上举办类似的活动。[①] 又如法国文化年开幕当天，天安门南侧的正阳门披上了象征法国国旗的红白蓝三色的灯光，红白蓝三色灯光也环绕天安门广场。

二、活动的运作方式

（一）从官方到民间的多层面运作主体

中法互办“文化年”是由两国最高领导人共同推动实施的，两国领导人参与了中法文化年的多项重要活动，如 2004 年恰逢中法建交四十周年，两国领导人共同出席“中国文化年暨中法建交四十周年”系列庆祝活动。2004 年 10 月希拉克访华并出席法国文化年开幕活动。此外，具体运作主体涉及领域广、层次多：在官方层面上，除外交部外，文化部、教育部、广电总局、旅游局等国家各部委，各省、自治区、直辖市、地级市、县等各地方机构都参与了中法互办“文化年”活动的运作。在民间层面上，各文艺团体、教育机构、民间非政府组织甚至个人都参与了中法互办“文化年”的活动运作。因此，中法互办“文化年”的运作主体呈现多层面、宽领域、广范围的特点。

---

① 周丽娟：《对外文化交流与新中国外交》，文化艺术出版社，2010 年版，第 192 页。

（二）中法两国互办的运作方式

中法文化年的一大特色就是“互办”，先在法国举办中国文化年，随后在中国举办法国文化年。互办的运作模式有以下几个方面特点：首先，互办是真正意义上的双向交流、平等交流，体现了两国对中法关系的重视，有助于两国关系的深入发展；其次，互办使中法两国政府、机构、社会团体和个人都共同参与活动运作，在共同的运作过程中不仅有助于两国政府、机构的友好合作，也有助于加深两国人民友好情谊，还为未来中法两国相关领域的合作积累有益经验；再次，互办的过程也是学习的过程，中法两国在互办过程中各自借鉴，取长补短，共同成长。

（三）创新多样的运作手段

创新是中法文化年的另一大特色，创新的运作手段成为中法文化年吸引民众、赢得声誉的一大法宝，是中法文化年成功举办的一大要素。如中国文化年期间邀请国际知名的华人影星成龙与巩俐担任形象大使、埃菲尔铁塔被染成中国红、香榭丽舍大街的春节巡游等，值得一提的是中国在法国展演芭蕾舞剧《红色娘子军》和《大红灯笼高高挂》等，用西方的表演形式讲述中国故事，成功吸引了大批的法国民众，传播效果极佳。又如法国文化年开幕时天安门广场的三色灯光，举办了法国著名影星苏菲·玛索的电影专项放映活动，并邀请她担任法国文化年闭幕式的形象大使等一批颇有新意的活动，吸引了大批普通中国民众的关注。

三、活动的绩效分析

（一）扩大了国家文化影响

中法文化年丰富多彩的活动让彼此民众有了一个直接了解对方文化的窗口，博大精深的中华文化与浪漫优雅的法兰西文化通过文化年的各种特色创新活动，立体地呈现在彼此民众眼前，比其他传统的文化传播模式更具效果。如 2004 年春节期间的春节花车巡游，CNN、美联社、法新社、《巴黎人报》、《世界报》以及法国电视一台、二台、三台等百余家媒体记者到场采访，各大媒体用大篇幅在主要版面报道了这次盛大的中国春节庆祝活动。CNN 将这条报道放在了当天新闻最重要的位置并反复播报。法国电视三台播出了 15 分钟关于盛装行进的新闻，在报道中采用了大量观众观看时欢呼雀跃的镜头，很多观众对着镜头说，北京的盛装表演让他们看得眼花缭乱，他们非常喜欢来自北京的艺术。《巴黎人报》称这次活动的举办是中国文化的一次巨大胜利。①

（二）构建国家良好形象

中法文化年除了展示各自灿烂的古老文明外，也通过多种形式向对方民众展示一个现代、文明、发展的国家形象，如“中国科技成果展”、“上海文化周”、“走进法国展”等，这些活动将一个国家的方方面面真实地呈现在彼此民众前，使双方民众更加了解彼此，成为新时期构建国家良好形象的重要途径。文化年期间，中国受到法国舆论前所未有的关注。“据法统计，70 多万法国观众直接观看了 1 月 24 日在香榭丽舍大街的华人游行。”据说比法国国庆日的观看人数还多。在巴黎居住的一些老华侨感到，法国媒体对中国报道的“基调都发生了变化”。希拉克在同李长春的谈话中指出，“法国媒体对中国文化年的报道，比起在法国举行的同类活动，报道更积极，篇幅更多。”②

（三）促进中法关系的全面发展

中法文化年，以文化为载体，让两国人民相互了解，培养彼此间的好感与认同，推动不同文明之间的对话，促进世界文明多样性，成为中法人文交流史上的一次成功案例，推动了中法人文关系的深入发展。而两国良好的人文关系也给彼此一个信任的平台，将良好的人文关系延伸到政治、经济、安全等其他领域，推动中法在政治、经济、安全等领域的交流与合作，促进中法关系的全面深入发展。

（四）人文外交的示范效应

中法互办“文化年”取得了良好的反响，促进中法关系的全面发展，

① 周丽娟：《对外文化交流与新中国外交》，文化艺术出版社，2010 年版，第 192 页。
② 郑园园：《心灵交流的魅力约会—中国文化年述评》，载《人民日报》，2004 年 7 月 12 日。

具有积极的示范意义，此后中国与许多国家都举办了类似的活动，主题年活动成为中国人文外交的重要项目之一，为推动中国与其他国家关系的良好发展做出了积极贡献。而中法两国在互办“文化年”过程中积累的一些宝贵经验，对未来中国与其他国家举办类似活动具有重要的借鉴意义，也对中国人文外交发展具有重要实践意义。

第四节　举办主题年活动的经验与前景展望

从 1999 年开始，主题年活动已走过了 15 个年头，举行了一系列诸如中法文化年、中俄国家年等产生重要影响的活动，现已成为中国人文外交的一个重要项目，成为构建中国良好形象和塑造软实力的重要手段。

回顾过去，主题年活动也有一些宝贵经验值得我们学习：首先，高层积极推动是主题年活动取得成功的保证。主题年活动从提出、策划、实施、举行都有着相关国家高层的直接推动，高层推动在提高活动层次的同时也有助于各项活动的顺利实施，这是它能取得成功的保证；其次，民众的广泛参与是主题年活动取得成功的基石。主题年活动深入对方国家民众中间，在对方民众中产生了广泛影响，取得了良好效果，这是它能取得成功的基石；最后，内容和形式的创新是主题年活动取得成功的关键。主题年以其长时段的时间跨度、独具特色并具有针对性的活动内容、丰富多彩并相互补充的活动形式打破了以往单一的人文外交手段，以其长时间、高频率、针对性、浸入式的特点取得了良好的宣传效果，这是它能取得成功的关键。

展望未来，在总结宝贵经验同时，我们也应该看到主题年活动存在的一些不足：首先，缺乏常态化、机制化建设。目前主题年活动的提出、策划、举办都是两国最高领导人共同决定的，基本只选在双方建交纪念年等关键时间节点，并无常态化、机制化的运作模式。这也给受众造成一种官方集中式庆祝活动的印象，官方色彩太浓也会使对方民众有抵触情绪；其次，举行国家较少且相对集中。目前主题年活动的举办主要还是集中在亚洲、欧洲，特别是我国周边国家，在非洲、大洋洲很少，在美洲还没有。地理上的分布不均也是主题年活动面临的问题之一；最后，活动内容仍主要以文化展演、展出为主，真正有深度、有创新、有作用的活动类型较少。文化展演和展出的确能为主题年带来热闹的人气和良好的口碑，但人文外交的目的在于赢得人心，目前的活动仍然缺乏有深度、能直击到对方民众内心、促进增信释疑和价值观沟通的活动。这几方面的不足也是未来主题年活动需要努力与改进的方向。

总之，主题年活动从提出到发展走过了15个年头，已成为具有鲜明特色、取得良好成效的人文外交项目，举行了诸如中法文化年、中俄国家年等活动，使得我们有理由相信主题年活动一定会越办越成熟，并成为中国人文外交一个不可或缺又独具特色的项目。

第二十章 友好城市

第一节 友好城市发展历史梳理

"友好城市"主要指我国省、自治区、直辖市及其所辖城市与外国省(州、县、大区、道等)、城市之间建立的联谊与合作关系(外国一般称"姐妹城市"、"双胞城市")。[①] 国际上，友好城市的建立始于一战后，兴盛于二战后。友好城市这种城市间交往新形式的出现，主要因为战时敌对国家的城市官员在战后力图通过建立友城消弭城市人民间的敌对情绪，是一种情感型的对外交往。如为医治一战创伤，英国约克郡凯里市官员访问法国普瓦市，他们看到战争给该市带来的巨大灾难，就提出两市结好并协助普瓦市重建，这是世界首对友好城市；1945 年，二战结束后，瑞士圣山举行的法德市长特别会议正式提出城市间建立一种稳定的友好交流关系，并将其确定为一种普遍适用的、有组织的国际交往活动。[②]

我国对外开展友好城市活动起步于 1973 年，中国天津市与日本神户市成为中外城市结好的第一对友好城市。1992 年 3 月，中国国际友好城市联合会由中国人民对外友好协会发起，成为继中国人民对外友好协会之后又一个致力于推动中外民间交往的机构。作为中国对外友协的姐妹组织，友城联合会积极推动中外城市及地方政府缔结友好城市关系，加强双方在经济、科技、文化等方面的交流与合作，以发展国际友城、推动务实合作、奉行和平外交、服务地方发展为宗旨[③]。其主要任务包括：协调管理我国同外国建立和发展友好城市关系工作，服务指导中外地方政府在平等、互利、自愿基础上建立友好城市关系；组织代表团参与国际交流，建

---

① 中国人民对外友好协会：《友好城市工作管理规定》(2005 年 4 月全国友协修订执行)。

② 转引自贾伶：《中阿友好城市发展的现状及前景分析》，载《阿拉伯世界研究》，2011 年第 6 期。

③ 中国国际友好城市联合会："中国国际友好城市联合会简介"，2008 年 8 月 26 日，http：//www. cifca. org. cn/Web/FullJianJie. aspx？ jianjieID = 1201。

立中外城市交流平台和机制，举办专题论坛、展览演出等活动；解决会员在开展国际友好城市工作中遇到的困难和问题，向地方政府提供与开展国际友好城市交流活动有关的信息咨询服务、业务知识和技能培训等。[①] 友好城市的建设不仅是我国对外人文交往的重要“品牌项目”，更是新时期对周恩来外交思想的传承与发展。

截至2014年5月，我国有30个省、自治区、直辖市（不包括台湾省及港、澳特别行政区）和439个城市与五大洲133个国家的465个省（州、县、大区、道等）和1442个城市建立了2115对友好城市（省州）关系（参见图1）。[②]

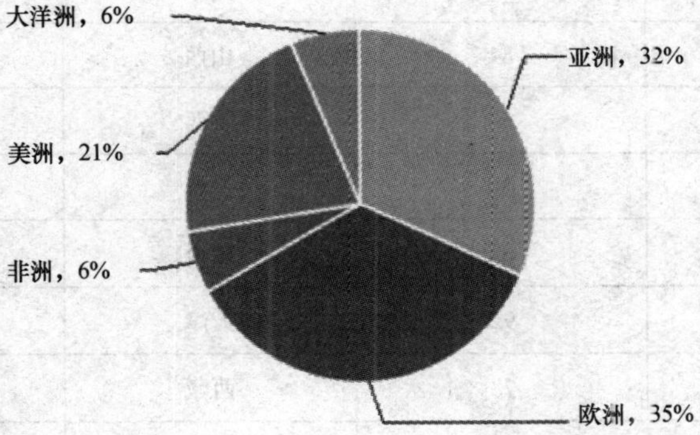

图1：我国对外结好地区分布图[③]

在我国对外结好地区分布方面，欧洲占35%，超过了非洲、美洲、大洋洲的总和（33%），折射出我国目前在对外结好区位选择上的不均衡现象，尤其亚非拉地区向来与新中国拥有深厚的传统友谊，而非洲和美洲

① 中国国际友好城市联合会：“中国国际友好城市联合会简介”，2008年8月26日，http：//www. cifca. org. cn/Web/FullJianJie. aspx? jianjieID = 1201。

② 中国国际友好城市联合会：“友城统计”，http：//www. cifca. org. cn/Web/YouChengTongJi. aspx。

③ 资料来源：中国国际友好城市联合会：“世界各国与我国建立友好城市关系一览表”，http：//www. cifca. org. cn/Web/WordGuanXiBiao. aspx。

的比例分别仅占到6%和7%，这一现象亟待改变。

表1　全国各省、自治区、直辖市建立友好城市关系一览表①（按拼音排序）

省、自治区、直辖市	结好数（单位：对）	省、自治区、直辖市	结好数（单位：对）
安徽	77	江西	70
北京	61	辽宁	84
重庆	32	内蒙古	30
福建	75	宁夏	43
甘肃	44	青海	12
广东	141	山东	167
广西	84	山西	39
贵州	9	陕西	62
海南	46	上海	70
河北	64	四川	66
河南	92	天津	25
黑龙江	78	西藏	7
湖北	78	新疆	26
湖南	66	云南	53
吉林	54	浙江	94
江苏	266		

由表1可见，仅从数量上看，江苏、山东、广东三省结好数量均超过100对，成为全国对外结好数量前三位的省份，而全国范围内则呈现出“东强西弱”的特征，从侧面反映了中西部省份友好城市发展的巨大潜力。

此外，通过对全国历年友好城市结好数量的统计也可以对我国友好城

① 资料来源：由中国国际友好城市联合会网站，“友城统计”数据整理而得。

市项目的发展轨迹有一个比较直观的认识。（参见图 2）

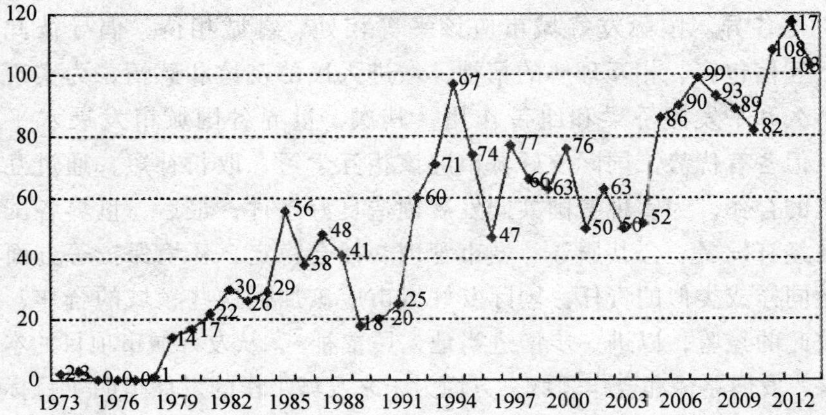

图 2：全国历年对外结好数量一览表（1973—2013）① （单位：对）

由图 2 可见，中外友好城市结好数量在 1979 年首次出现显著增长，成为标志性的一年。中国国际友好城市联合会秘书长李利国将友城的发展历史分为三个阶段：1973 年至 1978 年期间，中国共缔结了 6 对国际友好城市，仅限于和日本一个国家，处于“起步探索阶段”；1979 年至 1991 年期间，结好城市发展到 390 对，扩展到许多国家，双边友好往来拓展到经济、文化、教育、人才培训等领域，进入“深入发展阶段”；1992 年至今为第三阶段，随着中国改革开放的深化、中国各城市经济实力的增强，友城工作取得了巨大发展，迎来了“蓬勃发展阶段”。② 这在一定程度上证明了中国国际友好城市联合会 1992 年正式成立后，我国的友好城市发展得到了富有成效的领导和发展。

2008 年，时任国家副主席习近平在中国国际友好城市大会开幕式的演讲中指出：“国际友好城市活动已成为中国同有关国家双边关系的重要组成部分，促进了中国同各国的交流合作，增进了中国人民同世界

① 资料来源：由中国国际友好城市联合会网站，“友城统计”数据整理而得。

② 李利国：《中国国际友城工作发展现状与总体目标》，《公共外交季刊》，2013 年春季号，总第 13 期。

各国人民的相互了解和友谊”,[①] 并提出了“讲友谊”、“讲互利”、“讲实效”三点建议，具体而言：首先，世界各国城市大小不同、历史文化各异。国际友好城市应该平等相处、真诚相待，倡导彼此尊重、互信包容、相互理解的精神，增进人民的友谊和感情，为实现世界持久和平发挥桥梁和纽带作用；其次，世界各国城市发展水平不一，但各有优势。国际友好城市应该相互学习、取长补短，通过互利互惠的合作，为实现各国共同发展创造良好条件；最后，世界各国城市在经济发展、公共服务、城市管理、社会稳定、环境保护等方面承担着同样或类似的责任。国际友好城市应该加强这些领域的合作，分享彼此的经验，以进一步增进当地人民福祉[②]，从友好城市项目的本质要求、发展路径和合作领域三方面为未来友城工作的发展指明了目标和方向。

第二节　友好城市项目成效评估

一、对周恩来外交思想的传承

周恩来曾多次指出，新中国的外交包括政府之间的关系和人民之间的关系，两者既有区别又有联系。中国人民同各国人民一向友好，即使政府间尚未建交，中国政府也支持民间的友好往来，以便为建交创造条件。[③] 以我国同日本关系发展为例，基本就是依照这种设想进行的。1952 年，在周恩来的一再争取与努力下，促成了日本国会议员的第一次访华，打开了中日友好往来的大门。自此以后，日本各界人士相继来华访问，中日之间的贸易也不断发展，先后订立了渔业协定、钢铁协定、贸易合同等民间协定，1962 年便达成了中日贸易备忘录的政府间协议，设立了备忘录贸

① 外交部：《习近平在中国国际友好城市大会开幕式上的致辞》，2008 年 11 月 9 日，http：//www. fmprc. gov. cn/mfa_ chn/ziliao_ 611306/zyjh_ 611308/t521646. shtml。

② 同上。

③ 裴坚章主编：《研究周恩来——外交思想与实践》，世界知识出版社，1989 年版，第 44 页。

易办事处。虽然中日间的关系几经曲折，但在这种日益广泛、深厚的人民外交的基础上，终于在1972年9月实现了中日邦交正常化。中日关系的历史是我国开展人民外交的一个典型例证。

在实际操作过程中，周恩来提倡把一国的政府同人民区别开来，采取不同的态度，如中国和美国在二战后一直处于对抗状态，但周恩来认为中国人民同美国人民之间始终是友好的。基于这一判断，周恩来多次表示美国人民有许多优点，值得学习，美国是从欧洲移民的新民族，有朝气，有先驱精神，敢于创造，特别是在科技上有贡献。美国人民热情，这些都值得学习。再如1954年的日内瓦会议上，周恩来同样运用了人民外交思想来解决印度支那问题。周恩来指出，法国人民与法国政府的立场是不同的，法国人民希望停止印支战争，认为继续战争使法国国家利益受到严重损害，主张在印支恢复和平。[①] 一定程度上说，人民外交思想的提出在50年代促使新中国在国际上结交了许多牢固的友谊，对推动新中国融入国际社会、得到承认起到了重要作用。中国同一些第三世界国家如埃及、叙利亚、突尼斯、埃塞俄比亚、锡兰（现为斯里兰卡）等国的建交过程，也都经过互相接触、发展经济文化关系、签订协定，最后建交的历程。周恩来曾经指出，中国同阿拉伯世界发展关系要善于等待，增进往来、多做工作、水到渠成、达成建交。这种以民间往来作为基础最终实现建交的方式使我国同许多国家建立了牢固的友谊。

中国人民对外友好协会是周恩来一手建立、专门从事对外友好工作的机构。所以，脱胎于此的中国国际友好城市联合会也受到周恩来外交思想的深刻影响，既独立于对外友协、以友好城市项目为主，又融入到建立民间友好、夯实双边关系的工作中，是新时期周恩来思想的延续与发展。

二、友好城市的机制创新

（一）国内层面机制创新——百城论坛

百城论坛机制于2011年成立，“是专门面向副省级以下、县级以上城

① 叶自成著：《新中国外交思想：从毛泽东到邓小平——毛泽东、周恩来、邓小平外交思想比较研究》，北京大学出版社，2001年版，第406—407页。

市的市长和外办主任的一个交流平台。省、自治区、直辖市外办在这一平台上主要发挥推动所辖地、市、区市长和外办领导积极参与交流的作用”①，至今已举办三届。该机制的主要目标在于“发挥引领、整合、推动三种作用”，包括“落实‘十二五’规划城市发展战略，创新城市发展理念，引领我国城市发展方向；整合政府、信息、管理、媒体、研究机构等社会各方资源，传播城市文化，促进地方城市经济社会建设；推动城市外交，促进城市区域性、国际性的城市合作，推动中国国际友好城市事业的发展”②（参见表3）。

表3：百城论坛基本情况一览表

历次论坛	地点	会议主题
2011 百城论坛	北京	“幸福城市·绿色动力”
2012 百城论坛	北京	“新环境·新方向·新举措”
2013 百城论坛	长春	“转方式、调结构、谋发展”

（二）地区层面机制创新——中日韩友好城市大会

自1999年起，中国人民对外友好协会与韩国全国市道知事协议会（原为韩国地方自治体国际化财团）、日本自治体国际化协会共同主办中日韩友好城市大会，在中日韩三国轮流举行，每年由三国建立友城关系的城市派代表出席，共商友城合作和城市发展经验；经过多年努力，友好城市大会已成为三国地方政府交流与合作机制，为三国地方政府通过友城形式沟通信息、扩大合作提供了重要平台。③ 这一机制近年来以深化东北亚合作与发展为宗旨，进行了一系列交流与对话，成为东北亚地区友好城市交流与合作的一大制度创新（参见表4）。

① 《中国国际友好城市联合会第四届全国理事会工作报告》，中国人民对外友好协会，http：//www. cpaffc. org. cn/content/details25 －22780. html。

② 同上。

③ 《中日韩合作（1999—2012）》白皮书（全文），中国政府网，2012年5月9日，http：//www. gov. cn/jrzg/2012 －05/09/content_ 2133457. htm。

表 4：中日韩友好城市大会基本情况一览表（2006 年—2013 年）①

历届会议	时间	地点	会议主题
第八届中日韩友好城市大会	2006	中国哈尔滨	“促进东北亚地区和谐，实现共同发展繁荣”
第九届中日韩友好城市大会	2007	日本奈良	“扩大东北亚交流与地方政府的作用”
第十届中日韩友好城市大会	2008	韩国全罗南道	“盘活地方经济的对策方案”
第十一届中日韩友好城市大会	2009	中国长春	“加强地方政府交流与合作，促进东北亚地区共同发展”
第十二届中日韩友好城市大会	2010	日本长崎	“推动地区合作，促进东北亚发展”
第十三届中日韩友好城市大会	2011	韩国全罗北道	“充分发挥地方特色，推动东北亚地方政府交流”
第十四届中日韩友好城市大会	2012	中国昆明	“深化交流合作共促友城发展”
第十五届中日韩友好城市大会	2013	日本富士县	“发挥地区特色、谋求东北亚共同发展”

由表 4 可见，中、日、韩三国在友好城市合作方面已经积累了相当程度的经验，成为东北亚地区友好城市合作的“品牌项目”，对今后我国推动地区乃至全球范围内友好城市合作与交流机制建设具有重要的参考意义。

（三）国际层面的机制创新——中国国际友好城市大会

2008 年，在中国开展友好城市 35 周年之际，我国举办了中国国际友好城市大会，邀请世界各国相关组织、机构的负责人参会讨论，每两年举办一次，至今成功举办 3 届。中国国际友好城市大会是我国友好城市发展机制创新的重要标志，体现了思路转变、途径多元的发展趋势，也是将我

① 资料来源：作者自制。

国友好城市影响力投射至全球范围的全新途径。

表 5：中国国际友好城市大会基本情况一览表①

历届会议	地点	会议主题	专题论坛
2008 中国国际友好城市大会	北京	“和谐世界：共叙友谊、共商合作、共建和平、共谋发展”	/
2010 中国国际友好城市大会	上海	“城市合作，让生活更美好”	地方城市如何应对全球金融海啸冲击；城市环保、节能减排、低碳经济与开发利用新能源的战略性思考；城市基础设施建设与公共交通；打造城市新品牌；城市社区文化体育卫生建设
2012 中国国际友好城市大会	成都	“幸福城市，绿色生活”	城市国际化发展战略；城市转型与跨越发展；城市定位与投资导向；城市的应急救灾；城镇人口老龄化

第三节　友好城市项目发展与展望

中国人民对外友好协会会长、中国国际友好城市联合会会长李小林在一次专访中介绍道：在北京“友协”的大门口，并排悬挂着两块牌子：一块是“中国人民对外友好协会”；一块就是“中国国际友好城市联合会”。这两块牌子很好地诠释和说明了友协工作的两个重要方面：一是传统的民间友好；二是地方政府交流暨城市外交，这就是友城的主要工作。从某种意义上来说，“友协”的工作可以简称为“交朋友”，而“友城”的工作则是“结亲戚”。李小林强调说，友协是老品牌，而友城则是很具有潜力和发展前途的新组织。② 简言之，这两个组织既有各自的特色和侧重，又在中国对外交往中实现有机统一，是中外民间交往的重要组成部

① 资料来源：作者自制。

② 罗洁：《激情、阳光、务实、执著为祖国“交朋友”——专访中国人民对外友好协会会长、中国国际友好城市联合会会长李小林》，载《世界知识》，2012 年第 19 期。

分。事实上，友城的工作连接了“官方/民间”、“国际/国内”两对关系（参见图3）。

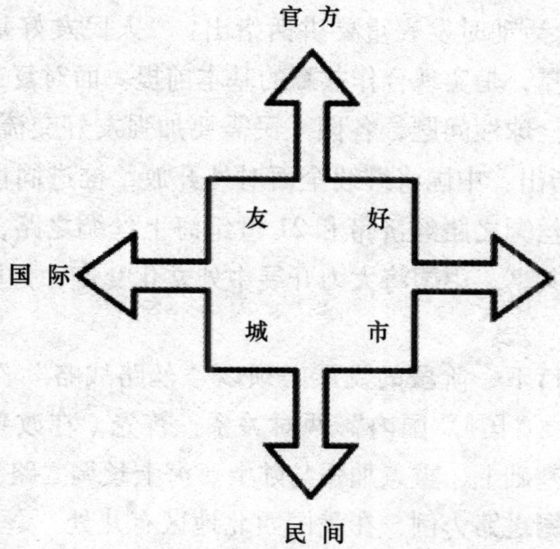

图3：友好城市工作逻辑图①

友好城市是“官方外交”与“民间外交”的桥梁。一方面，双方城市想要结好需要通过两国官方认可，体现了外交工作的严肃性、严谨性；另一方面，双方城市在完成缔结后则完全是自主选择双方交往的领域、途径和形式，体现了民间交往的灵活性、多样性。在学界，友好城市也时常作为地方外事的典型案例，体现了次国家行为体在服务国家总体外交和拓展地方发展空间中的积极作用。

此外，友好城市也在一定程度上推动了国际层面的友好交往和国内层面的各项发展。本质上，友好城市的宗旨是增进两国民间友谊、夯实双边关系基础，是以价值观沟通、增信释疑为目的的交往活动，因此通常会选择互访、专题论坛、展览演出等渠道作为双方沟通的主要形式。而在实际操作中，互访和专题论坛为中外城市交流经验提供了平台和机制，在实现国际交往的同时也为国内城市发展带来了宝贵的经验和全新的思路。尤其

① 作者自制。

伴随中国经济的快速发展，友好城市已经成为中外城市、中外企业开展直接合作的重要渠道之一，提升了双方人文交往的附加值。

近日，国家主席习近平出席中国国际友好大会暨中国人民对外友好协会成立60周年纪念活动时发表重要讲话指出："人民友好是促进世界和平与发展的基础力量，是实现合作共赢的基本前提。面对复杂多变的国际形势和严峻突出的全球性问题，各国人民需要加强友好交流，携手合作，同舟共济。"同时指出：中国将继续全面对外开放，推进同世界各国的互利合作，推动建设丝绸之路经济带和21世纪海上丝绸之路，实现各国在发展机遇上的共创共享。中国将大力开展中外文化交流，为推动人类文明进步作出贡献。①

因此，友好城市下一阶段的发展必须以"丝路战略"作为出发点来统筹"官方/民间"、"国际/国内"两对关系：首先，在改善目前我国友好城市分布不均的基础上，重点加强与陆上、海上丝绸之路沿途城市的结好力度。以陆上丝绸之路为例，在我国西北地区有几处"丝路重镇"，在曾经的丝路交往中发挥了建设性作用，一定程度上与中亚、中东地区的相关城市保留了共同记忆，是我国亟待发掘的宝贵人文资源，而目前友好城市作为极具灵活性的人文交往手段，尚未将零散的丝路沿线城市串联。加强价值观沟通、促进双方增信释疑，进而培养丝路"共有文化"是未来友好城市可以有所作为的方面之一；其次，作为服务国家整体外交的渠道之一，友好城市可以紧扣国家外交动态组织专题论坛，在"官方带动民间"和"民间带动官方"之间灵活转换。如2011年适逢中国成为金砖国家轮值主席国，作为金砖国家领导人第三次正式会晤的配套活动之一，中国人民对外友好协会、中国国际友好城市联合会在海南省三亚市举办了"首届金砖国家友好城市暨地方政府合作论坛"，促进与会各城市在金融、人文、能源、环保等方面的项目合作，成为官方活动带动民间活动的成功案例之一。目前中国外交最重要的"丝绸之路经济带"和21世纪"海上丝绸之路"战略以及2015年世界反法西斯胜利70周年等都为友好城市今后发挥更大作用提供了重要契机。

---

① 《习近平出席中国国际友好大会暨中国人民对外友好协会成立60周年纪念活动并发表重要讲话》，载《人民日报》，2014年5月16日。

总之，友好城市发展至今已经超过四十年，打开了中国外交局面，开展了卓有成效的交流与合作，也实现了自身的蓬勃发展。“友谊”、“合作”、“和平”与“发展”是我国友好城市建设的四大宗旨，是我国追求同世界各国和谐相处、共同发展、互利共赢的出发点和落脚点，也是在新形势下对周恩来外交思想的新思考和新实践。在共同建设“丝绸之路经济带”和21世纪“海上丝绸之路”的背景下，“以诚感人、以心暖人、以情动人”[①] 不仅精炼地诠释了中国人文外交的核心内涵，更为友城工作今后的发展提供了巨大的空间，深化人文交往、坚持机制创新、紧跟外交前沿，必将为友好城市注入新的活力。

① 《习近平出席中国国际友好大会暨中国人民对外友好协会成立60周年纪念活动并发表重要讲话》，《人民日报》，2014年5月16日，第1版。

第二十一章　医疗外交

第一节　医疗外交的历史梳理

一、中国援外医疗队与人文交流

1963 年 4 月 6 日，根据周恩来总理的指示，中国政府应邀向阿尔及利亚派遣了第一支援外医疗队，启动了主要针对发展中国家的中国援外医疗。至 2013 年，中国累计已向亚、非、拉、欧和大洋洲的 66 个国家和地区派遣援外医疗队，派出队员约 2.3 万人次①，为受援国人民的健康、中国与受援国民众的医疗交流和中国人文外交做出了杰出贡献。实践证明，向发展中国家派遣援外医疗队是一种花钱少、收效快、影响大的对外援助方式。②

在中国援外医疗队的派出中，中国援非医疗队所作出的成绩最为突出。在 2011 年，共有 1100 名中国医生驻守在全球 48 个国家，其中有 42 个非洲国家。到 2010 年底，中国已经为非洲国家建立 30 所医院。③ 中国援非医疗队的发展经历了四个阶段。20 世纪 60 年代是初创时期，从 1963 年到 1969 年中国共向 8 个非洲国家派出了医疗队。20 世纪七八十年代是第二阶段，中国援非医疗队进入快速发展时期，到 1986 年中国共向 38 个国家派遣了医疗队，数量增长近 5 倍。第三阶段，即 20 世纪 90 年代前半期，中国援非医疗队的派遣国有所减少，其原因主要在于“台独”干扰和非洲国家内乱。进入 21 世纪后，中国援非医疗队的派遣进入第四阶段，即稳步增长和纵深发展阶段，尤其是 2006 年中非合作论坛北京峰会后，

---

① 汪蕾：《50 年来我国派遣援外医疗队 2.3 万人次》，载《人民政协报》，2013 年 8 月 10 日。

② 《卫生部、外交部、商务部关于表彰全国援外医疗工作先进集体和先进个人的决定》，载《卫生部公报》，2004 年第 1 期。

③ 王新玲：《中国医生在非洲》，载《中国报道》，2011 年第 9 期，第 28 页。

中国向3个国家（刚果〈金〉、乍得、塞内加尔）复派、向3个国家（马拉维、安哥拉、加纳）新派了医疗队。[1] 其中，接受中国医疗队员最多的10个国家为阿尔及利亚、坦桑尼亚、摩洛哥、毛里塔尼亚、苏丹、突尼斯、马里、刚果（布）、几内亚和马达加斯加，各国所接受的中国医疗队人员总数皆在500人以上。

长期以来，援外医疗队员在炎热潮湿、疟疾横行、物资短缺、艾滋病感染者众多的环境中忘我工作，许多人经受了疟疾、伤寒带来的痛苦，还有的人积劳成疾，身体健康受到很大损害。至2013年，先后有50位中国医生因疾病、战乱等原因在受援国牺牲。但在所有医疗队员心中，抛洒汗水、热血，奉献青春甚至生命，就像白求恩解除受援国患者疾苦一样崇高，信念愈加坚定。

在多哥总统埃亚德马的家乡卡拉，当地的东岱医院远近闻名，多哥人给它起了个十分亲切的名字：中国医院。这家由中国援建的医院建于1995年，现有职工200余人，设有内、外、儿、妇、针灸等十几个科别。我国医疗队在该院现有来自山西的10名医务人员。医院各项基础设施较为完善，工作环境良好，经过历届医疗队员不懈努力，已在当地打开了局面，享有很高的声誉，在多哥上层和普通民众中影响很大。多哥卫生部长曾专程到东岱医院看望我国医疗队员并合影留念，感谢医疗队员高超的医术、热情周到的服务和无私奉献的精神。[2]

中国医疗队在非洲创造了多例医疗奇迹。1984年，中国医疗队在利比亚的黎波里医院成功实施了该国第一例断肢再植手术；1990年在贝宁成功实施该国第一例开颅术；中国的传统医药、针灸、按摩以及中西医结合的诊疗方法在非洲国家取得了良好效果，40多年里在非洲治愈了数万病人，成功地治疗了包括偏瘫失语症等在内的一些疑难杂症。在坦桑尼亚，中国医疗队仅在2006年就共计诊治7万余名患者，施行近4000台手术，抢救1000余名危重病人，并积极开展新项目，成功实施了不少有影响的疑难手术。[3]

---

① 张春：《医疗外交与软实力培育》，《现代国际关系》，2010年第3期，第49页。
② 吴定保、王如君：《你们是传播友谊的使者》，《人民日报》，2004年6月26日。
③ 张永蓬：《非洲大地上的中国白衣天使》，载《世界知识》，2011年第13期，第26页。

中国医疗队员精湛的技术水平和敬业精神，受到非洲人民的高度赞扬。在中国医疗队工作过的非洲国家，几乎都经历过中国医疗队即将离去时，当地人民依依不舍、含泪相送的场景。40余年里，中国医疗队得到“白衣天使”、“南南合作的范例”、“最受欢迎的人”等多种赞誉。到2003年，共有610名中国医疗队员被非洲国家领导人授予“骑士勋章”或“总统勋章”。

2013是中国援外医疗队派遣50周年，习近平在会见受到表彰的全国援外医疗工作先进集体和先进个人代表时强调，“大家远离祖国和亲人，克服了种种困难，以实际行动铸就了‘不畏艰苦、甘于奉献、救死扶伤、大爱无疆’的中国医疗队精神，展示了中国人民热爱和平、珍视生命的良好形象。大家的辛勤工作和无私奉献，加深了中国人民同广大发展中国家人民的友谊，为推进人类和平与发展的崇高事业作出了贡献”。①

二、中医药与中外人文交流

中医药是亿万中国人用自己的生命运动和社会实践在几千年时间里检验产生的。在治疗上，中医药物主要取自自然，且因人因地因时而异，充满个性化的关怀，中医还注重非药物疗法，如针灸、推拿和刮痧，安全、方便、有效、经济。从根本上讲，中医与文化密切相关，中国文化既是中医的源头又是中医发展的动力。② 中医从被排斥到逐渐为国际社会接受经历了漫长的过程。如瑞典是医疗条件优越而又比较保守的国家，20年前人们把针灸称为“魔针”，听到针灸时还纷纷摇头，对中国医学更认为是天方夜谭。但是，中医重调理、标本兼治，对疑难杂症、慢性顽症等有着较显著和独特的疗效，许多患者抱着“试试看”的心理求诊，他们一旦诊疗有效，又会成为最生动的口碑，引来更多求诊者。非洲一些国家曾一度疟疾流行，西方医药疗效不理想。中药青蒿素治疗，产生神奇的疗效，在非洲引起轰动，一时兴起看中医、学中医热。20世纪90年代以来，海

① 杜尚泽：《习近平会见全国援外医疗工作先进集体和先进个人代表》，载《人民日报》，2013年8月17日。

② 易建良：《中国文化与中医发展的思考》，载《南京中医药大学学报（社会科学版）》，2006年第3期。

外大批非华裔不再把中医当做“神秘疗法”，或斥之为“东方巫术”，开始逐步理解、接受中医，中医在海外也开始逐步登上了大雅之堂。现在，越来越多的瑞典人喜欢上古老的中医学，愿意选择中医的天然疗法和天然药物。

1972 年，尼克松访华引发“中医热”，美国公众和医学人士逐渐认识到中国传统医学的安全有效和通用广泛的特点，越来越多的美国人愿意接受“替代性医学”中的中医治疗，其中主要为针灸治疗。据报道，现在每 3 名美国人中就有一人求助于“非常规医疗方式”，而大多数人会选择中医针灸和推拿疗法。2002 年，美国联邦政府批准将世界上 43 种传统医学和疗法正式纳入美国补充和替代医疗体系，其中“中国传统医学”作为独立医学体系正式被列入白宫文件。①

至 2009 年，在欧洲，有中医从业人员 10 万多：其中法国有针灸师 7000 余人，巴黎市分成 20 个区，每个区都有中医学校和中医诊所；英国中医、针灸师 1.1 万人左右。美国拥有针灸师 1 万多人，洛杉矶一市就有正式注册的中医诊所 1860 家。在美国有近 50 个州通过立法，使针灸等中医疗法进入医保体系。加拿大有中医、针灸技师 1 万多人，且这些技师均拥有资格证书，针灸疗法已被列入保健范畴。在深受中国文化影响的亚太地区，中医更有复苏之势，日本“汉方医”从业医师超过 10 万，是中国以外拥有中医从业人员最多的国家，泰国和新加坡分别有 5000 和 1800 名执业中医，韩国的执业“中医”也超过 5000 人。② 据中医业内估计，海外中医业者总人数大约在 30 万—50 万之间。

来华外国留学生的不断增多也带动了中医在世界范围的影响，统计资料显示，仅高等中医药学校，学中医的留学生就由 1999 年的 2100 多人，增加到 2006 年的 4000 多人。2007 年，北京中医药大学有 1800 多名留学生在学中医。③

2003 年 1 月，来自上海的中医顾杭沪的病人中有一位与前巴西总统卢拉同属劳工党的议员，这位议员将他推荐给了卢拉。卢拉抱着试试看的

---

① 李晓栋：《中医中药在海外》，《华人世界》，2009 年第 8 期，第 44 页。

② 陈甲妮：《中医在海外现状报道》，《环球时报》，2009 年 2 月 13 日。

③ 《外国留学生为何喜欢中医》，2007 年 12 月 6 日，人民网，http://scitech.people.com.cn/GB/6618893.html。

心态，派人请来了顾杭沪。第一次治疗之后，卢拉的病情明显减轻，从此，每个星期三上午，是卢拉雷打不动的针灸保健治疗时间。为此，顾杭沪停掉诊所，专门去总统官邸给他扎针。卢拉的肩周炎在顾杭沪的精心治疗下得以康复，他们也成为了好朋友，就连卢拉率团到中国访问，也没忘记带上顾杭沪这位“御医”。顾杭沪治愈卢拉几十年的老毛病传遍了巴西，在巴西迅速掀起了一股“中医热”。经卢拉总统推荐，政府的多位部长也请顾杭沪看病或进行中医保健治疗。卢拉开玩笑地对顾杭沪说：“现在好了，整个巴西政府都是你的病人了。”随着与卢拉总统关系的日益深厚，顾杭沪开始考虑如何利用这层关系推动中巴友谊的进一步发展。2005年，顾杭沪发起成立巴西利亚华人华侨协会，并出任会长职务。2006年春节前，顾杭沪想到，旅居巴西的华侨华人已经有几十万了，一些华裔已经开始在巴西的政界和商界崭露头角，春节是中国人最为重视的节日，也应引起侨居国的重视。于是，在一次与卢拉总统见面时，顾杭沪提出了请卢拉为中国新年发表致辞的想法，立刻得到了卢拉的赞同。从此以后，卢拉每逢中国春节到来之前，都会发表致辞，向全体中国人致以问候。在顾杭沪移居巴西之前，针灸在巴西是不被承认的，华人所开的诊所都是非法的，随时面临被有关部门查封的危险。顾杭沪在结识了一些巴西议员之后，开始积极推动针灸在巴西合法化。因为亲身体验到了针灸的妙处，这些议员递交了议案，并很快得到了批准，顾杭沪的诊所也成了首家获得行医执照的针灸诊所。西医出身的卫生部长滕波朗以前一直对中医持有怀疑态度，他患有比较严重的颈椎病，按照西医的疗法，必须手术治疗。在卢拉的催促下，滕波朗来到顾杭沪的诊所，几个疗程下来，病情竟然减轻了许多。2009年2月底，顾杭沪受邀作为列席代表参加全国政协会议。卢拉邀请顾杭沪到官邸，交给他亲笔签名的信件，希望他转交政协主席贾庆林，表达巴西人民对中国举行政协年会的祝贺。①

中药也在中医逐渐被他国民众接受的过程中走向了世界。在桑给巴尔，治疟平喘、减肥美容、强壮止痛功能的药物，如青篙玻醋片、平喘膏、红花油、麝香风湿膏、减肥茶、六味地黄丸、全鹿丸、金鸡虎丸、止

---

① 参见高伟浓、徐珊珊：《巴西华人社团的类型及发展特色》，载《八桂侨刊》，2013年第2期。

咳糖浆、五子衍宗丸、十滴水、藿香正气水、冰硼散等中药受到了广泛的欢迎。这些药品质量可靠、价格便宜，受到青睐。桑政府每年从中国进口的中药将近100万美元。[①] 2006年，中药出口超过10亿美元。法国是欧盟第二大草药市场，市场上有2.3万家药店，其中有1万多家药店是草药与天然药物的主要销售渠道，中草药早在1999年就被列入法国国家医疗保险名单。德国是在西欧国家中使用中草药最多的国家，服用中草药的德国人超过58%，在德国任何一家药店里都可以买到中草药。用甘草、穿山甲、知母、茯苓等制成的青春活力片等在欧盟国家的年销售额已达到22亿美元。现在，世界卫生组织又认可了针灸治疗42种疾病的效果，足浴、按摩、气功等中医疗法在戒烟、减肥等保健方面效果也不错，同样吸引许多上门者慕名而来。中医中药的基础是中国传统文化，西医强调的是科学分析和定量化，而中医把人看作一个整体，强调和谐与平衡。

三、国际紧急救援与中外人文交流

改革开放以来，特别是冷战结束后，随着经济、科技、社会的不断发展和对现有国际体系参与的日益深入，中国逐步融入到国际社会。到今年为止，中国的经济总量已居世界第二位，对外贸易依存度则超过了60%，这在客观上要求中国更加主动地参与到国际救援工作中。

在这一背景下，2001年4月27日，中国国际救援队[②]成立，这标志着中国的国际救援工作进入到了一个新的阶段。医疗救援也和其他的人道主义援助方式相结合，在中国人文外交中发挥重要作用。中国国际救援队由国家地震局和总参谋部共同领导，是由地震专家、医疗救护人员和部队官兵共同组建的队伍。救援队分为三个支队和一个直属队，三个支队各有五个分队：搜索分队、营救分队、医疗分队、技术分队、保障分队，直属队则由参谋组、技术组和保障组组成。自成立以来，中国国际救援队先后参加了在阿尔及利亚、伊朗、印度洋沿岸国家、巴基斯坦、印度尼西亚日

---

① 王宁军：《中国援外医疗研究（1963—2003）》，华中师范大学硕士论文，2009年，第46页。

② 在国内也称为中国国家地质灾害紧急救援队。

惹、海地、新西兰、日本等国的国际救援，救援队在这些救援工作中不断取得优异的成绩，并获得当地民众的高度评价，为中国国家形象的传播与人文外交的发展作出了贡献（见表1）。

表1：中国国际救援队在历次国际救援中的数据①

国家	灾害发生时间	救援持续时间	参加救援人数	标志性成绩
阿尔及利亚	2003年5月21日	6天	30人	仅有的3支搜救到幸存者的队伍之一，标志着我国已具备国际救援能力
伊朗	2003年12月26日	4天	38人	第一支抵达重灾区的救援队，发现了22具遇难者遗体
印度洋沿岸国家	2004年12月26日	28天	印尼70人，斯里兰卡14人，泰国27人	共医治1万多名伤病灾民
巴基斯坦	2005年10月8日	32天	90人	营救出3名幸存者，救治2785名当地群众，并第一次担当现场国际救援协调人
印度尼西亚	2006年5月27日	18天	43人	承担了班图尔灾区近1/4伤员的救治工作，共医治3015名伤员
海地	2010年1月12日	12天	68人	唯一开设医疗救助点的国际救援队，为2500余名灾民提供了医疗服务

① 中国国际救援队建队10年来，队伍规模已达480人，具备了同时在多处复杂环境下开展救援的能力，并通过了联合国国际重型救援队资格测评，成为发展中国家第一支、亚洲国家第二支重型救援队。依据国际标准，重型救援队能够在灾难发生后48小时内到达受灾国，在72小时内不间断地在两个区域同时展开搜救行动，并可在现场连续工作15天，并具备破拆钢筋混凝土等能力。目前，中国国际救援队救援水平与发达国家国际救援队基本一致。该表为本文作者根据《人民日报》等相关资料整理而制成。

续表

国家	灾害发生时间	救援持续时间	参加救援人数	标志性成绩
新西兰	2011 年 2 月 22 日	16 天	10 人	清理出 8 具遇难者遗体，并配合新西兰方面在灾区开展灾害评估和房屋鉴定工作
日本	2011 年 3 月 11 日	8 天	15 人	第一支抵达和最后一支撤离大船渡重灾区的外国专业救援队

2003 年在阿尔及利亚，中国国际救援队初次登上国际救援舞台。在面对当地群众情绪异常、现场混乱几乎到了难以控制的局面时，只有中国救援队在困境中仍然坚持开展搜救工作。同年 12 月，伊朗巴姆 7.0 级地震，中国国际救援队作为亚洲第一支抵达重灾区的救援队，20 多个小时长途跋涉后不顾休息，便冒着严寒直奔受灾最严重的老城区展开搜救。2011 年 3 月 11 日，日本发生 9.0 级地震并引发海啸，中国国际救援队作为第一支抵达和最后一支撤离大船渡重灾区的外国专业救援队，用自己的努力获得了日本各界的高度评价。当 3 月 21 日救援队离开大船渡市时，当地的消防队员自发列队送行，市长户田公明说："中国救援队付出的努力，令人终生难忘，也将促进两国关系的发展。"①

2003 年在伊朗期间，救援队所到之处，总能听到灾区人民发自内心的感谢："中国，朋友"、"感谢你们"。伊朗外交部主管国际事务的负责人称赞中国国际救援队："在所有参与救灾的国际救援队中，中国国际救援队是最早到达灾区的国际救援队之一。患难见真情，你们的工作非常出色。"伊朗总统哈塔米也专程赶到联合国现场协调中心，对中国救援队负责人说："感谢你们为伊朗人民做出的一切，伊朗人民会永远记住你们。"② 在巴基斯坦救灾时，巴时任总统穆沙拉夫亲临中国国际救援队流动医院看望全体队员，对救援队的工作给予高度评价，并表示："我仅以

① 赵亚辉：《赴日救援八天七夜》，《人民日报》，2011 年 3 月 22 日。
② 赵亚辉：《感动世界的中国火焰》，《人民日报》，2011 年 5 月 17 日。

个人的名义代表巴基斯坦人民，特别是这里的灾区人民，感谢远道而来的中国人民给予我们的及时帮助，巴基斯坦人民会永远记住你们。”① 巴拉考特当地的群众也对中国国际救援队的到来表示极大的欢迎，一名叫阿卜杜拉·可汗的男子代表他们家族（家族成员在巴拉考特有200余人，地震中50余人丧生）用流利的英语说：“中国是巴基斯坦最好的朋友，我们为中国感到自豪。”② 这句话实际代表了巴基斯坦人民的真实感受，也是对中国国际救援队的出色工作的高度评价。2006年5月31日，印尼总统在班图尔灾区会见了中国国际救援队代表，他说，中国政府和人民在印尼困难时刻提供的援助，将发挥十分重要的作用。印尼人民永远忘不了中国人民的帮助。这将进一步增进两国的友谊。③ 在海地灾区，中国国际救援队先后展开12次搜救行动，对23个现场进行了搜救，而且是唯一开设医疗救助点的国际救援队，为2500余名灾民提供了医疗服务。④ 联合国秘书长专程慰问中国国际救援队，并对中国国际救援队的工作表示感激。⑤

第二节 对医疗外交的绩效评估

一、有助于树立中国和平发展的国家形象

中国选择走和平发展的道路，是因为和平是发展的前提，中国的发展也需要和平的环境。同样，和平与发展是人类的共同追求，也是人类的共同利益所在。党的十六大报告强调：“不管国际风云如何变幻，我们始终不渝地奉行独立自主的和平外交政策。”“我们愿同各国的人民一道，共同推进世界和平与发展的崇高事业。”中国和平发展的世界意义正是在于

① 赵亚辉：《感动世界的中国火焰》，《人民日报》，2011年5月17日。

② 中国国际救援队：《中国国际救援队赴巴基斯坦救援纪实》，《城市与减灾》，2005年第6期，第2—3页。

③ 《印尼总统会见中国国际救援队代表》，《人民日报》，2006年6月1日。

④ 吴杰、吴敏：《我们的救助得到了当地人民的感谢》，《人民日报》，2010年1月17日；《千山万水，走近大爱无私——走进中国国际救援队》，《人民日报》，2010年2月3日。

⑤ 新华社：《潘基文高度赞扬中国国际救援队》，《人民日报》，2010年1月19日。

扬弃并超越现代资本主义的发展道路，从而把不以扩张主义为出发点也不以霸权主义为必然归宿的发展前景启示给人类。[1]

西方有些舆论渲染“中国威胁论”、“文明冲突论”，其实是建立在对中国不了解的基础之上，这些舆论的散布不利于中国和平发展国家形象的确立，而医疗交流则在一定程度上消除了西方舆论和国际社会对中国的误解，对于改善中国的国际舆情、树立和平发展的国家形象起到了积极的作用。

援非医疗队“永远不说再见”的精神，在中国医生与几百万普通非洲人之间建立起一种情感依赖，为中国在非洲塑造了良好的国际形象。凡是接受中国医疗队的非洲国家，对中国都有很好的印象。据美国皮尤研究中心在2011年的民意调查，科特迪瓦和马里对中国的好感度高达92%，肯尼亚81%，塞内加尔81%，加纳和尼日利亚75%，坦桑尼亚70%，埃塞俄比亚76%。[2] 此外，中国援非医疗队在传播现代医疗技术的同时，还将针灸、推拿等中国传统医疗技术以及中西医结合的诊疗方法带到非洲，传播了中国的优秀文化。如在许多非洲国家，针灸被誉为“中华神针”，大受欢迎，许多擅长针灸的中国医疗队员也被亲切地称为“针灸大使”。一些受援国的国家元首和政府首脑对中国医疗队的评价极高。坦桑尼亚总统尼雷尔表示：“我相信中国医生，他们不但医术高，而且责任心强。”津巴布韦副总统穆增达称赞“中国医疗队帮助发展了津巴布韦的卫生医学事业”。加蓬总统邦戈称赞“医疗队的工作卓有成效”。毛里塔尼亚总统海拉德赞扬“中国专家最善于埋头工作，工作效率最高。中国医生不畏艰苦，在我国历来缺医少药的地方工作，受到群众热烈称赞”。[3]

中国国际救援队的出色表现不仅是我国地质灾害紧急救援能力的体现，也展现了我国和平发展的国家形象。中国是在崛起，但与此同时，中国是个满足的、维护现状的力量。中国到处都在维护地区和世界的和平和稳定，也即维护现存的国际体系、国际现状，中国也具有同国际社会一起

---

① 吴晓明：《论中国的和平主义发展道路及其世界历史意义》，《中国社会科学》，2009年第5期。

② Andrew Kohu，How the World Sees China，2007－12－11，http：//www. pewglobal. org/2007/12/11/how－the－world－sees－china/.

③ 李安山：《中国援外医疗队的历史、规模及其影响》，《外交评论》，2009年第1期。

不断努力建立国际政治经济新秩序的长远理想和愿望。[①] 通过国际救援，中国向国际社会传播了和平发展的国家形象，并将有利于我国更好地融入到国际社会。

二、为“和谐世界”理念的传播作出了贡献

“和谐世界”理念是各国共处的一种方式，即以协商、合作而不是武断、对抗的方式来处理相互间关系和具有相关利益的事务，从而形成一种以协调、合作为主的国际关系秩序，而这种秩序的结果就是和平。[②] 在构建和谐世界的过程中，单靠中国的力量是不够的，取得世界各国的理解与支持至关重要，这就更加需要中国在国际社会中做出榜样。

医疗交流正是向世界表达了中国对于人类共同利益的关怀，不仅体现和传播了中华文化中“兼相爱，交相利”的人文精神与价值理念，既以互利互爱来处理人与人、国与国之间的关系，也是对构建和谐世界的重要外交实践。

中国援外医疗队用汗水乃至生命浇灌出中国人的“大医情怀”，就连西方观察家也不得不承认，“赤脚医生”模式非常符合非洲医疗基础设施落后的现状，展现了中国医生为资源匮乏地区的人民提供同等医疗服务、保证“人有所医”的道德力量，而不是如同美国那样主要关注制药企业和福音教派的利益。[③] 同时，中国医疗队为当地带去现代医疗技术，为非洲的公共卫生基础设施发展贡献了力量，特别是在人力资源培训方面，与西方只顾吸引非洲的公共卫生人才、导致非洲公共卫生人才严重外流形成鲜明对比。

不仅是援外医疗队，中国国际救援队在人类共同灾难面前的行为，也体现出中国人民和中国政府对和谐世界理念的诉求和行动。和谐世界蕴含着深刻的中国传统文化，是在新中国外交实践不断积淀和思考中提出的新思想，因此具有外交政策理念的历史延续性，对今后中国的医疗交流和人

---

① 楚树龙：《和平发展与外交战略：非传统模式》，《国际政治研究》，2006 年第 1 期。
② 张蕴岭：《关于构建和谐世界的思考》，《当代亚太》，2008 年第 2 期。
③ 张春：《医疗外交与软实力培育》，《现代国际关系》，2010 年第 3 期。

文外交有着长远的指导意义。

总之，从20世纪60年代以来，医疗外交就成为中国外交的重要组成部分。改革开放后，中医药在国家和社会力量的共同推动下，逐渐被世界各国接受和认可。进入到21世纪，中国承担起了更多的国际责任，医疗外交也在国际紧急援助中发挥了极其重要的作用，并为与国际互动日益频繁的中国，积累了宝贵的人文外交经验。

当前，医疗外交已具有提供国际公共物品甚至是理念层面的公共物品的功能，能够有效地在国家间起到价值沟通的作用，而大国的成长，要始终考虑到国际社会的实质需求，要从自身国家利益的实现中体现国际社会的实质需求，包括中医药交流在内的医疗外交的开展正是我国对国际责任观认识的一种体现，也是在这一过程中，对中国与他国之间的增信释疑和价值沟通起到了积极的作用。在中国第十一次驻外使节会议上，时任国家主席胡锦涛提出了“政治上更有影响力、经济上更有竞争力、形象上更有亲和力、道义上更有感召力”的目标，而医疗外交正旨在增强我国的“亲和力”和“感召力”。当前，在“丝路战略”的推动下，加强医疗外交，更是我国目前所面临的紧迫任务，也是推进“民心相通”的途径之一。

第二十二章　体育外交

第一节　中国体育外交的历史梳理

一、新中国建立后至改革开放前的体育交流

新中国成立前夕，毛泽东创造性地提出了“一边倒”的外交政策，新中国站在以苏联为首的社会主义阵营一边，反对帝国主义的侵略政策和战争政策，维护世界和平，促进人类进步。限于当时的国际环境，中国主要是与社会主义国家进行体育文化的交流。1949 年中国学生篮球队参加了在布达佩斯举行的第二届世界青年学生和平友谊联欢节及第 10 届世界大学生夏季运动会，这是新中国成立后派出的第一个体育代表团，标志着新中国体育交流的正式展开。1950 年新中国接待了苏联男子篮球队，这是新中国成立后接待的第一个外国体育代表团。[①] 中国于 1951 年派出以吴学谦为团长的代表团参加了第一届亚洲运动会。1952 年，第十五届奥运会在芬兰赫尔辛基举行，中国派出由足、篮球队和游泳选手组成的 40 人代表团，因国际奥委会个别领导人蓄意制造“两个中国”，行程受阻，到达目的地时，比赛已近尾声，仅参加 1 项男子仰泳赛和闭幕式。此后，1954 年中国派出体育代表团参加了第十二届世界大学生运动会。比赛期间，中国与苏联、匈牙利等东欧国家进行了广泛的体育交流，向世界展现出新中国体育健儿的风貌。同时，我国也获得了苏联、波兰、民主德国等国家的友好帮助，并为中国培养了体操、游泳、田径、足球等项目的人才，促进了中国体育事业的飞速发展。1953 年 8 月 9 日，中国运动员吴传玉在布加勒斯特举行的第四届世界青年与学生和平友谊联欢节游泳比赛中，获得男子 100 米仰泳第 1 名，这是中国运动员第一次在国际比赛中获得冠军。1956 年 6 月 7 日在上海举行的一场中苏友谊比赛中，中国举重

① 常智、罗英杰:《新中国体育外交的历程、影响因素及发展前景》，《体育科学》，2004 年第 9 期。

运动员打破了由美国运动员保持的最轻量级挺举世界纪录，这是中国运动员第一次打破世界纪录。

20 世纪 50 年代末，新中国面临着来自于苏、美两方面的压力，以美国为首的西方阵营继续其反共政策，加紧在中国周边地带构筑遏制中国的包围；而苏联领导人推行的苏美合作的路线，与中国对世界发展的观点发生了冲突，到 20 世纪 60 年代，中国同苏联以及一些社会主义国家的关系出现了对立的状态。20 世纪 60 年代末，中、苏甚至爆发了严重的边界武装冲突，并把两国推到了战争的边缘。因此，在这一时期，中国放弃了“一边倒”的外交政策，提出了依靠广大的亚非拉国家，反对美、苏的外交政策。中国体育外交关系的重点也转向为打破国际体育组织的孤立、积极发展同亚非拉国家的体育关系上来。

这一阶段，中国积极开展与亚非拉独立国家的体育交流活动，其中最为重要的是参加了 1963 年和 1966 年在印尼雅加达和柬埔寨金边举行的“新兴力量运动会”和“亚洲新兴力量运动会”。“新兴力量运动会”是新中国成立后首次全面参加的一个大型国际运动会，中国运动员在这两次运动会上共获得了 66 项冠军，打破了数项世界纪录。同第三世界国家的体育交往促进了中国与亚非拉国家之间的友谊，为顺利解决历史遗留问题、打开外交新局面、获取第三世界国家的支持、加快中国重返联合国进程、宣传中国和平共处五项原则做出了贡献。①

20 世纪 70 年代初，国际形势发生了重大变化。美国由于深陷越南战争，出于对自身国家安全的考虑，在国际局势中居于守势，并希望借助中国的力量来制衡苏联。毛泽东注意到了美国政策的变化，及时地调整了外交战略，提出了“一条线”、“一大片”的联美反苏的外交政策。在中美关系的改善中，体育外交发挥了独特作用。1972 年，在毛泽东、周恩来等最高领导人的直接领导下，创造性地运用“乒乓外交”打开了中美关系的大门。在“乒乓外交”的带动下，20 世纪 70 年代中国对外关系有了重大突破和发展。中国先后同 70 个国家建立了外交关系，基本完成了同西方国家的建交过程。从此，“乒乓外交”以体育交流促动国家之间关系

---

① 张晓义、李光欣：《20 世纪 60 年代中国体育外交回顾》，《体育文化导刊》，2013 年第 3 期。

的典范而载入了史册。[①]

二、改革开放后的体育交流

1978 年，中国共产党决定把全国工作重点转移到经济建设上来，制定了改革开放的战略方针。根据国际形势和国内任务的需要，中国确立了不结盟的独立自主和平外交政策，这也为更为深入和广泛的中外体育交流奠定了基础。

1979 年 11 月 26 日，国际奥委会领导人在瑞士洛桑总部正式宣布：经过国际奥委会全体委员的通讯表决，以 26 票赞成、17 票反对、2 票弃权的结果，批准了国际奥委会执委会在日本名古屋会议上通过的关于中国代表权问题的决议。名古屋会议的主要内容是：根据“一个中国”的原则，确认代表全中国奥林匹克运动的是中华人民共和国奥委会，其正式名称为：中国奥林匹克委员会（Chinese Olympic Committee），会址北京，使用中华人民共和国的国旗和国歌。台湾地区的奥委会，正式名称为：中国台北奥林匹克委员会（Chinese Taipei Olympic Committee），会址台北，不得使用原来的旗、歌和徽记，其新的会旗、会歌和会徽，均须经国际奥委会执委会的批准。

1982 年、1986 年，中国相继参加了第九届、第十届亚运会，并在 1990 年成功举办了第十一届亚运会，3 次金牌总数均为第一。在 1981 年至 1986 年，中国女子排球队在世界杯、世界锦标赛和奥运会上 5 次蝉联世界冠军，成为世界排球史上第一支连续 5 次夺冠的队伍。“女排精神”作为中外体育交流的硕果已成为 20 世纪 80 年代中国民族精神的象征。

中国体育专家外派大致从 20 世纪 80 年代开始，每年向一些国家和地区外派体育专家和教练。以 1981 年为例，中国派出了 79 名教练员，主要集中在乒乓球、排球、足球、篮球、羽毛球、体操、跳水、举重、武术等项目中。外援专家都曾在经济落后、生活艰苦地区长期工作，他们不仅远离祖国，还在疾病流行、社会治安动荡甚至战乱的环境下工作。有些援外老专家，长期工作生活在条件恶劣的环境中，身体受到伤害，过早去世；

① 周庆杰：《中国外交与对外体育交往》，《外交学院学报》，2003 年第 3 期。

有的专家病逝在援外岗位上，长眠于受援国的土地上。[1]

也是从20世纪80年代开始，一批又一批中国优秀运动员和教练员获得了国外体育俱乐部聘用的机会，并逐渐以此形成了一个庞大的海外中国运动员和教练员群体，这是改革开放后发生在中国体育界的一种特有的文化现象。[2] 资料显示，仅乒乓球一项，1990年在国外的运动员和教练员就达到300多人。2002年著名篮球运动员姚明进入NBA打球，更是极大地提升了中国运动员在体育交流乃至人文交流的作用。2005年，中国女排教练郎平出任美国女排主教练后，把一支青黄不接的三流球队培养成为了世界一流球队，也成为了中外体育交流的成功典范。

不仅如此，中国也和国际体育组织建立和保持了友好合作关系。到2001年初，中国已是100多个国际体育组织和90多个亚洲体育组织的成员，有110多人在国际体育组织中任职，170多人在亚洲体育组织中任职。在国际奥委会中，中国有4名委员，其中1人为执委；在其下属的26个小组委员会中，有6人在其中的7个委员会中任职。在亚奥理事会中，中国有2名执委，有5人在亚奥理事会下属的9个委员会中任职。[3]

2008年，北京奥运会的成功举办更为体育外交提供了广阔空间和舞台。参与北京奥运会开幕式的各国政要共计106名，其中81名系元首级领导人，包括总统、总理、国王和王储等，合计有80多国领袖赴会，是历届之最。时任国家主席胡锦涛先后与美国总统布什、俄罗斯总理普京、日本首相福田康夫等多国政要，分别进行了70多场首脑外交，取得丰硕成果。除运动员和教练员的交流外，北京奥运会举办前后，广大民众也在体育交流中发挥了重要作用，通过宣传、展览、文化交流等多种形式宣传北京奥运会，展示"新北京、新奥运"的风采；另一方面，热情地邀请世界各国民众亲自体验一个充满活力、民主开放和富有人性的中国，从而让国际社会了解真实的中国，争取其最大认同和支持。[4] 值得强调的是，

---

① 吕国光：《中国援外体育项目树起丰碑》，《中国体育报》，2006年11月6日。

② 罗时铭：《改革开放以来中国体育的对外交往》，《武汉体育学院学报》，2008年第1期，第24页。

③ 唐沛：《新中国体育外交的回顾和展望》，北京体育大学硕士论文，2008年，第37页。

④ 王润斌、张胜军：《中国体育外交：作用、问题与任务》，《公共外交季刊》，2012年秋季号。

武术作为中国文化的符号也在体育交流中发挥了重要作用。

武术是具有广泛国际影响的中国文化的代表性元素，近年来，中国功夫吸引了越来越多的外国人。少林武术至今已有1500多年的历史，是中华文化的瑰宝。1995年，果林大师在纽约法拉盛华人区建立了美国第一家少林寺分寺。少林文化在美国广泛传播，到2004年时，美国加利福尼亚州议会通过决议，把每年3月21日定为“嵩山少林寺日”①。在欧洲，2001年，“少林寺俗家洋弟子”戴勒在德国柏林开办了少林文化中心，不仅有禅师，还有武术师、中医师等专业人士，建成5年就已吸引了几千名学员。至2006年，全球有500万人不同程度地学习少林武术，每年到登封习武的外国友人在2000人次以上，其中包括日本、韩国和欧美的信徒。不仅是少林武术，在150多个国家和地区也已建立了数以千计的太极拳组织，习练者超过一亿人。“中国功夫”近年来甚至在动荡的巴勒斯坦都掀起了一股热潮。2007年夏，约旦河西岸共有4个“中国功夫”夏令营开营，吸引了大批青少年。近两年来，巴勒斯坦大大小小的庆祝活动经常会邀请一些中国功夫俱乐部的学员表演武术。②

1986年，来自江苏的费玉梁在荷兰开武馆，先后收了近千名洋弟子。其中不乏各界精英，有荷兰大法官，有掌管数十亿欧元在国际金融界驰骋的银行家，有来自荷兰各个政府部门的高官。在伦敦传授了8年少林功夫的少林寺弟子释延孜又在自己开办的英国少林寺中开设中文教学班。当上百人在练功房习武练拳的时候，肤色不同的青年男女在寺院另外一角，摇头晃脑地朗诵中文古诗。③

随着中俄两国在人文领域交往日益密切，在俄罗斯首都莫斯科等一些地区也逐渐出现了“中国武术热”，特别是2006年3月22日，俄罗斯总统普京到少林寺参观，并收到了一份意想不到的礼物——一套珍贵的《少林武功秘籍》。为了让普京更充分地领略少林功夫，少林武僧团表演了24场绝技，普京鼓了22次掌，对少林武僧的表演给予非常高的评价，称“世界上很多功夫都源于少林”，“见到了最纯正的少林功夫”。通过电

---

① 李锐锋：《美国加州的少林之光》，《中国宗教》，2004年第4期。

② 洪漫、马湛：《在巴勒斯坦感受“中国魅力”》，2007年8月16日，http：//news. xinhuanet. com/world/2007－08/16/content_ 6541820. htm。

③ 章念生：《中华武术花开海外》，《人民日报》，2008年7月15日。

视画面，成千上万的俄罗斯观众看到了少林武僧的精彩表演。俄罗斯“独立电视台”甚至在新闻中还插播了一段李小龙的电影。8 岁小和尚释小广表演的“童子拜佛”引起了普京的极大兴趣，他把释小广扛在肩头的照片也被俄罗斯各大网站转载。① 少林寺所代表的博大精深的中国武术和中国文化给俄罗斯民众留下了深刻的印象。中国功夫在俄罗斯的影响力迅速提升。2007 年俄罗斯中国年期间，武术表演经常出现在莫斯科的舞台上，舞台剧《功夫传奇》直观地向俄罗斯观众展现了中国武术的独特魅力，更多的俄罗斯人开始习武。难能可贵的是，他们对中国武术的理解已超越了一招一式的“形似”阶段，而上升到对“神似”的追求。在习武的过程中，他们深深地被中国传统文化的魅力所吸引。对俄罗斯人来说，“太极八卦”、“阴阳五行”、“禅”这些中国传统哲学理念是非常深奥的，但他们仍勇于钻研，且乐在其中。莫斯科武术学校校长格列布·穆兹鲁科夫认为，“武术蕴含的精神实在太丰富了，武术是传播中国文化的最佳使者！”②

第二节　对中国体育外交的绩效评估

一、体育交流为国家间关系的改善提供了契机

体育作为一种世界性大众文化活动，具有超越意识形态和文明的中性色彩，可以越过国家政治的障碍，为国家间相互理解和联系创造条件。在国家间未建立起外交关系或国家关系处于紧张状态时，国家之间无法通过传统的外交渠道进行有效的沟通和交流，在这种情况下，体育往往成为国家沟通的途径，为国家间关系的建立和改善提供契机。20 世纪 70 年代初，中美就是借“乒乓外交”拉开了两国建交的帷幕，体育交流发挥了“小球”推动“大球”的作用。2008 年 1 月，时任总理温

---

① 李杰等：《普京少林寺品茶论武》，《环球时报》，2006 年 3 月 23 日。

② 文凯：《俄罗斯人钟情中国武术》，2006 年 4 月 4 日，http://travel.people.com.cn/GB/4266390.html。

家宝在同到访的英国首相布朗观看完中英乒乓球友谊赛后，指出："毫不夸张地讲，'乒乓外交'确实在世界外交史上创造了奇迹。因为体育是可以超越种族、制度以至文化的，可以连接人们的精神力量，促进人们的友谊。"①

1989 年春夏之交的政治风波之后，以美国为首的西方集团骨子里不愿意看到一个日益强大的中国在国际舞台上发挥越来越大的作用，打着"人权"的旗号，对中国进行了所谓的外交和经济制裁。中国巧妙地利用举办第十一届亚运会的机会，通过体育外交，"请进来、派出去"，加强了亚洲各国的体育交流，消除了误会，争取了朋友，使 1990 年的北京亚运会成为了参赛国家最多、运动员人数最多、历史上最成功的一届亚运会。②

在"乒乓外交"过去了 30 多年后，体育交流又一次成为促进中美关系改善的"助推器"。2008 年北京奥运会成为中国开展体育交流的舞台。8 月 10 日晚，一场改善世界上两大国家之间关系的篮球外交在五棵松篮球馆上演，这场中美篮球对抗颇具吸引力，美国总统布什夫妇、老布什夫妇及前国务卿基辛格在时任中国外交部长杨洁篪的陪同下到场观看。布什在北京的四天展示了中美关系的稳固，促进了两国关系的发展。英国《星期日电讯报》撰文指出，如今是篮球将中美这两个地球上的超级大国拉到了球场上。法新社也在报道中写道，如果想在中美之间寻找共同点，篮球已成为了新的乒乓球。这是 21 世纪美中的体育外交。③

二、体育赛事作为加强体育外交的平台

首先，体育交流通常是通过体育比赛来进行的，体育赛事因其参与者的广泛性和跨国界性，成为加强体育外交的重要平台。如 2008 年北京奥运会的参与国已经囊括了全球每一个国家和地区，达到 204 个，运动员更是超过一万名。大型体育赛事的举办，不仅给了来自世界各国代表团相互

① 熊澄宇：《文化外交促进和谐共存》，《人民日报》，2008 年 2 月 2 日。

② 李相如：《关于新中国体育外交的回顾与研究》，《体育科学》，2003 年第 1 期。

③ 《外媒热评中美"篮球外交"》，新华网，http://news.xinhuanet.com/world/2008-08/11/content_9156257.htm。

间建立友谊的机会，更是能够让外国代表团在参赛期间，广泛接触东道国的民众，了解东道国的文化，从而促进国家间的人文交流。中国人民对外友好协会前会长陈昊苏曾说到："就像那些拉拉队员一样，每一个人都可以是外交家。民众是奥运会期间重要的外交力量，帮助树立中国形象。"[①]

其次，随着卫星通信技术的广泛运用，各国观看体育比赛的观众也呈不断上升之势，体育赛事也成为各国公众交流的最大时空平台。据统计，观看第十三届世界杯足球赛的观众达130.5亿人次，第十四届266.9亿人次，第十五届仅8强赛每场观众就达10亿人之多。而奥运会对于国际公众的吸引力，更是超过了其他任何跨国文化交流活动。1992年巴塞罗那奥运会的电视观众为25亿，1996年亚特兰大奥运会为33亿，2000年悉尼奥运会为36亿，2004年雅典奥运会已接近40亿，而北京奥运会的全球观众更是超过45亿。[②] 日本前首相福田康复曾指出，奥运会是各国人民欢聚一堂的体育盛会，也是世界各国超越国境加强相互理解和信赖的难得机会。[③] 借助大众传媒，全世界的观众不仅可以欣赏各种运动员在比赛中的表现，也可以熟悉东道国的风土人情，并且能够通过收看对各国运动员、教练员的采访从而了解各种运动员的精神面貌。

再次，体育因其竞技性和运动性而成为活力的体现，尤其为年轻人所喜爱和追捧，从而为各国年轻人之间的交流和建立关系提供了机会，体育已经成为各国青年建立友谊的话题。

最后，体育赛事也为首脑间建立个人关系提供了契机。许多国家政要都是一些体育赛事的爱好者，其中以足球运动最为集中，他们也往往会出现在一些重大体育赛事的现场，如北京奥运会就有超过80名外国政要出席，2014年索契冬奥会在俄罗斯召开，中国国家主席习近平也前往俄罗斯和普京总统共同参加了开幕式。不仅如此，通过对共同感兴趣的体育赛事的讨论，也有利于促进领导人之间良好私人关系的建立，从而引导各国

---

① 李舜薏、熊锦平：《后奥运时期的中国体育外交》，《体育学刊》，2013年第2期，第22页。

② 李德芳：《体育外交：公共外交的"草根战略"》，《国际论坛》，2008年第6期，第12页。

③ 《外国领导人盛赞北京奥运会》，新华网，http：//news. xinhuanet. com/world/2008－08/10/content_ 9674869. htm。

国家民众之间友好关系的建立，进而推动两国关系的改善。中国国家主席习近平和总理李克强，都公开透露自己是足球运动的爱好者。访问墨西哥时在参议院演讲，习近平主席说到自己“是一个足球迷”；2012 年 2 月 19 日，时任国家副主席的习近平访问爱尔兰，在都柏林走上球场草坪，一试身手。李克强总理在首次出访中，便在德国“忙里偷闲”观看了欧洲冠军联赛的决赛直播。[①] 中国最高领导人向外国公众公布自己的体育爱好，并将体育赛事的话题加入私人交谈时的讨论，有利于通过体育交流加强中国的体育外交。

三、体育工作者成为人文外交的形象大使

参与体育交流的运动员、教练员等不仅代表着国家的体育水平，而且代表着国家的形象，他们被称为微笑的大使，穿着运动衣的外交家，往往能起到提升国家形象、加强国家间人文交流的作用。人文外交最大的吸引力和影响力来源于社会和民众。当作为普通民众一员的体育工作者成为国家形象的符号象征时，那么这种象征必然能够产生巨大的认同效果，因为海外和国际舆论能够从普通民众身上发现一个国家的基本人文精神。因此，随着国家间体育交流的增强，引进和输出明星运动员成为一些国家人文外交的重要举措。体育明星在本国和外国公众中都具有很强的吸引力，因此，他们不仅向外国公众传递着本国的形象，也成为联系本国和外国民众的纽带。

中国篮球运动员姚明加盟 NBA，就起到了拉近两国人民之间距离的作用，数量极为庞大的中国球迷更加关注美国篮球、美国人和美国社会，而美国人通过姚明的表现也更加关注中国人、关注中国社会。前中国驻美大使杨洁篪曾给姚明取了个别号“中美外交的民间大使”。姚明所在的休斯敦火箭队老板亚历山大曾说：“姚明将成为体育史上最伟大的明星。从世界的角度来说，姚明的影响会超过迈克尔·乔丹，不仅仅在美国，而且是在世界。”对于这个评价，亚历山大的解释是，“我之所以说他会是体育史上最有影响力的人，是因为他的背后有那么多的中国人。”美国是一

---

① 张广昭、陈振凯：《新领导人的个性风范》，《人民日报海外版》，2013 年 6 月 13 日。

个崇尚个人英雄主义的国家，在他们看来，姚明是一个“东方式的英雄”。纽约一位教授告诉记者，在他眼里，姚明不仅是一位聪明、不怕挫折、高大英俊的青年，还是一位严于律己、有善心、有团队精神、能处处替他人着想的英雄，他身上集中体现了东方文化的内涵，他的优秀怎么形容都不算溢美。可以说，姚明身上折射出来的中华文化的底蕴，改变了许多美国人对中国的看法，同时也让美国人最喜爱的篮球运动打上了中国印记。①

同样，中国网球运动员李娜在体育交流中，不仅拥有着精湛的球技和不俗的成绩，也因为她的幽默和松弛以及用英语自如交流代表了中国的形象。2011 年在澳大利亚驻华使馆为她举办的生日宴会上，李娜感谢完澳大利亚大使接着说，以后去澳大利亚签证，要快快的。一时间全场大笑。这份从容和幽默让世界重新发现她个人、中国网球甚至中国。②

体育本身对民众有着强烈的吸引力，可以促使人们不分地区、种族和宗教相互交流与沟通。著名运动员非凡的经历，能够更好地吸引国外的民众，从而达到改善中国国际形象和加强人文外交的目的。

第三节　对中国体育外交的前景展望

在新中国成立的 60 多年里，体育交流一直是中国发展对外关系的重要途径之一。改革开放之前，体育交流更多是依靠国家的力量，为打破国际社会对中国的孤立，增强和友好国家民众的友谊做出了贡献，“乒乓外交”是体育交流在这一阶段的代表；改革开放之后，随着全球化的不断扩展，社会的力量在中国体育交流中的作用不断提升，中国不仅成功举办了亚运会、奥运会，而且越来越多的包括武术运动在内的中国体育工作者走出国门，成为了中国国家形象的代言人，体育交流逐渐成为国家间民众沟通与交流的有效媒介，在中国与他国公众的交往中起到了增信释疑的作用，而武术运动的传播更是有效地推动了中外之间的

① 邹德浩：《姚明，跨越大洋的文化使者》，载《人民日报》，2006 年 7 月 26 日。
② 公兵：《李娜：中国开放自信的新“名片”》，载《新华每日电讯》，2011 年 6 月 5 日。

价值沟通。

当前，应抓住“丝路战略”所提供的新机遇，更为充分地发挥体育工作者在体育外交中的作用。历史上，中国的“援外教练”曾为深化国际社会对新中国的了解和支持作出了重大贡献。进入21世纪以来，越来越多的中国体育工作者正越来越广地活跃在国际体育界的各个领域，从美国女排、新加坡乒乓球队、加拿大击剑队到英国跳水队、美国体操队、马来西亚花样游泳队，都有中国教练的身影。在他国担任教练的“郎平”们、以及武术运动的推广者，无疑成为中国国家形象的代表，发挥着中国人文外交大使的作用。当中国女排曾经的标志性人物郎平带领美国队战胜中国女排时，世人从郎平身上看到的是“中国人”的力量与智慧。早在2002年加盟NBA的姚明，更是在美国掀起了一股“姚明热”。全球化时代的体育交流正在不断拉近各国民众之间的距离，应培养更多的“姚明”、“李娜”和武术运动工作者走出国门，借“姚明现象”、“李娜现象”、“功夫热”、“太极热”推动中国与世界各国的人文交流，促进中国体育外交能力的提升。在积极推动中国体育选手“走出去”的同时，也要努力将优秀的外国体育工作者“请进来”。目前，在女子曲棍球、花样游泳、自行车、篮球、足球等项目中，中国体育界已有不少外籍教练的身影，但仍应积极引进优秀的外国运动员和教练，以不断提高中国的体育竞技水平，并借此推动中国体育外交的深入发展。

第二十三章　奥运外交

第一节　奥林匹克精神与“人文奥运”的提出

一、奥运会历史与奥林匹克精神、奥林匹克主义

现代奥林匹克运动复兴于19世纪末的法国，它并不只是各国运动员一决高下的竞技场，更是包含了奥林匹克运动、奥林匹克精神和奥林匹克主义等理念的一个完整体系，是一个集体育竞技和人文交往于一身的全人类的盛会。关于奥林匹克精神，国际奥委会在《奥林匹克宪章》中将其定义为：“相互理解、友谊、团结和公平竞争”，[①] 延续了古代奥林匹克运动对和平、友谊、生活的热爱，也体现了包容、平等、团结的现代人文主义精神，为现代奥林匹克运动构建了一条具有普适性的指导原则。“奥林匹克主义”主要指“将身、心和精神方面的各种品质均衡地结合起来并使之得到提高的一种人生哲学。它将体育运动与文化和教育融为一体，创造一种在努力中求欢乐，发挥良好榜样的教育价值并尊重基本公德原则为基础的生活方式”。[②] 换言之，奥林匹克主义的核心即人与人、人与自然、人与生活、人与信仰的和谐。

追溯奥运会的历史，自公元前884年伊利斯王和斯巴达王签订《神圣休战条约》起，奥运会就与“和平、和睦、和谐”融为一体，使全世界人民得以借此平台表达对世界和平、美好生活、不同文明和谐共生的向往和追求。现代奥运诞生至今仅短短百余年的实践，但它为化解民族、国家、地区间的矛盾，为促进世界和平与发展，为增进国家间的理解和信任做出了不可磨灭的贡献。如第五届奥运会弥合了奥地利、匈牙利、捷克的矛盾；第十六届奥运会解决了东西德国歌问题；第十七届奥

---

① International Olympic Committee：*OLYMPIC CHARTER*，2013 - 09 - 09，p. 11. See at：http：//www.olympic. org/Documents/olympic_ charter_ en. pdf.

② Ibid.

运会解决了东西德会旗问题；第二十三届奥运会新中国重归奥运会；在第二十七届奥运会开幕式上朝鲜与韩国的运动员身穿相同服装、伴随着朝鲜族民谣《阿里郎》的旋律共同入场。[①] 可见，通过体育竞技这一特殊的交流方式来促进文化交流、促进世界和平、促进各国人民之间的相互尊重和友好合作是奥运会所独有的特色，是其他任何方式不能替代和复制的。

二、中国参与奥运会的历史

中国著名教育家张伯苓先生既是南开大学的创始人，也是“中国奥运第一人”。1907 年 10 月 24 日，张伯苓在天津第五届学校联合运动会颁奖仪式上，以“雅典的奥运会”为题发表演讲，首次明确提出中国人也应该加紧筹备，力争参与奥运会；1908 年他远赴伦敦奥运会现场，成为观摩奥运的第一个中国人，[②] 并提出著名的“奥运三问”，即：中国何时才能派一位胜利的选手参加奥运会？中国何时才能派一支胜利的队伍参加奥运会？中国何时才能举办奥运会？

1932 年第十届美国洛杉矶奥运会，中国短跑名将刘长春成为第一位代表中国参加奥运会的中国人。7 月 8 日，刘长春自上海乘船出发，2000 名同胞为其饯行，经过二十余日的航行终于到达洛杉矶。抵达当日，刘长春在当地受到夹道欢迎。他在日记里写道：“侨胞数千来作热烈欢迎……经过中国街时，汽笛乱鸣，惊起侨胞，群表欢迎。出中华商会，由美国警察机器脚踏车队领导保护，抵各巷口时，以救火车式喇叭开路，行人车马，为之驻足。”[③] 巧合的是，1984 年 7 月 29 日，同样在洛杉矶，与刘长春第一次代表中国参加奥运时隔 52 年之后，被称为“神枪手”的许海峰以总成绩 566 环获得中国奥运史上第一枚金牌，打破了零的纪录。

1991 年，北京成立奥申委，向国际奥委会递交 2000 年奥运会申请

---

① 何仲恺、马月华：《“人文奥运”与中国传统文化》，《体育文化导刊》，2006 年第 1 期。

② 《一个世纪的奥运梦想见证中华民族伟大复兴的脚步》，新华网，2008 年 8 月 4 日，http：//news. xinhuanet. com/politics/2008 -08/04/content_ 8934995. htm。

③ 同上。

书。1993年9月24日，北京以两票之差败给悉尼，与奥运失之交臂。五年后我国重整旗鼓，再次向奥运会发起冲击，终于在2001年7月13日经过两轮激烈投票后胜出，获得第二十九届奥运会的主办权。

三、"人文奥运"的提出及其意义

2001年1月，北京奥申委正式递交了2008奥运会"申办报告"，指出"绿色奥运、科技奥运、人文奥运"是北京奥运会的理念，主要表达了两层内涵：首先，"发展迅速、充满生机的北京将以更现代化的面貌和更加开放的姿态融入国际社会，结识新的朋友，发展新的合作"；其次，"在新世纪，奥林匹克精神将在全世界，尤其是在中国这个世界上最大的发展中国家得到更加广泛的传播"。[①] 体现出人文精神同林匹克运动的融合与升华。

2005年2月，北京市政府印发了《人文奥运行动计划实施意见》，明确表示"人文奥运是北京奥运的灵魂"，[②] 其基本内涵包括：传播现代奥林匹克精神，展示中华民族灿烂文化，推动东西方文化的交流合作，促进人与自然、人与社会、人的精神与体魄的和谐发展。充分体现"参与奥运、得益奥运"，充分体现"中国风格、人文风采、时代风貌、广泛参与"的特点。人文奥运是文化的奥运，是以人为本的奥运，是实现和谐的奥运，是"更高、更快、更强"与"和谐、和睦、和平"的有机统一。[③]

此外，为了确保人文奥运的顺利开展，《人文奥运行动计划实施意见》还制定了人文奥运四大工程，包括：第一，市民素质提升工程，旨在动员、提升广大民众对奥运的参与热情；第二，文化建设推进工程，旨在整个奥运周期更好地推广中华文化；第三，城市景观营造工程，旨在完善北京城市面貌及相关公共服务；第四，社会动员志愿培训工程，旨在强化奥运志愿者的接待能力。

---

① 转引自郝勤：《论"人文奥运"与奥林匹克精神的回归》，《体育科学》，2007年第2期。

② "人文奥运行动计划实施意见"，《北京日报》，2005年2月24日。

③ 同上。

“人文奥运”的诞生过程大致可以分为三个阶段：第一阶段是人文奥运理念的萌芽阶段，此时我国对人文奥运的认识尚停留在表面，作为对顾拜旦奥运理念的呼应而将其定义为“体育和文化的结合”；第二阶段的人文奥运理念融入了更多中西方文化交流互动的设想，将我国文化中“和而不同”、“和谐共生”的传统思想与奥运结合，初步形成了具有中国特色的奥运理念；第三阶段，我国意识到只有回到中国传统文化语境中来解读“奥运精神”才能彻底实现“人文”和“奥运”的有机结合。事实上，“人文奥运”理念的提出一方面表达了中国愿意借助奥运这一平台推广奥林匹克精神的美好愿望，另一方面也传达了中国同世界各国实现价值观沟通、增信释疑的决心。

就国内层面而言，人文奥运的提出与近年来对中华传统文化的重视有直接关联。改革开放后我国引进了许多西方的理念和成果，但随着各领域的深入发展，西方理念与模式一再被证明不适用于中国发展，越来越多人尝试通过对中华文化原典的再发现、再解读来找到解决现实问题的新途径。因此，人文外交的提出是我国对优秀传统文化的继承和发扬，体现了我国对于文明对话、人文交流的高度重视，也彰显了我国对于中华文明生命力和吸引力的自信。

就国际层面而言，人文奥运是对奥林匹克精神的传承与发展，通过运动竞技来加强异质文明的交流与对话。后冷战时代，随着经济贸易的飞速发展，各国间的相互依存度不断加深，相互理解、互利共赢是实现和平与发展的唯一方法。而在实践过程中，由中西方文明巨大差异所导致的误解、猜疑和不信任仍然在很大程度上阻挠着各方寻求合作的努力。在这样的国际背景下，奥运的意义早已超越了竞技比赛本身，而是成为不同文明之间相互沟通与交流的机制与平台。

就奥林匹克运动本身而言，其担负着促进人类文明的交流、推动社会发展、维护世界和平的使命，然而自市场化运作开始，奥运似乎渐渐偏离了初衷。在市场化解决了奥运经费来源的同时，也逐渐出现了金牌至上、服用兴奋剂、体育暴力等种种丑陋的现象，给奥运积极向上的形象以沉重的打击。因此，在商业利益面前，如何让奥运恢复本来的面貌、如何实现崇高的奥林匹克精神成为人们亟待解决的问题。“人文奥运”的提出无疑是我国对奥林匹克运动做出的一大创举，通过人文精神的回归和发扬，让奥林匹克运动重回正轨，朝着和平、友爱、相互尊重、包容差异的道路上继续前行。

总体而言，人文奥运的提出既是对中国传统文化的复兴，是我国重塑文化自信、推广优秀传统文化的重要契机，也是顺应时代潮流、推动人类发展的必然结果，还是对于现代奥林匹克运动人文精神缺失的深刻反省和及时补救。

第二节　北京奥运会与中国传统文化

一、北京奥运与中国文化元素

（一）奥运口号——“同一个世界同一个梦想”

“同一个世界同一个梦想”（One World One Dream），集中体现了奥林匹克精神的实质和普遍价值观——团结、友谊、进步、和谐、参与和梦想，表达了全世界在奥林匹克精神的感召下，追求人类美好未来的共同愿望；深刻反映了北京奥运会的核心理念，体现了作为“绿色奥运、科技奥运、人文奥运”三大理念的核心和灵魂的人文奥运所蕴含的和谐的价值观。

“同一个世界同一个梦想”，文简意深，既是中国的，也是世界的。口号表达了北京人民和中国人民与世界各国人民共有美好家园，同享文明成果，携手共创未来的崇高理想；表达了一个拥有五千年文明，正在大步走向现代化的伟大民族致力于和平发展，社会和谐，人民幸福的坚定信念；表达了13亿中国人民为建立一个和平而更美好的世界做出贡献的心声。①

---

① 《北京奥运会主题口号》，新华网，2008年2月15日，http：//news. xinhuanet. com/olympics/2008－02/15/content_ 7609437. htm。

（二）会徽——“中国印·舞动的北京”

“中国印—舞动的北京”采用了典型的中国艺术表现形式，集中国特有的文字、篆刻和书法于一体，以印章的形式设计，传达出深刻而厚重的东方文化底蕴。会徽中的文字部分（“BEIJING2008”）取汉简（汉代竹简文字）之笔意和中国书法之神韵，将汉简中的笔画和韵味有机地融入到“BEIJING2008”字体之中，与会徽图形和奥运五环浑然一体，形成独特的风格。此外，会徽还选用了中国人最为崇尚的颜色———红色作为主体图案基础颜色，传达着中国人民对生活的热爱和对奥林匹克的激情。红色历来被视为中国的代表性颜色，红星、红旗、红色政权共同筑起了红色的共和国。红色是东方的太阳，红色是生命的圣火；红色是中国人对吉祥美好的礼赞，红色是中国人对世界的祝福和盛情；红色是中国人喜庆热烈的心情，红色是北京激情活力的象征。[1]

① 《北京2008年奥运会会徽的含义》，《人民日报（海外版）》，2003年10月17日。

（三）奥运火炬——“祥云”

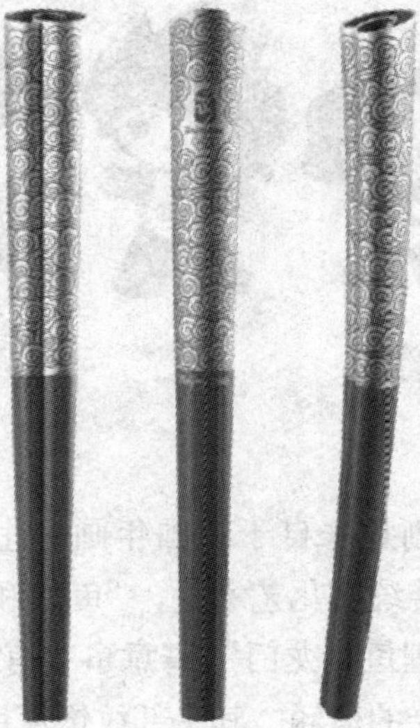

北京奥运会火炬创意灵感来自“渊源共生，和谐共融”的“祥云”图案。祥云的文化概念在中国具有上千年的时间跨度，是具有代表性的中国文化符号。火炬造型的设计灵感来自中国传统的纸卷轴。纸是中国四大发明之一，通过丝绸之路传到西方。人类文明随着纸的出现得以传播。源于汉代的漆红色在火炬上的运用使之明显区别于往届奥运会火炬设计，红银对比的色彩产生醒目的视觉效果，有利于各种形式的媒体传播。火炬上下比例均匀分割，祥云图案和立体浮雕式的工艺设计使整个火炬高雅华丽、内涵厚重。①

（四）奥运吉祥物“福娃”与“北京欢迎您”

福娃是北京2008年第29届奥运会吉祥物，其色彩与灵感来源于奥林匹克五环、来源于中国辽阔的山川大地、江河湖海和人们喜爱的动物

① 《北京奥运会火炬》，新华网，2008年2月15日，http：//news. xinhuanet. com/olympics/2008－02/15/content_ 7609479. htm。

形象。

福娃贝贝：其造型创意来自于中国年画—莲年有余、中国传统鱼纹样、水浪纹样。在中国传统文化艺术中，“鱼”和“水”的图案是繁荣与收获的象征，人们用“鲤鱼跳龙门”寓意事业有成和梦想的实现，“鱼”还有吉庆有余、年年有余的蕴涵。其头部纹饰使用了中国新石器时代的鱼纹图案。

福娃晶晶：其造型创意来自于我国濒危珍稀动物——熊猫，象征着人与自然的和谐共存，其头部纹饰源自宋瓷上的莲花瓣造型。

福娃欢欢：象征奥林匹克圣火。其头部纹饰源自于中国传统火纹图案、敦煌壁画中的火焰纹样。

福娃迎迎：其造型创意来自于我国特有的珍稀动物——藏羚羊，它是青藏高原特有的保护动物，是绿色奥运的展现。其头部纹饰融入了青藏高原和新疆等西部地区的装饰风格；

福娃妮妮：其造型创意来自北京传统的沙燕风筝。此外，“燕”还代表燕京，即古代北京的称谓。①

（五）奥运奖牌“金镶玉”

北京奥运会奖牌创意取自中国古代龙纹玉璧造型，由象征尊贵和美

---

① 《北京 2008 年第 29 届奥运会吉祥物——福娃》，新华网，2008 年 7 月 25 日，http：//news. xinhuanet. com/edu/2008 －07/25/content_ 8767907. htm。

德的金和玉的材质组合而成，寓意“金玉良缘”。奖牌正面为国际奥委会统一规定的图案——插上翅膀站立的希腊胜利女神和希腊潘纳辛纳科竞技场。奖牌背面镶嵌着取自中国古代龙纹玉璧造型的玉璧，背面正中的金属图形上镌刻着北京奥运会会徽。奖牌挂钩由中国传统玉双龙蒲纹璜演变而成。整个奖牌尊贵典雅，中国特色浓郁，既体现了对获胜者的礼赞，也形象诠释了中华民族自古以来以“玉”比“德”的价值观，是中华文明与奥林匹克精神在北京奥运会形象景观工程中的又一次“中西合璧”。①

二、北京奥运开幕式与中国传统文化

在2008人整齐划一的击缶声中，北京奥运会正式拉开序幕。整台晚会可以说是由浓郁的中国元素串联而成。“鸟巢”中央巨幅的长卷、活字印刷术展现的“和”字、郑和船队下西洋的再现、表达天人合一思想的太极表演等等都在全世界面前展现了中国文化的魅力，尤其是著名运动员李宁飞天点燃火炬的场景让人至今记忆犹新。奥运会开幕式总导演张艺谋在接受采访时表示，主火炬点燃，是整场开幕式的最高潮，是对北京奥运会开幕式理念最完整的阐述，是北京奥运会世界性的一种体现。北京奥运会绝不仅仅只是中国人的奥运会，除了要展示中国文化之外，更要展示当

① 《北京奥运会倒计时500天奥运奖牌式样正式公布》，新华网，2007年3月27日，http：//news.xinhuanet.com/sports/2007－03/27/content_ 5902824.htm。

代中国宽广的胸怀、海纳百川的气魄。①

国外各大主流媒体也争相对北京奥运会开幕式做出评价，如英国《独立报》网站在《中国向世界敞开大门》的报道中说："2008 名鼓手擂出的鼓声如同滚雷，是开幕式的完美倒计时方式，它展现了世界最古老的文明之一。"文章说，开幕式盛况并没有用熊猫、大红灯笼和舞龙等标识，但却在数小时内呈现了中国五千年的历史。法国《费加罗报》当天头版刊登题为《北京，世界的首都》的文章。文章说，中国的百年梦想将于 8 日晚在"鸟巢"实现。开幕式将会集全球政界名流，是亿万观众瞩目的中心，是中国展现自豪和复兴的舞台。《费加罗报》当天出版的《费加罗杂志》还推出 20 页的中国专题，通过大量文字和图片介绍中国政治经济等方面的情况。《巴黎人报》当天用整个头版和 8 个专版报道北京奥运会。一篇题为《即将载入历史的一届奥运会开始了》的文章说，全北京现在洋溢着 60 万志愿者的笑容，北京将向世界证明能够办好这场体育盛会。日本《读卖新闻》《朝日新闻》《每日新闻》《东京新闻》和《日本经济新闻》等各大报纸的晚版，都在头版显著位置刊登了北京奥运会开幕式的消息。《每日新闻》晚版刊登一篇题为《共同的梦想》的文章说，今晚的"鸟巢"成为了红色的海洋和欢乐的海洋，看到的除了笑脸，还是笑脸，每个人脸上都洋溢着幸福的笑容。② 总体而言，国外媒体对北京奥运会开幕式大多持肯定态度，认为开幕式不仅在最短的时间内集中展示了中国五千年的悠久文化，也体现了中国近年来飞速发展所取得的进步。

北京奥运会开幕式亦使我国"首脑外交"取得空前成功。这次出席北京奥运会的国际贵宾包括 54 位国家元首、16 位政府首脑、9 位王室代表、1 位地区负责人和 4 位总统夫人，比 2004 年雅典奥运会增加了一倍多并开创了不少先例：日本首相福田康夫是 20 年来第一位到国外观看奥运会的日本首相；法国总统萨科齐以法国总统和欧盟轮值主席的双重身份来华参加奥运会开幕式；布什是第一位在任期内出席于他国举办奥运会的

---

① 《浪漫的中国·梦想的世界——北京奥运会开幕式总导演张艺谋专访》，新华网，2008 年 8 月 8 日，http://news.xinhuanet.com/olympics/2008-08/08/content_9060804.htm。

② 《外媒评价第 29 届北京奥运会开幕式》，新华网，2008 年 8 月 8 日，http://news.xinhuanet.com/olympics/2008-08/08/content_9054813.htm。

美国总统；加蓬只有4名运动员参加北京奥运会，但总统邦戈还是从万里之遥的非洲赴京出席奥运开幕式。[①] 这次到访的领导人之多可以说是创下了中国外交史上接待国外最高领导人数量的纪录，不仅为各国首脑提供了国事交流的非正式平台，也对我国外交工作的难度、强度提出了更高的要求，是一次不可多得的历练机会。国际奥委会官员曾经多次提到过包容的概念，这种包容和中国竭力倡导的和谐具有同样的性质。多国领导人相聚北京，这本身就是“和谐世界”的体现，不仅与奥运会的理念一致，也与中国传统文化精神一致。

三、北京奥运与志愿者精神

这次奥运会所需志愿者的人数之多、要求之高、涉及面之广都是新中国成立以来前所未有的。北京奥组委主席刘淇曾经要求北京奥运会志愿者要成为微笑的使者，成为追求和谐、倡导和谐的先锋。用微笑展示中国人民热情好客、优雅文明和开放自信的精神风貌，展示今日中国朝气蓬勃、日新月异的新形象；用微笑架起不同种族、地域、文化间人们沟通的桥梁，增进人与人之间的友谊与信赖；用微笑表达对残疾人运动员的尊重和关爱，增强全社会对弱势群体的关心和帮助；用微笑传递中国人民对人与人之间、人与社会之间、人与自然之间和谐的理解和追求，推动社会主义和谐社会的构建。[②] 据统计，自2006年8月28日启动志愿者招募工作，到2008年3月31日报名结束，报名人数达到了1125799人，其中908334人同时报名残奥会志愿者，报名人数成为历届奥运会之最，最终录用了来自98个国家和地区的74615名志愿者[③]（参见图1）。

---

① 江迅：《奥运外交风云，场内场外斗法》，《亚洲周刊》，2008年8月15日。

② 郑小九：《人文奥运理念与奥运志愿精神》，《西安体育学院学报》，第24卷第4期。

③ 《北京奥运会志愿者人数比计划增加近5000人》，新华网，2008年7月16日，http://news.xinhuanet.com/sports/2008-07/16/content_8557521.htm。

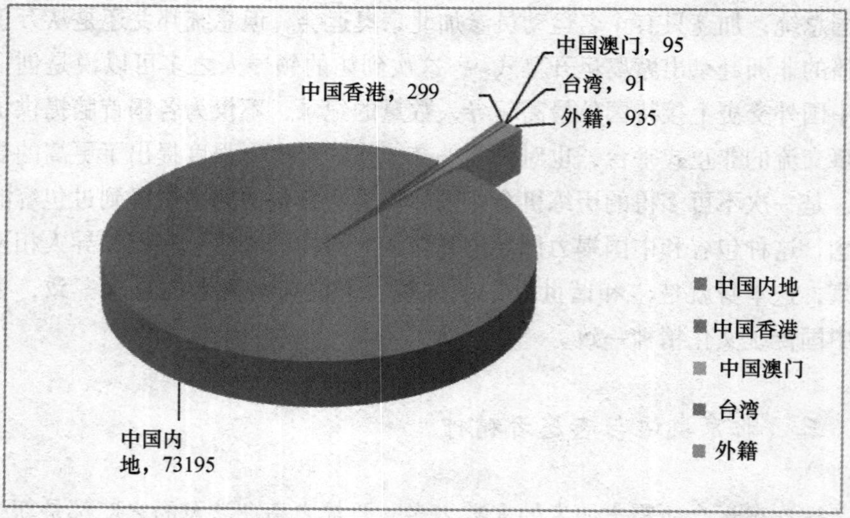

图 1：2008 年北京奥运会赛会志愿者地区分布图①（单位：人）

在以上赛会志愿者中，大学生志愿者共计 5.4 万人②，占 80% 以上，成为北京奥运会赛会志愿者当之无愧的“主力军”，此外还有 40 万名城市志愿者在北京市设立的 550 个城市志愿服务站点提供信息咨询、语言翻译、应急救助等服务。百万名社会志愿者在社区、乡镇围绕“平安奥运”开展各类志愿服务活动。③ 因此，参与到北京奥运会各类志愿者活动的总人数实际超过百万人，创下新纪录。

由于北京奥运会对于志愿者数量和质量的要求在新中国历史上是前所未有的，北京市很早就启动了志愿者培训计划，主要包括：第一，开展群众性奥林匹克知识学习教育活动，组织编写“市民奥林匹克读本”，深入做好奥运会会歌、吉祥物、宣传口号的征集和圣火传递工作，做好对内对外舆论引导工作，搞好志愿者队伍的组织培训工作；第二，形成以在校大学生为主、市民和社会团体为辅，约十万人的志愿者队伍；第三，推行志愿服务的

---

① 数据来源：由新华网：《北京奥运会志愿者人数比计划增加近 5000 人》（2008 年 7 月 16 日，http：//news. xinhuanet. com/sports/2008 - 07/16/content_ 8557521. htm）整理而成。

② 《奥运赛会志愿者大学生近八成》，《中国教育报》，2008 年 8 月 16 日第 1 版。

③ 同上。

认证工作和志愿者注册制度，建立志愿服务基金，创办志愿者培训学校等。[①]

北京奥运会是新世纪以来中国最重要的盛事之一，其成功举办表明中国不仅是个成功的参与者，也是一个合格的组织者。更重要的是，经过北京奥运期间所形成的“志愿者精神”培养了我国年轻一代对国际事务和全球治理的参与意识，通过人际交流、“人媒介”来履行人文外交价值观沟通和增信释疑的使命，传播中国礼貌、好客、友善的形象。

就广义而言，我们每一个中国人都是这次奥运会的志愿者，肩负宣传中华民族传统文化之邦、礼仪之邦的使命，也肩负了同世界各国人民进行价值观沟通、增信释疑的使命。北京奥运会志愿者工作的圆满成功在很大程度上为后来的上海世博会、深圳大运会等重大国际盛会打下了坚实的基础、提供了宝贵的经验。

第三节　北京奥运会的成功举办与“人文外交”的提出

北京奥运会所提出的“人文奥运”理念不仅在一定程度上帮助奥林匹克运动克服“人文危机”，弘扬体育的人文精神，更是以体育为桥梁促进中外文明的交融与互动。同时，人文奥运理念的提出对以“和谐”为核心的中华民族和合思想起到了推广和发展的作用，对于促进东西方文明的交流与合作，发展中外友好关系，推动建设持久和平、共同繁荣的和谐世界具有重要意义。

中华文明自古以来一直以多元而开放的姿态迎接不同文明的交流和融合，“和而不同、兼收并蓄”的文明交往观对中华文明的发展和传承起到了重要作用。温总理在哈佛大学演讲时指出：“中华民族具有极其深厚的文化底蕴，历来酷爱和平。‘和而不同’，是中国古代思想家提出的一个伟大思想。和谐而又不千篇一律，不同而又不彼此冲突；和谐以共生共长，不同以相辅相成。用‘和而不同’的观点观察、处理问题，不仅有利于我们善待友邦，也有利于国际社会化解矛盾。”[②]“人文奥运”理念一方面同奥林匹克精神一起体现了中华民族对于爱与和平的追求和向往，更

---

① 《人文奥运行动计划实施意见》，《北京日报》，2005年2月24日。

② 《温家宝在哈佛大学演讲》，《人民日报海外版》，2003年12月12日。

重要的是借助奥运平台将“和谐”这一核心观念推广到世界范围。2005年9月，胡锦涛总书记在联合国成立60周年首脑会议上首次提出构建“和谐世界”的理念，而“人文奥运”的提出则是对该理念的响应、实践，表达了中华民族以“和谐”促“和平”的坚定信念，也表达了我国愿意用举办奥运会这一全球盛事来检验“和谐世界”理论的正确性，体现了对于传统文化的自豪和自信。

时任外交部长的杨洁篪认为奥运会是东西方文化的一次集中对话和交汇，促进了中国的软实力建设。通过高效严密的奥运组织工作、壮观精彩的开闭幕式、热情专业的志愿者、友好理性的观众以及“绿色奥运、科技奥运、人文奥运”理念的实施，中国向世界集中展示了灿烂悠久的中华文明和改革开放30年的巨大成就，进一步树立了文明、民主、进步、开放的形象，在国际上掀起了新一轮“中国热”。他同时表示，北京奥运会收获的最重要的一枚金牌，就是在赢得世界人民的理解、信任和友谊方面取得新的突破。[①] 在奥运会成功举办的基础上，杨洁篪正式提出了“人文外交”概念，提出要深入思考和总结归纳奥运外交的成功经验，不断丰富和发展中国特色社会主义外交理论和实践，构成了以中国传统文化、人文奥运理念和新中国人文外交三者为主体的循环逻辑（参见图2）。

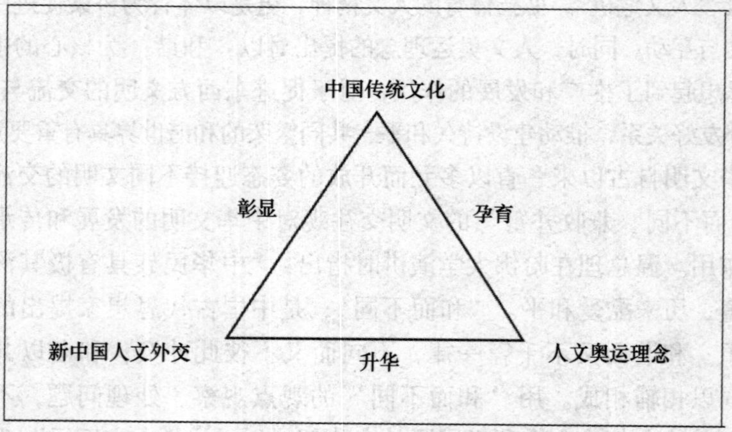

图2：中国传统文化、人文奥运理念和新中国人文外交循环逻辑图②

① 杨洁篪：《奥运后的中国外交》，《中国外交》，2008年第11期。
② 作者自制。

由图2可见，人文奥运理念的背后是中国数千年悠久文化的积淀，是由以“和合共生”为核心的传统文化所孕育而成的。因此，人文奥运理念借奥运这一盛事向全世界传播了崇尚和谐的人文关怀，不仅为奥运会注入了全新的精神内涵，还在奥运期间不断提炼与升华，从短期的、举办奥运会的理念转化成为长期的、指导中国外交实践的支柱。“人文”一词的深厚底蕴和广泛内涵成为我国化解当前外交困局，通过柔性的人文交往彰显中国传统文化的魅力，最终实现与世界各国的价值观沟通，达到增信释疑、共建和谐世界的目标。

总之，2008年是新中国人文外交的“起步之年”。经过中国传统文化数千年的积淀和北京奥运会的成功实践，“人文”一词肩负了前所未有的重要使命，为我国打开外交局面提供了新的途径与契机。“人文外交”的提出不仅总结、概括了我国历史上的相关外交实践，而且使陆上、海上丝绸之路遗留下来的历史资源、人文资源和道义资源得到了重新的挖掘和利用，大大丰富了中国外交的理论内涵和实践途径。

第二十四章　世博外交

第一节　上海世博会与中外人文交流的历史梳理

一、对上海世博会期间中外人文交流的整体回顾

2010 年 5 月 1 日至 10 月 31 日举办的上海世博会是第一次在发展中国家举办的注册类世博会，也是参展方和参与人员最多的一届世博会。上海世博会以“城市，让生活更美好”为主题，成为了充分展示人类当代文明成果的舞台。在这一短期的、集中性的大型全球性交流活动中，正是人文外交的创新，使得“理解、沟通、欢聚、合作”的世博理念得到充分发扬，确保了上海世博会的成功、精彩、难忘。

世界博览会从诞生之日起就与各国外交相关，根据《国际展览会公约》规定，世博会必须是政府行为，因为“所用参展邀请，无论发至成员国或非成员国，须由主办国政府通过外交途径发往受邀国政府，给该受邀国和该国其他受邀方。答复须以同样的途径传递给邀请国政府，如果上述邀请函未按本公约规定发送，缔约国不可以组织或赞助参加国际展览会”。[①] 由此可见，世博会本身就是一个外交平台，就中国而言，虽自世博会诞生之日起就与之发生了联系，但在 1905 年中国政府正式将世博会承办权收回[②]之前，中国并未真正从事过与世博相关的外交活动。直至 2010 年上海世博会，中国才在此平台上进行了全面而卓有成效的人文外交。

将重大国际活动作为中国人文外交重要创新的契机，是具有深刻的时代背景和客观条件的：第一，进入 21 世纪后，中国积 30 多年的改革开放之成功，在综合国力上不断提升，并且在 2008 年的金融危机中发挥了突出的积极作用，中国主办奥运会和世博会也从不同侧面反映了当前国际力量对

---

① 《国际展览会公约》第十一条，中国展览信息网，2009 年 7 月 14 日，http：//fair. ccpit. org/Contents/Channel_ 2688/2009/0714/194499/content_ 194499. htm。

② 乔兆红：《中国近代博览会事业的流变》，《学术月刊》，2007 年第 7 期。

比的重大变化。正如德国前总理施罗德所言："在当前全球化时代，中国对我们的世界来说至关重要，在不久的将来，将崛起为重要的经济和政治上的贡献者，并将成为践行其和平、公正和发展的国际责任的现代国家。在全球和平发展方面，中国发挥着必不可少的作用。没有中国，任何国际冲突和挑战都不可能获得解决。"① 第二，当前，国际社会的互动日趋加强，外交方式也逐渐多元化，多国会议、高峰会议、宣言外交、公共外交等走向前台，而人文外交的加强，有助于丰富并深化中国的大外交格局，密切中外关系。

在上海世博会会徽和吉祥物的设计上，也体现了人文外交的要求。世博会会徽以汉字"世"为原型，利用汉字的"象形"特点，寓意一个三口之家相拥而乐。采用写意的表现方式，将汉字模拟图形化。而世博吉祥物海宝展现出有性格的生命形象，使用拟人的手法使得海宝的形象更为生动。"海宝"深入人心的卡通人物形象，带给城市更多的亲和力。意为"四海之宝"的海宝，体现了海派文化的海纳百川、兼容并蓄精神。海宝的创意源于"人"字，即反映了让城市便美好的主题的作用。

上海世博会有 189 个主权国家和 57 个国际组织参展，其中 42 个国家选择了自己设计和建造展馆，42 个国家租用了东道国提供的展馆，余下的国家和国际组织全部在联合馆内，此外还有 18 个企业馆、城市最佳实践区（UBPA）52 个城市案例馆和东道国中国的国家馆、31 个省市馆、港澳台 3 个特区馆以及 5 个主题馆。与此同时，绿色低碳成为本届世博的主旋律。如园区内采取大量节能减排的措施，太阳能光伏发电总量近 5 万伏，类似阳光谷等建筑还成为本届的绿色建筑地标。②

除此之外，论坛也成为世博会期间人文交流的一个重要途径。上海世博会的论坛规模史无前例。世博会半年中，主题论坛有 6 场，主要在长三角地区举行，公众论坛 53 场，分散在全国各地，最远到过西藏、新疆。在此基础上，2010 年 10 月 31 日还在世博中心举行了青年高峰论坛和世博高峰论坛各 1 场。从邀请出席的嘉宾看，主题论坛共邀请了 300 多位国际嘉宾，高峰论坛 70 多位国际嘉宾。这些国际嘉宾除政治人物外，均是

---

① 解敏：《格哈德·施罗德：期待中国，期待上海》，东方网，2010 年 3 月 7 日，http://sh.eastday.com/qtmt/20100307/u1a702561.html。

② 徐波：《上海世博文化外交探析》，载《国际展望》，2011 年第 2 期。

国际相关领域的领军人物，其中不乏诺贝尔奖得主、文化巨匠、著名学者等，其公信力、影响力均为世界公认。据统计，出席主题论坛的听众达4000多人，出席高峰论坛的听众逾2000多人，50多场公众论坛的听众、广大电视机前的观众、网民的人数更是众多，他们都是“城市，让生活更美好”主题的实践者，传承者、传播者。①

世博会期间，在世博园区内，共有13批次79965名园区志愿者上岗，服务总量超过1000万小时，服务人次超过4.6亿，园区内平均每天要有5000名（最多时9000名）大学生志愿者们，他们同样以自己的奉献为世博会期间的中外人文交流做出了重要贡献。②

与此同时，上海世博会的参展各方与中国组织者一样，均希望以世博会为沟通平台，通过人文外交，获得世界对其进一步的了解和认同。在这样一个典型的文化与创意的奥运会中，每一国家都立身于自己的文化特质，从而使各国公众能够真正认识到各个国家的传统。

在西班牙馆，在山洞中放映的西班牙电影，让人强烈感受到西班牙民族的光辉历史、能歌善舞、对生活的热爱和追求达到狂热的地步。看完电影后观众的第一感觉是，这样的片子只有西班牙人才拍得出来。同样，日本馆的电影以其东方人的细腻，描写了日中两国友好交往的一段佳话。电影里有日中科学家、环保人士保护珍稀鸟类朱鹮的动人故事，也有对日本20年后生活的畅想和日本技术立国理念的展示。朱鹮在日本被尊为“圣鸟”，却已灭绝，如今由中国赠送的朱鹮成为两国友谊的使者。短片中，日本的一个家庭从老人、主妇到孩子，都为发现朱鹮的一根羽毛、亲眼看到朱鹮在天空飞过而感到欣慰。从这个表现形式看，整个电影时间不长，内容丰富，非常“日本化”。美国馆没有任何镇馆之宝，展品数量也极为有限，但其感人之处并不少，关键是其以三部电影向公众彰显了美国文化和价值观。参观者通过看电影，以及与其工作人员交谈（通常是学中文的在校大学生），便会在日常熟视无睹的好莱坞大片、麦当劳、可口可乐、迪斯尼等后面发现一个热情、极富进取精神的美国。另外，有“月亮船”之称的沙特馆成为了上海世博会期间最受参观者关注的场馆。该馆顶部和底部

① 徐波：《上海世博文化外交探析》，《国际展望》，2011年第2期。

② 陈惟：《8万园区志愿者服务人次超4.6亿》，《文汇报》，2010年12月6日。

具有沙特风情的花园、底部具有中东地域特色的景观环境和中国式的涡卷城墙相互交融，象征着中沙之间深厚的情谊。顶部花园的150颗椰枣树，打造了具有浓郁特色的沙特绿洲，该馆就像一艘中沙友谊之船，沿着中国与阿拉伯世界沟通的“海上丝绸之路”不断前行。据沙特馆官方网站所提供的数据显示，截至世博会结束，参观沙特馆的人数超过430万人次，占世博会参观总人数的6%。由表1可见，在上海气候最为炎热的8月，世博会单日参观人数较其他时段相比呈减少趋势，但参观沙特馆的人数却同比上升，并连续出现日均访问人数突破或接近28万人次的峰值。在9月23日沙特国家馆日，世博会创下63.1万人的单日人数最高值（参见图1）。

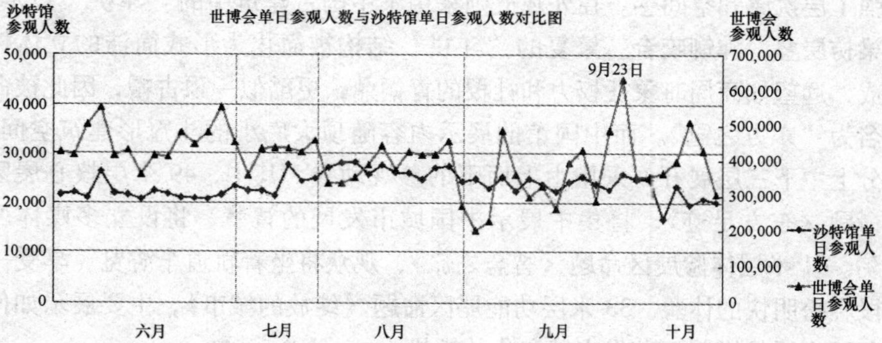

图1：世博会单日参观人数与沙特馆单日参观人数对比图①

世博会参展各方不仅通过展馆布置、而且借助具有本国特色的文艺演出推动人文交流。世博会节目总数超过800个，总场次1.7万多场，平均每天演出100场。其中，“欢乐盛装大巡游”每天都会在世博园的浦东和浦西园区上演，数百名演员的参展阵容呈现了史上最大盛装巡游。②

在上海世博会184天中，组织者共举办了170场国家馆日，19个国际组织荣誉日，接待副总理以上贵宾219批，其中，仅外国元首、总统、国王近百批。接待游客总人数超过7300万。此外，经组织者礼宾部门安

---

① 田艺琼：《新中国对沙特、以色列人文外交比较研究》，上海外国语大学硕士论文，2012年12月。

② 马建英：《上海世博会和世博外交》，《国际问题研究》，2010年第6期。

排入园的外宾超过10万人次，外国记者入园1.4万人次。因此，当全世界聚焦上海时，5.28平方千米的世博园区就成为中国历史上最大的人文外交平台。①

二、中国馆与中外人文交流

中国馆以“城市发展中的中华智慧”为核心展示内容，整体造型介于具象与抽象之间，意蕴深邃，其设计思路主要是从中国古代灿烂的文化遗产中汲取营养。它大面积采用了大气沉稳的“中国红”作为主色调，并借鉴“故宫红”采取多种红的渐变，在形成强烈视觉冲击力的同时加强了层次感和空间感。在外观上则采用了中国古建筑中的“斗栱”技术，梁枋层叠，榫铆咬合。繁复的“斗栱”结构被简化为形式简洁的立体构成，远望如商周时象征权力和社稷的青铜鼎，更酷似一顶古帽，因此被命名为“东方之冠”。而中国馆的展示内容随顶大底小的斗冠形建筑空间，分上中下三层展开，采用由上而下的参观动线，其中，49米层核心展区命题《东方足迹》，将集中展示中国城市发展的智慧，将设立多媒体剧院。41米层体验展区命题《智慧之旅》，观众将坐着轨道车游览、享受一段轻松明快的体验。33米层功能展区命题《绽放的城市》，主要展示如何通过生活的智慧面向未来城市化的挑战。

整体来看，中国馆在上海世博会人文交流中所发挥的文化传播作用可分为四个部分：第一，物质文化遗产及其影像，如北京馆展出的天坛、鸟巢、水立方和国家大剧院等地标性建筑影像；山西馆展出五件三组的侯马陶范、国宝侯马盟书、国家一级文物立鸟人足筒形器和国家二级文物玉人；第二，非物质文化遗产，如中国元素活动周上，均安排有“传习互动”环节，展示当地非物质文化遗产的特点，并通过互动参与让游客真切地体会这些风俗、技艺的特点；第三，传统文化符号及其变体，如各省市馆的馆标设计都力图创造性地融入中国文化中的语言、图像或自然形象，通过变形和高科技处理给人以强烈的视觉冲击力；第四，当代中国的现代性元素，各省市馆将展示内容设计在“过去——现在——未来”的

---

① 徐波：《上海世博文化外交探析》，《国际展望》，2011年第2期。

时间维度上，而新中国成立尤其是改革开放以来的现在则成为表现的重点。[①]

而在中国馆的众多展示中，动态版《清明上河图》在世博会期间的中外人文交流中最为著名，被媒体和公众称之为“镇馆之宝”。《清明上河图》作为驰名世界的古代中国长轴画卷，反映了北宋时期都城汴京（今河南开封）的繁荣景象。据史载，汴京是12世纪世界最大的城市，也是中国古代最繁荣的城市。动态版《清明上河图》通过科技的运用，不仅让画卷活灵活现，而且通过对普通民众与城市繁荣二元结构的历史强化以及河流上智慧点（分别是：乐山乐水、南北通渠、戮力同心、万国咸通、方圆成矩、兼容并蓄、诗礼传家、勤业乐事）的历史改写，向世界建构了“人心之和”的盛世和谐的中国国家形象。[②]

美国国务卿希拉里·克林顿于5月22日参观中国馆。希拉里首先观看了国宝《清明上河图》真迹，并在动态版的“清明上河图”前停留观看了很长时间，对中国宋朝的城市生活倍感兴趣，并称赞中国馆展示内容“非常丰富”。印度总统普拉蒂巴·帕蒂尔则表示，“中国馆将现代工程设计与中国传统审美和高科技相结合，给我留下了深刻印象”。[③] 对于中国馆馆长徐沪滨，印象最深的则是法国前总理拉法兰先生在参观中国馆时，在看完主题影片《和谐中国》之后泪流满面地说：“我是看着中国发展起来的，中国太了不起了。”[④]

中国馆在世博会人文交流中取得了显著的成就，在半年的世博会会期里，中国馆接待了928万人次的参观者，日平均客流量超过5万人次。[⑤] 通过中国馆的展示，中国文化和当代中国的真实形象鲜活地走进了每一位参观中国馆的公众心中，从而为外国民众了解中国、理解中国、肯定中国做出了重要的推动作用。

---

① 曾军：《上海世博的中国元素与中国国家形象的建构》，《学术界》，2010年第7期。

② 孟建：《2010上海世博会“中国国家形象建构”分析》，《现代传播》，2011年第2期。

③ 姚培硕：《中国馆频迎“重量级人物”，获海内外来宾高度评价》，人民网，2010年10月1日，http：//2010. people. com. cn/GB/164760/12871280. html。

④ 张玉玲：《中国馆：古韵新风之间》，《光明日报》，2010年10月1日。

⑤ 周楠：《“我听见了一个美丽的中国馆”》，《解放日报》，2010年10月28日。

三、非洲联合馆与中外人文交流

上海世博会共有50个非洲国家和一个非洲国际组织参展，是世博会历史上非洲参展国家数量最多的一次。除摩洛哥、南非、安哥拉、尼日利亚、埃及、利比亚、阿尔及利亚、突尼斯8个国家租赁独立展馆外，其余42个国家和非盟都在非洲联合馆设展。

非洲联合馆建筑面积达2.6万多平方米，占地规模相当于3个标准足球场，4个外立面的面积总和达9500平方米，是上海世博会11个联合馆中规模最大、人气最旺的展馆。开馆仅半个多月，参观者就达到100万人次。至6月20日，参观者已逾500万人次。至7月27日，非洲联合馆的参观者更是超出了1000万人次。根据统计数据显示，每3—4个来到世博园区参观的游客中，就有1人会选择来非洲联合馆参观。时任中国外交部长杨洁篪说到："我们帮助建立非洲联合馆，实现了非洲国家第一次在世博会的整齐亮相。非洲联合馆已成为世博园区内最受欢迎的展馆之一"。[①] 利比里亚总代表在参观完非洲联合馆后的话最具代表性，"我们这些非洲国家，历史上第一次真正地拥有了自己的世博会展馆。"[②]

非洲联合馆从外立面设计，到馆内布局、展品布置都力图反映非洲文化和非洲的发展状况，从而向全世界民众展示一个真实的非洲。让更多的人了解、热爱非洲，是参加本次世博会所有非洲国家和世博会组织者的共同愿望。非洲联合馆外立面图案的色彩非常活泼：耀眼的黄、棕和紫红色等色彩编织出耀眼的"朝霞"，整个馆给人一种透过森林来仰望天空的感受。即便是没有到过非洲的人，也能在古老、神秘的韵味背后，体会到朝气蓬勃的真实的非洲。非洲联合馆把非洲的美景原封不动地搬到了世博园。一些代表非洲地貌特征的图案都被绘在了非洲联合馆的外立面上。沙漠、海鸥、帆船、各式各样的树木、非洲城市与乡村的轮廓以及非洲的动物。在非洲联合馆里，所有展馆的线条、通道都是弯曲的，充满探索神秘

---

① 杨洁篪：《世博外交：中国外交的新起点》，《求是》，2010年第17期。

② 徐蒙：《第一次，非洲拥有自己的联合馆》，《解放日报》，2010年4月4日。

非洲大陆的感觉。设计者还通过地板颜色来表达各国风采，用蓝色地板代表海洋国家、绿色地板代表雨林国家、黄色地板代表沙漠国家，展现出了前所未有的绚丽多姿。非洲歌舞表演也是不可忽视的亮点。馆中央舞台的设计来源于东非大裂谷的山形地貌，两边围合的山脉恰好形成舞台的背景及观众看台。超大的投影屏酷似岩壁，而观看平台仿佛连绵起伏的山川。每天，这里都上演5场充满激情的原汁原味的非洲舞蹈和原生态的乐器表演。①

利比亚新闻、文化和旅游部长兼上海世博会展区总代表劳伦斯·布罗普莱表示，这么多非洲国家共同参展世博会，是有史以来第一次。非洲联合馆不仅将展示非洲文化的多样性和团结，更重要的是展示非洲是一片富有希望的大陆，而不是贫困与绝望。“我们要在世博平台上展现新面貌，这是非洲新的发展机遇和起点”。② 在非洲联合馆，参观者可以看到非洲、听到非洲、触摸非洲、品尝非洲。③ 联合馆每周都上演精彩的节目：马里乐队演奏、乌干达皇家舞蹈、吉布提刀舞、肯尼亚文化村表演、多哥面具舞、布隆迪的鼓乐、喀麦隆音乐舞蹈、尼日尔时装秀等。一些国家还将本国最精美艺术品和国宝级艺术家带到世博会。许多参观者表示，非洲馆让人对非洲心向往之。

不仅如此，非洲馆从设计之初，中方就以“中国搭台，非洲唱戏”为原则，在场馆设计和内容展示方面，完全尊重非洲国家的意见，尽可能真实地反映非洲文化元素。为此，上海世博会的相关组织者曾三次前往非洲，在加纳、埃塞俄比亚和博茨瓦纳三个片区分别召开了专题会议，与各国总代表“零距离”沟通，听取各方意见，非洲联合馆的外立面设计方案也是多次征集了非洲各参展国总代表和各参展国驻华使节的意见，并多次向参展方发放意向调查问卷，经40多个非洲国家反复推敲的结果。为了让中国游客更多地了解非洲，上海世博会还专门发行了两本专题书籍《非常非洲》和《非洲故事》，不仅介绍非洲各个场馆的特色，还以非洲的传统艺术和现

---

① 牛瑾：《世博园里的“非洲之行”》，《经济日报》，2010年5月18日。

② 吴宇：《多样性非洲联合构筑上海世博会“最引人注目的展馆”》，新华网，2009年10月9日，http：//www. sh. xinhuanet. com/zhuanti/shibo/2009－10/09/content_ 17889855. htm。

③ 付杉杉：《非洲联合馆：浓缩的非洲大陆精彩的感官之旅》，《新华每日电讯》，2010年5月8日。

代风格的“廷嘎廷嘎画派”为故事脉络，讲述非洲的传统与历史。[①] 许多非洲国家的参展代表说，非洲从来没有像现在这样受到尊重。

因此，非洲联合馆真实地体现了中非传统友谊和友好合作。该馆的成功是非洲43个参展方和中方组织者共同智慧的结晶，从2006年3月中国时任总理温家宝向非洲各国发出邀请到世博正式揭幕的4年多时间里，中非有关方面进行了多次互动。这一过程也是人文交流和增进友谊的过程。中方在与非洲各国参展人员的交流沟通中进一步理解了“非洲的故事”，而非洲参展方在与中国的友好合作中，也更加了解中国人办事的方法和理念，双方在互动交流中磨合出一些更加有效的合作方式。阿尔及利亚馆馆长伯马斯表示，中国游客对非洲文化旺盛的探索欲望是他对世博会最深刻的印象。非洲驻华使团团长、多哥驻华大使阿马以全体驻华非洲代表团的名义感谢中国政府，他说：上海世博会由非洲数十个国家和中方组织者共同构筑的非洲联合馆，不仅是中国了解今日非洲的最佳平台，也为非洲加强与包括中国在内的全球多边合作，架设了一座桥梁。阿马向非洲同胞发出呼吁：把握世博机会，团结努力，用看得见摸得着的成就向世人展示非洲大陆。乍得驻华大使在视察非洲联合馆后也表示，中国是非洲的朋友。本届世博会乍得将在老朋友的家中展现别样的风采，要呈现超越往届的精彩。[②]

第二节　上海世博会绩效评估

一、深化了中国与世界的交流与互动

与传统外交只面对政治精英、商界领袖以及相关决策者不同，上海世博会期间的人文外交针对的是每一位普通的参观者，而非政治精英和各种社会名流。参观者可能是中高收入群体中的一员，也可能是极为普通的蓝领工人、超市的收银员。参观者之间的年龄差异甚大，有的是朝气蓬勃的

① 戴盈等：《上海世博会搭建中非民间友谊之桥》，新华网，2010年6月17日，http://www.xinhuanet.com/chinanews/2010-06/17/content_20089956.htm。

② 李伟建：《世博公共外交，助推中非关系》，《西亚非洲》，2010年第12期，第21页。

青少年，有的是两鬓斑白的资深公民。人文外交是对全民的世界知识大普及，提升了中国进一步融入世界的能力。1928 年 11 月 22 日在巴黎签署的《国际展览公约》开宗名义就表示，“展览就是一种展示，无论名称如何，其宗旨均在于给大众以教益。它可以展示人类所掌握的满足文明需要的手段，展现人类在某一个或多个领域经过奋斗所取得的进步，或展望人类发展前景”。①

因为人文外交针对的是那些前来参观世博会的普通民众，所以就必须通过那些看似简单，通俗、易懂，老少咸宜的展示活动打动每位公民，从而让他们通过展示活动、文艺演出，哪怕是一次与参展方的互动或谈话便给他们留下终身难忘的印象。与奥运会、足球世界杯的体育赛事不同，世博会不是一种电视欣赏活动，而是参观者与参展者之间一种广泛的互动过程。正是世博会观赏过程中的这种独特的互动性，决定了世博会期间的人文交流是平等的互动，是一种倾听与倾诉的关系，甚至是价值观的沟通，而正是这种零距离的沟通功能，使人文交流能够细雨润物，打动人心。

发生在世博会期间的感人故事，深化了中国与世界的交流与互动。胡锦涛主席在百忙中去医院探望应邀来华参加上海世博会开幕式、却不幸意外摔伤的马耳他总统，并派专机送其回国，此举深深感动了马耳他总统和该国国民，也得到了国际社会的广泛赞誉。牙买加乐手马尔什在世博演出期间被查出罹患癌症，上海世博局活动部员工、上海对外文化交流协会等方面以及许多与马尔什素不相识的社会爱心人士自发为其捐款，让马尔什真切感受到中国人民“一方有难，八方相助”的传统美德。此外，在上海世博会 189 个实际参展国家中，有 21 个是尚未与中国建立外交关系的国家。组织方在世博会的各项活动中对它们与建交国一视同仁，加深了与这些国家的理解与友谊。②

不仅如此，在甘肃舟曲发生特大山洪泥石流时，许多国家的总代表及其展馆工作人员在第一时间向灾区捐款捐物，表达对灾区人民的深切慰问。另外，按惯例，参展国家在其展馆接待参观人数达到一定数额时会宣

---

① 《国际展览会公约》第一条，中国展览信息网，2009 年 7 月 14 日，http：//fair. ccpit. org/Contents/Channel_ 2688/2009/0714/194499/content_ 194499. htm。

② 李伟建等：《上海世博会公共外交实践评估》，《国际展望》，2010 年第 6 期，第 13 页。

布某个幸运参观者，但许多国家选择将汶川大地震的孤儿作为其幸运观众，请他们来上海世博园区，把最好的礼物送给他们。

二、改善了中国的国家形象

上海世博会期间国际舆论反应总体较好，尤其跟奥运会期间的国际舆论相比显示出明显的改善，这与世博会展示科技成果、交流文化的性质有关。当前的世博会越来越多地承载展示国家形象的功能，因此世博会较少被国际媒体政治化。中国政府对申博、筹办、世博期间的组织管理等各个环节都高度重视，投入了巨大的资源，也收到了良好的效果。[①]

中方邀请了67个发展中国家的100名记者组成联合新闻团来华采访，并组织两批外国常驻记者专门赴沪，对上海世博会进行全方位、多角度、深层次的报道。一些参与世博工作的资深礼宾大使专门接受媒体采访，与网友在线交流，向公众介绍筹办世博过程中的精彩故事。驻外使领馆通过举办专题展览、开展世博进社区活动、组织世博花车游行、推动举办以庆祝上海世博会为主题的纳斯达克开市敲钟仪式等丰富多彩的活动，在世界各地掀起了一股“世博热”。

英、美媒体对上海世博的报道主题广泛，包括政治、经济、社会、文化、城市建设等多个方面，且大体趋于正面、客观。这些报道认可中国政府对上海世博的组织举办工作，比较客观地展现了中国经济发展、文化繁荣的社会现状。[②] 一些北欧、中东、非洲国家更多是将世博会作为展示本国形象的窗口，对中国政府、上海市政府以及世博组委会为他们提供的服务及场馆设施感到由衷地高兴，为有机会向中国公众及国际社会展示本国形象感到喜悦和自豪。

作为“海宝一代”，上海世博会的志愿者们出生后就是中国改革开放的年代，手机、因特网、托福考试、好莱坞大片是他们认识世界的最重要窗口。在上海世博会上，外国参观者和展馆工作人员则在这些年轻人身

① 郭可、吴瑛：《世博会对提升中国国家形象的作用》，《外交评论》，2010年第6期。

② 上海社会科学院课题组：《从海外媒体对世博的报道看中国软实力的提升》，《社会科学》，2011年第5期。

上，看到了“世界一家，地球一个”的国际主义情怀。国际展览局秘书长洛塞泰斯说到，“世博志愿者与游客每天面对面，并回答各种问题，与志愿者接触已成为参观者体验世博会的重要组成部分之一。”[①]。“小白菜”这一群体形象成为了上海世博会的深刻印象，成为了世界舆论下中国青年的精神象征。

国际展览局主席蓝峰表示，上海世博会是上海的成功、中国的成功。联合国秘书长潘基文表示，上海世博会再次确立了上海的国际大都市地位。从所有国际媒体的报道看，在成千上万的外国电视、广播、报纸评论中，几乎没有对世博会任何消极的报道，即使在一些西方国家，许多媒体在评论中国事务时总是带有怀疑和批评的眼光，而对世博会它们却异乎寻常地唱起赞歌，从而使上海世博会成为中国在21世纪国际舞台上的新形象。[②] 那些对中国带有色眼镜的西方国家媒体，也多了一份对中国的理解。

三、促进了中国文化的传播

人文外交的核心特征之一就是非政治领域的交往，而这也和世博会的基本原则非政治化所契合。在上海世博会中，不仅是中国馆在中国文化传播中做出了积极作用，其他参展国也寻找与东道国文化上的相同点或关联度而进行展馆设计，从而推动了中国文化的有效传播。

如为了拉近中国与墨西哥的距离，墨西哥人采用了两国文化中许多共有的元素来建造上海世博会墨西哥馆，旨在让参观者第一眼就产生熟悉的印象。参观者进入位于上海世博会园区C展区的占地4000平方米的墨西哥馆，首先跃入眼帘是一片精心设计的“风筝森林”。正如墨西哥旅游部部长格罗瑞亚·格瓦拉在接受新华社记者专访时所言，“风筝来自中国，也是墨西哥人十分流行的娱乐活动，它是最能将我们两国人民连接起来的元素。”放飞风筝这一独特设计的主题风格，一下子拉近了墨西哥与中国观众距离。在波兰馆，剪纸的造型与龙的故事一下子拉近了两国人民的距

---

① 夏科家：《世博，让当代青年更可爱》，《思想理论教育》，2010年21期。

② 徐波：《上海世博文化外交探析》，《国际展望》，2011年第2期。

离。世博会波兰政府总代表斯拉沃米尔·麦曼表示，波兰馆体现了一系列中国和波兰文化的共通处，剪纸造型就是其中之一，波兰人希望将剪纸作为文化遗产传承下去。剪纸不仅是中国最为广泛的民间艺术形式之一，也是波兰的传统工艺，被称为波兰的“国粹”；剪纸在中国主要被用来祝福风调雨顺、五谷丰登，而在波兰民间，也有用剪纸表达心愿、寄予四季祝福的传统，这又贴合了本届世博会“城市让生活更美好”的主题。因此，本届世博会上，波兰馆的外观整体设计创意就是一个很大的“剪纸盒子”，外观犹如折叠的纸张，在设计上融合了波兰传统民间剪纸艺术和现代时尚元素。①

第三节　上海世博会的人文效应

首先，上海世博会是中国历史上第一次全社会、大规模、全方位、零距离接触国际社会。这里的中国社会指的是中方的参展主体已经不仅是过去习惯上的国家和中央政府，也不仅是全国31个省市，甚至港、澳等特别行政区，而是包括政府、企业、民众在内的中华民族大家庭与国际社会的全面接触。中国社会的对外关系参与者已从北京、上海、广州等传统中国大都市及沿海经济城市扩展至向西藏、新疆等边远地区，从中央政府扩展至一个普通公民。由此可见，上海世博会已不仅仅是中国中央政府的一种国家行为，更是全中国所有中国人的一次全面了解世界、接触世界的活动，在中国与世界的交往中极大地起到了增信释疑的作用。

其次，上海世博会的举办，为中国培养了一批符合人文外交需要的对外交往人才，这批经过上海世博会洗礼的人才队伍将是未来中国人文外交的宝贵财富。无论是对于中国文化资源禀赋的把握还是对外国文化宗教的熟知，也无论是公共外交方式的驾驭水平还是跨文化沟通的娴熟程度，他们都可称得上是中国人文外交所需要的高质量的对外交往人才。只要有国家层面的统一谋划，那么这批人才是很可能再次参与到未来中国大型国际

① 林少雄：《中国传统文化元素在上海世博会中的运用及对文化创意产业的启示》，《科学发展》，2011年第4期。

活动的对外交往中，从而确保这些大型国际活动中的人文外交理念和效果更为显著，有效地利用这些活动实现国家间的价值沟通。

最后，在申博、备博、办博等过程中，上海地方外事紧密配合中央总体外交部署，成功地实施了人文外交任务，随着我国主办特大型国际活动日益增多，通过上海世博会所促进形成的国家和地方外交外事互动机制在人文外交领域将在很长一段时间内具有示范作用。

总体而言，在为期半年的上海世博会中，人文外交极大地深化了中国与世界的交流与互动，改善了中国的国际形象，促进了中国文化的传播，是上海世博会获得巨大成功的有力保证，对于未来中国与世界更为深入的交往以及“丝路战略”的开展奠定了扎实的基础。

第二十五章　旅游外交

第一节　旅游外交概述

旅游，作为一种行为方式，它是民众消遣娱乐的手段；作为一个产业，它是国家或地区的经济支柱或创汇渠道，对于提振国家与地区经济增长、扩大就业，维护社会与政局稳定都有着举足轻重的作用。同时，旅游也是人文外交的一个重要途径。各国旅游景点因其特殊的文化底蕴与历史背景，不仅传播与弘扬了当地特定的宗教信仰与地方文化，提升了所在地的公众形象与当地的“软实力”，同时还有助于实现经济发展多样化，提升“硬实力”继而反哺文化，为遗产保护、文化宣传和扩大政治影响带来裨益，形成良性循环。

根据世界旅游组织和联合国统计委员会的定义，旅游是指为了休闲、商务或其他目的离开旅行者惯常环境，到某些地方并停留在那里，但连续不超过一年的活动。按照旅游者的目的来划分，旅游行为可分为以下五大类：第一，一般消遣性旅游，是指非强制性的或自主决定的旅游活动，重点在于休闲、娱乐、度假，或者探亲访友；第二，商务和会议旅游，以及跨区域的专业访问等；第三，健康医疗，为了疗养身体或修养内心等健康因素驱使的旅游行为；第四，宗教或朝觐，是以宗教活动为目的的出行活动；第五，体育旅游，指与重大体育活动、休闲赛事联系在一起的旅游。按照旅游的地理空间来划分，旅游行为可以分为境内游与境外游两种。①

通常政府体系外的外交手段都被归入“第二轨道”的外交，美国学者路易丝·戴蒙德（Louise Diamond）和约翰·麦克唐纳（John McDonald）在此基础上提出“多轨外交（Multi-Track Diplomacy）”概念，用以反映那些有助于缔造和建设国际和平活动的多样化的概念框架，包括政府、非政府/专业人士、商业、平民、研究/培训和教育、社会行动、宗

---

① 马勇、周霄编著：《导游基础知识》，旅游教育出版社，2008年版，第9页。

教、资助、传播与媒体共计九大轨道。[①] 在境外游中，由于涉及到一国国民走出国门，在其他国家境内活动，从而旅游与外交产生了千丝万缕的联系，甚至被纳入“第三轨道”外交领域。旅游外交的外交主体不同于传统的官方政府外交主体，它强调非国家行为体、尤其是民众的参与在外交实践中的角色，因此成为人文外交中不可或缺的重要组成部分。

旅游业是一个特殊的行业，它是日常经济，且深含文化意味。它像平民生活，却与政治紧密相连。旅游业是推动人类生活全球化的重要力量。作为第三产业的重要组成部分，旅游业逐渐成为国民经济的支柱产业，具有极大的发展潜力，而且正以前所未有的速度发展和壮大，使得旅游外交方兴未艾。由于在日常生活中，旅游被看作是寄情山水之间的事，与国家内政外交相距甚远。另外，由于旅游业作为一项新兴产业，人们对许多产业属性尚不够了解，对旅游外交的认识相对比较肤浅。因此旅游外交的重要意义往往容易受到忽视，旅游外交的社会影响和外交角色也尚待挖掘。

随着旅游业进一步跨国发展，旅游客源日益深层地洲际互动，从旅游外交的角度，审视旅游业对外影响的机遇初露端倪，条件渐趋成熟。旅游活动已由最初民众行为体的个人行为上升到履行国家政治与外交职能的国家行为。但随着旅游外交人流携带着大量的文化，在宏观意识的主导之下从一个国家大规模地流向另一个国家时，新的情况和新的影响就出现了：由于旅游者社会意识日益增强、旅游交往活动的地域概念日趋明朗，旅游外交的影响正在成为国家对外关系决策所必须参考的重要内容，其外交作用日益凸显。综观世界旅游业发展的历史，旅游业发展的战略目标最初都是定位在经济增长上的，只是当国家间旅游人流蔚为大观之时，其外交战略意义才逐渐露出水面，旅游业服务于国家对外战略的意识才逐步形成。改革开放以来，我国旅游业取得了突飞猛进的发展，无论是中国人出境旅游，还是外国人来华旅游，都已达到相当的规模，民间旅游外交已蓬勃展开，国家利用旅游业活动服务其对外战略的做法也开始出现，旅游外交活动已经成为连通海内外的重要桥梁。[②]

① ［美］路易丝·戴蒙德、约翰·麦克唐纳著，李永辉等译：《多轨外交——通向和平的多体系途径》，北京大学出版社，2006 年版，第 15 页。

② 梅毅：《旅游外交与中国和平发展》，武汉大学博士论文，2006 年 11 月，第 2 页。

第二节　中国特色的旅游外交

在我国的外交传统中，旅游业一直被视为主要的涉外行业。从产业本质上看，旅游业有如下标签：和平产业、“软实力”产业、无边界产业、人流经济、民间外交和注意力产业等；从具体的产业构成上，旅游业的诸多要素都有着鲜明的涉外性与影响性，如导游是一个国家或地区的形象大使、旅游宣传品是外来游人出行的请柬、旅游商品是富含传统文化的载体、旅游景点是充满知识和情趣的乐园、旅游馆舍是洋溢着地方人文气息的殿堂，以及出游活动是传播民族文化的特殊途径等。

如今，当国际旅游已经在千家万户普及之际，旅游无形中也践行着价值沟通、增信释疑、凝聚共识等人文外交的重要使命。人文外交主张和平共赢、包容互鉴，而旅游业又是人文外交中最具经济与人文双重价值的产业，因为它以人的和平交往为核心和灵魂。中国发展旅游业的特殊性在于它肩负着和平外交的使命，正因如此，可以将其视作中国特色旅游外交。它以和平发展为基础、价值沟通为本质、民间交往为途径。

一、以和平发展为基础

众所周知，旅游业从产生第一天起，就被人们赋予了诸多和平的内涵，比如顺畅的旅途、亲密的接触、满意的服务、愉快的享受、友好的意愿等一切本质就是和平的东西。[①] 过去，人们通常把和平简单地理解为没有战争、骚乱与不安，它朴素地指明了和平最远的边界。但实际上，在与战争、骚乱、不安等概念相对的平静领域内，和平有着无限升华的过程以及多姿多彩的境界，比如说和谐的人际关系、自由的生存方式以及闲暇的生活境界等。旅游这种自由的生存方式、闲暇的生活境界更是为推进人际关系和谐发展提供动力。很明显，旅游业及其对外活动将丰富和平的蕴

---

① ［美］威廉·瑟厄波德著，张广瑞等译：《全球旅游新论》，中国旅游出版社，2001 年版，第 37 页。

涵，充实和平的意义，是和平生活的重要组成部分。这是旅游外交属性的立足之基。①

旅游业既是“实现和平的桥梁”，也是“成就和平的动力”。它以和平的方式，将地理和文化上分散的世界真正地连接起来，而连接的形式是人的全球性流动。旅游活动不仅能够增强人们的和平意识，夯实人们的和平意志；还能增进人们的彼此沟通，加强人们的互动与交流。这些已经成为世界各国人们的共识。许多国家领导人和政治家对旅游活动的这种益处和贡献给予了高度的重视。圣雄甘地曾经说过：“我看到天南海北的文化飘绕过我的庭院，清风吹来了和平的种子，因为旅行是和平的语言”②；美国总统约翰·F. 肯尼迪也曾提醒人们关注旅游的世界意义，他说：“在我们这个时代里，旅游已经成为一种促进和平与理解的巨大力量。当人民周游世界时，学会相互认识，理解习俗、欣赏各国人民的个性时，我们正在建立一个国际理解的新层面，这种理解可以迅速地改善世界和平的氛围。”③ 以上两个典例都将旅行看成了实现和平与友好意愿的重要途径。旅游理论界的学者曾经在英国、美国、加拿大、澳大利亚、韩国与土耳其六个国家进行过跨国抽样调查，问卷以大学生为调查对象，涉及若干变量表述，如“我认为旅游促进了世界和平”等条目，最后将总共1064份回复仔细分类处理后，得到了总体答案：应答者一般认为旅游对经济发展与和平有积极贡献。④

二、以价值沟通为本质

从本质上讲，旅游业是一种基于价值沟通的文化产业，即是一种“软实力”产业，因为对旅游产品内涵来说越是民族的就越是世界的。关于这一点，业界人士曾有过精辟论述：“旅游业是物质文明和精神文明紧

---

① 梅毅：《旅游外交与中国和平发展》，武汉大学博士论文，2006年11月，第34页。

② Stephen W. Litvin, “Tourism: The World’s Peace Industry?”, *Journal of Travel Research*, Vol. 37, No. 1, Aug. 1998, p. 63.

③ ［美］威廉·瑟厄波德著，张广瑞等译：《全球旅游新论》，中国旅游出版社，2001年版，第46页。

④ 梅毅：《旅游外交与中国和平发展》，武汉大学博士论文，2006年11月，第34页。

密结合的产业，是宣传精神文明和先进文化的重要载体”，“先进的文化内容始终是旅游业的灵魂，世界各国的先进文化都是重要的旅游资源，也是旅游业持续发展的吸引力所在”。① 旅游业的不断发展和旅游活动的日益大众化，使旅游业的文化属性愈加凸显。

从心理的角度讲，旅游活动是一种精神愉悦的过程。这种愉悦是人们对自然、社会和历史等文化内涵的一种心灵深处的期待，以及最本能、最直接的感受和认知，正是这种心理愉悦给人添加了未来文化创造的因子。从思想角度讲，旅游活动是一种人本意义上的学习过程。旅游活动所蕴涵的学习成分不象现代商业性学习活动那样，富有强烈的目的性与功利性。旅游学习是人与自然的心灵交流，更是人与历史的思想际会。正如著名的基督教神学家圣·奥古斯汀曾经说过的那样，世界是一本巨著，那些足未出户的人们只能读到其中的一页。其实，世界就像一本书，而旅行是一种有效的读书方式。另外，把出行看成学习，也是中国人自古以来就具有的一种高尚境界。中国古代圣人庄子曾经说过“人知游山乐，不知游山学”，庄子以其所言告诉人们旅游是不仅一种快乐，更是一种学习。中国“行万里路，读万卷书”这句俗语，更直接点明旅游的本质，即旅行本身就是一种学习，一种文化传承、价值沟通的方式。②

旅游业的主体内容是文化的，旅游产品的核心内涵是文化的，旅游需求的核心内容也是文化的。尽管山水是美丽的，但它们只是旅游活动和旅游产品有益的陪衬和外在的表象，因为旅游活动和旅游产品的生命来自于对文化内涵的挖掘。众所周知，旅游产品内涵十分宽泛，外延非常庞大。可以这么说，一切历史和文化的东西在旅游者的生活里，都可能为旅游产品所涵盖，就连那些自然景物、经济表现、生活设施等非文化性的东西在旅游者的印象中，也能幻化成旅游文化印象来。③

作为一种特殊文化型产业，旅游及其相关产业在推动国际文化交流与融合方面，正扮演着越来越重要的角色。价值沟通、文化融通是旅游产品顺利走向外部市场的重要条件，因为无论是对产品所有者来说，还是对产

① 梅毅：《旅游外交与中国和平发展》，武汉大学博士论文，2006 年 11 月，第 36 页。

② 同上。

③ 同上。

品消费者来讲，积极推进文化的交流与融合，将促进彼此之间的认同与友谊，为树立良好的市场形象做必要的铺垫。[①] 2004 年，世界旅游组织总干事佛朗加利在第三届（中东）旅游部长会议上，对旅游业的桥梁作用也有过类似的表述："充满活力的旅游能够帮助中东带来和平，旅游与和平是不能分割的，来自旅游的强大力量，能够明显地改变混乱的局面，并带来通常被认为是不可能的和解。"[②] 字里行间隐含了旅游外交的价值沟通与和平外交功能。事实上，在佛朗加利的观念里，旅游被看成是"和平的前奏"，也就是说旅游与和平并肩前行的日子已经不远。2005 年，联合国发展计划署有关官员在谈及丝绸之路地区发展计划的意义时，曾明确指出："通过开放旅游和实现游客、商品和服务的自由流动，我们能够创造新的奇迹。"[③]

三、以民间交往为途径

国际贸易和国际旅游活动蓬勃兴起，使得人员在全球范围内大规模流动，即形成庞大的人流。伴随人流的不断发展，其活动空间逐步延伸到政治、经济、文化、生活等各个领域。旅游业本身就是一种"人流经济"，它所拉动的人流经济与效益是其他行业不能成就的。正是基于这样大规模的民间交流，使得旅游可以实现其外交使命。旅游外交的主要途径是通过民间沟通与交流。

旅游外交以推动人民友好交流为己任，在人文外交领域扮演了极为重要的角色。江泽民曾说："民间友好往来是国家与国家之间发展良好关系的重要基础。"[④] 1996 年，土耳其探险家阿里夫·阿什丘来华旅游，受到了我国国家旅游局主要负责人的接见。在北京，阿里夫向中国国家旅游局转交了土耳其总统德米雷尔致江泽民主席的羊皮信，同时也接受了

---

① 梅毅：《旅游外交与中国和平发展》，武汉大学博士论文，2006 年 11 月，第 37 页。

② Francesco Frangialli，*Global Code of Ethics for Tourism*，世界旅游组织官方网站 http：/ www. world-tour ism. org/projects/ethics/ethics. html。

③ 龚立仁：《伦敦恐怖袭击对英国旅游业影响短暂》，载《中国旅游报》，2005 年 7 月 15 日。

④ 2001 年 8 月 1 日江泽民给美国游客奥谢伊的回信，载国家旅游局有关文件资料。

江泽民主席转交致德米雷尔总统的复信。① 实际上在国家与国家的关系中，个人即旅游者是最基本的力量，也是最普通的力量。旅游活动本身就是民间外交活动，旅游者是成功的民间外交使者，无形中肩负民间外交的使命。

在国际旅游中，民众就是沟通媒介，既是人与人之间联系的中介，也是认识一个国家的渠道和手段。在旅游社会学看来，旅游首先是一种社会联系，它作为一种联系和交往的系统，使人得以穿越不同种族和文化，从而有利于消除偏见和隔离，实行社会的融合，促进人民间的理解、和平与友爱。旅游负载着“普世聚会和对话的工具”的价值。国际知名纪录片导演菲尔·埃格兰德（Phil Agland）拍摄的《云之南》（China：Beyond the Clouds）以丽江小镇几家普通百姓的寻常故事感动了欧洲和世界，既为云南、也为中国做了一次形象传播。

此外，旅游业作为民间外交活动的重要途径，具有许多方面的优势和特点。较之政治、经济、军事和外交等手段而言，旅游外交要更柔和、更长效；旅游业堪称国家之间有效交流的“第三轨道”，更加生活化、更加民间化；旅游业是民间责任的重要承担者，也是国际社会“边缘责任”的重要承担者，因为旅游活动易产生更为细微的民间责任，这是官方外交所难以接触到的方面；以旅游业为代表的民间交流与合作总是走在政府的前面，为官方外交提供必要的支持。正是基于以上优势和特色，旅游业的“民间外交”功能已经成为我国各级政府制定旅游战略的重要依据和主要内容。②

第三节 旅游外交所面临的挑战与未来展望

改革开放以后，我国已经完成了由旅游资源大国向亚洲旅游强国的转变。进入21世纪后，我国旅游业在迈向世界旅游强国过程中，正面临许

① 中国国家旅游局编印：《中国旅游年鉴1997》，中国旅游出版社，1997年版，第35页。

② 梅毅：《旅游外交与中国和平发展》，武汉大学博士论文，2006年11月，第41页。

多新的挑战，主要包括：

一、旅游资源尚未充分挖掘

目前我国内地的旅游资源在保护、开发与宣传等方面下的功夫还有待加强，国内景点真正具有世界知名度的并不多，客源吸引往往限于周边国家和地区，还构不成广泛的全球性影响。英国旅行社曾经进行过问卷调查，参与调查人数达到1.5万人之多，澳大利亚悉尼大桥、美国大峡谷、印度泰姬玛哈陵、埃及金字塔等众多景点处于领先地位，是世界上最知名的旅游胜地。[①] 而我国景点基本不在前列。在影响力方面，中国景点无法与世界上其他著名景点相比。从市场性的人文和自然魅力看，我国还没有建成世界一流的旅游景点。因此充分挖掘我国丰富的旅游资源，构建旅游意义上的“魅力国家”工作已经刻不容缓：一是国家应从全球的视野普遍提升旅游景点的质量和水平，使广大景点具有真正的世界意义；二是国家应集中力量建设几个世界级旅游景点，可选取少数品质最优的人文或自然景点，凭借国家自身的特色，并依据世界市场的需求，倾力进行策划和包装，有布局地建成世界顶级的旅游吸引物，如会议中心、度假胜地、文物古迹、山水风光等。而不只是像目前这样，任由社会或地方按自身的需求，进行商业性选择和营造。构建具有魅力的“美丽中国”是一种国家责任，更是一种国际竞争，尤其是国际间的魅力竞争。从长远看，国家应当将此工作纳入软实力建设的战略高度予以推进。

二、国民素质有待进一步提升

旅游外交活动为国民素质提供了一种世界范围的见习场所。人们在旅游对外交往过程中，暴露了许多短处，得到了许多有益的警示，而且这些陋习在国内通常是难以被发现的。中国公民的普遍道德素质、言行规范和文明修养与中国上升的国际地位不尽相符。就这个意义而言，“旅游外

---

① 《中国节日带旺澳洲旅游业》，中国新闻网，2005年4月12日。

交”之于和平发展的意义，实际上还体现在它的鞭策功能上。近年来，中国游人在许多国家经常被偷或被抢，我国外交部为此曾在其官方网站发布通知，提醒中国公民在国外旅游时注意安全，并特别提请他们在公共场合或景区不要招摇露富。外国许多旅游景点专门针对中国人设置了所谓的“文明告示”，提醒中国人注意文明习惯。如在澳洲的一些景点公厕内有用中文书写的标语“请便后冲水”；在泰国的大皇宫门前的草地上有小小的告示牌，上面仅用中文写着“请勿践踏”等等。而国内外媒体对中国人在境外旅游时表现出来的陋习大加渲染，这样做虽说并无恶意，但情势却令中国人十分难堪。“新浪网”曾转引题为“陋习冲击迪士尼令人难堪”的文章，写道：“在迎客首日，内地游客带去的种种‘文化冲击’，给标榜整洁、秩序、完美的香港迪士尼乐园似乎留下了一曲不太和谐的音符。”这些报道在海外引起了巨大的反响，严重地损害了中国人的国际形象，似乎中国游人“说话大声，举止粗鲁而且文化素养不高”是与生俱来的。这些提法尽管未必恰当，但引起了中国人的深思：中国是文明古国和礼仪之邦，但国民在周游世界时并没有体现出其应有的文化品质，相反倒暴露了其文明背后的种种欠缺。[①]

面临以上诸多挑战，从战略上重视旅游外交的重要性已经刻不容缓：首先，应制订旅游强国战略，以夯实旅游外交基础；其次，发展旅游外交战略，以拓展和平发展空间；最后，扩大旅游外交影响，以服务中国和平发展。

在拓展旅游资源方面，“精彩新丝路”是中国国家旅游局 2014 年全球宣传的核心内容之一，目的是积极落实“丝绸之路经济带”战略构想，紧密配合丝路旅游带的快速发展。丝绸之路沿线拥有丰富的旅游资源。据统计，仅丝绸之路中国段就拥有 13 个国家历史文化名城、15 个国家重点风景名胜区、302 个国家重点文物保护单位、66 个国家森林公园。被称为世界第八奇迹的秦始皇陵兵马俑、保存释迦牟尼佛骨的法门寺、敦煌莫高窟、藏传佛教寺院塔尔寺等景点，每一处都有着自己的历史和故事。2014 年 6 月 22 日，中国与吉尔吉斯斯坦、哈萨克斯坦首次联合申报的丝绸之

---

① 梅毅：《旅游外交与中国和平发展》，武汉大学博士论文，2006 年 11 月，第 138 页。

路项目通过第三十八届世界遗产大会审议，列入《世界遗产名录》。[①] 国家旅游局局长邵琪伟说，“丝绸之路经济带”是世界上最有发展潜力的经济大走廊。这为丝绸之路沿线国家的旅游业发展带来了新机遇，提出了新课题，需要用新的合作模式，共同探讨，共谋发展，共树品牌，在“丝绸之路经济带”大框架下共建“丝绸之路旅游带”。中国愿意与沿线国家加强政府间合作，实施联合开发战略，加快旅游互联互通，争取出台更加便利的出入境政策和边境旅游政策，愿意与沿线国家联合开发跨境跨地区旅游产品，共享旅游市场发展机遇。[②]

针对国民素质建设问题，则应对症下药，具体分析。20 世纪五六十年代，在欧洲曾经出现过“丑陋的美国人”，70 年代日本旅行团也曾无所顾忌。实际上，美国在这一领域曾经做出努力，如通过培训使“美国人增强自己作为民间大使的意识”。这说明在国际旅游交往过程中，游客的文明素质都要有一个洗礼的过程。韩国为提升国民素质，曾经制作过“让我们亲切接待外国游客”的电视广告片，在全社会广泛播放，产生了良好的效果。而如今中国人已经开始意识到很多东西需要学习。[③]

总之，只有努力提升国民意识、改善国民出游时的形象，才能从根本上提升我国旅游外交的整体水平，为国家和平发展营造良好的国际人文环境，并且改善“中国人”在世界范围内的个人形象，继而塑造中国真诚友好的国家形象。

---

① 《“丝绸之路”旅游共同体呼之欲出》，新华网，2014 年 6 月 23 日。

② 同上。

③ 梅毅：《旅游外交与中国和平发展》，武汉大学博士论文，2006 年 11 月，第 136 页。

第二十六章　夫人外交

第一节　中国夫人外交的历史梳理

在中国历史上，女性在外交中发挥独特的作用的行为，可最早追溯到西汉时期，汉王朝为缓和与匈奴的紧张对峙，采用嫁宗室女“和亲”方式与匈奴单于友好亲善，从而延续成为历朝历代维系邦交友谊的纽带之一，也成就了中华文明史上唐朝文成公主与吐蕃松赞干布的佳话。在外交全球化时代，夫人外交渐趋成为国际外交舞台上的一道靓丽风景线，尤其是以习近平同志为核心的新一代领导人上任以后，中国的夫人外交飞速发展、大放异彩，传递出与以往、与西方不同的中国特色的外交风范。但是由于近代外交学的学科谱系始于欧洲、成于西方，相较欧美国家，近代中国缺乏夫人外交的传统。因此，中国夫人外交与其在人文外交中发挥的独特作用的议题，值得我们进行深入研究与探讨。虽然中国夫人外交起步晚、历程短，但有其典型的阶段性特征。在建国前，中国就已经有颇具成效的夫人外交的实践；新中国成立以来，中国的夫人外交历经打开局面、遭到中止、再度开局、渐趋常态化等发展过程。

一、建国前的中国夫人外交

中国的夫人外交始于郭嵩焘的“如夫人”外交。郭嵩焘是中国首位驻外使节，也是“第一个开展‘夫人外交’、第一个提出建立领事馆、第一个提出培养职业外交人才的人”。郭嵩焘曾在我驻英使馆以茶会、舞会、观剧等形式开展了“夫人外交”，并很好地契合了“凡公使所拜之官，公使夫人即当拜其夫人”的驻使惯例。①

英国学者张戎与乔恩·哈利戴认为“宋庆龄是世界上第一个履行

① 刘锡鸿：《英轺私记》，湖南人民出版社，1981 年版，第 73 页。

'第一夫人'职责的政治领袖的妻子，她不仅早于伊莉诺·罗斯福，而且在政治上的影响也远远超过后者"。宋庆龄多次赴境外宣传中国抗日并组建了一些爱国组织，为中国的解放事业作出了贡献。赵可金与莫映川认为"中国首次实施夫人外交的是宋美龄"。作为出色的外交家，宋美龄在抗战期间曾多次开展外交活动。1943 年宋美龄以国民党"第一夫人"的身份访问美国，她不但"获得了'国家第一夫人'的接待规格（当时的民国主席是林森)，甚至得到了许多国家元首都得不到的礼遇和殊荣"，而且还赢得了美国政府对中国抗战的支援。[①]

二、建国后的中国夫人外交初开局面、蓬勃发展

新中国成立后，中央较为重视夫人外交工作。中国的夫人外交格局逐渐打开，但是发展不平衡。新中国外交刚刚起步，外国领导人带夫人访华时，中国却常常没有领导人的夫人参加接待。时任外交部长陈毅表示："外国领导带夫人来了，如果我们只招待男国宾，无人招待他们的夫人，就不合规格。"为了更好地开展外交活动，陈毅首先动员张茜专门从事外交工作和夫人工作。张茜参与的首次外事活动，是代表陈毅出席各国驻华使节和经济代表团的欢迎宴会。据统计，张茜共出访 21 次，到过苏联、瑞士、印度尼西亚、越南、柬埔寨、缅甸、巴基斯坦、印度、尼泊尔、锡兰（斯里兰卡）和阿富汗、孟加拉国等 12 个国家，[②] 为新中国的夫人外交写下了开拓性的一笔。

随着中国外交领域的扩大，中央更加重视夫人外交工作。1960 年 12 月 20 日，在国务院外事办公室第三会议室，陈毅主持召开了我国第一次"夫人外交工作会议"。陈毅在动员报告中强调了四点：第一，夫人工作值得做；第二，夫人工作内容相当多；第三，夫人工作与本职工作三七开；第四，领导同志带头。会议决定成立夫人工作小组，1961 年 9 月，中央批准成立夫人外事活动指导小组。"带夫人出访，在新中

---

① 王发龙：《国际政治舞台上'夫人外交'的中国视角》，载《中共济南市委党校学报》，2013 年第 5 期。

② 史海：《"夫人外交"从何而来邓颖超劝陈毅夫人张茜挑头》，新华网，2012 年 3 月 2 日。

国外交史上尚没有先例。但随着我国对外交往的增多，考虑到与国际接轨，中央决定派王光美随刘少奇主席出访”。[①] 1963 年 4 月 12 日至 5 月 16 日，王光美随刘少奇访问印尼、缅甸、柬埔寨、越南四国，这是刘少奇首次以国家主席身份出访，也是中国国家元首首访非社会主义国家。

周恩来总理的夫人邓颖超为打开新中国外交局面作出了不可磨灭的贡献。邓颖超夫人在与外国首脑交往中展现出魅力人格与高尚国格，积极传播中国革命的胜利模式、广泛结交第三世界朋友，尤其为中国与东南亚的友好往来加强了人文外交的情感基础：一是周恩来夫妇与柬埔寨王室保持着亲密的友谊关系。1963 年，柬埔寨王后患病初愈，6 月，周恩来和邓颖超致电慰问：“近闻王后陛下的疾患，经过治疗，已有好转，深感欣慰。我们衷心地祝王后陛下，早日痊愈，恢复健康。”1965 年 7 月 16 日，柬王子纳拉迪波在北京升入高中后回国休假。行前周总理、陈毅副总理宴请，并请带走周总理和陈副总理送西哈努克亲王以及邓颖超、张茜送王后的荔枝各一筐[②]；二是周恩来夫妇与越南胡志明主席有着非常深厚的友谊。胡主席没有夫人，个人的日常生活由秘书负责照料，自有不便之处。胡主席有何需要，便直接向邓颖超开口。如 1961 年，胡主席请邓颖超为他做中山装，邓颖超亲力亲为，可见友谊至深；三是周恩来夫妇与缅甸领导人的深厚友谊。缅甸前总理吴努的女儿珊珊努称呼邓颖超为姑姑，称周总理为伯伯，经常同邓颖超有书信来往，并互送礼物。珊珊努有一段时间身体不好，邓颖超写信安慰并带去糖果，她在信中说：“中缅两国是亲戚国家，串亲访友在我们中间是常事，欢迎你在身体康复后，和你的全家一起再到中国走亲戚。”落款是“挂念着你、喜爱你（邓颖超签字）。[③] 缅方的友好之举是对中国的尊重，更是因为邓颖超开展夫人外交的良好成效。

但是，由于时代背景与国内形势限制，此时“夫人外交”本身更多成为一种“对等接待”、“做工作”层面的存在，很难发挥出其在现代外

① 胡孝文：《王光美：共和国第一夫人》，载《世界知识》，2006 年 11 月。

② 《邓颖超与夫人外交》，载《人民日报海外版》，2010 年 12 月 11 日。

③ 《建国以来“夫人外交”经典历史瞬间回顾》，中国共产党新闻网，http：//dangshi. people. com. cn/n/2013/0322/c85037 – 20884596. html。

交中本应能发挥的作用。到20世纪60年代末，国内国际形势紧张变化，刚起步的中国夫人外交因遭到批判而被迫中止。

三、改革开放后的中国夫人外交低调务实、韬光养晦

当经历浩劫的中国重新走入正轨，最高领导人夫人出访也随之恢复。改革开放以来，在邓小平、李先念、江泽民、胡锦涛等领导人的支持下，夫人外交获得了快速发展，在国际舞台上也越来越成熟，积累了丰富的经验。

1979年1月底至2月初，邓小平携夫人卓琳访问美国，实现了新中国领导人的首次访美。期间卓琳温文尔雅，落落大方，不失中国女性应有的端庄。她出席座谈，参加各种社交活动，和邓小平一起给美国人留下了不可磨灭的印象。但卓琳在政治上很是低调、不甚露面，尤其在邓小平去世之后，卓琳公开露面的场合更少，包括在香港回归时和女儿邓楠一同出席了香港回归庆典。

1983年，“文革”后的中国恢复设置国家主席一职，并由李先念出任。李先念主席曾出访20多国，且多次携夫人林佳楣出访，但并未引起媒体的更多关注。

20世纪90年代以来，中国的夫人外交渐趋制度化、常态化。自江泽民担任国家主席以来，国家领导人出访由夫人陪同方式渐成惯例。尤为引人注目的是，国家领导人的夫人们在外事活动中扮演的角色越来越重。实际上，家宴茶会、慈善活动等方式，是夫人们经常选用的沟通媒介；学校、医院等，则是夫人们展现自我魅力与友好态度的惯选之地。1994年9月，江泽民携王冶坪访问俄罗斯、乌克兰和法国，“这是国家最高领导人第二次带夫人出国进行正式国事访问”。[①]

2008年奥运会期间，胡锦涛和夫人刘永清设国宴招待80多位外国元首，被媒体评道“中国的奥运外交也是一枚金牌”。[②] 但总体而言，相较于西方国家，中国的夫人外交仍然是低调进行，不出风头，默默贡献。领

---

① 《改革开放后中国的夫人外交与中国外交的转变》，凤凰网，2014年3月22日。
② 同上。

导人及夫人参与的政治性与非政治性活动，都较少被媒体公开报道，既出于对领导人家庭成员信息的保护，也显示出中国外交的主要基调是“韬光养晦、有所作为”。但是，该时期我国的夫人外交积累了丰富的经验并渐趋成熟，在国际舞台上产生了一定的政治影响。

四、新时期中国夫人外交与时俱进、异彩纷呈

习近平总书记上任以来，中国外交呈现出前所未有的积极态势，在全球化和信息化时代不断在国际舞台发出“中国声音”，拓宽双边与多边等各种渠道，充分运用开展外交的各种方式，使我国外交彰显出更加生动有效、充满勃勃生机“中国特色”的大国风范。其中，积极开展夫人外交更成为外交亮点。

习近平主席夫人彭丽媛作为主席夫人频频一同出访，她的精彩表现赢得了国内外的一致好评，为我国的国家形象增添了光彩。不管是出访俄罗斯、非洲、欧洲，还是在博鳌论坛，彭丽媛的随访都引发高度关注。其美丽的形象、优雅的仪态、自信的表现，以及致力于公益事业等行为，不仅在国内引发好评如潮，还引发了外媒的“彭丽媛热”，成为国内外媒体抢先报道的焦点。报道称她为“美丽大方的中国第一夫人”、“中国范儿”、“让世界眼前一亮”、“优雅”、“大气”，以及“中国的新名片”、“中国魅力攻势”或“中国软实力”新的诠释者等。

习近平夫人彭丽媛，自身具有领导人夫人、艺术家与联合国亲善大使这三重身份，正是这三重身份的定位，使得她在中国夫人外交中发挥着人文领域独特、不可替代性的作用。

首先，作为领导人夫人，彭丽媛在出访时首先遵循“夫人外交”的传统，其行程集中在妇女、儿童公益事业和文化交流事业上。如出访俄罗斯，彭丽媛访问了专门接受孤儿和失去父母监护儿童的莫斯科利库第15寄宿学校，观看孩子们的演出。在坦桑尼亚，彭丽媛同样单独造访坦桑尼亚“妇女与发展基金会”，并赠送缝纫机和书包。这些活动，与世界各国的第一夫人们在访问期间，关心、帮助到访地妇女儿童事业的惯例相一致。

其次，彭丽媛的第二重身份是中国家喻户晓的女高音歌唱家、歌剧表

演艺术家与中国文联副主席。她演唱的《在希望的田野上》、《沂蒙山小调》，是几代中国人脑海中最熟悉的旋律之一。基于艺术家的身份，她自然可以作为传播中华文化的使者，被赋予了沟通世界文明、交流各国文化的责任。由于自身浸淫在文化艺术领域，彭丽媛在传播中华文明方面有着得天独厚的优势，如2014年3月21日，她陪同美国总统夫人米歇尔参观北京师范大学第二附中时，书写“厚德载物”，并赠予米歇尔，这一活动不仅增进了首脑夫人间与中美两个国家之间的了解与友谊，更于潜移默化中将中国文化的精髓展现出来，推动了中国文化“走出去”的步伐。

最后，彭丽媛的第三重身份是世界卫生组织抗击结核病和艾滋病亲善大使、中国控烟协会控烟形象大使、预防艾滋病义务宣传员、联合国教科文组织“促进女童和妇女教育特使”。她本人对公共事务有着高度的参与热情，在艾滋病预防、结核病防治和控烟、教育等公益领域的介入，都显示出中国对公共卫生安全领域、教育领域以及积极参与全球治理的决心与责任。

2014年5月4日，国务院总理李克强出访非洲四国和非盟总部，夫人程虹首次陪同出访，也成为李克强非洲之行的亮点之一。程虹本人则兼具“总理夫人”与学者这双重身份的角色定位：一是正如外交部前礼宾司代司长鲁培新所说的，“总理夫人随同出访，属于公共外交的一部分，是对官方活动的配合和促进。总理夫人单独参加的一般都是‘软性’活动，比如前往儿童福利院、慈善机构、幼儿园、学校、妇女组织等。如果夫人有一些专业性的特长，也可能访问一些专业性的机构”，[①] 程虹夫人的第一角色是履行总理夫人这一人文与公共外交使命；二是由于程虹还是国内顶尖的美国自然文学研究专家、首都经贸大学教授，作为“中国从事美国自然文学研究第一人”，她出席活动本身也隐喻着文化交流与自然保护的重要性。她作为学者的行为举止、赠送给交往国的礼物，都体现了她沉静、内敛的学者风度和态度。

这一时期中国的“第一夫人”和“第二夫人”先后陪同出访，注重与社会各界开展广泛交流和沟通，是积极开展人文外交的创新和发展，引

---

① 苏洁：《“宁静无价”：总理夫人程虹非洲首秀》，载《中国新闻周刊》，第659期。

发了国际舆论和社会各界的高度赞誉，为增进与出访国人民的友谊和提升国家形象发挥了积极作用，标志着中国的夫人外交步入了崭新的发展阶段。

第二节 中国夫人外交的绩效评估

一、夫人外交提升了中国外交软实力

作为人文外交的组成部分，夫人外交是塑造软实力的有力方式。孔子云："言忠信，行笃敬，虽蛮貊之邦，行矣。"在全球化时代，国家领导人在很大程度上成为了国家形象的代表，公众对于他国领导人的印象极大地影响了对该国形象特别是对其政治生态的认知。因此，国家领导人都很重视其形象设计。按照国际外交惯例，一般国家元首出访，第一夫人往往会陪同前往。媒体同样会大量关注第一夫人。第一夫人的日程安排、服装打扮、言行举止都是媒体关注、解读的热点。

无论彭丽媛的端庄典雅以及作为艺术家的文化底蕴，还是程虹的贤淑知性以及作为学者的专业素养，她们所散发出的个人魅力都有利于对外展示"中国软实力"。"夫人外交"是现代首脑外交的组成部分，她们在外交活动中的良好表现，会增强公共与人文外交的效能，有利于提升国家的软实力。

改革开放以来，中国的综合国力大幅提升，但是软实力发展相对滞后，致使软硬实力比重严重失衡。中国向世界展示其实力的下一个抓手就是软实力。中国有着丰富的软实力资源，但是缺乏塑造、传播软实力的途径和方法。为此，加强软实力的建设和推广是中国外交的重要任务。尤其是在全球化时代，以合理、合法的心态推行自己的价值观和理念应成为中国外交事业的一个重要部分。

第一夫人既作为国家元首的伴侣，又作为一国女性的代表，在国与国公共外交、国际议题设置、公共服务与慈善等领域，有着得天独厚的资源和优势。她们虽鲜有人直接参与国际事务谈判，但在文化、旅游、社会服务等领域与他国公众进行交流，展示本国文化，增进他国理解。可以说，

第一夫人提升国家软实力的优势与作用无可替代。

二、夫人外交增强了中国文化影响力

传统文化乃国家发展、民族复兴的精神支撑。改革开放后，中国逐渐找回了文化自觉、文化自信。全球化时代，弘扬中国传统文化成为中国文化“走出去”的目标与任务，传统文化也逐渐成为观念、发展模式、国际制度和国际形象的直接推动力。

夫人外交是助力中华文化“走出去”、增强中华文化影响力的典范。这也符合中国的“坚持中国特色社会主义文化发展道路，建设社会主义文化强国”的战略目标。当前，增强国家软实力和中华文化国际影响力的要求更加紧迫，必须提高文化开放水平，推动中华文化走向世界。为此，要开展多渠道、多形式、多层次的对外文化交流，广泛参与世界文明对话，促进文化相互借鉴，增强中华文化在世界上的感召力和影响力。①

中国的夫人外交很好地展现了中华文化的独特魅力，加深了国际社会对中国传统文化的了解。如旗袍是中国女性传统服饰的代表，是中华文化的主要符号之一。1963 年王光美陪刘少奇出访东南亚四国时，“一袭白色旗袍的王光美显得非常端庄华贵、光彩照人，一时轰动了海内外。为中国外交与世界接轨开了个好头”。② 彭丽媛访俄期间与亚历山德罗夫歌舞团合唱《红莓花儿开》，专业的演唱在国际外交舞台中的演绎将更为特别，向世界展示出中国好声音，彰显出中国文化艺术的魅力。彭丽媛在首次夫人外交中很好地扮演了中华文化使者的角色，她选用民族品牌的服饰、手包，向非洲国家赠送了饱含中华文化元素的“蜀绣”、“阮仕珍珠”、“百雀羚”护肤品等，让受访国公众对中国文化有了更直观、更深刻的认识，促进了中华文化的传播。

---

① 《中共中央关于深化文化体制改革推动社会主义文化大发展大繁荣若干重大问题的决定》，中华人民共和国中央人民政府，http：//www.gov.cn/jrzg/2011－10/25/content_1978202.htm。

② 胡孝文：《王光美：共和国第一夫人》，载《世界知识》，2006 年 11 月。

三、夫人外交塑造了中国形象的亲和力

改革开放以来，中国的经济社会建设取得了巨大成就。同时，各版本的“中国崩溃论”、“中国威胁论”、“中国责任论”等言论严重损害了中国的国家形象，因此，改善西方媒体霸权下的不实形象、塑造良好的国家形象是中国外交的重大议题，因为良好的国家形象对中国改革发展的前途和命运有着至关重要的影响。

国家形象与领导人形象是一种相互依赖、相得益彰的关系，国外公众对于一个国家的认知部分来自于对其领导人的认知。“第一夫人”是一国在国际舞台上的“形象大使”，在外交中代表着国家领导人和国家的形象，而夫人外交是塑造、展示国家形象的重要途径。当彭丽媛对俄罗斯孤儿说“我代表中国千千万万个母亲来看望你们”时，展现的不仅是中国女性的良好形象，更是中国负责任的大国形象。《华盛顿邮报》评论道，“一个国际知名的第一夫人可以帮助中国改变以往粗糙的国际形象，而且也标志着中国为赢得世界注意所作努力的成功”。①

在中国的夫人外交中，第一夫人与第二夫人展现出来的亲和柔美的形象，不仅是慈善的母性魅力的最佳代言，也展现出中华传统文化中“和合”理念的精髓。中国传统文化中认为“上善若水”，成功的大国形象必然是强大、谦虚又包容的，犹如海纳百川。中国古话讲“以柔克刚”，作为支持性角色，第一夫人最基本的工作是陪同第一领导人出访，可以通过其女性的魅力与温柔的气质，改善第一领导人在外交政策上过于强硬的形象。特别是在国家间关系存在重大问题需要解决，或者两国存在深刻分歧的时候，第一领导人不得不申明必要的外交政策立场，此时第一夫人出场，则有助于缓和潜在的紧张局面，为国家间关系起到难得的润滑效果。②

---

① 王发龙：《国际政治舞台上“夫人外交”的中国视角》，载《中共济南市委党校学报》，2013 年第 5 期。

② 赵可金：《女性角色与国家使命：“第一夫人”的外交角色研究》，载《国际观察》，2013 年第 6 期。

第三节　中国夫人外交的前景展望

一、夫人外交将成为拓展中国外交空间的新抓手

自新中国成立以来，中国人文外交不断发展，从熊猫外交到乒乓外交，从医疗外交到体育外交，中国在向世界展示自身文化的同时也在向世界传播着和平友好的外交理念。女性本就是柔性的化身，今天的中国不会称霸世界，也不会重走霸权主义路线，恰好相反，中国正是借着女性柔性的化身将中国“和”的理念、中国将和平崛起、与世界各国友好相处的理念带向世界。从张茜、邓颖超的“夫人工作小组”到今天彭丽媛的出色表现，中国的夫人外交已经是中国外交不可缺少的一部分，以后也将成为中国拓展外交空间的新抓手，进一步丰富中国的国际形象。

二、夫人外交可发挥中国外交更加灵活的作用

第一夫人既能够代表自己的政治身份，又能够不拘于其政治约束，中国原驻津巴布韦大使褚启元夫人、曾任驻美国使馆公使衔参赞徐君珮认为，“夫人的接触既避开了各种不便，又帮助对方达到了听听中国意见的目的。夫人间的来往起了非正式渠道的作用。”① 很多首脑们不方便或是不能做的事情，都能够由夫人们来完成，这就大大加强了外交的灵活性，使得外交能更好地促进国家间友好交往、增信释疑，进一步推动国际间合作与共赢。中国正处在一个快速发展的阶段，正需要一个良好的国内外环境，而如今在面临国际竞争与挑战的压力下，夫人外交很好发挥了其不可替代的作用，使得中国能够在机遇与挑战并存的条件下，抓住机遇，应对挑战，在和平崛起的道路上稳步和平地发展。

---

① 李英桃：《妇女与外交：个人的即是外交的》，载《国际观察》，2013 年第 6 期。

三、夫人个人的积极评价将进一步推动人文外交

中国的第一夫人获得的好评如“优雅、热情、热心公益事业、充满爱心”；第二夫人程虹身上散发更多的是“质朴、坦率、知性”，对夫人们的这些积极评价无疑见证了中国人文外交的巨大效应，也有助于推行国家战略与外交政策的实施。习近平主席指出“为了使我们欧亚各国经济联系更加紧密、相互合作更加深入、发展空间更加广阔，我们可以用创新的合作模式，共同建设‘丝绸之路经济带’”。① 丝路，不但是中国对外交往史上的重要文化遗产，更是与外界联系的象征之一，而丝路的最大特点就是“柔性”，这一“柔性”，恰巧也是夫人外交展现出的“柔性”。经济上，中国以丝绸之路为平台促进中国与其他各国的互利共赢；政治上，中国以夫人外交为方式深化与各国的友好交往，这印证了习主席在2014年3月27日中法建交50周年的讲话：“中国这头狮子已经醒了，但这是一只和平的、可亲的、文明的狮子。”②

我们相信，随着中国的不断发展，夫人外交也一定会用其特有的温柔和质朴，进一步阐释中国这只刚睡醒的“可爱的、爱好和平的狮子”的丰富内涵，并进一步完善一个和平崛起的新型大国可亲的形象。

---

① 习近平：《创新合作模式共同建设“丝绸之路经济带”》，人民网，2013年9月7日。

② “习近平出席中法建交50周年纪念大会”，新华网，2014年3月28日，http://news.xinhuanet.com/photo/2014-03/28/c_126327082.htm。

第二十七章　熊猫外交

第一节　熊猫外交的历史梳理

大熊猫已在地球上生存了至少800万年，被誉为“活化石”和“中国国宝”，世界自然基金会的形象大使，是世界生物多样性保护的旗舰物种。熊猫这种憨厚、可爱的动物，自古便是中国对外交往中展示和平友好的“外交大使”。从唐朝送出的第一只熊猫开始，这位身着黑白相间晚礼服的“外交大使”便在中国外交舞台上扮演着重要角色。从促进中苏友好关系发展，到推动中美建交以及后来在很多国家、地区引发的“中国热”，大熊猫都以其憨态可掬的样子向人们诠释了和平友好的中国形象，大熊猫作为中国的“友好大使”和“吉祥物”，积极促进了中外友谊和相互了解，助力“丝路战略”的顺利实施。

一、中国古代与近代的熊猫赠予

(一) 古代的熊猫外交

中国的熊猫外交自古有之。由于古今气候条件变迁，历史上大熊猫分布范围远远多于今日，不同地域对大熊猫的称呼亦有差异，如貔貅、貘、貊、驺虞、白熊、花熊、竹熊、食铁兽等。3000多年前，西周初年汇编的《尚书》和《诗经》，记述了貔貅皮（大熊猫皮）是皇帝进贡的珍品。1700年前，西晋时大熊猫被称为驺虞，因为它只吃竹子，不伤害猎食其他动物，是一种能与友邻和平共处的“义兽”，故在当时把大熊猫当作和平友好的象征。当两军交战，杀得天昏地暗，日月无光时，只要有一方举起“驺虞”旗，战斗会戛然而止，因为战争规则是，凡使用“驺虞”旗，表示要求和平友好，停止冲突。公元685年，武则天赠送给日本天皇一对活体熊猫和70张毛皮。根据日本《皇家年鉴》记载，武则天（唐玄宗）[①]送给日本天武天皇“两只白熊”，所以后世一直以为这“白熊”是北极熊。后来，经中国大熊猫专家胡锦矗的考证，在当时的长安，皇苑内其实就有大熊猫，因此当时所谓的“白熊”就应该是今天的大熊猫。[②]

（二）近代的熊猫外交

1941年11月，中华民国政府向美国救济中国难民联合委员会赠送中国国宝——大熊猫，宋蔼龄与宋美龄两姐妹出席赠送仪式。美国救济中国难民联合委员会是美国政府支持下的一个民间团体，于中国抗战后在美国发起广泛的救济中国难民运动，给予了中国诸如医疗器械、药品、食品及现金等援助。为感谢该委员会对中国难胞的此种情谊，负责战时中国难民特别是儿童救济工作的宋蔼龄、宋美龄两姐妹，决定回赠该委员会一件礼品，且这礼品既要珍贵，又要是中国所特有，正值美国纽约白朗克斯动物园死了一只美国仅有的名叫本度那（Pandora）[③]的中国熊猫，美国人民为之悲痛，美国舆论也为此专门发表悼念文章。于是熊猫当之无愧成为不二选择。宋美龄在出席熊猫赠送仪式的讲演中，首先对美国政府及美国人民数年来对中国的援助表示感谢和欢迎，同时表示，中国的抗日战争还在艰苦地继续着，战争带来了众多的伤兵、难民和难童，他们渴望得到医治和救济，同时希望能得到更多的援助。[④] 1942年1月5日出刊的《时代》杂志自然科学专栏还专门发表了一篇以《护送熊猫》为题的文章。同月12日，《生活》周刊也以《幼婴大熊猫在白朗克斯动物园初次露脸》为题报道了此事，并刊登了一幅倚门而坐、若有所思的熊猫照片。此时距珍珠港事件发生不过一个月。美国两大杂志不约而同简要报道中国熊猫的消息，有意无意间传播中美两国共同勾勒的一幕和善画面。熊猫的形象可爱憨厚，而这一对憨态可掬的熊猫使得美国人更加了解中国的抗战之苦，也

---

① 武则天当时为临朝称制的太后，故也有一说是唐玄宗。

② 《人对大熊猫的认识·我国古代的历史记载》，中国科普博览（中国科学院网络化科学传播平台），http://www.kepu.net.cn/gb/lives/panda/know/now001.html。

③ 该熊猫1937年9月出生，1938年4月被捕获卖给成都华西协和大学（West China Union University），1938年6月被纽约白朗克斯动物园收养。

④ 唐润明：《宋美龄与熊猫外交》，载《兰台世界》，2009年第3期。

更加同情中国人民的处境，进而乐意伸出友谊之手。1936—1941 年期间，美国通过收购、交换、送礼等方式共从中国运走 9 只熊猫，但只有这一对熊猫由时任政府正式送出，对中美两国关系更具深远意义。

二、新中国熊猫外交历史沿革

（一）第一阶段：无偿赠予（新中国成立—1982 年）

新中国成立后，大熊猫作为“友好使者”去的首个国家是苏联。因为 20 世纪 50 年代的中国，采取“一边倒”的外交政策，50 年代初期我国与苏联等 17 个国家建立了外交关系，打破了美国对新中国的外交孤立。因此，此时发展中苏友好关系对我国的经济恢复与发展都有着战略性意义。1957 年 5 月，苏联领导人伏罗希洛夫看到了北京动物园里的大熊猫非常喜欢，这位战场上的元帅便毫不客气地向中国索要熊猫。因此，大熊猫平平于 1957 年到达苏联，完成了新中国成立以来的首次熊猫外交。两年后，大熊猫安安作为其配偶也被赠予苏联。

20 世纪 70 年代，我国外交结束了“两个拳头打人”的时期，外交战略进行了调整：为试图摆脱苏联模式的影响，我国转入大规模的社会主义建设，并探索适合中国国情的发展道路，在外交政策也趋于务实，因此更加重视与美国邦交实现正常化。1972 年，随着中美关系破冰，尼克松对中国进行历史性访问，周总理巧妙地再一次通过熊猫外交进一步增进了中美友好关系。1972 年 4 月，兴兴和玲玲抵达华盛顿国家动物园，仅开放第一天就有两万多人观赏，引发了美国人的第一波熊猫热。熊猫外交推动中美邦交正常化，也为日后中美建交打下了坚实的社会民意基础。1992 年玲玲去世，令美国举国上下沉浸在悲恸之中，世界自然保护基金会的瑞士总部也第一次下半旗志哀。1999 年 11 月 28 日，兴兴去世，不少美国媒体用“熊猫外交使节去世”为题报道了此事。[①]

熊猫外交在增进中日人民友好交流中也发挥了重要作用。1972 年 9 月，日本首相田中角荣访华，中国赠予大熊猫兰兰和康康。据当时《人

---

① 《中国“熊猫外交”揭秘》，新华网，2009 年 12 月 4 日，http://news.xinhuanet.com/herald/2009-12/04/content_12586846.htm。

民日报》记载："护送熊猫的座机一进入日本领空，就有一个战斗机编队的护航。"日本随即也掀起了"熊猫热"。日本报纸在报道这一事件时，用了"等了一整夜，见面一分钟"的标题，计算出平均每人只能看30秒，足见当时日本人民对中国熊猫的热情。随着1972年动画片《熊猫家族》在日本的热播，"和熊猫成为一家人"成了那一代日本孩子的梦想，奠定了中日关系进入"蜜月期"的基础。

一直到1982年之前，中国对外赠予熊猫可视作衡量中国对外关系或恢复邦交的"晴雨表"。熊猫是中国的国宝，将至高无上、稀世珍有的"礼品"赠送他国，标志着中国与熊猫受赠方之间良好的邦交关系与深厚的民族友谊。在这一历史时期，从建国至1982年间，中国共计向苏联、奥地利、朝鲜、美国、日本、法国、英国、墨西哥、西班牙、西德等国家赠送24只熊猫（如表1所示）。事实上，除了苏联是表示社会主义阵营国家间友好关系外，对其他国家的熊猫外交都有着打破西方孤立、恢复中国的国际邦交正常化的重要意义。

表1　1949—1982年间中国赠出熊猫一览表①

赠送时间	大熊猫名字	受赠方	去世时间	备注
1957年	平平	苏联莫斯科国家动物园	不详	
1958年	姬姬	奥地利动物商人海尼·德默②	1972年7月22日	1. 世界自然基金会标识的来源 2. 交换物为3只长颈鹿、2只犀牛及河马、斑马等
1959年	安安	苏联莫斯科国家动物园	不详	

① 资料来源：根据维基百科相关资料整理而成，详见http：//zh. wikipedia. org/wiki/%E7%86%8A%E8%B2%93%E5%A4%96%E4%BA%A4。

② 后来去了伦敦动物园。

续表

赠送时间	大熊猫名字	受赠方	去世时间	备注
1965—1980年	一号、二号、凌凌、三星、丹丹	朝鲜中央动物园	不详	
1972年4月	玲玲	美国国家动物园	1992年	交换物为1对麝牛
1972年4月	兴兴	美国国家动物园	1999年11月28日	同上
1972年10月	兰兰	日本上野动物园	1979年9月4日	交换物为日本鬣羚
1972年10月	康康	日本上野动物园	1980年6月30日	同上
1973年12月	燕燕	法国文森动物园	2000年1月20日	
1973年12月	黎黎	法国文森动物园	1974年4月20日	
1974年4月	佳佳	英国伦敦动物园	1991年死于墨西哥	交换物为1对白犀
1974年4月	晶晶	英国伦敦动物园	1980年死于细菌感染	
1975年9月	迎迎	墨西哥查帕特派克动物园	不详	交换物为中美貘、加勒比海牛、无毛狗等
1975年9月	贝贝	墨西哥查帕特派克动物园	不详	同上
1978年9月	绍绍	西班牙马德里动物园	不详	交换物为1对大猩猩
1978年9月	强强	西班牙马德里动物园	不详	生下一对龙凤胎，其中一只叫“竹琳”，另一只生下三天后便死去了

续表

赠送时间	大熊猫名字	受赠方	去世时间	备注
1980 年	欢欢	日本上野动物园	1997 年 9 月 21 日	生下“秋秋”、“童童”、“悠悠”
1980 年 11 月	天天	西德柏林动物园	4 年后感染病毒而死亡	
1980 年 11 月	宝宝	西德柏林动物园	2012 年 8 月 22 日	
1982 年	飞飞	日本上野动物园	1994 年 12 月 14 日	

赠予熊猫的行为体现了当时我国总体外交方针，可见，熊猫外交在特定的历史时代，是服务于我国外交战略和国家发展大局的，从 1972 年对美国的熊猫外交促进了日后中美建交中可见一斑。

（二）第二阶段：中外合作（1982 年—至今）

据第三次全国大熊猫野外种群调查，全世界野生大熊猫不足 1600 只，属于中国国家一级保护动物。截至 2011 年 10 月，全国圈养大熊猫数量为 333 只。由于大熊猫的生存环境与生活习性较为特殊，本身就属于国家珍稀保护的行列，随着大熊猫数量减少，中国停止赠送大熊猫的做法，而是将其出借。出借也开始有新重点，即强调关于大熊猫的科研，以试图增加其数量。牛津大学研究者在《环境实践》杂志上发表论文，认为大熊猫外交进入了新阶段，这种濒危物种的出借“与向中国提供珍贵资源和技术的国家有关，而且象征着中国愿意与之建立关系”。由此可见，从 1982 年之后，这一阶段熊猫外交从赠予熊猫转向了中外科研合作，更为理性，且兼具人文收益和科研成果。

据统计，中国境外共有 152 只大熊猫，这些熊猫不仅在动物园中供当地居民观赏，更多被生物研究会、动物保护协会等组织编号用以进行科学研究，以维持生物多样性与种群可持续性发展。（如表 2 所示）这些熊猫分布在中国境外 21 个国家 53 个城市的 54 个动物园中。

表2　中国境外熊猫分布状况①

地点	熊猫名称	年份
美国芝加哥	Su lin	1937—1938
	Mei Mei	1938—1942
	Mei Lan	1939—1953
美国纽约	Pandora	1938—1941
	Pan	1939—1940
	Pan Dee	1941—1945
	Pan Dah	1941—1951
	Ling Ling	1987
	Yun Yun	1987
英国伦敦	Ming	1938—1944
	Sung	1938—1939
	Tang	1938—1940
	Happy	1938—1939
	Grandma	1938—1939
	Lien Ho	1946—1950
	Chi Chi	1958—1972
	An An	1968—1969
	Chia Chia	1974—1988
	Ching Ching	1974—1985
	Ming Ming	1991—1994
	Bao Bao	1991—1993
德国柏林	Happy	1939
	Tjen Tjen	1980—1984
	Bao Bao	1980—至今
	Yan Yan	1995—2007
德国汉诺威	Happy	1939
德国慕尼黑	Happy	1939

① 资料来源：“Panda History”，http：//www. giantpandazoo. com/panda/history，auessed at：22 May，2014.

续表

地点	熊猫名称	年份
德国莱比锡	Happy	1939
德国科隆	Happy	1939
法国巴黎	Happy	1939
	Yen Yen	1973—2000
	Li Li	1973—1974
美国圣路易斯	Happy	1939—1946
	Pao Pei	1939—1952
俄国莫斯科	Ping Ping	1957—1961
	An An	1959—1972
	Chi Chi	1966
	Wen Wen	2001
	Yuan Yuan	2001
德国法兰克福	Chi Chi	1958
丹麦哥本哈根	Chi Chi	1958
德国柏林	Chi Chi	1958
朝鲜平壤	Number 1	1965—1971
	Number 2	1965—1967
	Lin Lin	1971—?
	San Xing	1971—1976
	Dan Dan	1979—?

续表

地点	熊猫名称	年份
美国华盛顿	Hsing Hsing	1972—1999
	Ling Ling	1972—1992
	Chia Chia	1981
	unnamed cub	1983
	unnamed cub	1984
	unnamed cub	1987
	unnamed cub	1987
	unnamed cub	1989
	Mei Xiang	2000—至今
	Tian Tian	2000—至今
	Tai Shan	2005—2010
日本东京	Lan Lan	1972—1979
	Kang Kang	1972—1980
	Huan Huan	1980—1997
	Fei Fei	1982—1994
	Chu Chu	1985
	Tong Tong	1986—2000
	You You	1988—1992
	Ling Ling	1992—2008
	Shuan Shuan	2003—2005
	Ri Ri	2011—至今
	Shin Shin	2011—至今

续表

地点	熊猫名称	年份
墨西哥墨西哥城	Pe Pe	1975—1988
	Ying Ying	1975—1989
	Xen Li	1980
	Tohui	1981—1993
	Liang Liang	1983—1999
	Xiu Hua	1985—至今
	unnamed cub	1985
	Shuan Shuan	1987—至今
	Ping Ping	1987
	Chia Chia	1988—1991
	Xin Xin	1990—至今
	Ling Ling	2001—2003
西班牙马德里	Shao Shao	1978—1983
	Chang Chang	1978—1995
	Chu Lin	1982—1996
	unnamed cub	1982
	Bing Xing	2007—至今
	Hua Zui Ba	2007 至今
	Po	2010—至今
	De De	2010—至今
日本福冈市	Bao Ling	1980
	Hsan Hsan	1980
日本神户市	Zhai Zhai	1981
	Rong Rong	1981
	Tan Tan	2000—至今
	Ko Ko I	2000—2002
	Ko Ko II	2002—2010
	unnamed cub	2007
	unnamed cub	2008

续表

地点	熊猫名称	年份
美国洛杉矶	Ying Xin	1984
	Yun Yun	1984
美国旧金山	Ying Xin	1984—1985
	Yun Yun	1984—1985
加拿大多伦多	Qinn Qinn	1985
	Sha Yan	1985
瑞典埃斯基尔斯蒂纳	Chuan Chuan	1986
	Jin Jin	1986
爱尔兰都柏林	Ping Ping	1986
	Ming Ming	1986
荷兰希尔法伦贝克	Rong Rong	1987
	Chuan Chuan	1987
比利时安特卫普	Wan Wan	1987
	Xi Xi	1987
美国圣地亚哥	Ba Si	1987—1988
	Yuan Yuan	1987—1988
	Bai Yun	1996—至今
	Shi Shi	1996—2003
	Hua Mei	1999—2004
	Gao Gao	2003—至今
	Mei Sheng	2003—2007
	Su Lin	2005—2010
	Zhen Zhen	2007—2010
	Yun Zi	2009
美国坦帕市	Ling Ling	1987—1988
	Yun Yun	1987—1988
加拿大卡尔加里	Xi Xi	1988
	Qun Qun	1988
日本冈山市	Qing Qing	1988
	Cheng Cheng	1988

续表

地点	熊猫名称	年份
澳大利亚墨尔本	Xiao Xiao	1988
	Fei Fei	1988
美国托莱多市	Nan Nan	1988
	Le Le	1988
日本函馆市	Qing Qing	1988
	Cheng Cheng	1988
澳大利亚悉尼	Xiao Xiao	1988
	Fei Fei	1988
美国辛辛那提	Chia Chia	1988
日本歌山县	Qing Qing	1988—1989
	Cheng Cheng	1988—1989
	Ei Mei	1994—至今
	You Hin	1994—1997
	Mei Mei	2000—2008
	Rau Hin	2000—至今
	Yu Hin	2001—2004
	unnamed cub	2001
	Ryu Hin	2003—2007
	Shu Hin	2003—2007
	Kou Hin	2005—2010
	unnamed cub	2005
	Ai Hin	2006—至今
	Mei Hin	2006—至今
	Mei Hin	2008—至今
	Ei Hin	2008—至今
	Kai Hin	2010—至今
	You Hin	2010—至今
新西兰奥克兰	Xiao Xiao	1988—1989
	Fei Fei	1988—1989

续表

地点	熊猫名称	年份
加拿大温尼伯	Cheng Cheng	1989
	Bing Bing	1989
日本甲府市	Cheng Cheng	1989
	Bing Bing	1989
新加坡	An An	1990—1991
	Xin Xing	1990—1991
美国哥伦比亚	Xing Xing	1992
	Qin Qin	1992
泰国曼谷	Chuan Chuan	1992—1993
	Yia Qing	1992—1993
韩国龙仁市	Ming Ming	1994—1999
	Ri Ri	1994—1999
美国亚特兰大	Lun Lun	1999—至今
	Yang Yang	1999—至今
	Mei Lan	2006—2010
	Xi Lan	2008—至今
	Po	2010—至今
奥地利维也纳	Yang Yang	2003—至今
	Long Hui	2003—至今
	Fu Long	2007—2009
	unnamed cub	2007
	Fu Hu	2010—至今
	unnamed cub	2010
美国孟菲斯市	Ya Ya	2003—至今
	Le Le	2003—至今
泰国清迈	Chuang Chuang	2003—至今
	Lin Hui	2003—至今
	Lin Ping	2009—至今
中国台湾	Tuan Tuan	2008—至今
	Yuan Yuan	2008—至今

续表

地点	熊猫名称	年份
澳大利亚阿德莱德	Wang Wang	2009—至今
	Funi	2009—至今
墨西哥瓜达拉哈拉	Shuan Shuan	2010—2011
英国苏格兰爱丁堡	Tian Tian	2011—至今
	Yang Guang	2011—至今
法国圣艾尼昂	Huan Huan	2012—至今
	Yuan Zi	2012—至今

1. 中外繁育合作

根据国家重大政治和外交的需要，我国的成都大熊猫基地先后与日本、美国、西班牙、法国建立了“大熊猫长期国际合作繁殖计划”，成功开展了大熊猫繁育、动物行为学和保护教育等多个领域的合作与研究，共同合作繁殖大熊猫15只，取得了国际大熊猫合作繁殖产仔数量最多的优异成绩（如表3所示）。

表3　大熊猫保护研究繁育合作项目一览表①

合作对象	合作内容
日本和歌山白浜野生动物园	1994年起，基地与日本和歌山白浜野生动物园开始进行首个大熊猫国际合作繁殖计划，合作繁育大熊猫共8胎15仔，成活12只，争取经费1900万美元，创造了大熊猫国际合作繁殖的最好成绩。大熊猫“梅梅”2000、2001、2003、2005、2006年连续产5胎9仔，成活7仔，创造了首例圈养大熊猫秋季发情冬季产仔成活和连产9仔成活7仔的佳绩。目前，旅日大熊猫产下的“雄浜”、“隆浜”、“秋浜”、“幸浜”、“梅浜”和“永浜”已顺利归国

① 资料来源：成都大熊猫基地网站“国际合作”，http://www.panda.org.cn/china/cooperation/2013-01-10/56.html。

续表

合作对象	合作内容
美国亚特兰大动物园（及美国乔治亚理工大学）	基地自1999年与美国亚特兰大动物园（及美国乔治亚理工大学）开展“国际合作繁殖计划”以来，得益于基地专家精湛、娴熟的繁育技术，旅美大熊猫“伦伦”于2006、2008、2010年共产下3胎3仔。同时，还在大熊猫行为学研究上取得显著成绩。其中，2006年出生的大熊猫“美兰”现已归国，并成为了“地球一小时”全球形象大使，从此名声大噪
西班牙马德里动物园	2007年9月，成都熊猫基地与西班牙马德里动物园正式合作开展大熊猫国际合作繁殖计划。基地与西班牙马德里动物园的繁育合作也取得了可喜成绩。2010年9月，雌性大熊猫“花嘴巴”成功产下一对双胞胎，这是中国与国外开展大熊猫长期国际繁育合作计划以来，在海外产下的首对人工授精大熊猫双胞胎。当年11月，西班牙索菲娅王后来到马德里动物园大熊猫馆探望大熊猫，并为熊猫幼崽喂奶
法国保瓦尔野生动物园	2012年1月15日，基地的雄性大熊猫“圆仔”和雌性大熊猫“欢欢”乘专机从成都飞赴法国保瓦尔野生动物园，开展为期10年的中法大熊猫国际繁育合作计划，并将就大熊猫繁育关键技术研究、大熊猫野外放归前期研究进行合作

2. 中外科研合作

我国成都的大熊猫繁育研究基地通过项目资助、合作研究、人才交流、技术支持、人才培养等多种方式，先后与国外众多知名动物园、研究机构、保护组织、大学建立了广泛的国际科研合作网络和长期密切的科研合作关系（如表4所示）。

表4　大熊猫保护科学研究合作项目一览表①

合作对象	合作内容
世界自然基金会（WWF）	早在2007年，世界自然基金会（WWF）成都办公室就和成都大熊猫繁育研究基地科普教育部建立了项目合作。为减轻生态环境的压力，世界自然基金会在大熊猫自然保护区周边社区开展了很多替代生计项目，并取得了极大的成功。同时，WWF也非常重视当地社区的保护教育，希望以此来进一步保护整个自然保护区的生态环境。2008年9月24日，世界自然基金会和成都大熊猫繁育研究基地汇聚一堂，签署了一个合作意向备忘录，今后，双方将在震后大熊猫种群数量及其栖息地评估、协助保护区重建生态保护基础设施、保护教育、社区可持续经济和大熊猫野化放归计划方面开展合作
全球科思基金会	2011年6月7日下午3：00，由成都大熊猫繁育研究基地（下称基地）和全球科思基金会联合创办的“大熊猫保护生物学国际研究中心”在基地挂牌成立。“大熊猫保护生物学国际研究中心”的成立标志着建立以大熊猫为代表的珍稀濒危野生动物保护国际合作迈出了崭新一步
国际自然联盟保护繁殖专家组（IUCN）	1996年起，与国际自然联盟保护繁殖专家组（IUCN/SSC/ CBSG）开展大熊猫生物医学和繁殖生物学研究。包括： 1. 大熊猫配子生物学 2. 大熊猫生殖内分泌学 3. 大熊猫生物医学检查 4. 大熊猫精子库的建立
美国国家癌症研究院基因组多样性实验室	与美国国家癌症研究院基因组多样性实验室（NIH/National Cancer Institution，USA）全面合作： 1. “圈养大熊猫亲仔鉴定研究”等多方面的研究 2. 中国猫科物种样品库建立（国际猫科动物样品库） 3. 华南虎基因资源库和保护学研究 4. 野生大熊猫遗传多样性研究
美国奥克兰市东湾动物园协会	2002年与美国奥克兰市东湾动物园协会签订了开展大熊猫保护研究的合作计划

① 资料来源：成都大熊猫基地网站“国际合作”，http：//www. panda. org. cn/china/cooperation/2013 - 01 - 10/56. html

续表

合作对象	合作内容
美国马里兰大学	实验室与美国马里兰大学在大熊猫 B 超妊娠诊断、生化分析方面进行了技术交流
美国普渡大学	成都大熊猫繁育研究基地与美国普渡大学科研合作
美国德雷克塞尔大学	1. 与美国科思基金会，美国德雷克塞尔大学合作，开展“大熊猫的生物物理生态学、新陈代谢及行为表现”项目研究，邀请科学家 James Spotila 教授、黑熊专家 Benjamin Kilham 和 Krzysztof Cena 教授做报告，包括“黑熊放归经验介绍”和“新陈代谢研究方案” 2. 合作成立大熊猫保护生物学国际研究中心： （1）开展大熊猫能量代谢研究 （2）联合成都市教育国际交流中心、美国布利斯学校、都江堰外国语学校及成都市三原外国语学校开展了“面向未来，中美教育携手共赢”活动，来自中美双方的孩子们在成都进行了丰富的合作与交流
美国加州奥克兰中国野生动物保护基金会	2002 年，与美国加州奥克兰中国野生动物保护基金会开展筹集大熊猫保护研究资金的合作计划。 美国奥克兰市野生动物保护基金会与基地在美国共同筹集大熊猫保护经费。
美国施米桑林国家动物园保护研究中心	与美国施米桑林国家动物园保护研究中心开展合作研究。合作项目包括： 1. 大熊猫繁殖障碍病因 2. 大熊猫、小熊猫传染病的血清研究 3. 大熊猫犬瘟热基因工制
英国格拉斯哥大学	与英国格拉斯哥大学合作开展国家国际科技合作专项“大熊猫乳蛋白的分析及人工乳的研制”研究

续表

合作对象	合作内容
英国彻斯特动物园	1999年，与英国彻斯特动物园（北英格兰动物协会）（North of England Zoological Society，UK）开展大熊猫研究合作。合作研究领域包括：（1）繁殖生物学；（2）遗传学研究；（3）营养学研究 2001年，深化合作研究。开展具体的研究项目：与利物浦大学一起申报Wellcome Trust基金，开发大熊猫微卫星标记。该研究运用Dynal磁珠富集法，从大熊猫小片段插入文库中筛选微卫星标记。最终获得了近300个阳性克隆，分离到54个微卫星序列，获得多态性引物20对。该成果获2007年成都市科学技术进步奖二等奖。后来，这套技术（磁珠富集技术）也推广运用到华南虎、小熊猫、林麝、藏酋猴等我国特有珍稀动物的微卫星标记研发上，培养博士和硕士研究生10多名。引领并推动了我国濒危野生动物微卫星标记开发与应用的技术进步 2005年以来又启动了一系列保护教育项目。
日本大学	2004年，与日本大学签订了全面合作协议，合作内容包括： （1）互设研究机构 （2）共同设立研究项目（日本大学、有关基金会及政府机构） （3）互派学者和研究人员 （4）中日文化交流。2006年与日本大学签署“日本大学研究实习生项目”协议
日方庆应义塾大学、小渊基金	2001—2007年，与日方庆应义塾大学、小渊基金会开展“大熊猫可食竹研究”。该项目已在基地内、外3平方千米的土地上栽植了苦竹、观音竹、箬竹和方竹属的两个种竹类，总计五种约5000余丛，获得了初步成功

第二节　熊猫外交的作用及其意义

一、提升了中国的软实力

从软实力角度分析，熊猫外交不仅有助于塑造中国形象，增进价值观沟通，而且是人文外交的重要手段。通过熊猫这一国宝级吉祥物，不仅能展示出中国对其他国家的尊重与友好，更能通过世界人民对熊猫的喜爱，获得当地国民对中国的热爱与支持，提高了中国的国际声誉。

牛津大学的凯瑟琳·白金汉称，与其他国家共同照顾这种珍贵动物的举动，巩固了中国与友邦之间的关系。对中国来说，交换大熊猫并不只是为了获得自然资源，实际情况要微妙得多。“中国可以利用大熊猫来签署协议，并且表达对两国长期友好关系的一种祝愿。中国将熊猫借给一个国家并不意味着两国已经完成交易——他们将这种濒危的珍贵动物交给这个国家，此举在某种程度上表明，两国正在建立一种新的联系。”因为，中国感兴趣的是发挥“软实力，通过租借熊猫来获得世界的认可”。①

二、强化了中国形象的亲和力

按照建构主义的理解，国际形象是由国际文化价值结构的相互身份认同关系所建构和表达出来的，树立一国的国际形象更应诉诸国家之间文化观念的相互吸引，以寻求对彼此身份的积极认同。

首先，大熊猫作为中国的标志之一，其形象本身已经获得了世界范围内的认可与喜爱。作为食肉目、大熊猫科的一种哺乳动物，它体色为黑白两色，也恰与中国文化中“太极”的阴阳图的颜色不谋而合。它有着圆圆的脸颊、大大的黑眼圈、胖嘟嘟的身体，标志性的内八字的行走方式等都令人怜爱，既象征着中国悠悠大国、温润柔和的友好本质，也有刀般锋利的爪子，显示出国家强硬得当、不露锋芒的智慧风格。

其次，熊猫外交是中国对外和平、友好交往的象征。中国自古便是热爱和平的国家，并一贯秉承“和平共处五项原则”。习近平主席于2014年3月27日在中法建交50周年纪念大会上强调，实现中国梦，给世界带来的是机遇不是威胁，是和平不是动荡，是进步不是倒退。拿破仑说过，中国是一头沉睡的狮子，当这头睡狮醒来时，世界都会为之发抖。中国这头狮子已经醒了，但这是一只“和平的、可亲的、文明的狮子”。② 由此可见，在熊猫外交的背后，展现了中国礼尚往来的大国风范，诠释了中国

① BBC：《“大熊猫外交”为中国软实力加分》，转引自参考消息网，http：//china. cankaoxiaoxi. com/2013/0926/277886. shtml。

② 《习近平出席中法建交50周年纪念大会》，新华网，2014年3月28日。http：//news. xinhuanet. com/photo/2014－03/28/c_ 126327082. htm。

“和平的、可亲的、文明的”形象。

三、拓展了中外科研合作空间

从1989年起至今，我国四川成都大熊猫繁育研究基地（以下简称基地）连续组织并承办了19届大熊猫保护领域国际学术研讨会——大熊猫繁育技术委员会年会。

1998年至2000年，基地组织了三次“大熊猫生物医学检查活动”；1998年至2009年，开展了包括“大熊猫细管冻精方法比较研究”、“圈养大熊猫亲子鉴定研究”、“大熊猫微卫星技术研究”、“猫科动物采样工作”、“圈养大熊猫遗传管理培训研讨会”等10次技术培训。通过举办以上会议和技术培训，基地与来自美、日、英等十多个国家的大熊猫专家共商大熊猫保护策略、分享大熊猫研究成果，为大熊猫保护事业的发展搭建了友好交流的国际化平台。

近年来，通过邀请多位国内外知名专家学者来基地做学术讲座、聘请国际专家到基地工作等形式，成都大熊猫繁育研究基地开展了一系列国际学术交流活动。包括：2008年，邀请圣弗兰西斯科动物园Gail Hedberg来基地作主题为“猫和北极熊关于初乳的重要性和饲喂量的问题”的报告；2010年与美国马里兰大学进行“动物B超诊断技术”交流活动等。近十年来，基地以国际视野进行人才培养，共派出119人次到国外工作、交流、学习。①

熊猫，不仅是属于中国的，也是属于全人类的，中国愿意与世界分享相关科研过程与成果，也展现了大国的实力与胸襟，为全世界生物种群多样性与珍稀动物保护事业，贡献出了负责任大国应有的力量。

第三节　熊猫外交的前景展望

熊猫外交始终服务于我国外交大局。作为中国特有珍稀物种，熊猫在

① 资料来源、资料均引自成都大熊猫繁育研究基地官方网站，http：//www.panda.org.cn/china/cooperation/2013－01－10/56.html。

新中国对外关系发展中担任着特殊的外交使命。在过去的几十年间，熊猫走出国门的道路从未间断。从 20 世纪 50 年代起至 1982 年止，熊猫外交一直是纯政治性的赠送模式，既不和商业挂钩，又不采取租借的形式。自 1982 年以来，为了响应保护濒危动物的全球号召，中国政府宣布从 1982 年开始停止赠送大熊猫出国，标志着传统的政治性赠送模式下的熊猫外交宣告结束。1982 年之后熊猫外交进入第二阶段，即截至 1994 年，中国各动物园的大熊猫采取短至数月、长至 1 年巡展或商业性租借等方式出国，1994 年之后，熊猫外交进入合作研究的新阶段。

1961 年，大熊猫熙熙到英国伦敦动物园借展，造成万人空巷的场面。世界自然基金会（World Wide Fund For Nature，WWF）认识到一个具有影响力的组织标志可以克服所有语言上的障碍，于是一致赞同将大熊猫动人的形象作为该组织的象征。从此，可爱的大熊猫便成为全球自然保护运动的一个偶像性标志。同时，熊猫也已经成为中华文明的一种文化符号，是中国展现给全世界的一大公共产品，不仅是生物学意义上的公共产品，更成为中国的国际文化公共产品。

2014 年习近平主席访问比利时，与比利时国王共同出席了大熊猫园开园仪式。不久前，中方决定向比利时提供两只大熊猫用于联合科学研究，大熊猫星徽和好好落户比利时。同年 4 月 13 日，大熊猫凤仪和福娃也飞抵马来西亚。马来西亚官员表示，马来西亚向中国租借的两只大熊猫，并没有因为马航客机事件受到影响。熊猫外交，承担着人文外交中价值沟通与增信释疑的使命，还将在中国外交中发挥更大的作用。

交流机制

第二十八章 中美人文交流高层磋商机制

中美人文交流高层磋商机制（China-US High-level Consultation on People-to-People Exchange）的建立，最早可追溯至2009年11月美国总统奥巴马访华期间签署的“中美联合声明”，双方指出：“人文交流对促进更加紧密的中美关系具有重要作用。为促进人文交流，双方原则同意建立一个新的双边机制。”[①] 此后，人文交流与政治互信、经贸合作一起构成了中美关系的“三大支柱”。[②] 2010年5月25日，在第二轮中美战略与经济对话举办之际，由刘延东国务委员和希拉里·克林顿国务卿担任双方主席的中美人文交流高层磋商机制在北京正式成立。该机制被定位为中美两国在政治、外交、经济、金融等领域开展战略性沟通外，专门就人文教育领域交流合作而设立的一个重要对话平台，服从和服务于建设21世纪积极合作全面中美关系的总目标，[③] 至今已举办四轮磋商。（参见表1）

---

① 《中美联合声明》，《人民日报》，2009年11月18日。

② 刘延东：《深化中美人文交流构建新型大国关系——在第三轮中美人文交流高层磋商会议上的讲话》，《世界教育信息》，2012年5月（下），总第298期。

③ 《教育部发布会通报中美人文交流高层磋商机制情况》，中国政府网，2010年5月26日，http：//www. gov. cn/xwfb/2010－05/26/content_ 1613928. htm。

表1：历次中美人文交流高层磋商主要成果①

会议	第一轮中美人文交流高层磋商（2010 年 5 月 25 日，北京）及第二轮中美人文交流高层磋商（2011 年 4 月 12 日，华盛顿）	第三轮中美人文交流高层磋商（2012 年 5 月 4 日，北京）	第四轮中美人文交流高层磋商（2013 年11 月21 日，华盛顿）
教育	签署教育交流合作协定；美国“十万人留学中国计划”、中国“三个一万”教育项目、500 名大中小学校长和骨干教师赴美研修计划、首届中美省州教育厅长对话等	扩大中美富布莱特项目；举办中美省州教育厅长对话、中美教育发展论坛；推进中国高职院校与美国社区学院交流、新汉学国际研修计划等	续签中美教育合作备忘录；苏世民学者项目；推进省州教育合作；中美友好志愿者项目等
科技	扩大中美青年科技人员合作研究计划；共同资助在重点领域设立联合研究中心等	中国青年科学家访美计划；中美青年科技论坛等	中美青年科技论坛等
文化	签署文化协定 2010—2012 年执行计划；中美文化论坛等	续签两国政府文化协定 2012—2014 年执行计划；继续开展艺术交流	第四届中美文化论坛；2014 年史密森民俗节中国主题活动、“带我去中国”系列活动等

① 资料来源：由中国政府网：《教育部发布会通报中美人文交流高层磋商机制情况》、《世界教育信息》编辑部整理：《中美人文交流高层磋商机制概述》（载《世界教育信息》，2012 年 5 月（下），总第 298 期）、刘延东：《深化中美人文交流构建新型大国关系——在第三轮中美人文交流高层磋商会议上的讲话》（载《世界教育信息》，2012 年 5 月（下），总第 298 期）、教育部《第三轮中美人文交流高层磋商联合成果报告》（2012 年 5 月 24 日，http：//www. moe. gov. cn/publicfiles/business/htmlfiles/moe/s5987/201205/136459. html）、《第四轮中美人文交流高层磋商联合成果报告》（2013 年 11 月 23 日，http：//www. moe. edu. cn/publicfiles/business/htmlfiles/moe/s5987/201311/159840. html）整理而成。由于第一、第二轮中美人文交流高层磋商资料有限，此处合并整理。

续表

体育	中美“乒乓外交”40周年纪念活动；中国武术和健身气功专家教练赴美培训、指导；加强两国奥委会合作等	继续深化两国奥委会以及单项体育协会间的合作；强调将开展妇女体育运动和大众体育的交流	中美体育年度交流论坛；规划两国残奥委会、特奥委会和聋奥委会交流互访计划等
妇女	中美妇女领导者交流与对话、妇女赋权项目等	第四轮中美妇女领导者交流与对话；提高双方在公众乳腺癌防治意识方面的合作关系；进一步加强青年一代妇女领导者以及妇女与可持续发展方面的交流等	中美妇女领导者交流对话会、中美女学生科技夏令营、“妇女参与公共服务”计划、妇女能力建设项目等
青年	中美青年科技人员合作研究计划、中美青年科学论坛、中美青年领袖交流、中美学生交流论坛等	继续执行中美青年领导者交流；深化两国青年政治家交流和学生领袖交流项目；鼓励两国青年、特别是青年职业人士开展对话等	面向中美青年政治家、学生领袖、青年职业人士和青年企业家深入开展公民教育、领导力建设、社会创新和社区服务等主题的交流和培训项目等

在双方的共同努力下，中美人文交流高层磋商机制成立至今，在教育、科技、文化、体育、妇女和青年六大领域的合作不断得以推进和深化，在其框架下已经建立数十项子机制、取得百余项重要成果。以教育领域为例，在2012年5月的讲话上，刘延东表示美国“十万人留学中国计划”和中国“三个一万”教育项目进展顺利，有4.3万美国学生来华留学，4300多名中国学生获得“公派万名学生赴美攻读博士项目”。[①] 而到了2013年11月，美方“十万人留学中国计划”的留学人数已经达到6.8

① 刘延东：《深化中美人文交流构建新型大国关系——在第三轮中美人文交流高层磋商会议上的讲话》，载《世界教育信息》，2012年5月（下），总第298期。

万名，我国“三个一万”项目也累计有近万名中国学生赴美攻读或联合培养博士，[①] 可谓成果显著。

在摸索与实践的过程中，中美人文交流高层磋商机制也不断得到完善和丰富。得益于该机制明确划分了教育、科技、文化、体育、妇女和青年六大领域，越来越多的部门开始有意识地将其工作纳入到机制框架内，提升了人文交流的针对性，一些跨领域人文交流项目（如中美青年科技论坛既属于科技领域又属于青年领域）更是在一定程度上实现了资源整合、提高了工作效率。此外，自第三轮中美人文交流高层磋商起开始采用“联合成果报告”的形式总结磋商主要成果，按领域梳理和罗列工作要点与项目规划，使会议成果更为清晰、易于对照、评估。第四轮磋商还首次将“青年和创新”作为主题。

中美关系前进的道路从不平坦，将人文交流作为中美关系“三大支柱”之一，凸显了建立中美人文交流高层磋商机制的独特内涵和重要意义，体现了夯实中美关系民意基础、塑造中美新型大国关系的长远考虑。同时，中美人文交流高层磋商机制也是我国在探索人文外交途径与方法上的一大创举，对今后深化对外人文交往提供了重要的参考价值和宝贵的实践经验。

---

① 教育部：《架友谊之桥筑交流之窗——在第四轮中美人文交流高层磋商闭幕式上的致辞》，2013 年 11 月 21 日，http：//www. moe. edu. cn/publicfiles/business/htmlfiles/moe/s7754/201312/160372. html。

第二十九章　中俄人文交流机制

2000 年 11 月，为推动中俄战略协作伙伴关系的全面发展，统筹规范有关领域的合作并使其机制化，中俄两国决定在总理定期会晤机制框架内成立中俄教文卫体合作委员会。根据规定，委员会下设各领域的合作分委会。委员会和分委会每年召开一次例会，讨论制定委员会和分委会的工作计划，总结工作计划的执行情况。随着合作领域的不断扩大，中俄教文卫体合作委员会已不能涵盖具体的合作内容，根据中俄两国政府的协定，2007 年 7 月 13 日，双方签署了政府间议定书，将中俄教文卫体合作委员会正式更名为中俄人文合作委员会。委员会下设中俄教育、文化、卫生、体育、旅游、媒体和电影等 7 个领域的合作分委会和中俄档案合作工作小组。① 在 2010 年中俄人文合作委员会第十一次会议上，又增加了青年合作分委会。至 2012 年 12 月，中俄人文合作委员会已举行了 13 次会议，取得了丰硕成果。②

在中俄教文卫体合作委员会成立之前，中俄两国在教育、文化、卫生、体育四个领域的工作主要是团组互访等一般性考察项目，委员会成立之后则很快设立了一批很有特色的新项目，委员会框架内的活动规模不断扩大，如，探讨成立联合研究生院，共同培养人才；增加了中俄两国青少年之间的交流，组织双边中小学生夏冬令营活动；互设俄语和汉语中心、孔子学院，合作推广俄语和汉语；互办大学生艺术节、互办高等教育展、互办文化艺术节、互办青少年运动会等等。在文化、教育、旅游、体育、

---

① 刘清才、张海霞：《中俄全面战略协作伙伴关系的发展与前景》，《复旦国际关系评论》，2012 年 6 月。

② 施晓慧、谢亚宏：《刘延东会见俄副总理戈洛杰茨并共同主持中俄人文合作委员会第十三次会议》，《人民日报》，2012 年 12 月 6 日。

媒体等领域，中俄两国的合作取得了长足的进展，人文合作成为中俄战略协作伙伴关系的重要组成部分。[①] 2007 年中俄人文合作委员会成立后，在两国元首的直接关心和大力推动下，中俄在人文领域的合作更加富有成效，在中俄双边关系中发挥着不可替代的作用。[②]

2000 年以来，在中俄教文卫体及人文合作委员会的协调下，中俄两国人文交流不断深化，两国共同举办的“中俄青年友谊年”、“国家年”、“语言年”等大型活动取得巨大成功，教育、文化、卫生、体育、媒体、旅游等人文领域合作蓬勃发展，两国人民的相互了解和友谊不断加深。中俄互办“国家年”是两国元首为确保中俄战略协作伙伴关系长期健康稳定发展做出的重大战略决策，是中俄关系史上史无前例的重要举措，是双方为两国人民世代友好而采取的重大步骤。根据双方组委会的商定，“中国年”框架内在政治、经贸、文化、科技、军事、传媒、地方交往等领域举办近 200 场活动，其中包括多个国家级大项目。“中国年”活动首次全方位、深入地向俄罗斯人民介绍传统与现代相结合的中国，这对于扩大中国在俄罗斯的认知度、加强俄普通民众对中国的了解、深化两国友好的民间基础，具有至关重要的意义。

此外，在文化领域，中俄互设文化中心、互办艺术节，弘扬两国文化；在卫生领域，双方探讨建立中医在俄行医、中医药产品在俄注册销售的机制；在体育领域，双方加强优势项目的交流，联合备战奥运会。据统计，2006 年中国“俄罗斯年”的俄罗斯文化节期间，俄方派出 22 个演出团体逾千人次演员，在华进行广场演出 33 场，剧场演出 54 场，现场观众 12 万余人，电视观众超过 3 亿人次。截至 2007 年 8 月底，已有 6 支中国艺术团体的近 600 名艺术家赴俄参加“中国年”的中国文化节，在莫斯科、圣彼得堡、弗拉基米尔等城市演出近 30 场，现场观众 6 万余人。2007 年 1—5 月，俄罗斯旅华人数为 93.1 万人次，比上年同期增长 12.8%；赴俄罗斯欧洲部分旅游的中国游客人数增长较快，发展趋势

① 李亚男：《论中俄关系发展进程中的人文交流与合作》，《东北亚论坛》，2011 年第 6 期。

② 张光政：《中俄人文合作委员会第十一次会议在圣彼得堡举行》，《人民日报》，2010 年 11 月 23 日。

良好。①

为了增进两国间的交流与合作，中俄两国政府及中俄人文合作委员会也积极搭建语言桥。继2006年和2007年中俄两国成功互办“国家年”后，2009年和2010年中俄互办“语言年”，成为俄语热和汉语热不断升温的催化剂。很多中俄普通民众通过这一活动逐渐了解并喜欢上了对方国家的语言文化。2009年在中国举办的“俄语年”和2010年在俄罗斯举办的“汉语年”是两国人文交流中具有里程碑意义的重要事件，它在两国掀起了学习汉语和俄语的热潮，极大地增进了两国人民的相互了解和传统友谊，为深化两国政治互信和务实合作奠定了广泛的社会基础。

随着“国家年”、“语言年”活动的不断展开，两国“汉语热”、“俄语热”急剧升温，到对方国家学习语言的人数骤增。中俄人文委员会推动共建“孔子学院”就是适应了这种形势的需要。在俄罗斯开办“孔子学院”旨在传播汉语言文化，支持和推广当地汉语教学，从而使越来越多的俄罗斯青年了解中国，从事中俄友好事业，实践《中俄睦邻友好条约》所确立的“中俄世代友好”精神。目前，中俄两国高校在校学习对方语言的学生都超过万人。仅在2010年“汉语年”期间，俄罗斯境内就新建了5所孔子学院，使该国孔子学院的总数达到17所。根据2009年10月10日中俄人文合作委员会第十次会议批准通过的“汉语年”活动清单，“汉语年”期间共举办87项活动，内容涉及教育、文化、媒体、电影和新闻出版等领域，活动形式包括语言大赛、歌曲大赛、学生联欢、学术研讨、学生通信、展览、机构设置、平台建设、音乐周、文化周等十余类。活动以俄罗斯首都莫斯科为中心，横跨欧亚大陆，贯穿远东、西伯利亚地区直至俄罗斯最西部，广泛分布在俄罗斯的各大城市。② “汉语年”活动使越来越多的俄罗斯人从学习汉语中领略到中华文化的博大精深。语言是文化的重要载体，也是人类心灵沟通和不同文明对话的桥梁。中俄“语言年”活动涉及的绝不仅仅是语言教学领域，而是涵盖了教育、文化、科技等两国人文交流的各个领域。从这个意义上讲，这一活动是中俄

① 吴晶：《但愿从今后，携手到永久——中俄人文合作展望》，2007年9月3日，http：//news. xinhuanet. com/newscenter/2007－09/03/content_ 6655877. htm。

② 杜尚泽：《中俄“语言年”，不同国家间文化交流的创举》，《人民日报》，2010年3月23日。

两国人文交流史上的盛事。“语言年”举办期间，两国共举行了约500项丰富多彩、形式多样的活动。通过这些活动，中国功夫、中华美食、中医中药、中国哲学这些中国元素已经越来越为普通俄罗斯民众所熟悉和接受。同时，中国民众也加深了对俄罗斯的了解。

当前，中俄双方通过人文合作委员会的整体协调，加大合作力度，特别是使已有的各项合作项目机制化，不断完善中俄人文交流机制，从而进一步巩固中俄睦邻友好合作的社会基础，以实际行动体现中俄永远是相互信赖的好邻居、好朋友、好伙伴。在教育领域，继续互办中俄大学生艺术联欢节，扩大大学生的交流规模；继续互办教育展，以相互借鉴高等教育改革和发展的经验；继续组织双边中小学生夏、冬令营活动，进一步增进两国青少年的相互了解和友谊；继续扩大留学生规模，进一步采取措施扩大联合培养高层次人才的规模。在文化领域，继续互办艺术节，弘扬两国文化，进一步加强两国青年文艺工作者之间的交流，对青年文化管理人才进行培训以保持文化交流的延续性。在卫生领域，继续办好“中俄卫生周”活动，使中国的中医走进俄罗斯，让俄罗斯人民有所了解和接受。在体育领域，继续加强体育交流与合作计划，加强在筹办奥运会方面的合作，进行信息和经验交流，相互为对方参赛和赛前训练提供便利，同时进一步促进两国单项体育协会和科研机构之间的友好交流，推动两国运动水平的共同提高。[①] 在旅游领域，努力扩大双向旅游的规模，提高服务质量，保障旅游者安全。在媒体、电影和档案领域，在原有合作经验和成果基础上，进一步完善工作机制，加强沟通，扩大合作领域，深化合作内容。

---

① 徐松：《从万里长城到伏尔加河》，《人民日报》，2007年9月3日。

第三十章　中英、中欧高级别人文交流对话机制

2010年5月中美人文交流高层磋商机制的成立具有显著的示范效应，时隔不久，中英、中欧高级别人文交流对话机制（High Level People to People Dialogue，HPPD）也先后成立，成为中国与欧洲开展人文交流的全新渠道。与中美人文交流高层磋商机制被视为中美关系“三大支柱”之一相同的是，中英、中欧高级别人文交流对话机制也被视为中国同英国、欧盟关系的“三大支柱”之一，既标志着双边/多边关系的稳步推进，又彰显出人文交流在我国外交实践中的重要意义。在前期召开的媒体吹风会上，有关人员就对这两个机制的成立背景做了介绍：

> 2011年6月温家宝总理访问英国与卡梅伦首相会晤时，双方就建立中英高级别人文交流机制达成一致并表示，要发挥高级别人文交流机制的作用，推动两国在教育、文化、青年、媒体等各领域的合作。中英高级别人文交流机制将成为继中英经济财经对话和战略对话之后中英关系的第三个支柱，为双方加强人文交流搭建一个更高层次的平台。
>
> 2012年2月，第十四次中欧领导人会晤在北京举行，双方领导人正式宣布同意建立中欧高级别人文交流对话机制。建立这一机制是中欧从战略高度和长远角度出发，推动伙伴关系向前、向深发展的重大决定，标志着中欧关系站到一个新的起点上。中欧高级别人文交流对话机制将与中欧高级别战略对话和中欧经贸高层对话机制相互补

充，相互促进，共同构成中欧关系的三大支柱。①

由于成立时间较短，中英、中欧高级别人文交流机制至今均只开展了一次会议（分别于2012年4月16日、4月18日），以教育、科技、文化与青年交流为主要合作领域，一方面将原有的交流、合作项目做了整合与归类，并在各个领域的大框架下探讨，制定了未来的发展目标和创新途径。中英、中欧高级别人文交流机制第一次会议的主要内容参见表1、表2。

表1　中英高级别人文交流机制第一次会议主要内容②

领域	主要内容
教育领域	重申加强教育伙伴关系建设；开展中英大学生实习试点项目，鼓励和继续开展体验中国和体验英国项目；“中英百对优秀中学交流计划”；继续加强语言教学合作；加强职业教育和技能培训合作；重视高校与企业界合作等
科学、创新和研究领域	双方有关部门签署谅解备忘录
文化领域	“艺术中国”文化节；中英联合培养中国青年文化管理人才
传媒领域	双方重视进一步开展合作
体育领域	中英两国奥委会就共同进行奥运遗产研究达成共识
青年领域	落实“中英青年领导者圆桌会议”、“志奋领奖学金青年领导人培训项目”以及青年工作者交流等传统项目；开辟青年交流长期机制和渠道

① 教育部：“中欧、中英高级别人文交流机制吹风会材料”，http://www.moe.gov.cn/publicfiles/business/htmlfiles/moe/s6380/201204/133861.html。

② 资料来源：由余冠仕：“搭建起民众之间了解互信的桥梁——教育部有关负责人就中英、中欧人文交流机制答记者问”（载《神州学人》，2012年6月）整理而成。

表 2　中欧高级别人文交流机制第一次会议主要内容①

领域	主要内容
教育和语言多样性	设立“中欧高等教育交流合作平台”；2012—2016 年，中国政府将提供 3 万个奖学金名额，欧盟委员会支持 5000 名中国学生学者到欧盟国家学习，支持 2000 名欧盟国家学生学者赴华学习，双方交换万名中欧青少年学生；继续开展中欧教育政策对话；举办中欧多语言会议；推动中欧高校建立欧洲区域与国别研究中心和中国研究中心
文化方面	全面落实中欧文化对话年；在下届中欧高级别文化论坛上扩大知识分子和政策制定者交流的规模；加强在文化创意产业领域的合作；高度重视加强声像领域的合作，进一步促进中欧广播影视领域的人员和节目交流等
研究人员流动方面	欧盟委员会将鼓励中方科研人员和机构参与“玛丽·居里行动”和后续的欧盟“地平线 2020 计划”下的相关计划，中方将探索途径并向欧方建议，加强双方在长期互换青年研究人员领域的合作
青年合作方面	举办中欧青年创业研讨会；大幅增加中欧青年之间的可持续的伙伴关系及网络联系，预计至 2013 年，中欧双方累计有 500 个青年组织将会参与到合作项目中；呼吁中欧各国青年组织推进中欧人文对话；建立并加强中欧青年专题门户网站之间以及其他形式媒体之间的网络合作

值得一提的是，中英、中欧高级别人文交流机制得以顺利推进，与中美人文交流高层磋商机制的实践经验是分不开的，得益于后者在推动中美人文交流方面所取得的成果及其示范效应，中英、中欧高级别人文交流机制也通过锁定重点领域的方式来提高双边/多边人文交流的针对性以使项目成果最大化。

① 资料来源：由余冠仕：“搭建起民众之间了解互信的桥梁——教育部有关负责人就中英、中欧人文交流机制答记者问”（载《神州学人》，2012 年 6 月）整理而成。

第三十一章　中国—阿拉伯国家合作论坛的人文外交机制[①]

中国—阿拉伯国家合作论坛自2004年1月成立以来，致力于推动面向和平和可持续发展的中阿新型伙伴关系，已成为新时期中阿开展集体对话与合作的重要平台。经过10年的建设，论坛正规化、机制化建设取得长足发展。中阿双方在论坛框架下确立了“全面合作，共同发展”的战略合作关系，大力推进政治、经贸、文化等诸多领域的多边交流合作，已建立起部长级会议、高官委员会、企业家大会、专题经贸研讨会、能源合作大会、文明对话研讨会、文化交流、高教与科研合作、新闻合作论坛、环境保护合作、人力资源培训、民间交流等合作机制，丰富了中国与阿拉伯国家友好交往的内容，创新了模式，对推进中阿关系发展取得了实实在在的成果，影响日益扩大，成为中阿友好合作的“新品牌”。

在中阿合作论坛13个机制中，有7个机制是人文交流方面的机制，它们是：文明对话研讨会、文化交流、高教与科研合作、新闻合作论坛、环境保护合作、人力资源培训、民间交流。这些人文交流机制把新时期中阿人文交流推向更高水平。

---

① 本章中阿合作论坛的相关资料参考：中华人民共和国外交部亚非司编：《中国—阿拉伯国家合作合作论坛文件汇编（2004年9月—2010年5月）》，世界知识出版社，2010年版；姚匡义、马丽蓉主编：《丝路新篇：中阿合作论坛十周年论文集》，世界知识出版社，2014年版；中阿合作论坛网站：http：//www. cascf. org。

一、文明对话研讨会

中国和阿拉伯国家都拥有悠久的文明，都创造了辉煌灿烂的文化。中阿关系暨中阿文明对话研讨会有助于推动世界不同文明之间的交流，有利于促进不同文明之间的平等相待、团结互助、和谐共处、共同发展。中阿文明对话研讨会从2005年开始每两年召开一次，截止到2013年7月，一共召开了5届中阿文明对话研讨会和一次语言与文化交流研讨会。（参见表1）

表1　中阿合作论坛—文明对话研讨会一览表①

会议	时间	地点	议题
首届“中阿关系暨中阿文明对话研讨会”	2005年12月12—13日	中国北京	中阿关系和中阿文明对话
第二届“中阿关系暨中阿文明对话研讨会”	2007年12月1—3日	沙特利雅得	发展中阿文化关系、发挥中阿文明在应对全球化挑战中的作用以及加强两大文明间的相互理解
中阿文明对话——语言与文化交流研讨会	2008年12月19—20日	中国北京	“中阿典籍互译书目与计划”、“阿拉伯语、汉语言教学的思想与观念”、“语言问题研究”、“中阿文化问题研究”、“中阿语言与文化对比研究”、“翻译研究与体会”
第三届“中阿关系暨中阿文明对话研讨会”	2009年5月11—12日	突尼斯	“阿拉伯文化中的中国和中国文化中的阿拉伯人”、“中阿文化中人与自然的共同价值观”、“现代通讯、科技手段和中阿关系”

① 资料来源：笔者根据历年“中阿合作论坛—文明对话研讨会”会议整理而成。

续表

会议	时间	地点	议题
第四届“中阿关系暨中阿文明对话研讨会”	2011 年 12 月 27—28 日	阿联酋阿布扎比	“中阿文明的共同价值”、“历史上和当代为推进中阿文明相互了解和对话的中阿重要人物”、“文明对话及其在促进中阿战略合作关系方面发挥的作用”、“中国的伊斯兰文化，及其在促进相互了解、中阿文明与文化对话方面的重要性”以及“中、阿媒体在加深相互了解和丰富中阿文明对话方面的作用”
第五届“中阿关系暨中阿文明对话研讨会”	2013 年 6 月 27—28 日	中国乌鲁木齐	“中阿两大文明对丰富人类文明的贡献”、“文明对话对促进新时期中阿战略合作关系发展的作用”、“中阿文化的相互影响与融合”、“智库与专家学者对加强中阿文明对话的作用”

二、文化交流

“中阿合作论坛”框架下的文化交流活动丰富多彩，中阿双方在对方国家互办艺术节等活动，拉近了双方人民之间的距离，增进了双方人民之间的相互了解和友好往来。

自 2006 年阿拉伯文化节在北京举办后，至今中阿双方已经互办了 4 届文化节（参见表 2），并在 2008 年 5 月，在巴林举行的“中阿合作论坛”第三届部长级会议上正式确定了中阿互办艺术节机制，决定每两年分别在中国和阿拉伯国家轮流举办阿拉伯艺术节和中国艺术节。

表2：中阿互办文化节一览表①

文化节	时间	地点	主要活动
首届阿拉伯艺术节	2006年6月23日—7月13日	中国北京、南京	阿拉伯艺术展、中阿文化部长圆桌会议、阿拉伯艺术演出、阿拉伯服饰展示和美食品尝、阿拉伯国家记者团访华
首届中国艺术节	2008年4—6月	叙利亚	大型乐舞《敦煌韵》、湖南杂技团、红樱束女子打击乐队访演、中国刺绣展、中国手工艺品展销
第二届阿拉伯艺术节	2010年6月18—25日	中国北京、上海	中阿文化论坛、阿拉伯艺术团联合演出和阿拉伯艺术展
第二届中国艺术节	2012年3月25—31日	巴林麦纳麦	《绣之雅韵—中国刺绣展》、厦门小白鹭民间舞团、中国新疆艺术团和嵩山武术团的演出

除了互办文化节外，2010年5月11日，新闻出版总署与阿拉伯国家联盟秘书处签署了中阿典籍互译出版工程合作备忘录。这意味着中国的优秀历史典籍、当代文学作品有望在阿拉伯联盟22个国家出版发行。合作将依托中阿合作论坛机制，为该论坛框架下的中阿文明对话注入又一实质性内容。在当前中阿图书互译工作尚未充分开展的情况下，该项合作将进一步增进两大文明间的交流与联系。根据备忘录，双方将启动中阿典籍互译出版工程，将更多的优秀作品呈现给双方读者，构建现代文化的"丝绸之路"。工程确定为历史文化典籍、现当代文学作品、少儿作品的互译工作，每年互译5种，并在当年完成出版工作。项目第一阶段目标为双方各25种，共50种，5年内完成。为使合作落到实处，双方商定将成立一个由政府部门、出版商和有关科研院校或机构的代表组成的10人专门委员会，共同负责项目实施，委员人选将包括在语言、翻译及出版领域卓有

① 资料来源：笔者根据历年中阿互办"文化节"活动整理而成。

建树的专家。委员会下设两个固定办事处，一个设在中国的人民出版社，一个设在阿尔及利亚的阿拉伯高等翻译研究院总部。委员会将每年举行一次会议，决定有关重要事项。

三、高教与科研研讨会

高教与科研合作研讨会是“中阿合作论坛”框架下的一个新亮点，为中阿双方扩大高教合作、加强科研交流、促进共同发展开辟了一条新渠道。2009 年 11 月 10 日至 11 日，“中阿合作论坛”首届中阿高教与科研合作研讨会在苏丹首都喀土穆举行。双方与会代表就中阿高教与科研现状与前景、中阿实行共同科研项目可行性、促进双方高教与科研合作的机制与途径、加强中阿政府和高校间人员交流与互访、推动中阿政府和高校间双边教育与科研交流合作等议题进行了广泛而深入的探讨与交流。会议闭幕式上发表了公报，强调中国和阿拉伯国家开展高教与科研领域合作，进行经验交流，以及双方高校、科研领域的专家交流具有重要意义。双方一致同意加强中阿大学教授和研究生之间的学术访问；加强双方大学、科研机构之间开展共同科研研究；加强人才培养和教师、学生交流等。

四、中阿新闻合作论坛

中阿新闻合作论坛是“中阿合作论坛”框架下一项重要合作机制，主要目的是进一步增进中国和阿盟成员国政府新闻主管部门间的友好合作关系，促进中国和阿盟成员国间新闻、出版、广电领域的合作，通过大众传媒增进中阿人民的了解和友谊。目前已召开了 3 届新闻合作论坛（参见表 3）。

表 3　中国—阿拉伯国家新闻合作论坛一览表①

届次	时间	地点	主题
首届中国—阿拉伯国家新闻合作论坛	2008 年 4 月 23—24 日	中国北京	加强媒体合作，促进中阿友谊
第二届中国—阿拉伯国家新闻合作论坛	2010 年 5 月 6—7 日	巴林麦纳麦	利用现代化通讯手段发展中阿新闻合作
第三届中国—阿拉伯国家新闻合作论坛	2012 年 4 月 24—25 日	中国广州	加强媒体合作，推动中阿经贸关系发展

五、环保合作

“中阿合作论坛”框架下的环境保护合作机制是中阿双方为增进环保领域合作、促进实现可持续发展而建立的机制，为双方相互借鉴在环境保护方面的经验、寻求潜在合作领域、实现共同发展提供了一个重要平台。

2006 年 2 月 8 日，论坛框架下首次“中阿环境合作会议”在迪拜举行，双方讨论了共同关心的国际环境问题，回顾了有关环境和可持续发展的联合国大会和首脑会议所取得的成果，并签署了《会议公报》。公报明确了双方在环境领域加强合作的途径，并将环境政策和立法、环境教育宣传、环境影响评价、环境保护产业、城市环境保护、可持续能源使用、生物多样性保护、沙尘暴防治、流域环境管理、废弃物管理和污染控制等作为优先合作领域。

2006 年 6 月，双方在“论坛”第二届部长级会议上签署了《中华人民共和国政府和阿拉伯国家联盟环境合作联合公报》，标志着中阿双方在环保领域的合作正式启动。同年 10 月，“中非、中阿环境合作伙伴关系研讨会”在北京举行。

2007 年，国家环保总局与阿盟共同制定了《中华人民共和国政府和阿拉伯国家联盟环境合作执行计划（2008—2009 年度）》，该文件于 2008

① 资料来源：笔者根据历年“中国—阿拉伯国家新闻合作论坛”会议整理而成。

年5月论坛第三届部长级会议期间正式签署。

六、人力资源培训

人力资源培训是“中阿合作论坛”框架下的一项重要合作内容，主要目的是通过培训加强相互了解，增进友谊，不断拓宽、深化在各个领域的交流与合作。中国政府一贯重视与阿拉伯国家开展人员交流与合作，并通过举办各类官员研修班和技术培训班加强经验交流和人才培训工作。

中国政府一贯重视与阿拉伯国家开展人员交流与合作，并通过举办各类官员研修班和技术培训班加强经验交流和人才培训工作。截至2008年底，阿拉伯国家共有7027名官员和技术人员来华参加了中方为发展中国家举办的各类培训班，其中2008年共有1150名官员和技术人员来华参加了中方为发展中国家举办的各类培训班。

2009年，中方计划邀请1000名阿拉伯国家官员和技术人员来华培训。专为阿拉伯国家举办的各类培训班共18个，其中以阿拉伯语授课的培训班11个，以英语授课的培训班7个；此外，还有一些为其他发展中国家举办的培训班也将视情邀请阿拉伯国家参加。培训领域涉及经济贸易、政府管理、环境保护、外交、农业等方面。

通过上述人力资源开发项目的实施，中国和广大阿拉伯国家必将进一步加强相互了解，增进友谊，不断拓宽、深化在各个领域的交流与合作。

七、民间交流

民间交流是中国同阿拉伯国家政府间合作的重要辅助渠道，对动员中阿民间友好力量、增进中阿传统友谊、促进新时期中阿互利合作发挥着不可替代的重要作用。在民间交流方面，中阿友好大会是中阿民间交流的一个代表。目前，中阿友好大会已召开4次会议（参见表4）。

表4　中阿友好大会一览表①

届次	时间	地点	主要内容
首届中国—阿拉伯国家友好大会	2006年11月28—29日	苏丹喀土穆	通过了《中阿民间友好宣言》，决定成立总部在喀土穆的阿拉伯中国友好协会联合会，确定11月29日为“中阿友好日”。
第二届中国—阿拉伯国家友好大会	2008年10月27—31日	叙利亚大马士革	通过了阿拉伯中国友好协会联合会章程，并根据章程选出了由10人组成的执委会，成立了“友好大会后续行动委员会”，签署了《2008—2010年中国阿拉伯民间行动计划》及新闻公报，对未来两年中阿民间友好交流做出了规划和展望。
第三届中国—阿拉伯国友好大会	2010年10月23—26日	利比亚的黎波里	通过了《新闻公报》和《2010—2012年中国阿拉伯民间行动计划》。双方共同商定进一步在经贸、文化、教育、地方政府等领域开展实质的交流与合作。大会期间举办了中阿学者和企业家见面会。
第四届中国—阿拉伯友好大会	2012年9月13—14日	宁夏银川	评估《2010—2012年中阿民间行动计划》执行情况，讨论通过《第四届中阿友好大会新闻公报》、《2012—2014年中阿民间行动计划》。

总之，自中阿合作论坛成立以来，已成为中国和阿拉伯国家交流与沟通的重要平台，其中7个有关人文交流的机制更是将中阿人文交流不断推向常态化、机制化运行。相信通过中阿合作论坛这一重要平台，中国与阿拉伯国家的传统友谊将万古长青，中国与阿拉伯国家的合作会更上一层楼。

① 资料来源：笔者根据历年中阿友好大会会议整理而成。

第三十二章　中非合作论坛的人文外交机制

在部分非洲国家的建议下，中国政府于2000年10月提出召开“中非合作论坛—北京2000年部长级会议”的倡议，并得到非洲国家的热烈响应和广泛支持。中国一贯重视加强同非洲国家的团结与合作，建立国际政治经济新秩序，这不仅有利于维护发展中非双方合法权益，而且也有利于世界的和平稳定与发展。

一、中非合作论坛历届部长级会议

（一）第一届部长级会议

2000年10月10—12日，中非合作论坛第一届部长级会议在北京召开。来自45个非洲国家的外交部长、主管对外合作或经济事务的部长以及部分国际机构和地区组织的代表出席了会议。中非合作论坛第一届部长级会议的宗旨是：平等磋商、扩大共识、增进了解、加强友谊、促进合作。① 会议的主要议题是：面向21世纪如何推动建立公正合理的国际政治经济新秩序，以维护发展中国家的共同利益；新形势下如何进一步加强中非在经贸等实质性领域的合作。②

为准备第一届部长级会议，中非双方于2000年10月7—9日在北京召开了论坛第一届高官会。中国和44个非洲国家的80余名部长、17个

---

① “中非合作论坛介绍”，中非合作论坛官网，http：//www. focac. org/chn/ltda/ltjj/t933521. htm。

② “第一届部长级会议议题”，中非合作论坛官网，http：//www. focac. org/chn/ltda/dyjbzjhy/hyqk12009/t155390. htm。

国际和地区组织的代表，以及中非企业界人士应邀与会。会议为中国与非洲发展长期稳定、平等互利的新型伙伴关系确定了方向。中国国家主席江泽民、国务院总理朱镕基、国家副主席胡锦涛以及多哥总统纳辛贝·埃亚德马、阿尔及利亚总统阿卜杜勒—阿齐兹·布特弗利卡、赞比亚总统弗雷德里克·奇卢巴、坦桑尼亚总统本杰明·威廉·姆卡帕、非洲统一组织秘书长萨利姆·艾哈迈德·萨利姆等分别出席了开幕式和闭幕式，并发表重要讲话。①

中非合作论坛第一届部长级会议通过了《北京宣言》和《中非经济和社会发展合作纲领》两个历史性文件。中非双方决定在21世纪建立和发展长期稳定、平等互利的新型伙伴关系，建立中非合作论坛机制。中国政府宣布了减免非洲重债穷国和最不发达国家100亿元人民币债务和设立“非洲人力资源开发基金”等举措。②

（二）第二届部长级会议

2003年12月15—16日，中非合作论坛第二届部长级会议在埃塞俄比亚首都亚的斯亚贝巴举行，中国和来自44个非洲国家的政府代表团出席了会议。第二届部长级会议的主题是：务实合作、面向行动。③ 中国国务院总理温家宝在开幕式上发表了题为《继往开来，全面推进中非友好合作》的重要讲话，并提出发展中非友好合作的四点建议：第一，相互支持，推动传统友好关系继续发展；第二，加强磋商，促进国际关系民主化；第三，协调立场，共同应对全球化挑战；第四，深化合作，开创中非友好关系新局面。④ 会议通过了《中非合作论坛——亚的斯亚贝巴行动计划（2004—2006年）》，为之后3年中非合作制定了总体规划。中国政府宣布在论坛框架下继续增加对非援助，3年内为非洲培养1万名各类人才

① “第一届部长级会议”，中非合作论坛官网，http：//www. focac. org/chn/ltda/dyjbzjhy/hyqk12009/t155389. htm。

② “中非合作论坛介绍”，中非合作论坛官网，http：//www. focac. org/chn/ltda/ltjj/t933521. htm。

③ “第二届部长级会议主题”，中非合作论坛官网，http：//www. focac. org/chn/ltda/dejbzjhy/hyqk22009/t155404. htm。

④ “会议情况”，中非合作论坛官网，http：//www. focac. org/chn/ltda/dejbzjhy/hyqk22009/t155405. htm。

以及给予非洲部分最不发达国家部分输华商品免关税待遇等举措。①

（三）第三届部长级会议

2005年8月，中非合作论坛中方后续行动委员会秘书长、外交部非洲司司长许镜湖接受记者采访时表示，为进一步加强中非团结合作，提升合作水平，中方对非方愿望积极回应，提议将2006年论坛第三届部长级会议提升为一次中非领导人峰会，即召开“中非合作论坛北京峰会暨第三届部长级会议”。2006年11月3日，中非合作论坛第三届部长级会议在北京召开，为北京峰会召开作最后的准备。中国和48个非洲国家的外交部长、负责国际经济合作事务的部长或代表出席了会议，24个国际和地区组织的代表作为观察员列席了会议开幕式。

11月4—5日，中非合作论坛北京峰会隆重举行，会议主题为：友谊、和平、合作、发展。中国国家主席胡锦涛和非洲35位国家元首、6位政府首脑、1位副总统、6位高级代表以及非盟委员会主席科纳雷出席。会议通过了《中非合作论坛北京峰会宣言》和《中非合作论坛——北京行动计划（2007—2009年）》，决定建立和发展政治上平等互信、经济上合作共赢、文化上交流互鉴的中非新型战略伙伴关系。胡锦涛主席代表中国政府宣布了旨在加强中非务实合作、支持非洲国家发展的8项政策措施，包括增加对非援助、提供优惠贷款和优惠出口买方信贷、设立中非发展基金、援建非盟会议中心、免债、免关税、建立经贸合作区、加强人力资源开发以及教育、医疗等领域的合作。中国国务院总理温家宝与33位非洲国家领导人共同出席了与中非工商界代表高层对话会。②

（四）第四届部长级会议

2009年11月8—9日，中非合作论坛第四届部长级会议在埃及沙姆沙伊赫举行。中国国务院总理温家宝、埃及总统穆巴拉克以及其他非洲国家的9位总统、3位总理、3位副总统、1位议长和非盟委员会主席让·

① “中非合作论坛介绍”，中非合作论坛官网，http：//www. focac. org/chn/ltda/ltjj/t933521. htm。

② “中非合作论坛介绍”，中非合作论坛官网，http：//www. focac. org/chn/ltda/ltjj/t933521. htm。

平出席开幕式并发表讲话。会议主题是：深化中非新型战略伙伴关系，谋求可持续发展。会议审议了中方关于论坛北京峰会后续行动落实情况的报告，通过了《中非合作论坛沙姆沙伊赫宣言》和《中非合作论坛——沙姆沙伊赫行动计划（2010—2012年）》两个文件，规划了此后3年中非在政治、经济、社会、人文等各领域的合作。温家宝总理在开幕式上代表中国政府宣布了对非合作8项新举措，涉及农业、环境保护、促进投资、减免债务、扩大市场准入、应对气候变化、科技合作、医疗、教育、人文交流等方面。[①]

（五）第五届部长级会议

2012年7月19—20日，中非合作论坛第五届部长级会议在北京举行。中国国家主席胡锦涛和非洲国家6位总统、2位总理、论坛非方共同主席国埃及总统特使以及联合国秘书长潘基文出席开幕式。来自中国和50个非洲国家的外交部长和负责国际经济合作事务的部长或代表以及非盟委员会主席让·平与会，部分国际和非洲地区组织代表分别以嘉宾和观察员身份列席开幕式和会议。会议主题是：继往开来，开创中非新型战略伙伴关系新局面。会议审议了中方关于论坛第四届部长会后续行动落实情况的报告，通过了《中非合作论坛第五届部长级会议北京宣言》和《中非合作论坛第五届部长级会议——北京行动计划（2013—2015年）》两个文件，全面规划了今后3年中非关系的发展方向和中非合作的重点领域，并决定于2015年在南非举行第六届部长级会议。

胡锦涛主席在开幕式上发表了题为《开创中非新型战略伙伴关系新局面》的重要讲话，代表中国政府宣布了之后3年在投融资、援助、非洲一体化、民间交往以及非洲和平与安全等五大领域支持非洲和平发展、加强中非合作的一系列新举措。主要包括：向非洲国家提供200亿美元贷款额度，重点支持非洲基础设施、农业、制造业和中小企业发展；继续扩大对非援助，适当增加援非农业技术示范中心，为非洲培训3万名各类人才，提供政府奖学金名额18000个，并为非洲国家援建文化和职业技术培

① “中非合作论坛介绍”，中非合作论坛官网，http：//www.focac.org/chn/ltda/ltjj/t933521.htm。

训设施，派遣1500名医疗队员，同时继续为非洲白内障患者提供相关免费治疗，继续援助打井供水项目；同非方建立非洲跨国跨区域基础设施建设合作伙伴关系，为项目规划和可行性研究提供支持，鼓励有实力的中国企业和金融机构参与非洲跨国跨区域基础设施建设；倡议开展“中非民间友好行动”，在华设立“中非新闻交流中心”，继续实施“中非联合研究交流计划”，资助双方学术机构和学者开展100个学术研究、交流合作项目；发起“中非和平安全合作伙伴倡议”，深化同非盟和非洲国家在非洲和平安全领域的合作，为非盟在非开展维和行动、常备军建设等提供资金支持，增加为非盟培训和平安全事务官员和维和人员数量。①

二、中非合作论坛会议文件

中非合作论坛的确立保证了中非间人文外交的机制高效、运转顺畅。论坛框架下的分论坛建设取得重要进展，进一步拓宽了中非人文合作的领域，激发了中非合作的活力。

表1　中非合作论坛官方纲领一览表②

时间	地点	论坛	文件
2000年10月10—12日	北京	中非合作论坛—北京部长级会议	《中非经济和社会发展合作纲领》
2003年12月15—16日	亚的斯亚贝巴	中非合作论坛第二届部长级会议	《中非合作论坛—亚的斯亚贝巴行动计划（2004—2006年）》
2006年11月3—5日	北京	中非合作论坛北京峰会暨第三届部长级会议	《中非合作论坛北京行动计划（2007—2009年）》

① “中非合作论坛介绍”，中非合作论坛官网，http：//www. focac. org/chn/ltda/ltjj/t933521. htm。

② 资料来源：笔者根据历次中非合作论坛纲领整理而成。

续表

时间	地点	论坛	文件
2009 年 11 月 8—9 日	沙姆沙伊赫	中合作论坛第四届部长级会议	《中非合作论坛—沙姆沙伊赫行动计划（2010—2012 年）》
2012 年 7 月 19—20 日	北京	中非合作论坛第五届部长级会议	《中非合作论坛第五届部长级会议——北京行动计划（2013—2015 年）》

中非合作论坛第五届部长级会议制定的北京行动计划（2013—2015年）确立的中非间人文交流的具体内容如下：

首先，在民生相关的问题上的计划分为旅游与医疗等方面。

一是在旅游方面。注意到近年来中非旅游合作取得积极进展，中非双向游客人数快速增加，特别是中国赴非洲游客人数增长显著，非洲已成为中国公民新兴旅游目的地。非洲国家对此表示欢迎，并鼓励其国民赴华旅游；双方将继续加强双边旅游交流与合作，在信息分享、旅游投资、技能培训、旅游安全和品质保障等方面开展合作；双方将继续采取切实措施，为双方公民赴对方国家和地区旅游提供便利，并支持在对方境内举办旅游推介活动。①

二是在医疗卫生方面。双方卫生合作不断深化，特别是中国援非医疗队、非洲国家医护和卫生管理人才来华培训、中方援建的医院和提供的医疗物资，为增进非洲人民健康和提高非洲国家卫生发展水平发挥了积极作用；双方将加强卫生领域高层交流，适时举行中非高级别卫生发展研讨会；扩大双方在艾滋病、疟疾、结核等重大传染性疾病防治与口岸防控、卫生人员培训、妇幼保健、卫生体系建设和公共卫生政策等方面的交流与合作；中方将继续为中国援建的医疗设施提供支持，实现项目的可持续发展，提升医院和实验室的现代化水平；中方将继续帮助非洲国家培训医生、护士、公共卫生人员和管理人员；中方将在非洲开展"光明行"活动，为白内障患者提供免费治疗；中方将继续做好向非洲

① 《中非合作论坛第五届部长级会议——北京行动计划（2013—2015 年）》，中非合作论坛，第 4 章第 9 款。

派遣援外医疗队工作，之后 3 年向非洲派遣 1500 名医疗队员。①

其次，中非合作论坛制定了在人文交流与合作上的规划。

一是在文化方面。近年来中非文化交流与合作蓬勃发展，成果丰硕。同意在尊重彼此文化特性的基础上，开展中非文明对话，推动中非文化互鉴，共同维护人类文明进步的多样性，为世界文化的繁荣发展作出贡献；注意到首届“中非合作论坛—文化部长论坛”在北京召开并取得丰富成果，认为该论坛为中非文化合作提供了重要平台，同意适时继续举办该论坛，围绕文化产业合作等进行深入交流；将继续深入开展中非文化交流与合作，决定：保持中非政府文化高层互访及对话势头，继续落实中非双边政府间文化协定执行计划。倡议实施“中非文化合作伙伴计划”，推动中方 100 家文化机构与非洲国家的 100 家文化机构建立长期对口合作关系。进一步扩大中非文化交流“文化聚焦”品牌影响，逢双年在中国举办“非洲文化聚焦”活动，逢单年在非洲举办“中国文化聚焦”活动。继续执行“中非文化人士互访计划”，深入开展中非文化艺术界管理人员及专业人士间的交流与合作。加快互设文化中心，推动中非文化交流与合作常态化与可持续发展。进一步加强在文化遗产保护方面的交流与合作，适时召开“中非文化遗产保护圆桌会议”，推动双方签订政府间合作协定。中方将为非洲援助文化设施。②

二是在教育方面。中非合作论坛第四届部长级会议召开以来，双方在教育领域开展了更加多样、更高质量的合作，同意共同加大对教育合作的重视，推动中非教育合作取得新进展；继续实施“中非高校 20 + 20 合作计划”，进一步完善中非高校校际合作机制。鼓励中非高校在区域和国别研究领域开展合作，支持非洲高校开设中国研究中心；继续推动孔子学院和孔子课堂在非洲的建设与发展，中方将在师资派遣、人员培训、教材设备等方面予以积极支持；中方将在联合国教科文组织信托基金框架下，每年提供 200 万美元，用于支持非洲教育发展项目，特别是支持非洲的高等教育；中方将继续帮助非洲国家建设教育培训设施，并提供更多短期、中

---

① 《中非合作论坛第五届部长级会议——北京行动计划（2013—2015 年）》，中非合作论坛，第 5 章第 5 款。

② 同上，第 6 章第 1 款。

长期培训和奖学金机会。[①]

三是新闻出版与媒体方面。注意到新闻媒体对增进中非人民相互了解、营造中非合作良好舆论氛围的重要作用，将继续加强在新闻与媒体领域的交流与合作，鼓励双方新闻媒体加强对双方的客观公正报道，加大对中非关系和中非合作的信息传播力度；在华设立“中非新闻交流中心”，进一步推动双方新闻媒体人员交流互访，支持双方新闻机构互派记者。非方欢迎中国中央电视台在肯尼亚内罗毕建立非洲分台；适时召开“中非广播电视媒体合作论坛”，并将该论坛机制化，加强双方在该领域的集体对话与友好合作；中方愿与非洲国家和非盟委员会分享广播电视数字化的发展成果与经验，并在人员培训、技术应用等方面提供支持；加强双方在影视文化领域的合作。中方将积极参加在非洲国家举办的影视节展和在非举办中国影视节目展播，欢迎和支持非洲国家来华开展节目制作、交流和电影推广；加强双方在图书出版领域的合作，积极开展中非合作翻译、印刷和出版项目，在医疗卫生、农业技术、文化教育等方面开展出版合作。中方将积极参加在非洲举办的国际书展，欢迎非洲国家参加北京国际图书博览会。[②]

四是在学者与智库方面。“中非联合研究交流计划”顺利启动和实施，有效地促进了中非智库学者交往与合作，为中非合作提供了强有力的智力支持。同意继续实施该计划，决定：今后三年资助双方学术机构和学者实施 100 个专题研究、国际研讨会、学者互访和著作出版等项目。倡议实施“中非智库 10 + 10 合作伙伴计划”，选择中方 10 所智库与非洲国家 10 所智库建立“一对一”长期合作关系。鼓励并支持双方学者开展联合研究，在国际学术期刊等出版物上共同发表研究成果。注意到 2011 年中非合作论坛第八届高官会期间在中国杭州召开的首届“中非合作论坛——智库论坛”及取得的成果，认为该论坛开创了中非学术界开展互动交流新模式，同意将该论坛机制化，推动中非学术界建立长期、稳定的合作关系。欢迎和鼓励更多中非企业、金融机构和学术机构等为促进中非

---

① 《中非合作论坛第五届部长级会议——北京行动计划（2013—2015 年）》，中非合作论坛，第 6 章第 2 款。

② 同上，第 6 章第 3 款。

学术互动和人文交流提供支持。[①]

五是在民间与青年、妇女交流方面。认识到中非民间交往是中非合作的重要组成部分，是加深中非友好的重要纽带和渠道，同意继续加强中非民间交往。倡议开展“中非民间友好行动”，通过在非洲国家合作开展小微型社会民生项目、推动双方民间组织人员互访等方式，鼓励和支持双方非政府组织、妇女、青少年等开展交流与合作。注意到第一、第二届“中非民间论坛”召开及发表的重要宣言，认为该论坛为中非民间组织开展广泛交流与务实合作提供了重要平台，同意将该论坛机制化，为中非传统友谊注入新的活力。进一步加强青年对话和交流，为中非青年相互学习、增进友谊提供便利条件。注意到第一届、第二届“中非青年领导人论坛”召开及发表的重要宣言，同意将论坛机制化，搭建中非青年对话与合作的平台。中方将继续向非洲国家派遣青年志愿者，鼓励并支持志愿者在社区建设、社会公益及文化、科技和卫生服务等方面发挥积极作用。中方将继续开展面向青年群体的专题研讨，通过举办非洲政党青年领袖研修班等方式，邀请更多的非洲国家青年代表来华访问、考察。对近年来中非妇女交往取得的成果表示满意，双方将继续增进交流，加强合作，通过妇女领导人对话，专业对口交流、妇女问题研讨、实用技能培训等交流形式，促进中非妇女共同发展。[②]

六是在体育方面。双方鼓励和支持体育领域的交流与合作，具体交流活动由双方体育主管部门直接商定。[③]

三、中非合作论坛展望

中非合作论坛自2000年10月创立以来，为中国与非洲多边人文外交提供了高水准、高层次的沟通渠道，已经成为中非开展集体对话的重要平台和进行务实合作的有效机制。论坛有力地推动了中非多边的交流与对话，不仅在中国与非洲等参与国间取得了良好的效果，并在世界舆论范围

① 《中非合作论坛第五届部长级会议——北京行动计划（2013—2015年）》，中非合作论坛，第6章第4款。

② 同上，第6章第5款。

③ 同上，第6章第6款。

内树立典范。正如开罗大学非洲研究学院的马哈茂德·阿布·艾宁教授所言："中非合作论坛涉及领域是全方位的，双方务实合作不断扩大，而且取得了互惠互利的丰硕成果。"①

2014年3月17—18日，"中非合作论坛第六届部长级会议与2015年后发展议程研究"国际研讨会在中非联合研究交流计划的支持、上海国际问题研究院的主办、南非斯坦陵布什大学中国研究中心和"更安全世界"（Safer World）协办下，在上海成功召开。来自非盟、联合国组织、非洲国家、中国部委、各大院校等40余名政府官员、专家学者及非政府组织人士出席会议。与会代表围绕中国与非洲对2015年后发展议程的政策立场、消除贫困与不平等问题、环境与社会的包容性增长、和平与安全、新型全球伙伴关系建构、中非合作论坛第六届部长会与2015年后发展议程等六个议题展开了热烈深入讨论，显示出中非在推动建立2015年后发展议程共同立场上的努力。②

2014年5月5日（当地时间），李克强总理在非盟会议中心发表演讲《开创中非合作更加美好的未来》，提出打造中非合作"升级版"的"四六一"框架："四"是指为进一步深化中非合作，双方应坚持平等相待、团结互信、包容发展、创新合作等四项原则；"六"是指中国愿与非洲国家共同努力，着眼未来，积极推进产业合作、金融合作、减贫合作、生态环保合作、人文交流合作、和平安全合作等六大工程，打造中非全面合作升级版；"一"是指要完善中非合作论坛这一个深化中非关系的重要平台。通过落实中非全面合作"四六一"框架，打造中非全面合作升级版，携手共创中非关系发展更加美好的未来。③

同年5月6日，李克强在埃塞俄比亚首都亚的斯亚贝巴出席中非经贸人文座谈会时指出，经贸和人文两者相互紧密融合，是推动中非合作两个

① "中非合作是国际关系典范"，中非合作论坛官网，http：//www. focac. org/chn/jlydh/t951529. htm。

② "'中非合作论坛第六届部长级会议与2015年后发展议程研究'国际研讨会在上海召开"，中非合作论坛官网，2014年3月25日，http：//www. focac. org/chn/xsjl/zflhyjjljh/t1140632. htm。

③ "李克强在非盟会议中心发表演讲时提出'461'中非合作框架打造中非合作升级版"，中华人民共和国外交部，2014年5月6日，http：//www. mfa. gov. cn/mfa_ chn/zyxw_ 602251/t1152841. shtml。

不可或缺的“轮子”，是发展这个“轴承”把这两个“轮子”连了起来。要让“经贸”与“人文”两个“轮子”一起驱动，推动中非合作进入快车道，使中非相互发展得更好、更稳、更远。① 中非双方进一步议程设定、深化合作与共同发展中，中非合作论坛这一平台将发挥更不可忽视的作用。

中非合作论坛已经成为一项长期的、有序的对话机制，中非合作关系也已经成为国际关系中的典范、冷战结束后非洲对外伙伴关系的一种新模式。通过中非合作论坛的交流平台，可以前瞻性地思考如何使中非合作与全球发展努力更好地结合，推动中非新型战略伙伴关系和全球新型发展伙伴关系的建设。中非多边人文外交在此机制中，履行价值沟通、增信释疑、凝聚共识的使命，也树立了其他多边沟通机制建设时学习的榜样。

① “李克强同中非经贸人文领域代表座谈时指出让经贸人文两个‘轮子’一起转促进中非合作步入快车道”，中华人民共和国外交部，2014 年 5 月 7 日，http：//www. mfa. gov. cn/mfa_chn/zyxw_ 602251/t1153280. shtml。

第三十三章　金砖国家的人文外交机制

一、金砖国家合作机制

“金砖四国”（BRIC）一词由美国高盛公司首席经济师吉姆·奥尼尔于2001年首次提出，引用了巴西（Brazil）、俄罗斯（Russia）、印度（India）和中国（China）的英文首字母。因为与英文单词“Brick（砖）”同音，这四国便被国际社会统称为“金砖四国”。2003年10月，高盛公司出台一份题为“与BRICs一起梦想：通往2050年的道路”的全球经济报告，报告估计，到2030年，“金砖四国”经济总量会超过“八国集团”，到2050年，世界经济格局会经历剧烈洗牌，以金砖国家为代表的新兴经济体将会领跑全球经济发展走向。① 或许连奥尼尔本人也不会料到，这个用来描述最有投资潜力的国家和地区的概念会在短短数年间变成一个现实的国际合作平台，成为国际社会的一支重要力量。2010年12月，南非（South Africa）正式加入金砖国家合作机制，“金砖四国”由此更名为“金砖国家”（BRICS）。

① *Dreaming with BRICs: the Path to 2050*, The Goldman Sachs Group, 1st October, 2003.

表 1　金砖国家发展大事记①

时间	行为体	地点	事件	文件
2001 年	高盛公司	美国	提出“金砖四国概念”	
2009 年	巴西、俄罗斯、印度、中国	俄罗斯	四国领导人首次会晤	《“金砖四国”领导人俄罗斯叶卡捷琳堡会晤联合声明》
2010 年 4 月	巴西、俄罗斯、印度、中国	巴西	第二次“金砖四国”峰会，“金砖国家”合作机制初步形成。	《联合声明》
2010 年 11 月	二十国集团	韩国首尔	南非申请加入“金砖四国”	
2010 年 12 月	吸收南非作为正式成员加入“金砖国家”合作机制		“金砖四国”更名为“金砖国家”（BRICS）	
2011 年 4 月	巴西、俄罗斯、印度、中国、南非	中国三亚	第三次领导人会晤	《三亚宣言》、《金砖国家银行合作机制金融合作框架协议》
2012 年 3 月	巴西、俄罗斯、印度、中国、南非	印度新德里	第四次领导人会晤	《新德里宣言》、《金砖国家银行合作机制多边本币授信总协议》、《多边信用证保兑服务协议》
2013 年 3 月	巴西、俄罗斯、印度、中国、南非	南非德班	第五届金砖国家峰会	《金砖国家第三次经贸部长会议发表联合公报》和、《金砖国家贸易投资合作框架》

“金砖国家”提出的背景是应对国际经济形势与国际金融体系改革，所以这一合作机制最初是政府间偏重经济金融合作的组织架构：

① 资料来源：作者根据相关资料编辑而成。

“金砖国家”成员国呼吁落实二十国集团伦敦金融峰会共识，推动国际金融机构改革，改善国际贸易和投资环境，提高新兴国家在国际金融机构中的发言权和代表性。2009 年，金砖国家领导人在叶卡捷琳堡第一次会晤，时逢国际金融危机扩散蔓延的危难时刻，金砖国家已就如何增强政治互信、深化经济合作、推进人文交流、提倡经验互鉴等问题达成了共识。

金砖国家合作机制已经初步形成以领导人会晤为主，以安全事务高级代表、外长、财长、央行行长会等为辅，再加之各领域务实合作为支撑的多层次合作框架。例如，《三亚宣言》的行动计划指出，巩固金砖国家间已经开展的 14 个合作项目，开拓 4 个新合作项目，并就加强文化、体育、绿色经济等领域合作提出 5 点新建议。也就是说，金砖国家合作不断深化，随着合作方向的拓展，金砖国家合作平台建设日趋常态化、稳定化、机制化。①

二、金砖国家中既有的人文交流机制

“金砖国家”机制诞生五年来，合作内涵日趋丰富，人文合作也逐步提上日程。虽然正式性、机制性的金砖人文交流平台尚在建设，但是，印度、巴西、南非三国间，成立了独立于“金砖国家机制”的“印巴南对话论坛（IBSA）”这一文化合作机制，为拓展金砖人文交流机制奠定了坚实的基础。

2003 年，印巴南对话论坛在巴西首都巴西利亚成立，三国在共同利益上统一立场，积极推动在南南关系领域同第三世界国家的合作。该对话论坛拥有 17 个三边工作团体，提供平台讨论农业、贸易、防御、文化等领域的合作议题。

2007 年 10 月，印度、巴西、南非在比勒陀利亚签署《文化合作谅解备忘录》，标志着三国在该论坛框架下的多边文化合作机制正式启动。《文化合作谅解备忘录》的有效期为 5 年，共分 10 个章节，拥有印地文、葡萄牙文和英文 3 个正本。备忘录要求在印度文化关系委员会、巴西外交

① 王位：“中外专家建议推动金砖国家人文合作”，载《中国文化报》，2011 年 4 月 21 日。

部和文化部、南非艺术文化部的主管下，各缔约方需设立联合委员会。委员会通过提出建议和计划的方式，督促备忘录中各项方案和合作项目的落实。同时，委员会还要定期向主管机构汇报备忘录的执行情况。除了指定主管机构和执行主体，备忘录还对三国文化合作的领域和方式详细举例，其中包括：艺术研究、教育培训、节日推广以及通过展览进行文化遗产交流、通过研讨会展开文化对话等。此外，备忘录中还明确规定了争端的解决，修订的方法，生效、期限和终止的时间等内容。目前，这一文化合作机制运行良好，三国之间达成共识，积极参加彼此的文化节活动，充分反映出三国在文化领域中的伙伴关系。①

在人文领域互相学习和相互借鉴是金砖国家深化投资合作的重要前提条件之一。从发展的角度来看，所有的发展都是为了人，为了让发展的成果被尽可能多的参与国民众分享；从深化合作的角度来看，所有的计划、政策也都需要人来执行，决策层面需要各国领导人的互相沟通，执行层面则需要职能部门、智库、企业、社会团体等的广泛参与．这些都是由人来完成的，因此人的交流、文化的交流是进一步深化合作的重要条件。加强文化交流可以弥合这种文化差异，进而强化战略互信，而战略互信是金砖国家合作机制可持续发展的重要基础。

而谈到金砖国家未来的合作，俄罗斯科学院远东研究所所长米哈伊尔·季塔连科表示，金砖国家的重要任务是进一步对彼此的目标和行动加深理解和互信，尽量避免分歧和误解，并通过友好协商的方式来解决问题。他认为，今后文化因素将在金砖国家的相互关系中，尤其是在发展跨文化交流和人文合作领域起到更为重要的作用。他认为："金砖国家在教育、青年培训及旅游方面的合作将对各方社会文化领域的合作，乃至日后政策方针的制定起到巨大的杠杆作用。"②

南非共和国驻华大使馆一等秘书那莱迪（Naledi D. Ramasenya）在接受《中国社会科学报》采访时表示："中国共产党召开的十八大给南非与中国深化合作带来了新希望，南非愿与中国一起为'金砖国家'间的合作贡献更多力量……南非学术界对中国文化有着浓厚的研究兴趣。就汉语

---

① 王位："中外专家建议推动金砖国家人文合作"，载《中国文化报》，2011 年 4 月 21 日。
② 同上。

学习这一方面来说，南非著名高校斯泰伦博什大学（Stellenbosch University）于2000年便开设汉语教学课程，2008年开办孔子学院，并连续多年派遣汉语成绩优秀的学生赴中国参加汉语竞赛。这都表明了南非学术界乃至社会对于汉语、中国文化的向往与重视。这也为南非与中国的进一步学术合作打下了良好的基础。未来，南非与中国在学术上的合作将不仅局限于语言交流方面，两国大学及学术机构间加强科研合作、保持学术交流渠道畅通、完善学术合作机制等都成为未来努力的方向。南非与中国在学术上的合作空间是无限的，但我在此着重强调人文学科。因为人文学科不仅能够帮助两国人民构建理解与合作共识，还能够为经济与社会等方面的交流打下基础。”①

“金砖国家”的“同”远大于“异”，参与国都是发展中国家，这是彼此合作的天然纽带。尽管文化有差异、地理有距离，但“金砖国家”作为一个整体在国际社会上越加发光发亮，这足见“金砖国家”具有包容性、协作性，并能克服困难而凝聚在一起。“金砖国家”合作的优势在于我们都是在国际社会上较有影响力的发展中国家，都注重经贸合作，并积极将合作扩展至政治、安全、人文等多个领域。从应对当前多变的国际形势中便可看出，“金砖国家”拧成了一股绳，汇成了一种声音，这有力地回击了外界的质疑。②

三、拓展合作空间打造“金砖文化”

随着发展中国家开拓的“金砖国家”这一合作机制日渐成熟，一种多样、平等、包容的“金砖文化”正蓄势待发，引领我们稳步迈向公平、公正、合理的新世界。

“金砖文化”为不同文明间对话合作树立了典范。“金砖五国”都是底蕴深厚的文化大国。中华文明、斯拉夫文明、印度文明、拉美和非洲文化，无一不是人类文明的瑰宝，无一不在人类文明史上写下过浓墨重彩的

① 刘丹妮，“人文交流将是中国南非合作重点”，《中国社会科学报》，2012年12月24日，第396期。

② 同上。

一页。中国、俄罗斯、印度、巴西和南非齐聚一堂，畅谈世事变迁，共谋合作发展，本身就是世界文化交往史上的奇观，引领着不同文明间互通有无、和谐共处的时代潮流。①

“金砖文化”有助于打造属于发展中国家自己的强力声音。长期以来，国际信息传播从西方流向东方、从北方流向南方、从发达国家流向发展中国家，“强者恒强，弱者愈弱”。一些国家依凭国际话语优势，操控世界舆论，动辄对他国颐指气使、品头论足。“金砖国家”作为发展中国家的佼佼者，具有相似的国际地位，相通的发展诉求，相契的人文理念。通过打造“金砖文化”，倡导不同文明对话交流，可以为世界舆论注入新鲜血液，推动国际舆论向着更为公正、均衡、包容的方向发展，可以提升发展中国家在国际事务中的话语权，也可以增强金砖国家合作机制本身的辐射力、感召力和影响力。②

打造“金砖文化”是一个长期系统工程，需要着眼未来深耕细作，精心筹划。事实上，金砖国家合作机制成立伊始，各国领导人就已经认识到人文交流的重要性，强调要打造“不同文明联盟”，推进“文化领域”合作。未来，金砖国家可以根据历次峰会共识，循序渐进地建设“金砖国家文化部长级会议”“金砖国家文化论坛”“金砖国家人文交流基金”等平台，为更广泛的人文交流牵线搭桥，为“金砖文化”凝聚力量，为发展中的“金砖”合作助力护航。③

打造“金砖文化”将促进金砖国家这一整体合作平台建设的常态化、稳定化、机制化，并成为人文外交新的亮点。

---

① “打造‘金砖文化’、助力‘金砖’合作”，新华网，2013 年 3 月 25 日。http：//news. xinhuanet. com/world/2013 -03/25/c_ 124498583. htm。

② 同上。

③ 同上。

第三十四章　上海合作组织的人文外交机制

上海合作组织成员国大多地处广袤的欧亚大陆腹地，其历史悠久的灿烂文化曾为人类社会的进步与文明发展作出过巨大贡献。自 1996 年 4 月 26 日成立以来，安全和经济合作一直是上合组织前进的两只车轮。但上合组织在文化、教育、旅游、新闻等人文领域的合作也是亮点纷呈。① 各成员国领导人均已意识到人文合作在巩固“上海精神”基础方面所发挥的桥梁纽带作用，尤其是自 2004 年塔什干峰会和 2005 年阿斯塔纳峰会以来，人文合作都被列为上合组织今后发展的重点方面，逐渐成为重要议题之一。

首次的文化部长会议于 2002 年召开，会中签署了《上海合作组织文化部长会晤联合声明》，并规定今后每两年召开一次文化部长会议，针对文化合作具体措施进行交流。成员国的人文交流包括艺术节的举办、留学人员的交流、语言中心的建立以及孔子学院的建立等，文化交流成为联结友谊的桥梁和纽带。

根据上海合作组织宪章，人文领域合作是组织的重要工作之一。中国、俄罗斯和其他上海合作组织成员国通过举办文化节、艺术节、城市日、国家年、艺术展等各种文化活动，增进彼此的文化沟通与互相了解。就中俄而言，两国在传统友谊基础上的高水平文化合作呈现出一派繁荣景象。据不完全统计，每年有 80—90 个俄罗斯文艺团体在中国巡回演出。

---

① “人文合作：联结上合组织成员国的纽带”，上海市人民政府网站，2003 年。上网时间：2012 年 8 月 31 日。http：//www. shanghai. gov. cn/shanghai/node2314/node10820/node10833/user-object21ai159635. html。

像2003年中国举办的“俄罗斯文化节”和2004年俄罗斯举办的“中国文化节”等系列大型文化活动都给人们留下了难忘的印象。特别值得一提的是，2006年两国在中国举办“俄罗斯年”，2007年在俄罗斯举办“中国年”。在“俄罗斯年”框架内，中国各地举办了一系列文化、艺术交流活动，如在有“东方莫斯科阿尔巴特大街”之称的哈尔滨中央大街，文化节活动历时5个月，同时举办数个大型主题活动。这些举措不仅是促进两国关系深入发展和两国人民世代友好的重大步骤，而且将有助于把中俄战略协作伙伴关系推向更高的水平。[①]

中亚四国哈萨克斯坦、吉尔吉斯斯坦、塔吉克斯坦、乌兹别克斯坦自古就是“丝绸之路”上的重镇，如今以“丝路战略”为依托，中国与中亚四国不断加强文化艺术交流，取得了丰硕的成果。中国举办的塔吉克民间艺术展就是成功的一例。上海合作组织人文合作领域的另一项重要内容是教育合作，近年来成员国之间在教育交流、互派留学生等方面取得了一定的成就。各成员国就扩大留学名额、进行学历互认等工作正在进行着积极的努力。包括华东师范大学等高校接受哈萨克斯坦留学生、中国兰州大学支持建立塔什干孔子学院、黑龙江大学支持建立俄罗斯远东孔子学院，以及上海外国语大学支持建设乌兹别克斯坦撒马尔罕孔子学院等举措，对于增进中国与中亚国家的了解与沟通无疑具有重大意义，也为相关成员国了解中国传统文化提供了良好的平台。除文化、教育外，上海合作组织成员国在新闻、体育、旅游等人文领域的合作也在日益加强。

2005年7月5日，上海合作组织成员国元首理事会会议在哈萨克斯坦首都阿斯塔纳举行，会议发表了《上海合作组织成员国元首宣言》。元首们认为，2005年秋在莫斯科举行的政府首脑（总理）理事会会议，将对执行2004年9月在比什凯克通过的《〈上海合作组织成员国多边经贸合作纲要〉落实措施计划》，把成员国对外经贸、交通、环保、紧急救灾、文化和教育部门合作引上务实轨道起到具体推动作用。这是上合组织的人文合作初次以机制形式确立下来。

---

① “人文合作：联结上合组织成员国的纽带”，上海市人民政府网站，2003年。上网时间：2012年8月31日。http：//www. shanghai. gov. cn/shanghai/node2314/node10820/node10833/user-object21ai159635. html。

为促进上海合作组织成员国之间的人文合作，胡锦涛主席在2005年阿斯塔纳峰会上郑重承诺，中方将拨出专项资金，3年内为其他成员国培训1500名不同领域的管理和专业人才。中方已经开始实施这一计划，培训科目涉及行政管理、经济发展、外交安全、专业技术和汉语学习等领域，培训方式包括短期培训和学历学位教育。①

2012年6月5日，上海合作组织成员国文化部长第九次会晤在北京举行。各成员国代表团团长共同签署了《上海合作组织成员国文化部长会晤北京宣言》，这是本次文化部长会晤的标志性文件，也是上合组织人文领域的首个宣言文件。本次会议还通过了《上海合作组织成员国文化部长第九次会晤纪要》等成果性文件，并通过了《上海合作组织成员国政府间文化领域合作协定2012—2014年执行计划》、《上海合作组织成员国第九次文化部长会晤新闻声明》。

各方将加强在文化遗产和传统文化保护方面的合作，共同保护文化多样性，共同推动包括“丝绸之路”在内的文化项目列入联合国教科文组织世界遗产名录。各方将继续支持在文化设施服务以及便利国民享有此类服务方面交流经验，并将发展在戏剧、音乐、展览、动漫、音像、电影、版权以及在文化领域应用科技成果等方面的合作。②

中国文化部部长蔡武对未来10年上合组织在文化领域的合作提出三点建议：一是要坚持“上海精神”与和谐发展的基本宗旨，继续践行协商一致、互利共赢的合作模式，营造团结协作的合作氛围；二是要充分利用各国的文化优势，广开思路、积极创新，推动各成员国间的文化交流与合作朝着全方位、宽领域、多层次的方向发展；三是要充分发挥文化的作用，通过加强文化交流与合作增进各国人民之间的相互理解和友谊，并最终造福于各国人民。同时，要将青年交流纳入未来的上合文化交流规划，使友谊世代相传。中方的建议得到与会各方的高度评价和完全赞同。至此，上海合作组织的人文交流得到了机制化的落实与保障，从而有效推动了成员国间的文化交流与合作。③

---

① “综述：人文合作——上海合作组织合作的新亮点”，新华网，2006年6月13日。
② “上合组织成员国通过人文领域首个宣言文件”，新华网，2012年6月5日。
③ “上合组织成员国文化部长在京规划未来10年文化合作”，中国网，2012年6月7日。

表1　上海合作组织人文交流官方纲领一览表①

时间	地点	组织	签署文件
2001年6月15日	上海	六国元首首次会晤	《上海合作组织成立宣言》
2002年6月7日	圣彼得堡	圣彼得堡首脑峰会	《上海合作组织宪章》
2003年5月29日	莫斯科	莫斯科第三次元首峰会	《上海合作组织成员国元首宣言》
2002年4月12日	北京	上海合作组织成员国文化部长首次会晤	《上海合作组织成员国文化部长联合声明》
2005年7月4日	阿斯塔纳	上海合作组织成员国文化部长第二次会晤	《上海合作组织成员国文化部长第二次会晤纪要》
2006年4月27日	塔什干	上海合作组织成员国文化部长第三次会晤	《上海合作组织成员国文化部长第三次会晤纪要》
2007年4月24日	杜尚别	上海合作组织成员国文化部长第四次会晤	《上海合作组织成员国文化部长第四次会晤纪要》
2008年6月23日	乔尔潘—阿塔市	上海合作组织成员国文化部长第五次会晤	《上海合作组织成员国文化部长第五次会晤纪要》
2009年4月27日	喀山	上海合作组织成员国文化部长第六次会晤	《上海合作组织成员国文化部长第六次会晤纪要》
2010年3月27日	三亚	上海合作组织成员国文化部长第七次会晤	《上海合作组织成员国文化部长第七次会晤纪要》
2011年5月19日	阿斯塔纳	上海合作组织成员国文化部长第八次会晤	《上海合作组织成员国文化部长第八次会晤纪要》
2012年6月7日	北京	上海合作组织成员国文化部长第九次会晤	《上海合作组织成员国文化部长会晤北京宣言》
2013年5月25日	比什凯克	上海合作组织成员国文化部长第十次会晤	《上海合作组织成员国文化部长第十次会晤纪要》

按照惯例，每次文化部长例会后均要签署《会议纪要》、《联合声明》

① 资料来源：笔者根据历次上海合作组织官方纲领整理而成。

以及《年度合作计划》等文件。例如2005年会晤后通过的《上海合作组织成员国政府间文化合作协定2009—2011年执行计划》、《上海合作组织成员国文化专家工作组2008—2009年工作计划》、《上海合作组织成员国第四届艺术节通用章程》，签署了《上海合作组织成员国文化部长第五次会晤纪要》。至今共签署了2005—2006年度、2007—2008年度、2009—2011年度、2012—2013年度4个多边文化合作计划。

尽管上合组织在人文领域交流的成果显著，但相对于安全和经济合作而言，人文交流的层次还较低、合作规模还较小。相信在上合组织框架下，各成员国本着“尊重多样文明”的“上海精神”，会继续积极展开形式多样、内容丰富的文化交流活动、深化人文交流机制，为促进上合组织全面深入发展奠定坚实的文化基础，以增进不同文明之间人民的相互理解和友谊。

第三十五章　尼山世界文明论坛的人文外交机制[1]

尼山世界文明论坛，简称“尼山论坛”，是学术性与民间性、国际性与开放性相结合的国际文化学术交流活动。尼山论坛由第九届、第十届全国人大常委会副委员长许嘉璐博士倡议发起，设立在我国古代伟大的思想家、教育家孔子的诞生地山东省济宁曲阜市尼山镇，以孔子故乡尼山命名，以联合国倡导的开展世界不同文明对话为主题，旨在维护世界文化多样性、促进不同文化交流、推动建设和谐世界这一目的。在尼山建立“世界文明论坛”，意在秉承孔子“和而不同”、“和为贵”、“三人行必有我师”的教诲，通过促进不同文明间的对话交流，增进世界多样文明间的互相尊重、理解、包容与和睦相处。前两届尼山论坛分别于2010年9月26—27日和2012年5月21—23日举办。第三届尼山论坛于2014年5月21—23日在中国济南举办。

一、尼山论坛的组织建制

尼山论坛是一个民间平台，可以视作一个文明对话的自由联合体，“文明对话”是将国内国外、官方民间、单位个体联系起来的纽带。在许嘉璐领导下，由尼山论坛组委会、中国人民外交学会、中国联合国协会、中国国际友好联络会、中华宗教文化交流协会、孔子学院总部、山东大

① 本章尼山世界文明论坛的相关资料参考：尼山世界文明论坛组委会编著：《世界文明对话研究报告（2002—2012年）》，人民出版社，2013年版；尼山论坛网站：http：//www. nishan. org. cn/。

学、中国人民大学、北京师范大学、中华文化学院联合发起并作为常设主办单位。

尼山论坛组委会主席由许嘉璐担任，秘书长由徐向红担任。邢贲思、庞朴担任学术委员会主任。山东大学儒学高等研究院与犹太教与跨宗教研究中心、北京师范大学人文宗教高等研究院、中国人民大学宗教研究院等设为学术研究基地。中国联合国教科文组织全国委员会为指导单位。中新社、凤凰卫视、光明日报社、山东卫视等为媒体战略合作单位。[①]

尼山论坛兼具学术性与民间性、国际性与开放性的鲜明特色，它是一个集思想、哲学、艺术为一体的综合性论坛。它更多侧重于从思想学术或艺术的高度，为不同文明间的沟通理解提供一个家庭式的和睦对话场景：大家坐在孔子故乡的书院里，共同欣赏着美妙的音乐，交流着各自对经典的认识、对世界的看法、对生活的感悟和对未来的畅想。尼山论坛之所以没有设在繁华的大都市，而选择设立在远离现代城市社区的原野——尼山河谷，所追求的就是一种返璞归真的精神，[②] 正所谓“宁静致远”，也有助于不同文明在一起思考解决人类面临的共同问题。

二、尼山论坛的发展历程

（一）第一届尼山论坛

首届论坛筹备期间的2010年5月17日，由尼山论坛组委会主办，在北京主持召开了庆祝“世界文明对话日”（每年5月21日）的高层学术座谈会。

2010年8月26日，尼山论坛组委会在国务院新闻办公室新闻发布厅举行了首届尼山论坛新闻发布会，许嘉璐请赵启正、叶小文、吴建民三位副主席以及常务理事黄星原、秘书长徐向红5人同时出席发布会。这是尼山论坛面向国内外的第一次亮相，引起了各国媒体的关注。

首届尼山论坛定于2010年9月26—27日在曲阜孔子出生地尼山召

---

① 高述群：“东方的努力：尼山世界文明论坛”，载《世界文明对话研究报告（2002—2012年）》，人民出版社，2013年版，第66页。

② 同上。

开，邀请了国内外著名专家学者开展儒家文明与基督教文明的对话，主题是“和而不同与和谐世界”，口号是“和谐·诚信·包容·仁爱”。

开幕式前，与会者在尼山圣源书院广场举行了“世界文明论坛碑”落成仪式，由许嘉璐和中国著名书法家欧阳中石揭幕。在开幕式中，宣读了来自联合国教科文组织总干事伊琳娜·博克娃的贺信。她在贺信中说：“相信本次世界文明论坛，将会开创世界不同文明走向相互尊重、相互包容与和睦相处的新纪元。众所周知，在孔子去世约500年以后，儒家思想对基督教产生了很深的影响。事实上，二者都倡导中庸之道和互惠伦理，都倡导世界人民的和谐共存。首届尼山世界文明论坛举行儒家文明与基督教文明的对话和交流，增进两大文明间的理解与沟通，对世界文明的进步与发展必将产生深远的积极影响。”①

首届论坛在两天时间里共举行18场对话，有些对话是应学者自己要求的，对话形式灵活多样，既有学术全会，也有一对一、二对二的对话，还有与新闻媒体合作的自由式对话。

27日闭幕时，会议通过了世界上首个《人类和谐宣言》。论坛结束后正值国庆节长假，据统计，到尼山旅游的人比上年同期增长了5倍。

（二）第二届尼山论坛

第二届论坛秉承“和而不同与和谐世界”的一贯主旨，将第二届主题定为“和而不同与和谐世界：信仰·道德·尊重·友爱”，突出对文化的伦理、信仰层面的探讨。这不仅是对首届论坛“和谐·仁爱·诚信·包容”口号的继承和深化，更是对世界文明对话十年经验历程的精辟概括和总结。

第二届尼山世界文明论坛于2012年5月21日在尼山圣源书院隆重开幕。尼山论坛组委会主席许嘉璐先生在开幕辞中指出，大力提倡和支持文明多样性、开展不同文明的对话、研究其中的理论和实际问题，是种种危机催生的新世纪文明的重要动向，这一动向是人类良知自愿自觉的选择。

---

① “尼山论坛泗水开幕儒家思想对话世界文明”，中国文明网，2010年11月10日，http：//sd. wenming. cn/sd_ srgl/201011/t20101110_ 7926. shtml。

与首届尼山论坛相比，第二届尼山论坛的创新点在于：

第一，适逢“世界文明对话日”十周年，论坛组委会精心准备并隆重庆祝“世界文明对话日”。首先是邀请联合国教科文组织、联合国文明联盟共同举办这次活动，得到这两个组织积极热情的回应。其次，论坛组委会与山东省为庆祝活动特别制作了一尊“文明对话纪事鼎”，用以纪念联合国确定“世界文明对话日”十周年。最后，论坛安排了一系列学术活动，包括撰写报告与举办国际研讨会。

第二，本届论坛首次举办“世界青年博士生论坛”。这是第二届论坛的开创性工作，以“青年对世界文明走向和谐的责任”为主题，给尼山论坛带来了青年的活力和教学的氛围，也表明了论坛对青年参与文明对话的重视。闭幕式上，两位青年代表上台宣读他们共同起草、民主通过的宣言——《青年人走向文明对话前台倡议书》。这是世界上第一份代表青年人参与文明对话的倡议书，在文明对话史上有里程碑意义。

第三，本届论坛首次召开“世界古文明国家文化遗产保护与促进文明对话国际会议”。这是由论坛组委会、中国国家文物局、山东省文物局共同举办，虽然筹备时间较紧张稍显仓促与疏漏，但这项活动得到了联合国教科文组织的积极肯定，世界遗产界多位一线专家出席会议并发言。会后共同发表了《世界古文明国家文化遗产保护与促进文明对话——尼山共识》。

第四，本届论坛积极吸收当地大学参与，以开放式的姿态鼓励各界的积极参与，促进人与人之间近距离的感情交流。例如，山东大学、曲阜师范大学、济宁学院、尼山圣源书院发挥了骨干作用，老师和学生们踊跃参与，组成了庞大的志愿者队伍。受到论坛与学术讲座吸引的不仅有广大青年学生，甚至还有当地农民、工人，在当地社会引起良好反响。

第二届尼山论坛无论在规模、层次、代表性诸方面都远超首届：对话时间扩大为 3 天，参加范围覆盖五大洲 22 个国家和地区，对话活动扩展到 52 场次，参与人群扩大到各阶层各领域，仅列席、旁听人员就达到 1.16 万人次。

三、尼山论坛与人文外交

2012年4月16日，尼山论坛组委会携手联合国教科文组织、孔子学院总部，在位于法国巴黎的联合国教科文组织总部，成功召开了“巴黎尼山世界文明论坛”。这次活动以“儒家思想与全球化世界中的新人文主义”为主题，来自法、德、英、美、西班牙、保加利亚、匈牙利、突尼斯、斯里兰卡、马里等国家的高级官员与专家学者，各国常驻教科文组织使节、官员，法国学术界、教育界200多人出席。

联合国教科文组织总干事伊琳娜·博克娃在开幕式上致辞指出：“全球化使人类关系空前紧密联结，而全球化不仅仅是经济的融合，更是文化的融合，文化的融合需要新人文主义的支撑。用孔子的思想重新考虑国与国的关系、人与自然的关系，应该成为新人文主义的重要内涵之一……新的世界需要新的人文主义，它将促进世界的进步。”①

巴黎尼山论坛各位学者集思广益、踊跃沟通，取得了显著的民间外交的效果。在论坛期间，多国常驻联合国教科文组织的大使和官员全程参加，兴致盎然，竞相提问。巴黎尼山论坛的成功举办，是中国开展人文外交的一个重要环节，它切实地以官民并举的方式传递了中国文化的精髓、展示了中国人的形象，是中国主动开展人文外交的典例。

巴黎尼山论坛打开了尼山论坛走向欧洲、走向美洲、走向联合国的大门。尼山论坛走出国门、进行人文外交的具体场次，详见表1的统计。

表1　尼山文明论坛举办情况统计表②

时间	地点	名称	主题
2010年9月26—27日	中国尼山	第一届尼山世界文明论坛	“和而不同与和谐世界”

① 尼山世界文明论坛组委会编著：《世界文明对话研究报告（2002—2012年）》，人民出版社，2013年版，第73页。

② 资料来源：笔者根据尼山世界文明论坛组委会编著《世界文明对话研究报告（2002—2012年）》自行制作。

续表

时间	地点	名称	主题
2012 年 5 月 21—23 日	中国尼山	第二届尼山世界文明论坛	“和而不同与和谐世界：信仰·道德·尊重·友爱”
2012 年 4 月 16 日	法国巴黎	巴黎尼山世界文明论坛	“儒家思想与全球化世界中的新人文主义”
2012 年 11 月 10—11 日	美国纽约	纽约尼山世界文明论坛	“超越国度，不同信仰，共同价值——儒家与基督教文明对话”
2014 年 5 月 21—23 日	中国尼山	第三届尼山世界文明论坛	“不同信仰下的人类共同伦理”

尼山论坛旨在秉承孔子精神，发挥儒家文化的独特优势，为推动世界文明对话提供平台、作出贡献。论坛坚持“各美其美，美人之美，美美与共，世界大同”的理念，面向世界，面向未来，开展不同文明的互动和交流，维护世界文化的多样性，增进各国人民之间在文化上的相互理解、相互尊重、和睦相处和共同发展，为建设和谐社会、和谐世界做出应有的贡献。这不仅是人文外交中重视文化交流、人文合作的体现，也是人文外交中重视官民并举、人心沟通的表现，通过该论坛的正式与非正式的机制化运行，向国外政界、学界、文艺界等精英传达出中华文明的精髓与中国外交的理念，展现了中国作为发展中大国既尊重平等、又包容互鉴的胸怀与风范。

第三十六章　欧盟人文外交机制

欧洲，是古代丝绸之路的终点，是古代丝绸之路上最大的人员流通地、商品集散地和终极市场。同样，今天的欧盟位于中国“丝绸之路经济带”战略的北端，是丝路战略中的北线重镇。纵观21世纪以来欧盟的对外政策，文化因素一直占有不可或缺的重要地位，这也为中国拓展人文外交机制性建设提供了良多借鉴。欧盟已经初步形成比较完善的内部文化架构与对外人文外交机制，努力扩大欧洲文化和价值观对其他国家和地区的影响。欧盟大力宣扬“文化多样性”、积极组织跨文化对话、创造自愿合作的环境，力求树立欧盟形象，推广欧洲价值观，以发挥自身的文化软实力。

一、欧洲认同与欧盟内部文化政策

第二次世界大战给欧洲各国带来巨大灾难，战后欧洲人重新审视欧洲联合问题，坚信“欧洲是欧洲人的欧洲”，只有欧洲统一，才能提供解决欧洲问题的钥匙。这一共有意识推动欧洲一体化道路在经济、贸易和金融等方面半个多世纪的发展，如今欧盟成为当今世界上一体化程度最高、发展最快、规模最大的区域组织。

然而，随着成员国数量的增加，成员国由于强调本国利益而不断产生分歧，一体化的道路遭遇前所未有的困境，欧盟也因“民主赤字”问题而饱受指责。欧洲一体化进程中的文化问题一度成为最棘手和最敏感问题。欧洲人开始意识到欧洲联合的深入开展不仅需要各国物质利益上的协调合作，更需要一种欧洲意义上的观念和意识，即“欧洲认同感”。这促使一体化精英们开始对欧洲一体化展开文化层面的思考。欧洲一体化进程

中涉及文化议题的历次会议或协定如下：①

1. 1954 年《欧洲文化协议》（14 国签署）可视为最早的广义上的欧洲文化政策文件，该协议赞成欧洲各国相互间积极开展文化交流，欢迎所有非成员国参加。截至 2008 年 2 月，几乎所有欧洲国家都签署了该协议。该协议的基本原则是捍卫共同文化遗产、加强欧洲各国人民间的相互理解，这构成了欧洲文化政策的基础。

2. 1957 年《罗马条约》，首次提出了“文化物品”这一概念，第 36 条指出，允许各国之间自由流动具有艺术、历史和考古价值的国家珍贵物品。1968 年欧洲法院要求欧共体对珍贵物品和文化物品作出界定，成员国认为文化物品是珍贵的民族文化，打着“文化产品的旗号”保护其他产品，文化本身并未受到重视。

3. 1970 年欧委会在巴黎峰会上正式宣告，“经济扩张不是欧共体的唯一目标”，它还应该“重视欧洲范围内各种具有文化价值的东西”。虽然欧共体没有在文化领域采取实际的行动，但至少开始注意到应该保护欧洲文化。1974 年 5 月 13 日，欧洲议会一致通过了一项决议，呼吁欧共体各个成员国在文化领域采取一致的行动，以保护欧洲各种文化遗产。该决议的核心内容包括：保护艺术作品与文化遗迹；保护与提升各种文化作品；协调并统一各国在文化领域的版权。

4. 1977 年，欧委会出版了第一份文化公报，题为“欧共体的文化行动”，但此时欧共体的文化行动还不能称之为文化政策，文化依然充当政治、经济、货币等事务的辅助角色。1982 年，欧共体发表第二份文化公报，题为“强化欧共体的文化行动”，把文化行动与经济、法律等其他领域放在并行地位，共同推动欧洲整合的进程。

5. 1983 年，欧盟理事会发布了《神圣宣言》，进一步推动欧共体文化行动的开展。该宣言指出，欧共体应该鼓励“各项文化事务之间建立更紧密的合作关系，把提升欧洲公民的共同文化遗产意识作为构建未来欧洲认同的主要手段”，1984 年成立了欧洲文化事务理事会。

6. 20 世纪 80 年代起，为增强欧盟成员国公民的欧洲公民意识和欧洲

---

① 具体条目参见索元元：“大国博弈与文化认同——欧盟文化政策浅析”，载《广东海洋大学学报》，2011 年第 5 期，第 38 页。

文化认同感，在《欧洲文化协议》的基础上，欧盟推出“欧洲文化城”、“欧洲电影及电视年”等一系列活动项目的文化行动或决议，旨在把欧洲各国人民更紧密团结在一起，提升“欧洲各个城市文化的丰富多样性”。①

在 1992 年《马约》签署之前，欧共体在文化方面并没有任何真正权力，文化事务当时仍属成员国的内政。《马约》第 128 条赋予欧盟一些包括文化领域在内的新权力，从此开展文化合作成为欧盟在法律框架下许可的行动目标。在此之后，欧委会于 1994 年、1995 年向欧洲理事会连续提交了三项文化行动计划，即“万花筒计划”（文化与艺术活动政策）、“阿丽亚娜计划”（书籍与阅读政策）与“拉斐尔计划”（文化遗产保护政策）。这些活动涉及到文化意识、书籍阅读、文化遗产保护等主要内容。欧盟的“文化 2000”行动计划，通过推动各种国际合作活动，增强欧盟各项文化行动的有效性，并使之合理化。该计划的主要目的是把文化议题作为欧盟独立的一项行动领域，对欧盟内与文化议题有关的活动加以统一。欧盟力图通过推动欧洲各种文化活动的开展，增进欧洲各族人民对欧洲文化的认识与了解，为欧洲公民创建一个共同的欧洲文化区与交流平台。

在欧盟及其成员国的大力推动下，2005 年联合国教科文组织通过了《保护和促进文化多样性公约》。“公约”的签订对欧盟具有重大的意义：一方面，这是欧盟长期坚持的从“文化例外”到“文化多样性”理念在国际上得到承认的标志；另一方面，欧盟也借此对世界文化的发展和传承作出了突出贡献，从而成为了世界保护文化多样性的旗手。因此，通过文化因素在欧盟对外政策中的影响和比重的提高，通过文化产业的发展，欧盟及主要成员国虽然不再具备世界超级大国的硬实力，但却在软实力方面取得了突出成绩。②

欧盟不仅重视落实其内部文化政策，而且在对不同地区的政策中，欧盟都将合作促进当地文化发展、文化遗产保护、加强双边文化交流等作为对外政策的重要组成部分。2007 年欧盟发布“全球化世界中的欧洲文化

① 索元元：“大国博弈与文化认同——欧盟文化政策浅析”，载《广东海洋大学学报》，2011 年第 5 期，第 38 页。

② 刘红叶：“欧盟文化政策研究”，中共中央党校博士学位论文，2013 年 6 月，第 130 页。

议程”，明确提出将文化作为重要的因素融入欧盟的对外政策中，从而将文化融入对外政策上升到了战略性的高度。

二、欧盟人文外交机制的法律框架

随着欧洲一体化进程的推进和深化，文化问题逐渐凸显出来，并被正式纳入欧盟议事日程。1992 年签署的《马斯特里赫特条约》（即欧盟条约，以下简称《马约》）第 128 条即专门针对文化问题制定了相关的法律框架，阐述了欧盟文化政策的一般性原则和基础，正式赋予了欧盟处理欧洲文化事务的权力。

1997 年的《阿姆斯特丹条约》（以下简称《阿约》），第 151 条更加明确地提出：“欧盟将在文化方面采取实际行动，以尊重和促进各成员国之间的文化差异性；鼓励成员国之间的以及与第三国或国际组织的文化合作。”可以说，此时欧盟已经具备在跨国层面上制订文化政策和执行文化行动的法律资格。[①]

2007 年 5 月，欧盟委员会向欧洲议会、欧盟理事会、欧洲经济与社会委员会、欧洲地区委员会提交了《全球化世界中的欧盟文化议程》，正式提出“文化议程”（An Agenda for Culture）计划，促使文化成为欧盟的国际关系的关键要素。同年 11 月，该计划得到欧盟理事会的批准。

第一，在导言部分中，该计划对欧洲文化的丰富性和多样性与其在世界上的作用与影响密切相关。欧盟是一个软实力典范，而且应当渴望成为更好的软实力典范。欧盟的软实力建立在下列规范和价值观基础之上：包括人类的尊严、团结、宽容、言论自由、对文化多样性和跨文化对话的尊重。拥护和促进这些规范和价值有助于我们建设明天的世界。第二，该计划文件的“欧盟对外关系”部分指出，欧盟在发展中国家执行的文化项目应更多地有利于促进人权，包括保护和促进文化权利、土著人权利、少数民族和社会边缘人群的权利。第三，在“文化作为国际关系的关键要素”部分，该文件指出，作为联合国《保护和促进文化表达形式多样性

---

① 徐进：“文化与对外关系：欧盟的作法及启示”，载《国际论坛》，2010 年第 5 期。

公约》的一员，欧盟及其成员国再次重申，他们承诺在国际关系中使文化发挥新的、更积极的作用，使文化维度成为欧盟发展伙伴国或地区关系的关键要素。①

欧盟认为，完成这一目标的关键行动是与世界其他国家和地区建立积极的跨文化对话机制，为此，欧盟要采取“双轨道”方式：一是把文化维度和文化要素系统地融入所有的对外政策与发展政策和项目当中，作为加强外交行动质量以及所有欧盟合作行动的持久性与持续性的一种方法；二是支持特定的文化行动和文化事件，要在发展政策当中把文化视为优先考虑之事。具体而言：欧盟进一步发展与其他国家和地区的政治对话，促进与第三国（地区）的文化交流；通过目标明确的行动，以及特惠协定或与贸易有关的援助措施来促进发展中国家的文化商品和服务进入欧洲市场和其他市场；运用对外政策和发展政策，通过财政和技术支持来保护和促进文化多样性，既要保护好文化遗产，又要积极鼓励和促进世界范围内的文化行动；确保在所有合作项目的设计与执行过程中考虑当地文化因素并有助于增进人民对文化和文化表现形式的接触程度，要在发展中国家的各级教育课程中融入文化因素；积极参与有关国际组织的工作，特别是联合国的“文明联盟”（Alliance of Civilizations）倡议。

2008年11月20日召开的欧盟教育、青年和文化理事会会议通过了《在欧盟及其成员国对外关系中促进文化多样性和跨文化对话的决定》。该决定号召成员国在执行对外政策和计划时要加强文化的地位和作用，促进与第三国和国际组织（特别是联合国教科文组织）在文化领域的合作，以提高文化行动的品质与多样性，并在更一般的意义上有助于达成对外政策与可持续发展目标。并且，鼓励艺术家、文化专业人士和公民社会组织参与制订和执行成员国和伙伴国的对外文化政策。

2009年生效的《里斯本条约》第167条第4款要求欧盟及其成员国在所有行动中考虑文化因素，以加强对不同文化的尊重并促进文化多样性。至此，欧盟将文化与对外关系结合起来的法律和政策框架最终

① 徐进：“文化与对外关系：欧盟的作法及启示”，载《国际论坛》，2010年第5期。

形成。[①]

三、欧盟的文化软实力

欧盟的文化软实力不仅体现在欧洲文化在全球的投射能力、影响能力上，更以雄厚的利润在数据上证实了作为支柱产业的经济推动力。

首先，在文化影响力方面。正如约瑟夫·奈所言，“当前，美国在软力量上最接近的竞争对手是欧洲”。这主要是因为欧盟国家拥有丰富的软实力资源，并善于运用这些资源。不仅欧洲的文化、语言、流行文化等一直都受到世界各国的青睐，而且，欧盟主张的价值观、社会发展模式等，也在世界上有巨大的影响力。

其次，在经济推动力方面。欧盟具有成熟的文化产业链，是经济与文化“两手抓、两手硬”的典范。文化产业具有综合性强、辐射面广、渗透性强、附加值高、产业链交错的特征，创造了大量的就业机会和经济财富，成为包括欧盟国家在内的许多国家的支柱产业和新的经济增长点。

从欧盟来看，文化产业已成为其收入和就业的重要来源。在西方发达国家，文化产业占 GDP 的比重普遍高于 10%，远高于支柱产业 5% 的标准。2003 年，欧盟文化创意部门的总营业额为 6542.88 亿欧元，对 GDP 的贡献为 2.3%，超过过去一直是欧洲经济驱动部门之一的房地产(2.1%)。文化部门有约 700 万专职人员，仅在视听部门就超过 100 万。在英国，文化产业直接从业人员已达 100 多万人，间接从业人员约 45 万人，从业人员占全国总就业人数的 5%。1996—2010 年，英国文化产业产值年均增长率在 6% 左右，就业增长率平均为 5% 左右，而整体经济增长率仅为 2.8% 左右，就业增长率则为 1.5% 左右。2010 年，英国文化产业的产值超过 2775 亿美元，出口值超过 164 亿美元。[②]

中国与欧洲政治关系稳定，经济上欧盟是中国第一大贸易伙伴，也是

---

① 徐进：“文化与对外关系：欧盟的作法及启示”，载《国际论坛》，2010 年第 5 期。

② 刘红叶：“欧盟文化政策研究”，中共中央党校博士学位论文，2013 年 6 月，第 131 页。

中国吸收外资的第四大来源地。同时随着全球化的发展，世界各国已经联系得更加紧密，这些因素为中欧文化合作创造了良好的环境和坚实的基础。欧盟作为文化管理和文化产业起步较早的地区，其先进经验对中国具有重要的借鉴意义。

第三十七章 联合国框架下的文明对话机制①

冷战结束后，国际关系发生深刻变革。和平与发展虽然是时代主流，但因种族、民族、宗教和文化等因素造成的地区冲突与局部冲突越来越多，而且往往是由国内冲突引发地区动荡。萨缪尔·亨廷顿等学者曾提出文明冲突论，认为文明冲突将取代国家间的冲突成为国际政治的新范式。国际社会迫切需要通过加强不同文化之间的对话与理解，来推广容忍、平等、多元等价值，以缓和紧张、消除冲突。“文明对话”的使命落在联合国肩上，因为联合国是世界文明多样性的典型代表，是不同文明汇聚的论坛，在推动不同文明间对话方面有着不可替代的作用。作为最具普遍性、代表性和权威性的政府间国际组织，联合国不仅是实践多边主义的最佳场所，实现集体应对各种威胁和挑战的有效平台，也是文明对话的倡导者、组织者、参与者和推动者。

一、联合国文明对话机制发展历程

1998 年，伊朗总统哈塔米向联合国建议把 2001 年确定为“文明对话年”，11 月 4 日，第 53 届联合国大会一致通过决议（A/RES/53/22），宣布 2001 年为“联合国不同文明之间对话年”。决议认为，不同文明所取得的成果是人类共同的文化遗产，为全人类提供了进步的源泉。文化本身

① 本章联合国文明对话机制的相关资料参考：尼山世界文明论坛组委会：《世界文明对话研究报告（2002—2012 年）》，人民出版社，2013 年版；张贵洪、郭峰铖主编：《联合国与文明对话》，时事出版社，2013 年版；联合国教科文组织网站：http：//www. unesco. org. cn/。

是多元化的，人类创造活动也具有多样性，决议强调应当把对话作为实现理解、消除对和平的威胁、加强相互联系以及在不同文明间加强交流的一种手段。之后，不同文明之间的对话，包括不同信仰、不同宗教之间的平等对话，在全球广泛展开。

1999 年第 54 届联合国大会和 2000 年第 55 届联合国大会都将题为“联合国不同文明之间对话年”的项目列入大会的临时议程（A/RES/54/113，A/RES/55/23）。

2001 年 11 月，第 56 届联合国大会就促进不同文明之间的对话问题举行全体会议，以增进各种文明间的了解和沟通，减少不同文明间的冲突。因为同年 9 月在美国爆发了“9·11”恐怖袭击事件，因此如何通过不同文明间对话推动各国预防和打击国际恐怖主义的斗争就成为会议的重要议题之一。时任联合国秘书长安南就“联合国不同文明间对话年”发表报告，指出“文化和宗教多样化是力量的源泉，而不是分裂和对抗的起因。”[①] 同年 11 月，联合国教科文组织第 31 届会议通过了《世界文化多样性宣言》，主张将文化多样性作为一种有生命力，因而能不断发展的财富加以保护。

2002 年，联合国大会一致通过决议，宣布每年的 5 月 21 日为“世界文化多样性促进对话和发展日”。

2004 年，西班牙和土耳其两国政府发起成立“不同文明联盟”的倡议，得到了联合国的有力支持。2005 年 7 月，时任联合国秘书长安南宣布正式成立文明联盟，并任命一个由 20 位国际知名人士组成的名人小组指导文明联盟的活动。

2007 年 4 月，新任联合国秘书长潘基文任命葡萄牙前总统桑帕约出任文明联盟高级代表，负责领导其执行和实施工作。2008 年 1 月，“不同文明联盟”首届国际论坛在西班牙马德里举行，来自各国政府、基金会、国际组织、民间社会、媒体和工商界的人士齐聚一堂，共同探讨如何弥合不同国家和文化之间的分歧，并为推动跨文化交流建立伙伴

---

① 张贵洪、郭峰铖主编：《联合国与文明对话》，时事出版社，2013 年版，第 66 页。

关系。①

二、联合国文明对话的机制职能

在各个主权国家的积极倡议与联合国各部门的努力下，文明对话已经向组织化和常态化方向发展。其中，各职能部门分工明确、团结合作，效果显著。

第一，联合国大会是文明对话的发起者。正是联合国大会及其通过的决议使文明对话成为国际社会的共识。联合国大会是国际社会广泛性和普遍性的象征。作为一个表达建议和立场的论坛、多边外交最活跃的舞台和国际合作的平台，联合国大会的一个重要功能是把少数成员国或非政府组织的倡议上升为全球议程，使之具有合法性和权威性。由于文明对话本身就是联合国的一个重要功能和使命，与联合国和平、发展、人权的事业密切相关，因此联合国大会积极倡导和发起了具有不同文化、宗教和信仰的成员国、地区和人们之间的对话。

第二，联合国秘书长是文明对话的积极推动者。联合国秘书长为联合国不同文明之间对话年任命私人代表、成立名人小组、任命文明联盟大使、设立信托基金、出席成员国和地区组织或国际组织举办的各种文明对话会议和活动，并向大会提交报告。作为一个全球组织的领导人，联合国秘书长在组织和推动全球性活动方面发挥了重要作用。如同其他许多全球性活动一样，文明对话一开始是由成员国的领导人提出的，可一旦成为联合国的议程，秘书长也就成为这一活动的牵头人，并在国际社会积极推动。

第三，联合国文明联盟是文明对话的组织者。联合国文明联盟作为世界最高层次的不同文明对话组织，由联合国秘书长发起成立，旨在促进不同文化和宗教的国家和人们之间的相互理解与合作关系，帮助反对那些引发分裂和极端主义的力量。联盟通过与政府、国际性和地区性组织、民间社会团体、基金会以及私营机构的通力合作，支持一系列旨在

① “论坛背景”，尼山世界文明论坛官网，http：//www. nishan. org. cn/gylt/201005/t20100514_ 5532327. html。

为不同文化和共同体之间搭建桥梁的项目和活动。基于文明联盟名人小组报告提出的建议，文明联盟的工作围绕以下三个目标：一是为那些与文明联盟分享目标的成员国、国际组织、民间社团以及私营机构发展一种伙伴网络，以增强它们与联合国系统的互动和合作；二是发展、支持并突出那些增进全球文化之间，特别是穆斯林与西方社会之间理解与和解的项目，涉及到青年、教育、媒体和移民四个主要活动领域；三是在跨文化紧张关系加剧时期，为作为缓解和理解的一种力量的团体之间建立联系和促进对话。

第四，联合国教科文组织是促进文明对话的主要机构。联合国教育、科学及文化组织积极规划和安排不同的文化、教育和社会方案，促进不同文明之间的对话。通过举办圆桌会议、文明对话论坛等方式，积极推动不同成员国、地区间的沟通与交流。2001 年 11 月，联合国教科文组织第 31 届会议通过了《世界文化多样性宣言》，主张将文化多样性视为一种有生命力因而能不断发展的财富加以保护，认为不能把文化多样性视为一种一成不变的遗产，而应将其视为保障人类生存的一种进程。2009 年，联合国教科文组织发表了《着力文化多样性与文化间对话》报告。①

三、联合国文明对话的态势与中国角色

在联合国主导下，全球文明对话政治表现为三个重要的态势。

第一个态势是联合国文明联盟开始把战略重心转向亚洲。2012 年 11 月 29—30 日，联合国文明联盟在上海召开“亚洲及南太平洋地区磋商会议”，正式宣布文明联盟扎根亚洲开展工作。会议主题是“通过对话和多样性促进和谐”（Harmony through Dialogue and Diversity）。时任中国外交部副部长的崔天凯代表中国政府到会致辞，表示欢迎文明联盟扎根亚洲。文明联盟本由西班牙和土耳其联合发起，主要目的是缓和西方与伊斯兰世界间的紧张关系。但在 2007 年奥特兰会议时，文明联盟就已经启动了转向亚洲、转向东方的程序。

---

① 张贵洪、郭峰铖主编《联合国与文明对话》，时事出版社，2013 年版，第 67—68 页。

第二个态势是联合国教科文组织开始致力于通过推动新人文主义来推动文明对话。在教科文组织主导的文明对话的第一阶段，即在松浦晃一郎担任总干事的十年（1999—2009 年）间，教科文组织推动联合国为“文明对话”采取了一系列重要举措。在第二阶段，即在伊琳娜·博克娃于 2009 年 11 月担任总干事以来，教科文组织开始把文明对话引向深入，致力于通过宣扬“新人文主义”来推动文明对话。

第三个态势是儒家文明开始由边缘走向中心舞台。“文明对话”始于缓解西方基督教文明与伊斯兰文明之间的紧张关系，1998 年伊朗总统哈塔米在联大提出文明对话的建议时，也是主要着眼于推动开展伊耶两大文明之间的对话。进入 21 世纪后，随着新兴国家崛起、国际体系的变革，重要的文明对话已经逐步将儒家文明推向了前台，中国实力发展伴随着儒家文明正在成为世界文明对话的主角。①

基于联合国文明对话的这三个态势，中国以独特的条件和优势，完全可以大有作为，在文明对话舞台中扮演更加重要的角色：

第一，中国一贯支持联合国在国际事务和多边外交中的核心地位，也积极参与联合国主导的文明对话活动。2001 年 9 月，为响应联合国“不同文明对话年”，全国政协外事委员会在北京举办“21 世纪论坛——不同文明对话”研讨会；中国积极倡导在亚欧会议框架下开展文化与文明对话交流，并于 2003 年主办了亚欧会议进程中的第一届文化与文明会议。更值得一提的是，尼山论坛是中国推广文明对话的重要努力。尼山世界文明论坛以开展世界不同文明对话为主题，力求弘扬中华文化、促进中外文化交流，推动建设和谐世界。

第二，以儒家思想为重要代表的中华文化是参与世界文明对话的重要力量。源于儒家思想的和谐观作为中华民族独特的文化精神和生存智慧，其合理的思想内核为当代世界的和平、发展、合作提供了可供借鉴的精神资源，具有重要的时代价值。它不仅为追求人与人之间、不同社会阶层之间以及人与自然之间的相互和谐提供智慧，还为追求民族与民族、国家与

---

① 尼山世界文明论坛组委会：《世界文明对话研究报告（2002—2012 年）》，人民出版社，2013 年版，第 86 页。

国家之间的相互和谐提供智慧。①

第三，文明对话与中国未来的发展战略相契合。2011 年 10 月 15 日至 18 日，中国共产党第十七届中央委员会第六次全体会议在北京举行。党的十七届六中全会提出“坚持中国特色社会主义文化发展道路，建设社会主义文化强国”的战略目标。这是中央首次将文化发展提升至国家战略高度来统筹布局。《中共中央关于深化文化体制改革推动社会主义文化大发展大繁荣若干重大问题的决定》指出：当前，增强国家软实力和中华文化国际影响力的要求更加紧迫，必须提高文化开放水平，推动中华文化走向世界。为此，要开展多渠道、多形式、多层次的对外文化交流，广泛参与世界文明对话，促进文化相互借鉴，增强中华文化在世界上的感召力和影响力。②

由此可以预见，以儒家文化为主体的东方文明将在联合国文明对话中占据重要一席，中国必将为世界文明对话作出新的贡献。

---

① 张贵洪、郭峰铖主编：《联合国与文明对话》，时事出版社，2013 年版，第 72 页。

② 中华人民共和国中央人民政府，http：//www.gov.cn/jrzg/2011 - 10/25/content_1978202.htm。

下　篇

中国人文外交的战略机遇及其挑战

“丝路战略”的政策宣示

弘扬人民友谊　共创美好未来①

——在纳扎尔巴耶夫大学的演讲

（2013 年 9 月 7 日，阿斯塔纳）

中华人民共和国主席　习近平

尊敬的纳扎尔巴耶夫总统，

尊敬的校长先生，

各位老师，各位同学，

女士们，先生们，朋友们：

大家好！这次，我应纳扎尔巴耶夫总统邀请，来到伟大邻邦哈萨克斯坦进行国事访问。有机会来到纳扎尔巴耶夫大学，并同大家见面，感到十分高兴。

首先，我向友好的哈萨克斯坦人民，向纳扎尔巴耶夫大学的老师们、同学们，向今天在座的各位朋友，转达中国人民的诚挚问候和良好祝愿。

哈萨克民族有一句谚语：“一片土地的历史，就是在她之上的人民的历史”。哈萨克斯坦独立以来，在纳扎尔巴耶夫总统领导下，政治长期稳定，经济快速发展，民生大幅改善，国际影响力显著提升。

我们所在的阿斯塔纳市，在短短十几年间发展成为一座美丽现代化城市，就是哈萨克斯坦人民在这片神奇土地上书写的一个优美诗篇。在这里，我看到了哈萨克斯坦人民勤劳智慧的奋斗，也看到了哈萨克斯坦人民充满光明的未来。

---

① 习近平：“弘扬人民友谊　共创美好未来”，《人民日报》，2013 年 9 月 8 日，第 3 版。

女士们、先生们、朋友们！

2100多年前，中国汉代的张骞肩负和平友好使命，两次出使中亚，开启了中国同中亚各国友好交往的大门，开辟出一条横贯东西、连接欧亚的丝绸之路。

我的家乡陕西，就位于古丝绸之路的起点。站在这里，回首历史，我仿佛听到了山间回荡的声声驼铃，看到了大漠飘飞的袅袅孤烟。这一切，让我感到十分亲切。

哈萨克斯坦这片土地，是古丝绸之路经过的地方，曾经为沟通东西方文明，促进不同民族、不同文化相互交流和合作作出过重要贡献。东西方使节、商队、游客、学者、工匠川流不息，沿途各国互通有无、互学互鉴，共同推动了人类文明进步。

古丝绸之路上的古城阿拉木图有一条冼星海大道，人们传诵着这样一个故事。1941年伟大卫国战争爆发，中国著名音乐家冼星海辗转来到阿拉木图。在举目无亲、贫病交加之际，哈萨克音乐家拜卡达莫夫接纳了他，为他提供了一个温暖的家。

在阿拉木图，冼星海创作了《民族解放》、《神圣之战》、《满江红》等著名音乐作品，并根据哈萨克民族英雄阿曼盖尔德的事迹创作出交响诗《阿曼盖尔德》，激励人们为抗击法西斯而战，受到当地人民广泛欢迎。

千百年来，在这条古老的丝绸之路上，各国人民共同谱写出千古传诵的友好篇章。两千多年的交往历史证明，只要坚持团结互信、平等互利、包容互鉴、合作共赢，不同种族、不同信仰、不同文化背景的国家完全可以共享和平，共同发展。这是古丝绸之路留给我们的宝贵启示。

女士们、先生们、朋友们！

20多年来，随着中国同欧亚国家关系快速发展，古老的丝绸之路日益焕发出新的生机活力，以新的形式把中国同欧亚国家的互利合作不断推向新的历史高度。

远亲不如近邻。中国同中亚国家是山水相连的友好邻邦。中国高度重视发展同中亚各国的友好合作关系，将其视为外交优先方向。

当前，中国同中亚国家关系发展面临难得机遇。我们希望同中亚国家一道，不断增进互信、巩固友好、加强合作，促进共同发展繁荣，为各国人民谋福祉。

——我们要坚持世代友好，做和谐和睦的好邻居。中国坚持走和平发展道路，坚定奉行独立自主的和平外交政策。我们尊重各国人民自主选择的发展道路和奉行的内外政策，决不干涉中亚国家内政。中国不谋求地区事务主导权，不经营势力范围。我们愿同俄罗斯和中亚各国加强沟通和协调，共同为建设和谐地区作出不懈努力。

——我们要坚定相互支持，做真诚互信的好朋友。在涉及国家主权、领土完整、安全稳定等重大核心利益问题上坚定相互支持，是中国同中亚各国战略伙伴关系的实质和重要内容。我们愿同各国在双边和上海合作组织框架内加强互信、深化合作，合力打击“三股势力”、贩毒、跨国有组织犯罪，为地区经济发展和人民安居乐业创造良好环境。

——我们要大力加强务实合作，做互利共赢的好伙伴。中国和中亚国家都处在关键发展阶段，面对前所未有的机遇和挑战。我们都提出了符合本国国情的中长期发展目标。我们的战略目标是一致的，那就是确保经济长期稳定发展，实现国家繁荣富强和民族振兴。我们要全面加强务实合作，将政治关系优势、地缘毗邻优势、经济互补优势转化为务实合作优势、持续增长优势，打造互利共赢的利益共同体。

——我们要以更宽的胸襟、更广的视野拓展区域合作，共创新的辉煌。当前，世界经济融合加速发展，区域合作方兴未艾。欧亚地区已经建立起多个区域合作组织。欧亚经济共同体和上海合作组织成员国、观察员国地跨欧亚、南亚、西亚，通过加强上海合作组织同欧亚经济共同体合作，我们可以获得更大发展空间。

女士们、先生们、朋友们！

为了使我们欧亚各国经济联系更加紧密、相互合作更加深入、发展空间更加广阔，我们可以用创新的合作模式，共同建设“丝绸之路经济带”。这是一项造福沿途各国人民的大事业。我们可从以下几个方面先做起来，以点带面，从线到片，逐步形成区域大合作。

第一，加强政策沟通。各国可以就经济发展战略和对策进行充分交流，本着求同存异原则，协商制定推进区域合作的规划和措施，在政策和法律上为区域经济融合“开绿灯”。

第二，加强道路联通。上海合作组织正在协商交通便利化协定。尽快签署并落实这一文件，将打通从太平洋到波罗的海的运输大通道。在此基础上，我们愿同各方积极探讨完善跨境交通基础设施，逐步形成连接东亚、西亚、南亚的交通运输网络，为各国经济发展和人员往来提供便利。

第三，加强贸易畅通。丝绸之路经济带总人口近30亿，市场规模和潜力独一无二。各国在贸易和投资领域合作潜力巨大。各方应该就贸易和投资便利化问题进行探讨并作出适当安排，消除贸易壁垒，降低贸易和投资成本，提高区域经济循环速度和质量，实现互利共赢。

第四，加强货币流通。中国和俄罗斯等国在本币结算方面开展了良好合作，取得了可喜成果，也积累了丰富经验。这一好的做法有必要加以推广。如果各国在经常项下和资本项下实现本币兑换和结算，就可以大大降低流通成本，增强抵御金融风险能力，提高本地区经济国际竞争力。

第五，加强民心相通。国之交在于民相亲。搞好上述领域合作，必须得到各国人民支持，必须加强人民友好往来，增进相互了解和传统友谊，为开展区域合作奠定坚实民意基础和社会基础。

各位老师、各位同学！

青年是民族的未来。哈萨克斯坦伟大诗人、思想家阿拜·库南巴耶夫说过："世界有如海洋，时代有如劲风，前浪如兄长，后浪是兄弟，风拥后浪推前浪，亘古及今皆如此。"看着同学们朝气蓬勃的精神面貌，我不由想起了我的大学时代，那是一个令人难忘的青春记忆。

哈萨克斯坦人民常讲："有知识，世界一片光明；没知识，眼前一片混沌。"知识就是力量。青年时代是学习知识、陶冶情操、增长本领的黄金时期。我相信，从这里走出的莘莘学子，一定能成为哈萨克斯坦民族振兴的栋梁。

为促进上海合作组织框架内青年交流，中国将在未来10年向上海合作组织成员国提供3万个政府奖学金名额，邀请1万名孔子学院师生赴华研修。希望你们利用上述奖学金到中国学习交流。

在此，我邀请贵校200名师生明年赴华参加夏令营活动。

女士们、先生们、朋友们！

青年是人民友谊的生力军。青年人情趣相近、意气相投，最谈得来，最容易结下纯真的友谊。这里，我想起了中哈两国人民交往的两个感人故事。

第一个是，上世纪40年代末，一位在新疆工作的中国小伙儿认识了在当地医院工作的美丽姑娘瓦莲金娜，两人真心相爱并结婚生子。后来，由于一些客观原因，瓦莲金娜回国了，当时他们的儿子才6岁。这个孩子长大后，不断寻找自己的母亲，想尽了各种办法，始终没有音讯。2009年，儿子终于找到了自己的母亲瓦莲金娜，他的母亲就住在阿拉木图。这一年，儿子61岁，瓦莲金娜80岁。后来，儿子来到阿拉木图看望母亲，还把母亲接到中国旅游。这迟到了半个世纪的幸福，是中哈人民友好的有力见证。

第二个是，RH阴性血型在中国属于十分稀有的血型，被称为“熊猫血”。这种血型的病人很难找到血源。哈萨克斯坦留学生鲁斯兰正是这种血型。在海南大学读书期间，鲁斯兰自2009年起参加无偿献血，每年两次，为一些中国病人解除病痛作出了贡献。当中国朋友称赞鲁斯兰时，鲁斯兰说：“我觉得应该帮助别人，献血是我应该做的。”

这两个感人故事，只是中哈两国人民友好交往史诗中的两个片断，但充分说明了我们两国人民是心心相印、亲如手足的。

我相信，包括在座各位同学在内的中哈两国青年，一定会成为中哈友谊的使者，为中哈全面战略伙伴关系发展贡献青春和力量。

女士们、先生们、朋友们！

中哈两国是唇齿相依的友好邻邦。1700多公里的共同边界、两千多年的交往历史、广泛的共同利益，把我们紧密联系在一起，也为发展两国关系和深化互利合作开辟了广阔前景。让我们携起手来，弘扬传统友谊，共创美好未来！

谢谢大家。

携手建设中国－东盟命运共同体[1]

——在印度尼西亚国会的演讲

（2013 年 10 月 3 日，雅加达）

中华人民共和国主席　习近平

尊敬的印尼国会马祖基议长及各位副议长，

尊敬的印尼人协西达尔托主席及各位副主席，

尊敬的印尼地方代表理事会伊尔曼主席及各位副主席，

各位议员朋友，各位部长先生，

女士们，先生们，朋友们：

阿巴嘎坝！大家好！今天，有机会来到印度尼西亚国会，同各位朋友见面，感到十分高兴。

我是应苏西洛总统的邀请，对素有“千岛之国”美称的印度尼西亚进行访问。这是我这次东南亚之行的第一站，是传承友好关系之旅，也是规划合作之旅。

首先，我谨代表中国政府和人民，并以我个人的名义，向在座各位朋友，向兄弟的印度尼西亚人民，致以诚挚的问候和良好的祝愿！

20 年前，我曾访问过贵国，亲身体验了印度尼西亚发展情况以及丰富多彩的自然和文化。20 年弹指一挥间，但那时的场景仿佛就发生在昨天，依然历历在目。再次踏上这片美丽的土地，我更加深切地感受到两国关系的旺盛活力，更加深切地体会到两国人民的深情厚谊。

近年来，在苏西洛总统领导下，印度尼西亚人民团结一心、奋发努力，开创出经济发展、社会稳定、国力蒸蒸日上的良好局面。我衷心祝愿

① 习近平：“携手建设中国—东盟命运共同体”，《人民日报》，2013 年 10 月 4 日，第 2 版。

印度尼西亚人民依靠自己的勤劳和智慧，不断创造更加美好的未来。

女士们、先生们、朋友们！

中国和印度尼西亚隔海相望，两国友好关系的历史源远流长，在长期交往的过程中，两国人民共同谱写了一曲曲交流交融的华彩乐章。正如在中国家喻户晓的印度尼西亚民歌《美丽的梭罗河》所描述的那样："你的源泉来自梭罗，万重山送你一路前往，滚滚的波涛流向远方，一直流入海洋"。中国和印尼关系发展，如同美丽的梭罗河一样，越过重重山峦奔流向海，走过了很不平凡的历程。

早在2000多年前的中国汉代，两国人民就克服大海的阻隔，打开了往来的大门。15世纪初，中国明代著名航海家郑和七次远洋航海，每次都到访印尼群岛，足迹遍及爪哇、苏门答腊、加里曼丹等地，留下了两国人民友好交往的历史佳话，许多都传诵至今。

几百年来，遥远浩瀚的大海没有成为两国人民交往的阻碍，反而成为连接两国人民的友好纽带。满载着两国商品和旅客的船队往来其间，互通有无，传递情谊。中国古典名著《红楼梦》对来自爪哇的奇珍异宝有着形象描述，而印度尼西亚国家博物馆则陈列了大量中国古代瓷器，这是两国人民友好交往的生动例证，是对"海内存知己，天涯若比邻"的真实诠释。

在上世纪争取民族独立和解放的历史进程中，两国人民始终相互同情、相互支持。新中国成立后，印度尼西亚是最早同中国建交的国家之一。1955年，中国和印尼两国同其他亚非国家携手合作，在万隆会议上共同倡导了以和平共处、求同存异为核心的万隆精神。万隆精神至今仍是国与国相处的重要准则，为推动建设新型国际关系作出了不可磨灭的历史贡献。中国和印尼两国1990年实现复交、2005年建立战略伙伴关系，两国关系由此进入新的发展时期。

女士们、先生们、朋友们！

这次访问期间，我同苏西洛总统共同宣布将中国和印尼关系提升为全面战略伙伴关系，为的是让两国关系继往开来、全面深入发展。

现在，我们两国互信不断加深，双边关系政治基础更加牢固。两国务实合作领域更加广泛，既有经贸、金融、基础设施、能源资源、制造业等传统领域，还拓展到航天、海上等新兴领域，可谓"上天"、"入海"，给两国人民带来了实实在在的利益。

中国和印尼共同建设的泗水－马都拉大桥，是目前东南亚最长的跨海大桥，即将合作完成的加蒂格迪大坝灌溉面积达 9 万公顷，将给当地民众生产生活带来极大便利。中国和印尼在重大国际和地区事务中的合作不断加强，两国关系越来越具有地区和全球影响，对推动国际政治经济秩序更加公正合理具有积极意义。

这些都堪称新时期中国和印尼友好关系的重要标志。

印度尼西亚人民常讲："金钱易得，朋友难求。"我们两国人民的真挚情谊，就是这种千金难求的宝贵财富。

2004 年 12 月 26 日，平静的印度洋骤然发生 9 级强震，并引发了大规模海啸，印度尼西亚亚齐省遭受重大生命财产损失，世界为之震惊。海啸发生后，中国政府立即启动应急机制，当天就宣布向包括印尼在内的受灾国提供援助，开展了新中国成立以来最大规模的一次对外救援行动。在中国，从工厂到机场，救援物资一路绿灯，一架架飞机满载着中国人民的爱心飞往亚齐等灾区。中国国际救援队是第一支抵达亚齐的国际救援队，他们在短短 13 天里救治了 1 万多名受灾群众。当地群众见到他们，不少人学会了用汉语说："中国，北京，我爱你。"

中国民众也自发以各种方式对印尼灾区人民表达慰问、提供捐助。杭州市有一位老人，自身家境并不富裕，老伴患病长期住院，他本人也刚做完手术，但为了让印尼灾区孩子继续读书，他捐出了辛苦积攒下来的 1000 元人民币。钱虽不多，但充分体现了中国人民对印尼人民的一片深情厚谊。

同样，在中国人民遇到严重自然灾害时，印尼人民也向中国人民伸出了援助之手。2008 年 5 月 12 日，中国汶川发生特大地震，灾区人民急需救援。印尼第一时间向中国人民伸出了援手，派出医疗队赶赴灾区。印尼医疗队抵达灾区后，不顾灾后余震的危险，夜以继日工作，诊治了 260 名灾民，为 844 名居民和 120 名学生提供了义诊。印尼医疗队队员在回国前把身上所有钱物全部捐给了灾区。印尼人民也自发为汶川地震灾区捐款捐物，有的专程来到中国驻印尼大使馆，表达他们的祈愿和祝福。印尼民众的举动让中国人民深受感动。

这样的故事，在两国人民友好交往中数不胜数，充分印证了中国和印尼都有的一句成语，叫“患难与共”。

女士们、先生们、朋友们！

中国和东盟国家山水相连、血脉相亲。今年是中国和东盟建立战略伙伴关系10周年，中国和东盟关系正站在新的历史起点上。

中方高度重视印尼在东盟的地位和影响，愿同印尼和其他东盟国家共同努力，使双方成为兴衰相伴、安危与共、同舟共济的好邻居、好朋友、好伙伴，携手建设更为紧密的中国－东盟命运共同体，为双方和本地区人民带来更多福祉。

为此，我们要着重从以下几个方面作出努力。

第一，坚持讲信修睦。人与人交往在于言而有信，国与国相处讲究诚信为本。中国愿同东盟国家真诚相待、友好相处，不断巩固政治和战略互信。

世界上没有放之四海而皆准的发展模式，也没有一成不变的发展道路。中国和东盟国家人民勇于变革创新，不断开拓进取，探索和开辟顺应时代潮流、符合自身实际的发展道路，为经济社会发展打开了广阔前景。

我们应该尊重彼此自主选择社会制度和发展道路的权利，尊重各自推动经济社会发展、改善人民生活的探索和实践，坚定对对方战略走向的信心，在对方重大关切问题上相互支持，牢牢把握中国－东盟战略合作的大方向。

中国愿同东盟国家商谈缔结睦邻友好合作条约，共同绘就睦邻友好的美好蓝图。中国将一如既往支持东盟发展壮大，支持东盟共同体建设，支持东盟在区域合作中发挥主导作用。

第二，坚持合作共赢。“计利当计天下利。”中国愿在平等互利的基础上，扩大对东盟国家开放，使自身发展更好惠及东盟国家。中国愿提高中国－东盟自由贸易区水平，争取使2020年双方贸易额达到1万亿美元。

中国致力于加强同东盟国家的互联互通建设。中国倡议筹建亚洲基础设施投资银行，愿支持本地区发展中国家包括东盟国家开展基础设施互联互通建设。

东南亚地区自古以来就是“海上丝绸之路”的重要枢纽，中国愿同东盟国家加强海上合作，使用好中国政府设立的中国－东盟海上合作基金，发展好海洋合作伙伴关系，共同建设21世纪“海上丝绸之路”。中国愿通过扩大同东盟国家各领域务实合作，互通有无、优势互补，同东盟国家共享机遇、共迎挑战，实现共同发展、共同繁荣。

第三，坚持守望相助。中国和东盟国家唇齿相依，肩负着共同维护地区和平稳定的责任。历史上，中国和东盟国家人民在掌握民族命运的斗争中曾经并肩战斗、风雨同舟。近年来，从应对亚洲金融危机到应对国际金融危机，从抗击印度洋海啸到抗击中国汶川特大地震灾害，我们各国人民肩并着肩、手挽着手，形成了强大合力。

我们应该摒弃冷战思维，积极倡导综合安全、共同安全、合作安全的新理念，共同维护本地区和平稳定。我们应该深化在防灾救灾、网络安全、打击跨国犯罪、联合执法等方面的合作，为本地区人民营造更加和平、更加安宁、更加温馨的地区家园。

中国愿同东盟国家进一步完善中国－东盟防长会议机制，就地区安全问题定期举行对话。

对中国和一些东南亚国家在领土主权和海洋权益方面存在的分歧和争议，双方要始终坚持以和平方式，通过平等对话和友好协商妥善处理，维护双方关系和地区稳定大局。

第四，坚持心心相印。“合抱之木，生于毫末；九层之台，起于累土”。保持中国－东盟友谊之树长青，必须夯实双方关系的社会土壤。去年，中国和东盟国家人员往来达1500万人次，每周有1000多个航班往返于中国和东盟国家之间。交往多了，感情深了，心与心才能贴得更近。

我们要促进青年、智库、议会、非政府组织、社会团体等的友好交流，为中国－东盟关系发展提供更多智力支撑，增进人民了解和友谊。中国愿向东盟派出更多志愿者，支持东盟国家文化、教育、卫生、医疗等领域事业发展。中国倡议将2014年确定为中国－东盟文化交流年。今后3到5年，中国将向东盟国家提供1.5万个政府奖学金名额。

第五，坚持开放包容。“海纳百川，有容乃大。”在漫长历史进程中，中国和东盟国家人民创造了丰富多彩、享誉世界的辉煌文明。这里是充满多样性的区域，各种文明在相互影响中融合演进，为中国和东盟国家人民相互学习、相互借鉴、相互促进提供了重要文化基础。

我们要积极借鉴其他地区发展经验，欢迎域外国家为本地区发展稳定发挥建设性作用。同时，域外国家也应该尊重本地区的多样性，多做有利于本地区发展稳定的事情。中国－东盟命运共同体和东盟共同体、东亚共同体息息相关，应发挥各自优势，实现多元共生、包容共进，共同造福于本地区人民和世界各国人民。

一个更加紧密的中国－东盟命运共同体，符合求和平、谋发展、促合作、图共赢的时代潮流，符合亚洲和世界各国人民共同利益，具有广阔发展空间和巨大发展潜力。

女士们、先生们、朋友们！

新中国成立60多年来特别是改革开放30多年来，中国走出了一条成功的发展道路，取得了举世瞩目的发展成就。中国对未来发展作出了战略部署，明确了奋斗目标，即到2020年实现国内生产总值和城乡居民人均收入比2010年翻一番，全面建成小康社会；到本世纪中叶建成富强民主文明和谐的社会主义现代化国家，实现中华民族伟大复兴。这是中华民族和中国人民的百年夙愿，也是中国为人类作出更大贡献的必要条件。

“功崇惟志，业广惟勤。”我们有信心、有条件、有能力实现我们的奋斗目标。同时，我们也清醒地认识到，中国仍是世界上最大的发展中国家，我们在前进道路上仍然面临不少困难和挑战，要使全体中国人民都过上美好生活，需要付出长期不懈的努力。我们将坚持改革开放不动摇，坚持走中国特色社会主义道路，集中精力把自己的事情办好，不断推进现代化建设，不断提高人民生活水平。

中国的发展离不开世界，世界的发展也需要中国。中国将坚定不移走和平发展道路，坚定不移奉行独立自主的和平外交政策，坚定不移奉行互利共赢的开放战略。中国的发展，是世界和平力量的壮大，是传递友谊的正能量，为亚洲和世界带来的是发展机遇而不是威胁。中国愿继续同东盟、同亚洲、同世界分享经济社会发展的机遇。

女士们、先生们、朋友们！

当前，中国人民正致力于实现中华民族伟大复兴的中国梦，印尼人民也在积极推进经济发展总体规划、谋求民族崛起。为实现我们各自的梦想，双方更需要相互理解、相互支持、携手合作，更需要两国有识之士参与其中，脚踏实地去耕耘、去努力。

说到这里，我想起了苏西洛总统创作的一首歌，名字叫《宁静》。那是2006年10月，苏西洛总统来到中国广西出席中国－东盟建立对话关系

15 周年纪念峰会。会议间隙，他在漓江上产生了创作灵感，提笔写下了一首优美的歌词："快乐的日子，在生命中不断循环，我与伙伴，共同度过那美好时光。"苏西洛总统在中国的山水之间触景生情，想起自己的童年、自己的家乡，说明我们两国人民是心相通、情相近的。

国之交在于民相亲。正是有了这样一个个友好使者，架起了一座座友谊桥梁，打开了一扇扇心灵之窗，我们两国人民友谊才得以穿过历史长河、跨越浩瀚大海，历久弥坚，历久弥新。

青年最富有朝气、最富有梦想，青年兴则国家兴，青年强则国家强。青年代表着两国交往的未来和希望。我和苏西洛总统一致同意，两国将扩大并深化人文交流，今后 5 年，双方将每年互派 100 名青年访问对方国家，中国将向印尼提供 1000 个奖学金名额。

我相信，随着越来越多的青年人投身到中国和印尼友好的大潮当中，两国友好交往事业一定会薪火相传、兴旺发达。

女士们、先生们、朋友们!

中国和印尼两国有 16 亿人口，只要我们两国人民手拉手、心连心，就将汇聚起世界四分之一人口的巨大力量，就可以创造人类发展史上新的奇迹。中国人民和印尼人民要携手努力，共同谱写两国关系发展的崭新篇章，开创中国 - 东盟命运共同体的美好未来，共同为世界和平与发展的崇高事业作出更大贡献。

德里马嘎西!（谢谢!）

让命运共同体意识在周边国家落地生根[①]

——在周边外交工作座谈会上的讲话

（2013 年 10 月 24 日，北京）

中华人民共和国主席　习近平

周边外交工作座谈会 10 月 24—25 日在北京召开，这是党中央为做好新形势下周边外交工作召开的一次重要会议。中共中央总书记、国家主席、中央军委主席习近平在会上发表重要讲话。他强调，做好周边外交工作，是实现“两个一百年”奋斗目标、实现中华民族伟大复兴的中国梦的需要，要更加奋发有为地推进周边外交，为我国发展争取良好的周边环境，使我国发展更多惠及周边国家，实现共同发展。

中共中央政治局常委、国务院总理李克强主持会议。中共中央政治局常委张德江、俞正声、刘云山、王岐山、张高丽出席会议。

这次会议的主要任务是，总结经验、研判形势、统一思想、开拓未来，确定今后 5 年至 10 年周边外交工作的战略目标、基本方针、总体布局，明确解决周边外交面临的重大问题的工作思路和实施方案。

习近平指出，新中国成立后，以毛泽东同志为核心的党的第一代中央领导集体，以邓小平同志为核心的党的第二代中央领导集体，以江泽民同志为核心的党的第三代中央领导集体，以胡锦涛同志为总书记的党中央，都高度重视周边外交，提出了一系列重要战略思想和方针政策，开创和发展了我国总体有利的周边环境，为我们继续做好周边外交工作打下了坚实

① 习近平：“让命运共同体意识在周边国家落地生根”，新华网，2013 年 10 月 25 日，http：//enws. xinhuanet. com/2013 －10/25/c_ 117878944. htm。

基础。党的十八大以来，党中央在保持外交大政方针延续性和稳定性的基础上，积极运筹外交全局，突出周边在我国发展大局和外交全局中的重要作用，开展了一系列重大外交活动。

习近平强调，无论从地理方位、自然环境还是相互关系看，周边对我国都具有极为重要的战略意义。思考周边问题、开展周边外交要有立体、多元、跨越时空的视角。审视我国的周边形势，周边环境发生了很大变化，我国同周边国家的关系发生了很大变化，我国同周边国家的经贸联系更加紧密、互动空前密切。这客观上要求我们的周边外交战略和工作必须与时俱进、更加主动。

习近平强调，我国周边充满生机活力，有明显发展优势和潜力，我国周边环境总体上是稳定的，睦邻友好、互利合作是周边国家对华关系的主流。我们要谋大势、讲战略、重运筹，把周边外交工作做得更好。

习近平指出，我国周边外交的战略目标，就是服从和服务于实现“两个一百年”奋斗目标、实现中华民族伟大复兴，全面发展同周边国家的关系，巩固睦邻友好，深化互利合作，维护和用好我国发展的重要战略机遇期，维护国家主权、安全、发展利益，努力使周边同我国政治关系更加友好、经济纽带更加牢固、安全合作更加深化、人文联系更加紧密。

习近平强调，我国周边外交的基本方针，就是坚持与邻为善、以邻为伴，坚持睦邻、安邻、富邻，突出体现亲、诚、惠、容的理念。发展同周边国家睦邻友好关系是我国周边外交的一贯方针。要坚持睦邻友好，守望相助；讲平等、重感情；常见面，多走动；多做得人心、暖人心的事，使周边国家对我们更友善、更亲近、更认同、更支持，增强亲和力、感召力、影响力。要诚心诚意对待周边国家，争取更多朋友和伙伴。要本着互惠互利的原则同周边国家开展合作，编织更加紧密的共同利益网络，把双方利益融合提升到更高水平，让周边国家得益于我国发展，使我国也从周边国家共同发展中获得裨益和助力。要倡导包容的思想，强调亚太之大容得下大家共同发展，以更加开放的胸襟和更加积极的态度促进地区合作。这些理念，首先我们自己要身体力行，使之成为地区国家遵循和秉持的共同理念和行为准则。

习近平强调，做好新形势下周边外交工作，要从战略高度分析和处理问题，提高驾驭全局、统筹谋划、操作实施能力，全面推进周边外交。要着力维护周边和平稳定大局。走和平发展道路，是我们党根据时代发展潮流和我国根本利益作出的战略抉择，维护周边和平稳定是周边外交的重要目标。

要着力深化互利共赢格局。统筹经济、贸易、科技、金融等方面资源，利用好比较优势，找准深化同周边国家互利合作的战略契合点，积极参与区域经济合作。要同有关国家共同努力，加快基础设施互联互通，建设好丝绸之路经济带、21 世纪海上丝绸之路。要以周边为基础加快实施自由贸易区战略，扩大贸易、投资合作空间，构建区域经济一体化新格局。要不断深化区域金融合作，积极筹建亚洲基础设施投资银行，完善区域金融安全网络。要加快沿边地区开放，深化沿边省区同周边国家的互利合作。

要着力推进区域安全合作。我国同周边国家毗邻而居，开展安全合作是共同需要。要坚持互信、互利、平等、协作的新安全观，倡导全面安全、共同安全、合作安全理念，推进同周边国家的安全合作，主动参与区域和次区域安全合作，深化有关合作机制，增进战略互信。

要着力加强对周边国家的宣传工作、公共外交、民间外交、人文交流，巩固和扩大我国同周边国家关系长远发展的社会和民意基础。关系亲不亲，关键在民心。要全方位推进人文交流，深入开展旅游、科教、地方合作等友好交往，广交朋友，广结善缘。要对外介绍好我国的内外方针政策，讲好中国故事，传播好中国声音，把中国梦同周边各国人民过上美好生活的愿望、同地区发展前景对接起来，让命运共同体意识在周边国家落地生根。

习近平指出，政策和策略是党的生命，也是外交工作的生命。做好外交工作，胸中要装着国内国际两个大局，国内大局就是“两个一百年”奋斗目标，实现中华民族伟大复兴的中国梦；国际大局就是为我国改革发展稳定争取良好外部条件，维护国家主权、安全、发展利益，维护世界和平稳定、促进共同发展。要找到利益的共同点和交汇点，坚持正确义利观，有原则、讲情谊、讲道义，多向发展中国家提供力所能及的帮助。要推进外交工作改革创新，加强外交活动的策划设计，力求取得最大效果。要做好外交工作的统筹兼顾，组织和协调好方方面面，注意发挥各自优势，把外交工作办得更好。

习近平强调，周边外交任务艰巨繁重，从事外交工作的同志们要增强责任感、使命感、紧迫感，牢记宗旨、提高本领、锤炼作风，讲奉献、敢担当、勇创新，更加积极有为地做好周边外交工作。

李克强在主持会议时指出，中央统筹国际国内两个大局和我国外交全局，决定召开这次座谈会，对于我们全面深入贯彻党的十八大精神，进一步巩固对我总体有利向好的周边环境，维护好、利用好我国发展的重要战略机遇期，具有十分重要的意义。习近平总书记的重要讲话总揽全局，思想和内涵丰富，从战略高度强调了做好新形势下周边外交工作的重大意义，对做好新形势下外交工作特别是周边外交工作具有重要指导意义。希望同志们认真学习领会讲话精神，统一认识，结合各自工作实际抓好贯彻落实。

国务委员杨洁篪也在会上讲话。他表示，中央就周边外交工作专门召开座谈会，充分体现了中央对周边外交工作的高度重视。我们要深入学习领会、认真贯彻落实习近平总书记重要讲话精神，准确把握周边外交工作面临的新形势、新目标、新任务，不断增强工作的积极性、主动性、创造性，齐心协力、真抓实干，切实把中央对周边外交工作的大政方针和各项部署落到实处。

在京中共中央政治局委员、中央书记处书记、国务委员、中央外事工作领导小组成员出席会议。外交部长王毅作总结发言。

各省、自治区、直辖市和新疆生产建设兵团、中央党政军群有关部门、有关金融机构和国有重要骨干企业的负责同志，驻有关国家使节、部分常驻国际和地区组织代表和外交部驻香港、澳门公署特派员、部分专门事务大使、特使和代表参加会议。

在联合国教科文组织总部的演讲[①]

（2014 年 3 月 27 日，巴黎）

中华人民共和国主席　习近平

尊敬的博科娃总干事，

女士们、先生们、朋友们：

大家好！有机会来到联合国教科文组织总部，感到十分高兴。首先，我谨对博科娃女士再次当选教科文组织总干事，表示衷心的祝贺！对教科文组织为推动人类文明交流互鉴作出的卓越贡献，表示诚挚的敬意！

教科文组织诞生于 69 年前，那时世界反法西斯战争硝烟刚刚散去。面对战争给人类带来的惨烈后果，人类又一次反思战争与和平的真谛。千百年来，人类教梦想着持久和平，但战争始终像一个幽灵一样伴随着人类发展历程。此时此刻，世界上很多孩子正生活在战乱的惊恐之中。我们必须作出努力，让战争远离人类，让全世界的孩子们都在和平的阳光下幸福成长。

在教科文组织总部大楼前的石碑上，用多种语言镌刻着这样一句话："战争起源于人之思想，故务需于人之思想中筑起保卫和平之屏障。"

只要世界人民在心灵中坚定了和平理念、扬起了和平风帆，就能形成防止和反对战争的强大力量。人们希望通过文明交流、平等教育、普及科学，消除隔阂、偏见、仇视，播撒和平理念的种子。这就是教科文组织成立的初衷。

这样一种期待，这样一种憧憬，是我们今天依然要坚守的。不仅要坚守，而且要通过跨国界、跨时空、跨文明的教育、科技、文化活动，让和

---

① 习近平在联合国教科文组织总部的演讲，《人民日报》，2014 年 3 月 28 日，第 3 版。

平理念的种子在世界人民心中生根发芽，让我们共同生活的这个星球生长出一片又一片和平的森林。

自1945年成立以来，教科文组织忠实履行使命，在增进世界人民相互了解和信任、推动不同文明交流互鉴方面进行了不懈努力。中国高度重视同科教文组织的合作，愿意加大参与教科文组织的各项活动。为体现对非洲的支持和帮助，我们决定把通过教科文组织向包括非洲国家在内的发展中国家提供的长城奖学金名额由每年25人扩大为75人，我们还将同教科文组织一道把援助非洲信托基金的活动继续开展下去。

女士们、先生们、朋友们!

文明因交流而多彩，文明因互鉴而丰富。文明交流互鉴，是推动人类文明进步和世界和平发展的重要动力。

推动文明交流互鉴，需要秉持正确的态度和原则。我认为，最重要的是坚持以下几点。

第一，文明是多彩的，人类文明因多样才有交流互鉴的价值。阳光有七种颜色，世界也是多彩的。一个国家和民族的文明是一个国家和民族的集体记忆。人类在漫长的历史长河中，创造和发展了多姿多彩的文明。从茹毛饮血到田园农耕，从工业革命到信息社会，构成了波澜壮阔的文明图谱，书写了激荡人心的文明华章。

“一花独放不是春，百花齐放春满园。”如果世界上只有一种花朵，就算这种花朵再美，那也是单调的。不论是中华文明，还是世界上存在的其他文明，都是人类文明创造的成果。

我参观过法国卢浮宫，也参观过中国故宫博物院，它们珍藏着千万件艺术珍品，吸引人们眼球的正是其展现的多样文明成果。文明交流互鉴不应该以独尊某一种文明或者贬损某一种文明为前提。中国人在2000多年前就认识到了“物之不齐，物之情也”的道理。推动文明交流互鉴，可以丰富人类文明的色彩，让各国人民享受更富内涵的精神生活、开创更有选择的未来。

第二，文明是平等的，人类文明因平等才有交流互鉴的前提。各种人类文明在价值上是平等的，都各有千秋，也各有不足。世界上不存在十全十美的文明，也不存在一无是处的文明，文明没有高低、优劣之分。

我访问过世界上许多地方，最喜欢做的一件事情就是了解五大洲的不同文明，了解这些文明与其他文明的不同之处、独到之处，了解在这些文明中生活的人们的世界观、人生观、价值观。我到过代表古玛雅文明的奇琴伊察，也到过带有浓厚伊斯兰文明色彩的中亚古城撒马尔罕。我深深感到，要了解各种文明的真谛，必须秉持平等、谦虚的态度。如果居高临下对待一种文明，不仅不能参透这种文明的奥妙，而且会与之格格不入。历史和现实都表明，傲慢和偏见是文明交流互鉴的最大障碍。

第三，文明是包容的，人类文明因包容才有交流互鉴的动力。海纳百川，有容乃大。人类创造的各种文明都是劳动和智慧的结晶。每一种文明都是独特的。在文明问题上，生搬硬套、削足适履不仅是不可能的，而且是十分有害的。一切文明成果都值得尊重，一切文明成果都要珍惜。

历史告诉我们，只有交流互鉴，一种文明才能充满生命力。只要秉持包容精神，就不存在什么“文明冲突”，就可以实现文明和谐。这就是中国人常说的：“萝卜青菜，各有所爱。”

中华文明经历了5000多年的历史变迁，但始终一脉相承，积淀着中华民族最深层的精神追求，代表着中华民族独特的精神标识，为中华民族生生不息、发展壮大提供了丰厚滋养。中华文明是在中国大地上产生的文明，也是同其他文明不断交流互鉴而形成的文明。

公元前100多年，中国就开始开辟通往西域的丝绸之路。汉代张骞于公元前138年和119年两次出使西域，向西域传播了中华文化，也引进了葡萄、苜蓿、石榴、胡麻、芝麻等西域文化成果。西汉时期，中国的船队就到达了印度和斯里兰卡，用中国的丝绸换取了琉璃、珍珠等物品。中国唐代是中国历史上对外交流的活跃期。据史料记载，唐代中国通使交好的国家多达70多个，那时候的首都长安里来自各国的使臣、商人、留学生云集成群。这个大交流促进了中华文化远播世界，也促进了各国文化和物产传入中国。15世纪初，中国明代著名航海家郑和七次远洋航海，到了东南亚很多国家，一直抵达非洲东海岸的肯尼亚，留下了中国同沿途各国人民友好交往的佳话。明末清初，中国人积极学习现代科技知识，欧洲的天文学、医学、数学、几何学、地理学知识纷纷传入中国，开阔中国人的知识视野。之后，中外文明交流互鉴更是频繁展开，这其中有冲突、矛盾、疑惑、拒绝，但更多是学习、消化、融合、创新。

佛教产生于古代印度，但传入中国后，经过长期演化，佛教同中国儒家文化和道家文化融合发展，最终形成了具有中国特色的佛教文化，给中国人的宗教信仰、哲学观念、文学艺术、礼仪习俗等留下了深刻影响。中国唐代玄奘西行取经，历尽磨难，体现的是中国人学习域外文化的坚韧精神。根据他的故事演绎的神话小说《西游记》，我想大家都知道。中国人根据中华文化发展了佛教思想，形成了独特的佛教理论，而且使佛教从中国传播到了日本、韩国、东南亚等地。

2000 多年来，佛教、伊斯兰教、基督教等先后传入中国，中国音乐、绘画、文学等也不断吸纳外来文明的优长。中国传统画法同西方油画融合创新，形成了独具魅力的中国写意油画，徐悲鸿等大师的作品受到广泛赞赏。中国的造纸术、火药、印刷术、指南针四大发明带动了世界变革，推动了欧洲文艺复兴。中国哲学、文学、医药、丝绸、瓷器、茶叶等传入西方，渗入西方民众日常生活之中。《马可·波罗游记》令无数人对中国心向往之。

大家都知道，中国有秦俑，人们称之为“地下的军团”。法国总统希拉克参观之后说：“不看金字塔，不算真正到过埃及。不看秦俑，不算真正到过中国。”1987 年，这一尘封了 2000 多年的中华文化珍品被列入世界文化遗产。中国还有大量文明成果被教科文组织列入世界文化遗产、世界非物质文化遗产、世界记忆遗产名录。这里，我要对教科文组织为保存和传播中华文明作出的贡献，表示衷心的感谢！

女士们、先生们、朋友们！

当今世界，人类生活在不同文化、种族、肤色、宗教和不同社会制度所组成的世界里，各国人民形成了你中有我、我中有你的命运共同体。

中国人早就懂得了“和而不同”的道理。生活在 2500 年前的中国史学家左丘明在《左传》中记录了齐国上大夫晏子关于“和”的一段话：“和如羹焉，水、火、醯、醢、盐、梅，以烹鱼肉。”“声亦如味，一气，二体，三类，四物，五声，六律，七音，八风，九歌，以相成也。”“若以水济水，谁能食之？若琴瑟之专壹，谁能听之？”

世界上有 200 多个国家和地区，2500 多个民族和多种宗教。如果只有一种生活方式，只有一种语言，只有一种音乐，只有一种服饰，那是不可想象的。

雨果说，世界上最宽阔的是海洋，比海洋更宽阔的是天空，比天空更宽阔的是人的胸怀。对待不同文明，我们需要比天空更宽阔的胸怀。文明如水，润物无声。我们应该推动不同文明相互尊重、和谐共处，让文明交流互鉴成为增进各国人民友谊的桥梁、推动人类社会进步的动力、维护世界和平的纽带。我们应该从不同文明中寻求智慧、汲取营养，为人们提供精神支撑和心灵慰藉，携手解决人类共同面临的各种挑战。

1987年，在中国陕西的法门寺，地宫中出土了20件美轮美奂的琉璃器，这是唐代传入中国的东罗马和伊斯兰的琉璃器。我在欣赏这些域外文物时，一直在思考一个问题，就是对待不同文明，不能只满足于欣赏它们产生的精美物件，更应该去领略其中包含的人文精神；不能只满足于领略它们对以往人们生活的艺术表现，更应该让其中蕴藏的精神鲜活起来。

女士们、先生们、朋友们！

拿破仑曾经说过，世上有两种力量：利剑和思想；从长而论，利剑总是败在思想手下。我们要积极发展教育事业，通过普及教育，启迪心智，传承知识，陶冶情操，使人们在持续的格物致知中更好认识各种文明的价值，让教育为文明传承和创造服务。我们要大力发展科技事业，通过科技进步和创新，认识自我，认识世界，改造社会，使人们在持续的天工开物中更好掌握科技知识和技能，让科技为人类造福。我们要大力推动文化事业发展，通过文化交流，沟通心灵，开阔眼界，增进共识，让人们在持续的以文化人中提升素养，让文化为人类进步助力。

女士们、先生们、朋友们！

中国人民正在为实现中华民族伟大复兴的中国梦而奋斗。实现中华民族伟大复兴的中国梦，就是要实现国家富强、民族振兴、人民幸福，既深深体现了今天中国人的理想，也深深反映了中国人自古以来不懈追求进步的光荣传统。

实现中国梦，是物质文明和精神文明均衡发展、相互促进的结果。没有文明的继承和发展，没有文化的弘扬和繁荣，就没有中国梦的实现。中华民族的先人们早就向往人们的物质生活充实无忧、道德境界充分升华的大同世界。中华文明历来把人的精神生活纳入人生和社会理想之中。所以，实现中国梦，是物质文明和精神文明比翼双飞的发展过程。随着中国经济社会不断发展，中华文明也必将顺应时代发展焕发出更加蓬勃的生命力。

每一种文明都延续着一个国家和民族的精神血脉，既需要薪火相传、代代守护，更需要与时俱进、勇于创新。中国人民在实现中国梦的进程中，将按照时代的新进步，推动中华文明创造性转化和创新性发展，激活其生命力，把跨越时空、超越国度、富有永恒魅力、具有当代价值的文化精神弘扬起来，让收藏在博物馆里的文物、陈列在广阔大地上的遗产、书写在古籍里的文字都活起来，让中华文明同世界各国人民创造的丰富多彩的文明一道，为人类提供正确的精神指引和强大的精神动力。

女士们、先生们、朋友们！

“等闲识得东风面，万紫千红总是春。”明年是教科文组织成立70周年，我相信，在博科娃总干事领导下，教科文组织一定能为推动人类文明交流互鉴、促进世界和平谱写新的篇章。

谢谢大家。

弘扬丝路精神　深化中阿合作[①]

——在中阿合作论坛第六届部长级会议开幕式上的讲话

（2014 年 6 月 5 日，北京）

中华人民共和国主席　习近平

尊敬的贾比尔首相殿下，

阿盟秘书长阿拉比先生，各位代表团团长，

女士们，先生们，朋友们：

萨拉姆—阿莱孔！大家好！今天，有机会同阿拉伯朋友欢聚一堂，共商中阿合作论坛建设和中阿关系发展大计，感到十分高兴。首先，我谨代表中国政府和中国人民，并以我个人的名义，向与会各位嘉宾，表示热烈欢迎！向中阿合作论坛第六届部长级会议的召开，表示衷心祝贺！

同阿拉伯朋友见面，总有一见如故的感觉。这种亲近感缘于我们对待彼此的热情和真诚，也是缘于中阿两个民族的长期交往。

回顾中阿人民交往历史，我们就会想起陆上丝绸之路和海上香料之路。我们的祖先在大漠戈壁上"驰命走驿，不绝于时月"，在汪洋大海中"云帆高张，昼夜星驰"，走在了古代世界各民族友好交往的前列。甘英、郑和、伊本·白图泰是我们熟悉的中阿交流友好使者。丝绸之路把中国的造纸术、火药、印刷术、指南针经阿拉伯地区传播到欧洲，又把阿拉伯的天文、历法、医药介绍到中国，在文明交流互鉴史上写下了重要篇章。

千百年来，丝绸之路承载的和平合作、开放包容、互学互鉴、互利共赢精神薪火相传。中阿人民在维护民族尊严、捍卫国家主权的斗争中相互支持，在探索发展道路、实现民族振兴的道路上相互帮助，在深化人文交

---

① 习近平："弘扬丝路精神　深化中阿合作"，新华社北京 2014 年 6 月 5 日电，《人民日报》，2014 年 6 月 6 日，第 2 版。

流、繁荣民族文化的事业中相互借鉴。

我们不会忘记，60 年前的万隆会议上，中国向尚未建交的阿拉伯国家承诺支持巴勒斯坦人民的斗争；40 多年前，13 个阿拉伯国家和非洲朋友一道，投票赞成新中国恢复联合国席位。我们不会忘记，近万名中国医生奔走在阿拉伯国家田野乡间，救死扶伤；而在四川汶川特大地震灾害发生后，最慷慨的援助来自阿拉伯兄弟。

女士们、先生们、朋友们！

未来 10 年，对中阿双方都是发展的关键时期。中国已经进入全面建成小康社会的决定性阶段。实现这个目标是实现中华民族伟大复兴中国梦的关键一步。我们为此作出全面深化改革的总体部署，着力点之一就是以更完善、更具活力的开放型经济体系，全方位、多层次发展国际合作，扩大同各国各地区的利益汇合、互利共赢。中东正在经历前所未有的大变动大调整，阿拉伯国家正在自主探索变革。实现民族振兴的共同使命和挑战，需要我们弘扬丝绸之路精神，为发展增动力，为合作添活力，不断深化全面合作、共同发展的中阿战略合作关系。

——弘扬丝路精神，就是要促进文明互鉴。人类文明没有高低优劣之分，因为平等交流而变得丰富多彩，正所谓“五色交辉，相得益彰；八音合奏，终和且平”。中阿双方坚持以开放包容心态看待对方，用对话交流代替冲突对抗，创造了不同社会制度、不同信仰、不同文化传统的国家和谐相处的典范。中国将继续毫不动摇支持阿拉伯国家维护民族文化传统，反对一切针对特定民族和宗教的歧视和偏见。我们应该一道努力，倡导文明宽容，防止极端势力和思想在不同文明之间制造断层线。

——弘扬丝路精神，就是要尊重道路选择。“履不必同，期于适足；治不必同，期于利民。”一个国家发展道路合不合适，只有这个国家的人民才最有发言权。正像我们不能要求所有花朵都变成紫罗兰这一种花，我们也不能要求有着不同文化传统、历史遭遇、现实国情的国家都采用同一种发展模式。否则，这个世界就太单调了。阿拉伯国家正在自主探索发展道路。我们愿意同阿拉伯朋友分享治国理政经验，从各自古老文明和发展实践中汲取智慧。

——弘扬丝路精神，就是要坚持合作共赢。中国追求的是共同发展。我们既要让自己过得好，也要让别人过得好。未来 5 年，中国将进口超过

10 万亿美元的商品，对外直接投资将超过 5000 亿美元。2013 年，中国从阿拉伯国家进口商品 1400 亿美元，只占今后每年 2 万亿美元进口商品总额的 7%，对阿拉伯国家直接投资 22 亿美元，只占今后每年 1000 亿美元对外直接投资总额的 2.2%。差距也是潜力，更是机遇。中国愿意把自身发展同阿拉伯国家发展对接起来，为阿拉伯国家扩大就业、推进工业化、推动经济发展提供支持。

——弘扬丝路精神，就是要倡导对话和平。中国坚定支持中东和平进程，支持建立以 1967 年边界为基础、以东耶路撒冷为首都、享有完全主权的独立的巴勒斯坦国。希望有关各方采取切实措施，消除和谈障碍，尽快打破和谈僵局。中国尊重叙利亚人民合理诉求，支持尽快落实日内瓦公报，开启包容性政治过渡，实现叙利亚问题政治解决。中国高度关注叙利亚人道主义状况，为缓解人道灾难，将向在约旦、黎巴嫩等国的叙利亚难民提供新一批人道主义援助。中国支持建立中东无核武器区，反对任何改变中东政治版图的企图。中国将以建设性姿态参与地区事务，主持公道、伸张正义，同阿拉伯国家一道，推动通过对话找到各方关切的最大公约数，为妥善解决地区热点问题提供更多公共产品。

女士们、先生们、朋友们！

"一带一路"是互利共赢之路，将带动各国经济更加紧密结合起来，推动各国基础设施建设和体制机制创新，创造新的经济和就业增长点，增强各国经济内生动力和抗风险能力。

中国同阿拉伯国家因为丝绸之路相知相交，我们是共建"一带一路"的天然合作伙伴。

——中阿共建"一带一路"，应该坚持共商、共建、共享原则。共商，就是集思广益，好事大家商量着办，使"一带一路"建设兼顾双方利益和关切，体现双方智慧和创意。共建，就是各施所长，各尽所能，把双方优势和潜能充分发挥出来，聚沙成塔，积水成渊，持之以恒加以推进。共享，就是让建设成果更多更公平惠及中阿人民，打造中阿利益共同体和命运共同体。

——中阿共建"一带一路"，既要登高望远、也要脚踏实地。登高望远，就是要做好顶层设计，规划好方向和目标，构建"1 + 2 + 3"合作格局。"1"是以能源合作为主轴，深化油气领域全产业链合作，维护能源运输通道安全，构建互惠互利、安全可靠、长期友好的中阿能源战略合作关系。“2”是以基础设施建设、贸易和投资便利化为两翼，加强中阿在重大发展项目、标志性民生项目上的合作，为促进双边贸易和投资建立相关制度性安排。中方将鼓励中国企业自阿方进口更多非石油产品，优化贸易结构，争取中阿贸易额从去年的 2400 亿美元在未来 10 年增至 6000 亿美元。中方将鼓励中国企业投资阿拉伯国家能源、石化、农业、制造业、服务业等领域，争取中国对阿非金融类投资存量从去年的 100 亿美元在未来 10 年增至 600 亿美元以上。“3”是以核能、航天卫星、新能源三大高新领域为突破口，努力提升中阿务实合作层次。双方可以探讨设立中阿技术转移中心，共建阿拉伯和平利用核能培训中心，研究中国北斗卫星导航系统落地阿拉伯项目。

脚踏实地，就是要争取早期收获。阿拉伯谚语说：“被行动证明的语言是最有力的语言。”只要中阿双方有共识、有基础的项目，如中国—海湾阿拉伯国家合作委员会自由贸易区、中国—阿联酋共同投资基金、阿拉伯国家参与亚洲基础设施投资银行筹建等，都应该加快协商和推进，争取成熟一项实现一项。“一带一路”建设越早取得实实在在的成果，就越能调动各方面积极性，发挥引领和示范效应。

——中阿共建“一带一路”，应该依托并增进中阿传统友谊。民心相通是“一带一路”建设的重要内容，也是关键基础。我在这里宣布，中阿双方决定把 2014 年和 2015 年定为中阿友好年，并在这一框架内举办一系列友好交流活动。我们也愿意同阿方扩大互办艺术节等文化交流活动规模，鼓励更多青年学生赴对方国家留学或交流，加强旅游、航空、新闻出版等领域合作。今后 3 年，我们将为阿拉伯国家再培训 6000 名各类人才，同阿方分享发展、减贫等方面经验，交流中方的先进适用技术。未来 10 年，我们将组织 10000 名中阿艺术家互访交流，推动并支持 200 家中阿文化机构开展对口合作，邀请并支持 500 名阿拉伯文化艺术人才来华研修。

女士们、先生们、朋友们！

成立中阿合作论坛，是我们着眼中阿关系长远发展作出的战略抉择。经过 10 年发展，论坛已经成为丰富中阿关系战略内涵、推进中阿务实合作的有效抓手。共建“一带一路”是论坛发展的新机遇新起点。抓住这个机遇，才能确保现在的发展不停步，将来的发展可持续。站在这个新起点上，才能获得更大发展空间，才能激发更为持久的发展动力。一言以蔽之，论坛建设要走在实处，当好支点。

——我们要依托论坛支点，加强政策沟通。我们应该彼此坦诚相待，不惧怕分歧、不回避问题，就各自外交政策和发展战略进行充分交流，增进政治互信，促进战略对接，为中阿合作提供政策助力。

——我们要依托论坛支点，深化务实合作。中阿发展禀赋互补性强，我们要充分用好资源共享的潜力和取长补短的空间，用最明白的语言对话，用最贴心的方式合作。集体合作不追求轰动一时，而更看重打基础、谋长远的举措。

——我们要依托论坛支点，不断开拓创新。论坛的生命力在于创新。我们双方要运用新思路、推出新举措、创建新机制，努力破解务实合作遇到的各种难题，以改革创新精神打破现实瓶颈、释放合作潜能。

女士们、先生们、朋友们！

中阿关系的快速发展，也把双方普通人的命运更加紧密地联结在一起。在我曾经工作过的浙江，就有这样一个故事。在阿拉伯商人云集的义乌市，一位名叫穆罕奈德的约旦商人开了一家地道的阿拉伯餐馆。他把原汁原味的阿拉伯饮食文化带到了义乌，也在义乌的繁荣兴旺中收获了事业成功，最终同中国姑娘喜结连理，把根扎在了中国。一个普通阿拉伯青年人，把自己的人生梦想融入中国百姓追求幸福的中国梦中，执着奋斗，演绎了出彩人生，也诠释了中国梦和阿拉伯梦的完美结合。

中华民族和阿拉伯民族创造了灿烂辉煌的文明，近代以来又都在时代变迁中经历过曲折，实现民族复兴始终是我们双方的追求。让我们携起手来，弘扬丝路精神，深化中阿合作，为中国梦和阿拉伯振兴而努力！为人类和平与发展的崇高事业而奋斗！

舒克拉！谢谢！

相关民调报告节录

中国国家形象全球调查报告 2012（节录）

报告研发机构：察哈尔学会、中国外文局对外传播研究中心、华通明略

报告发布机构：北京外国语大学跨文化研究中心

发布时间：2012 年 12 月

一、海外民众对中国的了解程度较高，70% 以上的海外受访者表示对中国有所了解。电视、互联网和报纸杂志是海外民众了解中国最主要的途径。

在发展中国家，这一比例达到 90% 左右。印度和马来西亚民众对中国的了解程度最高，分别有 92% 和 93% 的受访者表示他们对中国有所了解；其次是南非，87% 的受访者表示至少对中国有一些了解；另外，表示对中国有所了解的受访者在美国和澳大利亚也在 70% 以上；相对来讲，在调查覆盖的 6 个海外国家中，英国民众对中国的了解程度最低，对中国有所了解的比例为 60%。

超过 60% 的海外受访者通过电视了解中国。互联网也是海外民众了解中国的主要渠道之一，在各个国家都有超过半数的受访者借助互联网了解中国。超过 40% 的海外民众通过报纸杂志了解中国。

二、海外民众眼中的中国是神秘而有魅力的。不同国家对中国崛起的态度有所不同：发展中国家民众更认可中国“和平”“中立”的外交立场。海外民众对中国的经济影响力感触较深。

超过三分之一的海外受访者表示在他们的印象中中国是一个很“有魅力的”国家。尽管超过70%的海外受访者表示对中国有所了解，整体来讲，海外民众对中国的印象依然是神秘多于熟悉。在3个发达国家美国、英国和澳大利亚，都有超过三成的受访者表示中国给他们的感觉是“神秘的”。

在外交形象方面，中国“和平”“中立”的形象在发展中国家民众中的接受度更高。在印度和马来西亚，超过半数的受访者表示认同“中国的崛起不会影响世界和平”的说法。相对来讲，在3个发达国家，尽管也有超过三成的受访者表示认同“中国在近期的国际争端中保持了和平的立场”的事实，但他们对中国在未来世界和平中的影响和作用仍持相对审慎和观望的态度。

受中国经济发展的影响，海外民众对中国“试图获取过多的经济实力”的说法认同度普遍较高，尤其是在印度，超过70%的印度受访者认为如此；其次是美国，近60%的受访者表示这符合他们对中国的印象；其余四个国家受访者对这一说法的认可度低于印度和美国，在40%—50%之间。

三、在海外民众的印象中，“幸福”“温顺”“理性”“神秘”是中国国民的主要特征，认为中国人“有个性”“冲动”的比例相对较低。海外民众对中国普通民众的生活较感兴趣。

超过三成的海外受访者认为中国人是“幸福的”，同时有10%—20%的海外受访者认为中国人是“不幸的”，其余受访者对中国人“是否幸福”持中立态度。印度和南非受访者认为中国人“幸福”的比例最高：在这两个国家的受访者中，都有超过50%的受访者同意用“幸福”来形容中国人。“温顺”也是中国人的一个主要特征，除马来西亚外，在其余五个国家，认为中国人“温顺”的比例都在50%左右。“理性”是中国人的另外一个重要特征。在各国受访者中，对此表示认同的比例都在三成以上，在印度和南非这一比例接近50%。与中国人“温顺”“理性”的形象相对应，只有不到两成的海外民众认为中国人是“冲动的”“有个性的”。

整体来看，海外民众对中国人的熟悉度依然较低，在各国都有30%—40%左右的受访者表示对他们来说中国人依然是“神秘的”。同时，海外受访者也表现出对中国普通民众的浓厚兴趣，在问及对中国最感兴趣的事物时，半数受访者选择了“普通人的生活”，这一比例与他们对中国的风景名胜、传统文化和历史的兴趣不相上下，且远高于他们对中国“经济发展状况”和“政治体制”的兴趣。

四、中国国家形象宣传片有效地展现了“人才众多、快速发展、自信”的现代中国的形象。受访者希望更多了解片中的相关信息。

在纽约时报广场播放的中国国家形象宣传片是我国在国家层面进行对外形象传播的首次尝试。旨在塑造和提升中国繁荣发展、民主进步、文明开放、和平和谐的国家形象。从海外受访者的反馈看，这些信息在宣传片中得到了较为有效的传达：超过30%的受访者表示该宣传片给他们留下了“中国有很多人才”“中国发展得很好”“中国人很自信”的印象；超过80%的海外受访者表示能很好地记住这是关于中国的宣传片。

但是海外受众对片中人物的熟悉度整体较低，多数受访者表示只认识其中少数几个人。在访问中，这些受访者也表示有兴趣对宣传片中的人物做更多了解，希望能有更多的渠道辅助了解有关片中人物的信息。因此在类似传播中，可以考虑多媒体渠道相互配合的传播方式，在线下、网络等渠道同步对宣传片中出现的相关人物、行业进行一些深度传播。

五、中国品牌在海外已经建立起一定的知名度。超过半数的海外消费者可以接受中国品牌。电脑和IT产品、家电、零售商、服饰和游戏机是中国品牌接受度最高的5个品类。

总体来看，中国品牌在海外市场已经建立起一定的知名度。在我们出示给海外受访者的18个中国品牌中，熟悉度相对较高的中国品牌有联想、海尔、中国国际航空、华为等。在印度和马来西亚，表示对联想和海尔“非常/比较熟悉”的受访者达到80%—90%。联想是海外消费者最为熟悉的中国品牌：在发展中国家的熟悉度平均可达到80%。

海外消费者对中国品牌的接受度高于预期。总体来看，中国品牌在海外消费者中的接受度为51%——超过半数的海外受访者表示愿意考虑购买源自中国的品牌。虽然这一比例较之美国、欧洲和日本品牌还有差距，但是与近年崛起的韩国品牌的接受度不相上下。针对不同品类，海外消费者对中国品牌的接受度存在较大差异。接受度最高的5个品类包括：电脑和IT产品、家电、零售商、服饰和游戏机。中国品牌在这些品类中的接受度都达到70%或更高。

从消费者对不同来源国的产品评价看，海外消费者对“本国品牌，本国制造”的产品评价最高；其次是“中国品牌，本国制造”；“本国品牌，中国制造”排在第三位；“中国品牌，中国制造”则排在第四位。

中国国家形象全球调查报告2013（节录）

报告发布机构：中国外文局对外传播研究中心、察哈尔学会和华通明略

发布时间：2014年2月

一、中国国家与国民形象

中国国家形象

“历史悠久的文明古国”是中国最受国际民众认可的属性，具有62%的国际认可度。其次是“大国”：58%认可中国是经济崛起的大国、47%认可中国已经成为世界大国。国际民众认为中国存在着一些问题，如贫富差距大（41%）、封闭守旧（33%）、社会冲突剧烈（26%）等。约1/4的国际民众认为中国具有一定威胁性；更多的民众认为中国对国际事务负责任（15%），认为贡献不大的有12%。

中国国家与国民形象

国际民众认可中国是历史悠久的文明古国，并且已经成为当代世界大国。总体来看，海外民众认为中国人神秘、理性、创新、温顺并且很幸福。各个国家对中国人的认知略有差异：印度民众认为对中国人最了解，而俄罗斯民众则认为中国人最神秘；巴西民众认为中国人理性、守旧、有个性，南非民众认为中国人最具创新性，英国民众认为中国人最温顺，印度民众认为中国人最幸福，美国民众认为中国人较不幸。

中国国民形象

中国人的形象在11个被评价国家居民中名列第五，半数以上的外国人愿意和中国人打交道。超过2/3的英国人乐于和中国人交往；俄罗斯

人、印度人愿意和中国人打交道的比例最低。外国人认为中国人神秘、理性、创新、温顺并且很幸福，半数以上外国人乐于和中国人交往。

海外民众眼中的中国年轻人

整体来讲，海外民众对中国青年的态度非常积极，认为他们是中国未来的希望、热爱自己的国家，最显著的特点依次是勤奋、富有活力、有独立主见和行动能力、有个性、充满爱心。海外民众认为中国青年爱国的程度超过中国人自己的评价，同时，他们对中国青年懒惰、被宠坏的否定程度也超过中国人自己。

二、中国文化与科技形象

海外民众最熟悉中国的文化与科技了解率约达三成

调查显示，中国文化、科技是海外民众最为熟悉的领域。在不同受访国家间比较，俄罗斯、印度均有超过四成民众声称了解中国文化，巴西也超过三成。英国、美国、俄罗斯了解中国文化超过中国科技，印度、巴西反之，南非则科技、文化并列首位。

中国文化历史悠久、载体丰富具有国际吸引力

中国文化具有较大的国际吸引力，61%的海外民众乐于了解中国文化，1/3表示对学习汉语有兴趣。来中国旅游成为富有吸引力的文化活动，59%的海外民众表示“了解中国传统文化”是吸引其来华旅游的最主要因素。

“历史悠久”被认为是中国文化的典型特点，获得半数以上国际民众的认可；“爱国主义”、“家庭至上”被选为第二重要特点，认可率24%。国际民众认为中国文化保持了创新精神、道德崇尚以及集体主义，但讲究“面子”、重视“关系”等特点有迹象淡出国际民众的视野。国际民众对“信仰与哲学代表中国文化”和“中国文化包容开放”的认可度最低。

国际民众眼中的中国文化特征

中国文化的载体非常丰富，国际民众认为最能代表中国文化的依次是：中国武术（52%）、饮食（46%）和中医（45%）；高等学府和大众传媒作品则影响力最低。

“中国科技具有世界先进水平”的观点获得国际认可，六国受访者在10分制体系下给中国科技实力打分平均7.92分，在11个被评价国家中位列第四，并且与前三名差距甚微：落后于排名第一的日本 0. 75 分，落后第二名美国 0. 71 分，与第三名英国仅差 0. 04 分。领先第五名俄罗斯 0. 62 分，领先最后一名印度尼西亚 2. 29 分。中国科技的国际认可度高出中国人的自我评价。

海外民众对不同国家科技实力的整体评价

中国的科技创新能力也享有较高的国际认可度。66% 的国际民众对中国科技创新做出积极正面评价，其中 34% 认为中国的科技创新能力很强。

三、中国政治与经济形象

国际民众对中国政治缺乏了解，发达国家与发展中国家认知分歧较大

整体来看，国际民众对中国政治缺乏了解，尤其是中国特有的政治理念与主张，不了解人数将近一半。发达国家与发展中国家对中国政治的认知存在较大分歧，发展中国家对中国政治正面评价较多。三成发展中国家民众认为中国政府执政能力很强、具有高超的外交能力，发达国家则下降至一成。一成发展中国家民众认为中国腐败问题严重，发达国家上升至三成；三成发展中国家民众认为中国政府“严肃、不可亲近”，发达国家则达到半数以上。

发达国家对中国的执政理念和主张了解程度较低，美国、英国均有 73% 的人声称对此不了解；发展中国家对中国的执政理念和主张了解程度较高，只有 37% 的人表示不了解。相对来讲，发达国家较为了解一国两制（9%）和中国特色社会主义道路（8%），发展中国家最熟悉中国特色社会主义道路（23%）和中国梦（22%），其中，俄罗斯（31%）和印度（26%）对中国梦最了解。

18% 的国际民众认可中国模式的核心是国有经济占主体。20% 的发展中国家认为中国模式是中国取得惊人发展成就的主要原因，是融合了中国历史文化和现实国情需要的一种创新；15% 的发达国家认为中国模式是中央集权模式。10% 的国际民众认为自己国家的治理和发展应客观借鉴中国模式，9% 认为中国模式有望解决某些共同挑战，仅有 6% 认为不存在中国模式。

中国政治与经济形象

三成海外受访者对中国经济有所了解，六成认为经济发展是中国步入大国行列的主要动因。64% 的海外民众认可中国经济发展给全球经济发展带来机遇，这一比例在发展中国家上升到 72%。一半以上的海外消费者可以接受中国产品，46% 对中国制造产品的科技含量表示认可，32% 对中国产品有信心。但也有 54% 的海外消费者认为中国产品质量较差，70% 认为部分中国产品存在使用安全隐患。海外消费者接受度最高的五种中国商品依次是：电脑和 IT 科技类产品、家电、游戏机、零售商和服饰，接受度均超过 60%。

从熟悉程度来看，相比于发达国家，发展中国家对中国品牌的熟悉度更高。发达国家海外消费者对中国品牌的平均熟悉度为 9%，其中最熟悉的十大中国品牌为：联想、华为、中国国际航空公司、海尔、青岛啤酒、中国银行、中国移动、双汇、TCL 和长城汽车。发展中国家海外消费者对中国品牌的平均熟悉度为 24%，其中最熟悉的十个中国品牌为：联想、华为、海尔、中国国际航空公司、中国移动、TCL、中国银行、格力、长城汽车和双汇。

四、调查分析

中外认知存在较大差距

海外民众对中国将会成为世界第一大国的乐观程度超过中国本国。在中国是世界大国还是地区性大国的看法上，半数以上中国人认为是地区性大国、三成认为是世界大国，而海外民众的观点和比例恰好相反。

他国利益诉求与对华印象相关性显著

本次调查显示，中国的知名度和吸引力在不同国家和地区基本相同，然而认知度、美誉度则在发达国家和发展中国家间存在较大差别。整体来看，发达国家对中国的认知和认同均较差，发展中国家则略好，利益相关度则是产生差别的主要根源。

外国青年对中国形象看法更积极

分析发现，越年轻的群体对中国的看法越积极，无论发达国家还是发展中国家，18—24 岁青年都是认为中国有吸引力、看好中国将会成为世界第一大国、计划到中国旅游比例最高的人群。尤其值得注意的是，与英国、美国整体性对华形象评价低于发展中国家相比，这两个国家18—24岁青年对中国形象的整体好评超过发展中国家的同龄人。发展中国家18—34岁群体最了解中国的科技和文化，45—54岁最了解中国经济，55—65岁最了解中国政治。发达国家25—34岁群体最了解中国经济，18—24岁最了解中国文化与科技，这一群体对中国媒体的熟悉度也高出其他年龄段一倍以上。

中国旅游吸引力大

有访华经历者对中国态度更积极。本次调查表明，88%的海外民众未曾到过中国，60%的海外民众表达了来华一游的意愿，印度、南非更是高达83%和75%，56%的海外民众自称已经有来华旅游的计划。对国际游客最具吸引力的中国目的地依次是北京（67%），上海（60%）和西藏（40%）；俄罗斯人对哈尔滨，印度人、巴西人对新疆，南非人对广州，英国人对西安，美国人对南京分别有旅游偏爱。

有访华经历的海外民众对中国文化、经历、政治、外交、军事、科技和媒体的了解程度至少高出无此经历者一倍。在给中国整体印象打分时，有访华经历者给出平均6.16分，而未有此经历者则仅给予5.47分。到过中国的海外民众认为中国对国际事务负责任、爱好和平、社会安定的比重均比未到过中国者高出10个百分点。

中国国家形象整体趋于稳定

本次调查显示，中国在国际民众眼中神秘而富有魅力，中国人“幸福、温顺、理性、神秘”；中国历史悠久、文化多样、科技创新的文明大国形象与往年相比基本保持稳定；中国经济进步、社会稳定、山河秀美的东方大国形象对外国民众颇有吸引力，因此多数海外民众对中国抱有乐观预期并有来华意愿；中国坚持和平发展、共同发展的国际努力受到认可，负责任大国形象正在逐步树立；国际民众能够接受中国制造，但对中国政治普遍缺乏了解，对中国模式的认知尚缺乏共识，社会主义大国形象的塑造仍然任重道远。

中国未来发展赢得国际信心，经济被视为关键影响因素

国际社会对中国未来发展普遍持乐观态度，近一半海外民众认为中国会稳定发展甚至成为世界第一大国，发展中国家对此认同率达到53%。

具体来看，三成海外民众认为中国会保持稳定发展，俄罗斯、印度达到四成。17%的国际民众认可中国会成为世界一流大国，巴西（24%）、南非（22%）、印度（19%）、俄罗斯（18%）、英国（14%）的信心指数均超过中国本国（13%），只有美国显示了不同的期待（6%）。

中国“发展停滞、衰退”的说法基本没有市场，但部分民众认为中国未来发展具有不确定性，美国 17% 为首，中国 16%，英国 12%，巴西 11%。发达国家对中国未来发展不了解、说不清的比重非常大，美国 32%，英国 22%，发展中国家中仅有南非高为 13%。

与 2012 年调查相比，中国人的创新性在本届调查中获得国际民众的更多认可；中国的国家形象、国民形象、产品品牌形象基本趋于稳定。

后　记

本书从构思到出版历经三年多的时间、数易其稿，试图为中国的丝路学研究提供全新的研究范式与阐释框架。同时，在研究过程中也逐步形成了一个年轻的学术团队，合力推动了本书的出版面世，具体分工为：马丽蓉除撰写了“导论”等部分外，还承担了本书的逻辑框架设计、章节目录安排，以及全书统稿和修改工作等。此外，闵捷（上海外国语大学）：第四章、第六章、第十二章、第十四章、第十五章、第二十一章、第二十二章、第二十四章、第二十九章；田艺琼（复旦大学）：第一章、第二章、第七章、第十一章、第十八章、第二十章、第二十三章、第二十八章、第三十章；王畅（上海市浦东新区区委党校）：第三章、第八章、第九章、第十章、第二十五章、第二十六章（第一作者）、第二十七章（第二作者）、第三十二章、第三十三章、第三十四章、第三十五章、第三十六章、第三十七章；何思雨（上海外国语大学）：第五章、第十三章、第十六章、第十七章、第十九章、第三十一章；陈烨（上海外国语大学）：第二十六章（第二作者）、第二十七章（第一作者）。

本书得到了国家社科基金项目、教育部重大课题项目、教育部精品视频公开课项目、上海市高校智库上海外国语大学中东研究所建设项目、上海外国语大学上海市一流学科政治学建设项目、上海外国语大学“211 工程”建设项目、上海外国语大学精品视频公开课建设项目、上海外国语大学主干课程建设项目等资助。

本书得以付梓出版，更离不开时事出版社的苏绣芳老师及相关编辑人员的辛劳，他们对本书的出版付出了大量心血，在此一并表示衷心感谢。